GENTE DE HITLER

MEMORIA CRÍTICA

RICHARD J. EVANS

GENTE DE HITLER

Los rostros del Tercer Reich

Traducción al español de
Gonzalo García

CRÍTICA

Obra editada en colaboración con Editorial Planeta - España

Título original: *Hitler's People. The Faces of the Third Reich*

Bajo el sello editorial CRÍTICA M.R.
Avenida Presidente Masaryk núm. 111,
Piso 2, Polanco V Sección, Miguel Hidalgo
C.P. 11560, Ciudad de México
www.planetadelibros.com.mx
www.paidos.com.mx

Primera edición impresa en España: noviembre de 2024
ISBN: 978-84-9199-698-9

Primera edición impresa en México: abril de 2026
ISBN: 978-607-639-042-9

Impreso en los talleres de Litográfica Ingramex, S.A. de C.V.
Centeno núm. 162-1, colonia Granjas Esmeralda, Ciudad de México
Impreso en México – *Printed in Mexico*

En memoria de John Dixon Walsh (1927-2022),
quien me enseñó Historia.

Prefacio

¿Quiénes eran los nazis? ¿A qué motivos respondían los líderes y funcionarios del movimiento nazi y quienes pusieron en práctica su proyecto? ¿Qué había pasado con su brújula moral? ¿Eran acaso, en el sentido que corresponda, una gente anormal, trastornada, degenerada? ¿Eran gánsteres que actuaban con intención criminal? ¿O eran quizá unos «hombres corrientes» (con unas pocas mujeres), dicho con más precisión, «alemanes corrientes»? ¿Eran marginales situados fuera de la sociedad o, de algún modo u otro, formaban parte del núcleo central de la sociedad alemana? ¿Cómo podemos explicar, por otro lado, el afán de Hitler por alzarse con un poder dictatorial? ¿Era alguna especie de cáscara vacía, carente de cualidades personales y de una vida personal, en la que los alemanes volcaron sus deseos y ambiciones políticas más profundas? ¿Qué hizo que una gente normal a otros respectos ejecutara atrocidades terribles y asesinas contra los enemigos del nazismo, tanto reales como supuestos? ¿O acaso no tenían nada de normales? Aparte de lo anterior, ¿por qué tantas figuras destacadas de Alemania, situadas en posiciones de responsabilidad y en las instituciones sociales más señeras, aceptaron la dictadura, la guerra y el genocidio? Los que sobrevivieron a la guerra ¿qué pensaban sobre lo que habían realizado durante el Tercer Reich? ¿Adoptaron una perspectiva moral sobre sus actos, llegaron a comprender qué habían hecho, se arrepintieron?

Estas son las preguntas que se sitúan en el corazón del presente libro. Durante los últimos años se han vuelto más importantes y urgentes porque, desde poco antes de que se iniciara el siglo XXI, las instituciones democráticas han estado viviendo bajo amenaza en múltiples países de todo el mundo. Emergen hombres fuertes, aspirantes a dictadores que —a menudo con gran respaldo popular— se afanan en debilitar la democracia, amordazar a los medios, controlar la judicatura, ahogar la oposición y socavar los derechos humanos básicos. La corrupción, las mentiras, la deshonestidad y el engaño se están convirtiendo en la nueva divisa de la política, con resultados fatales para nuestras libertades fundamentales. El odio y la persecución de las minorías se incrementan, espoleados por políticos sin escrúpulos. El futuro es sombrío. Para la libertad y la democracia, la perspectiva es sombría.

¿Cómo explicamos el ascenso y triunfo de los tiranos y charlatanes? ¿Qué hace que alguien quede atrapado por el deseo extremo de poder y dominación? ¿Por qué esos hombres —casi siempre son hombres— logran reunir en torno de sí a discípulos y adeptos que ejecutan sus órdenes? ¿Acaso el conjunto de los valores morales de la sociedad es tan débil, o está tan pervertido, que la disposición a violar los preceptos convencionales de la decencia humana acaba por no conocer límites? Ante esta situación inquietante, son muchas las personas que buscan respuestas en el pasado. El paradigma del hundimiento de la democracia y triunfo de la dictadura sigue siendo el destino de la República de Weimar y el ascenso de los nazis en Alemania. A Hitler y su círculo se los ha interpretado de varios modos: como un grupo de psicópatas, una banda de criminales, una retahíla de marginados e incluso como una versión moderna de las cortes y los emperadores más destructivos y desquiciados de la Antigua Roma. Con no poca frecuencia se los ha calificado de «locos» o, al menos, de padecer tal o cual trastorno psicológico. Este libro examina con atención a las personas que derrocaron la frágil democracia de la República de Weimar, instauraron el Tercer Reich, lo mantuvieron en el poder durante una década y lo llevaron a la guerra, el genocidio y la autodestrucción. Solo mediante un examen atento de sus distintas personalidades, y las historias correspondientes, podremos comprender la moralidad perversa que constituyó y sostuvo al régimen nazi; y de este proceso quizá podamos extraer asimismo algunas lecciones útiles para la era sombría en la que vivimos.

Sin embargo, desde hace aproximadamente medio siglo los estudios biográficos han dejado de estar en boga, en especial en Alemania, por la razón evidente de que el culto a los «grandes hombres» alcanzó su clímax desastroso bajo el nazismo y demostró ser una forma especialmente antidemocrática de entender la sociedad humana. Destacados historiadores del nazismo —como el difunto Hans Mommsen— han hecho hincapié en cambio en los factores estructurales, las instituciones y los procesos; el propio Mommsen llegó a comentar que sería más fácil comprender el nazismo y el Tercer Reich por medio de un relato que prescindiera del todo de las personas.[1] En Alemania, más en general, prestar especial atención a la importancia de los individuos en el movimiento nazi y el Tercer Reich parecía desviar la atención, con demasiada facilidad, de la implicación de las instituciones y tradiciones alemanas, más globalmente, del pueblo alemán en su conjunto, en aquel capítulo, el más negro de toda la historia moderna. Si todo se centraba en Hitler —aunque fuera en él y sus subordinados más directos—, ¿no parecía acaso que de algún modo se estaba exculpando a la gran masa de los alemanes?

En las décadas más recientes se han acumulado incontables estudios sobre la historia social e institucional de Alemania y los alemanes en la primera mitad del siglo XX. De una forma quizá paradójica, esto ha dirigido de nuevo —aunque de una manera distinta y más compleja— la atención de los historiadores hacia los líderes y servidores del movimiento y el régimen nazi, planteando las cuestiones de quiénes fueron, cómo eran, cuánto poder manejaron y de qué modo colaboraron para crear y dirigir el régimen más asesino y destructivo de la historia humana. A fin de cuentas, eran personas, dotadas de una personalidad a menudo muy marcada, cuyos pensamientos y acciones tenían sus consecuencias materiales, en especial bajo una dictadura que impuso pocos límites a sus deseos, apetitos, ideas, acciones y ambición de poder.

En años recientes, por lo tanto, se han publicado biografías notables, con un gran trabajo de investigación, sobre prácticamente todos los líderes principales del nazismo; también ha visto la luz una gran cantidad de estudios sobre individuos situados en otras posiciones más bajas de la escala del poder. Así pues, nuestro conocimiento sobre hombres como Goebbels, Speer, Himmler, Rosenberg y el propio Hitler se ha transformado por la publicación de diarios, cartas y memorias, ediciones comentadas de documentos, la divulgación de numerosas fuentes de diversa índole, inaccesibles hasta entonces. Hoy también sabemos muchísimas más cosas sobre los alemanes corrientes de la era nazi, incluidos los perpetradores de menor nivel, sobre los motivos de sus acciones o sobre por qué sirvieron al régimen con tanta falta de escrúpulos. En este ámbito también se han publicado cartas, diarios y memorias pertenecientes a personas a menudo muy humildes, que han aportado una cosecha rica y compleja de materiales nuevos con los que profundizar en nuestra comprensión de los problemas más recurrentes entre la población en los tiempos de Hitler y el modo en que intentaron darles respuesta. La transformación de nuestro conocimiento sobre el movimiento y la dictadura nazis se ha extendido hasta muy abajo en la escala de la responsabilidad y la complicidad, y desde aproximadamente el cambio de siglo los estudios biográficos —basados a menudo en las pruebas presentadas en los juicios de la posguerra— se han convertido en un puntal de la *Täterforschung* («investigación sobre los perpetradores»). Ahora podemos acceder a una buena base sobre la cual intentar dar respuesta a las preguntas con las que este libro se ha abierto, mucho más extensa que hace siquiera veinte años.[2]

Los individuos que sitúo al centro de este libro van de la cabeza a los pies: desde el propio Hitler hasta los rangos inferiores del Partido Nazi y más allá. La presente obra ha adoptado por modelo, deliberadamente, un estudio clásico del difunto historiador, periodista y presentador alemán Joachim C. Fest, *Das Gesicht des Dritten Reiches* («El rostro del Tercer Reich»), publicado originalmente en 1963 y reimpreso en multitud de ocasiones. El texto de Fest adquirió instantáneamente la condición de superventas y se ha traducido a muchas lenguas. Ahora que han pasado más de sesenta años de la primera edición, la lectura sigue mereciendo la pena. Aun así, es un libro escrito hace muchas décadas y, en lo relativo a muchos detalles, *Das Gesicht* se ha visto superado por la investigación histórica posterior. Además nuestra comprensión general de la Alemania nazi también se ha modificado drásticamente desde la década de 1960. Para Fest, que escribía durante el apogeo de la Guerra Fría, el Tercer Reich era una sociedad «totalitaria» comparable a la dictadura de Stalin en la Unión Soviética. Tras la conclusión de la Guerra Fría en Europa esta perspectiva ha cambiado, con el respaldo, por otro lado, de la evolución en sí de la propia disciplina de la Historia. Nuestra visión del régimen nazi es hoy más elaborada y las preguntas sobre qué llevaba a cada cuál a actuar como «perpetrador», «observador» o «víctima» —categorías que es imprescindible revisar y aplicar de una forma matizada y precisa— deben entenderse en el marco del contexto más general de la coerción y el consentimiento. En otras palabras, no decidían como individuos con plena autoridad moral, que actuaran en un vacío no restringido por su contexto histórico; pero tampoco eran autómatas privados de la capacidad de juzgar, que hicieran sin más todo lo que se les decía. Las razones por las que decidieron como lo hicieron deben buscarse tanto en su constitución psicológica en cuanto individuos como en su reacción a las situaciones en las que se encontraron y en su relación con el conjunto de la sociedad.[3]

Hace aproximadamente dos décadas intenté explicar el nazismo por medio de una historia narrativa a gran escala del Tercer Reich. Después de publicar el tercer y último volumen en 2008, pasé a otros proyectos.[4] Cuando retomé el estudio de la Alemania nazi, encontré muchos cambios: se disponía de nuevas investigaciones, se podía acceder a nuevos descubrimientos de archivo y documentos nuevos e inéditos hasta la fecha, las nuevas obras habían desarrollado perspectivas atractivas e interpretaciones novedosas. El surgimiento en nuestro propio tiempo de una clase de políticos populistas sin escrúpulos, que no se preocupan por la veracidad de lo que dicen, y el crecimiento ingente de internet y las redes sociales han fomentado una incertidumbre mucho mayor sobre la verdad, unida al desprecio por las afirmaciones basadas en pruebas y por los estudios de los expertos y académicos. Todo esto me ha llevado a reflexionar sobre mi trabajo anterior y, al preparar el presente libro, he tenido ocasión de reconsiderar y, en algunos casos, matizar las conclusiones a las que había llegado entonces. Volver a la historia de la Alemania nazi desde un ángulo distinto —el biográfico— ha resultado ser una experiencia tan fascinante como agradecida.

El libro se estructura en cuatro partes. La primera examina de nuevo la carrera y las ideas de Adolf Hitler, el Líder; en la segunda dirigimos la atención hacia el círculo inmediato de sus subordinados; la tercera parte incluye relatos sobre quienes hicieron posible y llevaron a la práctica la ideología nazi; y la cuarta y última parte pasa revista a una diversidad de perpetradores e instrumentos del régimen, sin relevancia en la jerarquía. No se trata de un diccionario biográfico, sin embargo; es más bien una recopilación de ensayos biográficos interrelacionados y de reflexiones sobre personalidades individuales. Como es natural, en la selección hay cierta arbitrariedad. Joachim Fest, por ejemplo, dedicó un capítulo a Martin Bormann, pero se sabe relativamente poco sobre esta figura, que se movió en gran medida entre bambalinas y solo adquirió importancia hacia el final del régimen, por lo que yo he optado por omitirlo. Igualmente, si Fest incluyó un capítulo sobre los «intelectuales» —sobre todo literatos—, yo he dedicado uno a los profesionales, centrándome en particular en quienes practicaron la medicina. He dado cabida también a perpetradores corrientes, un perfil que no se retrataba con claridad en el estudio de Fest, ni como grupo ni de forma individual. Por su parte Fest incorporó un capítulo general sobre mujeres, que en este libro es uno de los más débiles; yo me he centrado en cambio en una serie de mujeres concretas que va desde algunas partidarias fanáticas del régimen a «compañeras de viaje» u otras que se beneficiaron del gobierno de los nazis.

Todos los capítulos se pueden leer por sí mismos, con independencia de los que los preceden; esto ha requerido de cierta repetición, pero he procurado mantenerla en el mínimo. Solo el capítulo inicial, sobre Hitler, además de explorar la figura central de todo el relato, presenta también una narración de fondo sobre la que deben leerse los capítulos posteriores; de este modo se evita pisar el mismo terreno una y otra vez.

Empecé a escribir este libro movido por la curiosidad. Después de muchos años de dar clases e investigar sobre el Tercer Reich, sentía que sabía mucho más sobre los grandes procesos y efectos históricos de los nazis que sobre sus líderes y adeptos concretos, y me di cuenta de que, en muchos casos, no comprendía del todo sus caracteres. Este volumen es pues el intento de explorar las personalidades de los perpetradores, situadas en sus contextos sociales y políticos; pero confío en que de ello emergerán también algunos modelos recurrentes y puntos en común.

Durante el estudio he contado con la ayuda de muchas personas e instituciones. La empresa ni siquiera habría podido comenzarla de no haber dispuesto de los vastos recursos de la biblioteca universitaria de Cambridge, cuya colección sobre la historia moderna de Alemania es sencillamente de primer orden. Muchos me han escuchado con atención mientras les explicaba mi proyecto, y los ánimos que me han dado han sido muy valiosos. Tanto trabajar con Ella Wright, Helen Sage y el resto del equipo de 72 Films en la grabación de *Rise of the Nazis* para la BBC 2, como, ya al otro lado del Atlántico, con Rachael Profiloski, Axel Gerdau y el equipo de Spectacle Productions, ha sido una experiencia instructiva que ha merecido mucho la pena y me ha enseñado mucho. Varios amigos y colegas han leído una primera versión, y quiero dar sinceramente las gracias a Joanna Bourke, Niamh Gallagher, Jan Rueger, Rosie Schellenberg y Nik Wachsmann por sus sugerencias y correcciones. Simon Winder, en la editorial Allen Lane, en Londres, y Scott Moyers y Helen Rouner, en la Penguin Press de Nueva York, han sido unos editores ejemplares; ha supuesto un placer trabajar con Richard Duguid en la producción del libro, cuyas pruebas han sido meticulosamente revisadas por Richard Mason. Christine L. Corton me ha apoyado durante todo el proceso de investigación, escritura y producción, y las pruebas han agradecido su mirada profesoral. Estoy profundamente en deuda con todos ellos. Como siempre, el único responsable de cualquier error soy yo.

El libro está dedicado a mi tutor de Oxford, como reflejo de mi gratitud por su maravillosa introducción a la disciplina de la Historia, que se ha prolongado una vida.

Barkway (Hertfordshire),
enero de 2024

Prólogo

La señora, ante el tribunal

La fotoperiodista Marie-Claude Vaillant-Couturier (1912-1996) fue detenida en febrero de 1942, en Francia, por participar en la Resistencia. La enviaron a Auschwitz, donde quedó internada hasta que, en agosto de 1944, la trasladaron al campo de concentración de Ravensbrück. Prestó declaración ante el Tribunal de Núremberg que juzgó los crímenes de guerra, para contar lo que había vivido en Auschwitz. El 28 de enero de 1946 afirmó, tras ser preguntada por el fiscal francés Charles Dubost:

> MME. VAILLANT-COUTURIER: [V]imos cómo abrían los vagones sellados y los soldados hacían salir a los hombres, las mujeres y los niños. Luego fuimos testigo de escenas desgarradoras: parejas de ancianos obligados a separarse, madres a las que se hacía abandonar a sus hijas [adolescentes] porque estas iban al campo, mientras que a las madres y a los niños [pequeños] los enviaban a las cámaras de gas. Todas esas personas no sabían nada de la suerte que les esperaba. Solo les inquietaba la separación forzada, pero ignoraban que iban a morir. Para que su llegada fuera más agradable, en esas fechas —junio y julio de 1944— una orquesta de reclusos, de chicas jóvenes y guapas, vestidas con blusitas bancas y faldas marineras, tocaban ... cuando llegaban los trenes, melodías alegres como «La viuda alegre», «La barcarola» de *Los cuentos de Hoffmann*, y así. Luego se les informaba de que era un campo de trabajo, y como no entraban en el campo, pues solo veían el pequeño andén con sus plantas en flor.

Lógicamente, no podían ni imaginarse lo que les esperaba. A los que seleccionaban para la cámara de gas —ancianos, madres y niños— los escoltaban a un edificio de ladrillo rojo.

DUBOST: ¿A estas personas no les daban un número de identificación?

VAILLANT-COUTURIER: No.

DUBOST: ¿No las tatuaban?

VAILLANT-COUTURIER: No. Ni siquiera las contaban.

DUBOST: ¿A usted la tatuaron?

VAILLANT-COUTURIER: Sí, mire [la testigo enseñó el brazo]. Las llevaban a un edificio de ladrillo rojo con un cartel de «Baden», o sea, «Baños». Ahí lo primero que tenían que hacer era desvestirse ... y luego las pasaban a la «sala de las duchas». Más adelante, cuando llegaron los grandes convoyes de Hungría, ya no tenían tiempo para disimulos ni ficciones, sino que las desvestían a lo bruto. Sé de estos detalles porque conocía a una pequeña judía de Francia que vivía con su familia en el distrito de La República.

DUBOST: ¿En París?

VAILLANT-COUTURIER: En París. La llamaban «la Pequeña María» y era la única, la única superviviente de una familia de nueve personas. A la madre y a sus siete hermanos y hermanas los habían gaseado al llegar. Cuando yo la conocí le habían dado el trabajo de desvestir a los bebés antes de llevarlos a la cámara de gas. Cuando la gente estaba desnuda la metían en una sala que se parecía a una sala de duchas y lanzaban cápsulas de gas por una abertura del techo. Un hombre de la SS observaba los efectos a través de una portilla. Pasados unos cinco, siete minutos, cuando el gas había acabado el trabajo, ese hombre daba la señal de abrir las puertas y varios hombres con máscaras de gas —también eran reclusos— entraban en la sala para sacar los cadáveres. Nos dijeron que los presos tenían que haber sufrido antes de morir porque estaban muy agarrados los unos a los otros y les costaba mucho separarlos.

Luego un pelotón especial se dedicaba a recoger las dentaduras y los dientes de oro; y una vez más, cuando los cuerpos ya estaban reducidos a cenizas, los pasaban por un cedazo para recuperar más oro.

En Auschwitz había ocho crematorios [de hecho, cuatro], pero a partir de 1944 ya no resultaban suficientes. La SS hizo que los presos cavaran fosas enormes en las que echaban ramas impregnadas de gasolina, a las que prendían fuego; luego tiraban los cadáveres a las fosas. Desde nuestro bloque podíamos ver, tres cuartos de hora o una hora después de que llegara un tren, las llamas altas que salían del crematorio, y el cielo iluminado por las fosas en llamas...

DUBOST: ¿Puede hablarnos de las selecciones que se hacían a principios de invierno?

VAILLANT-COUTURIER: Durante las navidades de 1944 —no, 1943, las navidades de 1943—, cuando estábamos en cuarentena, vimos, porque vivíamos delante del Bloque 25, vimos que se llevaban al Bloque 25 a mujeres en cueros. Acercaron unos camiones con la caja descubierta y fueron apiñando dentro a las mujeres, a tantas como podían meter. Cada vez que un camión arrancaba, el infame Hössler ... salía corriendo detrás del camión e iba apaleando repetidamente con la porra a las mujeres que llevaban a matar. Sabían que las llevaban a la cámara de gas e intentaban escaparse. Las masacraron. Intentaban saltar del camión y nosotras, desde nuestro bloque, veíamos pasar los camiones y oíamos las lamentaciones angustiosas de todas esas mujeres que sabían que las iban a gasear. Y lo cierto es que muchas podrían haber seguido viviendo porque solo tenían la sarna y quizá también su tanto de desnutrición ... Como a las judías las enviaban a Auschwitz con toda la familia, y como les habían dicho que era una especie de gueto y les aconsejaban llevarse todas sus posesiones y enseres, pues traían consigo una riqueza considerable. A las judías de Salónica recuerdo que al llegar les daban postales con el remite de Waldsee, un lugar que no existía; y un papelito impreso con el texto que debían enviar a sus familias, que decía: «Aquí nos va muy bien; tenemos trabajo y nos tratan bien. ¡Os esperamos!». Yo he visto esas postales en persona; y las *Schreiberinnen*, o sea, las secretarias del bloque, tenían instrucciones de repartirlas entre las internas para que las enviaran a sus familias. Sé que familias enteras llegaron atraídas por esas postales.

[*Turno de repreguntas del doctor Hanns Marx, abogado de Julius Streicher*]

MARX: Antes ha dicho que no había duda de que el pueblo alemán tenía que saber lo que estaba pasando en Auschwitz. ¿En qué se basa para decir eso?

VAILLANT-COUTURIER: Ya se lo he dicho. Para empezar el hecho de que, cuando nos marchamos, los soldados loreneses de la Wehrmacht que nos llevaban a Auschwitz nos dijeron: «Si supierais adónde vais, ¡no tendríais tanta prisa por llegar!». Luego estaba el hecho de que las alemanas que terminaban la cuarentena e iban a trabajar a las fábricas alemanas sabían lo que pasaba y decían, todas, que hablarían de lo que pasaba fuera de su lugar de trabajo. Además, el hecho de que en todas las fábricas donde trabajaban las presas estaban en contacto con civiles alemanes, y también las guardianas, que estaban en contacto con sus amigos y sus familias y no era nada raro que les contaran lo que habían visto.

(International Military Tribunal, Trial Proceedings [Tribunal Militar Internacional, Actas de los juicios], vol. 6, día 44.º, lunes 28 de enero de 1946, sesión matinal.)

Primera parte
EL LÍDER

Introducción

Este libro no puede abrirse sino con un ensayo biográfico sobre Hitler. Pues sin Hitler no habría habido un Tercer Reich, ni la segunda guerra mundial, ni el Holocausto; no al menos con la calamitosa forma que los acontecimientos adquirieron. Sin embargo, con frecuencia se ha descrito a Hitler como un enigma. Todos sabemos que fue el dictador que inició la segunda guerra mundial y ordenó exterminar a seis millones de judíos europeos hasta que se quitó la vida en el búnker de Berlín, el 30 de abril de 1945. Si queremos una respuesta más detallada a las preguntas que lo rodeaban, no obstante, podemos dirigir la mirada hacia la serie de biografías que se han ido publicando, a intervalos, desde la década de 1930. Si dejamos de lado los miles de refritos plagiarios, fantasías sin base, relatos de explotación política, «revelaciones» tan sensacionales como dudosas y teorías obsesivas pero indemostrables que siguen inundando el mercado editorial, la prensa, internet y los medios de comunicación, tenemos a nuestro alcance diversas vidas del líder nazi, cuidadosamente construidas y narradas tras una investigación intensa y rigurosa. La primera se redactó aún en vida de Hitler, por obra del periodista alemán Konrad Heiden, un contemporáneo que fue testigo de la emergencia de Hitler desde Múnich durante los años veinte y primeros años treinta; tras huir de Alemania en enero de 1933, Heiden escribió una biografía bien informada que relacionaba el ascenso de Hitler al poder con los deseos y los miedos del pueblo alemán.[1]

Para disponer de un panorama más completo sobre la vida del dictador nazi hubo que esperar a la muerte de Hitler y la derrota del Tercer

Reich. La primera biografía seria de la posguerra fue redactada por el historiador británico Alan Bullock, un destacado intelectual del Partido Laborista bien conocido del público de Gran Bretaña por sus aportaciones a un programa de radio de la BBC, *The Brains Trust*. Su biografía *Hitler. Estudio de una tiranía* retrataba a Hitler como un oportunista político que no actuaba por su ideología o sus creencias, sino por una ilimitada «voluntad de poder». Este punto de vista manifiesta la clara influencia de un conservador alemán desilusionado, Hermann Rauschning, quien calificó el acceso al poder de Hitler como una «revolución del nihilismo», por recoger aquí el título de su penetrante análisis sobre el ascenso del nazismo. Pero la interpretación de Bullock no tardó en hallar la respuesta crítica de otro profesor de Oxford, Hugh Trevor-Roper, autor de la clásica obra de investigación *Los últimos días de Hitler* (1947). En su ensayo «The Mind of Adolf Hitler» Trevor-Roper defendió que Hitler sí respondía a un conjunto coherente de propósitos.[2]

Aunque la biografía de Bullock gozó de un éxito de público masivo, el punto de vista que terminó por imponerse fue el de Trevor-Roper. En 1969, cuando la investigación académica sobre el nazismo y sus orígenes vivía en Alemania su fase de despegue, el historiador de Stuttgart Eberhard Jäckel publicó un libro breve en el que planteaba que Hitler no estaba dominado por el afán de poder, sino por dos ideas fundamentales: el antisemitismo (como odio y deseo de exterminar a todos los judíos) y el *Lebensraum* o «espacio vital», la idea según la cual si Alemania y los alemanes querían sobrevivir, necesitaban conquistar la Europa centro-oriental y oriental.[3] A la luz de esta clase de argumentos, Bullock acabó por cambiar de opinión y en sus obras posteriores admitió que en la constitución mental de Hitler la ideología tenía mucha importancia.[4] Desde entonces, todas las biografías posteriores han descrito a Hitler como un ideólogo, pero con enfoques e interpretación muy diversos. El periodista conservador Joachim Fest, capaz y bien informado en su faceta como historiador, fue el primero en este campo, al dar a luz una biografía ingente en 1973 (primera edición en inglés, un año más tarde).[5] Al igual que Rauschning, Fest también consideraba que Hitler fue un revolucionario, aunque en su concepción del mundo incorporaba elementos reaccionarios. Ahora bien, quien más influyó en la perspectiva de Fest fue Albert Speer, quien contó con la colaboración del historiador en la redacción de sus memorias autobiográficas (*Erinnerungen*). Fest incorporó en su biografía muchas de las interpretaciones de Speer, pese a que a menudo inducen a confusión. Su estudio recibió incontables elogios por la comprensión psicológica del carácter de Hitler, pero en la actualidad muchos de sus comentarios parecen vagos e insustanciales. A la hora de relacionar la carrera de Hitler con el contexto histórico más amplio, Fest se basó demasiado en generalizaciones psicológicas excesivas sobre «el pueblo alemán», la «patología» de los tiempos y la «desorientación» que se suponía que los alemanes de la calle habían padecido tras la derrota de 1918. También se le afeó que hubiera quitado hierro al papel de las élites conservadoras que contribuyeron al ascenso de Hitler al poder y le dieron apoyo en adelante.[6]

Aun así, la biografía de Fest no quedó superada hasta poco antes del cambio de siglo, gracias a un estudio aún más extenso, en dos volúmenes, del historiador británico Ian Kershaw. Aunque había empezado siendo un medievalista, en el Instituto de Historia Contemporánea de Múnich Kershaw se recicló como historiador de la Alemania nazi. Tuvo como mentor al director del Instituto, Martin Broszat, que se centraba en especial en las estructuras impersonales del poder en la Alemania nazi. Tras aplicar a la vida del dictador alemán el concepto de «carisma» de Max Weber, Kershaw retrató a Hitler como el producto, en parte, de una «comunidad carismática» de discípulos entusiastas cuya adulación llevó al líder nazi, durante la década de 1920, a creer todavía más en sí mismo. Aunque en un principio miraba con escepticismo su capacidad de sacar a Alemania del caos de los primeros años de la posguerra, a mediados de los años veinte Hitler ya estaba convencido de que —según le decían sus adeptos más inmediatos— se le había asignado una misión histórica. Por lo tanto, en contra de lo que muchos comentaristas habían afirmado, Hitler no sedujo a la gente para que lo siguieran: sus partidarios lo incitaron a guiarlos. Después de haberse alzado con el poder, el impulso ideológico de Hitler empezó a traducirse en medidas concretas; pero como sus hábitos de trabajo eran irregulares, con frecuencia sus subordinados tuvieron que conjeturar cómo había que hacerlo; había que anticiparse o, según el sintagma que acuñó un destacado funcionario civil, «trabajar hacia el Führer». Como normalmente se imaginaba que la medida que Hitler habría preferido habría sido «la más nacionalsocialista» —aquí vale decir la más extrema—, este sistema generó un proceso perpetuo de radicalización al que Hitler, en general, se sintió obligado a adecuarse.[7]

El historiador alemán Peter Longerich —autor de diversas biografías importantes sobre varias figuras del nazismo, como Joseph Goebbels y Heinrich Himmler— adoptó una línea del todo opuesta a la de Kershaw.[8] Para Longerich había llegado el momento de abandonar la idea de que Hitler era «un hombre situado a la sombra de su propio carisma», el fruto de «unas fuerzas sociales y la estructura determinante del sistema de gobierno nazi».[9] Antes al contrario, en su opinión «tanto en la política exterior como en la voluntad de iniciar guerras, en el terrorismo y en los asesinatos masivos, en la relación con la Iglesia y las cuestiones culturales de la vida cotidiana de los alemanes —en todas partes, en suma— Hitler determinaba la dirección del régimen, de forma detallada».[10] Aun así, la lectura del libro de Longerich muestra diversos ejemplos en los que la determinación de atribuirlo todo a los efectos de la voluntad de Hitler es en cierta medida una reacción desproporcionada ante los intentos anteriores de retratar a Hitler como un «dictador débil», juguete de fuerzas estructurales impersonales que actuaba a partir de los hechos consumados, en lugar de darles forma. Según ha destacado el autor de la última gran biografía de Hitler —el periodista alemán Volker Ullrich, historiador de formación, que ha dado a la luz ya diversos libros de importancia—, la afirmación de Longerich según la cual la biografía de Kershaw presentaba ante los lectores la figura de un dictador «en lo esencial intercambiable y redundante y, en el mejor de los casos, débil» es una conclusión injusta.[11] En realidad Kershaw logró evitar dos trampas gemelas: tanto la del «intencionalismo», que atribuye todo lo que pasó a la voluntad de Hitler, como la del «funcionalismo», que lo adscribe todo, más o menos exclusivamente, a factores estructurales e impersonales; al centrarse en la interacción entre estos dos aspectos fue más allá de este debate, que hace tiempo que se plantea.[12]

Esta es asimismo la línea adoptada por Ullrich en su propia biografía del líder nazi.[13] Pero a diferencia tanto de Kershaw como de Longerich, Ullrich presentó a un Hitler más humano. Llama la atención, más allá de las diferencias claras en los enfoques de los distintos biógrafos, que parece imperar un consenso general según el cual Hitler fue un hombre sin vida personal, carente de los sentimientos humanos normales, que se lanzó a la política en parte para escapar a su vacío interior. Es una perspectiva que se remonta a la obra de Konrad Heiden, quien escribió que al líder alemán «le faltó valor para tener vida privada».[14] Kershaw habló de su «sexualidad perturbada, la reticencia a todo contacto físico, el temor a las mujeres, la incapacidad de forjar amistades genuinas y el carácter huero de sus relaciones humanas».[15] Para Longerich, «el Hitler privado, ajeno a su papel público, sencillamente no existió».[16] Fest también había llegado a la conclusión de que «Hitler no tuvo una vida privada».[17] Ullrich se expresó en términos parecidos, al sostener que Hitler «carecía de brújula para las emociones internas».[18] Aunque quizá lo hicieran de forma inconsciente, a la hora de establecer esas conclusiones los biógrafos de Hitler se han ido haciendo eco de las palabras de este, que hizo hincapié repetido en que había sacrificado su felicidad y su vida privada por Alemania: Hitler estaba soltero y —de cara a la opinión pública— sin pareja estable porque estaba «casado con Alemania». En la práctica, no obstante, tanto Ullrich como Longerich han aportado una abundancia de detalles sobre las amistades íntimas de Hitler a lo largo de su vida, sobre su lealtad hacia el personal con el que forjó una relación estrecha durante muchos años, y también la vida privada que vivió con su entorno más próximo, en especial en el refugio de montaña al que le gustaba retirarse, el Obersalzberg. En cuanto a su sexualidad, el hecho de que el archivo médico indique que, mientras estuvo con Eva Braun, tomó un estimulante sexual derivado de los testículos de toro parece una demostración clara de que en efecto tuvo una vida sexual.[19] A veces se ha criticado a los historiadores, u otros autores, por haber «humanizado» a Hitler, pero, según ha defendido con acierto Ullrich, precisamente esto es lo que se necesita: Hitler fue una persona, un ser humano, y por lo tanto su vida y su carrera plantean cuestiones difíciles e inquietantes sobre qué significa el hecho de ser humanos.[20]

A lo largo de los años, los biógrafos de Hitler han ido teniendo acceso a una cantidad creciente de información y documentación sobre su persona. Mientras que Konrad Heiden basó su narración contemporánea en reportajes de prensa, entrevistas y la observación personal, en la posguerra Alan Bullock pudo recurrir a las transcripciones y documentos del Tribunal de Crímenes de Guerra de Núremberg; por su parte la publicación (a partir de 1962) de los discursos que Hitler pronunció entre 1932 y 1945, en los cuatro volúmenes del compendio del periodista y escritor alemán Max Domarus, a lo que en 1980 se sumó una edición de sus escritos anteriores, redactados de 1905 a 1923, ofrecieron una base importante para los nuevos estudios de Fest y Kershaw.[21] A partir de 1990 hemos ido contando con una edición académica de los discursos y las proclamaciones de Hitler en el período de 1925 a 1933; una reimpresión anotada de su tratado autobiográfico, *Mein Kampf*; los voluminosos diarios del ministro de la Propaganda, Joseph Goebbels; los diarios de trabajo del jefe de la SS, Heinrich Himmler; y los diarios completos de Alfred Rosenberg, ideólogo del nazismo, entre muchas otras fuentes.[22]

Una fuente especialmente controvertida son las «conversaciones privadas» o «de mesa», es decir, los monólogos a los que Hitler sometió a sus compañeros de comida y cena durante varios meses de 1941 y 1942. En julio de 1941 Martin Bormann tomó la decisión de registrarlos para la posteridad y encargó la tarea a su edecán, Heinrich Heim, un abogado nazi. No se trata de conversaciones informales; Hitler pronunciaba monólogos en los que exponía sus ideas sobre una vasta serie de tópicos y, al hallarse en la fase culminante de su poder, sus acólitos consideraron que eran palabras sabias que sin duda convenía preservar. Heim acompañó a Bormann a esas comidas y cenas, donde escuchó con atención lo que Hitler decía para dictarle notas a una secretaria nada más concluir el convite (notas que a veces revisó más adelante). Poco después, Bormann leía los documentos resultantes e incorporaba unas pocas adiciones y correcciones a partir de su propio recuerdo del monólogo en cuestión; por último Heim corregía la versión pasada a máquina y se creaba una copia en limpio que se archivaba. Durante cierto tiempo, entre el 12 de marzo y el 1 de agosto de 1942, por ausencia de Heim se encargó de la tarea Henry Picker, otro funcionario nazi de formación jurídica. Heim siguió tomando nota escrita de los monólogos hasta el 7 de septiembre de 1942. En algunas ocasiones, en 1943 y 1944, se tomaron también algunos apuntes, menos detallados y de mucho menor interés. Acabada la guerra, Picker publicó una primera edición de lo que denominó *Tischgespräche im Führerhauptquartier* (*Las conversaciones privadas de Hitler*, literalmente «Conversaciones de mesa en el cuartel general del Führer»), donde incluyó las actas de Heim, una diversidad de testimonios que confirmaban la autenticidad de los apuntes, y notas explicativas de su propia autoría.[23]

En contra de lo que a veces se ha supuesto, no se trata pues de la transcripción estenográfica de las secretarias de Hitler, sino de apuntes escritos a posteriori. ¿Hasta qué punto son fiables? Obviamente no son una copia exacta de sus palabras; de hecho, Heim anteponía siempre alguna afirmación del tipo: «El jefe se ha expresado entre otras cosas, en la práctica, según se sigue». Por otro lado Bormann se mostró conforme con la labor de Heim, pero mucho menos con la de Picker, que contenía numerosos lapsus menores, así como fechas y transcripciones erróneas. En cualquier caso no hay pruebas de que nadie —tampoco el propio Bormann— intercalase material nuevo o insertara correcciones tendenciosas con la voluntad de dar a los lectores una impresión falsa de los puntos de vista de Hitler. En 1941, a fin de cuentas, se concebía a Hitler —sin lugar a dudas así lo hacían su personal y los fanáticos del nazismo como Martin Bormann— como una especie de Dios, y la verdadera razón de poner por escrito las «conversaciones privadas» era fijar sus pensamientos como una suerte de texto sagrado que sirviera de guía para el futuro que los nazis imaginaban. Alterar el texto de cualquier manera relevante habría equivalido pues a un sacrilegio. Por supuesto Hitler era consciente de que sus oyentes podían repetir ante otros lo que estaba afirmando, por lo que aunque en algunas ediciones se asocien esas conversaciones con el calificativo de «privadas», en realidad distaban de ser privadas o confidenciales. Más aún, en las palabras que pronunció durante aquellas comidas nada contradice los puntos de vista que exponía en sus discursos y directivas; y la repetición y revisión frecuente de los temas abordados con anterioridad revela una consistencia total en lo que Hitler afirmó durante el período cubierto por la obra. Estos textos añaden algunos detalles a lo ya conocido, pero no contienen revelaciones sorprendentes.[24] En suma: aun cuando se redactaron de memoria, no por ello reproducen de forma falsa, inexacta o distorsionada lo que Hitler pensaba.[25]

Muchos líderes nazis que sobrevivieron a la guerra, así como muchas personas que conocieron a las figuras más destacadas, fueron publicando memorias, algunas en fechas relativamente recientes. Es un material que no está libre de problemas, pero que, en su conjunto, proporciona una base indispensable para evaluar y reevaluar la vida de Hitler y la parte que le correspondió en el movimiento nazi y en el Tercer Reich. Además nuestro conocimiento sobre el contexto más general del nazismo y el Tercer Reich ha cambiado por efecto del verdadero aluvión de artículos y monografías académicas que han visto la luz a lo largo de los últimos treinta o treinta y tantos años. El movimiento nazi —y no digamos, el régimen nazi— dejó tras de sí una masa casi ingobernable de documentación de origen burocrático, de la que solo se ha publicado una fracción. No andamos faltos de material con el que estudiar al líder nazi. Y aun así, a pesar de todo lo apuntado, la opinión de los historiadores y los biógrafos no ofrece consenso. Comprender qué motivaba a Hitler y por qué logró ejercer tanto poder y fascinación sobre tantísimas personas, por lo tanto, sigue representando múltiples desafíos para los historiadores.[26] El primer capítulo del presente libro aborda esos desafíos e intenta darles respuesta.

1

El dictador: Adolf Hitler

I

Durante sus primeros treinta años de vida, Adolf Hitler fue un don nadie. Nació en Braunau, Austria, el 20 de abril de 1889, en circunstancias oscuras. Era hijo de un funcionario civil austríaco que no destacaba en el escalafón. La ausencia de información se ha completado mediante conjeturas que, en su mayoría, no están respaldadas por pruebas fiables; a menudo esas conjeturas responden a un erróneo afán por explicar su carrera posterior recurriendo a una patología individual, una supuesta desviación arraigada en las experiencias de sus primeros años.[1] Tampoco podemos fiarnos de la versión que el propio Hitler da en su tratado político y autobiográfico *Mein Kampf*: en contra de lo que aquí sugiere, no creció en condiciones de pobreza; tampoco parece que su padre Alois fuera alcohólico. Sin embargo, al parecer el padre recurría a los castigos corporales más de lo que era habitual en el Austria de finales del siglo XIX y no cabe duda de que, cuando Hitler afirmó que temía a su padre más de lo que lo amaba, estaba diciendo la verdad.[2] No ocurre lo mismo en lo relativo al apoyo paterno al deseo filial de ser un artista: en contra de lo que se da a entender en *Mein Kampf*, Alois lo respaldó: en 1900 reconoció su talento para el dibujo y lo inscribió no en el instituto de Humanidades que le habría permitido acceder a una carrera profesional cualificada, sino en una escuela técnica superior (*Realschule*).[3] El joven Hitler, que llamó la atención por su carácter indisciplinado, dedicaba gran parte de su tiempo a dibujar y pintar; pero en 1907, cuando solicitó ingresar en la Academia de Bellas Artes de Viena, se lo rechazó al considerar que no sabía dibujar bien una cabeza humana. El director le recomendó estudiar Arquitectura, pero Hitler carecía de la formación académica necesaria. En cualquier caso en esta fase seguía considerándose, antes que nada, un artista.[4]

En estas fechas Hitler había perdido tanto al padre, en 1903, como a la madre, con quien sentía mucha más proximidad, en 1907. En 1908 se mudó a Viena, donde pasó los cinco años siguientes. Vivía de la herencia de la madre, una pensión de orfandad y la ayuda de la familia extensa y no creyó necesario trabajar. Se limitó a malgastar el tiempo con dibujos y esbozos, o leyendo —en especial las leyendas germánicas, además de los relatos que Karl May ambientaba en el Salvaje Oeste, con su curiosa atmósfera de fatalidad, decadencia y redención por medios violentos— y yendo a la ópera; su preferencia eran los dramas musicales de Richard Wagner, basados en gran medida en mitos y sagas medievales de heroísmo caballeresco, amor y muerte. Aunque más adelante afirmó que era adepto de un político austríaco antisemita y de un nacionalismo extremo, Georg Ritter von Schönerer, hay que ser escéptico al respecto. En *Mein Kampf* también sostuvo que en Viena desarrolló un antisemitismo radical, pero esta idea la desmiente el hecho de que, en los años que pasó en esa ciudad, mantuvo buenas relaciones con diversos judíos.[5] En realidad no hay pruebas fiables de que en esa época odiara a los judíos o tuviera interés por la política. El mejor amigo de Hitler en la adolescencia —August Kubizek, un estudiante de música que se formó como violinista profesional y director de teatro— nos legó una impresión vívida de su carácter. En su recuerdo era una persona apasionada, enérgica, elocuente, que se complacía en hablar sobre una multitud de temas; aunque no le gustaba tener interlocutores, sino oyentes. Los dos adolescentes trabaron amistad porque asistían con regularidad a la ópera de Linz y durante un tiempo se alojaron juntos. Hitler era un joven serio, según rememoró Kubizek, con poco sentido del humor pero afición a burlarse de las personas que conocía. Solía reservarse los sentimientos más personales; según Kubizek, se enamoró de una chica llamada Stefanie, pero la timidez le impidió tomar ninguna iniciativa. Aun así, a juicio de este amigo la sexualidad de Hitler era «plenamente normal». En todo caso, al poseer unos valores morales estrictamente burgueses, se mantuvo lejos de los burdeles y las prostitutas callejeras que tanto atraían a muchos de los jóvenes de la época. Estaba obsesionado con el arte y la arquitectura y dedicó mucho tiempo a imaginar nuevos diseños de diversas ciudades, grandes o pequeñas, y en especial de Linz, afición que mantuvo hasta el final de sus días.[6]

En 1908 Hitler agotó la herencia de su madre y empezó a pasar graves dificultades económicas, entre otras razones por el gasto constante en entradas para la ópera. Durante muchos meses tuvo que vivir en un albergue para hombres sin hogar, y cuando solicitó de nuevo la admisión en la Academia de Bellas Artes, lo rechazaron con brusquedad. Tenía la plena convicción de que iba a convertirse en un gran artista y se negó a hacer renuncias y a vivir una vida corriente. Un amigo del albergue le sugirió vender pinturas copiadas de postales, lo que le generó algunos ingresos; pero no tuvo seguridad económica hasta haber cumplido los veinticuatro años, en abril de 1913, cuando recibió una importante herencia de un familiar. Tras garantizarse, pues, unos ingresos modestos, pero suficientes, el 25 de mayo se trasladó a Múnich. Abandonó el entorno multicultural de Viena por una Alemania que le despertaba una poderosa admiración; sin lugar a dudas, creía que él, por ser hablante de alemán, era un conciudadano alemán más. Sin embargo, como seguía siendo ciudadano austríaco, la policía bávara le ordenó volver a Austria e incorporarse al servicio militar obligatorio; en el momento de alistarse, el examinador médico concluyó que era «demasiado débil» físicamente y, por lo tanto, pudo regresar a Múnich. Aquí continuó con su existencia azarosa, y durante varios meses, se sentaba en los cafés de Schwabing —un barrio especialmente frecuentado por artistas y bohemios— y vendía sus copias de postales. En este momento nada indicaba que en el futuro fuera a emprender una carrera política. Su vida había sido un fracaso; sus ambiciones no se habían hecho realidad; su antigua posición social, como hijo de una sólida familia burguesa, se había hundido por completo. Fue el más desclasado de todos los líderes nazis; su decadencia social fue la más extrema.

El estallido de la primera guerra mundial, a finales de julio de 1914, pareció resolver todos los problemas de Hitler. En *Mein Kampf* escribió que este fue el mejor período de su vida y no hay motivos para dudar de esta afirmación. Henchido por el abrumador patriotismo alemán que su cara manifiesta en la famosa fotografía que lo captó entre las masas que, el 2 de agosto de 1914, se congregaron en la plaza muniquesa de Odeón para congratularse por el belicismo de su país, el 16 de agosto (tras haber sido rechazado en un primer intento) se alistó en el ejército de Baviera.

En el caótico trajín del reclutamiento masivo no parece que nadie se diera cuenta de que aún era ciudadano austríaco o de que físicamente carecía de las virtudes necesarias para entrar en combate. Tras recibir una instrucción más bien rudimentaria, su regimiento fue enviado al Frente Occidental. Sobrevivió al bautismo de fuego en un feroz encontronazo con las tropas británicas, lo ascendieron al grado de *Gefreiter* y le encomendaron labores de mensajería: llevar órdenes del cuartel general de campaña hasta el frente. La promoción no le autorizaba a mandar a ningún soldado, a diferencia de un auténtico «cabo», palabra con la que suele traducirse el rango que le asignaron; sería más pertinente hablar de algo como un «soldado de primera». Le concedieron una Cruz de Hierro de primera clase, que a menudo se ha considerado una prueba evidente de su valentía excepcional; pero, aunque el papel de mensajero del cuartel de su regimiento entrañaba cierto peligro, la mayoría de las acciones que llevó a cabo se produjeron por detrás del frente. Al servir en el cuartel, Hitler figuraba entre los soldados que podían entablar contacto directo con oficiales que estaban en condiciones de impartir medallas; y esa clase de soldados se halla claramente sobrerrepresentada entre quienes fueron galardonados con la Cruz de Hierro.[7]

Otros soldados lo recordaban como un joven que no destacaba ni por su valor ni por su cobardía; tenía fama de cumplir con sus deberes con tranquilidad y eficiencia. Era más bien solitario y sus camaradas lo consideraban algo raro y lo llamaban «el artista». Los compañeros charlaban y bromeaban, fumaban y bebían o visitaban burdeles, pero Hitler no participaba en ninguna de estas actividades, sino que se quedaba sentado leyendo a solas. Si algunos camaradas se mostraban cínicos con respecto a la guerra, Hitler tendió a reafirmar su confianza en la victoria total; pero por lo general lo hizo en privado, según da fe la correspondencia que se ha preservado. En diciembre de 1914 varios miembros del regimiento se sumaron a la «tregua de Navidad», un intervalo espontáneo en el que se jugó a fútbol; Hitler se negó a participar. Al igual que otros soldados, no obstante, no tardó en perder las ilusiones románticas y heroicas que le habían llevado a alistarse. En este caso Hitler aprendió a ser duro e implacable y recibir con indiferencia el sufrimiento y la muerte. La jerarquía y la disciplina militar impusieron orden y estructura en su vida, aunque ni él buscó un ascenso ni sus superiores lo consideraron apto para un rango superior. El 5 de octubre de 1916 quedó herido en el muslo por un impacto de metralla, que no amenazó su vida. En 1918 participó en la «Ofensiva de primavera» del Frente Occidental, que a la postre no tuvo éxito. Unos meses más tarde quedó cegado temporalmente por un ataque con gas mostaza y lo enviaron a un hospital alejado del frente, en la ciudad pomerana de Pasewalk. Mientras lo trataban y se recuperaba se enteró, el 10 de noviembre de 1918, de la noticia de que Alemania había sido vencida y el káiser, derrocado; y que los consejos de obreros y soldados estaban liderando una revolución izquierdista.[8]

II

Los consejos de obreros y soldados no tardaron en rendirse ante la oposición más sólida al káiser, la del Partido Socialdemócrata, que asumió el liderazgo en el país y, con el respaldo de los liberales y el Partido de Centro Católico, estableció un nuevo orden político mucho más progresista que el sistema autoritario de Bismarck y el emperador. La constitución republicana que se aprobó en una Asamblea Nacional Constituyente celebrada en el centro cultural de Weimar —la ciudad en la que, desde finales del siglo XVIII, vivieron dos poetas clásicos como Goethe y Schiller— era plenamente democrática: fue la primera en conceder el sufragio femenino e hizo que los gobiernos tuvieran que responder ante el Parlamento y los electores. La República de Weimar, como se la dio en llamar, tuvo que lidiar con múltiples dificultades. El Tratado de Versalles, que selló la victoria de los Aliados, privó a Alemania de cerca del 13 % de su territorio y población de las fronteras orientales y occidentales; desposeyó al país de sus colonias de ultramar; y limitó sus fuerzas armadas a un máximo de 100.000 hombres y le prohibió disponer de buques y aviones de guerra. Alemania tuvo que pagar unas reparaciones ingentes, en oro, por los daños causados por sus tropas de ocupación en Bélgica y el noreste de Francia. No se pudo contar apenas con estabilidad política porque había no menos de seis grandes partidos políticos que reflejaban divisiones profundas y consolidadas entre el electorado, por razones de clase, región y religión: los socialdemócratas, los comunistas, los católicos centristas, los nacionalistas y dos grupos de liberales, de derechas y de izquierdas. Muchas agrupaciones políticas conservadoras, nacionalistas y de extrema derecha se negaron a reconocer la legitimidad de la nueva república y anhelaban el regreso del káiser. Por su parte por la izquierda, los comunistas acusaron a la república de ser «capitalista» e intentaron provocar una revolución que instaurase un régimen similar al soviético. De acuerdo con la nueva constitución, el porcentaje de votos obtenido por cada partido se traducía directamente en porcentaje de escaños en la asamblea; en consecuencia todos los gobiernos tenían que ser necesariamente el fruto de una coalición, no debido a la representación proporcional, sino al sistema multipartidista que la república había heredado del reinado del káiser.

Más adelante Hitler afirmó que la revolución de 1918 era la responsable de que él hubiera entrado en política. Se trata no obstante de una simplificación exagerada; su entrada en política fue más bien un proceso gradual. No hay razones para poner en duda que se sintió conmocionado al recibir la noticia de la derrota de Alemania y las condiciones del Armisticio; pero en la práctica aún tardó muchos meses en tomar alguna iniciativa política. Al principio se reincorporó al ejército, en ausencia de ningún otro empleo. Después de que Kurt Eisner, líder del consejo de obreros y soldados de la revolución bávara, fuera asesinado en Múnich por un fanático nacionalista en 1919, Hitler quedó inactivo. La capital de Baviera vivió brevemente un régimen anarquista y luego ascendió al poder un consejo de comunistas de línea dura que concluyó con un baño de sangre, obra de las tropas voluntarias de un Freikorps enviado por el gobierno electo de la región, de socialdemócratas moderados, liderado por Johannes Hoffmann. Como muchos derechistas bávaros, es probable que Hitler cifrara en Hoffmann la única esperanza inmediata de una restauración del orden; por eso, en un principio, dio su apoyo a los socialdemócratas. Los demás soldados lo eligieron como su representante y los oficiales lo seleccionaron para que investigara el comportamiento de las tropas durante los hechos revolucionarios y luego ayudara impartiendo cursos de «educación» contrarrevolucionaria para soldados. No tardó en llamar la atención sobre sí por lo que un oyente calificó de «fanatismo» y por su evidente popularidad con las audiencias. Probablemente había adoptado estos papeles como un medio de quedarse en el ejército, dado que carecía de ningún otro sostén alternativo; pero el resultado fue que su identidad como soldado empezó a dar paso a una nueva conciencia de sí mismo como político. En muchos aspectos, no obstante, esto no supuso renunciar al personaje militar: para Hitler la política era la guerra librada con otros medios. Cuando se presentaba a sí mismo, durante el resto de su vida, siempre hacía hincapié en los años pasados como simple soldado del frente, como una persona del pueblo solo que con uniforme militar.[9]

En el mundo político que se le estaba formando a Hitler tras la guerra, en aquel momento, cuando contaba treinta y un años, el antisemitismo feroz adquirió carácter de esencial. Los nacionalistas de la extrema derecha que habían triunfado con la entrada del Freikorps en Múnich consideraban que la revolución era producto de una conspiración de los judíos y que los regímenes de los consejos los habían creado subversivos judíos. Varios revolucionarios —de Kurt Eisner a Ernst Toller y Eugen Leviné— eran de origen judío, aunque casi todos ellos, como eran socialistas radicales, habían repudiado su identidad judía. En todo caso, desde una perspectiva superficial la afirmación de que la ciudad había estado «gobernada por los judíos» hasta la aparición del Freikorps no resultaba del todo inverosímil. La primera expresión de este odio nuevo, pero extremo y obsesivo por los judíos la encontramos en una carta dirigida a uno de los estudiantes del curso, Adolf Gemlich. En esta misiva se despachaba con la creencia de que, durante miles de años, la raza judía se había caracterizado de forma inherente por la subversión, la destrucción cultural y la codicia materialista. Sin embargo, aquí Hitler plantea que, en vez de optar por pogromos violentos, era más efectivo decantarse por un antisemitismo «racional», que se traducía en expulsar del país a los judíos, por el medio que fuera. Era importante caer en la cuenta —le dijo a Gemlich— de que «la judería [es], sin lugar a dudas, una comunidad racial, no religiosa». Los judíos portaban la «tuberculosis racial de los pueblos». Solo les interesaba el dinero y el poder. Su objetivo último era «gobernar el mundo», de ahí su inconfundible carácter «internacional». Los gobiernos que habían sustituido al káiser y los príncipes alemanes eran simples instrumentos de los judíos; también la prensa; también los bancos. Discurso tras discurso, durante los primeros años de la década de 1920, Hitler fue repitiendo obsesivamente estas afirmaciones fantasiosas. En sí no eran especialmente originales: eran una versión más extrema de un sentimiento generalizado entre los conservadores y nacionalistas alemanes, que creían que la victoria en la primera guerra mundial se les había robado mediante trampas, y que las responsables eran unas fuerzas malignas situadas principalmente a la izquierda del espectro. Lo inusual fue la vehemencia y efectividad con las que Hitler empezó a propagar esas ideas.[20]

En la década que siguió a la primera guerra mundial, las campañas políticas aún se centraban en discursos públicos ante asambleas masivas, ya fuera en alguna clase de local —en Baviera se tenía preferencia por las cervecerías— o al aire libre. La radio estaba todavía en un estadio infantil, y la televisión, en las primeras fases de su desarrollo. Hitler descubrió que tenía talento para excitar a las multitudes, más que ninguna otra figura política de su tiempo. Hasta 1928 habló sin micrófono ni altavoz. Antes incluso de poder disponer de los recursos del Estado, los nazis se aseguraron de que los discursos de Hitler estuvieran enmarcados por una amplia serie de rituales: entre ellos, música, banderas y enseñas de activistas nazis uniformados. Se hacía esperar deliberadamente al público, para intensificar la ilusión con la que esperaban las palabras de un Hitler que llegaba tarde por sistema. Su voz profunda y resonante atrapaba a la audiencia con un principio calmado, de largas pausas, que hacía que los oyentes se centraran en sus palabras; luego exponía sus puntos de vista con frases cortas y simples que iban preparando el clímax; en la parte de la peroración, el rostro le brillaba y subrayaba las palabras con gestos de brazos y puños que había preparado cuidadosamente. El final era un frenesí de emociones que llevaba a los oyentes a una apoteosis casi religiosa. Hitler redujo la compleja realidad de la política a una serie de fórmulas simples. Todo se reducía al bien o al mal, a lo correcto o lo incorrecto; todo era absoluto; todas las soluciones eran definitivas. Sabía hablarle a la gente de la calle con sus propias palabras y observaba atentamente al público mientras se dirigía a él para aprender qué funcionaba y qué no. A veces proyectaba su figura mediante un lenguaje casi religioso y, por ejemplo, prometía que cuando él alcanzara el poder forjaría «un imperio de fuerza, de grandeza y de gloria» o anunciaba, con términos seudocristianos: «Pues sí, yo cargaré con el sufrimiento de mi pueblo».[11]

Recurría al sarcasmo para reducir al ridículo a los objectos de su desdén. Su amigo Ernst «Putzi» Hanfstaengl «detectó el uso del lenguaje con que los escritores bromeaban en los cafés de Viena», «un humor burlón que lograba su efecto sin sonar excesivo ni grosero».[12] Al mismo tiempo, durante los años veinte Hitler desarrolló la capacidad de ir más allá de los simples eslóganes y acertó a impresionar a sus audiencias con un dominio considerable de los detalles. Preparaba y ensayaba los discursos y, aunque con la ayuda de unos pocos apuntes, hablaba sin leer un guion, por lo que el público se quedaba con la impresión de que se expresaba espontáneamente, desde el corazón. Según dijo, del Partido Socialista austríaco había aprendido a dirigir propaganda a unas masas cuya capacidad intelectual limitada las hacía receptivas a un llamamiento emocional. Para atraparlas era preciso desplegar eslóganes simples, repetirlos sin descanso y no matizar el mensaje principal ni desviarse nunca de él. La masa era femenina, había que dominarla. Al poco de empezar a dedicarse a la oratoria pública, Hitler se dio cuenta de que poseía un talento extraordinario para ello y pronto adquirió mucha confianza en aquel mundo político nuevo al que se estaba incorporando.[13]

Era el mundo de los grupúsculos nacionalistas de ultraderecha, que florecieron y se multiplicaron en Múnich aprovechando la atmósfera contrarrevolucionaria de los primeros años veinte. Con la intención de triunfar donde el káiser había fracasado, entendían que los socialdemócratas y los comunistas —dominados ambos por los judíos— eran enemigos de Alemania; e intentaron ganarse a las clases trabajadoras apelando a ellas con una serie de medidas y eslóganes que mezclaban elementos seudosocialistas, ultranacionalistas y antisemitas. Uno de estos grupos, encabezado por el herrero Anton Drexler, había tomado el nombre de Partido Obrero Alemán (DAP, en sus siglas originales), donde la clave de su carácter ultraderechista era la especificidad «Alemán», en contraste directo con el internacionalismo al que la izquierda aspiraba explícitamente. El partido llamó la atención de los jefes de Hitler en el ejército, quienes consideraron que podría servir a sus fines contrarrevolucionarios y enviaron a su subordinado a una asamblea, el 12 de septiembre de 1919, para que viera qué se podía hacer. Hitler no pudo resistirse a plantear objeciones a algunos de los puntos de vista que se expusieron, con lo que los líderes del partido se fijaron en él y al cabo de poco empezaron a usarlo como ponente. Al poco tiempo Hitler tuvo tanto éxito que se alzó como cabeza de aquella diminuta secta conspirativa y logró convertir al DAP en un movimiento político público, al que rebautizó como Partido Nacionalsocialista Obrero Alemán (NSDAP, en sus siglas alemanas). En este contexto, según el propio Hitler se afanó a explicar una y otra vez, la referencia al socialismo no tenía «nada que ver con el marxismo», pues ellos defendían la propiedad privada y al individuo; lo que ellos reclamaban era que los valores nacionalsocialistas se mantuvieran «en consonancia con los valores de la comunidad».[14]

Hitler redactó un programa de partido, con veinte puntos entre los que se incluían privar a los judíos de los derechos de ciudadanía y confiscarles «los beneficios obtenidos con la guerra», es decir: aniquilarlos económicamente. Tildaba la democracia parlamentaria de corrupta y su objetivo de «consolidar el poder central» apuntaba al establecimiento de una dictadura. El programa se declaró además «inalterable», pues Hitler se negaba a entrar en la clase de disputas interminables que atormentaban a los partidos políticos corrientes. Sin embargo, el programa no tardó en quedar arrumbado, en gran medida; los nacionalsocialistas —los «nazis», en su forma abreviada, paralela a la designación de los socialdemócratas como «sozis»— nunca plantearon la clase de manifiestos que, ante unas elecciones, eran habituales entre los demás partidos políticos. Por otro lado Hitler aprobó un diseño para la bandera del partido que combinaba hábilmente los viejos colores imperiales del negro, blanco y rojo —para atraer a los conservadores y monárquicos tradicionalistas— mediante un fondo rojo —como sugerencia de socialismo— y la cruz gamada negra, o esvástica, sobre un círculo blanco, con resonancias aquí de racismo, ultranacionalismo y antisemitismo. A partir del 7 de agosto de 1920 Hitler también hizo hincapié en el carácter revolucionario de su partido al dirigirse al público no como solían hacerlo los burgueses, con un «*Meine Damen und Herren*» («Señoras y caballeros»), sino con un «*Volksgenossen und –genossinnen*» («Camaradas raciales»,* hombres y mujeres), apropiándose deliberadamente del término de «camaradas», habitual en la izquierda.[15]

En la primavera de 1920, la formación de un gobierno netamente derechista en Baviera, encabezado por Gustav Ritter von Kahr, ayudó a crear condiciones favorables para los nazis y otros grupos de la derecha. Después de que un golpe de Estado reaccionario en Berlín fuera derrotado no sin muchas dificultades por una huelga general dirigida por los sindicatos socialdemócratas, y de que los jóvenes fanáticos de un grupo terrorista clandestino —la Organización Cónsul— asesinaran a varios líderes políticos de los sectores izquierdista y liberal, parecía que la República de Weimar sería incapaz de superar los problemas de sus primeros meses de vida. En este punto Hitler, que atraía a un público

* El concepto de *Volk*, muy denso de sentidos, tiende a traducirse habitualmente como «pueblo», y en este contexto, como «nación», pero el autor ha preferido *racial comrades*, haciendo hincapié en que, en el caso de Hitler, la «nación» (la «comunidad nacional» o *Volksgemeinschaft*, concepto recurrente en el libro) excluía a quienes no cumplían con los requisitos adicionales de la «raza». Otra peculiaridad destacable del autor se ve un poco más abajo: a diferencia de la mayoría de las obras, traduce habitualmente *Führer* por lo que en efecto significaba, «el Líder», que además, como se verá, era también un concepto habitual del nazismo, extensivo a algunas *Führerinnen* o «lideresas». (*N. del t.*)

cada vez más numeroso, había adquirido una gran confianza en sí mismo; y cuando otros miembros de la jerarquía del partido propusieron fusionarse con otro grupo de la derecha, presentó la dimisión, como signo de protesta. Sus compañeros tenían claro que se había hecho indispensable y cedieron, otorgándole poderes dictatoriales sobre el Partido, para que regresara. Cuando el auge de su figura entre la extrema derecha empezó a atraer a un círculo de lugartenientes —entre los que cabe mencionar a Rudolf Hess, Hermann Göring, Heinrich Himmler, Ernst Röhm, Alfred Rosenberg y Julius Streicher, además de algunos mecenas de sus inicios, tales como Anton Drexler, Dietrich Eckart y Gottfried Feder—, la franca admiración que suscitaba en ellos reforzó aún más la confianza de Hitler en sí mismo y terminó de convencerle de que él pondría fin a la humillación de Alemania y guiaría al país hasta un futuro glorioso. En las postrimerías de 1922 numerosos miembros del Partido lo denominaban ya «el Líder» (*der Führer*) y empezaban a utilizar el saludo de *Heil Hitler!*, que en 1926 pasó a ser obligatorio en el Partido.[16]

En cuanto Hitler tomó la dirección del movimiento nazi, este incorporó al repertorio político una violencia nueva. El Partido ya utilizaba a vigilantes como porteros de sus mítines públicos, pero en el transcurso de 1921 comenzaron a organizarse mejor y se les dio el nombre informal de *Sturmabteilungen* («divisiones de asalto»). Las encabezaba Hans Ulrich Klintzsch, un joven que había formado parte de la Organización Cónsul, la ya citada brigada asesina de extrema derecha. Apaleaban y expulsaban a quienes protestaban ante los mítines de Hitler y, con la colaboración de exmiembros del Freikorps, se armaron con cuchillos, porras de goma, puños de acero e incluso pistolas y granadas, y libraron batallas campales con las unidades paramilitares de otros partidos políticos, en especial con las socialdemócratas. Tras haber liderado una pelea particularmente sangrienta durante uno de los mítines, se detuvo y mandó a juicio a Hitler y a otros nazis, y se les condenó a tres meses de cárcel por los disturbios. Pero el uso de la violencia política organizada no era en ningún caso exclusivo de los nazis: la política se había militarizado a consecuencia de los cuatro años de guerra y el posterior período de conflictos armados en múltiples lugares de Europa, desde Irlanda hasta Silesia. La irrupción del comunismo, nacido en la violencia de la Revolución Bolchevique y resuelto a derribar la democracia «burguesa» y el orden social imperante, contribuyó a radicalizar los antagonismos políticos. En Italia, el exsocialista Benito Mussolini guio a sus *squadristi* en la toma violenta del poder de diversas ciudades del norte de Italia, grandes y medianas, que culminó con la amenazante «Marcha sobre Roma» con la que, en la práctica, chantajeó a la clase dirigente para que accediera a su nombramiento como primer ministro en 1922.[17]

El éxito de Mussolini impresionó a Hitler y a los nazis, que adoptaron muchos elementos de los italianos, como el uso del término «Líder» (en Italia, *Duce*), el saludo seudorromano (con el brazo derecho rígidamente estirado, a lo que el Líder respondía alzando su brazo derecho pero inclinado hacia atrás y con la palma abierta) y el uso de estandartes en los desfiles. Para Hitler y otros varios líderes de la extrema derecha, el éxito de la «Marcha sobre Roma» se convirtió en un modelo por imitar en 1923, año en el que el país se sumió en el caos: la hiperinflación arrasaba la economía, tropas francesas se apoderaron de valores de la región industrial del Ruhr para compensar reparaciones no satisfechas, y los partidos de extrema izquierda amenazaban con alzarse con el poder en Sajonia y Turingia. Otra figura que influyó de forma destacada en los nazis fue Mustafá Kemal Pachá, el líder militar y político nacionalista turco, más conocido posteriormente como Kemal Atatürk. El triunfo en las guerras contra los griegos y armenios, entre 1919 y 1922, y la exitosa preservación de la unidad de Turquía frente a los intentos Aliados por desmembrar el país acarrearon la abolición del Imperio otomano: el 24 de julio de 1923 el Tratado de Lausana dio reconocimiento a la soberanía turca y el 29 de octubre de aquel mismo año se estableció oficialmente la República de Turquía. Un elemento que atrajo en particular a los nazis fue la decisión de Atatürk de trasladar la capital de Constantinopla —donde la corrupción se le antojaba incorregible— a Ankara, un entorno a su juicio más limpio y puro. En el caso de Hitler, la Ankara de Alemania era Múnich, mientras que Berlín era su Constantinopla.[18]

El detonante de la acción fue el nombramiento, el 13 de agosto de 1923, del liberal moderado Gustav Stresemann como canciller de una amplia coalición de partidos creada con la intención de resolver las múltiples crisis por las que Alemania estaba pasando. Durante las semanas posteriores Stresemann puso en práctica una política de «cumplimiento» del Tratado de Versalles y, al retomar el pago de las reparaciones, logró que los franceses se marcharan del Ruhr. Pero esta decisión era inaceptable para los nazis, que con el apoyo de Erich Ludendorff —general destacado durante la primera guerra mundial, y a la sazón ultraderechista y enemigo declarado de la República de Weimar— organizaron un levantamiento armado en Múnich, el 9 de noviembre de 1923. Hitler anunció que, después de tomar la capital bávara, marcharía sobre Berlín e instauraría un nuevo gobierno nacional, liderado por él mismo. Con total convicción y altivez dio a conocer en público una «proclamación para todos los alemanes» en la que comunicaba que Ludendorff y él mismo dirigirían, con poderes dictatoriales, un nuevo «gobierno nacionalista». Pero este intento de golpe de Estado, lanzado en una cervecería próxima al centro de Múnich, fue dispersado a balazos cuando los nazis, con Hitler a la cabeza, intentaron tomar al asalto el Pórtico de los Mariscales, sito en la Odeonsplatz. Catorce nazis perdieron la vida, y también cuatro policías, víctimas de los disparos nazis. Entre la confusión Hitler se dislocó el hombro, pero logró huir, con ayuda; dos días más tarde lo localizaron, arrestaron y acusaron de traición. El sueño de emular a Benito Mussolini y a Atatürk y establecer en Alemania un régimen de estilo fascista fracasó; por lo menos, en aquel momento. Hitler, llevado por la falta de experiencia, las ilusiones poco realistas y un optimismo desbordado, había preparado insuficientemente el *Putsch*, que no contó con el apoyo, activo o al menos pasivo, de la élite gobernante, el ejército, el funcionariado o la policía. Aprendió la lección y no repitió nunca esos errores.[19]

III

Hitler había descubierto un objetivo para su vida, objetivo para el cual no tardaría en quedar claro que él reunía los talentos ideales. Pero, justo después del fracaso del alzamiento, quedó sumido en una honda depresión. Por primera vez —pero no la última— se tiene constancia de que sopesó suicidarse. Sin embargo, pronto cayó en la cuenta de que el juicio inminente supondría una buena ocasión de reivindicar su figura. El gobierno de Baviera logró que el proceso se trasladara a Múnich y recayera sobre un juez con simpatías políticas hacia los acusados. Se trataba de Georg Neithardt, que había exhibido ya gran indulgencia con el asesino de Kurt Eisner, el conde de Arco-Valley, cuyos motivos —supuestamente patrióticos— le parecían encomiables. En el juicio, que se inició el 26 de febrero de 1924, Neithardt permitió que el líder nazi se explayara en defensa de sus acciones, con lo que este pudo alegar que le impulsaba «un nacionalismo apasionado y extremo de una ética y moralidad supremas». Un tribunal no estaba en condiciones de decidir si sus acciones estaban justificadas o no: lo decidiría la historia de Alemania. Entre los múltiples encausados, absolvió a Ludendorff y condenó al resto a penas especialmente moderadas. A Hitler se le condenó a la pena mínima: cinco años de «encierro en una fortaleza» (*Festungshaft*) en la cárcel de Landsberg, a 65 kilómetros de Múnich, con la posibilidad de obtener la libertad condicional a partir de los seis meses. El tribunal declaró que el intento de golpe de Estado respondía «a un espíritu de puro patriotismo».[20] Hitler le agradeció el favor manteniendo a Neithardt en el cargo después de acceder al poder y aun depositando una corona sobre su tumba, al morir aquel en 1941. Entre tanto los nazis mitificaron el *Putsch* e instituyeron un culto martirial en torno a los camaradas caídos. En el tribunal de Múnich se sentaron ya las bases del posterior mito del sacrificio.[21]

Investigaciones recientes han arrojado nueva luz sobre las condiciones en las que Hitler cumplió la sentencia. Aunque Landsberg era una prisión moderna, construida poco antes de la primera guerra mundial, no albergaba solo a presos corrientes, sino que contaba también con una sección específica para los condenados al «encierro en una fortaleza». Los prisioneros de este origen no perdían los derechos civiles, como el de voto, ni estaban obligados a vestir el uniforme de la prisión o a realizar trabajos forzados. Podían vestir sus propias ropas, recibir visitas, aceptar regalos, beber y fumar, mezclarse con los otros presos de la misma clase. Disponían de un jardín, entre muchos otros privilegios. Este «encierro» —que antaño se reservaba a los oficiales, aristócratas y hombres en general que habían herido o matado a un oponente en un duelo— fue utilizado a menudo por aquellos jueces conservadores de la República de Weimar que consideraban que los acusados habían actuado por motivos encomiables y, en consecuencia, no merecían ningún castigo deshonroso. Tal era el caso de Hitler. Según demuestra el archivo de su estancia en la prisión, mientras estuvo en Landsberg Hitler pudo recibir a no menos de 345 visitantes en un total de 524 ocasiones. Aunque Erich Ludendorff acudió a verle en nueve ocasiones, y Ernst Röhm, en siete, la mayoría de los visitantes —como por ejemplo Hermann Göring— solo fueron una vez. Muchos le llevaban regalos tales como flores, vino, pasteles y libros, o productos que Hitler compraba en el exterior como huevos, mantequilla, café, fideos, o también sartenes y vajilla. Las condiciones de la fortaleza, en suma, se asemejaban más a las de un hotel que a las de una cárcel. Algunos visitantes llamaban a la celda de Hitler «la Delicatessen». Entre los presos que compartían con él el «encierro en una fortaleza» había otros participantes del *Putsch* de la cervecería, como Rudolf Hess; el 28 de abril de 1924 ingresaron otros cuarenta miembros de las SA nazis. La mayoría de sus celdas estaban decoradas con esvásticas y otros símbolos políticos; casi todos los internos fumaban y bebían (salvo Hitler como gran excepción, pues era abstemio y no fumador); disponían de escritorios y máquinas de escribir; y podían dedicarse a jugar, mantener una correspondencia libre con el exterior y organizar el día como mejor les pareciera. Durante varios meses, pues, la prisión hizo el papel informal de cuartel general del Partido Nazi. Sin embargo, Hitler se mantuvo distante y no participó en los distintos juegos, deportes y otras actividades colectivas. «Un líder no puede permitirse que un miembro de su séquito le gane», escribió.[22]

Con la sucesión de cartas de apoyo a la posición que había adoptado durante el juicio, y a medida que los visitantes iban expresándole su admiración por el valor exhibido en el intento de golpe de Estado, Hitler comprendió que los hechos de 1923-1924 lo habían catapultado a una posición de liderazgo prácticamente indiscutido en los círculos ultranacionalistas de la extrema derecha. Cada visita a Landsberg, cada carta con muestras de afecto, fue reforzando su confianza en sí mismo y la convicción de que debía cumplir una misión. Al disponer de varios meses de ocio forzoso, Hitler decidió elaborar el discurso que había pronunciado en el juicio, junto con otros escritos, para componer una defensa de sí en gran escala. Hizo que le trajeran una máquina de escribir y varias resmas de papel, adquiridas en el exterior, y durante los meses siguientes redactó un relato completo de su vida con la justificación de sus acciones y creencias; con frecuencia trabajaba hasta bien entrada la noche. La magnitud del proyecto fue creciendo hasta dar lugar a un completo manifiesto político, concebido entre otros fines para hacer hincapié en su derecho a liderar el Partido Nazi, que en su ausencia se estaba desintegrando por la aparición de facciones enfrentadas. El 24 de diciembre de 1924 recuperó la libertad —solo había pasado nueve meses en Landsberg— y se retiró a una fonda del Obersalzberg, en los Alpes bávaros, que ya había visitado el año anterior, para continuar escribiendo el libro al que se dio el título de *Mi lucha* (*Mein Kampf*). Una reciente edición comentada de esta obra nos ha permitido conocer más detalles sobre las condiciones de composición y adoptar una perspectiva fresca y crítica sobre su contenido. Ahora sabemos que Hitler decidió desplazar algunos capítulos para dividir el libro en dos partes; la primera vio la luz el 18 de julio de 1925. Hitler escribía despacio y el segundo volumen tardó algo más, pero en los estadios finales de la redacción contó con la ayuda de una secretaria que copiaba los textos al dictado, lo que permitió acelerar el proceso: la segunda parte se publicó el 10 de diciembre de 1926. En 1930 apareció asimismo una edición popular, en un único volumen. Rudolf Hess, preso también en Landsberg y amanuense de Hitler, y su esposa Ilse, que ya habían realizado tareas editoriales sobre el primer volumen, pasaron un total de varios meses —junto con Josef Stolzing-Cerny, que formaba parte de la plantilla del periódico de los nazis, el *Völkischer Beobachter*— corrigiendo el indocto alemán del autor y mejorando en lo posible sus torpezas de estilo. Sin embargo, el texto en sí fue todo obra de Hitler.[23]

A Hitler —a quien legalmente se le había prohibido hablar en público—, *Mein Kampf* le sirvió en gran medida como sustituto de los discursos que habría pronunciado de habérsele permitido. El texto responde claramente a su estilo personal, con incontables repeticiones y exageraciones y una apelación más intensa a las emociones que al intelecto. Es un lenguaje repleto de absolutos: las decisiones eran «inalterables»; los enemigos serían «aniquilados»; las medidas que se adoptarían eran «incondicionales». Todo se reducía a dicotomías simples: bueno o malo, éxito o fracaso, triunfo o desastre. Estos rasgos eran reflejo, entre otros factores, de la militarización que caracterizó la política alemana durante la década de 1920: el propio título del libro ya lo revela, y en el texto conceptos habitualmente negativos como «brutal», «fanático», «implacable» y «bárbaro» se convierten en valores positivos. Al igual que en sus discursos, para dar más peso a sus declaraciones Hitler recurría a expresiones religiosas, dichos populares y citas breves de los clásicos. Destaca especialmente la utilización del shakespeariano *Sein oder Nichtsein* (el célebre «Ser o no ser» de *Hamlet*) en no menos de seis ocasiones, con el que reforzó su enfoque de «o todo o nada» en lo relativo a lo que Alemania se jugaba en la primera guerra mundial. Los judíos quedan reducidos a un colectivo uniforme —se habla de «el judío», en singular, pero en referencia a todos— y se los describe con términos deshumanizadores: son los «bacilos de la peste», son «alimañas». Desde buen principio estaba claro que el núcleo del antisemitismo de Hitler era de afán exterminador.[24] Una gran parte del libro son diatribas contra el supuesto carácter degenerado y subversivo de «el judío».[25] Hoy es tristemente famoso el pasaje de finales del segundo volumen en el que afirma, al respecto de los judíos de Alemania:

> Si en algún momento del principio de la guerra o durante su transcurso se hubiera gaseado a doce o quince mil de esos hebreos que contaminan al pueblo —el destino que cientos de miles de nuestros mejores trabajadores alemanes, de todas las clases y profesiones, tuvieron que padecer en el frente con nuestro ejército—, entonces los millones de sacrificios del frente no habrían resultado en vano.[26]

Al concluir el libro, Hitler ha manifestado claramente que se ve a sí mismo como el futuro líder de Alemania, llamado por «el destino» y «la providencia» a la grandeza histórica. Aunque el texto no da demasiados detalles sobre las medidas que pondrá en práctica si acaba llegando al poder, la idea general resulta evidente: suprimir toda la oposición, destruir la democracia y crear una dictadura (aunque suele evitar esta palabra), conquistar militarmente más «espacio vital» (sobre todo en la Europa del este), privar de la ciudadanía a los judíos alemanes, impedir que las personas que la eugenesia consideraba «no aptas» tuvieran descendencia y recurrir implacablemente a la pena de muerte para aplastar toda resistencia política. Entre los pasajes más legibles del libro, varios son de propaganda. Aquí, proyectando lo que Hitler consideraba que eran los métodos nada escrupulosos que habían utilizado los socialistas en el Austria anterior a la guerra y los británicos y sus socios durante la propia guerra, se caracteriza desdeñosamente a las masas como «femeninas», pasivas, frágiles y vulnerables a los llamamientos emocionales. Las masas, a su juicio, ansiaban «la victoria del más fuerte y la aniquilación, o sumisión incondicional, de los débiles». «La nacionalización de nuestras masas solo podrá ser exitosa si ... se extermina a quienes las están envenenando internacionalmente». Para hacerse con el poder, por lo tanto, era imprescindible atraer al pueblo; pero era igualmente necesario emplear una violencia exterminadora contra los socialdemócratas y los comunistas y contra la conspiración judía que a su entender los manejaba.[27]

Las descripciones extasiadas de las victorias sangrientas de los SA nazis en las peleas de las cervecerías contra sus oponentes «marxistas», e igualmente de la violencia provocadora a la que se había recurrido en una marcha por Coburgo en octubre de 1922, evidencia en *Mein Kampf* que la violencia de masas seguiría siendo una parte esencial de la táctica nazi, en paralelo al llamamiento a que las masas los votaran en las elecciones y la intención de cortejar entre bambalinas a las élites del país. El libro respira un ánimo abrumador de odio y resentimiento, un extremismo asesino, la renuncia implacable a la decencia humana común y un desprecio cínico hacia las convenciones de la vida política. En este libro Hitler revela por completo, por vez primera, el núcleo genuino de su personaje político: el principio del «todo se vale», la ley de la selva propia del hampa, importada al mundo de la política de mayorías.[28]

El volumen uno de *Mein Kampf* se vendió razonablemente bien: la primera edición, con 10.000 ejemplares, casi se había agotado a finales de 1925. La segunda parte no fue tan exitosa, pero en cambio la edición popular de un solo volumen —que vio la luz en 1930, cuando Hitler empezaba a ser bien conocido como figura nacional— logró vender 228.000 ejemplares hasta finales de 1932. Aun así el libro no tuvo especial impacto político antes de 1933 ni se leyó o comprendió ampliamente hasta entonces. En cambio después de que Hitler se alzara con el poder resultaba prácticamente obligatorio disponer de una copia: el gobierno la regalaba a toda pareja de recién casados, por ejemplo. En total la obra vendió unos 12.450.000 ejemplares entre la fecha de su primera publicación y la muerte de Hitler, veinte años más tarde.[29] Antes de 1933 generó unos ingresos significativos para su autor y en adelante contribuyó a hacerle rico.[30]

Quien lea *Mein Kampf* buscando planes y programas detallados se llevará una decepción. Muchas de sus afirmaciones más programáticas —la necesidad de elevar los salarios reales y proteger a los obreros frente a la explotación, la importancia de defender los derechos de los estados federados frente a la interferencia de la autoridad estatal central o, en materia de política exterior, la voluntad de forjar una alianza con Gran Bretaña— no se cumplieron, o se dejaron directamente de lado, con Hitler en el poder. Lo que sí se mantuvo fue el carácter de Hitler, y sus creencias, expresadas de una forma tan poco ambigua que todo lector atento se habría dado cuenta, a grandes rasgos, de qué pensaba hacer y cómo quería gobernar si se le presentaba la ocasión. En los primeros años de la posguerra fue muy habitual ofrecer la excusa de que, aunque el libro se había vendido extraordinariamente bien, casi nadie se había molestado en leerlo; pero se trata a todas luces de una simple excusa. En la práctica, los propagandistas nazis lo repitieron y citaron hasta la saciedad, pero además —mientras hubo prensa libre en Alemania, hasta 1933— los grandes periódicos del país lo analizaron y comentaron a menudo y con frecuencia por extenso.[31]

Entre las muchas funciones que cumplió *Mein Kampf* en el momento de publicarse estuvo la de defender la pretensión de Hitler de liderar la ultraderecha nacionalista de Alemania, por la vía de proyectar una doble imagen de sí mismo, como pensador y como hombre de acción. Durante su ausencia forzosa de la política, entre 1924 y 1926, Hitler no dedicó un minuto a reconciliar a las facciones enfrentadas que ocuparon el vacío. Antes al contrario, favoreció la competencia por el poder, con la expectativa de que ninguno de los grupos de la extrema derecha sería los suficientemente fuerte como para resistírsele cuando regresara; esta técnica la utilizó también entre su propio cuadro de liderazgo, y con gran efectividad, durante el Tercer Reich.[32] En los dos años posteriores a haber recuperado la libertad, no obstante, reunificó el Partido, que refundó formalmente a principios de 1925. No tuvo escrúpulos en utilizar a las SA para asaltar e intimidar a los rivales del ámbito de la extrema derecha, irrumpiendo en sus mítines e instándolos a unirse a él.[33] A otros rivales, reales o posibles, los anuló dejándolos en la marginalidad; el ejemplo más notable fue el de Ludendorff, al que instó a presentarse a las elecciones presidenciales del Reich, en 1925, con la plena conciencia de que el general apenas obtendría un puñado de votos y, con ello, quedaría condenado a la irrelevancia política. Además Hitler puso especial empeño en extender el alcance del Partido Nazi, desde la base de Baviera hasta el centro y el norte del país. En estas regiones se encontró con un «nacionalsocialismo» distinto, de una índole más izquierdista y anticapitalista. Para atraerse hacia sus filas a sus principales defensores, Joseph Goebbels y Gregor Strasser, recurrió al encanto personal; y tras reconocer el talento de Goebbels para la propaganda, y de Strasser para la organización, les otorgó a ambos responsabilidad sobre los ámbitos correspondientes de las actividades del Partido. Ninguno de estos líderes abandonó por completo sus puntos de vista —lo mismo sucedió con Gottfried Feder, otro representante de la «izquierda nazi» a quien cabe atribuir en gran medida las cláusulas económicas del Programa que el Partido había presentado en 1920—, pero perdieron mucha influencia, y más desde el momento en que Hitler estaba redoblando los esfuerzos para atraer hacia su causa a la comunidad empresarial.[34]

En todo caso, uno de los rasgos más llamativos de *Mein Kampf* fue la ausencia de todo realismo político. La confianza ilimitada con la que Hitler se presentaba a sí mismo como el futuro líder de Alemania era producto de la voluntad, más que de la observación política. La despreocupación con la que hacía caso omiso de la realidad de la situación en la que se encontraba se repitió en los meses finales de la segunda guerra mundial. Hitler aún vivía en un mundo de fantasía: ahora no era un gran artista, sino un gran líder; quizá la descripción más ajustada sería la de un gran artista que había centrado su atención en remodelar y recrear la política de Alemania. El libro se redactó justo antes de que la República de Weimar empezara a estabilizarse y Hitler no dejó de ser un personaje marginal, restringido a la última franja de la ultraderecha. En las elecciones al Reichstag del 20 de mayo de 1928 los nazis obtuvieron un porcentaje de votos risible, de tan solo el 2,6 % en el total nacional: una cifra inferior incluso a la de cuatro años atrás. Las elecciones dieron el poder a una «gran coalición» de partidos centristas, encabezada por el socialdemócrata Hermann Müller. La República parecía estar entrando por fin en aguas calmadas, con estabilidad política, prosperidad económica y paz social. Pero la situación estaba a punto de cambiar y el cambio sería mucho más radical de lo que nadie habría podido imaginar.[35]

IV

En octubre de 1929 las acciones que cotizaban en la bolsa de Wall Street, sobrevaloradas durante mucho tiempo, empezaron a hundirse hasta puntos insospechadamente bajos. A un «Jueves Negro» le siguieron un «Lunes Negro» y luego un «Martes Negro» en los que se esfumaron miles de millones de dólares. En un plazo de tres años las acciones habían perdido casi el 90 % de su valor. Más de 4.000 bancos y otras instituciones de crédito se hundieron cuando los inversores retiraron los fondos para intentar sobrevivir. En el caso de Alemania los efectos del hundimiento de Wall Street fueron especialmente devastadores porque la recuperación económica que había seguido al fin de la inflación, en 1924, se había financiado en buena medida con préstamos a corto plazo de entidades estadounidenses que exigieron la devolución del dinero, aumentando la exposición de los bancos alemanes; estos a su vez derivaron la presión sobre los préstamos concedidos a la industria y los inversores, temerosos, retiraron los fondos que veían peligrar. Se impusieron aranceles en todas partes, también en Estados Unidos, lo que complicó la exportación. El 13 de julio de 1931 el Danatbank, una de las principales instituciones financieras de Alemania, no tuvo más remedio que declararse en bancarrota. Estos acontecimientos sumieron a la economía alemana en una depresión cada vez más grave, en la que el desempleo acabó por afectar a más de un tercio del total de la fuerza de trabajo. La «gran coalición» de Hermann Müller se desintegró porque los socios de gobierno no se ponían de acuerdo en cómo lidiar con la crisis.[36]

Tras la «gran coalición» vino un «gabinete de expertos» de corte conservador, encabezado por Heinrich Brüning, un católico conservador elegido por el presidente, el mariscal de campo Paul von Hindenburg. Con el respaldo de Hindenburg y su camarilla, Brüning aspiraba a prescindir del Reichstag y gobernar mediante decretos de emergencia, sentando las bases para una restauración de la monarquía. Logró sacar a Alemania del sistema del patrón oro, pero, con la intención de demostrar ante la comunidad internacional la injusticia de las reparaciones, impuso asimismo recortes salvajes en los gastos gubernamentales, redujo los beneficios y subió los impuestos; en consecuencia, agravó la pobreza. La crisis fue más profunda y duradera aún que la hiperinflación de los primeros años de la década de 1920. Para muchos alemanes, fue la gota que colmó el vaso. Los desempleados, muy descontentos con el Partido Socialdemócrata —pues no solo toleraba el gobierno de Brüning, sino que además no acertó a emprender nada para protegerlos frente a los martillazos de la austeridad del nuevo canciller—, pasaron en masa al Partido Comunista, que fue incrementando los votos elección tras elección, hasta que en noviembre de 1932 obtuvo 100 escaños en el Reichstag. Las manifestaciones que estos organizaban casi diariamente en las grandes ciudades —acompañadas a menudo de la violencia de los paramilitares del Frente Rojo de Combate—, la promesa de crear una «Alemania soviética» y la predicción de que el capitalismo no tardaría en caer hicieron que el miedo cundiera entre las clases medias. La Revolución de Octubre en Rusia, a la que siguió una campaña de terror, asesinatos y desposesión dirigida contra la aristocracia y la burguesía, era tan reciente que no la podían olvidar. Hitler compartía esos temores y los avivó en sus discursos, centrándose en los actos violentos y los asesinatos de los comunistas. Al mismo tiempo hizo hincapié en su convicción de que el comunismo y la socialdemocracia eran dos caras de una única moneda: los peligrosos movimientos subversivos e internacionalistas que él denominaba *Gesamtmarxismus*, «el conjunto del marxismo», y que a su entender los judíos dirigían entre bambalinas con la clara intención de debilitar a Alemania.[37]

Quienes más se beneficiaron de la crisis económica no fueron los comunistas, sino los nazis. Comenzaron a prescindir de la clase obrera —a la que desde luego no habían logrado atraer, en contra de lo que esperaban— y se dirigieron hacia los votantes protestantes de las zonas rurales, donde habían obtenido resultados mejores que en cualquier otro ámbito, aun sin apenas esforzarse. Empezaron a quitar importancia a los elementos «socialistas» de su programa, explicando que su «socialismo» aspiraba tan solo a proteger al individuo mediante una comunidad nacional, y a cortejar con ello a la clase media. Esta nueva táctica no tardó en darles dividendos.[38] A principios de 1930, en las elecciones regionales del estado federado de Turingia, los apoyos crecieron hasta situarse por encima del 11 % de los votos. En el verano de 1930 se les presentó una gran ocasión cuando el Reichstag rechazó las últimas medidas de austeridad de Brüning. El canciller imperial tomó la decisión inmediata —y poco prudente— de convocar unas elecciones generales para el día 14 de septiembre.[39] Aquí los nazis obtuvieron un resultado sensacional: su representación en el Reichstag pasó de 12 escaños a 107, con el respaldo de 6,4 millones de electores.[40] El Partido Nazi se situó en el centro de la política y convirtió a Hitler en una gran figura del panorama político nacional. En una serie de elecciones regionales el voto nazi también dio grandes saltos adelante. Los porcentajes más elevados se dieron en estados protestantes y rurales, como Oldemburgo (48 % de los votos, el 29 de mayo de 1932), Hesse (44 %, 19 de junio de 1932) y otro estado de estructura similar, Mecklemburgo-Schwerin, donde alcanzaron el 5 de junio de 1932 un asombroso 49 % de los votos. En cambio el respaldo era muy inferior en los estados de fuerte presencia católica, tales como Württemberg (solo un 26,4 %, el 24 de abril de 1932). Como los estados regionales controlaban una gran diversidad de asuntos interiores —desde la policía y la seguridad a la cultura y la educación—, se trataba de resultados importantes. A principios de 1933 los nazis ya manejaban el poder en cinco de los estados federados y empezaban a dar una muestra de cómo gobernarían si llegaban a alzarse con el poder a nivel nacional.[41]

El año electoral de 1932 se inició con la exigencia de que el presidente del Reich, Hindenburg, abandonara el puesto tras la conclusión de los siete años de mandato que se preveían en la Constitución. Tras haber sido elegido para este cargo en 1925 —aclamado por los conservadores, que anhelaban regresar a los días de la Alemania imperial—, Hindenburg, el general germano más destacado en la primera guerra mundial, había decepcionado a muchos de sus adeptos: a pesar de que era un hombre profundamente reaccionario, se negó a utilizar su poder para derribar el orden republicano. A diferencia de lo que ocurre hoy en Alemania, donde el cargo de presidente es un papel testimonial que se elige en el Parlamento, en la República de Weimar el presidente era elegido directamente por el pueblo y poseía poderes muy amplios, incluidos los de nombrar o forzar el cese del canciller imperial, disolver el Parlamento y gobernar por decreto. Estos poderes resultaron fatales para la República. A Hitler no le pasó por alto la desilusión que el anciano mariscal de campo (contaba entonces ochenta y cuatro años) había sembrado a todas luces entre los conservadores y se presentó como el gran candidato anti-Weimar de la derecha. En este contexto, los partidos favorables a la República —en especial los socialdemócratas— se creyeron obligados a respaldar a Hindenburg, como única forma viable de contener a Hitler; pero este estaba exultante por el hecho de haberlos obligado a dar apoyo a un mariscal de talante archiconservador. Esto otorgó a Hindenburg el 49,5 % de los votos en la primera vuelta; como el resultado era claro, pero no llegaba a la mayoría absoluta, el 10 de abril se celebró una segunda vuelta, en la que Hitler incrementó aún más su porcentaje —pasó del 30,1 % al 36,8 %— pero Hindenburg logró superar su marca y, con un 53 % de los sufragios, volvió a ser elegido presidente. Hitler había denunciado por activa y por pasiva que el mariscal de campo, sin negarle los méritos del pasado, era demasiado anciano para liderar la Alemania del futuro; pero sus palabras no lograron el efecto deseado.[42]

Molesto con Brüning —que, al no acertar a darle una mayoría absoluta en la primera vuelta, le había obligado a humillarse y someterse por segunda vez a la voluntad del electorado— y no menos con el hecho de que había sido el candidato del centro y la izquierda, cuando deseaba serlo de la derecha, el 1 de junio de 1932 Hindenburg forzó la dimisión de Brüning. Por consejo del portavoz principal del ejército, el general Kurt von Schleicher, eligió en su lugar al aristócrata conservador Franz von Papen, que optó por convocar otras elecciones con la intención de incrementar su legitimidad. El resultado, no obstante, fue desastroso para los conservadores. Esta votación, celebrada el 31 de julio, otorgó a los nazis cerca de 230 escaños del total de 608. Por primera vez, el Partido Nazi era el más numeroso del Reichstag. Con 13,7 millones de votos —justo por encima del 37 %— lograron eclipsar tanto a los dos grupos favorables a Weimar, los socialdemócratas (22 %, 8 millones de votos) y el Partido de Centro Católico (12 %, 4,5 millones de votos). Ambos partidos conservaron su base con mayor o menor fortuna, pero los comunistas, como los nazis, mejoraron su posición hasta convencer al 14 % (5,3 millones de electores). Todos los demás partidos quedaron prácticamente aniquilados: los partidos de orientación liberal burguesa y conservadora perdieron casi toda la representación.[43]

Estos resultados nos obligan a plantearnos tres grandes preguntas. La primera: ¿quién votó a Hitler y por qué? Su campaña se fundamentó en los discursos que pronunciaba por todo el país, con la asistencia de grandes multitudes: el 27 de julio de 1932, en la pequeña ciudad de Eberswalde, por ejemplo, habló delante de 40.000 personas; luego lo hizo en Brandemburgo, ante otras 20.000; y por la tarde tomó la palabra en el estadio berlinés de Grunewald, lleno hasta la barrera, con una capacidad de 64.000 asistentes. En el transcurso de unos pocos días consiguió transmitir su mensaje a medio millón de votantes o quizá más.[44] En ocasiones Hitler se trasladó de un escenario a otro en avión, lo que le permitía tomar la palabra en distintos lugares un mismo día, o sin salir de una región dada cogía un coche rápido. En el transcurso de 1932 pronunció no menos de 150 discursos. De hecho, disponía incluso de un discurso grabado, que se reproducía en aquellos lugares a los que no podía asistir en persona. Ningún otro político pudo seguir su estela. En sus peroratas aseguraba que el Partido Nazi representaba a la nación en su conjunto, a diferencia de los otros partidos, que solo defendían intereses especiales. Los nazis eran un movimiento, no un «partido» como los demás; procedían de fuera del mundo político y, en cierto sentido, eran antipolíticos.[45] Ellos acabarían con la división de Alemania en dos campos enfrentados, los «marxistas» y los «nacionalistas»; llevarían al poder un gobierno decisivo, capaz de actuar con firmeza para resolver las múltiples crisis de la República. Mientras que los otros partidos vacilaban y contemporizaban —decía—, los nazis prometían actuar y hacerlo de una forma radical.[46] Utilizaba una retórica extremista, sin tapujos, que apelaba a la desesperación de muchos votantes. No ocultaba su firme intención de destruir tanto a los socialdemócratas («marxistas») como a los comunistas («bolcheviques»), a quienes consideraba por igual instrumentos de la subversión de los judíos; pero en esta etapa prefirió moderar su antisemitismo empedernido porque en las elecciones de 1928 la opción contraria le había dado pocos frutos. En los discursos que dirigía a los miembros del Partido —y que la prensa recogía— prometía abiertamente que Alemania se expandiría geográficamente recurriendo a la guerra: «la raza más fuerte, la raza mejor debe ampliar su espacio vital».[47]

En sus ataques contra el mundo de los grandes negocios hizo siempre cuidadoso hincapié en que solo criticaba las grandes corporaciones judías. Hitler había estado cortejando a simpatizantes acaudalados desde el principio de su carrera, lo que le había merecido el apoyo de personas como Helene (esposa del fabricante de pianos Edwin Bechstein), del editor Hugo Bruckmann y su esposa Elsa, y de Ernst Hanfstaengl —«Putzi», para los amigos—, un estadounidense de la alta sociedad, editor de arte, pianista de talento y compositor de canciones. Hitler puso todo el empeño necesario en tranquilizar a los integrantes de la comunidad empresarial —en su inmensa mayoría, nacionalistas y derechistas— de que el Partido Nazi no tenía ninguna intención de socializar la propiedad privada. Entre 1926 y 1927 dirigió no menos de cinco discursos a diversos representantes del mundo empresarial de la región del Ruhr, aunque con un éxito limitado. El 28 de febrero de 1926, cuando tomó la palabra ante el exclusivo Club Nacional de Hamburgo, mostró un tono menos antisemita que en muchos de sus otros discursos, pues era consciente de que la comunidad empresarial de los judíos de la ciudad estaba bien integrada en el mundo de la élite mercantil y financiera local. El 26 de enero de 1932, ante un público de empresarios industriales de Düsseldorf, adoptó una línea similar: aseguró ante todo que iba a erradicar el «marxismo» y regenerar la sociedad alemana. Si a principios y mitad de la década de 1920 era habitual que Hitler vistiera ropa de estilo militar, con látigo y las botas a juego —e incluso una pistola en el cinto—, en estas otras ocasiones no dudaba en ataviarse con los trajes burgueses y, si así se le pedía, de etiqueta incluso. A quien sí logró convencer para su causa fue a Fritz Thyssen, el magnate del acero, cuyas supuestas memorias —escritas en realidad por el periodista estadounidense Elmer Reeves, a partir de sus recuerdos de conversaciones con el empresario— se publicaron en 1941 con el título sensacionalista de *Yo pagué a Hitler* y contribuyeron a difundir la idea de que Hitler se financiaba ante todo gracias al gran capital. De hecho, este supuesto era un mito surgido de la propaganda comunista: antes de 1933, el apoyo económico de los nazis procedía sobre todo de las aportaciones de los miembros del Partido, algunas ventas y donaciones modestas de los pequeños empresarios; la gran empresa seguía respaldando a los partidos burgueses, en especial al Partido Popular Nacional Alemán, que prácticamente se derrumbó con el auge electoral de los nazis.[48]

La capacidad de atracción de los nazis era muy superior a cualquier cosa que los capitalistas pudieran ofrecer. Con sus desfiles aparatosos y su activismo incesante, los nazis proyectaban una imagen de determinación y dinamismo juvenil que contrastaba sobremanera con la estrategia calmosa y más bien anodina de sus rivales de mediana edad. Más en general la propaganda nazi se dirigía a grupos específicos de la población: las mujeres, los obreros, los veteranos, los empleados del Estado, etc., a los que prometía crear puestos de trabajo, mejorar las condiciones de vida y poner fin al caos y las humillaciones de la República de Weimar. La utilización que los nazis dieron a los medios visuales, con pósteres e imágenes de mensajes simples y potentes, resultó especialmente eficaz. La propaganda del Partido no conocía límites y desacreditaba a los rivales con mentiras descaradas y afirmaciones falaces; aunque los afectados respondieron a menudo llevando a juicio las calumnias de los nazis, no parece que esto hiciera menguar sus efectos, que fueron importantes.[49]

Esta combinación sintonizó particularmente con diversos sectores del electorado, en especial las clases medias protestantes y los trabajadores rurales del norte del país; pero los nazis también lograron cierto apoyo entre los obreros industriales poco organizados, sobre todo en las empresas pequeñas o las ciudades menores, donde los sindicatos tenían poca relevancia. Bastante más de la mitad de los votantes del Partido Nazi procedía de la clase media (definida a grandes rasgos). Desde su perspectiva, los nazis quizá resultaban violentos, pero por motivos de patriotismo; quizá estaban en contra de la democracia, pero la democracia había fracasado. Quizá no les prometían regresar a los días de Bismarck y el káiser, pero el propio hijo del emperador, el «príncipe heredero» Guillermo, había pedido votar a Hitler en la segunda ronda de las elecciones presidenciales, porque lo consideraba más capaz de restaurar las estructuras autoritarias del Estado; de hecho, el «príncipe heredero» se atribuyó buena parte del mérito por los cerca de dos millones de votos que Hitler ganó entre las dos rondas. Los nazis habían adquirido más respetabilidad por su participación en la campaña contra el Plan de Young, un proyecto que se debatió agriamente en 1929-1930, y finalmente se aprobó, para reducir la carga de las reparaciones de guerra. Las reparaciones eran inaceptables tanto para los nacionalistas conservadores, que encabezaba el magnate de prensa Alfred Hugenberg, como para los nazis, que aspiraban sencillamente a abolirlas.[50]

Aparte de las transferencias de voto, millones de electores que votaban por primera vez dieron apoyo al Partido Nazi; sobre todo, mujeres —que suponían la mayoría del electorado, por cierto margen, y en comparación con los hombres era menos probable que ya hubieran votado anteriormente— y jóvenes. Los nazis les dieron esperanza entre la sombría desesperación que habían generado los austeros recortes de Brüning y les prometieron contener la creciente amenaza del comunismo. Por descontado el hecho de que Hitler se presentara como líder carismático de los nazis hizo que millones de alemanes votaran por él personalmente, sobre todo en las elecciones presidenciales de 1932; pero también se votó por el dinamismo juvenil de su Partido, por la determinación de poner fin a la parálisis política y económica de la República, y por la promesa de volver a situar a Alemania en el lugar del mundo que pensaban que justamente le correspondía. Sea como fuere, votar por el Partido Nazi no significaba estar de acuerdo con todas sus medidas; ni siquiera con el antisemitismo. Hitler repitió hasta el aburrimiento la afirmación de que la elección era muy simple: o nazismo o «marxismo». «¡O lo uno o lo otro! ¡O Alemania es alemana o será bolchevique!». En muchos sentidos, votar por él era elegir en negativo, tanto como en positivo. El Partido Nazi, como bien se ha comentado con frecuencia, actuó como un partido de protesta que cosechó respaldos múltiples. No cabe duda de que su red atrajo a ciertos grupos sociales más que a otros, pero el afán de unir tras de sí a todos los sectores de la sociedad alemana no era ninguna gran mentira. El propio Hitler también afirmó repetidamente que pretendía reconciliar a los bandos enfrentados del país bajo la enseña de una unidad nacional recuperada.[51]

La segunda pregunta que nos plantea el rápido crecimiento del apoyo a los nazis en los primeros años treinta es: ¿qué efecto tuvo sobre el propio Partido Nazi? Los adeptos de Hitler estaban creciendo en gran número, hasta el extremo de que a principios de 1933 la entidad contaba con casi 850.000 miembros. Pero este incremento tan acelerado no bastaba para ocultar el hecho de que había varios problemas internos y tensiones que Hitler necesitaba resolver con premura. Para empezar, la permanencia de una «izquierda nazi», liderada ahora por Otto Strasser (hermano de Gregor), que aspiraba abiertamente a nacionalizar una amplia serie de negocios. Hitler, por el contrario, tenía muy claro que no podía distanciarse ni de la comunidad empresarial ni de las élites sociales, militares y administrativas del país. Otto Strasser se vio obligado a admitir la derrota y, el 4 de julio de 1930, renunció a formar parte del Partido; de otro modo habrían tardado muy poco en expulsarlo.[52] Aparte de esto, la doble estrategia de Hitler —ampliar el apoyo electoral del Partido y, al mismo tiempo, atacar a los oponentes por medio de una violencia callejera desenfrenada— amenazó en varios puntos con írsele de las manos. El problema se puso de manifiesto con absoluta claridad el 13 de octubre de 1930, en la sesión inaugural de la legislatura del Reichstag, cuando los diputados nazis recién elegidos se presentaron uniformados y las unidades de asalto de las SA recorrieron las calles del centro de Berlín reventando los escaparates de los grandes almacenes de propiedad judía. Los incidentes provocados por la conducta brutal de los matones nazis se multiplicaron. En el invierno de 1930-1931, algunos jóvenes oficiales de la ciudad de Ulm (sur de Alemania) fueron sometidos a juicio por haberse incorporado al Partido Nazi, con lo que incumplían una orden general de abstenerse de la política. Hitler subió al estrado de los testigos para declarar que aspiraba a acceder al poder legalmente y sostener que se había esforzado por impedir que sus adeptos formaran una organización de tipo casi militar. El tribunal acertó a no dar crédito a sus palabras y declaró bruscamente: «El objetivo del NSDAP es derribar con violencia la forma de Estado actualmente en vigor».[53] Esta valoración podía apoyarse en pruebas. En el otoño de 1931 la policía se incautó de unos documentos que dio a conocer, los «documentos de Boxheim» (así llamados por la taberna de Hesse en la que los encontraron). Redactados por un joven jurista nazi, Werner Best, contenían esbozos de los anuncios que se harían tras una toma violenta del poder, incluido el uso generoso de la pena de muerte contra quienquiera que se opusiera a los nazis. Hitler intentó distanciarse de esos papeles, que calificó de fantasías privadas de Best; pero también admitió que los planes de Best podían llegar a resultar necesarios si se producía un levantamiento de los comunistas. Cuando testificó en el juicio de Ulm, en defensa de los oficiales, Hitler dio a conocer sus verdaderas intenciones: «Cuando nuestro movimiento obtenga la victoria en nuestra batalla legal, se formará un Tribunal Estatal Alemán que impondrá su castigo a noviembre de 1918 y por lo tanto rodarán cabezas».[54]

Buena parte de los adeptos de Hitler no hacían caso de sus afirmaciones. Por ejemplo los paramilitares uniformados —los «camisas pardas», miembros de las SA— de Berlín, encabezados por Walter Stennes, reclamaron de forma repetida que se les otorgara más poder, una paga mejor y más libertad para actuar con violencia; en cierta ocasión incluso ocuparon la sede principal del Partido Nazi en la ciudad. Hitler logró someterlos porque ponían en peligro la disciplina de la organización nazi, pero no hizo nada para frenar la violencia cotidiana de los camisas pardas: en los doce meses anteriores a marzo de 1931, los combates callejeros costaron la vida de 300 personas; otras 155 fallecieron en enfrentamientos políticos durante 1932 (la mayoría en los meses de junio y julio). Cada día había tiroteos, cuchilladas, palizas con puños de acero y porras de goma. En diciembre de 1931 Brüning prohibió que las SA vistieran uniformes, pero sus miembros continuaron con sus marchas, vestidos de civiles. El 13 de abril de 1932 el canciller logró que Hindenburg prohibiera las divisiones de asalto en su totalidad, pero Franz von Papen, que le sucedió en el cargo desde el 1 de junio, levantó la prohibición.[55] Aunque a menudo no llamaban la atención del público en general, y desde luego no de las clases medias, los camisas pardas se dedicaban día tras día a intimidar a sus oponentes, en particular a los comunistas, a los que fueron expulsando progresivamente de sus puntos de reunión en las tabernas y bares de los distritos obreros de las ciudades alemanas. En diciembre de 1931, en una entrevista con el *London Times*, Hitler se refirió al «sufrimiento y la determinación de las bases de nuestro movimiento por la guerrilla constante con los comunistas, que en los once primeros meses de este año ha costado a los nazis cinco mil heridos y muchos muertos».[56]

El 17 de julio de 1932, una marcha de intimidación de una gran columna de camisas pardas que recorría un distrito obrero de la conurbación de Hamburgo fue atacada por comunistas del Frente Rojo de Combate. Se produjeron tiroteos y la policía respondió abriendo fuego descontroladamente contra la multitud: dieciocho personas perdieron la vida y más de un centenar cayeron heridas. Hitler dio respaldo a los manifestantes y culpó a los comunistas. Papen utilizó los hechos de aquel «domingo sangriento» para tumbar al gobierno minoritario que los socialdemócratas tenían aún en Prusia, por medio de un golpe militar, destruyendo así el último bastión de la democracia en Alemania. La violencia no se detuvo aquí. El 10 de agosto de 1932 una banda de camisas pardas en estado de embriaguez asesinó a un comunista polaco en el pueblo de Potempa, en la Alta Silesia; cuando en el juicio posterior, celebrado en la vecina ciudad de Beuthen, se halló culpables y condenó a muerte a cinco paramilitares nazis, las SA tomaron las calles, arrasaron con establecimientos judíos y atacaron sedes de periódicos. Hitler condenó en público el veredicto del tribunal —la pena se conmutó— y se pronunció abiertamente a favor de los asesinos. Ya había iniciado un culto a los «mártires» del nazismo, en particular con la figura de Horst Wessel, un joven camisa parda que había dirigido un ataque feroz contra un grupo de comunistas y, en represalia, había sido abatido a tiros por otro comunista en febrero de 1930. «¡Horst Wessel —proclamó Hitler ante la colosal manifestación que acompañó la inauguración de la tumba del joven en Berlín, a principios de 1933— no ha muerto!». El respaldo de Hitler a la utilización de medidas físicas extremas contra sus enemigos era público, no secreto. Si en ocasiones hizo llamamientos a la moderación, con la intención de tranquilizar a sus seguidores de las clases medias, añadía siempre tantos matices que, entre líneas, dejaba claro que en realidad no quería que la violencia parara.[57]

La tercera pregunta que planteó el asombroso éxito electoral de los nazis en los primeros años de la década de 1930 —hasta el punto de convertirse en el Partido más numeroso del Reichstag— fue la de si debían formar gobierno. Un porcentaje de votos del 37 % suele suponer una base razonablemente fuerte para organizar un gobierno en un sistema político democrático. Hitler lo sabía y deploró que en aquel momento se hubiera abandonado la vieja costumbre de pedir al jefe del partido más votado que se encargara él de formar el gobierno.[58] Pero incluso si Hindenburg les hubiera concedido el honor, con miras a poder aprobar leyes en el Parlamento, los nazis aún tendrían que haber entrado en una coalición con uno o más partidos. Este era el gran problema al que Hitler y otros políticos se enfrentaban en 1932. Hitler había declarado públicamente que aspiraba a destruir la República de Weimar e instaurar una dictadura que él encabezaría. El suyo no era el único partido derechista que ansiaba desmantelar la República: los nacionalistas conservadores del DNVP (Partido Popular Nacional Alemán), con su nostalgia por los tiempos pasados del káiser y un mismo carácter antisemita y antidemocrático, compartían el mismo afán. En octubre de 1931 el DNVP se sumó al Frente de Harzburg, un pacto de corta vida entre diversas asociaciones de la derecha. Pero en julio de 1932 el DNVP perdió varios escaños y, al quedarse por debajo del 6 % de los votos, era insuficiente para formar una mayoría con el 37 % de los nazis. Entre los demás partidos, no era probable que ninguno quisiera coaligarse con el partido de Hitler. Al inaugurarse el nuevo Reichstag, los partidos extremistas se neutralizaron mutuamente. Los nazis y los comunistas formaron hileras cerradas que entonaban cánticos y se enfrentaban abiertamente en la cámara, de modo que ahogaban las voces de los otros partidos, democráticos y moderados, en especial de los socialdemócratas y católicos de centro. Era habitual que los diputados nazis y comunistas abandonaran sus escaños, hasta el punto de que resultaba del todo inútil convocar siquiera al Parlamento. En los seis meses posteriores a las elecciones de julio de 1932 el Reichstag tan solo se reunió tres días.[59]

Esta situación de tablas, sumida al apogeo de una crisis económica de una gravedad sin precedentes, resultaba obviamente insostenible. Mientras duró, el gobierno del Reich siguió gobernando por medio de decretos, de modo que la parálisis del sistema parlamentario tuvo por efecto redirigir el poder hacia el presidente Hindenburg y su camarilla, entre la que debemos mencionar a su hijo Oskar, al canciller imperial Von Papen, a Schleicher y al jefe del departamento de Presidencia, el secretario de Estado Otto Meissner, que ocupaba ese puesto desde 1920. Este grupo, liderado por Hindenburg, estaba resuelto a hacer virar radicalmente hacia la derecha el paisaje político: querían imponer un régimen autoritario, suprimir a la izquierda y quitar poder al Parlamento. Pero para tal fin necesitaban disponer de una mayoría de dos tercios del Reichstag; y por lo tanto —para que el flujo continuo de decretos presidenciales adquiriese una apariencia de legitimidad democrática y pudiera ponerse en marcha la revisión de la Constitución— era esencial contar con el respaldo de los nazis. Las maniobras y los encuentros secretos que se fueron realizando en los meses siguientes se centraron todos en la cuestión de cómo proceder. Hindenburg descartó, al menos en un principio, la idea de situar a Hitler al frente de un gobierno nacional: la intolerancia del personaje, su vulgaridad y la violencia de sus partidarios le resultaban inaceptables. En cuanto al propio Hitler, su posición era meridianamente clara. Las victorias electorales habían potenciado aún más su confianza y anunció que, como «Líder» —primero del Partido Nazi, pero potencialmente de Alemania—, no entraría en ningún gobierno de coalición salvo como canciller imperial. Rechazó pues una oferta de Von Papen, que lo habría nombrado vicecanciller; y rechazó igualmente con brusquedad una propuesta similar para situar en el gobierno a Gregor Strasser, jefe de organización del Partido Nazi. Strasser quedó tan desencantado por esta obstinación que el 8 de diciembre dimitió de sus cargos en el partido. Hitler no vaciló en reunir a sus adeptos para condenar ese acto de «traición», haciendo hincapié, una vez más, en que él era el Líder y como tal exigía una lealtad incondicional.[60]

Llegados a estas fechas las elecciones nacionales se habían repetido, el 6 de noviembre de 1932. Hindenburg, Papen y su círculo pretendían conseguir más apoyos para los conservadores, pero el resultado los sorprendió. Los nazis perdieron dos millones de votos y su porcentaje cayó del 37,4 % al 33,1 %; en cambio los comunistas ganaron más de dos puntos y subieron del 14,5 % al 16,9 %, con lo que obtuvieron 100 escaños en el Reichstag. Si se les sumaba el voto socialdemócrata, la izquierda reunía un 37,3 % del total, es decir, más que los nazis. Por su parte el DNVP nacionalista mejoró su situación y ascendió a poco más del 8 %.[61] Pero el Partido Nazi pasaba por más problemas que la mengua de su resultado. El gasto de campaña se había elevado mucho más allá de lo prudente y atravesaban graves dificultades económicas. El enfrentamiento interno que culminó con la dimisión de Strasser causó, o quizá reveló, profundas divisiones entre los líderes del Partido. La intransigencia de Hitler se recibía con una consternación creciente. Para agravar las cosas, Papen, que de nuevo no había rendido con lo que se esperaba de él, cedió su puesto a Kurt von Schleicher, el portavoz del ejército, que era otra de las figuras políticas de la derecha alemana. El 3 de diciembre de 1932 Schleicher fue nombrado canciller imperial y las conversaciones clandestinas en las que buscar soluciones a la situación de tablas se retomaron con fuerza. Pero Schleicher se enemistó fatalmente con Hindenburg al plantear un plan de reforma agraria que por fuerza disgustó a un hacendado como el presidente; y, al cancelar la rebaja de salarios y subvenciones que Papen había ordenado, alarmó asimismo a la influyente élite empresarial.[62]

Hindenburg y su camarilla pensaron que, dada la debilidad en que se hallaba en ese momento el Partido Nazi, había llegado la hora de actuar. Más aún, consideraron urgente actuar porque si la modesta recuperación económica que, a todas luces, había provocado el declive en la popularidad de los nazis se mantenía, cabía la posibilidad de que en las elecciones posteriores los nazis perdieran tantos votos que ya no sirvieran para dar apoyo popular a la prevista revisión autoritaria de la Constitución de Weimar. La solución elegida por Papen y Hindenburg fue conceder a Hitler lo que este reclamaba —darle la jefatura del nuevo gobierno—, pero rodearlo de tantos hombres de sus propias filas conservadoras que el nazi no dispusiera de margen de maniobra. Schleicher, frustrado por la falta de apoyos que estaba cosechando, pidió a Hindenburg que le concediera poderes dictatoriales; pero el anciano presidente lo descartó y mantuvo en cambio las negociaciones —dirigidas por Papen, con la colaboración de Meissner, del funcionariado, y de forma destacada del barón Kurt von Schröder, banquero y exoficial del ejército, que ya había recaudado fondos para el Partido Nazi— para incorporar a Hitler al gobierno. El 30 de enero de 1933, en consecuencia, se nombró a Hitler canciller imperial de un gobierno de coalición en el que Papen era vicecanciller y todos los demás puestos estaban ocupados por miembros del círculo de este o del propio Hindenburg, con la única salvedad de la cartera de Interior, que se confió al jerarca nazi Wilhelm Frick, y la cartera homóloga de Prusia, que recayó sobre Hermann Göring, en funciones (faltaba resolver aún los problemas legales derivados del golpe de Estado que Papen había organizado en Prusia, en el verano anterior). Desde el punto de vista de Hitler, no obstante, estos dos ministerios eran los cruciales, pues abrían la puerta a legitimar seudolegalmente la violencia que ya estaba desatando en las calles. Todos los otros implicados en las negociaciones quedaron felices y satisfechos. Schleicher pensaba que el ejército tendría libertad para dirigir al país, como un Estado dentro de un Estado. Papen y Hindenburg creían haber colocado a Hitler en una situación en la que podrían aprovechar el amplio respaldo obtenido por el nazismo para implantar sus propios planes. Todos se equivocaban y no tardaron en darse cuenta de que habían subestimado fatalmente al líder nazi. No fueron los primeros ni los últimos en cometer este error.[63]

V

Llegado a este punto, a sus poco más de cuarenta años, Hitler había logrado por fin gozar de alguna forma de estabilidad personal en su vida. Lejos de ser una persona fría, asexual y carente de emociones —como la han imaginado muchos historiadores—, siempre había sido susceptible al encanto femenino. Es bien sabido que se sentía próximo a cierto número de mujeres mayores, por lo general acaudaladas y bien situadas, como Helene Bechstein o como Winifred Wagner: la esposa de Siegfried, hijo del compositor Richard Wagner, que había nacido en Inglaterra; después de morir su marido en 1930, Winifred asumió la dirección del festival anual de Bayreuth y permitió que Hitler lo convirtiera en un acontecimiento con buena sintonía con el nazismo. Pero algunas fuentes creíbles también dejaron constancia de su admiración por mujeres más jóvenes —incluso mucho más jóvenes— como por ejemplo Maria Reiter, que trabajaba en un hotel donde él se alojó mediada la década de 1920, o Henriette Hoffmann, hija de su fotógrafo personal, Heinrich Hoffmann; consta asimismo que intentó seducirlas, no sin torpeza y con un resultado negativo en ambos casos. Su relación con Angela («Geli») Raubal fue más seria. Geli era hija de una hermanastra de Hitler, llamada asimismo Angela; fue la acompañante regular de los viajes y actos políticos del líder nazi desde 1928, cuando ella contaba solo veinte años. En octubre de 1929 Geli se mudó al apartamento muniqués de Hitler. Pero él se mostró tan celoso con la independencia de ella, y tan restrictivo, que a Geli la situación se le hizo insoportable: el 19 de septiembre de 1931 la hallaron muerta en el suelo del apartamento, sobre un charco de sangre, con una pistola junto a la mano derecha y una herida fatal en el pulmón. La autopsia concluyó con un dictamen tajante: suicidio. Aunque empezaron a circular rumores escandalosos sobre la relación de los dos, impulsados por los enemigos políticos de Hitler, el líder nazi y su entorno consiguieron que los medios de comunicación prestaran poca atención al caso, alegando que había sido un disparo fortuito, producido mientras Geli jugaba con la pistola (hipótesis poco probable, dado que al parecer estaba familiarizada con el arma). Se esforzaron por limitar los daños y lo consiguieron. Hitler quedó algo tocado, pero nunca pensó en suicidarse él: a los pocos días tomó la palabra ante un público de 10.000 partidarios, en Hamburgo; luego acudió en secreto a depositar unas flores en la tumba de Geli y en adelante casi nunca la volvió a mencionar.[64]

A partir de este momento Hitler insistió a menudo en que había sacrificado su vida privada por amor al país; demasiados historiadores han dado crédito a una afirmación que se corresponde muy poco con la realidad. En la primavera de 1931 conoció a Magda Quandt, de la que se enamoró. Era una mujer elegante, divorciada de un industrial, que agradeció el halago, pero ya había iniciado una relación con el jefe de la propaganda nazi, Joseph Goebbels; de hecho, la pareja se casó aquel mismo año, el 19 de diciembre. Tras una discusión no poco extraña, los tres acordaron que Hitler se contentaría con ser un amigo de la familia pero en los actos públicos utilizaría a Magda como una especie de acompañante oficial. En estas fechas, no obstante, Hitler ya había conocido a Eva Braun, una joven (nacida en 1912) de una familia pequeñoburguesa que trabajaba en el estudio del fotógrafo de Hitler, ya mencionado, Heinrich Hoffmann. Tras la muerte de Geli Raubal, en los primeros meses de 1932 iniciaron una relación, no sin que Hitler hubiera ordenado verificar la ascendencia de Eva, para asegurarse de que era «aria». Es prácticamente innegable que se trató de una relación sexual, pero en los acontecimientos públicos Hitler no permitió que se la viera con él. Ella se sentía a la vez encerrada y olvidada, e intentó quitarse la vida en dos ocasiones, lo que amenazaba con provocar otro escándalo. Hitler cedió y empezó a consentir que le acompañara en público, aunque con las funciones de «secretaria» o «miembro del equipo», y le puso un apartamento en Múnich, cerca del suyo, para luego ofrecerle alojamiento en la propia Cancillería del Reich, en Berlín. Con el paso del tiempo Eva asumió también el papel de anfitriona en el retiro rural de los Alpes bávaros, en el Obersalzberg, donde rodaba películas caseras en color que muestran a Hitler descansando entre sus acompañantes. Pero el verdadero papel de Eva —su existencia entera, en realidad— se ocultó cuidadosamente al conocimiento público hasta el final de sus días, y hasta entonces nunca se planteó un matrimonio, o tener hijos. Hitler estaba «casado con Alemania», según solía repetir, y nada debía alterar esa imagen.[65]

Antes de que lo nombraran canciller imperial Hitler ya había impuesto a su alrededor un aura de obediencia y liderazgo absolutos. El personal que le acompañaba, formado por hombres como Julius Schaub, que actuaba como una especia de factótum personal, y sus chóferes y ayudas de cámara, entre otros, procedía a menudo de las filas del ejército, los camisas pardas y el ultranacionalismo; pero ninguno ejercía una influencia personal o política sobre él. Hitler había logrado marginar o expulsar a sus antiguos rivales políticos. Solamente permitía que se acercaran hombres que lo consideraban un genio; a los críticos no se los toleraba. La identificación constante que sus discursos formulaban entre la vida personal de Hitler y la vida de Alemania —«Hitler es Alemania», afirmó Rudolf Hess en la encendida alabanza que dedicó a su líder en *El triunfo de la voluntad*, la película que Leni Riefenstahl grabó durante el Congreso del Partido Nazi de 1934— le dotaba, a ojos de los observadores, de una cualidad sobrehumana, que se reforzaba a su vez por su convicción personal, enfática y absoluta, de estar en lo cierto, convicción que no admitía ninguna clase de disensión. Según escribió al poco de acabar la guerra Albert Speer, arquitecto de Hitler y posteriormente ministro de Municiones, quien tenía la suerte de hallarse en presencia del líder —él mismo incluido— quedaba admirado sin excepción: para unos su grandeza era indudable, para otros su misión era indiscutible; estaban pendientes de todas y cada una de sus palabras, impresionados por su evidente calma y autocontrol. Speer no fue el único que idolatró a Hitler: entre quienes sobrevivieron a la guerra, durante los interrogatorios de los Aliados, muchos otros confesaron que le tenían una gran fe, a pesar de que en la práctica Alemania había quedado hundida y asolada. Es evidente que a los detenidos les interesaba destacar que la responsabilidad de todo lo sucedido era de Hitler, y no propia; pero la insistencia machacona en la grandeza del líder, la afirmación repetida de que creían en él y en su legado, eran en lo esencial genuinas, sin lugar a dudas.[66]

Estos efectos se debían en gran medida, sencillamente, a la naturaleza sumamente personal de su liderazgo, que dotó a su figura pública de un poder y un prestigio enormes. Hitler tenía talento para adaptarse a las personas con las que estaba hablando, ya fueran una muchedumbre o un solo individuo, y sabía mostrar emoción cuando las circunstancias lo requerían; por ejemplo aparentó llorar de emoción, en agosto de 1930, al implorar a las SA rebeldes que le jurasen lealtad. Entre sus adeptos muchos destacaron el poder de sus ojos azules: Hitler tenía la desconcertante costumbre de fijar la mirada en la persona con quien hablaba, a veces con calidez, otras veces con frialdad, siempre con hipnotismo. Su conocimiento de las cosas era autodidacta, y en consecuencia parcial y poco sistemático; pero impresionaba con su memoria y dominio de los detalles. En su círculo más íntimo, en especial con las familias sustitutas —Joseph y Magda Goebbels y la familia de ambos, Winifred Wagner y la suya, el fotógrafo Heinrich Hoffmann e ídem— acertaba a descansar y a mostrar una faceta solícita, cuando alguien pasaba por dificultades personales (en sus memorias, Goebbels lo atestiguó más de una vez); pero cuanto más cultivaba la imagen carismática y suprahistórica, más tendió a esconder sus sentimientos tras la máscara del «gran hombre». Su fe ardiente e ilimitada en sí mismo le sirvió a menudo para desarmar a quienes empezaban por mostrarse escépticos con él. Sus pasiones privadas —el cine, Wagner, los coches rápidos, la planificación de edificios magnos— se reflejaron en algún caso en las medidas que su gobierno adoptó; pero no hizo mayor gala de su práctica vegetariana y abstemia, salvo para reforzar la imagen deliberada de un hombre que renunciaba a los placeres personales por su labor política. Esto no le impidió entregarse al gusto que le reportaban los pasteles de nata; por otro lado, el disgusto que le provocaba el humo del tabaco —en una época en la que prácticamente todo alemán adulto era adicto a los cigarrillos— se reflejó en la prohibición de fumar en los edificios públicos nazis.[67]

Hitler no fue elegido canciller imperial el 30 de enero de 1933 por votación popular, pues las elecciones más inmediatas se habían celebrado hacía ya más de dos meses, en noviembre de 1932, y él no había obtenido una mayoría suficiente; de hecho, su porcentaje de votos había menguado. Sin embargo, era en efecto el líder del partido más votado, por lo que no debió el cargo a una simple intriga política entre bambalinas, como había sucedido con Papen, quien carecía casi por completo de respaldo electoral. El nombramiento de Hitler fue pues un resultado de la combinación de estos dos factores. Pero aunque los nazis celebraron la elección por todo el país, con desfiles y marchas iluminadas con antorchas, para anunciar el advenimiento del «Tercer Reich», en la práctica el verdadero «ascenso el poder» aún no se había hecho efectivo. Se debió, en buena medida, a su talento para aprovechar las oportunidades al paso. Entre ellas, la de la noche del 27 de febrero, cuando un joven holandés, de la extrema izquierda pero no comunista, prendió fuego al edificio del Reichstag; con esta iniciativa el joven, Marinus van der Lubbe, quería protestar contra la falta de sensibilidad con que a su juicio la clase dirigente alemana estaba tratando a los desempleados. Hitler y Göring llegaron a la escena cuando el edificio aún estaba en llamas. El único periodista presente en el lugar era un inglés —Sefton Delmar, corresponsal del *Daily Express* londinense en la ciudad de Berlín— que de algún modo había logrado acceder al círculo interior de Hitler. Delmar los muestra sorprendidos y muy atemorizados, impresión confirmada más adelante por el jefe de la policía política prusiana, Rudolf Diels. Sin duda creían que se trataba del primer acto de una revolución comunista, supuesto no poco verosímil, a tenor del historial revolucionario y violento que los comunistas estaban protagonizando en Europa desde 1917. Göring no vaciló en afirmar que estaban preparados para dinamitar los edificios públicos (entre ellos, las centrales de producción de electricidad), envenenar las «cocinas públicas» y secuestrar a las familias de los ministros del gobierno. Eran afirmaciones guiadas por el pánico, que no se basaban en ninguna prueba, ni real ni tampoco fabricada.

A la mañana siguiente Hitler convenció al gabinete y al presidente de que este alarmismo estaba bien fundado y logró que se aprobara un decreto de suspensión de las libertades civiles, que autorizaba a la policía a detener a quienes se sabía que eran comunistas, apalear e intimidar a los oponentes (incluidos muchos políticos de primer nivel) e impedir que los otros partidos hicieran campaña. Se arrestó a cerca de cuatro mil comunistas; bandas de camisas pardas batían las calles en camiones descubiertos para detener a quien intentara repartir publicidad o hacer campaña por los comunistas o los socialdemócratas. En las plazas se instalaron altavoces que emitían discursos de Hitler. Como condición del nombramiento como canciller imperial, este había exigido repetir las elecciones al Reichstag. Se celebraron el 5 de marzo de 1933, en condiciones marcadas por la falta de libertad y de limpieza; en buena medida porque Hitler seguía recurriendo a la violencia callejera y la intimidación, que escalaron radicalmente a partir del 22 de febrero, cuando Hermann Göring, aprovechando que era el ministro de Interior de Prusia, aunque en funciones, permitió que los camisas pardas actuaran como auxiliares de policía. Pero incluso con todas estas restricciones, el Partido Nazi no obtuvo más que un 44 % de los votos; para superar el umbral del 50 % les fue necesario sumar a sus socios de coalición, los nacionalistas conservadores, con un 8 % adicional. Cinco millones de votantes no dudaron en dar respaldo a los comunistas, que consiguieron más del 12 % de los votos, o los socialdemócratas, con un considerable 18,3 %. Hitler había permitido que los comunistas presentaran a sus candidatos por el temor a que una eventual prohibición reforzara más aún a los socialdemócratas. El hecho de que la izquierda lograra casi un tercio de los votos en unos días en que las SA estaban deteniendo a los candidatos, apaleándolos, torturándolos u obligándolos a exiliarse es un indicio claro de que, en aquel momento, Hitler y los nazis aún debían superar una oposición significativa.[68]

El país se sumió entonces en un tsunami de terror. Los camisas pardas arrasaban las calles armados, destruyendo y saqueando las sedes de los partidos socialdemócrata y comunista, arrestando a sus empleados, administradores y representantes públicos, humillándoles, dándoles palizas, torturándolos e incluso, en varios casos, ejecutándolos. El 25 de marzo de 1933 ya se habían producido escenas de esta índole en cuarenta y cinco ciudades de toda Alemania. Tres días antes Heinrich Himmler, elegido jefe de la policía de Baviera, abrió el primero de los campos de concentración, en Dachau, que llenó de comunistas y socialdemócratas a los que se maltrataba y pegaba con brutalidad. Le siguieron otros campos. El día anterior se celebró la sesión inaugural del nuevo Reichstag, bajo la presidencia de Hindenburg. Fue una ceremonia recargada, que tuvo lugar en Potsdam, una ciudad prusiana marcadamente militar; Hitler, vestido con levita, se inclinó ante el presidente como rindiendo homenaje al viejo orden; se colocó también un trono, simbólicamente vacío, en referencia al káiser ausente, y los hijos del emperador tuvieron una participación destacada en el espectáculo. La farsa reconcilió a Hindenburg con el hecho de que Hitler estuviera tomando el poder; de hecho, mientras el ritual avanzaba se le vio derramar alguna lágrima. Entre el público, muchos asistentes monárquicos y conservadores también se tranquilizaron con la idea de que los nazis eran unas personas respetables que se unirían a los representantes del viejo orden para crear una Alemania capaz de superar la constitución democrática —un fracaso—, barrer a los socialistas y los comunistas, y restaurar el mundo ordenado, exitoso y seguro que a su entender se había vivido en tiempos del káiser. Tantos cientos de miles de conservadores se apresuraron a afiliarse al Partido Nazi que se los bautizó con el irónico nombre de *Märzgefallenen*, «los caídos de marzo», en alusión a las víctimas de la revolución de 1848; el Partido Nazi tuvo que suspender el reclutamiento de miembros nuevos durante un tiempo. Sin embargo, entre tanto la violencia y el derramamiento de sangre continuaban desatados. Se estaba haciendo realidad lo que Hitler había prometido la noche del incendio del Reichstag: «A partir de ahora no habrá más compasión: a todo el que se interponga en nuestro camino, lo derribaremos».[69]

Para revisar la Constitución de Weimar, Hitler necesitaba contar con más apoyos en el Reichstag, hasta reunir una mayoría de dos tercios. Los partidos menores, en especial sus socios de coalición, pensaban apoyarle, pero ciertamente no los socialdemócratas, contrarios a todo intento de socavar la democracia. Un total de 94 de sus 120 diputados se atrevieron a superar los cordones uniformados de la *Sturmabteilung* que cercaban el Teatro de la Ópera de Kroll, donde se celebró la sesión, el 23 de marzo de 1933, y no cedieron ni ante el acoso de los numerosos camisas pardas armados que abarrotaban la cámara ni ante la decoración con esvásticas. Otto Wels, como portavoz socialdemócrata, aseguró que a largo plazo la dictadura no conseguiría destruir los ideales de la democracia. A pesar de toda la intimidación, los socialdemócratas votaron en contra de la «Ley de capacitación» que Hitler —vestido también de uniforme— presentó con un discurso incendiario que amenazaba con desatar aún más violencia si la medida se rechazaba. Esta ley le capacitaba para aprobar leyes sin la aprobación del Parlamento. Disponía de una copia previa del discurso de Wels y replicó manifestando su desprecio por los socialdemócratas, a los que calificó de perdedores de la historia. Acto seguido se llevó a cabo la votación. Hermann Göring, que presidía la sesión en representación del partido más votado, se negó a reconocer a los diputados comunistas —legítimamente electos— y con ello redujo ilegalmente el *quorum* de 432 a 378 parlamentarios. Esto permitió que los nazis se alzaran con la ansiada mayoría de dos tercios, gracias a los votos de los 73 diputados del Partido de Centro Católico: tras dos días de conversaciones con Hitler, sus líderes dieron crédito a la promesa de este según la cual la Iglesia católica y sus organizaciones laicas no se verían afectadas por las medidas que los nazis pudieran imponer a la sociedad. Los diputados centristas católicos se sentían intimidados por las detenciones y palizas y veían con temor las referencias de Hitler a una guerra civil. El Vaticano, que estaba dando apoyo a los regímenes autoritarios que se extendían por Europa, con el fin de frenar la amenaza del comunismo ateo, también animó a los representantes del Centro Católico a votar a favor de la Ley de capacitación. Sumados los votos de nacionalistas y liberales, era suficiente. A partir de aquel punto el gabinete podía aprobar sus propias leyes y decretos sin la aprobación del presidente o del Reichstag. La Ley de capacitación, unida al Decreto del Incendio del Reichstag, supusieron la excusa seudolegal con la que se instauró una dictadura que se extendió hasta 1945.[70]

Con sus maniobras, Hitler había dejado fuera de juego a los socios conservadores de la coalición. Estos habían empezado por aplaudir sus medidas —en particular el fin de la democracia parlamentaria y la supresión del movimiento sindical—, pero con el tiempo, cuando comprendieron que ellos también estaban en la diana y empezaron a criticar a sus consocios por la violencia y los desórdenes, era demasiado tarde. El 30 de mayo de 1933 Hitler rechazó a voz en grito sus quejas, con un estallido de cólera en el que amenazó con «tres días de baño de sangre» si seguían protestando.[71] Hitler también había empezado a reestructurar el gabinete imperial, incorporando a una serie de nazis al gobierno; el primero, Joseph Goebbels, a quien el 13 de marzo de 1933 confió la cartera recién creada del Ministerio Imperial de Ilustración Pública y Propaganda. En mayo de aquel año entró Hermann Göring, como ministro de Aviación; a finales de junio de 1933 Alfred Hugenberg —el magnate de la prensa nacionalista, quien había cometido la imprudencia de revelar algunas de las intenciones a largo plazo de Hitler en una conferencia internacional— dejó su puesto al nazi Richard Walther Darré. En 1934 hubo más nombramientos. Pero en cierto sentido esto apenas importaba, porque Hitler marginó al gabinete y se arrogó sus poderes en solitario. El gobierno se fue reuniendo cada vez con menos frecuencia y en 1938 lo hizo por última vez. Entre tanto grupos de camisas pardas armados asaltaban por todo el país los ayuntamientos y las sedes de los gobiernos regionales, y expulsaban a los titulares con el débil pretexto del Decreto del Incendio del Reichstag. El 9 de marzo de 1933 todos los estados federados alemanes, de Hamburgo a Baviera, estaban gobernados por los nuevos «comisarios del Reich» y la esvástica ondeaba en los edificios administrativos de todo el país.[72]

En este proceso de conquista del poder por parte de los nazis —que se desarrolló ante todo entre los meses de mayo y junio de 1933— no hubo nada especialmente sutil o sofisticado. Gracias a los más de dos millones de hombres violentos y armados de sus filas, el movimiento de las *Sturmabteilungen* —espoleado por Hitler— se apoderó sin más de todas las organizaciones políticas ajenas al nazismo: saqueó las sedes, apaleó brutalmente a los representantes, intimidó a sus dirigentes y les obligó a dejar de actuar. Al menos 600 personas fallecieron en aquel caos y el número de heridos es incalculable. Entre 100.000 y 200.000 socialdemócratas y comunistas fueron arrestados y encerrados en centros de tortura o campos de concentración improvisados, y no recuperaron la libertad salvo después de jurar que abandonaban la política. También se maltrató a una cantidad suficiente de integrantes de partidos «burgueses» como el Centro Católico, para darles a entender que les convenía disolverse; los partidos de izquierdas fueron abolidos directamente por decreto. En esta situación de violencia masiva Hitler se sintió con la fuerza suficiente para amenazar a los socios nacionalistas de la coalición, reclamando su obediencia; acobardados, se sometieron. A finales de junio Alemania se había convertido en un Estado unipartidista. Anteriormente los nazis se adueñaron también del inmenso funcionariado civil del país, con sus maestros, profesores universitarios y cientos de miles de otros empleados de las administraciones: un decreto del 7 de abril de 1933 expulsó a quienes se sabía eran leales a partidos políticos distintos al nazi. Lo mismo hicieron al cabo de poco con las administraciones locales. En una situación en la que la tasa de desempleo era aún muy elevada —la Depresión continuaba—, estas medidas tuvieron consecuencias graves para esas personas y sus familias. No es de extrañar pues que varios miles se afiliaran al Partido Nazi con la intención de no perder el trabajo.[73]

Impulsado hacia delante con una celeridad asombrosa, en la cresta de esa ola de brutalidad y violencia sin restricciones, el «alzamiento nacional» —como los nazis lo denominaban— hizo que la gente adoptara el saludo nazi en el trato personal y firmara la correspondencia con un *Heil Hitler*, «buenos deseos a la alemana» obligatorios para todos los funcionarios desde el 13 de julio de 1933. Desde el 11 de marzo de 1933 la bandera nazi ya se izaba en los edificios oficiales junto a la antigua bandera imperial, en sustitución de la bandera negra, roja y dorada de la República de Weimar; era otro signo claro de que las antiguas élites colaboraban con la creación de la dictadura nazi. Una medida que satisfizo los deseos de unos y otros fue la destrucción de los sindicatos y el saqueo de sus valores, a lo que siguió una celebración obligatoria del 1 de mayo —antaño socialista— como «día nacional del trabajo». Llegados al otoño de 1933, todos los colegios profesionales también habían cedido a la presión dando paso a organizaciones nazis; así sucedió incluso en el caso de las bellas artes, sometidas ahora al paraguas de una nueva «Cámara de Cultura del Reich», con distintas subdivisiones. Toda muestra de desobediencia se sofocó con brutalidad: en Köpenick, pueblo anejo a Berlín, un incidente de resistencia armada ante un arresto de socialdemócratas se replicó con la detención de 500 integrantes de este partido por una SA local, que los estuvo torturando durante varios días, causando la muerte directa de noventa y nueve. Varias figuras destacadas de la oposición —como Felix Fechenbach, que había sido secretario de Kurt Eisner— fueron «abatidas mientras intentaban escapar». Un ex primer ministro de Mecklemburgo-Schwerin, el socialdemócrata Johannes Stelling, murió mientras lo torturaban. Algunos líderes del Centro Católico, como Eugen Bolz, presidente del estado de Württemberg, también fueron detenidos y apaleados antes de recuperar la libertad. Hitler odiaba visceralmente a cualquiera que se le resistiera. Ese odio, su intolerancia y su firme convicción de que el interés de la nación exigía tratar a los enemigos con violencia y asesinarlos abrieron camino a la brutalidad física que resultó esencial para que los nazis conquistaran el poder.[74]

Al mismo tiempo, una parte cuantiosa de la población aprobaba las acciones de Hitler. En el ámbito político, fue importante el papel del ejército y sus jefes. Dado que durante las negociaciones que habían llevado a Hitler a la cancillería, Kurt von Schleicher ya había amenazado veladamente con que las fuerzas armadas tomarían el poder, el líder nazi era consciente de que debía atraer al ejército. Por lo tanto el 3 de febrero ya había tomado la palabra ante una asamblea de comandantes convocada por el ministro del Ejército, Werner von Blomberg, oficial destacado él mismo, al que Hindenburg acababa de confiar esa cartera con la esperanza de que defendiera la autonomía de los militares. Hitler les prometió aprobar un gran programa de rearme, introducir el reclutamiento obligatorio, terminar con la democracia e instaurar un gobierno autoritario, devolver a Alemania la condición de gran potencia y «conquistar nuevo espacio vital en el Este y germanizarlo sin piedad». Los generales se habían opuesto a la República de Weimar desde el principio y consideraban horrendo el Tratado de Versalles; las palabras de Hitler, en consecuencia, eran música para sus oídos.[75] Durante los meses posteriores pudo contar con su apoyo sin fisuras. Al mismo tiempo varias grandes empresas industriales dieron pingües donaciones a los nazis para contribuir a financiar la campaña de marzo de 1933; en un encuentro con líderes del sector industrial, celebrado en la residencia de Göring el 20 de febrero de 1933, Hitler les había presionado abiertamente para que lo hicieran así.[76]

La tan cacareada unidad de Alemania pasó a cimentarse pues sobre la creación de un Estado unipartidista. En adelante los votantes podían elegir entre los candidatos y las políticas del nazismo o la abstención o el voto nulo. Mediante una mezcla de intimidación y manipulaciones, Hitler no tardó en asegurarse de obtener un respaldo casi unánime en todas las elecciones y plebiscitos, lo que daba la impresión —de cara al mundo exterior, le interesaba que así fuera— de que el Partido Nazi gozaba de un apoyo abrumador. Se proclamó una serie de leyes nuevas sobre la traición por las cuales abogar por un cambio constitucional, desear la caída del gobierno de Hitler o siquiera criticar a su persona o a otros líderes nazis eran delitos punibles con la pena de muerte. El sistema legal existente había caído en la red de la dictadura nazi; donde aún mostraba cierta independencia —el Tribunal Supremo absolvió a varios comunistas acusados de haber conspirado junto con Marinus van der Lubbe en el incendio del Reichstag—, Hitler se apresuró a establecer un sistema paralelo de tribunales especiales que no vacilaban en dictaminar de acuerdo con su voluntad. A partir de entonces, sin apenas excepciones, el sistema legal estuvo al servicio del régimen nazi —del «pueblo alemán», decía Hitler— y no de ningún concepto abstracto de justicia independiente. La Iglesia católica estaba satisfecha con la firma de un Concordato con el Vaticano, que en teoría garantizaba la existencia futura de sus organizaciones laicas; en cuanto a la Iglesia evangélica protestante, estaba cayendo en manos de los «cristianos alemanes», protestantes que, entre otras cosas, negaban que Jesucristo hubiera sido judío. Hitler había empezado a expresarse con grandilocuencia sobre un nuevo Reich que duraría como mínimo mil años.[77] Este nuevo Imperio alemán sería tan poderoso que ningún poder lo derrotaría, ni interno ni externo.[78] Era lo que Hitler calificó repetidamente como «la Revolución Alemana».[79]

El rasgo que caracterizó e impulsó todo el proceso fue la violencia que Hitler fomentó, un odio furioso contra socialistas, comunistas y demócratas —de hecho, contra prácticamente cualquiera que le negara el apoyo— que contagió tanto a numerosos partidarios de base como a sus acólitos y animadores, tales como Goebbels y Göring. Antes de alcanzar un poder del todo completo e irrestricto, no obstante, aún tuvo que solucionar otros dos problemas. El primero era el carácter semiautónomo de las SA, que habían alcanzado más de cuatro millones de integrantes tras la incorporación de una organización paramilitar de veteranos nacionalistas, la Stahlhelm («cascos de acero»). Eran cifras colosales en comparación con las del ejército regular, que el Tratado de Versalles había limitado a 100.000 hombres. Fueron una fuente continua de desórdenes y violencia y, tras haber aplastado a los movimientos paramilitares rivales en la primera mitad de 1933, carecían de un propósito claro. En agosto de 1933 Göring reconoció este hecho y anuló la orden que les había permitido actuar como auxiliares de la policía. La jerarquía de las fuerzas armadas estaba cada vez más alarmada ante la amenaza que suponían esta organización y su crecimiento. El líder de las SA, Ernst Röhm, socio directo de Hitler desde los primeros años de la década de 1920, quería transformarla en una especie de milicia nacional.[80] Los principales generales alemanes, en consecuencia, insistían de forma creciente en la necesidad de domeñar a Röhm. Era necesario actuar, si no incluso urgente. A finales de junio de 1934 Hitler cedió a las peticiones y puso en marcha lo que calificó de ataque preventivo: quería impedir que los camisas pardas encabezaran una «segunda revolución» (que no existía como tal, era un simple producto de la propaganda). Hizo arrestar a los jefes de las SA y ejecutar a Röhm y a varios de sus lugartenientes y, en lo que se ha dado en llamar «Noche de los Cuchillos Largos», sometió a la organización rebelde. Al menos ochenta y cinco personas perdieron la vida en aquellas circunstancias, aunque es posible que fueran muchas más. El problema se resolvió y, a los pocos meses, se aprobó el reclutamiento militar obligatorio de los jóvenes.[81]

El segundo problema que Hitler debió afrontar en la primera mitad de 1934 no carecía de relación con el anterior: era la evidente mengua de salud del presidente Hindenburg, que contaba ya ochenta y seis años. Los aliados conservadores de Hitler —en especial el vicecanciller Franz von Papen— empezaron a competir por la sucesión, haciendo hincapié en su distancia ideológica con respecto a los nazis (en la medida en que existía) y criticando la violencia con que las SA habían estado atacando a los contrarios a la «revolución nacional». Hitler se había visto obligado a tolerar la prolongada presencia de Hindenburg como jefe de Estado —y por lo tanto superior jerárquico— porque el mariscal de campo era una figura que despertaba una veneración muy general. Pero estaba resuelto a que, cuando Hindenburg faltara, nadie ocupara su lugar, salvo él mismo. Para frenar a los conservadores utilizó la misma Noche de los Cuchillos Largos, a finales de junio de 1934: hizo ejecutar al autor de los discursos de Papen y envió al vicecanciller a Viena, como embajador de Alemania en Austria. Entre las otras víctimas también hubo personas que sabían demasiadas cosas sobre los inicios de la carrera de Hitler, o que en algún momento le habían hecho enfadar. Tal fue el caso del político bávaro Gustav Ritter von Kahr, que se había enfrentado al *Putsch* de la cervecería, en noviembre de 1923; de Gregor Strasser, que había abandonado sus filas en un momento crucial, a finales de 1932; o del general Kurt von Schleicher, que a finales de ese mismo año se había cruzado en su camino al optar con éxito al cargo de canciller imperial al que Hitler aspiraba.[82] Con este remate asesino a la «conquista del poder», Hitler culminó el ascenso a la posición de dictador indiscutido. A la muerte de Hindenburg, el 2 de agosto de 1934,

Hitler abolió el cargo de presidente, alegando que nadie más lo merecía, y con ello se convirtió de facto en el jefe del Estado. Desde aquel momento todos los funcionarios civiles, oficiales militares y soldados tuvieron que jurar su lealtad personalmente a él, y no a la Constitución, como se había hecho hasta entonces.

Aunque la Constitución de la República de Weimar seguía vigente en la mayoría de sus aspectos, al menos en teoría, el nuevo régimen hizo sentir de inmediato la novedad. Se lo bautizó como Tercer Reich o «Tercer Imperio» porque supuestamente continuaba la línea del primero —el Sacro Imperio Romano Germánico, fundado en el año 800 por Carlomagno, el imperio original de los «mil años de historia»— y del segundo, el fundado por Bismarck en 1871. El culto a la personalidad de Hitler alcanzó pronto unas dimensiones tan grotescas que incluso él mismo se esforzó por moderarlo. Así, promulgó órdenes para contener la cascada de cambios de nombres de calles y plazas que celebraban su figura y se negó a aceptar doctorados honorarios de las universidades. Dio a conocer asimismo su negativa a cobrar el sueldo asignado al canciller imperial, cantidad que en realidad no necesitaba, pues cobraba pingües derechos de autor por *Mein Kampf* e ingresos por el uso de su imagen en los sellos de correos. Esto no contuvo no obstante la incesante adulación pública de Hitler como «el Líder» de Alemania, *der Führer*, repetida en todas las cartas oficiales, así como en los saludos formales o informales entre ciudadanos en calles, cafés y tabernas, con la referencia constante al *Heil Hitler!*[83]

VI

Como dictador, Hitler tenía bajo su control todas las áreas de la política interior, si deseaba ejercer el dominio hasta ese grado. Nadie le discutió nunca ningún aspecto de su política; pero, por descontado, se centró más en algunas áreas que en otras. Como siempre se había visto a sí mismo como un artista, por ejemplo, Hitler prestó especial atención a la política artística y cultural. Casi de inmediato ordenó construir en Múnich una «Casa del Arte Alemán», en sustitución de un anterior centro de exposiciones, el Palacio de Cristal, que había ardido por accidente dos años antes. Aquí se exhibirían las obras culturales que él consideraba propiamente alemanas. En el acto de colocación de la primera piedra del edificio, el

15 de octubre de 1933, declaró que se habían acabado las «excentricidades incomprensibles»: en el mundo del arte —como en las demás facetas de la vida alemana— también se pondría fin a las discusiones y las divisiones y, en efecto, al poco tiempo, mediante una orden de Goebbels, se abolió la crítica de arte; a fin de cuentas, en una situación en la que todo lo que se exhibía gozaba de la aprobación del gobierno, cualquier crítica habría equivalido en la práctica a una crítica del régimen en sí.[84] Lo que se había dado en llamar «arte moderno», a juicio de Hitler, eran obras enfermas e incompetentes, tan primitivas que podrían haber sido producto de los «neandertales culturales» de la Edad de Piedra; esta perspectiva se manifestó en la tristemente famosa exposición de «arte degenerado» que, con la aprobación de Hitler, organizó Goebbels en 1937. «A partir de ahora libraremos una guerra implacable para purgar los últimos elementos que están debilitando nuestra cultura», afirmó. Las obras modernistas desaparecieron de las galerías y los museos; los directores que habían promovido el arte abstracto, el posimpresionismo, la Neue Sachlichkeit (Nueva Objetividad) y otros movimientos artísticos modernos fueron destituidos; los artistas que crearon esas obras pasaron a la lista negra. Era la venganza de Hitler por haber sido rechazado como artista antes de 1914, en una época en la que sus esbozos, de carácter minuciosamente representativo, eran objeto de desprecio y en cambio saltaban a la fama pintores modernistas como Picasso y Matisse. El arte —dijo— debía expresar la esencia más pura del pueblo alemán; en la práctica se limitaba a un arte tradicional y representativo, pinturas y esculturas que celebrasen el heroísmo del pasado, el presente y el futuro. Mientras que el arte «moderno» se ajustaba a modas cambiantes, el arte alemán era eterno como eterno era el pueblo alemán.[85]

En la práctica, ninguna de las obras que Hitler promovió ha pasado la prueba del tiempo, pues resultaban convencionales, carentes de imaginación y originalidad; por el contrario han pervivido precisamente las pinturas y esculturas que ridiculizó, de artistas que en su mayoría optaron por el exilio cuando él se alzó con el poder. Hitler intervino activamente en la vida artística de Alemania y habló sobre arte mucho más a menudo que ningún otro dictador de la época. Su punto de vista, mezclado con la ideología *völkisch*, expresaba a la perfección los prejuicios pequeñoburgueses de las mentalidades estrechas e ignorantes. También carecieron de originalidad, en todos sus aspectos salvo en la manía gigantea, los edificios públicos seudoclásicos que concibió para el futuro de diversas ciudades alemanas. En noviembre de 1937 ya estaba planeando reconstruir Berlín para convertir la capital de Prusia «en la eterna ciudad capital del primer Reich del pueblo alemán». A lo largo de los años siguientes, en colaboración con su arquitecto Albert Speer, dibujó planos de una ciudad nueva —Germania— que cruzarían cuatro amplios paseos, con un aeropuerto en cada extremo, y el centro de la ciudad caracterizado por un inmenso Pabellón del Pueblo coronado por una cúpula mayor que la de San Pedro en Roma, un Arco del Triunfo mayor que el de París y otras varias construcciones sumamente pretenciosas. Todo ello demostraría «que nuestra labor es proporcionarle a un pueblo milenario mil años de pasado cultural e histórico, una ciudad que durará mil años más y será idónea para su futuro interminable».[86] Para Hitler, los edificios representaban el poder, según la lección que aprendió antes de 1914 con las imponentes construcciones de la Ringstrasse de Viena. Repitió una y otra vez que los alemanes estaban viviendo unos tiempos de grandeza nunca superada y les aguardaba un futuro brillante en el que sus vidas mejorarían aún más. Cada generación venidera «será aún más fuerte, aún más poderosa y aún más sana y dará a las generaciones vivas una esperanza cada vez mayor para el futuro». Al mismo tiempo, no obstante, según les dijo a los miembros de las Juventudes Hitlerianas, los jóvenes deberían prestar devoción a «un Reich eterno y un pueblo eterno» y, en caso de necesidad, sacrificarse por mor del futuro de la raza alemana.[87]

Como Hitler manejaba la hipótesis de que los modernistas sufrían alguna clase de distorsión hereditaria de los sentidos de la percepción, sopesó esterilizar a los artistas que no habían abandonado el país, aunque la idea no se llegó a poner en práctica.[88] Uno de sus primeros actos legislativos como canciller imperial fue aprobar la «Ley de prevención de la descendencia con enfermedades hereditarias», que entró en vigor el 1 de enero de 1934. Fue la base de la posterior campaña de esterilización obligatoria de los «no aptos», que afectó no solo al total muy reducido de alemanes que padecían enfermedades hereditarias graves, como el corea de Huntington, sino también al número inmensamente mayor de personas a las que se esterilizó porque se las tenía por «moralmente débiles», discapacitadas mentales, alcohólicas o marginadas sociales. El 7 de septiembre de 1937 Hitler justificó en público esta medida de «higiene racial» porque mantendría «la sangre alemana» en condiciones de «pureza y no contaminación». La esterilización obligatoria llegó a imponerse a unos 400.000 alemanes; a partir de 1939, de acuerdo con las órdenes expresas que Hitler firmó, se empezó a asesinarlas, mediante el gaseo, la inyección letal, la muerte por hambre o la desatención médica; aquí hablamos en total de unas 200.000 personas, hombres, mujeres y niños.[89] El nazismo —afirmó Hitler— era una doctrina científica que mejoraría la raza alemana con los medios de la selección eugénica.

A diferencia del mundo del arte, sobre la economía Hitler encontró poco que decir. Sus discursos sobre el tema fueron breves y poco detallados. Entre otras cosas proclamó que Alemania no tardaría en ser autosuficiente, en especial por la producción de sustancias químicas y fertilizantes artificiales, y de combustible y caucho. La población quizá notaría algunas formas de carestía, meramente temporales.[90] Antes que abundar en cuestiones de matiz optó por felicitarse por haber puesto fin a las huelgas y los conflictos y haber multiplicado los proyectos de construcción. En cuanto a los asuntos técnicos, como el de las tasas de cambio internacional, lo «resolvió» declarándolas fijas para siempre.[91] Para que gestionara la recuperación económica eligió a un experto en finanzas, Hjalmar Schacht, presidente del Reichsbank y, desde 1934, ministro de Economía; pero el pleno empleo solo se consiguió con la introducción del reclutamiento obligatorio, en 1935, y la prolongada carrera del rearme, una política que, a entender de Schacht, estaba generando distorsiones cada vez más graves en la economía.[92] En lo que atañía a Hitler, la ingente cantidad de préstamos con las que se estaba costeando el rearme se devolvería con los beneficios de la conquista y la anexión. Resuelto a evitar la escasez que —a su juicio— había socavado la moral durante la primera guerra mundial, Hitler favoreció una política de «autarquía», por la que Alemania debía ser autosuficiente en todo lo posible: en vez de importar combustible o caucho, se utilizarían productos sintéticos (una ambición que demostró ser muy poco realista) y también se promovería la agricultura nacional.[93]

La propaganda comunista, tanto en la década de 1930 como posteriormente, tendió a retratar el régimen de Hitler como una herramienta del gran capital; pero el Tercer Reich se describe más adecuadamente como una «economía dirigida» en la que el gran capital halló muchas dificultades para influir en las decisiones del nazismo y, en muchos aspectos, accedió más bien a regañadientes con políticas como la autarquía, el antisemitismo, la expropiación, la «arianización» y los trabajos forzados. Sin embargo, el mundo de la industria (algunos sectores más que otros, como es lógico) se benefició sobremanera con el infatigable proceso de rearme que Hitler dirigió. Una vez que se puso de manifiesto que no estaban en condiciones de esquivar las políticas del nazismo, muchos jefes industriales y empresariales se adecuaron a ellas, de mejor o de peor grado. Así una pequeña minoría participó en la venta forzosa de los negocios judíos adquiriéndolos a un precio justo, pues eran amigos de los propietarios; pero la inmensa mayoría aprovechó la medida para su enriquecimiento personal.[94] Durante la guerra la industria recurrió en una escala vasta al trabajo forzado y esclavo; la SS gestionaba campos de trabajo anejos a los centros de producción, donde se vivía en condiciones similares a las de los campos de concentración; en consecuencia, la tasa de mortalidad de los obreros fue sumamente elevada.[95]

Si los detalles de la economía y las finanzas le interesaron poco, en cambio abundó en su deseo de «motorizar» Alemania. El 1 de febrero de 1933 —cuando no hacía ni quince días que era canciller— inauguró en Berlín una exposición internacional de vehículos a motor que hacía tiempo que se proyectaba; su discurso destacaba por el entusiasmo hacia un medio de transporte que entonces era aún relativamente nuevo. Se estaba presentando a sí mismo como un estadista serio, con planes ambiciosos de un futuro tecnológico: prometió reducir los impuestos a la industria del automóvil y emprender un extenso programa de construcción de carreteras.[96] Su concepto de «coche popular» (Volkswagen), nuevo y asequible, se tradujo en el famoso «escarabajo», diseñado por Ferdinand Porsche a partir de esbozos del propio Hitler; se aspiraba a que permitiera viajar a todas las familias, aunque no llegó a producirse antes de la guerra (y los numerosos alemanes corrientes que invirtieron en el coche con la esperanza de que se les entregara uno en su debido momento nunca recuperaron el dinero). El Volkswagen fue uno más de los numerosos productos de consumo que el régimen promovió aprovechando que los precios de la electricidad se redujeron con rapidez gracias al levantamiento de nuevas centrales generadoras: hubo también un «frigorífico popular» y una «radio popular», acompañadas de un ambicioso programa de tendido de autopistas (*Autobahn*) que, sin embargo, ni de lejos alcanzó las proporciones exageradas que anunciaba la maquinaria propagandística de Goebbels.[97]

Por encima de todo, en cuanto la conquista del poder se fue haciendo realidad, Hitler —acompañado por el siempre voluntarioso Goebbels— empezó a traducir en acciones su temor y odio visceral y obsesivo hacia los judíos. Sentaron las bases políticas e ideológicas para que la violencia antisemita campara a sus anchas, con apariencia de ser espontánea. Hacía años que ataques físicos contra los judíos —o personas que a los nazis les parecía que eran judíos— formaban parte del repertorio violento de los camisas pardas. Cuando se nombró a Hitler canciller imperial, el antisemitismo se incorporó de forma oficial a la política del gobierno. El 6 de marzo de 1933 patrullas de camisas pardas recorrieron en toda su extensión la Kurfürstendamm —una de las principales calles comerciales de Berlín— para agredir a los judíos e incluso arrastrarlos fuera de sus coches para apalearlos. En muchos otros lugares tomaron al asalto los despachos de los juristas judíos, o practicantes de otras profesiones, e irrumpieron por la fuerza en las tiendas de propiedad judía, disparando y reventando escaparates.[98] Cuando en Estados Unidos se organizaron manifestaciones para protestar contra la creciente violencia antisemita, Hitler y Goebbels reaccionaron con un boicot de ámbito nacional contra los negocios judíos, el 1 de abril de 1933. Hitler defendió la acción increpando furiosamente a «la judería mundial internacional» y a sus agentes en Alemania, «enemigos interiores de nuestra nación». Las SA pegaron carteles en los escaparates de los comercios judíos, para disuadir a los clientes de entrar en ellos, e hicieron guardia a las puertas, amenazadoramente, para imponer el boicot, que se hizo extensivo asimismo a los abogados y médicos. Aun así muchos clientes insistieron en utilizar esos comercios de propiedad judía y, pasado el 4 de abril, la medida no se volvió a adoptar como tal.[99] Mediante un decreto del 7 de abril de 1933, se destituyó a los funcionarios civiles que se consideraban políticamente indeseables, así como a los de «origen no ario», en otras palabras: los judíos. Solo se exceptuó a los que habían luchado en algún frente de la primera guerra mundial, por orden expresa de Hindenburg, que en esas fechas aún ejercía una influencia considerable. Si con estas medidas oficiales se pretendía enviar un mensaje a los camisas pardas, conforme la campaña antisemita debía coordinarse centralmente, el fracaso fue estruendoso: durante los meses posteriores, en muchas poblaciones, siguió habiendo boicots no coordinados contra los negocios y los despachos de profesionales judíos.[100]

Hitler alegó repetidamente que Alemania era la víctima de una conspiración internacional de los judíos. El 12 de febrero de 1936, por ejemplo, se despachó a gusto contra

> el poder de nuestro enemigo judío, un enemigo movido por el odio que, aunque no le hemos hecho daño alguno, intenta subyugar a nuestro pueblo alemán, convertirnos en sus esclavos; ¡un enemigo que es el responsable de todos los infortunios que Alemania padeció en noviembre de 1918 y los años posteriores!

Eran culpables de «una sucesión interminable de asesinatos de nacionalsocialistas, casi siempre por la espalda, apaleados, apuñalados o ejecutados a tiros», hombres que, a pesar de haber fallecido, acompañaban en espíritu a los miembros vivos del movimiento como mártires inspiradores de la causa.[101] Cuando declaró que «la nación se niega ya a que estos parásitos sigan chupándole la sangre», en septiembre de 1938, en realidad los judíos de Alemania estaban sufriendo expropiaciones, se les privaba del sustento económico de sus vidas y se les expulsaba del país en número creciente. Como en tantas de sus afirmaciones, Hitler voceaba la verdad de su cabeza e impulsaba una teoría conspiranoica que carecía de todo sustento en la realidad.[102]

El 30 de enero de 1939, sexto aniversario de su nombramiento como canciller del Reich, Hitler dedicó gran parte de su discurso de inauguración del nuevo Reichstag —un Parlamento «electo» en condiciones de unipartidismo— a una larga diatriba de odio contra «el ansia de venganza y la codicia económica» de «la judería internacional», a la que culpó de todas las desgracias que Alemania había vivido en el transcurso del siglo, desde el Tratado de Versalles hasta la hiperinflación de la posguerra. Alemania había estado «gobernada y controlada por una raza extranjera». Pero eso se había acabado, tronó: el pueblo alemán ya había reclamado su arte y su cultura. La «anidación [*Einnisten*] de una raza extranjera que sabía apoderarse de todas las posiciones de liderazgo» se había terminado. En su mundo de fantasías paranoides, los judíos quedaban descalificados como seres humanos; eran alimañas, insectos que «anidaban» en casa ajena, como las hormigas. En los años veinte —dijo— los judíos se habían reído de él cuando profetizó que un día se alzaría con el poder y «solucionaría el problema judío»; esta referencia aludía a la prensa de izquierda y liberal, a la que acusaba —falsamente—, junto con casi todos los demás poderes de la República de Weimar, de no ser más que marionetas de una conspiración global de los judíos que pretendía hundir la civilización alemana. «Pues bien, hoy quiero volver a ser profeta», continuó.

> Si la judería internacional de Europa y otros lugares del mundo hiciera realidad su objetivo de sumir de nuevo a los pueblos en una guerra mundial, entonces el resultado será no la bolchevización de la Tierra y con ello la victoria del judío, sino la aniquilación de la raza judía en Europa.[103]

Con estas palabras quedaba meridianamente claro que Hitler creía seriamente que tanto el capitalismo como el comunismo estaban dirigidos por una conspiración global de los judíos que aspiraba a destruir Alemania y Europa. Actuar al respecto fue uno de los grandes objetivos de la guerra que inició en septiembre de 1939. De hecho, se identificó hasta tal punto con la idea que, más adelante, equivocó la fecha de este discurso, de enero de 1939, creyendo que lo había pronunciado el día que el conflicto armado empezó, en septiembre.[104]

Para Hitler, promulgar las Leyes de Núremberg en el Congreso del Partido Nazi de 1935 representó tan solo una medida provisional. Resuelta con premura, como intento de canalizar y organizar las múltiples acciones antisemitas de la base, que se habían ido acumulando en los meses inmediatamente anteriores, esa legislación ilegalizó en Alemania el matrimonio y las relaciones sexuales entre judíos y no judíos, y aceleró la emigración masiva de los judíos alemanes a otros países, sobre todo a Estados Unidos; la comunidad judía de Alemania era minúscula —menos del 1 % de la población— y cuando la emigración se declaró ilegal, en 1941, cerca de la mitad había abandonado el país. Aun así Hitler siguió afirmando que «la lucha contra los enemigos interiores del país», en alusión especial a los judíos, «no fallará nunca por las inadecuaciones de la burocracia oficial», puesto que el Partido se encargaría de liberarla. El Estado, con su sistema formal de leyes y tribunales, era tan solo «una forma de organización de la vida racial, impulsada y gobernada por la expresión directa de la voluntad de vivir del pueblo, esto es: el partido del movimiento nacionalsocialista». Hitler creía que la legislación formal, sumada al engorroso y regulado funcionamiento del derecho, obstaculizaban hacer realidad la voluntad del pueblo, que él identificaba en la práctica, cada vez más, con la propia. Sin embargo, hasta el 26 de abril de 1942 Hitler no hizo que el Reichstag declarase que su palabra era ley; a partir de entonces tuvo el derecho de expulsar a aquellos jueces que dictasen sentencia con independencia. Pocos meses más tarde se jactaba de que los criminales habían sido «extirpados». En realidad la delincuencia cotidiana —desde los robos a los asesinatos— no había menguado a pesar de que las condiciones de las prisiones y las penitenciarías estatales habían empeorado radicalmente y que en los campos se exterminó a unos 20.000 reincidentes.[105]

Mucho antes de llegar a este punto, no obstante, Hitler había presidido incontables violaciones de la ley con relación a las acciones antisemitas. El ejemplo más notable fue el del 9 de noviembre de 1938, cuando se reunió con Joseph Goebbels, el ministro de la Propaganda, para autorizar la orgía nacional de violencia contra el pueblo judío y sus propiedades que la posteridad conoce como *Reichskristallnacht* («Noche de los cristales rotos»). No cabe duda de que, aunque la idea quizá provino de Goebbels, la orden de desatar la violencia procedió directamente de Hitler, cuya postura al respecto se describe en el diario del ministro como «absolutamente radical». Aunque supuestamente eran las represalias por el asesinato de un funcionario de la embajada alemana en París, la destrucción de miles de propiedades judías, el incendio de cientos de sinagogas y la detención —por orden directa de Hitler— de unos treinta mil hombres judíos a los que se encarceló en campos de concentración hasta que accedieron a emigrar tuvieron continuidad en una serie de medidas que privaron de sus ingresos y posesiones a la reducida comunidad judía de Alemania. En los saqueos y la destrucción participaron con especial entusiasmo numerosos jóvenes alemanes. En la mentalidad paranoide de Hitler, esta violencia sin ley era una medida de seguridad imprescindible en preparación de la guerra que se avecinaba: quería eliminar lo que consideraba una amenaza interior contra la capacidad de combate del país. No fue necesario recurrir a leyes formales: bastó con su orden. Sin embargo, la oleada de horror y repulsión que era consciente de que barrería la comunidad internacional en respuesta al pogromo le convenció de que en adelante debía ocultar al ámbito público su autorización personal de la violencia.[106]

El objetivo de las leyes —aducía— era defender los intereses de la raza. «Un juez es el portador de la autopreservación de la raza», dijo más adelante, o al menos así se recoge en *Las conversaciones privadas*. Como la guerra causaba la muerte de los mejores entre los jóvenes, el sistema legal debía compensarlo eliminando a los peores. El sistema judicial vigente, a juicio de Hitler, era blando. Solía leer las noticias de prensa que informaban sobre una sentencia y, si esta le parecía demasiado indulgente, ordenaba ejecutar al condenado. El régimen se apoderó pues del sistema legal, que durante la guerra se volvió más severo y punitivo. Ya en 1933 toda una batería de nuevas leyes contra la traición trasladó la función represiva de la SS y las SA, los campos y la Gestapo hacia los tribunales, la policía regular y las cárceles; si en 1935 el número de internos de los campos había caído hasta estar por debajo de los 4.000, en paralelo hubo un incremento muy superior del número de presos de las cárceles estatales, de los cuales a 23.000 se los clasificaba oficialmente, aquel mismo año, como delincuentes políticos.[107] Entre tanto Himmler, la SS y la Gestapo utilizaron los poderes seudolegales de Hitler para detener y encerrar en campos de concentración a personas que no habían violado la letra de la ley: por ejemplo, homosexuales a los que se había encarcelado de acuerdo con el párrafo 175 del Código Penal —que el régimen nazi endureció— y habían cumplido la duración de la pena asignada, pero al salir de la cárcel se encontraron con que la Gestapo los estaba esperando.[108]

Hitler también dedicó atención a la política religiosa. En octubre de 1937 dijo, ante varios funcionarios destacados del Ministerio de Propaganda, que «después de una difícil batalla interior, había logrado liberarse de las creencias religiosas infantiles», por lo que «ahora me siento libre como un potro en un prado».[109] En su búsqueda de la perfección totalitaria intentó atraer a las Iglesias protestantes estatales hacia la órbita nazi por medio del movimiento de los «cristianos alemanes», que rechazaba el Antiguo Testamento por ser «judío» y defendía que Jesucristo era «ario». Los católicos, que debían lealtad al papa, quedaron sometidos a una discriminación creciente: se suprimieron varias instituciones autónomas como escuelas católicas y organizaciones juveniles. Supuestamente gozaban de la protección del Concordato firmado en 1933 entre el Vaticano y el Reich, un acuerdo según el cual los sacerdotes y obispos alemanes se abstendrían de participar en la política. A pesar del Concordato, los nazis los sometieron a su control y a los sacerdotes que intentaron defender las instituciones católicas o criticaron el régimen en público los enviaron a campos de concentración. El mismo destino aguardó a los sacerdotes que se opusieron en público a medidas de «higiene racial» como la esterilización obligatoria de los «no aptos». En respuesta a las críticas de lo que denominaba «la prensa judía internacional y su campaña propagandística» contra la política religiosa de los nazis, en 1939 Hitler advirtió que el «impuesto eclesiástico» —un porcentaje de las rentas de los ciudadanos alemanes, recaudado por ley— proporcionaba a las Iglesias un apoyo económico muy generoso que se anularía si el Estado nazi optaba por la plena separación de la Iglesia y el Estado. Los clérigos que se limitaban a los asuntos religiosos, sin interferir en los temas políticos, estaban a salvo, pero a aquellos que se opusieran francamente al régimen, los iban a aniquilar. La jerarquía eclesiástica, tanto la católica como la protestante, se acobardó ante las amenazas y —como además estaba predispuesta a apoyar al gobierno nazi, o al menos tolerarlo, a condición de que repeliera la amenaza del comunismo— le dio sus bendiciones al régimen nazi.[110]

Aunque Hitler rechazaba el cristianismo por no considerarlo alemán, sino «la violación, durante siglos, de la libertad del alma»; sin embargo, también miraba con escepticismo el empeño de algunas figuras del nazismo, como Alfred Rosenberg y Heinrich Himmler, por sustituirlo con unos supuestos antiguos cultos germánicos. En un discurso pronunciado el 6 de septiembre de 1938 rechazó en público la idea de que el nacionalsocialismo fuera «un movimiento de cultos» e insistió en que, por el contrario, «es una doctrina fría, basada en la realidad y en la comprensión científica más perspicaz ... Por lo tanto no debe tolerarse que los investigadores del ocultismo y el más allá, con sus inclinaciones místicas, se infiltren en nuestro movimiento». El orden natural había sido creado por Dios —concedía—, pero debía estudiarse con un espíritu de apertura y de realismo científico, no rendirle devoción en «emplazamientos de un culto» vago e irracional.[111] Hitler creía en Dios, según dijo el 24 de febrero de 1940 en un discurso en el que, no obstante, en los cuatro párrafos siguientes «Dios» cede su puesto a una «Providencia» que se menciona en no menos de siete ocasiones.[112] A juzgar por lo que se recoge en *Las conversaciones privadas*, en 1941-1942 hizo hincapié varias veces en la creencia de que el nazismo no era un culto, sino un movimiento científico que con el paso del tiempo sustituiría al cristianismo.[113]

VII

Hitler nunca ocultó (al menos, cuando hablaba con sus seguidores) que sus ambiciones con respecto a Alemania eran ilimitadas. Sus deseos iban mucho más allá de volver a situar al país entre las grandes potencias o de revisar el Tratado de Versalles para que Alemania recuperase lo que había perdido. El 5 de noviembre de 1930 tomó la palabra en Mannheim y declaró ante sus adeptos, en referencia al «Reparto de África» de la década de 1880:

> Ningún pueblo tenía más derecho al concepto de la hegemonía universal [*Weltherrschaft*] que el pueblo alemán. Era un derecho que nos correspondía a nosotros, no a ninguna otra nación. [Aplauso atronador.] Ni Inglaterra, ni España, ni Holanda ni ninguna otra nación poseía la energía y la competencia, y también la fuerza numérica, en las que basar el derecho innato a reclamar para sí el dominio del mundo. En aquel primer reparto del mundo nos quedamos cortos; pero ahora nos hallamos en el inicio de una nueva y grande sacudida universal. Hoy hay personas que afirman que estamos entrando en una era de paz, pero yo les tengo que decir: «Caballeros, no están entendiendo el horóscopo de nuestros tiempos, que apunta como nunca antes no hacia la paz, sino hacia la guerra».[114]

Esta fue su declaración más meridianamente clara e inequívoca sobre la naturaleza extrema —mejor dicho, ilimitada— de sus ambiciones en materia de política exterior y su fe absoluta en que para hacerlas realidad había que recurrir a la fuerza militar.

Durante los primeros meses de 1933 Hitler estaba tan ocupado con la conquista del poder supremo en el seno de Alemania que no dedicó mucho tiempo a la política exterior. En todo caso, los socios nacionalistas de la coalición —incluido el ministro de Exteriores, Konstantin von Neurath— compartían el afán por anular el Tratado de Versalles; lo mismo cabía decir de la abrumadora mayoría de los embajadores y el resto de los mandarines del ministerio.[115] En realidad esta perspectiva se compartía prácticamente por todo el espectro político de Alemania. Durante el debate sobre la Ley de capacitación, y aunque estaban en contra de la ley en sí, hasta los socialdemócratas votaron a favor del programa inmediato de Hitler en materia de política exterior.[116] Así pues, una vez que obtuvo y consolidó el poder, Hitler empezó a llevar a la práctica su intención anunciada de liberarse de las restricciones que los acuerdos de paz de 1918-1919 habían impuesto a Alemania. En el primer gran discurso que dedicó a la política exterior siendo canciller imperial, el 17 de mayo de 1933, condenó —en presencia de los últimos diputados del Partido de Centro, los nacionalistas y los socialdemócratas— lo que calificó de imposición unilateral de un desarme, y preparó el terreno para retirar al país de la Sociedad de Naciones, como en efecto sucedió en noviembre. La Sociedad —lamentó— la habían creado las potencias vencedoras de la primera guerra mundial para ejecutar las injusticias de los acuerdos de paz de 1919. La marcha de Alemania se legitimó mediante un referendo nacional que, no obstante, se celebró en las mismas condiciones en que habían pasado a realizarse las elecciones: coacciones intensas, intimidación y falsificación.[117]

A partir de este momento sus discursos sobre política exterior dejaron de expresar los verdaderos objetos y propósitos declarados en el discurso de 1930 que se ha citado arriba, dirigido a miembros del Partido. Se convirtieron en una «pantalla de humo» (por decirlo con la palabra elegida por Peter Longerich, biógrafo de Hitler) que ocultaba sus auténticas intenciones.[118] Así, en vez de arengar a sus seguidores con el reconocimiento franco del propósito de alcanzar la hegemonía global, escondió esas ambiciones por detrás de una fachada de mentiras y engaños concebida para que la comunidad internacional se calmara en lugar de oponerse.[119] En enero de 1934 se firmó un pacto de no agresión con Polonia, una medida de contención mientras en secreto Alemania se rearmaba y lo preparaba todo para atacar más adelante a su vecino oriental.[120] El 25 de enero de 1935 le dijo a un periodista estadounidense: «Alemania nunca romperá la paz por propia iniciativa» y describió la guerra como una catástrofe que tan solo acarreaba «profundos sufrimiento» a los pueblos.[121] Como aún contemplaba con inquietud la posibilidad de una intervención franco-británica, en los años inmediatamente posteriores reiteró que «el nacionalsocialismo es ajeno a las políticas de corrección de las fronteras a expensas de los pueblos extranjeros».[122]

Los habitantes de su país natal, Austria, no eran no obstante un «pueblo extranjero», a su modo de ver. En consecuencia dejó de lado la cautela de sus diplomáticos y promovió un golpe de Estado de la SS austríaca con la intención de derribar violentamente al gobierno. Sin embargo, el golpe —que resultó en el asesinato del dictador clerical-fascista Engelbert Dollfuss, el 25 de julio de 1934— supuso un fiasco, entre otras razones porque los camisas pardas de Austria, resentidos aún por la recentísima Noche de los Cuchillos Largos y el asesinato de sus líderes en Alemania, se negaron a respaldar el intento; y lo mismo sucedió con Mussolini, quien, enojado por no haber sido consultado al respecto del intento, desplazó tropas hasta la frontera y amenazó con intervenir.[123] Hitler no tardó en recomponer las relaciones con el Duce, lo que no resultó especialmente difícil después de que, al año siguiente, Italia invadiera Etiopía y la comunidad internacional mostrara su descontento aislando al país transalpino. La mayoría de las acciones que Hitler emprendió a mediados de la década de 1930 no encontró la oposición de Francia ni Gran Bretaña, las dos principales potencias europeas. Hablamos de la reincorporación del Sarre, situado bajo mandato de la Sociedad de Naciones hasta 1935, mediante un plebiscito en el que la gran mayoría de los sarrenses optó por volver con Alemania; la reintroducción del reclutamiento militar obligatorio y el repudio a las cláusulas militares del Tratado de Versalles, aquel mismo año, y la remilitarización de la Renania en 1936, región en la que según el tratado no podía haber armas ni tropas alemanas. Tras estas medidas se produjo también la anexión de Austria al Reich (*Anschluss*), el 12 de marzo de 1938, que se impuso mediante una invasión militar alemana pero contaba con el respaldo de la mayoría de los austríacos. Nada de ello despertó la oposición de Gran Bretaña o Francia. En la comunidad internacional imperaba la sensación de que esas acciones se limitaban a aplicar en Alemania el principio de la autodeterminación nacional, lo que sin duda no podía tener nada de injusto.[124] En todas las fases, Hitler se aseguró de tranquilizar en lo posible a Gran Bretaña, Francia y el resto del mundo y se esforzó por dar la impresión de que buscaba la paz, no pretendía actuar agresivamente contra ningún tercer país y simplemente reclamaba lo que por derecho correspondía a Alemania.[125] De forma repetida, Hitler hizo en público declaraciones de amistad, dirigidas en especial hacia «Inglaterra», que él consideraba una nación germánica; en privado en cambio comentó que la incapacidad de británicos y franceses de intervenir para cortar la agresiva política exterior de Alemania era una prueba de su debilidad y degeneración. Por si acaso, no obstante, los gobiernos de esas dos naciones también emprendieron un programa de rearme entre bastidores.[126]

Hacia finales de 1937 la política exterior de Hitler empezó a dejar atrás las precauciones anteriores y aceleró claramente el ritmo. El líder nazi aseveró que una vez que habían eliminado a los enemigos interiores, era el momento de derrotarlos también en el mundo exterior.[127] El 31 de octubre de 1937, en conversación privada con funcionarios destacados del Ministerio de Propaganda, se cuenta que afirmó que él, Hitler, no iba a vivir mucho tiempo, para lo habitual en los humanos. En su familia nadie llegaba a viejo. Su padre y su madre también habían muerto jóvenes. Por lo tanto era necesario resolver los problemas que había que solventar (¡el espacio vital!) lo antes posible, para que la solución llegara en vida de él. Las generaciones posteriores ya no estarían en condiciones de hacerlo. Únicamente él podía conseguirlo.[128]

El 20 de octubre de 1937, hablando con un dignatario islámico de visita en el país, el Aga Jan, especificó que se trataba de resolver los problemas de Austria, los Sudetes, Dánzig y el Corredor polaco, que Alemania incorporaría a su territorio. Pidió a su huésped que advirtiera al gobierno de Londres que «Inglaterra debe darnos libertad para actuar en el continente y, a cambio, nosotros no interferiremos en sus intereses de ultramar». Esta «oferta» se repitió a menudo durante los años siguientes, incluso en plena guerra. Carecía de cualquier verosimilitud, dada la actitud que Hitler manifestaba hacia los acuerdos internacionales en general; su interés radica en que se revela que el líder nazi concedía una prioridad muy secundaria a la recuperación de las colonias de ultramar perdidas con el Tratado de Versalles.[129] El 10 de noviembre de 1937 se reunió con grandes generales para esbozarles sus intenciones y se mostró confiado en que los británicos no pondrían especial objeción a la invasión alemana de Checoslovaquia.[130] Los jefes de las fuerzas armadas estaban de acuerdo con sus objetivos de largo plazo, pero ciertamente alarmados por la impaciencia de Hitler; creían que, aunque el rearme avanzaba con gran celeridad, Alemania no estaría lista para una gran guerra europea en 1937 ni en 1938. Algunos incluso empezaron a conjurarse para arrestar a Hitler en el caso de que sobrepasara los límites de la cautela y la racionalidad dando inicio a un conflicto que era imposible que Alemania ganara.[131]

Hitler estaba cada vez más insatisfecho con los dirigentes del Ministerio de Exteriores, que compartían la ambición de establecer la hegemonía en la Europa central y oriental, pero tenían más dudas con respecto a los métodos violentos que su líder estaba dispuesto a emplear para conseguir esos fines. El 4 de febrero de 1938 destituyó al responsable de la cartera, el nacionalista conservador Konstantin von Neurath, y confió Exteriores a una figura más dócil, el activista nazi Joachim von Ribbentrop, de influencia creciente desde hacía cierto tiempo.[132] La exclusión de Neurath fue el punto final de la prolongada purga de todos aquellos responsables que a juicio de Hitler querían frenar su poderoso impulso belicista. Por iniciativa de Göring, Hitler también despachó al ministro de la Guerra, Werner von Blomberg, con la excusa de que la nueva novia del general —Erna Gruhn, mucho más joven que él— había posado para fotografías pornográficas. También se acabó con el jefe del ejército, Werner von Fritsch, en este caso mediante una acusación de homosexualidad con pruebas falsificadas. Hitler aprovechó la oportunidad para apartar a diversos generales conservadores y reestructurar el aparato de la defensa: en vez del Ministerio de Guerra, creó un Mando Supremo de las Fuerzas Armadas.[133] Insistió en que las fuerzas armadas debían someterse con «lealtad y obediencia ciegas» a sus órdenes.[134] Hjalmar Schacht, cuya posición como ministro de Economía se debilitó al aprobarse en 1936 un Plan Cuatrienal —presidido, por orden de Hitler, por Hermann Göring— con el que se pretendía preparar la economía alemana para la guerra, presentó la dimisión en noviembre de 1937 porque no quería asumir los riesgos financieros ingentes del colosal programa de rearme que Hitler impulsaba. El líder nazi contaba sencillamente con recuperar las pérdidas más adelante, con la conquista de otros países. No cabe ninguna duda de que en aquel momento Hitler se dirigía deliberadamente hacia una guerra europea general.[135]

A partir de este momento se prescindió directamente de las normas diplomáticas tradicionales. Para Hitler, aunque en público exclamara: «¡Todo lo que firmemos lo cumpliremos de un modo absoluto y leal!»,[136] los acuerdos internacionales eran simples papeles que podían hacerse trizas cuando ya no resultaran necesarios. Algunos políticos extranjeros, como el primer ministro británico Stanley Baldwin y su sucesor en el cargo, Neville Chamberlain, dieron crédito a sus promesas: creían que Hitler era un estadista relativamente convencional, que respetaría las condiciones de los tratados que suscribía. Se equivocaban. En junio de 1935 Baldwin dio su aprobación a un acuerdo naval anglo-alemán que regulaba las dimensiones relativas de las Armadas británica y alemana: Hitler lo denunció cuando aún no llevaba cuatro años en vigor. En julio de 1936 el líder nazi suscribió un acuerdo formal con Austria que, a juicio del canciller austríaco Kurt von Schuschnigg, zanjaba definitivamente las cuestiones abiertas entre los dos Estados: antes de dos años, Hitler lo derogó unilateralmente. El 30 de septiembre de 1938 Chamberlain cerró un acuerdo con Hitler que garantizaba «la paz en nuestro tiempo»:

convenció a Hitler de que no invadiera Checoslovaquia a cambio de obligar a los checos a cederle a Alemania una parte de su territorio; en menos de seis meses Hitler se saltó el acuerdo e invadió el país vecino. Para que la Rusia soviética apoyara su invasión de Polonia —que suponía violar el tratado suscrito con los polacos en 1934 y confirmado de nuevo en público en enero de 1939—, en agosto de 1939 suscribió un pacto de no agresión que él mismo se saltó al invadir la Unión Soviética en junio de 1941. El 31 de mayo de 1939 Ribbentrop, el ministro de Exteriores, firmó asimismo un tratado de no agresión con Dinamarca, tras lo cual, en octubre, Hitler dio la garantía pública de que las relaciones germano-danesas «se dirigían así hacia una cooperación de lealtad amistosa e inalterable»; Alemania incumplió el acuerdo y, antes de que pasara un año, invadió el país, que ocupó en el plazo de unas pocas horas. El 6 de octubre de 1939 Hitler declaró que «la decisión de Alemania [es] irrevocable, a saber: generar las condiciones más aceptables de paz y estabilidad al este de nuestro Reich»; dieciocho meses más tarde «la decisión irrevocable» se revocó con la invasión alemana de la Unión Soviética.[137]

Sería un error atribuir exclusivamente a Hitler todos y cada uno de los estadios de este camino. Aunque sin duda siempre había tenido la intención de incorporar al Tercer Reich su país natal, Austria, también de lengua alemana; sin embargo, el fracaso del golpe de Estado de 1934 le hizo considerar la fecha con prudencia; por lo tanto se esforzó repetidamente por frenar a los nazis austríacos, que siguieron comprometidos con la violencia. Ante el deseo de Hitler de sumar los recursos industriales de Austria al Plan Cuatrienal, Hermann Göring instó al líder de los nazis austríacos, Arthur Seyss-Inquart, a comentarle a su jefe que si no ordenaba la invasión estaba dando una imagen de debilidad, lo que sirvió para que Hitler dejase atrás las vacilaciones.[138] En abril de 1938 Hitler ya había empezado a planear la invasión de Checoslovaquia, y aquí no hizo amago de ocultar su intención: alegó que la importante minoría étnica alemana del país vivía oprimida, una minoría a la que se había esforzado por invitar a sumarse al Partido Nazi y emprender una campaña de obstrucción y subversión contra el gobierno democrático checoslovaco.[139] Con Neville Chamberlain a la cabeza, británicos y franceses amenazaron con declarar la guerra si Alemania invadía Checoslovaquia militarmente. Pero Chamberlain creía que si el principio de la autodeterminación nacional —consagrado en el Tratado de Versalles— se aplicaba a los territorios checoslovacos fronterizos, de lengua alemana, que se cederían al Tercer Reich, entonces Hitler se «apaciguaría» y la guerra se podría evitar. Tras una serie de reuniones dramáticas, que culminaron con la firma de los Acuerdos de Múnich, el 30 de septiembre de 1938 —sin que se diera voz ni voto a los infortunados checos—, Hitler cedió a la presión de Chamberlain y volvió a hacer hincapié en que él tan solo deseaba que en Europa hubiera paz. El Reich se anexionó la franja occidental de Checoslovaquia, de la región conocida como los Sudetes, y el resto del país quedó muy expuesto a una invasión alemana en alguna fecha futura.[140]

El resultado no satisfizo a Hitler, al revés, lo enfureció. Cuando Chamberlain hubo regresado a Londres, el líder nazi se mofó de su apariencia anticuada, que le recordaba «los paraguas del mundo burgués de nuestros viejos partidos políticos». Los británicos eran a su juicio «gusanos diminutos» sin la capacidad de adoptar decisiones «varoniles» (en otras palabras: declarar la guerra). Se explayó a gusto contra los políticos del Reino Unido y descargó la frustración con largas diatribas contra los personajes que criticaban la política del «Apaciguamiento», como el conservador Winston Churchill.[141] Pero al mismo tiempo era consciente de que el pueblo alemán no estaba nada entusiasmado con la perspectiva de una guerra general. El líder nazi lamentaba que el «derrotismo» de la República de Weimar había permeado excesivamente entre los alemanes; según admitió en un discurso pronunciado en un entorno confidencial el 10 de noviembre de 1938, le había costado varios años «iluminar al pueblo alemán hasta que ha comprendido determinadas ideas de la política exterior y la voz interior del propio pueblo ha empezado lentamente a clamar en favor del uso de la fuerza».[142] Pero en la práctica no logró ese objetivo. Las escenas de júbilo popular que habían saludado el estallido de la guerra en 1914 no se repitieron en 1939.[143]

Llegados a este momento Hitler había dejado de explotar con los «criminales de noviembre»: los liberales y socialdemócratas que dieron paso a la República de Weimar al suscribir el Armisticio de noviembre de 1918. Antes al contrario, ahora saludaba la catástrofe de 1918 como un paso necesario en el camino de Alemania a la grandeza:

> Algunos sopesamos con especial frecuencia la cuestión de qué le habría acontecido a Alemania si en 1914 el Destino nos hubiera otorgado una victoria rápida y fácil ... Esa victoria, probablemente, habría tenido consecuencias lamentables. Pues en nuestro país no habríamos tenido ya la

> posibilidad de comprender lo que hoy nos hace alejarnos con horror, del camino que Alemania estaba siguiendo en esos días ... Aquel Estado, sin más base ni sostén que un poder militar superficial, no habría captado en ningún modo la importancia de las fuentes de la fortaleza popular que hunden sus raíces en la sangre, ¡y más tarde o más temprano, habría destruido su propia existencia y la base de su vida! ... Aquella catastrófica conmoción nos alejó del borde mismo del desastre, ¡sin ella habríamos sucumbido, de una forma lenta pero mucho más inevitable, al silencioso veneno de la descomposición nacional![144]

Solo mediante el ascenso y triunfo del nazismo —siguió diciendo— se podía reconocer y derrotar la subversión de los judíos, que ya había amenazado con acabar con Alemania durante la primera guerra mundial. Creía que el bolchevismo «judío» era una amenaza universal de proporciones históricas. Los judíos se habían apoderado de Rusia: «una dictadura brutal en manos de una raza extranjera que se hecho con el control absoluto del auténtico pueblo ruso y lo está utilizando correspondientemente». Denunció que los agentes subversivos guiados por los judíos estaban ejerciendo su influencia en todo el mundo y puso como ejemplo más reciente el de España, a pesar de que la Guerra Civil se había iniciado en 1936 y de resultas de un intento de golpe de Estado militar de la extrema derecha. Hitler se jactaba de que el nacionalsocialismo «ha expulsado del interior de Alemania la amenaza mundial de los bolcheviques».[145]

Hitler cruzó un Rubicón moderno el 15 de marzo de 1939. Después de un bombardeo propagandístico que alegaba que en el remanente del Estado checo se estaba maltratando a los habitantes de etnia alemana, los ejércitos de Alemania entraron en Praga. Esto suponía incumplir los Acuerdos de Múnich, pero, sin sonrojarse lo más mínimo, culpó de ello a Gran Bretaña y Francia.[146] Checoslovaquia quedó desmembrada, pues otros Estados vecinos, como Hungría y Rumanía, aprovecharon para quedarse con una parte de los despojos, sin disputar el grueso del pastel a los nazis, que el 16 de marzo convirtieron la última zona ocupada en el «Protectorado de Bohemia y Moravia». Tras esta conquista, Chamberlain y los Aliados occidentales comprendieron claramente que Hitler aspiraba a mucho más que a revisar el Tratado de Versalles en aplicación de la autodeterminación nacional de los alemanes. Según afirmó el propio Hitler en su mensaje de Año Nuevo del 1 de enero de 1940, Alemania había iniciado «la construcción de una nueva Europa» que ocuparía el lugar del «mundo judío-capitalista» del pasado. El crescendo de la propaganda alemana contra el supuesto maltrato de la minoría étnica alemana en Polonia evidenció a su vez que los polacos iban a ser los siguientes de la lista, aunque, sin duda, no los últimos. Cuando Chamberlain garantizó oficialmente la integridad de Polonia, respaldada con la amenaza de declararle la guerra a Alemania si lanzaba una invasión, el líder nazi estalló con furia. «El inglés» pagaría con sangre el posible estallido de una guerra, tronó; él siempre había intentado entablar un acuerdo perdurable con ellos —lamentó—, pero ahora esa esperanza quedaba destruida por «las fantasías de los líderes de Gran Bretaña». Pese a que lo estaban acusando de agresión, los hechos —se defendió apelando, como tan a menudo hacía, a unos hechos que solo existían en su cabeza— decían todo lo contrario: era Polonia la que, como Checoslovaquia anteriormente, agredía y perseguía a los millones de alemanes étnicos que vivían dentro de sus fronteras.[147]

Aunque durante el verano de 1939 se prolongaron las conversaciones diplomáticas con los británicos y los franceses, con respecto a la evidente amenaza de los nazis contra Polonia, Hitler nunca tuvo intención de que fructificaran.[148] En esta ocasión, a diferencia de lo ocurrido en Múnich el año interior, la intervención británica no le disuadiría de la acción militar. El 23 de mayo de 1939 el líder nazi ya advirtió a sus principales jefes militares de que «sin derramar sangre ya no podemos obtener más éxitos». Las colonias de ultramar no bastaban para proporcionarles «espacio vital»: «Lo que necesitamos es ampliar nuestro espacio vital en el este de Europa y garantizarnos el abastecimiento alimentario». Así pues, había que aislar a Polonia y luego aplastarla. Si Gran Bretaña y Francia, en alianza con la Unión Soviética, le declaraban la guerra a Alemania, «harán que yo ataque Inglaterra y Francia con varios golpes exterminadores. Inglaterra ve en nuestro crecimiento la base de una hegemonía que acabará por robarles el poder; por lo tanto Inglaterra es nuestro enemigo y el enfrentamiento con Inglaterra es una cuestión de vida o muerte». Si se iniciaba una guerra, Alemania debía organizar un «ataque relámpago contra Holanda» y ocupar asimismo Bélgica. La principal debilidad de Gran Bretaña era que dependía de la importación de alimentos del extranjero: si cortaban las vías de suministro, la obligarían a capitular. Hitler ordenó establecer una serie de grupos de planificación que abordarían cómo realizar mejor estos objetivos políticos, que debían mantenerse, todos ellos, en el más estricto de los secretos.[149]

VIII

Así pues, Hitler preparó la invasión de Polonia con muchos meses de adelanto y, al mismo tiempo, preparó planes de contingencia ante una guerra europea general. El camino se facilitó cuando, el 23 de agosto de 1939, se suscribió un tratado de no agresión negociado entre los ministros de Exteriores de Alemania y la Unión Soviética, Ribbentrop y Viacheslav Mólotov: al acordarse en secreto que los soviéticos ocuparían la parte oriental del país, se eliminaba un gran obstáculo para la destrucción de Polonia. Para Hitler fue tan solo un acuerdo temporal, firmado por razones exclusivamente tácticas, que invalidaría —como tantos otros convenios internacionales— cuando llegara el momento. En cuanto a Stalin, le concedía tiempo para reconstruir sus fuerzas armadas tras el daño que habían causado sus propias purgas políticas durante la segunda mitad de la década de 1930. Muchos alemanes recibieron con sorpresa y conmoción el anuncio del pacto y vieron a su líder bajo una nueva luz: como un cínico capaz de suscribir una alianza con una potencia a la que había estado condenando en público durante muchos años por ser el instrumento de una conspiración mundial de los judíos.[150]

Delante de la opinión pública nacional e internacional, Hitler justificó la invasión de Polonia, el 1 de septiembre de 1939, con el argumento poco plausible de que los polacos habían atacado varias instalaciones fronterizas alemanas. Eran ataques falsos: se había vestido con uniformes polacos a internos de los campos de concentración nazis, se los había asesinado con inyecciones letales y se había abandonado sus cuerpos en la escena, como «prueba».[151] Cuando Gran Bretaña y Francia le declararon la guerra a Alemania, a principios de septiembre, Hitler sostuvo que la guerra general que acababa de iniciarse era el fruto de un «ahogo» que los británicos estaban practicando desde 1933. Él había ofrecido la paz a los ingleses; pero después de fracasar repetidamente en el intento, ahora ellos tendrían que cargar con las consecuencias.[152] Hitler presentó el conflicto como una repetición de la primera guerra mundial, solo que, en esta ocasión, Alemania vencería. En su discurso del 1 de mayo de 1939 ya había planteado una pregunta retórica: «¿Acaso los políticos que ya habían intentado ahogarnos con su cerco no están de nuevo en activo, una parte de la gente que ya en 1914 solo conocía el odio [contra Alemania]?». «Es la misma camarilla internacional de belicistas que entonces ya estaba haciendo daño». Las voces que lo criticaban desde la propia Alemania, por descontado, eran sobre todo «parásitos mentales judíos» de la prensa o la intelectualidad. «La política británica del ahogo» se explicaba porque los extranjeros —en especial, los judíos— temían y a la vez envidiaban los grandes logros de Hitler en Alemania. Era una idea fantástica en 1939, como lo había sido también su equivalente en 1914. Servía para ocultar la gran decepción de Hitler por no haber conseguido impedir que Gran Bretaña declarase la guerra. Pocos días antes de la invasión de Polonia, el 13 de agosto de 1939, aún le estaba diciendo a Galeazzo Ciano, el ministro de Exteriores, que estaba convencido de que ni Gran Bretaña ni Francia entrarían en guerra. Había quedado claro que se equivocaba, con un error desastroso. Lo que era casi igual de grave: tampoco había convencido a su propio aliado, Mussolini, de sumarse al bando bélico alemán. Los italianos todavía tardarían varios meses en decidirse y, como en la primera guerra mundial, lo hicieron ante todo con la expectativa de incorporarse al bando ganador.[153] Al iniciar la guerra, Hitler anunció ostentosamente que vestiría uniforme militar hasta que obtuvieran la victoria. Él era «el primer soldado del Reich».

El 8 de noviembre de 1939, tras haber pronunciado su discurso habitual en la Bürgerbräukeller de Múnich —la misma cervecería desde la que había lanzado el golpe de Estado fallido en noviembre de 1923—, Hitler volvió a explayarse en palabras de odio contra los británicos, a los que acusaba de belicistas, anexionistas y explotadores de sus colonias, incapaces de digerir la envidia y el aborrecimiento que sentían por Alemania y los alemanes. Los británicos eran una civilización atrasada: Beethoven había sobresalido en el campo de la música más que todos los británicos del pasado y del presente juntos. Que hubiera una guerra era exclusivamente su culpa.[154] No es de extrañar que cuando se produjo una gran explosión en la cervecería, al poco de marcharse él, culpara también a los británicos. En realidad el atentado había sido obra de un trabajador solitario, el carpintero Georg Elser, socialista acérrimo que se oponía visceralmente a la dictadura nazi y durante la noche anterior había instalado en secreto una bomba en una columna vacía del establecimiento, programada para que estallara durante el discurso de Hitler; si el líder nazi escapó ileso fue porque se marchó antes de lo previsto, para tomar un tren a Berlín. Al tener noticia de la explosión afirmó que era otro ejemplo más de la Providencia que acudía a ayudarlo. La SS detuvo a dos agentes británicos en Holanda, en la ciudad fronteriza de Venlo, de los que sospechaba que habían organizado el intento de asesinato. A Elser lo capturaron en la frontera con Suiza y, tras un interrogatorio prolongado, el socialista logró convencer a la Gestapo de que había actuado en solitario, al construir por sí mismo una réplica de la bomba.[155]

En sus pronunciamientos públicos Hitler insistía hipócritamente en que él solo deseaba la paz. Pero al mismo tiempo aseguraba: «Nuestro mandamiento supremo es garantizar que Alemania disponga de más espacio vital». Su país tenía derecho a poseer más «espacio vital» por la mayor «calidad de vida» del pueblo alemán, por su energía, por su inventiva. Sus palabras dejaban clara la pretensión racista de aniquilar a los «eslavos infrahumanos» de la Europa del este para que los alemanes ocuparan su lugar.[156] En consecuencia cuando habló con los generales más destacados en vísperas de la invasión de Polonia, el 22 de agosto de 1939, les instó así: «¡Cerrad el corazón a la piedad! ¡Actuad con brutalidad! Ochenta millones de personas deben recibir lo que es su derecho. Es preciso garantizar su existencia. ¡El derecho asiste al más fuerte! ¡Sed absolutamente severos!». El objetivo de la invasión —dijo— no era llegar hasta ninguna posición geográfica en concreto, sino aniquilar Polonia. «El propósito es eliminar a las fuerzas vivas» de la existencia de los polacos, en otras palabras: destruir a sus clases dirigentes.[157] Desde el primer momento la guerra contra Polonia fue de tipo genocida, una guerra que Alemania libraba por la sola razón de estar convencida de la superioridad racial de su puesto.[158] En *Las conversaciones privadas* se afirma que Hitler declaró la intención de mantener a los eslavos «en el nivel cultural más bajo posible»; se germanizaría a los aptos y se reduciría el número de los demás negándoles la atención médica y manteniéndolos en la ignorancia e incultura. Con el tiempo dejarían su lugar a cien millones de alemanes. Los nuevos asentamientos alemanes estarían conectados por nuevas autopistas y líneas férreas de vía ancha.[159] No tardaron en darse los primeros pasos hacia este fin: tras la invasión se adoptaron en efecto medidas de desposesión y reasentamiento.[160]

Hitler empezaba a perder la paciencia con sus generales, que demoraron de forma repetida la invasión de Francia y los Países Bajos, que él ya había decidido hacer realidad durante el otoño anterior. Llevar a la práctica aquella decisión estaba resultando imposible debido a las condiciones meteorológicas adversas.[161] Cuando finalmente el tiempo mejoró, las fuerzas alemanas conquistaron ágilmente Dinamarca (abril de 1940), Bélgica y los Países Bajos (mayo de 1940) y Noruega (junio de

1940), con operaciones que el líder nazi justificó con el pretexto de impedir que Gran Bretaña utilizara esos países como bases desde las cuales atacar Alemania.[162] La revelación casual del plan de invasión de Francia —el «Caso Amarillo», de concepción relativamente convencional— permitió que dos de los generales más atrevidos, Erich von Manstein y Heinz Guderian, convencieran a Hitler de no enviar a la fuerza invasora a través de la llanura belga, sino de las colonias boscosas de las Ardenas, rodeando las defensas francesas. Hitler, siempre dado a las apuestas, quedó entusiasmado por la idea, entre otros factores por el riesgo inherente que entrañaba. En mayo de 1940 el tiempo mejoró por fin y las columnas blindadas alemanas avanzaron lentamente por los valles de las Ardenas, vulnerables al bombardeo aéreo, si los franceses detectaban su paso. Pero no lo hicieron. Los carros germanos salieron intactos a las llanuras del noreste de Francia y, con el apoyo de asaltos aéreos contra los aeródromos militares del enemigo y el respaldo masivo de la infantería, que avanzaba por detrás, sorprendieron a los franceses y la Fuerza Expedicionaria británica y los obligaron a retirarse hacia el canal de la Mancha. Los británicos no tuvieron más remedio que evacuar a sus tropas en Dunkerque y evitaron la aniquilación total porque Hitler aceptó el consejo de Göring —se jactaba de que sus aviones podían destruir a las tropas británicas en las playas— y de los grandes generales, que pidieron que se diera un breve descanso a sus tropas, pues estaban exhaustas. A mediados del mes de junio la derrota de Francia era total. Hitler estaba extasiado. Para destacar el vínculo con la primera guerra mundial ordenó sacar del museo el mismo vagón de ferrocarril en el que se había firmado el Armisticio de 1918, y trasladarlo al mismo punto para que los franceses suscribieran allí su capitulación.[163]

Fue el momento de mayor triunfo de Hitler. Se había vengado la derrota desastrosa de la primera guerra mundial, que le había obsesionado durante tanto tiempo. El racismo de Hitler se hizo evidente en la diferencia de trato que dio a los noruegos un mes después de haberse producido la invasión alemana, cuando aún perduraba la resistencia armada. Al mismo tiempo que condenaba lo que caracterizaba como brutalidad y falsedad de los polacos hacia los soldados alemanes, ensalzó a las tropas noruegas por su conducta franca y honorable. Hitler ordenó que, cuando el país se rindiera, se devolviera la libertad a los soldados noruegos apresados. Las fuerzas de ocupación de los Países Bajos recibieron instrucciones similares. El líder nazi consideraba que ambos países pertenecían a la raza «aria», a diferencia de los polacos, a cuyos soldados se debía exterminar sin más, tanto si se rendían como si no. A Polonia había que borrarla del mapa; su cultura había que aniquilarla; a sus intelectuales y dirigentes, matarlos. Alemania se anexionó gran parte del sector occidental del país y el resto formó el llamado «Gobierno General», dirigido por un destacado jurista nazi, Hans Frank.[164] La conquista de Polonia sometió además a cerca de 1,7 millones de judíos al control de los nazis (otros 1,6 millones se hallaban en las zonas orientales que la Unión Soviética se anexionó en octubre de 1939). Con ello surgió un problema nuevo o, según se mirase, una oportunidad. Más de la mitad de los judíos de Alemania —unos 304.000— habían emigrado cuando la guerra estalló, en gran medida a consecuencia de los decretos nazis que les confiscaban las posesiones y les impedían trabajar en la mayoría de las ocupaciones. Ahora Hitler dictaminó que se detuviera a los judíos polacos y se les encerrara en guetos creados en las principales ciudades del país. Aquí se les negaron sistemáticamente los recursos vitales, desde raciones suficientes de comida hasta la atención médica. Durante el proceso de detención, los «grupos de intervención» de la SS (*Einsatzgruppen*) apalearon, humillaron y asesinaron a multitud de judíos. En los propios guetos se nombró a «Consejos Judíos» (*Judenräte*) a los que se encargó la misión, casi imposible, de mantener con vida a los habitantes. Hitler se había embarcado en un nuevo estadio de la guerra contra los judíos, que no tardaría en intensificarse un paso más hasta convertirse en una pura guerra de exterminio.[165]

Entre tanto, durante los primeros meses de la guerra, la vanidad y el narcisismo de Hitler alcanzaron niveles aún más extraordinarios que hasta entonces. Mucho antes de que las hostilidades estallaran, el 1 de mayo de 1935 había afirmado ante una multitud congregada en el parque berlinés de Tempelhof —más de un millón de personas— que su voluntad personal era igual a la voluntad nacional de Alemania. Al final lo único que importaba era la voluntad de poder. «¡Mi voluntad —es necesario que así lo confesemos todos— es vuestra fe! ¡Mi fe lo es todo en el mundo, para mí, como lo es para vosotros! Pero ¡lo más excelso que Dios me ha dado en este mundo es mi pueblo! ¡Mi fe descansa sobre ellos y yo los sirvo con mi voluntad y les doy mi vida!».[166] El pueblo alemán, según aseveró el 21 de mayo de 1935, lo había elegido como su «único representante». El 23 de noviembre de 1939 dijo ante altos oficiales de las fuerzas armadas que, por una serie de factores —entre ellos, la debilidad y flaqueza de británicos y franceses—, era inevitable que Alemania obtuviera la victoria en la guerra. Añadió:

> Como último factor debo mencionar, con toda la modestia, a mi propia persona irreemplazable. Estoy convencido del poderío de mi mente y de mi carácter decisivo ... El destino del Reich depende tan solo de mí ... No me acobardaré ante nada y aniquilaré a todo aquel que se enfrente conmigo.[167]

La autoidentificación de Hitler con Alemania y el pueblo alemán estaba empezando a borrar de la imagen al país y su población: él nunca tropezaría, él nunca cometería un error ni fallaría en nada; si había reveses y derrotas, no serían por la culpa de Hitler, sino de alguna otra persona, en especial de los generales. La hipérbole se había convertido en el recurso por excelencia de Hitler: se dedicó incluso a corregir los despachos militares para que los anuncios de la victoria sonaran más enfáticos. Estaba «trabajando en el mayor programa armamentístico del mundo», según le dijo a un periodista estadounidense.[168] La invasión de Francia había sido «la mayor batalla de todos los tiempos»[169] y gracias a aquel éxito asombroso («la victoria más gloriosa de la historia») y el de la conquista de Noruega y los Países Bajos (la «serie de batallas más poderosas de la historia del mundo»), Hitler había pasado a considerarse como el mayor genio militar que el mundo hubiera conocido nunca, más magnífico incluso que Napoleón o César. La afirmación, que se repitió a menudo en los medios controlados por los nazis, no generó pocas burlas cuando Alemania empezó a perder batallas, en vez de ganarlas. Los soldados bautizaron al líder como el GröFaZ (acrónimo de *Größter Feldherr aller Zeiten*, «el mayor mariscal de campo de todos los tiempos»), jugando con una conocida palabra del argot berlinés, *Fatzke*, referencia despectiva a un tipo vanidoso.[170] Tras derrotar a Francia dio una vuelta privada por París, a primera hora, en compañía de su arquitecto Albert Speer y el escultor Arno Breker, e insistió en visitar la tumba de Napoleón, para anunciar simbólicamente que había sobrepasado al antiguo emperador.[171] El 6 de julio de 1940 celebró en Berlín un «triunfo» formal, donde las masas lo recibieron con júbilo y euforia. Analizando el conjunto de su carrera, este fue el punto culminante de su popularidad; en buena medida, porque la mayoría de los alemanes contaba que no tardaría en firmarse la paz con los británicos. En realidad Hitler se estaba perdiendo aún más en el mundo de ilusiones en el que había ingresado cuando inició una guerra contra unos enemigos que, al estar convencido de que eran racialmente inferiores, creía —equivocadamente— que serían una presa fácil.

Tras visitar París, Hitler decidió que antes de emprender un desembarco anfibio en Gran Bretaña era necesario que la Luftwaffe se hiciera con la superioridad aérea.[172] Pero este objetivo no se cumplió nunca. En la «Batalla de Inglaterra» el control de los cielos se mantuvo del lado de la RAF, la Real Fuerza Aérea británica. Además el gobierno británico —encabezado ahora por Winston Churchill, al que se nombró primer ministro el 10 de mayo de 1940— hizo caso omiso de la habitual «oferta de paz» de Hitler, muy publicitada por los suyos, que pronunció al acabar un extenso y extremadamente jactancioso discurso de triunfo ante el Reichstag, el 19 de julio de 1940.[173] Este rechazo no decepcionó solo a Hitler, sino también a millones de alemanes corrientes. El líder nazi contestó acumulando invectivas de odio y desprecio contra Churchill, Eden y otros «charlatanes, mentirosos, bocazas y viejas que se creen ser algo», desdén contra las noticias británicas de éxitos contra los alemanes («son mentiras y más mentiras»), la amenaza de «erradicar» las ciudades británicas con «un millón de kilos» de bombas y la «profecía» de que «pase lo que pase, ¡Inglaterra se derrumbará!». Era consciente de sus fanfarronadas; de hecho, cuando el discurso se publicó Hitler corrigió el «millón de kilos» con un moderado «y más kilos».[174] El 6 de septiembre de 1940 dio inicio una serie de «ataques de terror» contra las ciudades británicas, con el objetivo de hundir la moral de la población civil. Aunque aseguró que le bastaría con cinco días de cielos despejados, en la práctica las incursiones aéreas no consiguieron su propósito. Hitler había subestimado sobremanera la cuantía y fuerza de los recursos defensivos británicos. Fue necesario, pues, posponer la invasión anfibia. Se iba evidenciando que habría que tomar alguna iniciativa distinta. Ante la obstinación de los británicos, Hitler decidió, en una conferencia militar celebrada el 31 de julio de 1940, que para obligarlos a hincar la rodilla sería necesario acabar con su esperanza de hallar un aliado en Europa: la Unión Soviética. En consecuencia había que destruir a los soviéticos lo antes posible (en la «primavera de 1941»).[175] El 16 de diciembre de 1940 dio orden de preparar esa invasión, cuyo nombre en clave fue «Operación Barbarroja».[176]

En los primeros meses de 1941 Hitler continuó clamando contra «una cierta camarilla capitalista judía internacional» que, a su juicio, dirigía entre bastidores la política británica. El pueblo británico —profetizó, metiendo la pata hasta el corvejón en su análisis del estado de ánimo de la población— se alzaría indudablemente en contra de su gobierno y se sumaría «al frente contra el judío internacional que explota y arruina a los pueblos».[177] Pero tuvo que variar el curso por los nuevos acontecimientos del Mediterráneo. Con la intención de establecer un nuevo «Imperio romano» en la región, en septiembre de 1940 Mussolini, aliado de los nazis, invadió el territorio norteafricano de dominio británico desde la colonia italiana de Libia. El mes siguiente las fuerzas italianas entraron en Grecia. Pero Mussolini había sobrestimado enormemente el poderío militar de sus propios ejércitos y las dos campañas no tardaron en quedar empantanadas. Para empeorar más la situación, a finales de abril de 1941 el régimen progermánico del heterogéneo Estado de Yugoslavia, en la zona sur de la población eslava de Europa, fue derrocado mediante un golpe militar favorable al bando Aliado. Hitler consideró que no le quedaba otro remedio que enviar a sus ejércitos al rescate. Los alemanes, con ayuda de Hungría y Bulgaria, no tardaron en someter Grecia y Yugoslavia, y en mayo de 1941 expulsaron a los británicos de Creta. Además, desde principios de 1941 el Afrika Korps, dirigido por Erwin Rommel, logró estabilizar la situación militar de un modo que favorecía a Alemania. Sin embargo, en junio de 1942, en una conversación privada con el mariscal Mannerheim, comandante en jefe de las fuerzas armadas finlandesas, Hitler afirmó que los varios meses de demora en el lanzamiento de Barbarroja se debían a que en los meses precedentes se había visto obligado desviar hombres y materiales para rescatar a los italianos y recuperar el control sobre Yugoslavia.[178]

La invasión de la Europa oriental que los soviéticos controlaban, largamente proyectada, no se pudo iniciar hasta el 22 de junio de 1941. Se trataba de la invasión terrestre más multitudinaria de la historia: cruzaron la frontera mucho más de tres millones de hombres y una cantidad colosal de blindados. Hitler desplazó entonces el blanco de sus invectivas contra «los gobernantes judío-bolcheviques» de Moscú, a los que acusó de haber provocado el golpe de Estado de Yugoslavia que le había obligado a invadir el país unos meses antes: «De todas todas, allí se ha desarrollado la conspiración que conocemos bien, entre judíos y demócratas, bolcheviques y reaccionarios, con el solo objetivo de impedir la creación del nuevo Estado popular alemán y de sumir al Reich de nuevo en la pobreza y la impotencia». Si por un lado esto era el producto de «una nueva política de ahogo de Alemania, movida por el odio», por otro suponía además una amenaza letal contra «la cultura y la civilización europeas». En la extensa justificación de la Operación Barbarroja que dio a conocer el día de la invasión, Hitler dio rienda suelta a sus odios estrafalarios y paranoicos y al sentimiento de estar enfrentándose a todo un mundo de enemigos (lo mismo que, a su juicio, le había pasado a Alemania durante la primera guerra mundial). Había llegado pues el momento «de alzarse contra esta conspiración de belicistas judeoanglosajones, e igualmente contra los gobernantes judíos de la Central Bolchevique de Moscú». Curiosamente consiguió presentar la guerra como una operación defensiva, cuando en realidad se había lanzado a por el poder global.[179]

Ahora bien, estas declaraciones por extenso de Hitler resultaban cada vez más raras. Durante la guerra dejó de dirigirse ante públicos de decenas de miles de personas: cayeron en desuso los Congresos Nacionales del Partido Nazi, las campañas electorales, los desfiles del 1 de mayo, las conmemoraciones del *Putsch* de la cervecería e incluso los discursos «confidenciales» ante una selección de funcionarios y miembros del Partido. Se centró cada vez más en las conferencias militares y los debates estratégicos, y aunque a veces el público era numeroso, lo era mucho menos que antaño: como máximo unos pocos miles de personas, como los cadetes de la Academia de Oficiales, ante los que tomó la palabra hasta en ocho ocasiones, hasta 1943. Si hablaba en el Reichstag —institución que pasó a reunirse en circunstancias muy especiales, por lo general solo para escuchar a Hitler anunciar una victoria—, se limitaba casi por completo a los temas de política exterior, sobre todo para dar la máxima publicidad a las «ofertas de paz» que, sin ninguna veracidad ni sinceridad, solía dirigir a los británicos. Después del 26 de abril de 1942 el Reichstag no volvió a convocar ninguna sesión. Ello reflejaba el temor de Hitler a que un día se votara su destitución. La habilidad retórica con la que había apuntalado la conquista del poder dejó de manifestarse a medida que se retiraba de la comunicación con el público alemán.[180] Por otro lado, los escasos discursos que pronunciaba ya no se interrumpían con salves de «*Heil Hitler!*» ni los aplausos extasiados de la audiencia. El futuro que había prometido en sus discursos para Alemania y los alemanes —la prosperidad, la estabilidad, los supuestos logros artísticos— se estaba reduciendo a una única cosa: la guerra. Según comentó en un discurso del 30 de septiembre de 1942: «En esa etapa tuve que ocuparme más de la acción y de los hechos. Además, como es lógico, no puedo pronunciar un discurso cada semana o cada mes. Lo que hay que declarar hoy, ¡eso deben declararlo nuestros soldados!».[181]

Hitler pasó a quedar cada vez más absorbido por las minucias de las operaciones militares. Cuando uno de sus comandantes, Fedor von Bock, le advirtió en septiembre de 1941 de que estaba atacando Moscú en una fecha tan tardía que cabía dudar del éxito de la misión, el líder nazi contestó a gritos que, desde que había alcanzado el poder, los generales siempre habían intentado contenerlo pero que, en aquel momento, no lo iban a conseguir.[182] Según el recuerdo del que una de sus secretarias, Traudl Junge, dejó constancia al poco de haber acabado la guerra, los generales acudieron una y otra vez a presencia de Hitler para exponerle la falta de realismo de las órdenes recibidas; pero en cuanto el líder nazi captaba sus intenciones, los cortaba con argumentos que pronto los hacían dudar. Se marchaban llenos de incertidumbre, demasiado cansados para insistir incluso cuando para sus adentros tenían claro que Hitler se equivocaba; casi se diría que su líder los había hipnotizado.[183] En todo caso, Bock estaba en lo cierto. Al principio la confianza de Hitler en la campaña parecía justificarse: a lo largo de un frente de más de 1.500 kilómetros de extensión, los ejércitos alemanes y sus aliados avanzaban con una velocidad pasmosa, cercando y apresando o dando muerte a cientos de miles de soldados del Ejército Rojo. Hitler y sus generales estaban eufóricos. «No exagero nada —anotó en su diario Franz Halder, jefe del Estado Mayor General del ejército de Tierra, el 3 de julio de 1941— si digo que la campaña contra Rusia se ha vencido en catorce días».[184]

Esta euforia de Hitler abrió paso a una escalada fatídica de la guerra contra los judíos, que a entender del líder nazi eran la fuerza que manejaba los hilos de sus enemigos, en especial del Imperio británico y la Unión Soviética, pero cada vez más también de Estados Unidos, que había pasado a asistirles con una ayuda militar directa que, de acuerdo con el Pacto de la Carta Atlántica, suscrito el 14 de agosto de 1941, se condicionaba a los principios democráticos que Hitler tanto odiaba. Así pues, mientras sus ejércitos barrían la zona oriental de Polonia, Ucrania y otras regiones de la Europa central y del este, los *Einsatzgruppen* motorizados de la SS iban tras ellos, Hitler les había ordenado que mataran a los comisarios políticos soviéticos y a los judíos que se creyera que eran favorables al régimen bolchevique. A las pocas semanas estaban masacrando no solo a los hombres, sino también a las mujeres y a los niños judíos, que ejecutaban dentro de fosas que habían obligado a las propias víctimas a cavar. A finales de julio de 1941 este programa letal se le asignó oficialmente a Reinhard Heydrich, el jefe de la Oficina Central de Seguridad del Reich (RSHA); hacia finales de otoño se habían creado centros de exterminio en la Polonia ocupada, en Belzec y Chelmno, donde se apiñaba a los presos judíos en furgones sellados herméticamente a cuyo interior se dirigían los humos de los tubos de escape, hasta que las víctimas fallecían. Tras una conferencia que reunió a distintas instituciones gubernamentales —convocada por Heydrich en noviembre de 1941, aunque no llegó a celebrarse hasta enero de 1942, junto al Wannsee de Berlín—, el programa se llevó a la práctica en centros de matanza fijos instalados en los campos de exterminio de la «Operación Reinhard»: Belzec, Sobibór y Treblinka, en funcionamiento todos ellos en la primavera de 1942. En el mayor de los campos de exterminio —Auschwitz-Birkenau, inaugurado poco después— emplearon un gas especial, el Zyklon-B, con el que se dio muerte a más de un millón de personas, casi todas ellas judíos traídos desde la Europa ocupada. En el «Antiguo Reich», la Alemania propiamente dicha, los judíos que no se habían marchado se vieron obligados a vestir una estrella amarilla y abarrotar las «casas para judíos»; a partir de octubre de 1941 se les prohibió emigrar. Hitler, por supuesto, no solo estaba al corriente de todos estos procesos, sino que los impulsó. Al concluir la guerra cerca de seis millones de judíos habían sido asesinados por la obsesión paranoica que llevaba a Hitler a creer que existía una «conspiración judía mundial» en contra de Alemania.[185]

El Holocausto, según se produjo en la práctica, no fue el fruto de ningún cálculo económico. Aunque a los judíos deportados por todo el continente se los desposeyó de fortunas considerables, propiedades, casas y obras de arte; sin embargo, también se invirtieron muchos recursos en detener, deportar y asesinar a los seis millones de víctimas. Tampoco se inició como represalia por la derrota que, según algunos comentaristas, Hitler sufrió en el Frente Oriental en el otoño de 1941 (en esta época, aún estaba convencido de que estaba ganando la guerra). Fue producto antes que nada de la brutal confianza del líder nazi en sí mismo, compartida por la mayoría de sus generales, y de la convicción de que se hallaba en condiciones de llevar a la realidad su odio y temor hacia los judíos.[186] Pero erró en los cálculos. Los campesinos ucranianos saludaron a las tropas invasoras con las ofrendas tradicionales de pan y sal, pues creían que iban a liberarlos de los horrores de Stalin; pero sufrieron nuevos horrores, pues los alemanes saquearon e incendiaron los campos a su paso, redujeron las ciudades a escombros y replicaron a cualquier acto de resistencia, por secundario que fuera, con ejecuciones masivas y pueblos reducidos a cenizas. Al cabo de poco, animados porque Stalin dejó de lado la retórica bolchevique y llamó al pueblo a combatir contra los alemanes impulsados por el patriotismo ruso, surgieron grupos de guerrilleros por todas partes. Los generales de Stalin movilizaron las reservas militares y las llevaron al frente. A principios de agosto el general Halder admitió en su diario: «Hemos subestimado al coloso ruso». Los soviéticos, a diferencia de los alemanes, parecían disponer de reservas ilimitadas de hombres y pertrechos. El flujo de reservas fue ocupando de forma constante el hueco que dejaban en el campo de batalla los cientos de miles de soldados apresados o muertos. Con la llegada de las lluvias de otoño, los ejércitos alemanes quedaron atascados en océanos de lodo. No tardaron en sufrir la dureza del invierno ruso, con temperaturas inferiores a los cuarenta grados bajo cero. Pero la confianza de Hitler era tan desbordante —arraigada en su desprecio total a los eslavos— que no dio importancia a ninguno de los problemas. En uno de sus cada vez más escasos discursos públicos —pronunciado en el Palacio de Deportes de Berlín, el 3 de octubre de 1941, para dar inicio al programa anual de la Ayuda Invernal— sostuvo que la Operación Barbarroja estaba transcurriendo estrictamente según lo previsto.[187] El 8 de noviembre proclamó: «Nunca un imperio tan vasto había sido apaleado y aplastado en un plazo tan breve como en esta ocasión la Rusia soviética».[188] En realidad sus tropas estaban cansadas, después de varios meses de avance continuado, y mal pertrechadas para una campaña de invierno; además las bajas iban sumándose por los contraataques repetidos del Ejército Rojo. Amenazaba un desastre.[189] Cuando el general soviético Georgui Zhúkov, que dirigía tropas de refresco venidas de Oriente, lideró un contraataque, los alemanes tuvieron que iniciar la retirada. El 8 de diciembre de 1941 Hitler concedió la necesidad de emprender una «campaña básicamente defensiva» a la vista «del invierno del Este, que ha sido asombrosamente temprano y severo».[190] Las condiciones invernales eran en efecto terribles y, con sus finos uniformes de verano, las tropas alemanas se morían de frío. Joseph Goebbels, el ministro de la Propaganda, lanzó una campaña masiva con el fin de que la población civil alemana enviara ropa de invierno al ejército sitiado.[191] Pero ya era demasiado tarde. Debido a la tensión provocada por las derrotas, una sucesión de generales alemanes sufrió un infarto u otro problema grave de salud y dimitió. A juicio de Hitler, todo lo que no era resistir como fuera ante el avance de los rusos era un acto de cobardía. En consecuencia todos los generales que, con miras a preservar la vida de sus hombres, ordenaron una retirada estratégica fueron destituidos. El líder nazi se enfureció tanto con sus generales que asumió en persona la comandancia suprema del ejército.[192] Pero con el tiempo no tuvo más remedio que acceder a que la línea del frente adoptara posiciones más defensivas. Moscú no cayó. La Operación Barbarroja había fracasado.[193]

A principios de diciembre de 1941, no obstante, Hitler creyó que se abría una nueva oportunidad de vencer la guerra cuando los aviones japoneses bombardearon la flota estadounidense del Pacífico en Pearl Harbor, Hawái. Interpretó que el ataque distraería la atención de los estadounidenses y que desviarían muchos recursos del Atlántico, donde sus buques habían estado transportando regularmente, durante meses, suministros para los británicos y los soviéticos. Pero la Carta Atlántica, suscrita por Estados Unidos y Gran Bretaña el 14 de agosto de 1941, había consolidado la implicación de los estadounidenses en la guerra, pues incluía el compromiso formal de ambos países con la democracia, el libre comercio y la autodeterminación nacional. En el extenso discurso que pronunció en el Reichstag el 11 de diciembre de 1941, Hitler anunció que declaraba la guerra a Estados Unidos y aprovechó para atacar con furia al presidente Roosevelt y su «camarilla plutocrática judía».[194] Se ha afirmado a menudo que esta declaración de guerra fue el más grave de los errores estratégicos de Hitler. En realidad Estados Unidos estaba apoyando con tanta intensidad a los británicos y soviéticos que la decisión fue razonable: permitió que los U-Boote alemanes hundieran los mercantes soviéticos y adoptar todas las demás medidas que, en el contexto anterior de neutralidad oficial de Estados Unidos, no eran posibles. Y aunque en aquel discurso del 11 de diciembre el líder nazi repitió las bravatas sobre la Operación Barbarroja, sin duda pensaba que la situación de sus ejércitos en el Frente Oriental mejoraría si lograba cortar la red de abastecimiento del Ejército Rojo a través del Atlántico.[195]

De cara al exterior se mostraba optimista. En su mensaje de Año Nuevo para 1942 afirmó, con sus hipérboles características, que 1941 había sido «el año de las victorias más magníficas de todos los tiempos» y que durante el nuevo año destrozarían por completo «la conspiración concertada de los judíos capitalistas y los judíos bolcheviques» y anularían su «voluntad de aniquilarnos». En más de un sentido aquel mensaje revelaba que cada vez estaba más lejos de la realidad. En aquel momento Alemania combatía ya contra dos grandes potencias, el Imperio británico y la Unión Soviética, que disponían de recursos económicos y militares muy superiores a los alemanes; añadir Estados Unidos, con su disponibilidad de recursos aún mayor, convertía la derrota en inevitable a medio o largo plazo.[196] Cuando en el transcurso de 1942 el avance de las fuerzas alemanas, tanto en el Frente Oriental como en el norte de África, donde habían acudido en ayuda de los italianos en retirada, primero se estancó y luego dio paso a puros retrocesos, el desprecio de Hitler por sus mandos —a los que consideraba rígidos, lentos de reacción y faltos de voluntad— se fue ahondando e intensificando. Cada vez era más frecuente que destituyera a los comandantes y situara en su lugar a subordinados más dóciles. Cuando cierto oficial se atrevió a plantearle un panorama realista de las circunstancias, con datos y cifras sobre la producción bélica soviética, que superaba claramente la alemana, Hitler, según Halder, contestó a gritos, «con espuma en la comisura de los labios», que aquello eran «simples idioteces».[197]

El desastre militar estalló finalmente hacia finales de 1942. En El Alamein, el Afrika Korps del general Erwin Rommel sufrió una derrota severa ante las fuerzas Aliadas; luego los Aliados realizaron masivos desembarcos de tropas en el norte de África para preparar la invasión de Sicilia, a principios de julio de 1943; esto provocó el hundimiento del régimen fascista de Mussolini e Italia se retiró de la guerra. Aunque Rommel brillaba como táctico militar, no logró disponer del combustible suficiente para mantener en marcha los tanques del Afrika Korps. Sin embargo, Hitler atribuyó la derrota a lo que consideraba falta de voluntad de Rommel. El líder nazi respondió a la catástrofe africana ordenando que se ocupara la Francia de Vichy —el Estado clientelar creado tras la derrota de los franceses, a finales de junio de 1940— y enviando tropas a Italia para que el país transalpino no abandonara el conflicto. Esto supuso desviar una cantidad importante de tropas y recursos que debilitó a las fuerzas armadas de Alemania en el Frente Oriental. El 10 de septiembre de 1943, tras haber tomado Roma, Hitler se dirigió por radio al pueblo alemán y culpó de la caída de Mussolini al enemigo interior, «reaccionarios» espoleados por los británicos. Aunque en la práctica esto no supusiera una gran diferencia, el ejemplo de Italia —avisó— debía servir de advertencia a Alemania, por lo que él iba a implantar medidas de seguridad adicionales para asegurarse de que los intereses alemanes estaban bien protegidos tanto en el propio país como en Italia.[198]

Harto de los gritos de Hitler, en septiembre de 1942 Franz Halder dimitió como jefe del Estado Mayor General del ejército. Le sustituyó Kurt Zeitzler, un personaje que, según admitió el propio Hitler, era menos probable que discutiera sus órdenes. Hitler no fue ningún genio militar, por mucho que se afirmara —y él mismo afirmara— repetidamente lo contrario: carecía tanto de experiencia militar como del mínimo de sutileza estratégica o táctica. Tampoco poseía ninguna experiencia de mando. Para él, como siempre, todo se reducía a la voluntad. Toda retirada o redistribución de las fuerzas era un signo de debilidad. Era imprescindible defender a muerte todas y cada una de las posiciones, por desesperada que fuera la situación. Nunca se planteó rendirse ante «la conspiración de los judíos, capitalistas y bolcheviques». Hitler se jactaba de que, de haber liderado Alemania él en 1918 —en vez de «un hombre sin la capacidad de resistir ante tales enemigos»—, el país no se habría visto obligado a pedir la paz. Con una confianza tan exagerada como absurda, declaró que la guerra estaba prácticamente ganada.[199] Zeitzler fue lo bastante realista como para decirle a Hitler, en noviembre de 1942, que era necesario retirar a las fuerzas alemanas de Stalingrado. Sin embargo, esta ciudad del río Volga poseía una gran importancia simbólica y Hitler se obsesionó con poseerla, si querían salvarse; por lo tanto hizo caso omiso de la situación de las fuerzas en la ciudad —con un desabastecimiento cada vez más grave— y, atribuyendo la recomendación de Zeitzler a un acto de cobardía personal, no permitió la retirada hasta que ya era demasiado tarde. El Sexto Ejército de Friedrich Paulus —el inexperto oficial del Estado Mayor que había quedado al cargo de la ciudad por el gran mérito de mostrarse servil con Hitler— quedó prácticamente aniquilado por una masiva contraofensiva del Ejército Rojo. El propio Paulus desatendió un mensaje claro del líder nazi, quien, al ascenderlo a mariscal de campo, lo estaba instando a suicidarse antes que entregar la plaza; pero Paulus se rindió, con los hombres que le quedaban. La derrota fue catastrófica. Hitler se enojó con el fracaso de aquel hombre «débil y sin carácter», según calificó a Paulus en una conferencia militar posterior a la capitulación del Sexto Ejército: el mariscal debía haber combatido hasta la muerte o haberse quitado él mismo la vida. En público no hizo ninguna referencia a la rendición, sino que ensalzó a las tropas por resistir con heroísmo frente a un enemigo numéricamente superior.[200] En privado tendía a explayarse contra los generales tan a menudo y con tal visceralidad que incluso Goebbels comentó que sus diatribas solían ser injustas.[201] Hitler llegó a elogiar a Stalin por haber ejecutado por «traición» a uno de sus grandes generales —el mariscal Tujachevski, en 1937—, un ejemplo que sin duda le gustaría haber seguido.[202]

Con el tiempo Zeitzler sufrió un colapso nervioso grave y presentó la dimisión, pues no podía conciliar las órdenes de Hitler, cada vez menos realistas, con un mínimo de respeto por sí mismo. Llegados a este punto el líder nazi había dejado por completo de escuchar a los militares profesionales. Se lamentaba de estar rodeado de traidores e incompetentes. Heinz Guderian, el sustituto de Zeitzler, le planteó la razonable idea de retirar tropas de los confines del Imperio nazi —de Noruega, Italia y los Balcanes— para que contribuyeran a la defensa de la patria alemana; pero Hitler descartó el consejo por ser otra muestra más de debilidad, derrotismo y falta de fe en la victoria final. A principios de 1945 Hitler llegó a emitir una orden general por la que todos los oficiales al mando debían informar previamente sobre cualquier plan de retirada, de modo que él pudiera revocar esos planes. Las conferencias militares se convirtieron en una pesadilla en la que Hitler insultaba repetidamente a los generales por su cobardía y falta de convicción. Por su parte, los generales se sometieron enteramente a la voluntad de Hitler, y los que no lo hicieron no tardaron en perder el trabajo. Para el líder nazi la dimisión de Zeitzler fue un acto de traición y poco antes de que la guerra concluyera ordenó que se le expulsara del ejército con deshonor y se le prohibiera vestir de uniforme.[203]

A pesar de todo, en el transcurso de 1943 Hitler se vio obligado a admitir, aunque fuera implícitamente, que la guerra iba mal. Tras el desastre de Stalingrado dejó de dirigirse en persona a los leales del Partido, no sin recordarles mediante una proclama que, si bien «el movimiento nacionalsocialista ha atravesado a menudo fases en las que solo sus adeptos más fanáticos seguían creyendo en la victoria», en la práctica «no obstante, el movimiento siempre se ha levantado de nuevo, ha superado todos los reveses y ha emergido de todas las crisis más fuerte de lo que era». El Partido siempre había tenido claro que «no habría capitulación, en ninguna circunstancia, y en ningún caso se abandonaría la lucha».

«Aplastaremos y destruiremos el poder de la coalición mundial de los judíos», aseguró, a pesar de «sus éxitos aparentes».[204] Clamó repetidamente contra lo que calificaba de actos de barbarie de las hordas asiáticas que avanzaban hacia Alemania desde el este, impulsadas por «el odio eterno de esa raza maldita que ha estado maltratando a los pueblos durante siglos, como un auténtico castigo de Dios».[205] Las atrocidades que el régimen de Stalin cometió —tema para el que Hitler no necesitó recurrir a sus exageraciones habituales— fueron ocupando cada vez más espacio en sus discursos; era un indicio más de que, aunque siguiera afirmando que Alemania triunfaría contra un mundo entero de enemigos, el líder nazi había pasado a la defensiva. Insistió repetidamente en que no habría rendición y que los alemanes debían mantenerse unidos aunque los tiempos fueran duros, desafiando «los planes de aniquilación de nuestros enemigos, dictados por la animadversión de los judíos». La Providencia estaba sometiendo al pueblo alemán a «pruebas duras», pero sin duda las superarían.[206]

En aquel estadio era evidente para todos —salvo para los nazis más recalcitrantes— que Hitler estaba guiando a Alemania hacia el abismo. Como muy tarde, se acabó de comprender que era en efecto así cuando los Aliados desembarcaron en Normandía, el 6 de junio de 1944. Tras establecer una serie de cabezas de playa las fuerzas Aliadas fueron ganando terreno y obligando a los alemanes a replegarse; en agosto de aquel año liberaron París. Entre tanto, en el Frente Oriental, aunque a regañadientes Hitler no tuvo más remedio que conceder que sus ejércitos se retirasen del Cáucaso; a finales del verano de 1943 se había emprendido un último intento por frenar el avance del Ejército Rojo, pero la Wehrmacht fue derrotada en la batalla de Kursk. Al caer en la cuenta de que Alemania se enfrentaba a una derrota clara —y movidos asimismo por el horror que les provocaba el proceso de exterminio masivo de los judíos de Europa— un grupo de oficiales, en su mayoría de posiciones intermedias en la jerarquía, decidió acabar con la vida de Hitler y dar un golpe de Estado militar. La esperanza de poder negociar una paz con los Aliados era ilusoria, porque estos se habían comprometido a obtener una rendición incondicional. Cuando la conjura fue sumando más participantes (entre ellos políticos y funcionarios y personas de idearios diversos), los rumores llegaron también a oídos de la Gestapo y la red se fue cerrando sobre los conspiradores. Estos además fueron viendo que su propósito más realista debía contentarse con rescatar el honor de Alemania, al menos en parte, por la vía de mostrarle al mundo que algunos nacionales se negaban a aceptar los crímenes de los nazis.

La oportunidad más clara se presentó en julio de 1944. Hitler había pasado los meses iniciales de 1944 en su retiro de los Alpes bávaros, en el Obersalzberg, cerca de Berchtesgaden. En la década de 1920 había alquilado una propiedad en la zona y en 1933 adquirió una residencia. Cuando la guerra estaba ya en marcha la zona albergaba un gran complejo de edificios gestionado por el jefe de la Cancillería del Partido, Martin Bormann. Había chalets, propiedad de diversos líderes nazis, y también una red cada vez más compleja de túneles y almacenes subterráneos, todo ello rodeado por un potente cordón de seguridad. Con el paso de los meses Hitler y su séquito los utilizaron cada vez más para protegerse de las incursiones aéreas. Pero el 14 de julio de 1944 Hitler abandonó la zona por última vez y regresó a Berlín. Desde aquí continuó camino hacia el este, hacia el cuartel general de Rastenburg, donde apenas una semana más tarde uno de los conspiradores, el coronel Claus von Stauffenberg, depositó una bomba debajo de una mesa, en una cabaña en la que Hitler lideraba una pequeña conferencia militar.[207]

Al estar inclinado sobre el mueble, de madera muy gruesa, Hitler quedó protegido del grueso de la explosión, cuya fuerza se disipó a través de las frágiles paredes de la cabaña. Sufrió una perforación de los tímpanos y cortes y magulladuras. No todos los presentes tuvieron la misma suerte: uno de ellos murió en el atentado. Los conjurados no contaban con el apoyo de la mayoría del ejército y la supervivencia de Hitler supuso un contratiempo fatal: a los que no se suicidaron para evitar la detención, los arrestaron y juzgaron. Algunos, como el propio Stauffenberg, fueron ejecutados tras un consejo de guerra sumarísimo. Hitler afirmó que su supervivencia había sido un «milagro»; Goebbels le organizó un breve discurso por radio para que tranquilizara al pueblo conforme seguía vivo; hacía varios meses que no pronunciaba ningún discurso público. Culpó del atentado a una «camarilla ínfima de oficiales ambiciosos y sin escrúpulos, tan criminales como estúpidos». A medida que la Gestapo fue atando hilos se puso de manifiesto hasta qué punto la conspiración había sido diversa y numerosa. Se acabó deteniendo a unas 5.000 personas, incluidos los familiares del núcleo central. Hitler denunció que el ataque había sido un intento de repetir «la puñalada por la espalda» de 1918. «Puedo ver en esto cómo el dedo de la Providencia me señala para indicarme que continúe con mi labor, y así lo haré». El atentado, en efecto, supuso que Hitler reforzara aún más la creencia en sí mismo; y también reforzó la desconfianza tanto hacia el ejército como hacia la aristocracia, de la que procedían muchos de los conjurados.[208]

Entre tanto, en el transcurso de 1941, Hitler había llegado a creer asimismo que la «guerra mundial» sobre la cual había advertido a los judíos en enero de 1939 había llegado, no solo con la propia invasión de la Unión Soviética, el 22 de junio de 1941, sino también —o quizá, más aún— con el apoyo creciente de Estados Unidos a Gran Bretaña, que culminó con la firma de la Carta Atlántica, el 14 de agosto. Esta es la forma clásica de la teoría conspiranoica según la cual tanto capitalistas como comunistas —a pesar de que una valoración objetiva los consideraría enemigos irreconciliables entre sí— estaban dirigidos ambos, entre bambalinas, por una conspiración secreta de los judíos que pretendía dividir Alemania y a los alemanes, de forma que unos se lanzaran al cuello de los otros. «Los pueblos no quieren morir en el campo de batalla con el simple fin de que esta raza desarraigada e internacional gane dinero con el negocio de la guerra», afirmó Hitler; pero al mismo tiempo condenó «el eslogan judío de "¡Trabajadores del mundo, uníos!"», que era, como es bien sabido, el lema del movimiento comunista internacional.[209] El 25 de octubre de 1941, según *Las conversaciones privadas*, Hitler volvió a hacer referencia a lo que él mismo calificaba como su «profecía» del 30 de enero de 1939, así como a una orden impartida al jefe de la SS, Heinrich Himmler, para que se matara a mujeres y niños judíos obligándolos a adentrarse en las marismas del Prípiat, en la Polonia ocupada por los nazis, donde se ahogarían.

> En el Reichstag le profeticé a la judería que el judío desaparecerá de Europa si no se evita la guerra. Esta raza de criminales tiene en la conciencia a los dos millones de muertos de la [primera] guerra mundial y ahora a otros varios cientos de miles. Que nadie me diga, pues: «Pero ¡no podemos enviarlos a las marismas!». Porque ¿quién se preocupa por nuestro pueblo? Bien está si el terror de que estamos exterminando a la judería nos precede.[210]

El 26 de abril de 1942 Hitler, tomando la palabra ante la que resultó ser la última sesión del Reichstag, dedicó una parte considerable de su discurso a otra diatriba directa en contra de los judíos, a los que calificó como «las fuerzas ocultas» que en 1914 habían impulsado a Gran Bretaña a entrar en guerra y habían vuelto a hacerlo en 1939. Habían conspirado para derrotar a Alemania en 1918 y habían fomentado la Revolución. «Los judíos eran los portadores de la infección del bolchevismo, que antaño amenazaba con aniquilar Europa. Pero simultáneamente eran los belicistas en las filas de las plutocracias tanto de Estados Unidos como de Europa». Su objetivo era degradar todas las sociedades humanas, hasta llegar al bestialismo: «Lo que queda después es tan solo el animal del ser humano y un estrato judío que asciende a las posiciones de liderazgo como un parásito que, a la larga, destruye el sustento que le ha hecho florecer».[211] En las mismas fechas en las que Hitler expresaba este odio, el Holocausto estaba llegando a su clímax terrible.[212]

El 25 de enero de 1942, de nuevo según *Las conversaciones privadas*, Hitler dio su aprobación al exterminio rápido de los judíos, a la vez que admitía que, desde el inicio de la Operación Barbarroja, se había masacrado a cientos de miles de prisioneros del Ejército Rojo:

> El judío tiene que marcharse de Europa. De lo contrario en Europa nunca nos entenderán. Está agitando la situación en todas partes, más que nadie. Al final, ¡no sé! ¡Yo soy colosalmente humano! Cuando los papas mandaban en Roma, se maltrataba a los judíos. En 1830 pasearon a ocho judíos por toda la ciudad, con burros. Lo único que digo es que el judío tiene que irse. Si por el camino se destruye, yo no lo puedo evitar, porque lo que veo está claro: exterminio absoluto, si el judío no se marcha por su propia voluntad. ¿Por qué tendría que tratar al judío distinto de como trato a los presos rusos? En los campos de concentración se mueren muchos presos rusos porque los judíos nos han llevado a esta situación. Y yo, ¿qué puedo hacer con eso? ¿Por qué iniciaron la guerra los judíos?[213]

El 30 de septiembre de 1942, cuando se dirigió a unos 12.000 jóvenes oficiales de las fuerzas armadas, en Berlín, recordó la amenaza que había formulado el 30 de enero de 1939 (aunque, como de costumbre, equivocó la fecha y la situó en el 1 de septiembre de 1939), según la cual «si la judería comienza una guerra mundial internacional con el fin más o menos único de exterminar a los pueblos arios de Europa, entonces no será el pueblo ario el que sea exterminado, sino el judío». Añadió: «Me encargaré de que estas profecías se cumplan».[214] Es fácil encontrar afirmaciones similares a lo largo de *Las conversaciones privadas*: los judíos son como ratas; debe lograrse una Europa «sin judíos»; él debía «eliminar» a los judíos para que Alemania recuperase todo su poderío, etcétera.[215] Los días 16 y 17 de abril de 1943, en una cumbre con el anciano dictador húngaro Miklós Horthy, hizo cuanto pudo por convencer al hombre fuerte del país de que le entregara la numerosa población judía de Hungría, para matarla, señalando que a los judíos

> había que tratarlos como a los bacilos de la tuberculosis, que pueden infectar un cuerpo sano; eso no sería terrible, si uno tiene en cuenta que para impedir según qué daños debemos matar incluso a criaturas naturales inocentes como los ciervos o las liebres. ¿Por qué habría pues que mantener con vida a las alimañas que querían traernos el bolchevismo?[216]

Aunque personalmente Horthy no era amigo de los judíos, su fervoroso nacionalismo húngaro le impedía acceder a entregar a cientos de miles de conciudadanos a una potencia extranjera, por mucho que fuera un aliado. Hitler y Ribbentrop tuvieron que renunciar a su propósito, al menos en aquella ocasión.

En el discurso habitual del aniversario del *Putsch* de la cervecería —el 8 de noviembre de 1943, cuando se cumplían veinte años del intento de golpe de Estado—, Hitler reveló que, desde su perspectiva, la amenaza del este empezaba a ser más grave que la del oeste. Predijo que «un día el este judío-bolchevique relevará a la judería en su labor ... Pues más tarde o más temprano, la democracia judía de Occidente acabará en el bolchevismo».[217] A su modo de ver, todos los enemigos de Alemania estaban en ese momento unidos —de manera potencial y, a menudo, insconsciente— por el fomento del comunismo. Daba igual —afirmó en el mensaje de radio que dirigió a la nación el 30 de enero de 1944— si los conspiradores judíos que aspiraban a aniquilar Alemania «se hallan en Inglaterra o en Estados Unidos o en el cuartel general de Moscú», pues esos «gérmenes judíos, que crían entre ellos», eran los mismos en todas partes y trabajaban todos para el mismo fin. Este mensaje fue su último discurso en el aniversario de su nombramiento como canciller imperial, once años antes. Al año siguiente, el 30 de enero de 1945, no logró dirigir en persona un discurso a la nación; anunció en tono de desafío que «mientras yo viva, Alemania no sufrirá el destino de los Estados europeos que han caído bajo el poder del bolchevismo», pero quien leyó sus palabras fue Heinrich Himmler.[218]

IX

Como era quizá inevitable, durante el otoño y el invierno de 1944 Hitler empezó a manifestar signos externos de que la presión afectaba sus nervios. El 28 de septiembre de 1944 se desplomó y tuvieron que llevarlo a la cama. No se levantó de su lecho hasta el 11 de octubre. Con el paso del tiempo, su médico personal, Theo Morell, acabó por recetarle al dictador una serie muy larga y diversa de medicamentos. Las notas —minuciosas y del todo creíbles— del cuaderno médico que Morell redactaba para evitar que se le juzgara responsable en el caso de que Hitler falleciera, muestran que la medicación que eligió era convencional, aunque se aseguró de que la produjeran empresas en las que tenía intereses económicos directos. Sin embargo, no hay pruebas ni de que Hitler fuera adicto a drogas o medicamentos, ni de que estos le empañaran el juicio.[219] Ninguno de sus médicos, no obstante, logró detener o siquiera ralentizar los efectos de la enfermedad de Parkinson, que hacía cierto tiempo que Hitler sufría; entre ellos, un temblor perceptible en la mano izquierda, que ya había llamado la atención de algunos observadores en 1941, cuando empezó a manifestarse en su pierna derecha, junto con unos andares cada vez más arrastrados y una creciente rigidez muscular en la cara. Diversos electrocardiogramas mostraron un endurecimiento paulatino de las arterias; el pelo se le volvió cano. El atentado con bomba de julio de 1944 también hizo mella en su salud. A principios de 1945, según información posterior de Albert Speer, «se había marchitado como un anciano. Le temblaban las articulaciones; caminaba encogido y arrastraba los pies. Incluso la voz empezó a vacilar y perdió su antigua habilidad magistral: la fuerza dio paso a una manera de hablar dubitativa y falta de energía». Aunque estaba a mediados de los cincuenta, las fotografías de la época lo muestran encorvado. Hitler ya había estado enfermo antes, en 1941, con problemas estomacales, y se le había sometido a dos operaciones para extirpar un pólipo de las cuerdas vocales (la segunda, en fecha ya avanzada, el 22 de noviembre de 1944), en ambos casos con éxito. Sus dientes estaban en mal estado, probablemente por su afición a los pasteles de nata azucarada; en el otoño de 1944 le extrajeron dos piezas. La vista se había deteriorado y tenía que recurrir, cada vez con más frecuencia, a leer los documentos y mapas con ayuda de una gran lupa, pues se negaba a que se le viera con gafas; el truco anterior, recurrir a una «máquina de escribir de Hitler», con un cuerpo de letra mayor de lo habitual, ya no servía. Una de sus secretarias, Christa Schroeder, dejó constancia del claro deterioro de su condición física: cada vez era más habitual que necesitara acostarse un rato para descansar y recuperarse. La conversación se tornó repetitiva y se centró en una serie de temas especialmente reducida, en especial su perro pastor alemán, *Blondi*. El hecho de que se negara abiertamente a reconocer la realidad de que la derrota era inevitable lo transportaba, de una forma tan lenta como segura, a la clase de mundo fantástico en la que había vivido durante la década de 1920, cuando afirmaba que la Providencia había decidido que Alemania vencería aunque a la vuelta de la esquina siempre amenazaban los cambios de fortuna.[220]

Mientras las fuerzas Aliadas avanzaban con rapidez hacia el este —el 11 de septiembre de 1944 atravesaron la frontera alemana—, el dictador nazi, como era de prever, ordenó defender hasta el último hombre toda ciudad y pueblo que se alzara en el camino del enemigo, lo que causó unas pérdidas inaceptablemente elevadas a los atacantes. Cuando se le decía que los bombardeos aéreos de los Aliados causaban una destrucción cada vez mayor en las ciudades del país, Hitler solía cambiar de tema.[221] En Polonia, un contraataque alemán logró retener al Ejército Rojo a las puertas de Varsovia mientras el Ejército Nacional polaco se alzaba contra los ocupantes alemanes, por lo que este quedó aislado. En varios días de combate feroz —en los que Stalin ordenó que las fuerzas soviéticas no acudieran en ayuda de los nacionalistas polacos— el Alzamiento de Varsovia quedó aniquilado y la ciudad, arrasada.[222] Al cabo de poco el Ejército Rojo retomó el avance y, en consecuencia, numerosos aliados de Alemania —desde Finlandia, en el norte, a Rumanía, en el sur— empezaron a negociar paces bilaterales. Hitler aprovechó la ocasión para denunciar que la situación militar había llegado a un punto desesperado «por el fracaso de todos nuestros socios europeos». En octubre de 1944 ordenó que las fuerzas armadas alemanas tomaran el control total de Hungría —cuyo gobierno había empezado a negociar con Stalin— y destituyeran a su líder, el almirante Miklós Horthy, que llevaba mucho tiempo en el poder. En su lugar instalaron un régimen fascista húngaro de carácter radicalmente antisemita, que se apresuró a emprender la deportación de más de 400.000 judíos a Auschwitz.[223]

El aparato propagandístico de Goebbels, entre tanto, anunciaba a bombo y platillo la producción de «armas milagrosas» como gas nervioso, bombas volantes, misiles tierra-aire y otros cohetes, submarinos con aire acondicionado e incluso una bomba atómica. Hitler depositó una fe especial en los efectos de un caza con motor de reacción, el Messerschmitt Me262, que, sin embargo, nunca se produjo en cantidades suficientes como para marcar una diferencia. Además estos proyectos consumían muchos recursos y dependían de un abastecimiento de materias primas cada vez más escaso. Hitler ordenó concentrar la producción en la bomba volante V-1 y el cohete V-2, pero, de nuevo, no se logró producir una cantidad tal que tuviera un efecto importante en la guerra, a pesar de que en Londres este armamento causó daños apreciables.[224] La siguiente medida de Hitler, anunciada el 25 de septiembre de 1944, fue crear la «Tormenta Popular» (*Volkssturm*), reclutamiento de hombres a los que se había excusado del servicio militar sobre todo por ser demasiado jóvenes o demasiado viejos: una decisión que él mismo había descartado en 1937, al considerarla inútil. La medida se apoyó en una propaganda en la que Goebbels planteaba supuestos paralelos históricos, en especial la legendaria movilización popular de los prusianos contra Napoleón, en 1813: no fue casualidad que la fecha de lanzamiento inicial de la *Volkssturm*, el 18 de octubre de 1944, fuera el aniversario de la derrota de Napoleón en la Batalla de las Naciones, en Leipzig, en 1813. Goebbels también encargó y estrenó una nueva película en color, *Kolberg*, que contaba un relato cargado de ficción sobre la decisión de los habitantes de una ciudad mediana, sitiada por Napoleón, de combatir hasta el último momento, costara lo que costase. El filme invitaba implícitamente a los alemanes de los tiempos de Hitler a sacrificarse por lo que, según se decía, era el interés nacional. Su efecto fue escaso, porque para empezar lo fue también su difusión; por otro lado malgastó recursos preciosos, al utilizar a decenas de miles de soldados —que podrían haber estado luchando en el frente— en el rodaje de las escenas militares.[225] En cuanto a la Volkssturm, fue una unidad esencialmente inútil, más allá de la propaganda: antes de que la guerra concluyera perdieron la vida 175.000 de sus integrantes, hombres y chicos apenas entrenados y mal pertrechados.[226]

Hitler pasó el verano de 1944 en su cuartel general de la campaña del este, en Rastenburg; pero el 20 de noviembre, cuando las fuerzas soviéticas amenazaban ya la región, se vio obligado a volver a Berlín. El 16 de diciembre lanzó una última apuesta: una nueva ofensiva en el oeste, donde creía que podría repetir el triunfo de 1940 en las Ardenas. Para ello se transfirió del Frente Oriental a unos 200.000 soldados y grandes cantidades de blindados y equipos. Cuando el jefe del Estado Mayor general, Heinz Guderian, le advirtió de que en el este las tropas estaban a punto de derrumbarse y le pidió que por lo tanto no desviara recursos al oeste, el líder nazi le contestó a gritos: «¡A mí no me des lecciones! Hace cinco años que dirijo a los ejércitos alemanes del frente ... ¡Yo estoy más informado que tú!».[227] Descalificó la supuesta amenaza de un gran ataque del Ejército Rojo en el este, considerándola un farol. Hitler trasladó de nuevo el cuartel general, en esta ocasión a un complejo de búnkeres de Ziegenberg, en Hesse, para situarse cerca de la ofensiva occidental. Si las tropas creían en la victoria —le dijo a su edecán, Nicolaus von Below—, la victoria los acompañaría. En un principio sus hombres se anotaron algunos éxitos, que reforzaron la confianza de Hitler; pero la superioridad de los Aliados era abrumadora y no tardó en contenerlos. El efecto neto del intento, a la postre, fue simplemente debilitar las defensas orientales de Alemania. El optimismo inicial del dictador se disipó y, al poco de haber empezado 1945, no tuvo más remedio que poner fin a la Operación Niebla Otoñal y el 15 de enero volvió a Berlín desde el cuartel general occidental. En realidad la ofensiva no podía aspirar a la victoria. Era solo otro ejemplo más de la concepción hitleriana del «o todo, o nada». Cuando la nueva Ofensiva de las Ardenas, librada entre el 16 de diciembre de 1944 y el 25 de enero de 1945, se frustró, Hitler le dijo a Below: «Sé que la guerra está perdida. La superioridad [militar de los Aliados] es excesiva». Se lamentó de que la Luftwaffe había fallado y en el ejército lo habían traicionado. «Lo que más querría es pegarme un tiro en la cabeza», dijo; pero estaba resuelto a que 1918 no se repitiera: «Nunca nos rendiremos. Quizá nos hundamos. Pero arrastraremos con nosotros un mundo al completo». En aquella hora desesperada solo fue capaz de pensar en la muerte y la destrucción.[228]

Hitler no tardó en recuperar la confianza en sí mismo o, por lo menos, dar la imagen de que así era. Pero a medida que una derrota seguía a la otra empezó a aislarse de las masas alemanas, dejó de visitar el frente y se negó a recorrer ciudades para hablar con los civiles expulsados de sus hogares por los bombardeos. Cuando tomaba un tren, las cortinas siempre estaban corridas, incluso a pleno día, para no ver el exterior ni que lo vieran a él. Cortó con las visitas sociales, incluso a la familia Goebbels; dejó de acudir a las representaciones de ópera y teatro; no escuchó más discos; no vio más películas hasta bien entrada la noche. Se centró cada vez más en detalles militares que antes había confiado a otros, trabajó más horas y con más intensidad de lo que había estado haciendo durante muchos años.[229] A finales de 1944 Hitler no había vuelto a enviar ningún mensaje por radio para el pueblo alemán desde el breve anuncio del mes de julio conforme había sobrevivido a la conjuración en su contra. Hacía meses que Goebbels le insistía en la necesidad de pronunciar un discurso, aún más imperiosa —dijo el ministro— en aquellos días difíciles que en los días en los que las cosas habían ido bien. Pero Hitler solo había pronunciado discursos en público en siete ocasiones en 1941, en cinco, en 1942, y en tres, en 1943 (más un discurso radiofónico); ni una sola vez en los cinco últimos meses de 1944. Sin embargo, como hablar en público había sido una de las fuentes más importantes de su popularidad, al final cumplió con lo que le pedían, poco después de la medianoche del día de Año Nuevo de 1945.[230]

Como en julio de 1944, el efecto principal de la emisión fue tranquilizar al público conforme él seguía con vida; como no podía ser menos, un silencio de más de cinco meses había dado origen a rumores de que había muerto o, como mínimo, estaba gravemente enfermo. Una vez más culpó de todo lo que, a su entender, Alemania había sufrido desde la primera guerra mundial a la «conspiración mundial de los judíos internacionales». El pueblo alemán —insistió— iba a resistir.

> Logrará salir de este cúmulo de pruebas con más fuerza y firmeza que nunca antes en la historia. Pero el poder al que en exclusiva debemos todo esto —nuestro enemigo mundial, el judío internacional—, ese poder no solo fracasará en el intento de exterminar a Europa y a sus pueblos, sino que además provocará su propia aniquilación.

El discurso llegó tan tarde que apenas surtió efecto sobre la moral. Solo los «viejos combatientes» más fanáticos se sintieron inspirados por sus palabras. Sin duda les complugo que Hitler, el 30 de enero de 1945 —en otro mensaje a la nación, su último discurso radiofónico—, culpara de nuevo a «la judería» de la «desintegración interior de nuestro pueblo», que había comenzado ya en 1918, y lanzara más diatribas contra los bolcheviques «de alma asiática» que amenazaban Europa. Pero, en vez de tomar la palabra el 24 de febrero —como acostumbraba a hacer en los aniversarios de la fundación del Partido Nazi—, dio a conocer una extensa proclamación en la que condenó, una vez más, el «pacto diabólico entre el capitalismo democrático y el bolchevismo judío» que estaba intentando destruir Alemania; instó al pueblo alemán a resistirse hasta el final; y se jactó de que había logrado «acabar con las plagas» que no habían logrado su fin de unirse en contra de «la preservación de nuestra raza».[231]

Sobre el terreno, el avance inexorable de las tropas Aliadas, por el este y el oeste, no cesaba de reducir la zona sobre la que Hitler gobernaba. Aun así él siguió insistiendo en una resistencia ilimitada y no hacía referencia a «derrotas», sino solo a «reveses». París fue liberada el 19 de agosto de 1944; el 23 de marzo de 1945 las fuerzas Aliadas cruzaron el Rin y entraron en el territorio propiamente alemán. En el Frente Oriental las tropas alemanas se habían visto obligadas a levantar el sitio de Leningrado (San Petersburgo) ya en enero de 1944; en junio los Aliados, que remontaban la península Itálica habiendo atravesado el Mediterráneo desde el norte de África, llegaron a Roma; en agosto Rumanía, aliada de Alemania, cambió de bando ante el empuje de la invasión soviética. Los Aliados occidentales también ganaban terreno por el sur. Cuando el ejército alemán evacuó Varsovia, en septiembre de 1944, Hitler perdió la paciencia e hizo que la Gestapo arrestara a todos los oficiales del Estado Mayor que habían ordenado emprender la retirada. Una división estelar de la SS, la Leibstandarte, sufrió bajas gravosas en defensa de los yacimientos petrolíferos de Hungría; Hitler «recompensó» la derrota enviando a Himmler a retirar los brazaletes a los supervivientes, una humillación pública evidente tras la cual varios soldados se quitaron la vida. Al líder nazi no le importó: al hacer hincapié en que había que luchar hasta el final sacrificó las vidas de millones de sus soldados. Más de un tercio del total de las tropas alemanas que fallecieron durante la guerra murieron entre los meses de enero y mayo de 1945, cuando la mayoría de los alemanes ya tenía claro que la guerra se había perdido.[232] Sin embargo, según se cuenta que Hitler afirmó en 1942: «Si una raza quiere regenerarse necesita, como el ser humano individual, una sangría».[233]

La destrucción de las ciudades alemanas desde el aire estaba convirtiendo muchas en montones de escombros. Los cortes de corriente y la escasez de agua se hicieron más frecuentes por la destrucción de las plantas de generación de gas y electricidad, las líneas de alta tensión y las cañerías subterráneas. En total más de medio millón de civiles murieron por los bombardeos aéreos. Las condiciones de vida empezaron a empeorar. En el otoño de 1944, por vez primera, las autoridades nazis introdujeron un racionamiento importante de los alimentos y otros recursos. Desde aquel momento la red de suministro no hizo más que empeorar y no comenzó a recuperarse hasta muchos meses después del fin de la guerra. El 19 de marzo de 1945 Hitler promulgó la infame «orden neroniana»: todas las instalaciones de abastecimiento militar, comunicaciones e industria del Reich, entre otras, que pudieran resultar de utilidad al enemigo debían destruirse en el marco de una política implacable de tierra quemada.[234] No obstante, la orden se obedeció muy poco, a veces a instancias de Albert Speer. Tras leer un memorando que Speer le había presentado —en el que criticaba la orden porque el pueblo alemán, para sobrevivir después de la guerra, debía poder satisfacer las necesidades básicas—, Hitler contestó que no había que preocuparse por el pueblo alemán «porque nuestra nación ha demostrado ser la más débil y el futuro pertenece en exclusiva a la nación oriental, más poderosa. Además, tras la batalla solo sobrevivirán los inferiores porque los buenos ya han muerto».[235]

En Berlín, al intensificarse la frecuencia y gravedad de los bombardeos, Hitler tuvo que pasar cada vez más tiempo en el búnker que se había construido bajo la Cancillería Imperial en la década de 1930, para ampliarse significativamente durante la guerra. El búnker principal, que no se terminó hasta 1944, se localizaba unos 8,5 metros por debajo del jardín de la Cancillería, protegido por un sólido techo de hormigón de 3 metros de anchura. Disponía de unas treinta salas, un generador de electricidad propio, red y bombas de agua, trituradores de basura y conexiones de radio y teléfono: el búnker era del todo independiente.[236] El bombardeo del edificio de la Cancillería —incluido el apartamento privado de Hitler—, el 3 de febrero de 1945, hizo que el dictador se desplazara al búnker de forma permanente. Al principio solía remontar las escaleras que daban al jardín, para pasear a su *Blondi*; y el 20 de marzo de 1945 subió a pasar revista y condecorar a un pequeño destacamento de las Juventudes Hitlerianas, que había estado defendiendo la ciudad. Pero cuando el Ejército Rojo entró en Berlín incluso esas acciones resultaban peligrosas. El 20 de abril, fecha de su quincuagésimo sexto cumpleaños, subió a la superficie por última vez; una semana después lo volvió a intentar, pero los soviéticos batían la zona con sus proyectiles. En el interior del búnker, con el aire viciado y las deficiencias en el sistema de las letrinas, la vida empezaba a resultar insoportable. La celebración del aniversario de Hitler fue muy discreta y el propio líder nazi participó en ella a regañadientes.[237] En el exterior se oían los impactos sordos de la artillería soviética: el ruido atravesaba el hormigón y llegaba hasta la sala. Entre tanto muchos de los que habían permanecido en el búnker hasta aquel momento se marcharon: llenaron los coches de maletas y recorrieron las calles llenas de escombros hasta los aeródromos de Gatow y Staaken, en las afueras de la ciudad, para subir a alguno de los treinta vuelos que salieron de la capital en los tres días posteriores al cumpleaños de Hitler.[238]

Llegados a este punto, Hitler había perdido casi por completo el contacto con la realidad. Sus planes de producción de las «armas milagrosas» hacían caso omiso de problemas de suministro casi insolubles. Buscó inspiración en la historia: en el búnker se exhibía un gran retrato de Federico el Grande, con la esperanza de que se repitiera el brusco giro de la fortuna que había permitido al monarca levantarse de nuevo desde el punto más bajo de la guerra de los Siete Años. El rey prusiano, en efecto, fue rescatado por la muerte de su archienemiga, la zarina Isabel de Rusia, a la que sucedió un zar que destacaba por ser un fervoroso admirador de Federico. El 12 de abril de 1945, la muerte del presidente de Estados Unidos, Franklin D. Roosevelt, fue interpretada por algunos habitantes del búnker —en especial, Joseph Goebbels— como un signo de esperanza y posible punto de inflexión de última hora; pero no surtió ningún efecto en la política de los Aliados, que Harry S. Truman, el sucesor de Roosevelt, mantuvo inalterada. Hitler y Goebbels confiaban en que la coalición Aliada saltara por los aires, lo que nunca ocurrió. El 15 de abril el líder nazi dirigió una proclamación a las tropas alemanas del Frente Oriental, para decirles que «el letal enemigo judío-bolchevique» pretendía «destruir Alemania y exterminar a nuestro pueblo», pero que Alemania estaba preparada para resistir: «cread una comunidad jurada no para la defensa de la idea huera de la patria, sino para la defensa de vuestros hogares, vuestras esposas, vuestros hijos y, con ello, nuestro futuro». Retirarse era un acto de cobardía y se ejecutaría a cualquier oficial que lo ordenara. Si aguantaban en sus puestos, «el asalto final de los asiáticos se derrumbará ... Berlín seguirá siendo alemana, Viena volverá a ser alemana».[239]

En sus conferencias militares diarias, Hitler siguió moviendo banderitas sobre el mapa. Representaban las divisiones del ejército situadas en las proximidades de Berlín y el líder nazi ordenó que una unidad blindada capitaneada por Felix Steiner, oficial destacado de la SS, contraatacara con apoyo aéreo y de la infantería; confiaba, con su habitual tono hiperbólico, que «frente a las puertas de la ciudad de Berlín, los rusos sufrirán la derrota más importante, la derrota más sangrienta de su historia». Pero esas tropas y esos tanques, sencillamente, no existían. Cuando le contaron que el ataque no se había efectuado, Hitler perdió por completo el control de sí mismo y se puso a chillar que no solo el ejército, sino también la SS, le habían traicionado. Entre sacudidas de rabia, gritó que todo estaba perdido. La guerra estaba perdida. Göring debía negociar un acuerdo de paz con los Aliados mientras él se quedaba en el búnker y se quitaba la vida. Cuando se informó por teléfono a Goebbels sobre el colapso de Hitler, este se mudó al búnker junto con su esposa e hijos, resuelto a quedarse con él hasta el final y crear luego un mito heroico —al igual que había intentado hacer después de Stalingrado— de autosacrificio para la posteridad.[240] En conversación con una secretaria de Hitler, Traudl Junge, Magda Goebbels afirmó: «Mis hijos prefieren morir a vivir entre la burla y la vergüenza. Mis hijos no tienen lugar en la Alemania que existirá después de la guerra».[241]

El colapso de Hitler, aquel 22 de abril de 1945, inauguró el acto final del drama absurdo y mísero que se estaba interpretando en el búnker. Con el conjuro roto al fin, los lugartenientes del nazismo empezaron a desertar, con la sola excepción de Goebbels. Cuando se le comunicó el acceso de cólera de Hitler, Hermann Göring, que estaba en Berchtesgaden, envió un telegrama a Berlín para reclamar sus derechos —se le había designado como sucesor de Hitler— salvo que se instruyera otra cosa. Pero con el fracaso de la Luftwaffe, Hitler ya había perdido la confianza en él y en ese momento, a instancias de Bormann, replicó ordenando que el mariscal imperial dimitiera de todos sus cargos y fuera arrestado. A las pocas horas Göring estaba confinado en su residencia, con una unidad de la SS apostada en el exterior. Peor aún: Hitler también había perdido la confianza en Himmler. En una fecha algo anterior, con el convencimiento total de que los generales lo traicionaban, Hitler había puesto al jefe de la SS al mando del Grupo de Ejércitos Vístula. Como era previsible, Himmler intentó restaurar la moral entre las tropas desmoralizadas con su medio habitual —el terror—, pero carecía de instrucción militar y, además, aún idealizaba a Hitler, por lo que se contentó con imitar la negativa de su jefe a ceder ni un metro del terreno. Los resultados, lógicamente, fueron catastróficos. Hitler comprendió que Himmler no estaba capacitado para resolver con competencia un problema militar y, a las pocas semanas, lo destituyó. Pero luego descubrió que Himmler había estado negociando a sus espaldas con Suecia, un país neutral, para que transmitiera a los Aliados una propuesta de rendición de Alemania. A juicio de Hitler, esto representaba «la traición más vergonzosa de la historia de la humanidad» y cesó a Himmler de todos sus cargos. Para destacar más su furia ordenó detener también al oficial de enlace de Himmler, Hermann Fegelein, por desertar de su puesto en el búnker y estar en posesión de documentos relacionados con las negociaciones de su jefe con los suecos. Se halló a Fegelein en su apartamento de Berlín, borracho y en compañía de una joven desconocida; lo arrastraron de regreso al búnker y lo ejecutaron en su exterior, a medianoche, por orden directa de Hitler. No pareció importarle que Fegelein estuviera casado con una hermana de Eva Braun.[242]

El 29 de abril de 1945 le mostraron fotografías del cadáver desnudo de Mussolini, colgado cabeza abajo en el pórtico de una gasolinera, junto al cuerpo de su amante, Clara Petacci, y Hitler le comunicó a su personal, durante la cena, que él estaba resuelto a evitar un destino similar. Su cuerpo debía incinerarse de modo que no quedara ningún resto. Al acabar la cena repartió cápsulas de cianuro entre sus asistentes. «Lamento mucho —les dijo— no poder ofreceros un regalo de despedida mejor».[243] En aquel momento, con la muerte decidida, nada le impedía ya acceder al deseo que Eva Braun había formulado desde hacía tiempo: que se casara con ella. Hizo acudir al búnker a un funcionario local de Berlín y realizaron la ceremonia legal de matrimonio con Eva Braun, certificando primero —según estaba obligado a hacer por sus propias leyes— que él era de origen ario. Goebbels y Bormann actuaron como testigos y la boda concluyó con una breve recepción con champán. Luego Hitler llamó a Traudl Junge a la sala de conferencias, de donde se habían quitado ya los mapas de situación, para que tomara nota estenográfica de sus palabras y las pasara luego a máquina, lo antes posible. Aunque ella esperaba una larga justificación y explicación de la vida del líder nazi, Hitler se limitó a dictar, con un tono casi mecánico, las condiciones de sus testamentos personal y político. Tras organizar la destrucción de sus efectos personales, pasó a la parte política del documento. Aquí aún culpó brevemente de la guerra y la destrucción que él había causado a las maquinaciones conspiratorias de «la judería mundial» y atribuyó el bombardeo de las ciudades alemanas a los judíos que, según creía, dirigían a los Aliados entre bambalinas. También expresó su satisfacción de que «los verdaderos culpables han pagado por su culpa, aunque por medios más humanos»; tal reconocimiento expresaba un punto de vista del todo erróneo, según el cual las cámaras de gas de Auschwitz y los otros campos de exterminio eran un método «humano» de ejecución. La frase expresa asimismo su sentimiento de triunfo por haberse vengado —a su entender, justificadamente— de los judíos.[244]

El testamento político incluía una cláusula que nombraba como sucesor al gran almirante Karl Dönitz y elegía asimismo un nuevo gobierno, encabezado por Goebbels, como canciller imperial, y Bormann, como ministro del Partido. Una de las pocas personas que seguía en el gabinete era el conde Lutz Schwerin von Krosigk, quien ya había sido nombrado ministro de Hacienda por Franz von Papen en el «gabinete de barones» de 1932 y se mantuvo en el puesto durante todo el Tercer Reich. A criterio de Junge y Below, todas estas instrucciones carecían por completo tanto de realismo como de utilidad. La secretaria no hizo ningún comentario sobre la frase final del testamento, que, sin duda, no le pareció sorprendente ni fuera de lugar: «Por encima de todo encarezco a los líderes de la nación y a sus seguidores a observar escrupulosamente las leyes raciales y mantener la resistencia implacable contra la judería internacional, veneno de todos los pueblos del mundo». Hitler había declarado a menudo que el nacionalsocialismo le sobreviviría; el pueblo alemán se mantendría unido por un propósito común, lo cual «surtirá efecto también en el futuro más distante».[245] Sin embargo, en privado admitió ante Junge:

> El nacionalsocialismo ha muerto. Quizá dentro de cien años emerja una idea similar que, con la fuerza de una religión, se extienda por el mundo entero. Pero Alemania se ha perdido. Es evidente que no poseía la madurez ni la fuerza suficientes para la misión que yo había concebido para ella.[246]

La megalomanía de Hitler había dado paso a una mezcolanza grotesca de autocompasión y engreimiento, unidos al desprecio hacia los alemanes, que hacía ya varias semanas que manifestaba.

El 30 de abril de 1945, tras despedirse una vez más de sus secretarias, Hitler se retiró a su estudio junto con Eva Braun. Eran las tres y media de la tarde. Algo después el ayuda de cámara de Hitler, Heinz Linge, abrió tímidamente la puerta, seguido por Bormann, y vieron el cadáver de su jefe derrumbado sobre el sofá. En la sien derecha sangraba la herida de un disparo. Eva Braun (propiamente, ya, Eva Hitler) le acompañaba. De su cuerpo emanaba un poderoso olor a almendras amargas: había tomado cianuro (después de probarlo con el perro, *Blondi*). Ese olor perduraba incluso después de que Linge y Otto Günsche, el asistente personal de Hitler, se llevaran los cadáveres.[247] Los dos hombres envolvieron los cuerpos en mantas y los subieron al jardín, donde los rociaron con combustible y, ante la presencia de Bormann, Goebbels y dos destacados oficiales del ejército, les prendieron fuego. La incineración fue tan minuciosa que entre las cenizas solo quedaron las dentaduras, que más adelante identificó un técnico que había trabajado para el dentista de Hitler.[248] Hitler había muerto «y con él —escribió Traudl Junge— se desvaneció también la obsesión hipnótica bajo la cual vivíamos».[249]

Mientras el Ejército Rojo completaba la ocupación de Berlín, los otros ocupantes del búnker o bien se quitaron la vida —como Martin Bormann— o bien —como Traudl Junge— se dieron a la fuga por el laberinto de túneles que conectaba el búnker con la Cancillería del Reich y la red ferroviaria subterránea. La mayoría de los que huyeron, como la propia Junge, acabó siendo arrestada por las tropas Aliadas. En la pequeña ciudad de Flensburgo, cercana a la frontera con Dinamarca, el gran almirante Karl Dönitz, al que Hitler había designado como su sucesor, reunió brevemente a los supervivientes de la cúpula nazi en un gobierno fantasmal y meramente provisional, hasta que ellos también fueron detenidos. Junto con otros líderes nazis, fueron juzgados por un Tribunal Militar Internacional organizado en Núremberg al año siguiente. Muchos fueron condenados a la pena de muerte por sus crímenes; algunos lograron suicidarse antes; a unos pocos se les condenó a penas de cárcel; un puñado fue absuelto.[250]

X

Adolf Hitler solo dejó muerte y destrucción tras de sí. Los alemanes de la calle habían ido perdiendo la fe en el dictador y en el régimen, por la sucesión de las derrotas y porque la vida en las ciudades devastadas resultaba cada vez más difícil. En contra de lo que se les había prometido, Alemania no había recuperado la grandeza, sino que estaba en ruinas. En ausencia de Hitler, el país quedó dividido en cuatro zonas de ocupación —soviética, estadounidense, británica y francesa— y los militares Aliados estaban atentos a detectar cualquier signo de preservación del fanatismo nazi entre la población. La posibilidad de que surgiera un movimiento de Resistencia —similar al que había aparecido en los países ocupados por los nazis, de Polonia a Francia— era prácticamente nula. Pese a todo, los alemanes tardaron muchos años en asimilar las realidades de Hitler, sus crímenes y su legado. Acabada la guerra se juzgó a muchos por sus crímenes, no solo a los principales líderes nazis; una vasta operación de «desnazificación» intentó que la gran masa de los alemanes comprendiera hasta qué punto habían sido cómplices de los crímenes, con un nivel de éxito muy diverso. Quedaba abierta la pregunta de por qué tantos habían seguido a Hitler hasta casi el último de sus días.

De 1933 a 1945 Hitler fue *der Führer*, «el Líder», legitimado no solo por el acuerdo constitucional, sino también por la Historia y el Destino. De este modo se situaba fuera de las estructuras normales de la política. «Respaldado por la autoridad que le daba el cargo de canciller imperial —ha destacado Ian Kershaw—, apoyado por masas que lo adoraban, rodeado por el boato del poder y envuelto por un aura de gran liderazgo, que la propaganda amplificaba sin descanso», Hitler impresionó a millones de personas, y no solo a los dominados por el cinismo o a los irremediablemente ingenuos y crédulos.[251] Cuantos más éxitos se anotaba —en política exterior hasta 1939, y en adelante en la guerra—, más se consolidaba su poder personal. En el Tercer Reich todo estaba concebido para hacer hincapié en ese poder: los juramentos, las ceremonias, los ritos, los medios de comunicación, las escuelas, las organizaciones del Partido, el saludo diario de *Heil, Hitler!* con el que era asimismo obligatorio firmar cualquier carta o comunicado, todo ello no hacía sino subrayar la ubicuidad y potencia del Líder, hasta que se convirtió en una de las razones por las que la población, en la Alemania nazi, dio crédito a estar luchando contra todo un mundo de enemigos, en una batalla que, gracias al ingenio de Hitler, sin duda se vencería. De ahí que, en miles y miles de las lápidas que fueron llenando los cementerios de la nación, se destacara que los soldados habían perdido la vida en el frente *gefallen für Führer und Vaterland*, «habiendo caído por el Líder y la patria». La constante adulación de la que Hitler era objeto contribuyó a corromper más aún la mentalidad narcisista de este. Su exceso de confianza, aquella arrogancia narcisista, basada en crudos estereotipos raciales, le llevó a equivocarse fatalmente durante la guerra. A su juicio los estadounidenses eran «tan tontos como las gallinas»; «el coloso ruso se hunde bajo el peso de su inmovilidad»; el «inglés» era «decadente». Los judíos estaban detrás de todos ellos, manipulaban a todos los enemigos de Alemania como parte de una conspiración gigantesca que ambicionaba el dominio global. Desde buen principio, mal guiado por el recuerdo de la primera guerra mundial, Hitler sobrestimó hasta un extremo grotesco la capacidad de Alemania: estaba seguro de que una potencia europea mediana podría enfrentarse y derrotar a tres imperios vastos, el británico, el estadounidense y el soviético, que poseían cada uno de ellos recursos muy superiores a los del país germánico. Pero para Hitler la estadística económica era irrelevante: lo que importaba, desde su punto de vista, era la fuerza de voluntad, un reflejo antes que nada de lo que él creía que era la superioridad racial de los alemanes.[252]

Hitler no fue ningún genio, ni en lo político ni en lo militar. La suerte le acompañó al entrar en la política en un momento en el que la oratoria pública —en vivo, ante grandes multitudes— gozaba de su hora de mayor eficacia. Sin embargo, incluso como orador, su éxito se basaba también en el espectáculo y los rituales de los que no tardaron en rodearse sus apariciones. El fracaso miserable de su intento de golpe de Estado, el *Putsch* de noviembre de 1923, puso de manifiesto que su expectativa de alcanzar el poder mediante el solo uso de la fuerza —siguiendo el ejemplo de Mussolini en Italia— era del todo ilusoria. En 1928 Hitler no pasaba de ser aún una figura marginal y oscura de la política alemana, sin más apoyo que el de una minoría infinitesimal. Su popularidad se debió a la calamidad económica de la Depresión, en la que la población, desesperada, se sintió atraída por las propuestas radicales de los nazis. Aun así, Hitler, en las elecciones nacionales libres, nunca fue más allá de algo más de un tercio de los votos. Sin embargo, esto bastó para convencer a las élites resentidas del ámbito nacionalista y conservador de que, si incorporaban a los nazis al poder, dispondrían de la legitimidad política necesaria para hacer realidad su meta de destruir la democracia de Weimar e instaurar una versión actualizada del autoritarismo guillermino. Sin la colaboración de esas élites el líder nazi nunca habría podido poner las manos sobre las palancas del poder. En la insistencia con la que condicionó el ingreso en el gobierno a hacerlo como jefe tampoco hubo nada especialmente sutil o calculador. Sencillamente era una muestra más de su enfoque crudo e intransigente, al estilo «o todo, o nada».

Lo que a los pocos meses de que lo nombrasen canciller imperial alzó a Hitler al poder supremo fue una combinación de violencia política asesina —más implacable de lo que el mundo de la política convencional alemana podía llegar a imaginar— con una ofensiva propagandística que no se sometía a ningún criterio de veracidad ni decencia. El hecho de que los objetivos de las élites antidemocráticas, incluidas las fuerzas armadas y los líderes empresariales, coincidieran en gran medida con los de los nazis aseguró que, aunque las élites estuvieran descontentas con la violencia de los nazis, los acompañaran en la destrucción de la democracia. La era en la que Hitler llegó al poder todavía padecía el impacto sin precedentes de la primera guerra mundial. En Alemania, al igual que en otras partes de Europa, era de lo más habitual ver a hombres uniformados por las calles de las ciudades. Varias grandes estructuras políticas —por encima de todo, los imperios ruso, alemán, austríaco y otomano— se habían derrumbado por todo el continente, dejando paso a regímenes ora revolucionarios, ora democráticos; breves conflictos civiles armados habían puesto de manifiesto el surgimiento de un brutal e intolerante enfrentamiento de las ideologías, que en gran medida negaba las condiciones necesarias para la estabilidad democrática. Los odios asesinos, tanto sociales y raciales, hallaron refugio en los extremos de la política, desde el «terror rojo» de Lenin en Rusia al «terror blanco» de Horthy en Hungría, por citar solo dos ejemplos. Hitler fue producto de esta atmósfera política. En el núcleo de su concepción del mundo se hallaba un odio racial visceral contra lo que él denominaba «el enemigo mundial judío», al que desde 1919 culpó de todos los problemas de Alemania; con el tiempo, de todos los males del mundo. Las divisiones internas del país solo podrían superarse —afirmaba— creando por un lado una comunidad nacional basada en un Estado unipartidista liderado por un solo hombre —él mismo— y por otro eliminando a la minoría judía de Alemania; con el tiempo, según se puso de relieve durante la guerra, a todos los judíos de cualquier punto del mundo. Esta teoría conspiranoica, la más letal de la historia, se caracterizaba por una irracionalidad extrema que normalmente solo se encuentra en los márgenes de la política; pero con Hitler, trágicamente, alcanzó la centralidad.[253]

Mediada la década de 1930 la posición de Hitler como dictador único de la Alemania nazi se había consolidado del todo. Aunque por descontado no podía controlar todos y cada uno de los aspectos del gobierno, en diversas áreas cruciales como la política exterior, las artes visuales y la raza, lo dirigió hacia donde quiso o, en algún caso —como antes y después de las Olimpiadas de 1936, celebradas en Berlín— lo moderó por razones tácticas. En su conjunto, no obstante, el fundamento esencial de todo lo que sucedió en el movimiento nazi y el Tercer Reich no fue sino las obsesiones ideológicas de Hitler. Él dictó los parámetros; los subordinados se encargaron de completar los detalles. Cuando actuaron por propia iniciativa lo hicieron siempre dentro de los límites de la ideología que el líder nazi había creado. En 1939-1940 Hitler disfrutó de la gloria y la popularidad de los triunfos militares, pero desde diciembre de 1941 —y sobre todo desde 1943— Hitler se negó a buscar acuerdos o abandonar una batalla que, desde su perspectiva, solo podía acabar en la victoria total o en la derrota total.

Desde una fase muy temprana de su carrera política, por mucho que proyectara una imagen de dictador superheroico, dependió en muchos modos de un círculo íntimo e inmediato de subordinados que se encargaron de mantenerlo, promocionar su imagen pública, potenciar su confianza en sí mismo y llevar a la práctica su programa ideológico. Es el momento pues de preguntarse quién fue la gente de Hitler; qué papel cumplió cada uno; cómo llegaron a agruparse en torno de su Líder; por qué se mantuvieron a su lado casi hasta el fin de sus días.

Segunda parte
LOS PALADINES

Introducción

«Sería interesante —escribió el historiador Christoph Klessmann en 1971— estudiar de una forma general el tema de hasta qué punto es característico de los sistemas fascistas, e inherente a ellos, el hecho de situar a psicópatas o criminales desarraigados en las posiciones de liderazgo».[1] Los psicólogos han tendido a considerar que los líderes nazis sufrían trastornos profundos. Douglas M. Kelley, el psiquiatra penitenciario al que se encomendó determinar si los acusados ante el Tribunal Militar Internacional de Núremberg estaban en condiciones de ser sometidos a juicio, calificó a Rudolf Hess como un «histérico irredento ... claramente desviado de lo normal ... [un] individuo paranoico e infantil con manifestaciones de un histerismo extremo». Julius Streicher también sufría de «paranoia»; Robert Ley tenía «daños en el lóbulo frontal» y una «enfermedad cerebral orgánica» que lo hacían ser «definitivamente anormal». Los psiquiatras que examinaron a las figuras nazis más destacadas que fueron encarceladas después de la guerra tendieron a atribuir sus crímenes a patologías personales (como era predecible que sucediera, por otro lado). Así, Hess poseía una «personalidad histérica»; Hans Frank adolecía de «hipermanía emocional»; Göring era «un ególatra extrovertido ... exhibicionista ... con rasgos patológicos»; Ribbentrop era «sugestionable»; Rosenberg, un «diletante de la filosofía, de marcada intolerancia»; Baldur von Schirach era «narcisista»; Streicher «poseía una mentalidad obsesiva y del todo insensible ... [y] una estructura de personalidad que bordea lo francamente anormal». Sus almas destacaban por contarse «entre las más negras del planeta»;[2] pero a todas se las consideró aptas para un juicio.

La cúspide del Tercer Reich y del Partido Nazi, al mismo tiempo, ha sido considerada como algo más que una simple reunión heterogénea de psicópatas. Muchos comentaristas, ya durante la guerra, los consideraron como una especie de colectivo criminal. Entre los líderes políticos del bando Aliado, esta idea de que los jerarcas nazis eran una banda criminal estaba muy difundida. Winston Churchill los calificó precisamente de «banda», un epíteto recurrente en los órganos de la propaganda soviética: *Pravda*, por ejemplo, hablaba en marzo de 1945 de la «banda criminal hitleriana». Un informe de la Comisión de Control de los Aliados, de verano de 1945, los describía con el siguiente tono de desprecio: «Los personajes principales de esta galaxia de payasos y bandidos internos en Cenicero, Papelera y los otros centros de detención resultan ser tan grotescos y ridículos que solo "un asno séxtuple" podría haberlos tomado por soberanos».[3] El concepto de que los líderes nazis eran una panda de delincuentes se acompañaba de una descripción, habitual en un principio entre algunos sectores del gobierno británico, según la cual se trataba de forajidos o bandidos a los que se debía ejecutar en cuanto se les pusiera la mano encima, sin llevarlos a juicio.[4]

La banda de Hitler, un «documental propagandístico» de 1944, dirigido para Paramount Studios por John Farrow —a quien en nuestros días se recuerda más, probablemente, por haber dirigido la versión de 1957 de *La vuelta al mundo en ochenta días*, con David Niven como protagonista, así como por haber sido el padre de Mia Farrow—, retrató el ascenso y los primeros años del régimen nazi al estilo de las películas de gánsteres del Hollywood de los años 1930. En vez de recurrir a estrellas conocidas empleó a un elenco de desconocidos, elegidos por su semejanza física con los líderes nazis. Varios eran exiliados de la Europa ocupada precisamente por los nazis. Se basaba en una investigación minuciosa y, pese a que retrataba a las figuras principales con una crudeza notoria, se atenía razonablemente al curso de los acontecimientos. Destaca en particular el retrato de la Noche de los Cuchillos Largos, en 1934: casi ningún otro acontecimiento de la historia del nazismo se pareció tanto como este a un guion gansteril de los años treinta. Aun así, según destacó Bosley Crowther en el *New York Times*,

> la película hace tanto hincapié en la «banda de Hitler» y las intrigas internas con las que accedió al poder y lo retuvo que se transmite la impresión de que esos líderes han sido los únicos responsables del Es-

> tado nazi ... Esto equivale a que la grave responsabilidad de los ciudadanos alemanes, que han permitido que suceda lo que ha sucedido, se cuelga aquí limpiamente de los hombros de unos pocos rufianes, militares e industriales.[5]

Ha resultado más convincente conceptualizar a los líderes nazis como una especie de corte imperial en la que Hitler era el monarca y Göring, Goebbels y los demás jerarcas nazis, los cortesanos. El historiador Hugh Trevor-Roper —que durante la guerra fue oficial de los Servicios de Inteligencia británicos— escribió en la posguerra un libro superventas, *Los últimos días de Hitler*, al estilo de un clásico de la historiografía dieciochesca: *Historia de la decadencia y caída del Imperio romano*, de Edward Gibbon. Trevor-Roper retrata al dictador nazi como uno de los emperadores romanos —uno de los más desagradables—, y a los líderes del Tercer Reich como unos cortesanos que siguieron compitiendo por el favor del líder incluso cuando era evidente que todo estaba perdido.[6] Como en muchos regímenes autoritarios, el poder ilimitado permitía que el dictador nombrara a personas ajenas a la clase política, a menudo de un modo muy arbitrario, simplemente porque le habían causado buena impresión o le habían hecho un favor. Pero aunque esto no garantizaba la competencia de los elegidos, sin duda lo distanciaba de las estructuras del poder y los usos políticos habituales en la República de Weimar. Como es sabido, el gobierno de Hitler empezó siendo una coalición con nacionalistas de derechas, pero no nacionalsocialistas; y varios sobrevivieron durante un período sorprendentemente largo: es el caso de Franz Gürtner, ministro de Justicia, o del ejemplo clásico, el conde Lutz Schwerin de Krosigk, quien fue ministro de Hacienda desde el mandato de Franz von Papen, en 1932, y durante todo el Tercer Reich, y volvió a ser nombrado ministro en el primer gabinete de posguerra, el de Karl Dönitz en mayo de 1945. Aun así casi todos los demás conservadores que formaron parte de la coalición de Hitler en enero de 1933, uno tras otro, fueron cediendo su lugar a nazis o, en otras palabras: a hombres que debían el puesto a Hitler y lo mantuvieron por la sola razón de que siguieron gozando de su favor.

Hitler ha sido descrito a menudo como un solitario, un hombre que no se relacionaba con el resto de la sociedad. Sin embargo, aunque se complacía en proyectar una imagen de espléndido aislamiento y de ser intocable para el conjunto de la sociedad, en realidad entre bambalinas ansiaba la compañía humana y se creó una suerte de corte privada. Eran las personas con las que, en especial durante la década de 1920, le gustaba tomar asiento en restaurantes y cafés, o bien socializar en sus casas. Se incluían entre esas personas sus chóferes y guardaespaldas, como Erich Kempke, Emil Maurice y Julius Schaub; conocidos políticos de una primera fase, como Anton Drexler, Hermann Esser y Dietrich Eckart, que no le siguieron hasta el final por unas razones u otras; Heinrich Hoffmann, su fotógrafo; y sus mecenas y baluartes financieros, tales como Winifred Wagner, Hugo y Elsa Bruckmann o Helene Bechstein. Este era el séquito inicial. Algunos miembros —como Ernst «Putzi» Hanfstaengl, el edecán Fritz Wiedemann; los sucesores de este, Julius Schaub, Gerhard Engel y Nicolaus von Below; sus médicos, como Karl Brandt y esposa y, más adelante, Theo Morell— interpretaron un papel similar cuando el séquito personal de Hitler se trasladó al Berghof. Una parte de la élite del poder también se movía en este mismo círculo social: en particular, Joseph Goebbels y Albert Speer. Eva Braun, junto con sus amigos e hijos, proporcionó algo relativamente semejante a una vida familiar. Quienes sobrevivieron a la guerra mantuvieron el contacto estrecho y compartieron la convicción de que, aunque ellos habían sido figuras ajenas a la política, habían recibido un trato injusto por parte de los Aliados victoriosos y sus agentes. Pero ninguno se disoció nunca de Hitler, de su ideología extremista o de sus acciones criminales mientras este vivió, y ninguno le discutió siquiera nunca sus ideas; antes al contrario, al ofrecerle un medio de apoyo estable, lo respaldaron. Pusieron a su disposición un mundo privado en el cual podía relajarse sin preocuparse por su imagen pública.[7]

Los siguientes capítulos examinan, uno tras otro, a los hombres más poderosos del Tercer Reich, preguntándose por qué y cómo lograron su posición y —con la salvedad de Ernst Röhm— la mantuvieron el tiempo que les correspondió. No eran, desde luego, una «élite del poder» en el sentido estricto en que la definió el creador de este concepto, el politólogo estadounidense C. Wright Mills, que veía a los líderes de las fuerzas armadas, el mundo empresarial y la política como los verdaderos controladores de la vida en Estados Unidos; sin embargo, parece justificado estudiarlos como la élite que dominó el Partido Nazi y, desde ahí, el Tercer Reich. Todo ellos entendían el poder y sabían utilizarlo. Todos ellos —con la excepción ahora de Albert Speer— estuvieron al lado de Hitler casi desde el principio del nazismo y siguieron a su lado casi hasta el final. Ninguno puso en duda nunca abiertamente la autoridad de Hitler y este, por su parte, nunca tuvo razón para sospechar —al menos no hasta la agonía última del régimen— que ninguno de ellos pudiera suponer una amenaza. En esto se diferenciaba de Stalin, que solo progresivamente había ido destacando entre el liderazgo colectivo que asumió el poder en la Unión Soviética y el Partido Bolchevique tras la muerte de Lenin, y en consecuencia trató a los rivales reales o posibles con una suspicacia tan marcada que purgó y mandó ejecutar a muchos. ¿Qué clase de hombres eran, pues, los líderes nazis? ¿Eran marginados, unos parias de la sociedad, personas trastornadas o dementes? El examen minucioso de cada uno de ellos —en especial a partir de los recientes descubrimientos documentales y estudios biográficos detallados— debería ayudarnos a dar respuesta a esta pregunta. Empezaremos por Hermann Göring, el «segundo del Tercer Reich».[8]

2

El «hombre de hierro»: Hermann Göring

Quienes durante la década de 1930 se acercaban a Carinhall, una hacienda de Hermann Göring en las inmediaciones de Berlín, se sobresaltaban a menudo al ver allí a un león africano; no un ejemplar plenamente adulto, por supuesto, pero sí un león. Göring disponía de los cachorros por un acuerdo con el doctor Lutz Heck, director del zoo berlinés desde 1932. Cuando el animal crecía hasta resultar peligroso para los humanos, hacia los diez meses, Göring lo devolvía al zoológico y se llevaba otro. Tuvo en total siete, en sucesión. Contaban con una jaula propia y se ocupaban de ellos cuidadores del zoo. Pero Göring también los dejaba campar en libertad de día y el cachorro en cuestión solía aparecer durante los desayunos, en particular si había invitados, quienes sin duda se sentirían impresionados y quizá también un tanto asustados. En al menos una ocasión Göring hizo que lo grabaran jugando con su león favorito del momento. El acuerdo se mantuvo incluso después de que la familia tuviera una hija, en 1938, y no se interrumpió hasta que estalló la guerra.[1]

Todo esto formaba parte de una imagen pública cuidadosamente cultivada, a la que contribuían también sus actividades cinegéticas, a las que daba mucha publicidad. Adoptó el título de *Reichsjägermeister* («Maestro de caza del Reich») y se hizo construir un «pabellón de caza imperial» en las Landas de Rominten, un coto de larga tradición de la Prusia Oriental. Se vestía con frecuencia el atuendo de cazador, algo que puede parecernos risible en el siglo XXI, pero que en las décadas de 1930 y 1940 comunicaba los vínculos que se había forjado en especial con la clase terrateniente alemana y, más en general, con la vida rural del país. Aunque Göring daba mucho bombo a la pasión cinegética, en realidad su entusiasmo no era del todo genuino, pues se preocupaba más por la cantidad que por la calidad de las piezas. En su primera batida en Rominten —según lamentó más adelante el guarda forestal—, derribó al ciervo equivocado y apenas prestó atención al trofeo, solo a la fotografía que le hicieron con él. Todo esto importaba poco, solo abundaba en su imagen pública de extravagancia: de hecho, hizo redecorar Carinhall como si de un pabellón de caza se tratara, pese a que en realidad era un gran complejo de edificios provisto de toda clase de comodidades modernas, como por ejemplo una conexión telefónica. Aquí adquirió la costumbre de organizar recepciones para los visitantes destacados, a quienes mostraba sus trofeos. A sir Eric Phipps, quien fuera embajador de Gran Bretaña a mediados de los años treinta, el montaje no lo amedrentó en lo más mínimo. Cuando Göring llegó tarde a una cena convocada por la embajada británica en Berlín, en las fechas de la Noche de los Cuchillos Largos, el alemán se excusó alegando que venía de cazar. «De cazar animales, supongo», replicó irónicamente el embajador.[2]

Sin embargo, Phipps también comentó, en otra ocasión, que, «viendo lo que es almorzar con el rector del New College, el general Göring casi se antoja civilizado».[3] La imagen que Göring proyectaba de sí ante la opinión pública iba más allá de esto. Él ansiaba presentarse como una suerte de hombre del Renacimiento, coleccionista no tan solo de trofeos de caza, sino también de *objets d'art*. (Se le ha atribuido a menudo la frase: «Cuando oigo hablar de "cultura", echo mano a la pistola», pero, de hecho, la pronunció, con alguna que otra variación, un personaje de *Schlageter*, obra del dramaturgo nazi Hanns Johst.) En la década de 1920 ya había iniciado una colección artística modesta, que se hizo más ambiciosa en los treinta; pero cuando arrancó la segunda guerra mundial y Alemania conquistó Polonia, luego Francia, otros países de la Europa occidental y por último una vasta extensión de la Unión Soviética, surgieron posibilidades de una expansión casi ilimitada. Göring sabía poco de arte y no alcanzaba a distinguir una buena pintura de una mala; pero recurrió a los servicios de expertos y profesionales del arte y rastreó Europa en pos de pinturas, esculturas, tapices, joyas, alfombras, fragmentos de edificios romanos y, en fin, todo aquello de lo que alcanzaba a apropiarse. Con todo ello fue adornando sus diversas residencias y castillos y, antes que nada, Carinhall: con el consentimiento de Hitler, quería convertirlo en un museo de arte una vez que la guerra concluyera. Tuvo alguna influencia su preferencia personal por los desnudos femeninos, los retratos y los trípticos; pero a la postre su afán adquisitivo no se atuvo a restricciones y, al concluir la contienda, era propietario de 1.375 pinturas, 250 esculturas, 108 tapices, 200 muebles antiguos, 75 vidrieras, 60 alfombras persas o francesas y otros 175 objetos artísticos de diversa índole. En la colección destacaba una gran cantidad de obras de Brueghel, Cranach, Rubens, Ruisdael, Tintoretto, Ticiano y Van Dyck. Göring pagó por casi todas estas adquisiciones, aunque un buen número se le ofrecieron como regalo. Pese a que se esforzó por no dar la impresión de ser un saqueador, entre bambalinas recurría a las manipulaciones de divisas y a presiones de diverso tipo para comprar las obras al precio más bajo posible y, en particular, adquirir las colecciones confiscadas a propietarios judíos.[4]

Por su origen familiar, Göring se diferenciaba bastante de otros nazis. La familia se caracterizaba por un cosmopolitismo ajeno a la gran mayoría de los líderes del nazismo. Su padre, Heinrich Göring, era un diplomático de carrera que había prestado servicio como primer gobernador del África Suroccidental Alemana entre 1885 y 1890. Este ejercicio no se consideró exitoso y luego lo destinaron a Haití en calidad de cónsul general; contra lo que pueda parecernos, no se trató de una degradación, pues en aquella época África Suroccidental Alemana era una colonia casi puramente nominal. Hermann fue concebido allí, en Haití. Ante el temor a que las Indias Occidentales fueran un lugar insano en el que dar a luz, Heinrich Göring y su esposa regresaron a Alemania, donde el bebé vio la luz en un hospital de Rosenheim, el 12 de enero de 1893. La madre de Hermann, Franziska, una bávara de ascendencia austríaca, se había casado con Heinrich en 1885, y partió de inmediato con él hacia África. El esposo, a sus cuarenta y cinco años, era viudo; contaba ya con cinco hijos, pero, al haber fallecido su primera esposa, fueron criados por otros familiares, hecho que era práctica habitual entre el servicio exterior alemán. En 1893 el pequeño Hermann se quedó a cargo de un pariente, en Alemania, y los padres regresaron a Haití con sus tres hijos mayores, para un período de tres años. En 1896 la familia volvió a Berlín y pasó a ocuparse de nuevo de Hermann. Tras un breve período de trabajo en el Ministerio de Exteriores, Heinrich se retiró a una casa modesta de Berlín-Friedenau, que puso a su disposición el médico Hermann von Eppenstein, que había atendido a Franziska durante el parto del hijo mayor, en África Suroccidental. Eppenstein, que era soltero, se convirtió en el amante de Franziska. Se trataba de una relación reconocida; cuando la familia visitaba al médico, Franziska dormía con él, y Heinrich, en un alojamiento separado. El acaudalado Eppenstein, que gozaba de una fortuna como médico y también como terrateniente, cedió una de sus residencias, el Burg Veldenstein —un castillo medieval próximo a Núremberg— a la familia Göring, no sin antes invertir más de un millón de marcos en renovar las instalaciones para que fueran acordes con los tiempos modernos. Fue asimismo el padrino de Hermann y contribuyó de forma sustanciosa a los costes de su educación. El médico era católico practicante y también «medio judío».[5]

Podría parecer tentador extrapolar algunas de estas características de su infancia, pero, de hecho, ninguna parece haber ejercido una influencia clara en el posterior carácter de Göring. Lo que sí resultó crucial, por el contrario, fue la afición del padre por todo lo militar. En Berlín, Heinrich lo llevó a contemplar desfiles militares en la vecina Potsdam, lo pertrechó con uniformes en miniatura y le compró un juego de miniaturas de soldaditos con los que jugar. Tras recibir una formación escolar convencional en Fürth, cerca de Burg Veldenstein, y pasar cierto tiempo en un internado en Ansbach, a los doce años el padre, de acuerdo con Eppenstein, lo envió a una academia militar de Karlsruhe, donde pasó cuatro años viviendo, instruyéndose, practicando y aprendiendo a someterse a la disciplina del ejército. En 1909 fue transferido a una academia militar prusiana, en Berlín-Lichterfelde. Después de tres años como cadete, se licenció en marzo de 1912 e ingresó en el ejército prusiano, que lo destinó a la frontera con Francia. Desde una edad muy temprana, por lo tanto, se le dirigió hacia una carrera militar, a diferencia de muchos de los miembros más jóvenes del liderazgo nazi. Al estallar la primera guerra mundial, en agosto de 1914, entró en combate en el Frente Occidental, donde se distinguió.[6]

A partir de entonces su carrera militar dio un giro inusual. Fue hospitalizado por un episodio de reumatismo grave, provocado por la humedad de las trincheras, y otro oficial, Bruno Loerzer, lo convenció de pasar a la Fuerza Aérea alemana, que había sido fundada en 1913. Como se le denegó el permiso de traslado a una escuela de formación como piloto, acompañó a Loerzer en funciones de observador aéreo y se dedicó a fotografiar las posiciones defensivas de los franceses. Su trabajo se consideró lo suficientemente valioso como para descartar la acusación de deserción que se había formulado en su contra y, en 1915, se le autorizó por fin a formarse como piloto de caza. Tras ser derribado por un caza británico en su primer vuelo, quedó malherido y tuvo que pasar seis meses de recuperación antes de volver al combate. No tardó en demostrar su efectividad en esas lides y empezó a adquirir una reputación de pericia y valentía. Al concluir la guerra afirmó haber derribado veintidós aviones enemigos, aunque en varios casos cabía sospechar, pues faltaban pruebas independientes. En todo caso recibió una colección impresionante de condecoraciones militares, tales como una Cruz de Hierro, una medalla de los Hohenzollern y la rara distinción *Pour le Mérite* (equivalente prusiano de la Cruz Victoria británica).[7] Desde mayo de 1917 se le confió el mando de un escuadrón en el frente de Flandes y en julio del año siguiente fue elegido para liderar la famosa Ala de Cazas número 3 (*Jagdgeschwader*) de la Fuerza Aérea después de que su comandante, el barón Manfred von Richthofen, hubiera sido derribado y perdido la vida en combate.[8]

Los ases del Aire eran una nueva variedad de combatientes que los medios de comunicación públicos y la propaganda estatal ensalzaban con el título de «los caballeros del aire». Sus duelos sobre el Frente Occidental representaban un equivalente moderno de los torneos de caballerías: un piloto se enfrentaba a otro de manera individual y la victoria en la justa se decantaba hacia el más habilidoso y rápido de los dos. Con el acicate adicional de las cartas apasionadas de los soldados que, desde el frente, contemplaban el desarrollo de la tragedia, el combate aéreo se presentaba ante la opinión pública alemana como un paradigma de honor, caballerosidad y deportividad. En tierra, por el contrario, las monótonas penalidades de la guerra de trincheras destruían todas las expectativas de valor y proezas con las que tal vez los jóvenes se habían alistado; en el aire, en cambio, estas nociones pervivían, y los pilotos gozaban de un aura mística que no se disipó ni siquiera al concluir la contienda. Con el sobrenombre de «el Barón Rojo», Richthofen gozaba entre los británicos de una condición de leyenda: acabado el conflicto se publicaron diversas biografías admirativas. La realidad, no obstante, era otra. Richthofen incrementó su impresionante cifra de derribos aprovechando el efecto sorpresa, al aparecer de la nada para derribar los aparatos del enemigo; pero la mayoría de los aviones que los cazas abatían eran bombarderos, y su lentitud característica fue un factor mucho más crucial que la supuesta pericia exhibida en el combate personal. Si se eligió a Hermann Göring como sucesor de Richthofen no fue porque destacara con la brillantez de otros ases del aire como Ernst Uder —que a menudo emprendía las misiones en solitario—, sino porque se lo veía como alguien capaz de encajar en un equipo y dirigirlo.[9]

El período de Göring al frente del ala de Richthofen le acarreó el aura de los ases del aire, además de su impresionante colección de medallas y derribos (con independencia de su carácter más o menos dudoso). Pero los meses finales de la guerra, de hecho, fueron un tiempo de retirada y derrota: los nuevos aviones británicos y franceses eran superiores a los alemanes y las pérdidas sufridas por el ala fueron tan cuantiosas que, a las pocas semanas, se fundió con otro grupo. El abastecimiento de los alemanes era cada vez más deficiente y sus tropas de tierra se replegaban en toda la extensión del frente occidental. La moral había quedado hecha trizas por el fracaso de la ofensiva de primavera de 1918 y la llegada constante de tropas estadounidenses recién incorporadas al campo de batalla. Cuando se firmó el Armisticio, Göring encabezó el regreso de los pilotos a Alemania, donde los escuadrones se desmantelaron. Aterrizaron en un momento difícil. Ya había estallado la Revolución de noviembre de 1918 y en Mannheim el Consejo de Soldados y Trabajadores tomó el control de la situación y desarmó a los pilotos. Göring se dirigió a ese lugar con varios miembros de su unidad y, a punta de pistola, obligó al Consejo a devolverles las armas. A continuación los aviadores se retiraron a la ciudad bávara de Aschaffenburg, donde pasaron una semana de parranda en las tabernas locales, donde Göring improvisaba discursos en los que condenaba la revolución y profetizaba que Alemania lograría resurgir de la vergüenza de la derrota. Contaba entonces veinticinco años. No tenía trabajo, pensión ni medio alguno con el que sostenerse.[10]

En consecuencia recurrió a sus habilidades y su reputación como aviador para obtener empleo en Dinamarca como vendedor de la compañía aeronáutica Fokker (a la sazón neerlandesa, pero anteriormente, alemana). Demostraba las posibilidades de los aviones de la empresa ante los posibles compradores y realizaba exhibiciones acrobáticas para agradar a los espectadores. El Tratado de Versalles, que decretó destruir toda la flota de combate de su país, supuso otro golpe fuerte, que contribuyó a que decidiera no regresar a Alemania. En la primavera de 1920 cambió de empleo y pasó a trabajar como piloto para la Svensk-Lufttrafik, una aerolínea sueca fundada un año antes; entre los vuelos presumía de su pericia realizando acrobacias con un pequeño aparato de un solo asiento. En esta fase inicial de la historia de la aviación, los aviones de pasajeros eran un reducto exclusivo de los más ricos, un grupo con el que Göring se relacionaba en diversos actos sociales. En uno de ellos conoció a Carin, esposa del gimnasta Nils von Kantzow, que había ganado una medalla de oro en los Juegos Olímpicos. Carin, que se había distanciado del marido, procedía de un hogar pudiente y mantenía lazos estrechos con la familia ultraderechista de Eric von Rosen, un explorador que se había grabado esvásticas en las maletas de viaje. Hermann y Carin se enamoraron y, tras prosperar el divorcio de esta, se casaron el 3 de febrero de 1923.[11]

Por entonces Göring había regresado a Alemania y estudiaba Ciencias Políticas en la universidad de Múnich. La atmósfera netamente nacionalista y ultraderechista se combinó con la tendencia fascista de Carin para impulsarlo en la dirección del naciente Partido Nazi. No tanto porque simpatizara con su programa —más adelante llegó a alegar que ni siquiera se lo había leído nunca— como porque tenía la convicción general, de raíz emotiva, de que la extrema y violenta oposición de Hitler a los Acuerdos de Versalles congeniaba con su propio nacionalismo resentido y su afición a la acción violenta.[12] De algún modo, pertenecer al movimiento del Partido Nazi le proporcionó a Göring cierto sustituto de las escuadrillas de Richthofen, levantado sobre la «camaradería», el «amor a la patria» y una estructura jerárquica y paramilitar cohesionada por los lazos de la solidaridad y la obediencia. Incorporar a un héroe de guerra y as de la aviación —alguien que, en el lenguaje del siglo XXI, se consideraría una «celebridad»— fue todo un golpe de efecto para un movimiento que aún era diminuto, no había llamado la atención, se limitaba a tan solo una parte del país y, en suma, subsistía a duras penas en los márgenes de la política nacionalista de Baviera. Al igual que otros partidos políticos de la República de Weimar, el NSDAP (Partido Nacionalsocialista Obrero Alemán) se asociaba con una organización paramilitar, la «División de Asalto» (*Sturmabteilung* o SA). Esta dirigía a tan solo unos pocos cientos de hombres muy jóvenes, pero la encabezaba una figura de más experiencia: Julius Klintzsch, exoficial de la Marina, puesto a disposición de Hitler por el líder del Freikorps («Cuerpo Libre»), Hermann Ehrhardt. En los primeros meses de 1923, no obstante, Hitler estaba intentando liberarse de la influencia de Ehrhardt y establecer las SA como una organización paramilitar independiente, armada y uniformada, y preparada para afirmar una posición propia en la política de Baviera. En marzo de 1923 Hitler degradó a Klintzsch y puso a Hermann Göring al frente de las SA.[13]

Ya en esta función de líder de la División de Asalto, Göring participó en el desastroso intento de golpe de Estado —el *Putsch* de la cervecería— del 8 y 9 de noviembre de 1923, en la primera fila, al lado de Hitler. Convenció a un destacamento de la policía bávara de que no obstaculizaran su avance pero, en la barrera siguiente, como hemos visto, la policía abrió fuego y Göring resultó herido en el muslo. Voló con Carin para refugiarse en Innsbruck, ya en territorio austríaco, donde permaneció en el hospital hasta la Nochebuena. En mayo de 1924 se trasladó hasta Venecia junto con Carin, por medio de un pasaporte falso, y luego, a instancias de Hitler, visitó a Mussolini en Roma. En estas fechas se había quedado sin dinero, pero Carin obtuvo el apoyo económico de Hitler (a quien consideraba «un genio» por el que «tengo absoluta devoción») y regresaron a Suecia, donde la suegra había enfermado de gravedad.[14] Por entonces Göring ya adolecía de cierto sobrepeso —es fácil observarlo durante el frustrado *Putsch* de 1923— y varios otros problemas de salud. Se había vuelto adicto a la morfina que se le había prescrito durante la estancia en el hospital y el ignominioso fracaso de la intentona golpista, sumado a la falta de dinero y la salud menguante de su esposa —que padecía tuberculosis— le fueron sumiendo en una profunda depresión. Su conducta se tornó errática y Carin, que temía sufrir las consecuencias, se marchó a residir con su padre. El 1 de septiembre de 1925, tras un incidente violento en el centro que le proporcionaba a Göring los medicamentos, la policía sueca lo detuvo, le puso una camisa de fuerza y lo ingresó en el hospital mental de Langbro. Los informes médicos describen a un paciente histérico, de antisemitismo extremo, que sufría alucinaciones. Tras pasarse el efecto de los medicamentos a los que era adicto, al acabar el año le dieron el alta, aunque tuvo que regresar por breve tiempo para continuar con el tratamiento. Insistió en que no estaba loco, que tan solo padecía las consecuencias de los medicamentos que se inyectaba. Defendió también que la adicción era cosa del pasado, pero no era cierto: siguió dependiendo de los medicamentos en diverso grado y cada año se sometía a un tratamiento de desintoxicación temporal que administraba el profesor Hubert Kahle, especialista en adicciones.[15]

Durante la estancia en el extranjero, Göring había ido perdiendo el contacto con Hitler, hasta el extremo de que lo dieron de baja del Partido y el liderazgo de las SA pasó a Ernst Röhm. Aprovechando una amnistía de los delitos políticos, aprobada por el Reichstag en 1926, volvió a Alemania al año siguiente y, tras retomar por breve tiempo la actividad en los negocios, entró de nuevo en política: se reunió con Hitler y lo convenció de que lo situara en un lugar preferente de la lista nazi a las elecciones parlamentarias de 1928. Esto le permitió ocupar un asiento en la cámara y recibir el salario correspondiente, que no le iba nada mal. Que él estuviera en Berlín suponía varias ventajas, desde la perspectiva de Hitler. Por un lado Göring actuaba como una especie de agente local del líder del Partido, hecho que, por otro lado, causaba cierta irritación en Goebbels y otros radicales del Partido instalados en la capital. A Göring se lo tenía por un nacionalista conservador, antes que por un revolucionario; su buena reputación militar valió para forjar una útil red de contactos con los mundos de la empresa y la banca. Estableció buenas relaciones con la alta aristocracia, lo que dio pie a rumores un punto incendiarios, según los cuales era en realidad monárquico; él mismo dio cierto pábulo a esta creencia al visitar al antiguo káiser exiliado en los Países Bajos, en enero de 1931 y en mayo de 1932, y trabar amistad con los hijos de Guillermo que eran partidarios de Hitler. Trabajó muy poco para su partido; en el Reichstag solo tomó la palabra en una ocasión, y evitó la clase de tareas organizativas, de campaña y propaganda a las que Goebbels se había entregado desde que estaba en Berlín. Todo ello lo convirtió en una figura poco apreciada entre las bases del Partido Nazi, que tampoco se olvidaban del desprecio expreso de Göring hacia todos los que —la gran mayoría de la sociedad, de hecho— se caracterizaban por ser menos cultos, menos duchos en la brillantez social y menos expertos que él mismo. Pero las buenas relaciones que había forjado con los círculos nacionalistas conservadores —en no poca medida, gracias a la *Pour le Mérite*— fueron adquiriendo una importancia crucial para Hitler, quien lo consideraba una figura cada vez más indispensable.[16]

Entre tanto la Gran Depresión golpeó con fiereza la economía alemana y arruinó la cohesión del gobierno de coalición que dirigía el socialdemócrata Heinrich Müller. El hecho de que se nombrara canciller imperial a Heinrich Brüning —un monárquico conservador, con la reputación de ser un buen gestor económico— no contribuyó en nada a resolver la gravísima crisis económica que el país atravesaba, en gran parte porque Brüning respondió a la emergencia imponiendo una larga serie de medidas de austeridad. Las elecciones parlamentarias de 1930, en las que los nazis pasaron de ser un partido marginal a uno de los ganadores —con 107 escaños y seis millones de votos—, transformaron radicalmente la situación política. El gobierno de Brüning siguió tambaleándose y, en abril de 1932, vetó la actuación de la División de Asalto; pero el 30 de mayo de 1932, cuando el presidente del Reich lo hizo caer, el gobierno que le sucedió —encabezado por Franz von Papen— canceló el veto. El 30 de julio el Partido Nazi obtuvo 13 millones de votos. Al situarse como el grupo con más escaños del Reichstag, los nazis tenían derecho a nombrar al portavoz o el presidente de la asamblea legislativa. Hitler eligió a Göring para tal función. Este recurrió al control sobre las reglas procedimentales para maniobrar de modo que Papen perdiera el puesto en septiembre y luego, entre bambalinas, forzó asimismo la salida de su sucesor, Kurt von Schleicher. Göring supo utilizar sus contactos con banqueros, generales, nacionalistas conservadores y jefes de la burocracia civil para ayudar a Hitler a hacerse con el poder.[17]

Llegados a este punto, Göring se vistió de nuevo los atavíos del hombre de acción. Tras ser nombrado ministro de Interior de Prusia en funciones —un nombramiento ilegal, pues los tribunales invalidaron luego el golpe con el que, el verano anterior, Papen había expulsado del poder al anterior gobierno socialdemócrata de Prusia, Göring amplió en gran número las filas de la policía. Incorporó a otros 50.000 hombres, en su mayoría camisas pardas, y les dijo: «Tienen permiso para abatir, si es necesario, a los que se muestren hostiles al personal de las SA y la SS». El 27 de febrero de 1933, el inesperado incendio del Reichstag lo sumió en el pánico, y reaccionó ordenando la detención de miles de comunistas, con el pretexto de que el acto pirómano representaba el primer paso de un golpe de Estado de la izquierda. «Tengo la misión —anunció— de destruir y exterminar ... Mis queridos comunistas, sabed que usaré el poder del Estado y la policía en toda su extensión». Durante el posterior juicio al perpetrador del incendio, el joven neerlandés Marinus van der Lubbe (que fue ejecutado) y cuatro altos dirigentes comunistas (que fueron exonerados), Göring tuvo que hacer frente a los reproches repetidos del comunista Gueorgui Dimitrov, uno de los acusados. Göring perdió los nervios y le gritó, sacudiendo el puño: «¡Vuestro partido es un partido de criminales y hay que destruirlo! ¡Tú eres un criminal al que habría que mandar a la horca!».[18]

Poco después de ocupar el nuevo cargo, Göring había fusionado las diversas agencias de la policía política prusiana para formar un cuerpo único: la Gestapo. Aunque solo participaba del gabinete imperial en la condición de ministro sin cartera, el hecho de que Prusia representara la mayoría de la extensión territorial de Alemania y contara además con la mayoría demográfica le proporcionaba un poder inmenso, que Göring utilizó de forma repetida cuando consideró necesario responder a una crisis. La última fue la acción que él y Hitler emprendieron contra Ernst Röhm y los camisas pardas en la Noche de los Cuchillos Largos, entre el 30 de junio y el 2 de julio de 1934. Cuando Hitler decidió actuar contra los líderes de las SA muniquesas, Göring, de común acuerdo con aquel, se ocupó de esta tarea en Berlín donde, en colaboración con Himmler y Heydrich, ordenó atacar a los integrantes de una lista de personas que había compilado con Hitler y a las que convenía ejecutar. Cierto policía que estuvo en el despacho de Göring describió el ambiente como de «abiertamente sanguinario» y dejó constancia de las risas que estallaban con estrépito cada vez que se anunciaba un asesinato. El 30 de junio Göring ordenó en persona asesinar a dos asistentes personales del vicecanciller Von Papen, así como al antiguo líder nazi Gregor Strasser y al predecesor de Hitler en la Cancillería Imperial, Kurt von Schleicher. Esta acción disipó toda idea de que Göring ejercía una influencia moderadora sobre Hitler y acabó asimismo con buena parte de la reputación favorable de la que Göring gozaba en el extranjero.[19]

Después de haber ayudado a dar solidez al Tercer Reich, en el papel de agente de resolución de los problemas de Hitler, Göring delegó diversas funciones en otros. El nuevo régimen centralizó el poder y el Ministerio de Interior de Prusia se integró, en mayo de 1934, en el Ministerio de Interior del Reich; por su parte en noviembre la Gestapo quedó a cargo de Himmler. Göring se convirtió así en «el segundo del Reich»: el 19 de diciembre de 1934 Hitler lo nombró su sucesor y le encomendó actuar como delegado en misiones internacionales especiales, que se realizaban dejando de lado al Ministerio de Exteriores, de un modo que resultó típico del caos administrativo del régimen de Hitler. Antes de que los nazis se alzaran con el gobierno Göring ya había visitado Italia por encargo de Hitler, y regresó a este país en varias ocasiones, además de viajar por el sudeste de Europa para negociar sobre cuestiones económicas. El 5 de mayo de 1933 lo designaron ministro imperial del Aire y el 1 de marzo de 1935 le confiaron el mando general sobre la nueva fuerza aérea alemana, la Luftwaffe. Como el Tratado de Versalles había prohibido producir aviones de combate, el nuevo cuerpo tuvo que crearse prácticamente desde cero. La misión de supervisar y gestionar los aspectos de abastecimiento y construcción de la fuerza aérea le otorgaron una función militar independiente de los ejércitos naval y terrestre, pero también poderes cada vez más grandes sobre la economía. El 4 de abril de 1936 logró que Hitler le asignara el puesto de comisario de Materias Primas y Divisas, que le ayudaría en esa labor; el 18 de octubre de aquel mismo año, insatisfecho con lo que a su juicio era un ritmo de rearme demasiado lento, Hitler lo puso al frente de la Implantación del Plan Cuatrienal.[20] En noviembre de 1937, cuando Hitler destituyó al ministro de Economía, Hjalmar Schacht, porque había calificado la carrera del rearme como económicamente irresponsable, Göring absorbió, de hecho, el Ministerio de Economía, que pasó a integrarse en el Plan Cuatrienal.[21]

Llegados a este punto, Göring estaba al mando de un imperio económico no solo vasto, sino creciente. Su misión era preparar la economía alemana para una gran guerra y acomodar los recursos de la industria alemana para intensificar el ritmo del rearme. Como sus intentos de amedrentar a los representantes de la industria pesada para que participaran en la carrera armamentística no dieron el resultado deseado, hizo construir diversas acererías integradas en la Hermann-Göring-Werke, un conglomerado siderúrgico que para 1937 se había convertido ya en el mayor de Europa.[22] Fue principalmente a Göring a quien se le debió que las fuerzas armadas alemanas dispusieran de los recursos precisos para iniciar una gran guerra en 1939. Como parte de los preparativos bélicos también dio pasos para apoderarse de los medios de la población judía de Alemania, que era reducida y menguaba con rapidez. Hasta este punto Göring no había destacado en la implantación de las medidas antisemitas nazis. De hecho, en una entrevista realizada después de la guerra por el psiquiatra Leon Goldensohn, afirmó:

> El antisemitismo no tuvo lugar alguno en mi vida. Si me interesé por el movimiento nazi no fue en ningún caso por el antisemitismo. Lo que me atrajo al partido fue su programa político: me refiero a crear una Gran Alemania y abolir el Tratado de Versalles. Por supuesto desde el momento en que uno se incorporaba al Partido Nazi debía asumir en mayor o menor medida todos los puntos del partido, incluido el antisemitismo.[23]

En la citada entrevista no se le escapaba, claro está, que su interlocutor era judío. Sin embargo, resulta evidente que sus medidas antisemitas respondían antes que nada a consideraciones económicas. El antisemitismo que exhibió en sus primeros escritos resulta superficial y trillado.[24] Lo suyo era un oportunismo cínico: sencillamente hizo caso omiso del impacto humano de las medidas discriminatorias que empezó a desplegar contra los judíos.

En 1938, en efecto, empezó a promulgar una serie de decretos que organizaban la expropiación de las posesiones de los judíos. Empezó por el registro obligatorio de todas sus propiedades. A partir del pogromo del 9 y 10 de noviembre de 1938 —desarrollado en toda la nación por orden de Hitler—, presidió una conferencia con representantes de diversos ministerios, donde se le dio luz verde para que decretara la expulsión al completo de los judíos de la vida económica alemana: se les prohibió administrar tiendas y practicar oficios. Desde su punto de vista, apoderarse de las propiedades de los judíos contribuiría a financiar el programa acelerado de rearme. Otro decreto dictaminó que los judíos pagaran por los daños que habían causado las masas desenfrenadas de camisas pardas que destruyeron y saquearon sus posesiones durante el pogromo. Pero Göring aprovechó la ocasión para hacer extensiva la expulsión completa de los judíos, no solo de la economía, sino de la sociedad alemana. El 28 de diciembre de 1938, después de haber consultado al respecto con Hitler, promulgó un decreto que obligaba a los judíos del país a trasladarse a «casas para judíos». A juicio de Göring esta era una alternativa práctica, y más aceptable para la opinión pública que la creación de guetos; en el proceso también intensificó las normas contrarias a la celebración de matrimonios mixtos, «judeo-arios». El 14 de diciembre de 1938, cuando la implantación de estos decretos generó polémica, emitió un nuevo decreto —con la aprobación previa de Hitler— que determinaba que «todos los decretos y otras órdenes importantes relativas a los asuntos judíos deben resolverse por medio de mi oficina». Fue pues Göring quien ordenó crear una Oficina Imperial Central para la Emigración de los Judíos, aunque la responsabilidad de organizar y dirigir este departamento la delegó en Reinhard Heydrich y la SS.[25]

En este estadio de su vida Göring había desarrollado lo que parecía ser un insaciable apetito de poder. Se había alzado a una posición efectiva de segundo de Hitler, entre otras cosas, porque evitó embarrarse en las minucias del gobierno y la administración. Sus buenas relaciones con los nacionalistas conservadores habían sido de especial valor en los primeros años del régimen de Hitler, cuando el Partido Nazi dependía en una gran medida de la colaboración de estos. Sus contactos internacionales habían resultado de utilidad para tratar con los posibles aliados. Su formación y credenciales militares como as de la aviación le habían proporcionado un dominio creciente en la dirección de la economía y un papel independiente como jefe de la Luftwaffe. Su capacidad de actuar de forma rápida, decisiva y en ocasiones brutal había resultado crucial cuando Hitler vacilaba, como sucedió en la Noche de los Cuchillos Largos. Además Göring había alcanzado una suerte de estabilidad en su vida personal, ligada a una importante popularidad. Su primera esposa, Carin von Kantzow, había enfermado de tuberculosis y murió por un fallo cardíaco, provocado quizá por el fallecimiento de su madre, el 17 de octubre de 1931, cuando contaba tan solo cuarenta y dos años. Göring, sinceramente desazonado, la atendió en sus últimos días y bautizó su principal residencia rural con el nombre de su esposa. Sin embargo, seis meses más tarde conoció a Emmy Sonnemann, una actriz teatral y cinematográfica divorciada, de su misma edad, con la que inició una relación. El matrimonio de la pareja, el 10 de abril de 1935, fue todo un acontecimiento de Estado, grabado y reproducido en el noticiario cinematográfico semanal. Hitler fue uno de los testigos de la boda. El 2 de junio de 1938, a la edad de cuarenta y cinco años, Emmy dio a luz a la única hija de la pareja, Edda: la noticia halló más eco incluso que la boda. Emmy Göring —una mujer alta, glamurosa y rubia, y esencialmente apolítica— actuó a menudo como la consorte oficial de Hitler. Esto despertó la irritación de Magda Goebbels, a quien, no obstante, Hitler se sentía mucho más cercano, en el plano personal.[26]

A la postre, este fue el punto culminante de la carrera de Göring. En el cambio de equipo que caracterizó los años de 1937 y 1938, Göring fue uno de los perdedores. Cabildeó para que lo nombraran ministro de la Guerra —tras la destitución de Werner von Blomberg—, pero Hitler se reservó la posición para sí mismo; compensó a Göring con un ascenso a mariscal de campo, el 4 de febrero de 1938, aunque este carecía por completo de la experiencia militar que normalmente habría justificado tal promoción. Pese a que todavía ejercía la influencia suficiente para impulsar a un Hitler vacilante a actuar contra Austria un mes más tarde (la «Anexión» o *Anschluss*), y avanzado el año interpretó también un papel importante en la resolución pacífica de la crisis de Múnich y en la anexión de los Sudetes, su voluntad de lograr el reconocimiento internacional de estas anexiones alemanas de territorios extranjeros ya no se correspondía con el deseo de Hitler, cada vez más decidido a emprender una gran guerra europea. Ribbentrop, designado ministro de Exteriores el mismo día en que se dio a Göring el título de mariscal de campo, asumió el liderazgo en este campo y —de forma deliberada— marginó a Göring de los procesos decisorios. Este se enojó y calificó al nuevo ministro de «idiota», «necio criminal» y «el peor loro de Alemania» (pues, a su juicio, Ribbentrop se limitaba a repetir lo que el Führer había dicho). Pero por mucho que Göring se enfureciera, no fue capaz de detener la pérdida de poder en la política exterior de Alemania; entre otras razones, porque aunque había cooperado estrechamente con el Ministerio de Exteriores durante el mandato de Konstantin von Neurath (el predecesor de Ribbentrop), el nuevo ministro contaba con un personal propio y ya consolidado sobre el cual Göring carecía de influencia. Cuando Hitler decidió invadir los últimos territorios que le quedaban a Checoslovaquia, en marzo de 1939, apenas se consultó con Göring: «Todo este asunto —se lamentaba— se ha desarrollado en gran parte prescindiendo de mí». Se empeñó intensamente en asegurarse de que Gran Bretaña permanecería neutral en la guerra inminente, pero el esfuerzo no dio fruto porque Ribbentrop se situó en una posición radicalmente antibritánica.[27]

En este estadio Hitler había dejado de confiar asimismo en el papel de Göring como hombre de acción. Creía que le faltaba voluntad, en especial en lo relativo a lanzar una guerra de alcance europeo; en consecuencia le impidió controlar los asuntos económicos del nuevo Protectorado de Bohemia y Moravia. Pero el propio Göring parecía haber perdido el interés por seguir acumulando poder. En la primavera de 1939 se embarcó en una serie de cruceros por el Mediterráneo. Aunque durante estos viajes se reunió en más de una ocasión con Mussolini, los resultados políticos de sus contactos fueron mínimos; en esta época, quien llevaba el timón de la política exterior era ya Ribbentrop. Tras regresar a Alemania, Göring subió a bordo de su yate, el *Carin II*, y se dedicó a recorrer lentamente las aguas interiores del país, deteniéndose en las fábricas y los astilleros para gozar de los aplausos de las asambleas de trabajadores. No volvió a Berlín hasta los primeros días de agosto. Como no logró convencer a Hitler de que adoptara un curso que evitara la gran guerra europea, prefirió ausentarse por completo de la escena de toma de las decisiones. Era consciente de que Hitler y los radicales más belicosos como Ribbentrop se habían adueñado de la política exterior. Aunque entre bambalinas todavía intentó persuadir a los británicos de que repitieran la intervención de Chamberlain en Múnich, en 1938, pero ahora con respecto a Polonia —y a pesar de que recurrió también a la mediación de un amigo sueco, Birger Dahlerus—, la causa estaba perdida.[28]

Göring, a quien Hitler nombró como sucesor al estallar la guerra, fue recibiendo compensaciones hueras como medallas, condecoraciones y títulos sin efectos prácticos, lo que culminó con su designación como «mariscal del Reich» en una ceremonia en la que Hitler ascendió a mariscales de campo a una sucesión de generales, tras la caída de Francia, en el verano de 1940. Era un título carente de significado, en la faceta militar; pero con ello Hitler quería darle a entender que, de un modo u otro, estaba por encima de los simples mariscales de campo. En cualquier caso, el objetivo de evitar una guerra general mientras aún se estaba consolidando la economía, tan característico de Göring, demostró ser impracticable a la luz del insaciable afán bélico y conquistador de Hitler. Su desaprobación del asalto que Hitler planeaba emprender hacia el oeste de Europa se desvaneció —junto con todas las demás reservas personales sobre la agresividad militarista del Führer— desde el momento en que Hitler impuso su voluntad y, en particular, tras el asombroso éxito inicial de los ejércitos alemanes en la invasión de Francia. Sabedor de que había dejado de resultar clave en el círculo decisorio que rodeaba a Hitler, intentó recuperar la posición asegurando al Führer —con las protestas de los jefes de los ejércitos de Tierra y Mar— que la Luftwaffe se bastaría para obligar a los británicos a lanzarse al mar desde las playas de Dunkerque, a finales de mayo de 1940. Pero no logró suministrar la cantidad suficiente de bombarderos y los cazas británicos destruyeron más aviones alemanes de los que habían sido derribados hasta esa fecha durante toda la campaña. Göring nunca prestó especial atención a los detalles y su plena confianza en la superioridad de la Luftwaffe frente a la RAF no se basaba en una evaluación minuciosa de las fuerzas de cada bando. Su estilo de gestión, de hecho, favorecía el caos en la toma de decisiones, pues se dedicaba a enemistar constantemente a unos subordinados con otros, con la idea de impedir que hicieran frente común en contra de él; también se peleó con las otras ramas de las fuerzas armadas, en lugar de organizar una división racional del trabajo y los recursos. Cuando Hitler comprendió que la Luftwaffe había fracasado en la Batalla de Inglaterra, la estrella de Göring empezó a apagarse con rapidez. Fue Hitler quien determinó que la campaña dejara de destruir los aeródromos británicos para centrarse en Londres y otras ciudades, con la esperanza —poco realista— de que con ello quebrantaría la moral de la población civil. A partir de este punto Hitler fue adueñándose cada vez más de la dirección de la guerra aérea y empezó a dar órdenes directas a los subordinados de Göring sin pasar por el teórico jefe de la Luftwaffe.[29]

Hitler no tardó en tratar a Göring con un franco desprecio: le recriminaba a gritos el fracaso de la Luftwaffe y lo reprendía en las conferencias del Estado Mayor, de un modo que más adelante Göring calificó de «odioso y cruel».[30] Pero la Luftwaffe no era el único ámbito en el que Göring se estaba topando con dificultades. Su apetito de poder había generado una gran acumulación de cargos basados todos ellos en un clásico de los nazis, el *Führerprinzip*, donde todas las decisiones recaían, en última instancia, sobre el líder supremo. Las responsabilidades asumidas por Göring eran tan vastas que no alcanzó a proporcionar el liderazgo estratégico que cada una de ellas requería. La producción militar e industrial pagó las consecuencias de una falta de coordinación y un caos crecientes. Pero como era incapaz de delegar ningún poder, recibía una serie interminable de peticiones de que decidiera sobre toda clase de asuntos, sin excluir los más irrelevantes; y al tomar esas decisiones tuvo que lidiar a menudo con las objeciones de jefes militares, cargos del Partido, Gauleiter (líderes regionales), industriales y otros muchos. Las conquistas territoriales de 1939 a 1942 ampliaron aún más su imperio económico, pero también complicaron todavía más su gestión. Las economías subordinadas, como la francesa entre otras, no alcanzaron a contribuir a la campaña bélica alemana en la cuantía que Göring esperaba.[31]

Después de que el Ejército Rojo lograra detener la Operación Barbarroja en diciembre de 1941, Göring siguió perdiendo poder. En ese mismo mes, Hitler le declaró la guerra a Estados Unidos, una potencia que Göring siempre había subestimado. Se multiplicaron las críticas por la falta de eficiencia evidente en la producción bélica y las culpas se achacaron, en buena medida, a Göring. El conglomerado de producción militar, en rápida expansión, que se conocía con el nombre de Organisation Todt, ya estaba trabajando a espaldas de Göring, con la misión de introducir nuevas medidas de racionalización; pero el 8 de febrero de 1942 su fundador, el ingeniero Fritz Todt —ministro de Municiones y figura del nazismo—, falleció en un accidente de aviación. Le sucedió en el cargo el joven arquitecto Albert Speer, a pesar de que Göring se había postulado para el cargo. De resultas del fracaso de la Operación Barbarroja, Hitler ya había asumido una responsabilidad mucho mayor en la dirección de la guerra y Speer se convirtió en el instrumento con el que aspiraba a mejorar la gestión de la economía de guerra. El arquitecto recurrió a su proximidad con Hitler y sus buenas relaciones con el mundo de la industria para ir maniobrando en contra de Göring e ir ampliando progresivamente su propio control sobre la gestión económica. En ese mismo momento, el empleo creciente de trabajadores forzados o esclavizados, internos en los campos de concentración o procedentes de los países ocupados —a mediados de 1944 el Reich usaba a siete millones de trabajadores en estas condiciones— otorgaron a la SS de Himmler una función cada vez más destacada en la esfera económica; Göring habría querido restringir ese poder, pero como director del Plan Cuatrienal, él mismo dependía del uso del trabajo forzado en la producción bélica. El resultado de todo ello fue una reducción progresiva del imperio económico de Göring durante los años centrales de la contienda.[32]

En el área de las medidas antisemitas, de las que Göring estaba al mando desde 1938, la SS —en especial su Servicio de Seguridad, dirigido por Reinhard Heydrich— fue asumiendo un dominio creciente desde el principio de la guerra. Göring se acomodó a la paranoica creencia de Hitler de que, si estallaba una guerra, sería culpa de los judíos; en 1938 el Führer profetizó que en este caso «los judíos lo pagarían de verdad». Cuando la política nazi se dirigió hacia el fin del exterminio masivo —después de que se iniciara la Operación Barbarroja, el 22 de junio de 1941—, Göring cedió a la presión de la SS y le dio plena libertad en la implantación de su programa asesino. El 31 de julio firmó una orden dirigida a Heydrich cuyo pasaje crucial sostiene: «Por la presente le encomiendo hacer todos los preparativos necesarios con respecto a las cuestiones organizativas, técnicas y materiales propias de solucionar totalmente el problema de los judíos dentro de la esfera de influencia de Alemania en Europa».[33] Al firmar esta orden pasó la responsabilidad a Himmler y a Heydrich. Se había visto obligado una vez más, en suma, a retirarse de la participación activa en las medidas políticas y su implantación efectiva.

La imagen pública de Göring se resintió aún más cuando los Aliados empezaron a bombardear las ciudades alemanas a gran escala. Es famosa su declaración, en un discurso público pronunciado en la Renania en julio de 1939: «Si un bombardero enemigo llega al Ruhr, es que yo no me llamo Hermann Göring; llámenme Meyer» (uno de los apellidos más comunes en el país). Pues bien, en 1940, cuando los Aliados empezaron a hacer incursiones contra las ciudades alemanas, la gente de la calle comenzó a hacer exactamente eso. Ciertas nociones arraigadas y heredadas de la primera guerra mundial, unidas a la perversa influencia de la ideología nazi, llevaron a Göring a declarar: «La Luftwaffe debe atacar, no defender». Hacer lo contrario suponía un acto deshonroso. Cuando la ofensiva de bombardeo contra Alemania se arrancó en serio, ya en 1942, Göring ordenó «preparar y hacer realidad las incursiones de represalia contra Gran Bretaña que el Führer ha ordenado».[34] Cuando informó a Hitler sobre los efectos de un asalto de los bombarderos Aliados contra Colonia, en mayo de 1942, la torpeza con la que intentó minimizar los daños hizo que Hitler asumiera, de hecho, las decisiones clave sobre la estrategia aérea y la producción de aviones. Antes de que acabara el año, todos los líderes nazis eran conscientes de su pérdida de influencia y de prestigio: en diciembre de 1942 Albert Speer comentó que Göring «daba la impresión de ser un hombre agotado», que ya presentía que Alemania no iba a ganar la guerra. Pese a que Göring le prometió a Hitler que la Luftwaffe podría abastecer suficientemente al 6.º Ejército alemán, del general Paulus, sitiado en Stalingrado, entonces ya sabía que ese objetivo estaba fuera de su alcance. Tal fracaso perjudicó gravemente el poco prestigio del que aún gozaba como ministro del Aire.[35] Al verse sometido a una presión cada vez más intensa, fue dedicando más tiempo a su colección de arte y empezó a huir del estrés de los fracasos que se acumulaban incrementando la ingesta de paracodeína, un sustituto de la morfina, pero también adictivo. Con ayuda de los médicos, hacía mucho que intentaba reducir la adicción contraída mientras lo curaban en Suecia de la herida del muslo sufrida durante el *Putsch* de noviembre de 1923.[36] Al concluir la guerra consumía cantidades ingentes de pastillas: cargaba consigo una maleta con unas 20.000 dosis reducidas de paracodeína producidas específicamente para su uso personal. Según cierto informe, tal cantidad absorbía la mayor parte de la producción mundial de ese medicamento.[37]

Al quedar apartado de los centros de poder y perder la influencia asimismo sobre la economía, Göring pasaba cada vez más tiempo en Carinhall, donde gestionaba su creciente colección de obras artísticas y recibía visitas.

Se convirtió en un «hedonista», según el calificativo que se le transmitió al historiador británico Hugh Trevor-Roper una vez concluida la guerra, y se vestía

> (según afirma un testigo) ora con los atavíos de un maharajá oriental; ora con un uniforme azul claro y un bastón enjoyado de oro puro y marfil; ora con seda blanca como un Dux de Venecia, solo que atiborrado de joyas, con el emblemático ciervo de san Huberto en la cabeza y una esvástica de perlas relucientes fijada entre los cuernos. Aquí, entre escenas de suntuosidad romana, festejaba y cazaba y recibía visitas, y mostraba a sus distinguidos huéspedes las múltiples maravillas arquitectónicas y artísticas de su residencia: un estudio comparable a una iglesia de tamaño medio; una biblioteca con cúpula, como la Biblioteca Vaticana; un escritorio de ocho metros de longitud, de madera de caoba con la incrustación de esvásticas de bronce, provisto de dos grandes candelabros barrocos, un tintero todo de ónice y una larga regla de color verde marfil y tachonada de piedras preciosas.[38]

Según otras noticias Göring se había aficionado a pintarse las uñas de rojo, o a veces los labios, y se complacía en vestirse con la toga de un emperador romano.[39]

A finales de abril de 1945, cuando las fuerzas Aliadas estaban cerca de la victoria última, Göring había perdido toda la capacidad de influencia: el fracaso de la Luftwaffe lo había desacreditado hasta el punto de destruir toda la popularidad de la que antaño había gozado. Aun así no se le olvidó nunca que él era todavía la persona que Hitler había designado como sucesor. Cuando Hitler, abatido momentáneamente por la desesperanza, dijo a su entorno más cercano que se quedaría en Berlín hasta el final y que si querían órdenes debían pedírselas a Göring, el mariscal del Reich —que en ese momento estaba en la residencia de Berchtesgaden— le envió un telegrama a Hitler para comunicarle que asumía el poder. Hitler se enfureció. Destituyó a Göring de todos sus cargos y ordenó que lo detuvieran. Martin Bormann intentó que lo mataran, pero el empeño no salió adelante y Göring se quedó en Berchtesgaden hasta que, el 8 de mayo de 1945, se rindió voluntariamente a las tropas estadounidenses. Tenía la errónea pretensión de negociar las condiciones de la rendición de Alemania; obviamente había perdido de vista que los Aliados habían acordado y hecho público desde hacía un tiempo que solo aceptarían una capitulación incondicional. El oficial que lo detuvo se mostró indebidamente amistoso, no obstante; le dio la mano, lo invitó a comer y le permitió dar una conferencia de prensa. Göring sacó partido a su dominio del inglés —lo había aprendido en Suecia, en su estancia anterior a la primera guerra mundial— y estableció unas relaciones cordiales con sus captores. Cuando la noticia llegó a oídos del general Eisenhower, el comandante supremo de los Aliados lo cortó en seco y ordenó que lo trasladaran a una prisión. Eisenhower suprimió los informes de las entrevistas, salvo una en la que se anunciaba a Göring que figuraba en la lista oficial Aliada de los criminales de guerra; el alemán contestó que estaba muy sorprendido y no podía comprender el porqué.[40]

Tras ingresar en el hotel Palace de Mondorf-les-Bains, en Luxemburgo —donde se mantenía cautivos a los presos de mayor graduación—, lo examinaron y pesaron. Pesaba 120 kilos. El coronel Andrus —el oficial estadounidense que dirigía la instalación, conocido por su carácter estricto— quedó estupefacto con su aparición: «Göring llevaba consigo dieciséis maletas iguales, con su monograma personal; una caja de sombreros, de color rojo; y a su ayuda de cámara, Robert Kropp. No pude evitar dirigir la mirada a las uñas del mariscal del Reich, pintadas de un color rojo brillante».[41] Las uñas de las manos y también las de los pies. Una vez que se pasaron los efectos de la dependencia a la paracodeína —lo que resultó tarea fácil porque «su adicción no era muy fuerte», según el psiquiatra de la prisión, Douglas Kelley, que estuvo al cargo del programa de desintoxicación— y adelgazó gracias a una dieta de choque (supervisada asimismo por Kelley), Göring, restituida la salud, retomó la conducta atrevida y vigorosa que había exhibido en sus primeros días: por un lado asumió un papel de liderazgo entre los supervivientes de la jerarquía nazi y, por el otro, hizo cuanto pudo por cautivar a sus interrogadores.[42] El coronel Andrus informó de que se mostraba «de forma repetida, brusco y grosero con los vigilantes», arrogante y altanero. El prisionero no vaciló en quejarse ante el general Eisenhower de que lo hubieran privado del servicio y en pedir, lastimeramente: «¿No podría disponer de la asistencia de mi ayuda de cámara?».[43] El juez británico del proceso, lord Birkett, confesó estar impresionado por «su inmensa habilidad y conocimiento y el absoluto dominio y comprensión de todos los detalles».[44]

Entre bambalinas Göring condenaba a los demás acusados por ser «cobardicas» y amenazó a Speer con asesinarlo por mediación de los escuadrones secretos letales habituales en los tiempos de Weimar, y que él tenía la certeza de que no tardarían en aparecer en Alemania porque el exministro de Municiones había defraudado a los suyos al reconocer sus culpas. A juicio de Franz von Papen, Göring fue «la personalidad más señera de los juicios» por ser el único que se había atrevido a defender sus creencias. Seguía teniendo —dijo Papen— «el mismo carácter jovial y desinhibido que yo siempre había conocido ... Era un hombre de naturaleza francamente masculina y un enorme encanto personal».[45] Cuando Göring conversó con Gustave Gilbert sobre los asesinatos que había perpetrado en la Noche de los Cuchillos Largos (en 1934), el psicólogo comentó que «la faceta de gánster implacable de su personalidad se manifestó con toda claridad y apartó por completo de sí la máscara jovial». Al mismo tiempo se apresuró a reinventar de nuevo la imagen de sí mismo: se presentaba ante sus interlocutores como un hombre ajeno del todo al antisemitismo («el antisemitismo no tuvo lugar alguno en mi vida».) El odio a los judíos no era genuino, en realidad; defendió que los nazis habían recurrido a él como una simple estratagema electoral («para lograr el éxito, Hitler tuvo que presentar un programa antisemita») y añadió que «siempre que un judío ha acudido a pedirme ayuda, le he ayudado». Mostró su desprecio por el juicio —mera justicia de los vencedores—, negó saber nada del Holocausto, tildó de falsas las atrocidades que se grabaron y exhibieron ante los acusados y alegó haber ejercido una influencia moderadora sobre Hitler. En tono de fanfarronería desdeñó el racismo, que consideraba un aspecto periférico del movimiento nazi, y no dejó de insistir en que Hitler era un genio.[46] La culpa del antisemitismo, en realidad, era de Goebbels. Fue acumulando una falsedad tras otra y nunca se arrepintió. Se jactó de ser un auténtico héroe alemán, un hombre del Renacimiento, un militar honorable que se había limitado a servir a su país como nacionalista apasionado y a cumplir con el juramento de lealtad a Hitler, a pesar de los pesares. El pueblo siempre lo había adorado. Nunca había temido a la muerte. Su principal preocupación en aquellos momentos —dijo, albergando aún la ilusión de que el nazismo acabaría por gobernar Alemania de nuevo— era garantizarse la buena reputación ante la posteridad.[47]

Göring quedó horrorizado con la condena que el Tribunal le impuso por sus crímenes: no por la pena de muerte en sí, pues la esperaba, sino porque el procedimiento elegido fuera la horca, que le parecía deshonrosa. Reclamó ser ejecutado por un pelotón de fusilamiento; en vano. Al llegar a la prisión se le habían confiscado dos cápsulas de cianuro, que guardaba entre su ropa y sus efectos; pero el 15 de octubre de 1946 —la noche antes de su ahorcamiento anunciado— masticó otra cápsula de cianuro y falleció al instante. El coronel Andrus pensaba que estaba oculta en el váter, o quizá la llevaba en el ano; una investigación oficial sugirió que la cápsula estaba escondida en el ombligo o en el aseo de la celda. En la nota con la que acompañó el suicidio Göring afirmó que siempre la llevaba consigo, oculta en la celda o en las botas de montar, y que no debía culparse a ningún guarda. Su cadáver —como el de los demás criminales de guerra nazis— se incineró en el horno del campo de concentración de Dachau, que había sido construido en 1933, y las cenizas se dispersaron en un arroyo próximo.[48] Su viuda, la exactriz Emmy Sonnemann, también fue condenada, como era de esperar, a la luz de su prominencia pública durante los años del Tercer Reich: un tribunal de desnazificación la consideró un miembro activo e importante del Partido, por lo cual cumplió un año de prisión y se le prohibió actuar durante cinco años. Buena parte de las propiedades que Emmy atesoraba, adquiridas en su mayoría gracias a la relación con Göring, se confiscaron. Redactó una biografía bastante insulsa, titulada *An der Seite meines Mannes* («Al lado de mi marido»), que vio la luz en 1967, y pereció en Múnich el 8 de junio de 1973, a la edad de ochenta años, aún convencida de la grandeza y patriotismo de su difunto marido. La hija de la pareja, Edda, vivió con la madre después de la guerra y recibió una educación convencional. Siguió estudios de asistenta legal y luego trabajó en un centro hospitalario. Aunque se negó a aceptar las invitaciones a hablar sobre su padre o de política, mantuvo contacto con los círculos de la extrema derecha y asistió a homenajes en memoria de nazis que iban falleciendo. En la década de 1970 tuvo una relación amorosa de mucho eco público con Gerd Heinemann, un periodista de la revista *Stern* que había adquirido el yate de Göring, el *Carin II*. En 1983 Heinemann se labró la triste fama de ser el principal promotor y editor de los diarios falsos de Hitler. Una serie de juicios obligó a Edda Göring a devolver diversas obras de arte que su padre le había legado y se le negó la pensión concedida habitualmente a los descendientes de antiguos ministros del gobierno. Falleció el 21 de diciembre de 2018.[49]

Otro miembro de la familia de Hermann Göring resulta más interesante y menos previsible. Hablamos de su hermano menor, Albert, un ingeniero y empresario nacido en 1895. Albert creía que su padre biológico había sido su padrino, Hermann von Eppenstein, el mecenas de la familia; pero en realidad fue concebido mientras Franziska Göring estaba en Haití con su esposo. Quizá Albert pretendía asociarse con su padrino, que era medio judío. Se cuentan muchas historias sobre la hostilidad de Albert Göring al nazismo. Cuando era director de exportaciones de una fábrica de Škoda en la Checoslovaquia ocupada, animó a los trabajadores a realizar actos de sabotaje durante la guerra; también mantuvo contactos con la resistencia checoslovaca; ayudó a escapar a varios disidentes, falseando la firma de su hermano en los documentos necesarios; reclamó a internos de los campos de concentración como trabajadores forzados y luego les permitió huir. Albert también había prestado servicio durante la primera guerra mundial, pero como ingeniero de comunicaciones, no como soldado combatiente. Es posible que perteneciera a lo que se ha dado en llamar «la generación de los incondicionales», pero sin duda su orientación política divergía mucho de la de los demás integrantes de la familia. Su carrera pone de manifiesto que el compromiso de su hermano mayor con la causa nazi no tenía nada de inevitable; tampoco su ambición insaciable ni su carácter amoral.[50]

Durante cierto tiempo, la carrera política de Hermann Göring justificó que se le considerase como «el segundo del Tercer Reich». En efecto, durante la década de 1930 y hasta bien entrada la guerra, su energía y ambición le aseguraron una posición entre la élite política nazi. En su breve reaparición en los juicios de Núremberg reveló una vez más su poderosa personalidad. Entre todos los líderes del Tercer Reich fue el único que, al menos durante los años treinta, logró presionar a Hitler para que actuara cuando este mostraba signos de vacilación. En una medida superior a la de casi cualquier otro líder nazi, Göring asentó y mantuvo una situación de independencia con respecto a Hitler, que le permitió actuar una y otra vez por propia iniciativa. Nunca estuvo cerca del líder nazi en el aspecto personal, ni formó parte del círculo social íntimo de Hitler; los dos hombres se trataron casi siempre con formalidad, sin pasar del respetuoso usted (*Sie*, en alemán) al tú (*Du*) más amistoso. Sin embargo, Göring siempre necesitó de la aprobación de Hitler y —al igual que tantos otros— en los temas cruciales cedió a la voluntad del líder nazi. En materia de política exterior insistió en desarrollar una estrategia más próxima a la posición de los nacionalistas conservadores, adoptada por los generales y políticos a los que Hitler apartó con brusquedad cuando decidió acelerar los preparativos de la guerra, en 1937-1938.[51]

En la mayoría de las demás cuestiones, por el contrario, sería erróneo caracterizar a Göring como un conservador o un «nacionalista a la antigua usanza», por mucho que poseyera una «personalidad radical».[52] No sentía respeto alguno por los valores conservadores y adoptó un enfoque brutalmente amoral en todos los asuntos políticos a los que hizo frente, tanto en el interior como en el exterior. Se presentaba siempre como un militar honorable, pero su conducta y su lenguaje manifestaban una perversión cínica del comportamiento y los valores de las fuerzas armadas. Su brutalidad —evidente en episodios como la Noche de los Cuchillos Largos—, su ambición implacable, su vanidad, su corrupción, su indiferencia ante el sufrimiento humano y el desprecio hacia las buenas costumbres de la conducta humana, entre otras características, hicieron que diversas personas, como Gustave Gilbert, el psicólogo penitenciario, lo calificaran de psicópata. Pero reducirlo todo a una patología personal resultaba demasiado simple. Si un hombre como Göring pudo alzarse casi hasta la cumbre absoluta del poder, fue solo porque habitaba en el universo moral retorcido del Tercer Reich.[53]

3

El propagandista: Joseph Goebbels

Con una altura de 2,00 metros, Hugh Carleton Greene, jefe de la corresponsalía que el *Daily Telegraph* londinense tenía en Berlín, era una figura llamativa, reconocible de inmediato. Pero de un modo u otro, cuando se coló en la estación berlinesa de Anhalt, poco después de las tres y media de la tarde del 2 de mayo de 1938, logró evitar la atención de los guardas de seguridad. El líder nazi Adolf Hitler y su ministro de Propaganda, Joseph Goebbels, estaban a punto de subir a dos trenes que los llevarían a Italia, junto con su séquito diverso, para una visita estatal. No se autorizó a los corresponsales extranjeros a cubrir la salida, pero extrañamente Greene consiguió pasar inadvertido entre las multitudes. Según escribió más adelante:

> Había una larga escalera repleta de miembros de las Juventudes Hitlerianas, y Goebbels, rodeado de su personal, empezó a subirla cojeando. Me apresuré a ponerme inmediatamente detrás de él. Él era mucho más bajo que yo, unos cuarenta y cinco centímetros, y mientras remontábamos aquella escalera interminable de las filas de las Juventudes Hitlerianas, a uno y otro lado, estallaron en carcajadas. No era la clase de recepción a la que Goebbels estaba acostumbrado y no dejaba de volver la cabeza, con un notable desconcierto. Yo seguí justo detrás de él y creo que no me vio.[1]

Gracias a la presencia de Fritz Wiedemann, el edecán de Hitler, con el que Greene mantenía una relación amistosa, le permitieron quedarse en el andén, donde Goebbels conversaba con varios hombres de su equipo. Estaba previsto que Hitler y su ministro de Propaganda viajaran en el segundo tren, que se preveía partiría a las 16.54; pero evidentemente a Goebbels se le pasó por alto que el tren se ponía en marcha. «Cuando el tren ya se iba —escribió Greene— un hombretón de la SS se asomó por la ventanilla, atrapó a Goebbels por debajo de los brazos y lo alzó hasta el vagón mientras sus piernecitas pateaban en el aire». Fue otro espectáculo de poca dignidad que despertó más risas entre los asistentes. Además puso de relieve de cuánto prestigio gozaba Goebbels en el Tercer Reich.[2]

Joseph Goebbels, en efecto, distaba de ser uno de los líderes más populares o imponentes del Tercer Reich. Eran habituales los chistes sobre su figura, en especial entre los trabajadores comunistas y antiguos militantes de la socialdemocracia. Su propaganda era objeto de múltiples burlas. *Lügen haben kurze Beine*, reza un dicho alemán: «las mentiras tienen las piernas cortas» (las «patas», en la versión habitual en España); durante el período nazi fue frecuente que la frase se modificara a un «Las mentiras tienen una pierna más corta que la otra», como le sucedía a Goebbels. Durante cierto discurso, mientras él declamaba que «el pueblo alemán es como el águila de Alemania: la cabeza es nuestro Führer; el ala derecha, la SS; el ala izquierda, las SA...», se cuenta que un obrero situado al final de la sala completó la imagen con un: «y tú, ¡el agujero del culo!» Entre los miembros y adeptos del Partido, Goebbels no inspiraba miedo, como Himmler, ni respeto, como el Göring de la primera etapa del Tercer Reich. En público mostraba una gran confianza en sí mismo, que muchos interpretaban no obstante como una señal de arrogancia; y la mordacidad con la que se expresaba —más aún, por escrito— le ganó pocos amigos. «No le caigo bien a nadie», se lamentaba en una nota de su diario, compadeciéndose de sí mismo, el 28 de abril de 1931. A las pocas semanas añadió: «No tengo muchos amigos en el Partido. Casi ninguno, solo a Hitler». Al carecer de una base segura entre las filas del Partido, ocupaba una posición bastante precaria en la jerarquía y dependía del apoyo de Hitler más que la mayoría de sus rivales. Conscientes de su relativa debilidad, tanto Göring («ese cacho de mierda congelada») como Himmler («un puerco artero») intentaron adueñarse de sus dominios en más de una ocasión; pero Goebbels apeló siempre directamente al líder del Partido y la amenaza quedó en nada. Más en general, sobre todo entre las clases medias de Alemania, se tendía a considerar que Goebbels era un radical peligroso. De hecho, durante mucho tiempo

—y en particular en los primeros años treinta— se consideró obligado a utilizar la retórica de la extrema izquierda para no perder la buena relación con el movimiento de los camisas pardas, de Berlín, que era ferozmente revolucionario y en más de una ocasión amenazó con expulsarlo de su cargo como jefe del Partido Nazi en la capital.[3]

No es descartable que, en la forma de que Göring y Himmler trataron a su rival, hubiera un componente de esnobismo social. A diferencia de ellos, Goebbels procedía de una familia de clase media baja. Su padre, Fritz, era oficinista en una fábrica; en cuanto a su madre, Katharina, era hija de un simple jornalero agrícola. Los dos eran católicos acérrimos y Joseph, que nació el 29 de octubre de 1897, fue el cuarto de sus seis hijos. Estuvo enfermo a menudo; una osteomielitis le dejó torcido el pie derecho, una deformidad que la cirugía no alcanzó a corregir. Cojeó durante toda su vida; no podía participar de los juegos de sus compañeros de escuela y quedó abandonado a sus propios recursos. Fue un lector voraz que, en la adolescencia, leyó la traducción de incontables obras rusas. Compensaba la debilidad física estudiando a conciencia, con lo que destacaba como el primero de su clase. Como por razones médicas no pudo prestar servicio en las fuerzas armadas, en 1917 entró en la universidad, se licenció en literatura y cuatro años después obtuvo el título de doctor (por entonces, se exigía una disertación relativamente breve, que podía completarse con unos pocos meses de trabajo). Exhibía con orgullo el título académico y en adelante se hizo llamar siempre «dr. Goebbels».[4]

La familia del joven era conservadora y convencional, pero él, durante los años universitarios, se sintió atraído por la derecha. Era bastante habitual que los estudiantes pasaran de un centro a otro antes de graduarse y Goebbels estuvo en las universidades de Bonn, Wurzburgo, Friburgo, Múnich y Heidelberg. Sin duda se sintió influido por el ambiente extremadamente nacionalista que imperaba entonces entre los estudiantes. Al igual que muchos otros miembros de su generación, intentó compensar el hecho de no haber podido luchar por Alemania durante la primera guerra mundial (aunque en su caso no se debió a la juventud, sino a las dolencias físicas). Durante la década de 1920 las fuerzas Aliadas ocuparon la Renania, lo que generó resentimiento entre la población local. En 1923 Goebbels halló trabajo como empleado de banca, pero no tardó en ser despedido. No tardó en empaparse de las ideas antisemitas y culpó del carácter débil, caótico, desunido y empobrecido del Estado alemán de aquellas fechas a la influencia inespecífica, pero universalmente maligna, de «los judíos». Goebbels escribía sin descanso: novelas y obras teatrales inéditas y, cada vez con más frecuencia, artículos para la prensa. Pero no había logrado la independencia económica con respecto al padre y se encontró a la deriva, sin un futuro claro. La crisis económica que afectó a las universidades en los años iniciales de la República de Weimar, caracterizados por la inflación, le impidieron forjarse una carrera propia. No es de extrañar que se molestara con las clases medias establecidas y con el mundo académico al que no había logrado unirse.[5]

Hacia esta época Goebbels leyó una multitud de textos del socialismo —Karl Marx, August Bebel, Rosa Luxemburgo, entre otras voces—, pero aunque admiraba el tono general, le resultaban en su mayoría tediosos. Para el «socialismo» era una forma de nacionalismo populista y no hizo nada por elucidar qué significaba esto, en cuanto a medidas concretas. Seguía a la deriva, buscando una respuesta a sus problemas, hasta que la encontró en Adolf Hitler y el Partido Nazi. Las noticias del *Putsch* de la cervecería (en Múnich, en noviembre de 1923) lo electrizaron y, cuando en el juicio consiguiente Hitler justificó su conducta mediante argumentos nacionalistas, Goebbels se lanzó a leer la colección de textos del nazismo y empezó a criticar a la vieja generación de los ultranacionalistas, por carecer de energía y de exceso de conservadurismo. Hitler por el contrario le entusiasmaba: era a todas luces un hombre sincero, con el «alma alemana», que lograría sacar a Alemania de la humillante ocupación extranjera.[6] «Lejos de la desesperación y el deprimente escepticismo de estos últimos años —anotó en su diario—, ha surgido de nuevo en mí la fe en la nación y en el espíritu alemán».[7] Leyó *Mein Kampf* en su primera edición y quedó boquiabierto: «¿Quién es este hombre? ¡Un semidiós semiplebeyo!». Logró conocerlo en persona en los primeros días de noviembre de 1925, en un encuentro regional del Partido en Brunswick: «Es un tribuno del pueblo por naturaleza —apuntó con entusiasmo—. El dictador del futuro». El 20 de noviembre se vieron de nuevo: «¡Qué tipo! ¡Lo adoro!». Esta devoción adquirió de inmediato un carácter personal e incondicional.[8]

Aun así no estaban de acuerdo en todo. Goebbels y sus aliados expulsaron a los antiguos líderes regionales del Partido en el noroeste de Alemania y crearon una nueva organización que él encabezaba en condición de «gerente». Hitler, como no podía ser menos, miraba con suspicacia este grupo, que había surgido durante su ausencia forzosa de la escena política. Más en concreto Goebbels concebía la Unión Soviética como un aliado potencial, mientras que para Hitler era una mezcolanza dirigida por los judíos, que había que destruir para abrir camino a la colonización alemana de la Europa oriental. El 14 de febrero de 1926, en una conferencia del Partido en Bamberg, Hitler tomó la palabra durante dos horas para denunciar los puntos de vista de Goebbels. El líder nazi también lo dejó atónito al oponerse a la propuesta de realizar un referéndum sobre la confiscación de las múltiples propiedades que aún poseían los antiguos príncipes alemanes: el Führer insistió en la necesidad de respetar la propiedad privada. ¿Y si en realidad Hitler era un reaccionario?, se preguntaba Goebbels. «Ha sido una de las mayores decepciones de mi vida —apuntó en su diario—. Ya no tengo una fe plena en Hitler. Esto es lo terrible. He perdido la convicción interior. Ahora soy solo la mitad del hombre que había sido».[9]

Consciente de que aquel grupo de la región noroccidental ponía en peligro la unidad del Partido, Hitler emprendió una ofensiva amistosa: invitó a Goebbels a Múnich, le puso un coche a su disposición, le envió flores y, mediante una serie de encuentros durante la primavera y las primeras semanas del verano de 1926, lo conquistó. Con ello logró el efecto que deseaba: por un lado generó una división entre Goebbels y sus colegas, por el otro incrementó más aún su servilismo. «¡Es un genio! —escribió Goebbels en su diario—. Es por naturaleza el instrumento creador del destino divino». Había quedado convencido por completo e, incluso en los temas que los habían separado, se convirtió a las ideas de Hitler. Para aprovechar el éxito el líder nazi designó luego a Goebbels como Gauleiter de Berlín. Sin causar más problemas, la asociación noroccidental se disolvió.[10]

El 9 de noviembre de 1926 Goebbels se marchó a Berlín para tomar posesión de su nuevo cometido. Hitler le había encomendado un distrito importante, que iba mucho más allá de los límites de la capital alemana. Pero en el ámbito regional del Partido imperaban las tensiones. Estaba marcado por las disputas internas y rivalidades personales, y los hermanos Strasser —Gregor y Otto— contaban con muchos seguidores, adeptos de una versión «de izquierdas» del nacionalsocialismo. Goebbels se apresuró a imponer su autoridad sobre la organización del Partido en Berlín. Al mismo tiempo lanzó una intensa campaña de propaganda mediante discursos, opúsculos y carteles, además de una nueva revista, *Der Angriff* («El ataque»), que dirigía él mismo y resultó objeto de prohibiciones repetidas debido a su lenguaje extremista y las invectivas personales. Goebbels fue denunciado una y otra vez y una y otra vez tuvo que responder ante los tribunales. Era un orador refinado, que practicaba y ensayaba los discursos y variaba hábilmente el tono y la inflexión para mantener la atención del público. A diferencia de tantos otros oradores del nazismo, Goebbels no vociferaba: nunca renunciaba al control y calculaba cuidadosamente el efecto que buscaba con cada palabra. Aplicó ante todo los métodos de propaganda propios de la industria publicitaria comercial: destacaba mensajes simples expresados con claridad mediante imágenes impactantes y eslóganes con gancho. Ello se acompañaba con acciones violentas en las calles, destinadas a dejar fuera de juego a los paramilitares comunistas y socialdemócratas, omnipresentes en los espacios públicos. Estallaron peleas y hubo heridos e incluso tiroteos.[11]

Los métodos de Goebbels —sensacionalistas y carentes de escrúpulos— no tardaron en atraer la atención de la opinión pública; pero también la del jefe de la policía, el socialdemócrata Karl Zörgiebel, que el 5 de mayo de 1927 declaró ilegal al Partido en Berlín. A finales de agosto se prohibió a Goebbels que tomara la palabra en público. A finales de febrero de 1928 lo condenaron a seis semanas de cárcel por haber incitado a apalear a uno de los asistentes a un encuentro nazi, unos meses antes. Como muchos otros acusados de delitos políticos, se benefició de una amnistía aprobada por el Reichstag y no tuvo que cumplir la condena. Aunque lo llevaron a juicio en más ocasiones, el veto al Partido en Berlín se levantó en vísperas de las elecciones parlamentarias de 1928, que se celebraron el 20 de mayo. Los nazis tuvieron que contentarse con un 2,6 % de los votos —el 1,6 %, en Berlín—, pero como Hitler había situado a Goebbels en una posición destacada de la lista nacional, obtuvo un escaño y pudo sentarse en el Reichstag, lo que le reportó inmunidad legal. Durante los meses posteriores, la violencia de los camisas pardas —acicateados abiertamente por Goebbels— incrementó la cantidad de enfrentamientos armados con los paramilitares comunistas. En enero de 1930 un joven jefe de los camisas pardas, Horst Wessel, fue abatido a tiros por dos comunistas en su casa y, a las pocas semanas, falleció. Goebbels se apresuró a construirle un culto casi religioso, en el que lo retrató como un mártir y eligió como himno oficial del Partido Nazi una canción escrita por el difunto Wessel, «Die Fahne hoch» («¡Izad la bandera!»).[12]

Goebbels interpretó un papel crucial en la propaganda que ayudó a los nazis a obtener el logro electoral de 1930, cuando se hicieron con

107 escaños en el Reichstag. A partir de este éxito amplió su función —con el respaldo de Hitler— y se convirtió en el sumo responsable de la propaganda nazi. A diferencia de otras grandes figuras, como decíamos, no contaba con una base sólida en el Partido y dependía casi por completo de la aprobación de Hitler. Goebbels no era un «narcisista», en contra de lo que algunos autores han afirmado: no estaba enamorado de sí mismo, sino de Hitler. A principios de la década de 1930 la relación entre los dos era especialmente estrecha. El catalizador fue la mujer que se casaría con Goebbels: Magda Quandt. Magda había nacido el 11 de noviembre de 1901, en el seno de una familia de talante pronunciadamente derechista y nacionalista, y recibió una buena educación. En 1921 se había casado con un hombre mucho mayor que ella, el industrial Günther Quandt, con el que tuvo un hijo, Harald; pero la pareja se divorció ocho años después, cuando ella tuvo amoríos con un estudiante. El acuerdo la proveyó de medios abundantes para gozar de una vida independiente. En 1930 se incorporó al Partido Nazi en Berlín, donde conoció a Goebbels hacia finales de ese mismo año.[13]

Joseph Goebbels poseía un marcado deseo sexual y había tenido aventuras diversas durante los años veinte, con algunas relaciones más serias que otras; pero en Magda encontró a un espíritu afín. Cuando se la presentó a Hitler, no obstante, pronto quedó claro que el propio líder del Partido también se había enamorado. Goebbels se sintió consumido por los celos y las sospechas. La situación no podía perdurar mucho tiempo y Magda la resolvió adelantando la fecha de la boda al 19 de diciembre de 1931, e informando en persona a Hitler. «Hitler se ha resignado —anotó Goebbels en el diario—. La verdad es que está muy solo. No tiene suerte con las mujeres». Los tres acordaron que Magda —de gran habilidad social, marcada elegancia y buenas relaciones con la alta sociedad— seguiría casada con Goebbels pero en público desempeñaría la función platónica de compañera de Hitler, cuando así se estimara necesario. «El efecto mutuo será bueno para los tres —escribió Goebbels—. Él desea ser nuestro amigo más leal ... Cuando nos deja, después de esas palabras, siento una pizca de mala conciencia. Pero él me desea la mejor de las suertes con lágrimas en sus ojos grandes y asombrados». Hitler acudió regularmente a visitar a los Goebbels en su casa, tras este acuerdo; por su parte Joseph y Magda dieron fe de su especial proximidad con el líder nazi al ponerles, a cuantos hijos tuvieron, nombres que empezaban por la letra H: Helga, Hildegard, Helmut, Holdine, Hedwig y Heidrun.[14]

En julio de 1932, las elecciones nacionales tuvieron por resultado que el Partido Nazi fue el más representado en el Reichstag. La campaña de propaganda de Goebbels para la convocatoria electoral de noviembre, que se centró en la persona de Hitler, no surtió en cambio el efecto esperado. El Partido sufría una escasez de fondos que ayudó a restringir el alcance de la campaña. Los votos nazis se redujeron un 4 %. De hecho, como hemos visto, si el círculo conservador que rodeaba al presidente Hindenburg organizó el nombramiento de Hitler como canciller imperial el 30 de enero de 1933 a pesar de que sus representantes en el gabinete, encabezados por Franz von Papen, gozaban de una mayoría, fue porque les pareció que estos problemas (unidos a las disensiones internas que culminaron con la dimisión de Gregor Strasser) habían debilitado al Partido Nazi. Goebbels consideró que el nombramiento era una «revolución nacional» y, aquella noche, los camisas pardas y los partidarios del nazismo la simbolizaron mediante una larga manifestación que pasó la Puerta de Brandemburgo y el centro de la capital portando antorchas encendidas.[15]

Cuando los nazis empezaron a consolidar su posición en el gobierno, Goebbels pudo utilizar la mejora de la situación —y de la economía— para emprender una campaña de propaganda masiva de cara a las siguientes elecciones, del 5 de marzo de 1933. Aun así los nazis no lograron obtener una victoria aplastante: incluso después de que el Decreto del Incendio del Reichstag, del 28 de febrero de 1933, restringiera poderosamente las actividades de los partidos de la oposición, no cosecharon más que el 44 % de los votos. Ahora bien, sumados al 8 % de los otros partidos de la coalición conservadora, y a una combinación de amenazas, violencia y promesas, el 23 de marzo se alzaron con los dos tercios de los votos que el Parlamento requería para modificar la Constitución de modo que el gabinete de Hitler pudiera aprobar decretos sin solicitar la aprobación ni de la asamblea de representantes ni del presidente del país.[16]

En esta época Hitler ya había hecho realidad una promesa formulada a Goebbels antes de las elecciones: el 14 de marzo de 1933 le otorgó la cartera de un ministerio recién creado, el de Ilustración Popular y Propaganda. Goebbels aprovechó con entusiasmo las oportunidades que el cargo le abría. Durante los meses posteriores, tras afirmar que el objetivo de la propaganda sería convencer al 48 % del pueblo alemán que el 5 de marzo no había votado por la coalición gobernante, se entregó a la tarea de «coordinar» los medios de comunicación: en parte mediante decretos, en parte por la adquisición de fuentes independientes por empresas del Partido, en parte por las amenazas de actuar con violencia contra quienes se mostraran reticentes a obedecer. Quedaron bajo la égida del Ministerio de Propaganda no solo los administradores, sino también directores de galerías de arte, compañías de ópera, orquestas, teatros, periódicos y revistas, editoriales y otras muchas instituciones. Goebbels creó una Cámara de Cultura del Reich con numerosas subdivisiones (las Cámaras de Música, de Literatura, etcétera) y obligó por ley a inscribirse en ellas a todo aquel que deseara ejercer las respectivas profesiones. A los opositores conocidos del régimen, e igualmente a los judíos, se les vetó la inscripción.[17]

Aun así Goebbels no controlaba por completo la cultura y los medios de comunicación. Falló en el intento de apoderarse de los principales periódicos de Max Amann, director de la Eher Verlag, la casa editorial de los nazis. También tuvo que lidiar con el jefe de prensa nazi, Otto Dietrich, que a veces seguía una línea independiente y hacía comunicados de prensa propios. El empeño de Goebbels por cerrar el *Frankfurter Zeitung* —que había sido un diario liberal, cuyos periodistas a menudo hacían críticas veladas al régimen— fue rechazado por Hitler, que valoraba el prestigio internacional de la cabecera y creía que su supervivencia ayudaría a mejorar la imagen del gobierno en el exterior. Goebbels tampoco logró apoderarse de los museos alemanes y tuvo que entenderse con el Ministerio de Educación, con «La Fuerza por la Alegría» (la organización cultural del Frente de Trabajo) y con muchas otras instituciones del Estado nazi. Por último estaba Alfred Rosenberg, cuya Liga de Combate por la Cultura Alemana había emprendido una guerra implacable contra el modernismo, mientras que Goebbels adoptó una actitud más relajada al respecto. Hitler, que compartía las ideas de Rosenberg, se esforzó por convencer al ministro de la Propaganda del carácter «degenerado» del arte moderno, y cuando en una visita a la residencia de los Goebbels vio expuesta una obra del pintor expresionista Emil Nolde (que era miembro de pleno derecho del Partido Nazi, sin embargo), el Führer se mostró horrorizado. Como en el resto de los asuntos, Goebbels corrió a adecuarse a lo que pedían, hasta el punto de organizar una exhibición pública de «Arte degenerado» en Múnich, en 1937.[18]

A la estela de Hitler, Goebbels atribuyó esa «degeneración» del arte y la música al afán de subversión «judío». Desde el principio mismo del Tercer Reich implantó una diversidad de medidas contra la población judía de Alemania. El 1 de abril de 1933 organizó un boicot de ámbito nacional contra las tiendas y los negocios judíos: los camisas pardas pegaron carteles del boicot en los escaparates y se colocaron delante de los establecimientos, con aire de amenaza. No supuso un gran éxito, pues muchos clientes, sobre todo los habituales, entraron igualmente. El 10 de mayo de 1933 —en lo que supuso el acto de vandalismo cultural más tristemente famoso del Tercer Reich—, estudiantes de diecinueve ciudades universitarias alemanas saquearon bibliotecas, reunieron libros de tendencia pacifista, marxista, liberal y «subversiva» en general —con preferencia por los autores judíos— y los quemaron en hogueras en las grandes plazas públicas. Goebbels asistió a la quema de libros de Berlín para dar su apoyo a ese «acto contra el espíritu antialemán», y declaró:

> La era de los intelectuales judíos extremistas ha llegado a su fin. El hito de la revolución alemana ha vuelto a despejar el camino de la vía alemana ... Aquí se van a pique los fundamentos intelectuales de la República de Noviembre, pero de este hundimiento emergerá triunfal el fénix de un nuevo espíritu.[19]

La referencia al «espíritu antialemán» equivalía a acusar a los «judíos», por supuesto, con independencia de si cada autor en concreto era judío o no. En cualquier caso, en cada momento decisivo, Goebbels no solo justificó las medidas antisemitas del régimen, sino que instó repetidamente a Hitler a ahondar en ellas. «De nuevo he logrado adelantar mucho en el asunto de la cuestión judía asociada al bolchevismo —anotaba por ejemplo el 11 de febrero de 1937—. El líder está entusiasmado». Con la aprobación de Hitler, instigó los violentos disturbios antisemitas que estallaron en la Kurfürstendamm en junio de 1935. («El judería está intentando imponerse una vez más, cada día, en cada una de nuestras calles», denunciaba ante una asamblea regional del Partido el 30 de junio; el 15 de julio publicó más incitaciones a la violencia en su órgano *Der Angriff*.) Estos disturbios dañaron la reputación del régimen en el extranjero durante una fase delicada, pues faltaba menos de un año para la celebración de los Juegos Olímpicos de Berlín, en 1936, por lo que Hitler decidió ponerles fin. En septiembre aprobó las infames leyes raciales de Núremberg, que privaron de la ciudadanía alemana a los judíos del país.[20]

Aunque Goebbels y su esposa Magda siempre estuvieron próximos a Hitler en el plano más personal; sin embargo, él no solía participar de las decisiones claves del régimen. Así, quedó fuera de la conspiración que culminó con la detención y asesinato del líder de los camisas pardas, Ernst Röhm, y otras casi doscientas personas en la noche del 30 al 1 de julio de 1934; más aún, durante las semanas precedentes él se había centrado por completo en la necesidad de meter en cintura al vicecanciller conservador Franz von Papen y los demás «reaccionarios». Como siempre, Goebbels se sometió y emprendió una campaña relámpago de propaganda para justificar esos hechos ante el pueblo alemán; para ello, afirmó en los medios de comunicación que eran hechos legales por la sencilla razón de que Hitler los había ordenado.[21] En los grandes asuntos de política exterior, tales como la remilitarización de la Renania en 1936 o la anexión de Austria en 1938, Goebbels quedó excluido del proceso decisorio y solo se le implicó en la labor de justificarlos ante las opiniones públicas alemana e internacional. Igualmente, aunque abordó de forma repetida con Hitler la colosal campaña mediática contra el gobierno checo, que emprendió en la fase previa al desmembramiento de Checoslovaquia con el Acuerdo de Múnich, en el otoño de 1938, y la posterior contra Polonia en preparación de la invasión de septiembre de 1939; sin embargo, no participó en los detalles de fijación del calendario ni en la determinación de las medidas que Hitler adoptó.[22]

A pesar de que Goebbels se esforzó por dar una imagen pública de modestia y honorabilidad económica, obtuvo ingresos cuantiosos gracias a su posición en el ministerio y al adelanto por la futura publicación póstuma de sus diarios; además Hitler le otorgó una asignación para gastos más que generosa. Gracias a estos recursos acumuló una enorme y onerosa colección de lanchas y coches y adquirió dos villas adyacentes en la isla de Schwanenwerder, en el Wannsee, un lago situado al oeste de Berlín; una de ellas a un precio de derribo impuesto a su propietario, un banquero judío, por el jefe de la policía berlinesa, que era amigo de Goebbels. Su residencia en la propia capital, por otro lado, se renovó por un coste de 2,5 millones de marcos. En 1936 la ciudad de Berlín le concedió el uso gratuito de otro gran palacete emplazado a orillas de otro lago, al Bogensee, situado hacia el norte de la capital; y lo reconstruyó con toda clase de lujos. Este coloso de treinta habitaciones disponía de un anexo para el servicio —con cuarenta habitaciones más—, un garaje para múltiples coches y un cine privado. Costó más de 2,3 millones de marcos imperiales que Goebbels costeó en parte vendiéndoselo a la compañía estatal de medios de comunicación... a pesar de que, de hecho, él no era el propietario del palacio.[23]

Pero aunque gozó de ese éxito mundano, en cambio el ministro de la Propaganda no pudo gozar de una relación armónica con su esposa, Magda. Las discusiones eran tan habituales que se distanció de ella y se embarcó en una relación apasionada con una actriz checa de veintiún años, Lida Baarová, a la que conoció cuando él contaba treinta y nueve, en junio de 1936. Despechada, Magda recurrió a Hitler, quien hizo hincapié en que Goebbels debía acabar con la aventura: no deseaba renunciar a Magda como acompañante femenina en las apariciones públicas, pero para evitar las habladurías le habría parecido necesario prescindir de sus servicios si la pareja se divorciaba o separaba. Este fue, según le confesó Goebbels a su diario, «el período más duro de su vida». Como siempre, bajó la cerviz y, en los últimos días de octubre de 1938, cortó el amorío. Quizá había comprendido que su posición en la corte del dictador dependía casi por completo de la continuación de aquella relación triangular.[24] Cuando un joven judío polaco disparó contra un oficial alemán en la embajada de este país en París, como represalia por el hecho de que en las semanas anteriores se había expulsado de Alemania a sus padres —y a otros 18.000 judíos polacos—, Goebbels, tal vez con la esperanza de restañar el aprecio de Hitler, volcó en los medios incontables muestras de odio contra los judíos; y cuando las heridas costaron la vida al oficial, Goebbels obtuvo la aprobación de su Führer para un pogromo antisemita en el que se destruyeron más de 7.500 propiedades de judíos y se redujo a cenizas más de un millar de sinagogas. Se encerró en campos de concentración a más de 30.000 hombres judíos, por orden personal de Hitler. Los perpetradores del pogromo asesinaron directamente a por lo menos noventa y un judíos (con toda probabilidad, a muchos más). Quienes actuaron de este modo eran camisas pardas y miembros de la SS, pero lo hicieron con ropas de civil, para respaldar la línea de la propaganda de Goebbels, según la cual se trataba de un estallido «espontáneo» de cólera popular en contra de los judíos. «Toda la nación protesta airada», informó satisfecho al día siguiente.[25]

La función principal de Goebbels, durante los años posteriores, fue proporcionar una justificación publica primero a las guerras de agresión de Hitler y luego al exterminio de los judíos europeos. Acumuló falsas acusaciones según las cuales en Polonia se maltrataba a los habitantes de etnia alemana, en una acción propagandística que culminó con la fabricación de un «asalto» polaco contra una emisora de radio de Gleiwitz, cerca de la frontera con Alemania. Para ello se utilizó a presos de los campos de concentración, a los que se vistió con uniformes polacos y luego se fusiló; los cadáveres se dejaron a la vista para que un equipo de la propaganda pudiera dar cobertura fotográfica de «las pruebas».[26] Tras caer Francia derrotada en el verano de 1940, Goebbels dio instrucciones detalladas para organizar celebraciones públicas en Berlín: los obreros recibieron la tarde libre y marcharon hacia los puestos designados a lo largo de una procesión cuya ruta había sido decorada, la noche anterior, por 8.000 personas a las que se encomendó colgar enseñas y banderitas. Las calles por las que pasó el desfile de Hitler se tapizaron con varios cargamentos de flores. Arrobado por el espectáculo, y olvidando que en realidad lo había concertado todo su propio ministerio, Goebbels se dejó llevar por el entusiasmo: «¡El Führer cabalga sobre una alfombra toda de flores! ¡Ah, nuestro pueblo! ¡Qué maravilla de pueblo!».[27]

Durante la primera mitad de la guerra, Goebbels hizo cuanto estuvo en su mano por reforzar la confianza de la población alemana en la victoria última. Se interesó personalmente por el rodaje de películas, entre ellas la antisemita *Jud Süss* (1940) y la antibritánica *Ohm Kruger* (1941), ensalzadas ambas por la calidad de su producción. También dedicó mucho tiempo a revisar metraje en bruto de *El judío eterno* (1940), un documental marcado por un antisemitismo tan feroz que resultó demasiado crudo y extremo para la población alemana incluso en aquellos años de sumisión al nazismo: mostraba imágenes del gueto de Varsovia junto a multitudes de ratas. Tras contemplar el documental al completo Goebbels comentó: «Hay que aniquilar a los judíos». En esto también seguía las indicaciones de Hitler: el dictador había criticado en público a la industria cinematográfica alemana por no haberse atrevido, a su juicio, «a abordar la cuestión de los judíos bolcheviques».[28]

Esta propaganda tuvo consecuencias directas sobre los judíos alemanes. Goebbels, que aún era el Gauleiter de la capital, se implicó fuertemente en organizar la expulsión de los judíos alemanes de la ciudad, que se hizo realidad entre 1940 y 1941. La población judía —afirmó el 1 de diciembre de 1941 ante una congregación de figuras destacadas de las fuerzas armadas, el Frente del Trabajo, el Partido y otras instituciones— estaba «sufriendo el proceso de aniquilación gradual que ellos pretendían imponernos a nosotros ... Sería del todo absurdo sentir conmiseración o siquiera remordimientos». Al parecer creía en serio que existía una conspiración mundial de los judíos que dirigía la actuación de los británicos y, desde mediados de 1941, también de la Unión Soviética y

Estados Unidos. Pensaba que estaban resueltos a exterminar la raza alemana y en sus mensajes de propaganda retrató a Churchill, Roosevelt y Stalin como marionetas de los judíos. Según escribió en su diario el 27 de marzo de 1942, por entonces se estaba «aniquilando» a cerca del 60 % de los judíos, mientras que al 40 % restante se lo obligaba a trabajar hasta la muerte. «Los judíos están sufriendo un castigo bárbaro, sin lugar a dudas; pero es un castigo del todo merecido». Su despiadada guerra verbal contra los judíos no aspiraba únicamente a justificar el programa de exterminio ante el pueblo alemán, sino también a impulsarlo.[29]

En los primeros meses de 1942, no obstante, la campaña bélica alemana empezaba a flaquear. El Ejército Rojo y las grandes nevadas del invierno ruso habían detenido a unas fuerzas armadas que, en opinión de Hitler y Goebbels, no habrían tenido que esforzarse gran cosa para provocar el hundimiento del régimen soviético; y, sin embargo, estaban muriendo congeladas, literalmente. Goebbels organizó una operación pública de rescate: los ciudadanos alemanes donaron ropa de invierno para contribuir a mantener el espíritu combativo de las tropas. En aquel año de 1942 se volvió a ganar terreno hacia el este, pero la llegada del invierno interrumpió el avance de nuevo y, además, un vasto movimiento envolvente del Ejército Rojo cortó la ruta de abastecimiento de los alemanes y sus socios frente una ciudad de enorme importancia simbólica: Stalingrado. Los restos de esas tropas capitularon a principios de 1943. Desde este momento, la efusiva producción propagandística de Goebbels hizo cada vez más hincapié en la inmolación de los soldados alemanes y la idea de que la guerra era una batalla por preservar la civilización occidental frente a las hordas judeo-bolcheviques. Mientras la situación militar se deterioraba, él bombardeó a la población alemana del interior con exhortaciones a redoblar el empeño por obtener la victoria; el ejemplo más tristemente famoso fue la aparición orquestada frente a una ingente multitud de adeptos fanáticos en el Palacio de Deportes de Berlín, el 18 de febrero de 1943, donde, ante gritos de «¡Sí!» y aplausos atronadores, gritaba: «¿Queréis la guerra total ... una guerra más total y radical de lo que hoy podemos siquiera imaginar?».[30]

Todo era falso, por supuesto. La economía de guerra de Alemania estaba ya en una condición tan forzada que apenas había posibilidad de apretar más, y los ciudadanos de la calle lo sabían. Aún se produjeron unas pocas acciones simbólicas, como el cierre de cafés; pero muchos no tardaron en reabrir con otros nombres. Las medidas de la «guerra total» también supusieron la clausura de teatros, salas de conciertos y óperas, pero en cualquier caso en el transcurso de 1944 los daños causados por las bombas bastaron por sí mismos para poner fin a la vida cultural en las ciudades alemanas, grandes o pequeñas. Mientras el Ejército Rojo se adentraba en Alemania desde el este, Goebbels emitió propaganda centrada en atrocidades, para intentar reforzar el afán de resistencia del pueblo; apenas surtió efecto. También destinó una gran cantidad de recursos a una película de producción onerosa, *Kolberg*, que versaba sobre la resistencia de una ciudad alemana y sus habitantes durante las guerras napoleónicas. Se estrenó demasiado tarde: el 30 de enero de 1945. Los informes del Servicio de Seguridad recogían que el estado de ánimo, después de Stalingrado, era de pesimismo creciente e incluso desesperación; la situación se agravó en los meses posteriores, con la efectividad creciente de la campaña de bombardeo de los Aliados. Después de que Hitler lo nombrara «plenipotenciario de la guerra total», Goebbels siguió intentando aportar nuevos reclutas a unas fuerzas armadas en proceso de mengua acelerada. Pero aunque anotó algunos éxitos en sus diarios, a la postre la tarea era imposible. En parte topó con el límite de otros rivales en competencia por la movilización de la mano de obra, como Speer, que respondía a una agenda propia; y en parte con el de Hitler, que no se resignó a quemar hasta las últimas naves y, por ejemplo, movilizar también a las mujeres.[31]

Durante los años de guerra, Goebbels dio varios pasos para reparar el daño que la crisis marital de la preguerra había causado en su relación personal con el líder nazi. De este modo logró restaurar en parte cierta proximidad de Hitler con la familia Goebbels. «Cuando uno habla con Hitler —afirmó en su diario el 15 de marzo de 1945—, no puede evitar sentir: "Sí, tienes toda la razón. Todo lo que dices es verdad"». Por lo tanto también dio su apoyo a la infame «orden neroniana» por la que Hitler dispuso destruir todos los recursos económicos de Alemania como respuesta a la invasión de los Aliados, y continuó compartiendo con su líder la confianza en la victoria última. Cuando esta también se derrumbó, Joseph y Magda Goebbels decidieron unirse a Hitler en el búnker situado bajo la Cancillería Imperial, a pesar de que este los invitó a buscar refugio en algún lugar seguro. Tras el suicidio de Hitler, aunque había elegido a Goebbels como sucesor en la Cancillería, la pareja hizo que el dentista de la SS Helmut Kunz inyectara morfina a sus seis hijos; después el mismo Kunz, o quizá Ludwig Stumpfegger, el médico de Hitler, puso cápsulas de cianuro en las bocas de la pareja y activaron el veneno aplastando las cápsulas. Los Goebbels murieron casi instantáneamente.[32]

Según le había escrito Magda Goebbels a su hijo adulto del primer matrimonio, Harald Quandt, oficial de la fuerza aérea que languidecía en Italia, en un campo de prisioneros:

> El mundo posterior al Führer y al nacionalsocialismo no será un mundo en el que merezca vivir y, por lo tanto, me llevo a mis hijos. Los quiero demasiado como para que tengan que soportar lo que vendrá y un Dios misericordioso entenderá mi intención al librarles de ello. Ahora solo nos queda un objetivo: la lealtad al Führer, hasta la muerte. Que podamos acabar nuestras vidas a su lado es una gracia del destino que nunca nos habríamos atrevido a dar por sentada.[33]

Después de asesinar a los hijos, la pareja se vistió los abrigos y subió al jardín de la Cancillería Imperial, donde mordieron las cápsulas de cianuro. Dos hombres de la SS, de acuerdo con las instrucciones que se les habían dado, acudieron al lugar, les pegaron un tiro para asegurarse de que habían muerto, vertieron combustible sobre los cuerpos y les prendieron fuego. Sin embargo, esto no bastó para dejarlos irreconocibles. Poco después, cuando los soldados del Ejército Rojo entraron en el jardín, no les costó averiguar quiénes eran.[34]

Desde 1923 Goebbels había estado redactando un diario minucioso con el que, al principio, aspiraba sobre todo a expresarse en los momentos de crisis personal; pero luego fue un primer esbozo de los informes y artículos periodísticos. Con el paso del tiempo reescribió secciones para que se publicaran. A *Kampf um Berlin* («La batalla por Berlín», 1931) le siguió *Vom Kaiserhof zur Reichskanzlei* («Del [hotel] Kaiserhof a la Cancillería Imperial», 1934), donde dejó constancia del acceso del Partido Nazi al gobierno. En 1936 firmó un lucrativo contrato con el editor principal del Partido Nazi, Max Amann, para que sus diarios vieran la luz veinte años después de su muerte; y a partir de 1931 dictó diariamente a una secretaria las entradas, que adquirieron un carácter menos personal y más público. En lo que respecta a su vida cotidiana, los diarios muestran en su mayoría una gran corrección factual; son por lo tanto una de las grandes fuentes de estudio de la historia del movimiento nazi y el Tercer Reich.[35]

En noviembre de 1944, tras comprender que la guerra estaba perdida, pero con el afán de que sus diarios se preservaran para la posteridad, Goebbels ordenó microfilmarlos y reproducirlos en unas láminas de cristal que hizo enterrar en Potsdam, justo a las afueras de Berlín. En la posguerra los soviéticos las descubrieron y las enviaron al archivo de su servicio secreto, en Moscú. Aquí se quedaron hasta que, tras la caída del comunismo, las encontró Elke Fröhlich, una historiadora del Instituto de Historia Contemporánea de Múnich, que emprendió la heroica tarea de transcribirlas y publicarlas. El Instituto dio a la luz nada menos que veintinueve volúmenes, el último de ellos, en 2008. Gracias a estos diarios tan ingentes y extraordinariamente detallados, sabemos más sobre Joseph Goebbels que sobre ningún otro líder del nazismo. Ponen de manifiesto que fue un hombre sin escrúpulos, violento, asesino, ensimismado, consumido por rivalidades y celos mezquinos y, ante todo, profundamente entregado al antisemitismo paranoico que condujo al exterminio de los judíos europeos.[36]

El suicidio de Goebbels demostró —si hacía falta aún demostración— su dependencia total de Hitler, más aún: su plena identificación con él. En la fase inicial del Tercer Reich había definido la tarea de la propaganda como: escuchar el alma del pueblo alemán y amplificarla de modo que volviera a él. Pero bien podría haberla definido como entregarse a escuchar el alma de Hitler y amplificarla para que llegara a oídos del pueblo alemán. Goebbels, en otras palabras, no solo se mostraba servil con el líder nazi; le parecía necesario adivinar también sus intenciones y reforzarlas y animarlo a hacerlas realidad. Su responsabilidad con respecto al exterminio de los judíos no se limitó a justificarlo mediante la propaganda pública, tanto de antemano como durante su ejecución; también lo impulsó desde sus cargos de Gauleiter de Berlín y ministro de la Propaganda y, sobre todo tal vez, desde su condición de confidente de Hitler, uno de los más próximos al Führer. Su relación con Hitler fue un vínculo en el que los dos se reforzaron mutuamente: Goebbels erigió el culto al Führer desde finales de los años veinte y, gracias a esta cercanía al líder, se convenció asimismo de su propio éxito e importancia. A diferencia de los otros jerarcas del nazismo, su entrega a Hitler no fue nunca condicional; su poder y su influencia nunca se separaron de los de Hitler; y mientras que todos los demás miembros del círculo íntimo de Hitler o bien se rebelaron contra él hacia el final, o bien intentaron huir y forjarse una vida nueva, Goebbels eligió morir con él y asesinar a sus propios hijos. Era la afirmación final de que él era el único que le había dado al Führer la familia de la que este carecía.[37]

4

El soldado: Ernst Röhm

El 5 de enero de 1929, Ernst Röhm llegó a La Paz, la capital de Bolivia, tras un viaje en tren de cinco días de duración, iniciado en Buenos Aires. Iba con el jefe del Estado Mayor del ejército de Tierra boliviano, Hans Kundt, que le había acompañado en el largo viaje marítimo desde Hamburgo. Röhm fue uno de los numerosos asesores militares alemanes que emprendieron una llamativa diáspora cuyo apogeo se alcanzó a mediados de la década de 1920. Después de que el Tratado de Versalles redujera el ejército alemán a un máximo de 100.000 integrantes, muchos oficiales perdieron el empleo en su país natal; pero en esta época, en otras partes del mundo, muchos gobiernos nacionalistas se esforzaban por profesionalizar sus fuerzas armadas. A pesar de la derrota de 1918, las fuerzas armadas alemanas gozaban de una excelente reputación en todo el mundo y ahora podía contratarse a un elevado número de sus oficiales, que, entre otras cosas, quizá conseguirían que sus nuevos señores adquirieran unos suministros muy codiciados de armas y municiones. Quizá el ejemplo más famoso de este fenómeno fue el de China, donde el líder nacionalista Chiang Kai-shek contrató al coronel Max Bauer, exjefe del Estado Mayor del mariscal de campo Ludendorff, para que encabezara una misión militar en 1928. Pero en Bolivia también había una misión militar alemana. De hecho, Kundt ya había trabajado aquí como jefe del programa de instrucción militar oficial que les proporcionó el gobierno del káiser desde 1911 hasta el estallido de la guerra.[1]

Tras prestar servicio militar en la primera guerra mundial, Kundt regresó a Bolivia, donde adquirió la ciudadanía, y en 1921 lo designaron jefe del Estado Mayor General. Lideraba un grupo de oficiales alemanes que también se habían integrado en esas fuerzas armadas. Por entonces existía una tensión creciente con el Estado vecino de Paraguay, por un territorio fronterizo en disputa, el Gran Chaco, que se rumoreaba que contenía yacimientos petrolíferos abundantes. Tras exiliarse en Alemania entre 1926 y 1928, a consecuencia de intrigas políticas de La Paz, el presidente Hernando Siles contrató de nuevo a Kundt para reforzar al ejército ante lo que se preveía un conflicto inminente. Es en este punto donde lo reencontramos con Röhm, a principios de 1939, de camino a La Paz, con Kundt dispuesto a reincorporarse a su antiguo puesto. Röhm no tardó en aprender el español, ayudado por su dominio del latín, y se puso a trabajar en la formación de las tropas. Sin embargo, los dos militares se distanciaron cuando Siles intentó perpetuarse en el cargo y el ejército dio un golpe de Estado para restaurar la democracia (una variedad inusual entre el golpismo militar, pero al parecer genuina, en este caso). Aunque se había mantenido neutral en los conflictos que culminaron con el golpe, tras este lo nombraron asesor en jefe del Estado Mayor General; pero él reclamó que lo designaran oficialmente subjefe del Estado Mayor General, y como en tal momento Kundt en particular y los alemanes en general gozaban de muy poca popularidad, la petición se rechazó. Mediado el mes de octubre de 1930 Röhm emprendió el camino de regreso a Alemania. Había aconsejado buscar un acuerdo con Paraguay, pero sus superiores lo habían descartado. En 1932 estalló una guerra en la que los bolivianos cosecharon una derrota rotunda y perdieron una considerable extensión territorial. A todas luces, los programas de instrucción de Kundt y Röhm no habían dado el fruto deseado.[2]

Más adelante Ernst Röhm sostuvo que había accedido a prestar servicio en el ejército boliviano con la esperanza de participar en la guerra inminente con Paraguay. Su reputación como hombre de acción le había precedido y generó rumores según los cuales había sido uno de los promotores del golpe militar. Tales rumores eran, como mínimo, exagerados. En realidad nunca se comprometió por entero con la política boliviana, siempre tuvo la intención de volver a Alemania y mantuvo cuidadosamente el contacto con sus relaciones alemanas durante toda su estancia en el continente sudamericano. Este episodio pone de manifiesto, antes que nada, que él era un soldado hasta la médula. Solo le atrajo la carrera militar.

Había nacido el 28 de noviembre de 1887, en Múnich, como tercer hijo de un inspector de ferrocarriles, Julius Röhm. Ernst recibió una educación de calidad. Asistió al prestigioso instituto Königliches Maximiliansgymnasium, donde recibió una sólida formación en Letras Clásicas y otras disciplinas humanísticas, además de un buen dominio del piano. En sus memorias proyectó una imagen estudiada de persona violenta y de escasa disciplina, y citó para ello un informe escolar que le reprochaba una «tendencia a perturbar el orden»; pero en realidad su carrera como estudiante fue exitosa y le abrió la puerta de la clase media alta a la que pertenecía la mayoría de los otros estudiantes. Tras licenciarse Röhm entró en una academia de oficiales, donde de nuevo no parece que tuviera especial problema con la disciplina militar, salvo por un número reducido de infracciones triviales. Se le encomendó un puesto en 1908 e inició un período de vida privilegiada y ordenada, la propia de un joven oficial del ejército de Baviera, con sede en Ingolstadt, una ciudad situada en el centro de este reino. Compartía sin reservas con el cuerpo de oficiales la arrogancia, el desprecio por la vida civil (y en especial por los políticos civiles y los empleados de la burocracia) y la esperanza de participar en una guerra. En sus memorias Röhm recuerda esta etapa con gran nostalgia. Los superiores lo describieron como «un oficial vigoroso, alegre y capaz, con un espíritu militar muy bien desarrollado».[3]

Esta vida cómoda concluyó de forma abrupta en agosto de 1914, con el estallido de la primera guerra mundial. Su regimiento fue movilizado y desplegado en el Frente Occidental. El 24 de septiembre, Röhm resultó herido por una bala que le atravesó la mejilla y destruyó la parte superior de la nariz; irónicamente, todo sucedió mientras dormía. Quedó desfigurado de por vida y, aunque una operación de cirugía plástica le reconstruyó la cara, el resultado fue poco elegante. Röhm regresó al servicio activo en abril de 1915, habiendo sido galardonado con la Cruz de Hierro de segunda clase y ascendido a teniente primero. Al igual que muchos otros —como Hitler—, la camaradería y la vida propia de las trincheras le parecieron de lo más satisfactorias, pues allí se perdían de vista todas las diferencias de clase y condición. Fue conocido por su valentía y, el 23 de junio de 1916, quedó gravemente herido en Verdún, poco después de que se le otorgara la Cruz de Hierro de primera clase. Al reincorporarse al servicio activo, en mayo de 1917, lo hizo como oficial del Estado Mayor, centrado en labores de abastecimiento y logística.[4] En 1918, cuando la epidemia de la «gripe española» barrió Europa, cayó enfermo. Aún estaba recuperándose cuando la revolución de noviembre de 1918 se llevó por delante a la monarquía de Baviera y en Múnich se alzó al poder un Consejo de Trabajadores y Soldados. Cuando las elecciones de enero de 1919 pusieron de manifiesto que el régimen revolucionario apenas contaba con apoyos, fuera de la propia ciudad de Múnich, Röhm redactó y distribuyó tres panfletos en los que atribuía su creación a judíos y criminales y culpaba de la derrota militar de Alemania a una supuesta «puñalada por la espalda», infligida por los revolucionarios en el interior del propio país. Mientras el régimen del Consejo quedó subordinado al control de socialistas y anarquistas ultrarrevolucionarios, y luego de comunistas, Röhm se sumó al Freikorps que lideraba Franz Ritter von Epp, un oficial del ejército, condecorado en múltiples ocasiones, que antes de la guerra había participado en las masacres genocidas de los herero y nama, en África Suroccidental Alemana. El Freikorps sofocó la revolución mediante un baño de sangre que costó la vida de hasta un millar de personas, durante una serie de enfrentamientos violentos. El hecho de que Röhm se uniera a la política derechista y la violencia paramilitar respondió a la furia que le provocaba que unos consejos civiles se situaran al mando de las fuerzas armadas («yo hervía de furia», escribió más adelante). Quedó profundamente resentido por la destrucción de la posición de privilegio social y política de la que el ejército y sus oficiales habían gozado en Baviera, antes de la guerra; desde ese momento se entregó al objetivo de restaurarla.[5]

Mientras la recién creada República de Weimar cambiaba los ejércitos de Prusia, Baviera y otras entidades por la Reichswehr —de dimensiones mucho menores—, Röhm trabajaba como jefe del Estado Mayor de Epp, proporcionándole armas y municiones y desviando una gran cantidad de ellas a la liga de la Fuerza de Defensa de los Habitantes (*Einwohnerwehr*), una organización contrarrevolucionaria, mucho más numerosa, que él mismo había contribuido a crear. En febrero de 1920 contaba con unos 224.000 hombres armados con más de 150.000 fusiles y 1.000 ametralladoras. Cuando los líderes del Freikorps y políticos de la extrema derecha berlinesa intentaron derrocar por la fuerza al gobierno democrático vigente —el golpe de Estado conocido como *Putsch* de Kapp—, una huelga general frustró la intentona; pero también generó un alzamiento general en la zona del Ruhr, liderado por los comunistas, con la intención de derrotar a los partidarios del *Putsch* en la principal región industrial del país. Para sofocar este levantamiento el gobierno destacó al Freikorps de Epp —en el que figuraba Röhm—, pero una vez cumplida esa tarea, la presión de los Aliados hizo que el gobierno nacional ordenara disolver tanto el Freikorps como la *Einwohnerwehr*. Röhm pasó a la clandestinidad y esquivó los intentos de someterlo; como controlaba numerosos alijos de armas ilegales, recurrió a ellos para forjarse una posición de influencia independiente en el seno de la ultraderecha nacionalista. En este punto ya se había sumado a diversas organizaciones de aquella tenebrosa marginalidad política, o había trabado contacto con ellas, o las había ayudado. Entre esas organizaciones estaba el Partido Nazi.[6]

Röhm y Hitler se conocieron en mayo de 1920, en uno de los múltiples grupúsculos de extrema derecha que prosperaron en Múnich en aquella época. Congeniaron y se hicieron amigos: se trataban con el *Du* de las relaciones de amistad, no con el *Sie* habitual y formal, y Hitler visitó a menudo el hogar familiar de los Röhm.[7] Mientras el país se hundía en el caos, en 1922-1923 —con una hiperinflación en ascenso vertiginoso, los franceses al mando del Ruhr y la economía en estado de colapso casi completo—, Hitler consideró que había llegado el momento de dar un golpe inspirado en la «Marcha sobre Roma» de Mussolini. Röhm, que reunió en torno de sí a paramilitares armados, proporcionó la mayoría del músculo con el que se intentó ejecutar el *Putsch* de la cervecería, el 8-9 de noviembre de 1923: se apoderaron del Ministerio de Guerra bávaro, en Múnich, mientras Hitler marchaba hacia el centro de la ciudad. Pero al chocar contra las fuerzas de la Reichswehr —superiores y mejor organizadas—, se vio obligado a rendirse.

Ernst Röhm fue juzgado junto con Hitler y otros líderes golpistas, y se le halló cómplice de traición. Se le impuso una pena de prisión breve, que ya se le había hecho cumplir de forma preventiva, por lo que al terminar el juicio quedó libre; sin embargo, tuvo que renunciar al empleo en el ejército. Esto no le pareció mal porque, dada la escasa magnitud de la Reichswehr, apenas encontraría posibilidades de ascender en el escalafón; era evidente que le iría mejor en otro lugar. Aun así, por convicción, nunca dejó de ser antes que nada un soldado.[8]

Mientras Hitler cumplía su pena de cárcel en Landsberg, Röhm, con la aprobación de este, reconstruía el movimiento paramilitar, que había quedado hecho trizas. En él se incluían las SA, que, nominalmente, estaban dirigidas por Hermann Göring. También creó una organización independiente, el *Frontbann*, regido por principios prácticamente militares; y ganó un escaño en el Reichstag, aunque sin intervenir en la vida parlamentaria ni figurar en las listas de las elecciones posteriores. Hitler estaba en contra de todos estos pasos, pues por un lado a su juicio socavaban su propio control sobre el movimiento nazi y por el otro había comprendido que el nazismo debía acceder al poder por una vía constitucional, visto el fracaso del *Putsch*. Al verse privado del apoyo de Hitler, Röhm presentó la dimisión de todos sus cargos el 1 de mayo de 1925. Este cambio lo hundió económicamente, pues la pensión militar no alcanzaba ni para la subsistencia; tuvo que buscar empleo, primero como viajante, luego como obrero de una fábrica, por último como simple trabajador manual. Empezó a redactar una autobiografía, con la esperanza de ingresar algún dinero con las ventas. Pero la situación empeoró cuando lo encarcelaron de nuevo, aunque fuera tan solo por diez días: no había satisfecho la multa que le habían impuesto por no responder a las preguntas de un comité del Reichstag que se interesaba por su implicación en la violencia paramilitar y los asesinatos de los primeros años de la década de 1920. Röhm estaba en uno de los puntos más bajos de su vida. Por ello en 1926 intentó retomar la carrera militar ofreciéndose al ejército boliviano. La iniciativa no tuvo éxito hasta 1928, cuando la amenaza de la guerra con Paraguay adquirió tintes amenazantes.[9]

Aunque al marcharse a Bolivia, Röhm estaba reconociendo que no había logrado adaptarse a la vida civil en Alemania, no por ello renunció a los lazos políticos con su país natal. Durante muchos años estuvo vinculado antes que nada al *Kronprinz* Rupprecht (o Ruperto), el príncipe heredero que pretendía el trono vacante de Baviera; durante la estancia en Sudamérica siguió manteniendo una correspondencia regular con él. Pero a lo largo de los años veinte la lealtad de Röhm para con Hitler fue adquiriendo cada vez más importancia y, unos meses antes de marcharse a Bolivia, retomó una vez más sus actividades en el tenebroso mundo de las asociaciones paramilitares, con la intención de proporcionar de nuevo a los nazis el músculo que a su juicio necesitarían para librar una guerra callejera contra sus oponentes. A finales de 1930 Hitler hizo volver a Röhm desde Bolivia y le confió el liderazgo de las SA en Alemania. Sustituía en este cargo a Franz Pfeffer von Salomon, que había liderado exitosamente a los camisas pardas durante los años inmediatamente anteriores, pero no acertó a imponerles una disciplina. Se podía confiar en que alguien tan leal como Röhm —pensaba Hitler— sabría contener a quienes aún aspiraban a un golpe de Estado violento; en enero de 1931 lo nombró jefe del Estado Mayor de las SA. Durante la estancia en Bolivia, Röhm no había participado en las disputas internas del movimiento nazi y las SA, mantenía el contacto con las fuerzas armadas, su imagen de dureza atraía a los camisas pardas de base, y, sobre todo, había demostrado poseer las capacidades organizativas y administrativas que Hitler necesitaba para imponer disciplina al movimiento de los camisas pardas, que crecía aceleradamente pero no dejaba de provocar desórdenes.[10]

En un principio Röhm tuvo cierto éxito en esta función. Aun así en agosto de 1930, y de nuevo al año siguiente, estallaron conflictos peligrosos en el seno de las SA. Ocurrió sobre todo en Berlín, donde varios de sus miembros, capitaneados por Walther Stennes, asaltaron las oficinas del Partido Nazi en más de una ocasión; Hitler y Röhm, con el respaldo de Goebbels y el Gauleiter local, tuvieron ciertas dificultades para mantener el orden y purgar a los elementos refractarios. Para contribuir a esa labor Röhm se trajo consigo a antiguos amigos y camaradas del ejército de Baviera, a los que confió posiciones destacadas. Esto creó una nueva élite, en su mayoría de una posición social más culta y elevada que la base del movimiento, lo que le permitió reforzar su dominio sobre las SA.[11] Mientras este proceso se desarrollaba, las SA experimentaron un crecimiento casi exponencial: pasaron de 77.000 integrantes en enero de 1931 a 445.000 en agosto de 1932.[12] Este auge numérico, favorecido por el desempleo masivo, que la organización de Röhm prometía aliviar, se acompañó de una radicalización de la violencia callejera: la estructura organizativa paramilitar que Röhm introdujo, sumada a la propaganda vehemente que Goebbels no dejaba de emitir, chocaba con una retórica y unas prácticas no menos radicales de los comunistas y su asociación, el Frente Rojo de Combate; por lo que los camisas pardas identificaron a sus oponentes políticos con enemigos a los que atacar, apalear y asesinar. El hecho de que Hitler insistiera en que el Partido Nazi debía alcanzar el poder por vías legales no suponía que los camisas pardas debían dejar de actuar como matones, sino sobre todo que debían dejar de actuar con indisciplina.

Las unidades urbanas locales de las SA —denominadas *Stürme* y con sede en un bar o taberna— se entregaron a una guerra de desgaste implacable contra los paramilitares socialistas y comunistas, y la campaña con la que aspiraban a expulsarlos de sus bastiones resultaba cada vez más exitosa. «Las peleas corrientes —comentó el jefe de la policía, el socialdemócrata Albert Grzesinski— habían dado paso a múltiples ataques. La discusión política había sido sustituida por los cuchillos, las cachiporras y los revólveres. El terror estaba por todos lados».[13]

En los meses posteriores a que, el 30 de enero de 1933, se nombrara a Hitler canciller imperial, una sucesión constante de jóvenes se fue sumando por millares a las SA: a mediados de este año, la cifra de miembros alcanzó el asombroso total de ¡dos millones de hombres! Después de que, tras el Decreto del Incendio del Reichstag, del 28 de febrero de 1933, las libertades civiles quedaran en suspenso, las SA desataron una campaña incontenida de violencia, intimidación y asesinato contra los opositores al nazismo, por todo el país, para lo cual no dudaron en improvisar centros de tortura ni campos de concentración donde se apaleaba a los rivales hasta forzar la sumisión. Se obligó a gobiernos regionales y locales a abdicar y entregar el mando a funcionarios nazis. El propio Röhm se centró en expulsar al gobierno del estado de Baviera, un proceso en el que además aprovechó para saldar cuentas con sus críticos y sus enemigos personales. Las SA resultaron esenciales para la «conquista del poder» del nazismo, que se produjo entre enero y julio de aquel año: en un estado alemán tras otro, miles de sus miembros se alistaron como auxiliares de policía y muchos de sus líderes ocuparon puestos de dirección en las respectivas instituciones policiales. Esta violencia fue parte inseparable del proceso mediante el cual Hitler convirtió su puesto de jefe de un gobierno de coalición en una posición de dictador de un Estado unipartidista. La aportación de Röhm a este proceso de medio año de duración se recompensó con una designación como ministro sin cartera y una silla en el gabinete del gobierno del Reich.[14]

Llegados a este punto, no obstante, las SA habían perdido en gran medida su función de instrumento de aporreo con el que forzar la sumisión de los oponentes del nazismo, pues estos ya o bien habían huido del país, o estaban en la cárcel, o callaban por temor o habían sido asesinados. Röhm organizó la fusión de los camisas pardas con la asociación derechista de los veteranos, la *Stahlhelm* (la liga de los «cascos de acero»), con lo que el total de miembros de las SA volvió a ascender, ahora a más de cuatro millones.[15] Esto generó tensiones crecientes con el ejército, cuyos números estaban limitados a 100.000 soldados, según lo establecido en el Tratado de Versalles. Aunque Röhm se esforzó por controlar a sus bases, cada vez más desordenadas y pendencieras, mediante revistas e inspecciones, también sopesó la idea de convertir las SA en una milicia que sirviera como reserva del ejército, con tropas ya instruidas. En junio de 1933 declaró que las SA «no tolerarán que la revolución alemana se eche a dormir» y amenazó a las «almas hipócritas» con dar continuidad a la revolución («si es necesario, ¡dirigiéndola contra ellas!»); pero Hitler lo censuró en público (solo «un necio», le dijo a su Gauleiter en febrero de 1934, podía afirmar «que la revolución no se ha completado»).[16] El concepto de una milicia masiva basada en las SA resultaba del todo inaceptable para el ejército y Hitler se puso de lado de los oficiales: propuso un incremento ingente de las fuerzas militares que se lograría, cuando la situación internacional lo permitiera, al aprobar el reclutamiento universal (lo que sucedió en efecto en marzo de 1935). Al mismo tiempo, rechazó una petición de Röhm, que deseaba pertrechar a las SA con cantidades suficientes de armas y munición; aquel mismo febrero Hitler obligó a Röhm a firmar un acuerdo con el ministro de Defensa, el general Werner von Blomberg, según el cual solo las fuerzas armadas estaban autorizadas a llevar armas.[17] Con el ansia desesperada por obtener el apoyo de los jefes conservadores del ejército —que amenazaban con forzar a Hindenburg a destituir a Hitler—, e inquieto por la inminente batalla por la sucesión —el presidente era un hombre a todas luces achacoso—, Hitler cedió al ruego del ejército, que le solicitaba contener a las SA y eliminarlas como posible rival. Con el apoyo de Himmler y Heydrich —que también hacía tiempo que planeaban frenar los excesos de las SA—, finalmente Hitler se decidió a actuar. Dio permiso a las SA y se marchó a Múnich con su séquito.[18]

En la infame Noche de los Cuchillos Largos, que en la práctica se extendió del 30 de junio al 2 de julio de 1934, Hitler, acompañado por Goebbels y un escuadrón de hombres de la SS, asaltó el hotel de Bad Wiessee (en los montes de la Alta Baviera) donde Röhm y varios altos cargos de las SA se preparaban para una conferencia. Hitler irrumpió en el dormitorio de Röhm y, con un látigo en la mano, anunció que lo detenía por traición. Se condujo a Röhm y a otros líderes de los camisas pardas a la cárcel muniquesa de Stadelheim. Mientras Göring dirigió una oleada de arrestos y asesinatos en Berlín, incluidas también varias figuras del ámbito conservador, por su parte Hitler acusó a Röhm de estar preparando un golpe de Estado y, por lo tanto, de haber cometido traición. Diversos miembros de las SA murieron abatidos a tiros en varias ciudades —también en Múnich, donde seis fueron ejecutados en el patio de la cárcel— y Hitler dispuso que hicieran llegar a manos de Röhm una pistola cargada. Si no se suicidaba con ella antes de diez minutos, ordenó que lo mataran. Cumplido el plazo, Theodor Eicke (el comandante de Dachau) y otro oficial entraron en la celda y hallaron que la pistola no había sido utilizada y Röhm los aguardaba con el pecho desnudo y gesto de desafío: haberse quitado la vida habría supuesto, implícitamente, admitir la propia culpa. Los dos hombres de la SS le apuntaron al pecho y abrieron fuego; Röhm cayó al suelo y otro oficial de la SS se aseguró de rematarlo. Los camisas pardas no volverían a dar problemas. La inmensa mayoría de los alemanes se sintió aliviada con la noticia, pues dio crédito a la mendaz afirmación de la propaganda de Goebbels, según la cual las SA planeaban dar un golpe con la finalidad de impulsar una «segunda revolución» en Alemania.[19]

A menudo se ha visto a Ernst Röhm como una especie de lansquenete moderno, un militar caracterizado por el matonismo, que se asemejaría a los mercenarios brutales de la guerra de los Treinta Años, que se complacían con la violencia irracional y los conflictos perpetuos. «Gozaba con la ausencia de leyes de la vida en la guerra», se ha dicho de él.[20] Joachim Fest lo caracterizó como un hombre entregado al «dinamismo ciego», un agente de una «revolución permanente sin ninguna idea revolucionaria sobre el futuro», un miembro de una «generación perdida» de soldados del frente que «ansiaban convertir su incapacidad de vivir una vida civil en un aventurerismo y una criminalidad extremos, disfrazados de nacionalismo».[21] El propio Röhm contribuyó en poco a matizar esta descripción. Según escribió en su autobiografía: «Como soy un inmaduro y una mala persona, me atraen más la guerra y los desórdenes que el orden burgués de la buena conducta».[22] Utilizaba palabras como «intelectual», «burgués» o «prudente» en un sentido peyorativo, mientras que en sus escritos calificativos como «implacable» o «temerario» son casi siempre de aprobación. Pero los historiadores han dado demasiado valor a la imagen pública que el propio Röhm cultivaba y se han dejado influir en exceso por las denuncias de Hitler y los demás líderes nazis, que justificaron la Noche de los Cuchillos Largos ante la población alemana acusando al líder de las SA de buscar la revolución por la revolución.[23] Las nuevas informaciones recogidas en la biografía publicada por Eleanore Hancock en 2008, por el contrario, dan a entender que Röhm poseyó un carácter más complejo que el que sugiere la imagen pública que trabajó cuidadosamente.

Ernst Röhm quizá no fuera un político astuto ni habilidoso, pero distaba de buscar la revolución por la revolución o de acercarse a los problemas de su presente sin ninguna concepción ideológica. De hecho, era monárquico. Como decíamos arriba, mantuvo una relación de amistad y correspondencia habitual con el príncipe heredero Rupprecht de Baviera, aunque por cierto grado de realismo político, ambos se abstuvieron de emprender acciones en apoyo de la causa monárquica. Para Röhm, los grandes modelos para la Alemania del futuro eran la Italia fascista —con el monarca Víctor Manuel III como testaferro y Benito Mussolini como dictador— y la Turquía de Kemal Atatürk.[24] Así pues, cuando en el verano de 1933 Röhm hablaba de dar continuidad a la «revolución», se refería sencillamente a completar el proceso de la conquista nazi del poder y consolidar este en la conciencia de la población alemana corriente. Lejos de ser un apóstol de los desórdenes y la violencia irracional, era un defensor claro del orden y la disciplina militar. Precisamente con este fin se le invitó a Bolivia, para que reformara las fuerzas armadas; y por eso se le nombró jefe de las SA a su regreso a Alemania, a principios de la década de 1930. Cuando la situación amenazó con descontrolarse emitió apelaciones públicas a cejar en los «excesos y actos de indisciplina» y denunció a los «personajes sin escrúpulos» («básicamente, espías comunistas») que se habían infiltrado en la organización para sembrar el caos y dañar la reputación del movimiento nazi.[25] Por encima de todo Röhm era un soldado: «Soy un soldado, contemplo el mundo desde la perspectiva militar», reza la frase inicial de su autobiografía.[26] La guerra estimulaba a los pueblos, mientras que la paz socavaba la voluntad de las naciones; solo un soldado podía acudir al rescate de Alemania, dijo. La política y la diplomacia nunca habían formado parte de la historia de su país: en Alemania, «la grandeza de su historia siempre la ha determinado la espada».[27] Antes de la guerra ya había adquirido esta clase de identidad militar, no fue el producto de una incapacidad de adaptarse a las realidades de la paz, una vez concluida la contienda. Ser un soldado exigía disciplina y orden. Röhm se caracterizó en efecto por administrar con talento y denuedo; un antiguo amigo lo recordaba, ya en la posguerra, como «el oficial más brillante del Estado Mayor general, un organizador de un talento extraordinario y extrema claridad de juicio».[28] En el nuevo mundo político y social de la República de Weimar, por lo tanto, no echaba de menos la camaradería de la vida en el frente, sino el orden y la estabilidad del mundo anterior a agosto de 1914, una época en la que gozaba de una posición social sólida y cada vez más firme, gracias al estilo de vida netamente burgués de su familia y al conjunto de privilegios del cuerpo de oficiales de Baviera. Desde luego no fue el representante típico de ninguna «generación perdida» de soldados del frente, puesto que la mayoría de los trabajadores integrados en la tropa eran de orientación socialista o comunista. Él en cambio pertenecía a un cuerpo de oficiales con una identidad político-social conservadora y abrumadoramente monárquica. Esto fue lo que perdió cuando su vida saltó por los aires, por efecto de la derrota de 1918 y el estallido de la revolución.

A la hora de justificar la Noche de los Cuchillos Largos, Hitler —y el aparato propagandístico de Goebbels— hizo también una referencia velada, pero inconfundible, a la homosexualidad de Röhm y otros varios líderes de los camisas pardas.[29] Los historiadores han tendido a quitar hierro a esta faceta de sus vidas, quizá porque no han sabido cómo relacionarla con la política. Los estudios pioneros sobre fascismo y sexualidad que escribió el difunto George L. Mosse han superado esta reticencia, no obstante, ayudados por la emergencia de ensayos serios sobre la homosexualidad y las relaciones de género en el pasado.[30] La reciente biografía de Eleanor Hancock es la primera que aborda de forma directa y detallada la homosexualidad de Röhm. Las prácticas homosexuales masculinas eran ilegales en Alemania, de acuerdo con el párrafo 175 del Código Penal Imperial de 1871, párrafo que se mantuvo en vigor durante la República de Weimar y el Tercer Reich; por lo tanto debían realizarse en secreto, aunque, si hablamos de los clubes y tabernas de Berlín en la década de 1920, se trataba de un secreto a voces. Hancock demuestra que Röhm no aceptó su orientación sexual hasta 1924, pero después asistió regularmente a los bares y los baños gais de Berlín. Según escribió en privado: «En el baño turco, por lo que a mí respecta, encuentra uno el súmmum de la felicidad humana».[31] Cuando el reportero británico Sefton Delmer, que conoció a muchos de los dirigentes nazis, salió una noche con Röhm —quien erró al creerlo un agente del gobierno británico a la caza de las indiscreciones por las que el jefe de las SA era bien conocido—, acabaron en Eldorado, que en palabras de Delmer era

> un local de baile sin gracia, donde se acumulaba el humo, el jabón y el sudor. Las azafatas, muy pintadas y empotingadas, eran aquí todas chicos vestidos de chica, con pelucas y rellenos y vestiditos cortos. Me quedé un poco impresionado cuando una de las «chicas» —una criatura enorme, de nuez muy prominente y una barbilla donde apuntaban los pelillos bajo la capa de polvos— se sentó a nuestra mesa sin que mediara invitación y empezó a charlar con Röhm sobre lo que, al parecer, había sido la fiesta más divertida en la que habían estado nunca, unas noches antes. «Bueno, he aquí la prueba, Herr Stabschef —le dije, cuando la "chica" se marchó—. Ninguna furcia se atrevería a acercarse así a un excliente a conversar sobre una noche compartida en presencia de un extraño». Röhm, que por lo general se mostraba abierto y desinhibido sobre sus gustos y disfrutaba bromeando sobre su «debilidad», se mostró de pronto ofendido: «No soy su cliente. Soy su comandante —dijo, con absoluta seriedad—. ¡Es uno de mis guardias de asalto!».[32]

Röhm solía explayarse contra la hipocresía moral de la sociedad alemana, pues creía que la sexualidad debía reconocerse abiertamente, no ocultarse con temor. No veía motivo para sentirse culpable o avergonzado por su orientación sexual y durante toda su vida fue también protestante practicante, otra faceta de su vida que le invitaba a preferir la sinceridad y la franqueza: solo escondió la homosexualidad ante sus padres. En un principio, Hitler lo defendió frente a los rumores que circulaban sobre su estilo de vida gay (las SA, afirmó en 1931, «no son ninguna institución moral para la educación de las señoritas, sino una asociación de duros guerreros»). Pero cuando Röhm empezó a destacar en el movimiento nazi, su vida privada le generó problemas.[33]

Mientras Röhm estaba en Bolivia, el doctor Karl-Günther Heimsoth —un médico que hacía campaña a favor de los derechos homosexuales— le escribió sobre un fragmento de la autobiografía en el que el soldado criticaba la hipocresía. Leyendo entre líneas, Heimsoth interpretó acertadamente que era una invitación a legalizar la homosexualidad masculina, tras lo cual los dos hombres iniciaron una correspondencia llamativamente franca de la que —por desgracia para Röhm— la policía se incautó durante una redada en la residencia del médico en Berlín. Las cartas se filtraron a manos del Partido Socialdemócrata y uno de sus diputados en el Reichstag, Helmut Klotz, las hizo públicas en marzo de 1932. Como era característico de este partido, los socialdemócratas se posicionaron de acuerdo con los principios de una moral remilgada y conservadora, según habían hecho ya antes de la guerra en ocasión de otro escándalo homosexual, el del káiser y su buen amigo el príncipe Philipp von Eulenburg.[34] Cuatro parlamentarios nazis respondieron a las revelaciones de Klotz agrediéndole físicamente en el vestíbulo del edificio del Reichstag.[35] Hitler hizo caso omiso del escándalo y reiteró que la vida privada de Röhm no le interesaba; pero le retiró el control de las Juventudes Hitlerianas, haciendo que la dirección le rindiera cuentas a él en persona. Abrumado por la publicidad que recibió el posterior juicio, Röhm dejó de acudir a los baños de Berlín y optó por recurrir a uno de sus compañeros sexuales, y luego a su criado, para que le procurasen jóvenes a los que pagaba por sus servicios y también por su silencio. De esto modo Röhm logró no figurar en los archivos policiales ni destacar en la prensa, pero sin duda el escándalo de las cartas de Heimsoth perjudicó su reputación, no solo dentro del Partido. No es de extrañar que entre las víctimas de la Noche de los Cuchillos Largos se incluyeran Heimsoth y también Röhm y otros homosexuales que ocupaban altos cargos de las SA; así Hitler tuvo la oportunidad de presentar los asesinatos como una operación moralmente justificada contra la amenaza —del todo imaginaria— del «*Putsch* de Röhm».[36] De hecho, Alfred Rosenberg interpretó que la matanza se llevó a cabo primordialmente para erradicar a los homosexuales de la jerarquía de las SA.[37]

Al igual que Röhm, Heimsoth era adepto al nacionalismo de ultraderecha y los dos hombres recibieron además la influencia de *Sexo y carácter*, un extenso volumen de Otto Weininger, publicado en 1903 —de ideas antisemitas y defensa de la supremacía masculina— y de *Die Rolle der Erotik in der männlichen Gesellschaft* («El papel del erotismo en la sociedad masculina»), un opúsculo que vio la luz en 1919, obra de Hans Blüher, profeta del movimiento juvenil alemán. Estas obras formaban parte de una subcultura aún mayor de escritores y periodistas de extrema derecha y en parte esotéricos, a la que Heimsoth pertenecía, pues era un estudioso entusiasta de la astrología, por ejemplo; por su parte a Röhm las ideas de esta subcultura le atraían porque le permitían reunir su preferencia por una «banda de hermanos» de matiz homoerótico con la creencia en un mundo dominado por los valores militaristas y las instituciones armadas. El asesinato de Röhm, con la publicidad posterior, que causó algún daño al movimiento nazi —al parecer había tolerado, o incluso fomentado, la homosexualidad en sus filas—, dio a Himmler la oportunidad de impulsar a los nazis en una dirección diametralmente opuesta en la que la homosexualidad masculina —aunque esto no se correspondiera con la realidad, como demuestra el ejemplo del propio Röhm— se entendía como un signo de afeminamiento y debilidad. No mucho después se reforzó también la ley contra la homosexualidad: los gais que salían de las cárceles estatales tras haber cumplido sentencia en aplicación del párrafo 175 del Código Penal se toparon con que la Gestapo se los llevó a campos de concentración.[38]

Nada de esto fue relevante para la ejecución de la Noche de los Cuchillos Largos. Röhm, que encabezaba un movimiento paramilitar que en 1934 multiplicaba por cuarenta los números oficiales del ejército alemán, y para el que buscaba un nuevo papel toda vez que los nazis ya se habían alzado con el poder, pensó en convertirlo en una especie de milicia natural que, por su propia naturaleza, solo podía ser una organización defensiva. A juicio de Hitler y las fuerzas armadas; sin embargo, lo que se necesitaba era una organización *ofensiva*, armada e instruida en preparación del lanzamiento de una nueva conflagración europea que revirtiera el resultado desastroso de la primera guerra mundial. Se asesinó a Röhm porque sus planes amenazaban con interferir en los de Hitler, no porque, en contra de lo que este sostuvo, se hubiera conjurado para sumergir a Alemania en el caos de una revolución permanente (significara esto lo que significase, más cuando no está claro que en realidad tuviera significado alguno). De Röhm se podrán decir muchas cosas, pero no que era un revolucionario.[39] La descripción recurrente en la bibliografía, conforme era un matón irracional, tampoco es acertada. Según ha comentado Hancock:

> Coleccionaba grabados, leía los clásicos de la literatura alemana y trabó amistad con artistas como Carl Anton Reichel y cantantes de ópera como Hans Beer. Tocaba el piano de un modo excelente y con frecuencia se sentaba al piano para regalar a los amigos con recitales espontáneos. Al igual que Adolf Hitler, era un wagneriano apasionado. Entre 1926 y 1928 fue un huésped repetido de Siegfried y Winifred Wagner en la Haus Wahnfried de Bayreuth.[40]

Ernst Röhm era conocido por la generosidad de sus invitaciones y por el cuidado que ponía en su atuendo y apariencia personal, por mucho que una cicatriz le desfigurase la cara. La gente que lo conocía habló a menudo de la intensidad de los perfumes que usaba. Aun así en su corazón siempre fue un soldado, un militar para el que —como para varios otros jefes del nazismo— la política era una continuación de la guerra por otros medios. Había que tratar a los enemigos del mismo modo que uno los trataría en el campo de batalla: con una violencia implacable e ilimitada. «Los alemanes han olvidado cómo se odia», se lamentaba.[41] Röhm promovió las torturas y los tratos brutales a los oponentes del nazismo, sobre todo durante la fase de la conquista del poder, en 1933, y no se dolía de quebrantar las leyes: eran el enemigo y merecían sufrir y morir. Al mismo tiempo esta concepción del mundo tan esencialmente simplista le dificultaba comprender los acuerdos y las negociaciones y maniobras que caracterizaban al mundo político, también con Hitler como canciller. A pesar de que en el plano personal estuvo próximo a Hitler, nunca formó parte del círculo íntimo en el que este tomaba sus decisiones y siempre conservó cierto grado de autonomía dentro del movimiento nazi. «Un soldado no entiende de pactos», afirmó.[42] Aunque tenía diferencias con Hitler, le fue leal y confió en él. A la postre esto le costó la vida.

5

El policía: Heinrich Himmler

En la tarde del viernes 31 de julio de 1942, el escritor y reportero italiano Curzio Malaparte, a la sazón desilusionado del fascismo, se hallaba en la ciudad lapona de Rovaniemi, donde había una base militar alemana. Más adelante, habiendo cenado ya, el general Eduard Dietl —el oficial alemán al mando del norte de Finlandia— le invitó a participar en una sauna tradicional, oferta que no debe rechazarse a la ligera cuando se visita el país. Según Malaparte:

> Me pareció reconocer a uno de los hombres que, desnudos, se sentaban en la fila inferior. El sudor le caía a chorros por la cara de pómulos altos; los ojos miopes, privados de las gafas, relucían con la luz suave y blanquecina que uno observa en los ojos de los peces. Mantenía la cabeza alta, con aire de insolencia arrogante ... Estaba sentado con las manos en las rodillas, como un escolar castigado. Entre los antebrazos emergía un vientrecillo inflado y rosáceo, con el ombligo extrañamente en relieve, como un delicado capullo de rosa que se destaca entre la rosácea ternura del fondo: el ombligo de un niño en la panza de un anciano ... Gruesas gotas de sudor fluían por el pecho resbalando sobre la piel de esa tripa blanda y se juntaban en los pelos como el rocío sobre una mata. El hombre parecía estar disolviéndose en agua delante de nosotros ... Un pestañeo más y de él quedaría tan solo un charco de sudoración en la tarima.

Este hombre era Heinrich Himmler, jefe de la SS y organizador principal del Holocausto.[1]

Dietl hizo entrar a Malaparte en la sala y levantó el brazo al grito de: «*Heil Hitler!*». Himmler se puso en pie y, desnudo como estaba, devolvió el saludo. El gesto se malinterpretó como una señal de que era hora de poner fin a la sauna, un proceso que, tradicionalmente, pasaba porque la concurrencia se azotaba mutuamente con ramilletes de abedul plateado para luego lanzarse a la nieve. «Los demás hombres», sigue relatando Malaparte,

> alzaron las varas de abedul y empezaron a golpearse mutuamente; luego, de común acuerdo y con una energía creciente, fueron azotando a Himmler en los hombros y la espalda ... Primero Himmler intentó apartarlos de sí, y se protegía la cara con los brazos, y reía, pero con una risa forzada que revelaba la furia y el miedo ... Por último Himmler, al ver la puerta de la sauna abierta por detrás de nosotros, estiró los brazos para abrirse un pasillo y atravesó la puerta a toda prisa, con los hombres desnudos en pos, que no dejaban de golpearlo, y huyó al río hasta lanzarse al agua.

«Los alemanes, cuando están desnudos —comentó Malaparte— quedan maravillosamente indefensos ... Dejan de dar miedo».

La imaginación de Malaparte solía campar a sus anchas y esta narración improbable parece demasiado absurda para ser cierta.[2] Pero en 1999 los diarios oficiales de Himmler se publicaron y la corroboran. En todo caso la visita de Himmler a Finlandia distaba de ser tan solo recreativa. Durante las negociaciones con el gobierno de Helsinki hizo hincapié en que los gobernantes debían entregarles a los judíos extranjeros que vivían en el país, para llevarlos a los campos de exterminio. En total eran únicamente 150, por lo que no representaban ninguna amenaza para Alemania (igual que los judíos de otros países). La policía secreta finlandesa empezó a redactar listas, pero corrió la voz y surgieron protestas tanto en el seno del gobierno como entre la opinión pública en general. A la postre se deportó a Auschwitz a ocho judíos, de los cuales solo uno sobrevivió.[3] El episodio representa una demostración asombrosa de la obsesión ideológica del jefe de la SS alemana; su comportamiento en la sauna es asimismo un buen ejemplo de su debilidad física y cobardía personal.

Heinrich Himmler ha sido receptor de una inusual exhibición de esnobismo social e intelectual por parte de los historiadores. Joachim

Fest lo tildó de «perfecta mediocridad», «insípido», «pequeñoburgués de excéntrico romanticismo».[4] Hugh Trevor-Roper lo describió como un «hombre absolutamente insignificante, corriente, quisquilloso y mezquino».[5] El historiador alemán Karl Dietrich Bracher, en su clásico estudio *La dictadura alemana*, lo califica de «pequeñoburgués entregado a los excesos románticos con los matices de un burócrata puntilloso ... insustancial, mediocre y dependiente, sin sentimientos propios».[6] Su biógrafo estadounidense Richard Breitman lo caracterizó como un hombre «soso, carente de flexibilidad y de humor, sin el más mínimo estilo».[7] Entre los contemporáneos, la perspectiva no era muy distinta. Hans-Georg Eismann, un militar que trabajó con él durante la fase final de la guerra, decía que era un hombre de aspecto irreconocible, con «la cara de un ciudadano cualquiera».[8] Pero todos estos juicios despectivos dejan sin respuesta algunas preguntas cruciales. Un hombre tan anodino y vulgar ¿cómo podría haber amasado tanto poder en el Tercer Reich? ¿Qué le habría atraído del nazismo, para empezar? Solo desde fecha reciente disponemos de documentos que nos permiten evaluar de nuevo su carácter. La primera biografía exhaustiva y minuciosa fue la de Peter Longerich, que al ver la luz en 2008 dejó atrás todos los estudios anteriores: se basaba en una multitud de fuentes e incluía el diario de trabajo que Himmler mantuvo en 1941-1942. Pero desde entonces se han añadido otras publicaciones que han ahondado en nuestro conocimiento de su persona; entre ellas, una edición de sus cartas, reunidas en una diversidad de países por una sobrina nieta, la escritora Katrin Himmler, y el historiador Michael Wildt; también destaca el segundo volumen de sus diarios de trabajo, que cubre los años de 1943 a 1945.[9] Son volúmenes importantes que nos permiten dibujar un retrato de Himmler bastante distinto al que nos resultaba más familiar desde la década de 1960.

Para empezar, Heinrich Himmler no era un «pequeñoburgués», sino que nació —el 7 de octubre de 1900— en el seno de una familia respetable, de clase media alta. Su padre, Gebhard Himmler, no solo poseía un título universitario y daba clases en un prestigioso instituto de humanidades, el Wilhelmsgymnasium, sino que durante tres años, en la década de 1890, había sido tutor personal de un miembro de la familia real de Baviera, la casa de Wittelsbach. Gebhard y su familia eran miembros de pleno derecho de la «burguesía culta» (*Bildungsbürgertum*), un estrato social que en la Alemania imperial gozaba de un respeto y aprobación generales: económicamente desahogados, socialmente seguros e identificados de forma clara con la nación y sus grandes tradiciones culturales, instituciones sociales y élites dirigentes. El título de *Professor* de un instituto estatal convertía además a Gebhard en un *Beamte*, un funcionario del Estado, con todo lo que ello implicaba en el mundo jerárquico de la Alemania Guillermina. Gebhard dotó a los hijos —tres varones, de los que Heinrich era el segundo— de un conocimiento sólido en materia de griego antiguo, latín, literatura clásica e historia, y se esforzó por darles la mejor crianza y educación. No fue en ningún caso un padre brutal, dominante o autoritario. Pero los valores que encomendaba tampoco eran los típicos de un «colegio de humanidades» como el que se describe, por ejemplo, en la gran novela *Los hermanos Oppermann*, de Lion Feuchtwanger: no eran los valores de un pensamiento crítico, independiente, inquisitivo. Como puede leerse en las cartas que envió a sus hijos antes de emprender un viaje a Grecia en 1910, daba importancia a la obediencia, el trabajo duro, la devoción al deber, la dureza masculina y la adoración a la patria.[10] En su escuela, Heinrich Himmler no fue una figura aislada, marginada o fracasada; al parecer disfrutaba de muchos amigos y su informe escolar de 1913-1914 lo califica de «estudiante a todas luces de gran capacidad que mediante un trabajo incesante, una ambición ardorosa y una participación muy activa ha logrado los mejores resultados de su clase».[11]

Sabemos mucho sobre la adolescencia y los primeros años de la edad adulta de Himmler, porque durante este período, a instancias de su padre, escribió un diario. Aquí se evidencia que la primera guerra mundial —que estalló cuando él contaba trece años— fue un acontecimiento decisivo en su vida. En vez de la carrera académica que su padre le había preparado, decidió incorporarse a las fuerzas armadas. Sin embargo, gracias a la influencia de Gebhard en las altas esferas, entró en el ejército como cadete de oficial y recibió instrucción militar pero sin entrar nunca en combate. Al igual que muchos otros jóvenes de su generación, para él esto representó un fracaso que intentó compensar comprometiéndose con los valores «castrenses», una concepción de la política como una guerra, la prontitud a recurrir a la violencia contra todo aquel al que se identificara como enemigo y una falta de restricciones en la ejecución de su proyecto político, por la que un historiador ha hablado de «la generación de los incondicionales». Esto no equivale a afirmar necesariamente que eran radicales de derechas —pues podríamos hallar características similares en muchos jóvenes de aquel período, pero de la clase obrera, no de la burguesía, que rechazaban las tradiciones moderadas de la socialdemocracia y acabaron pues en el movimiento comunista—, pero en el caso de Himmler sí supuso, de una forma casi inevitable, gravitar hacia la extrema derecha, no en vano había crecido en un medio nacionalista y conservador.[12] El hecho de que se viera a sí mismo como un soldado también podría haber representado alguna clase de compensación por el hecho de que era un chico enclenque, débil y enfermizo, que en la adolescencia y la juventud no poseía condiciones para resistir el rigor físico de la instrucción militar. También era reflejo, no obstante, de la legitimación de la violencia propia de la guerra, que se trasladó a la política en la posguerra.

Al concluir la contienda perdió el puesto en el ejército porque el acuerdo de paz limitaba los efectivos de las fuerzas armadas alemanas a un máximo de 100.000 hombres. Acabó pues los estudios de secundaria e ingresó en la facultad de Agronomía de la Universidad Técnica de Múnich, donde diversos exoficiales derechistas defendían las ideas antiurbanas de los «atamanes»; este grupo, que respondía al lema de «sangre y tierra», había sido fundado antes de la guerra y reclamaba que los nacionalistas «arios» pudieran «regresar a sus tierras». Himmler se incorporó a un círculo universitario duelista y a la reserva del ejército: «Soy solo un soldado y seguiré siendo un soldado», escribió en su diario, no sin añadir que el uniforme era «mi vestimenta más querida en cualquier circunstancia».[13] Cuando la reserva militar se desmanteló por exigencia de los Aliados, se sumó a dos organizaciones paramilitares. El hecho crucial, en este punto, fue que vivía en Múnich, una ciudad que tras la expulsión violenta de los regímenes revolucionarios de 1918-1919 se había convertido en un semillero de la política ultraderechista. Su implicación en esas entidades, su creciente radicalismo político y su antisemitismo cada vez más intenso no fueron —en contra de lo que han afirmado algunas veces— manifestaciones de una rebelión contra su padre, sino una ampliación de la orientación nacionalista alemana de su padre, que contó con la plena aprobación de este. El hermano mayor de Heinrich, llamado asimismo Gebhard, también entró en la política paramilitar de la ultraderecha violenta. El asesinato del ministro de Exteriores Rathenau, obra de extremistas derechistas que odiaban su política pactista y la explicaban por su carácter judío, fue valorado positivamente por Himmler, lo que no resultó extraño en los círculos del nacionalismo. Sin embargo, su radicalismo se intensificó a consecuencia de la crisis económica —la inflación y luego hiperinflación— que sacudió Alemania justo al concluir él los estudios. Los padres ya no podían mantenerlo y tuvo que trabajar para ganarse la vida, en una fábrica de fertilizantes artificiales, entre septiembre de 1922 y el mismo mes de 1923. Quedó sin rumbo, sus aspiraciones militares se vieron frustradas y perdió la prosperidad y seguridad burguesas en las que había crecido. Sin lugar a dudas, estaba cayendo en picado en la escala social.

En busca de alguna clase de compromiso ideológico coherente, dedicó mucho tiempo a múltiples lecturas, en las que absorbió ideas sobre el heroísmo alemán, la pureza racial y la maldad intrínseca de los judíos y los jesuitas. También se interesó por lo oculto, el espiritualismo y la mitología medieval, tras lo cual rompió con el catolicismo de la juventud. Estas ideas lo guiaron hasta el nuevo Partido Nazi, pero en su caso no por invitación de Hitler; en aquel momento ni siquiera conocía al líder del movimiento. El 9 de noviembre participó en el intento de golpe de Estado, el *Putsch* de la cervecería, pero no formó parte de la acción principal, en la que Hitler y sus seguidores marcharon hacia el centro de Múnich hasta que la policía los dispersó. A él se le fotografió portando la bandera de una asociación aliada —la *Reichskriegsflagge* («Bandera Imperial de Guerra»), un pequeño grupo paramilitar encabezado por Ernst Röhm, el futuro líder de las SA— en el momento de ocupar el edificio del Ministerio de Guerra. Se le unió su hermano mayor, Gebhard, que aparece a su lado en la misma fotografía. Cuando el *Putsch* fracasó, Himmler se marchó del edificio con el resto del grupo, tras llegar a un acuerdo negociado que le permitió librarse de juicios posteriores.[14]

Después de este fiasco Himmler se sumió aún más profundamente en la política ultraderechista. Había empezado a trabajar para Gregor Strasser, un destacado dirigente nazi de Baviera que había participado en el golpe de Estado pero, tras ser elegido parlamentario primero de la asamblea bávara y luego del Reichstag, recuperó la libertad. Himmler se dedicó a actividades de organización y empezó a pronunciar discursos, en especial sobre temas de agricultura. Cuando Strasser fue designado jefe de la propaganda del Partido y luego, en 1928, jefe de la Organización del Partido en el Imperio, Himmler adquirió responsabilidades y deberes mucho más numerosos y amplios. Había encontrado la carrera. Los trabajos que realizaba para el Partido no estaban bien pagados, no obstante; y aquel mismo año, tras contraer matrimonio con la enfermera

Margarete (Marga) Boden —nueve años mayor—, la pareja no tardó en pasar por dificultades económicas. Se trasladaron a un pueblo próximo a Múnich e intentaron complementar los ingresos de él y el dinero que ella había aportado al matrimonio con una empresa agrícola a pequeña escala, con gallinas, pavos y un cerdo de engorde. Pero las gallinas producían poco y la mitad de los polluelos murieron. Este breve e infructuoso período como granjero dio origen a la leyenda posterior —muy persistente— de que Himmler era un «criador de gallinas» y pasó a tratar a las personas a partir de la experiencia adquirida con las aves. En realidad fue una fase del todo accesoria en su carrera, pues siguió obteniendo sus ingresos principalmente de la política. De esta fase es más importante destacar que la relación entre Heinrich y Margarete era de enorme proximidad, posesiva y claustrofóbica. Cuando Heinrich se marchaba, se escribían cartas diarias, en las que abundan las expresiones de amor convencionales (tópicas incluso), pero también la exigencia constante del afecto del otro y las garantías de conformidad ideológica («pero los dos tenemos que compartir las mismas ideas, no puede ser de otro modo»). La pareja se movía únicamente en los círculos nazis y de extrema derecha y no mostró interés ni simpatía por nadie situado fuera de este entorno inmediato y poderosamente politizado.[15]

Himmler no tardó en medrar en la jerarquía del Partido. Le debía mucho a su relación con Strasser, pero pronto transfirió la lealtad a su sucesor en la jefatura de la propaganda, Joseph Goebbels, lo que resultó muy ventajoso para él. Empezó encargándose de organizar los actos de los principales portavoces del Partido y, como esto requería también de medidas de seguridad, lo nombraron subjefe imperial de la SS, el escuadrón responsable de la protección de Hitler, fundado en 1925. Se dedicó a reformar la administración de este servicio y, en enero de 1929, Hitler lo designó jefe imperial de la SS (*Reichsführer-SS*). Tras el importante éxito de los nazis en las elecciones al Reichstag de 1930, Himmler cesó en sus funciones en el departamento de propaganda. Tras encontrarse con la política turbulenta y descontrolada de las SA —una organización mucho más numerosa a la cual la SS, al menos en teoría, estaba subordinada— Himmler hizo de la lealtad incondicional a Hitler el precepto central de la SS, recurriendo a un lema del propio líder nazi: «Tu honor se llama lealtad» (*Deine Ehre heisst Treue*). Se centró en la meta de convertir la SS en una organización de élite, disciplinada, obediente y compuesta de hombres sanos y jóvenes originarios de un entorno sólido desde la perspectiva social y, antes que nada, racial; los resultados fueron desiguales. Introdujo una nueva serie de grados militares, diseñó nuevos uniformes de color negro, creó un cuerpo de jefes —formado en su mayoría por hombres nacidos entre 1890 y 1900 que habían sido oficiales en la guerra— y aceleró el proceso de reclutamiento: en el verano de 1932 contaba con más de 40.000 hombres, una cifra impresionante, pero aun así muy inferior a la del movimiento de los camisas pardas de Ernst Röhm.[16]

La lealtad de Himmler a Röhm —que no se extinguió durante los años de exilio de este en Bolivia, después de que el *Putsch* de la cervecería fracasara, en 1923— suavizó las cosas entre la SS y el movimiento de los camisas pardas cuando Röhm regresó para retomar la dirección de las SA, a principios de 1931. La SS estaba tan inclinada a la violencia como su organización padre e interpretó un papel central en la campaña de asesinato y terror que se emprendió en 1932 en la Prusia Oriental, después de que «el jefe imperial de la SS ordenara matar a los caudillos del comunismo». Pero fue una violencia más dirigida que la de las tropas de asalto, cuyos números fueron ascendiendo hasta varios cientos de miles. Después de que el 30 de enero de 1933 se nombrara a Hitler canciller imperial, y de que mediante el Decreto del Incendio del Reichstag este asumiera en efecto un poder dictatorial, los nazis se centraron en apoderarse de los poderes regionales: la dirección de los estados federados. Los camisas pardas detuvieron a comunistas y socialdemócratas por todo el país, junto con una cantidad reducida de oponentes de los nazis (reales o imaginarios), y los encerraron en cárceles y centros de tortura improvisados, donde los apalearon y humillaron, mataron a cientos y liberaron a los supervivientes bajo la estricta promesa de que en adelante se abstendrían de cualquier actividad política. Se designó a Himmler jefe en funciones de la policía, primero de Múnich, luego de Baviera en su conjunto. Dictó el arresto masivo de los izquierdistas, así como de figuras destacadas del Partido Popular de Baviera, de carácter conservador, que no tardó en disolverse. Estableció un campo de concentración en Dachau, para tenerlos presos. Lo gestionaba el personal de la SS, y al principio la dirección era tan espantosa —con la violencia y la corrupción descontroladas— que estalló un escándalo que obligó a Himmler a destituir al primer comandante y nombrar a otro en sustitución: Theodor Eicke. El nuevo comandante implantó en el centro una nueva serie de reglas que se adoptaron como estándar en los campos de toda Alemania.[17]

Mediado 1933, Himmler había ampliado enormemente el poder del que gozaba en el aparato de seguridad del Tercer Reich. Pocos comentarios sobre su personalidad han recibido una atención tan escasa por parte de los historiadores como la referencia, que citábamos arriba, a la «ambición ardorosa» y el «trabajo incesante» del que se hablaba en su informe escolar; sin embargo, pocas observaciones fueron más perspicaces. Recurrió de forma sistemática a su extensa red de colegas y conocidos, se ganó el apoyo de destacadas figuras regionales del Partido —concediéndoles grados señeros de la SS— y, a partir de la reputación de lealtad y obediencia que había logrado forjar para su organización, fue convenciendo a un estado tras otro de que le dieran la jefatura de la policía política regional. El premio gordo a este respecto era Prusia, pues su territorio se extendía por más de la mitad del país y su población también era superior al 50 % de la de Alemania. Aquí la policía política estaba en manos de Hermann Göring, pero Himmler supo aprovechar las luchas de poder que enfrentaban a Göring con el ministro del Interior, Wilhelm Frick, así como la alarma de ambos ante la indisciplina de los camisas pardas; de ahí que, en abril de 1934, accedieran a designarlo jefe de la policía política prusiana: la Gestapo. La Noche de los Cuchillos Largos, en la que la SS interpretó el papel central, culminó el ascenso de Himmler a la cúspide de los líderes del nazismo; pese a que no había desempeñado una función significativa en la preparación, resultó ser sin duda el principal beneficiario. El único inconveniente del asunto, para la SS, fue el exceso de confianza con el que organizó un golpe de Estado en Austria, frustrado porque los nazis de las SA en el país vecino se negaron a participar.[18]

En 1936 Himmler había logrado maniobrar de modo que sus opositores en el régimen nazi quedaron fuera de juego y él disponía de un control absoluto sobre las fuerzas policiales del Reich, incluida la Gestapo (a pesar de que esta, nominalmente, seguía subordinada a Göring). Para justificar la centralización del aparato represivo del régimen hasta formar un cuerpo de protección estatal cada vez más unificado, y liderado por él, Himmler exageró los peligros de la resistencia comunista. Defendió realizar una labor ante todo preventiva, con el objeto de asegurarse de «que la revolución judeo-bolchevique de los infrahumanos no pueda volver a desplegarse nunca más en Alemania, el corazón de Europa, ni desde el interior ni por obra de emisarios del exterior».[19] Era un objetivo que, a su juicio, no se había perseguido con el extremismo necesario. Los campos de concentración se fusionaron y se cerraron muchos, dejando solo cinco, con menos de 4.000 presos políticos a los que se consideraba demasiado peligrosos para que recobrasen la libertad; era el caso del antiguo líder de los comunistas alemanes, Ernst Thälmann. Esto no significaba, por supuesto, que la Gestapo se quedara sin función; antes al contrario, el descenso de esas cantidades se debió a que en 1933-1934 se promulgó toda una serie de decretos que delegaron la represión en la policía estatal (incluida la Gestapo), las cortes estatales (a las que se añadieron tribunales políticos específicos) y las cárceles y penitenciarías estatales corrientes, donde, según las estadísticas oficiales de 1935, se mantenían 23.000 presos políticos. Se estaba produciendo una fusión gradual del Estado «normativo» y el «prerrogativo», que se terminó de sellar justo antes de que estallara la guerra, al unificarse la SS y las fuerzas policiales para formar la Oficina Central de Seguridad del Reich.[20]

En 1937-1938 Himmler impuso una ampliación de las funciones de los campos de concentración, que pasaron a incluir la «detención preventiva» de «asociales», delincuentes comunes, vagos, «perezosos» y homosexuales. A Himmler le preocupaba en especial la homosexualidad, que a su juicio suponía un peligro para la masculinidad de la SS y el futuro de la nación. Resulta tentador ver, en el horror que la homosexualidad masculina le provocaba —aunque por razones políticas hiciera caso omiso en lo relativo a quien fue su patrón y protector de los primeros años de su carrera, Ernst Röhm—, una conciencia de sus propios límites en cuanto a la dureza masculina y la agresividad física. Sea como fuere, no pensaba tolerar que la homosexualidad arraigara en los grupos de hombres que formaban la SS, donde imperaba una unión intensa. En 1941, al anunciar un nuevo edicto de Hitler —que castigaba con la pena de muerte los actos homosexuales en la SS y la policía—, Himmler aseveró que estas dos instituciones eran «protagonistas en la batalla por exterminar la homosexualidad entre el pueblo alemán». La homosexualidad masculina, como hemos visto, era delito en Alemania desde el Código Penal de 1871, por lo que los «delincuentes» eran arrestados por la policía, juzgados por los tribunales y condenados a penas de cárcel en una prisión estatal; pero Himmler no solo refinó la definición legal de los actos homosexuales, sino que organizó que muchos gais, nada más cumplir sus penas, fueran detenidos y enviados a campos de concentración. Aun así, al poco de haberse iniciado la guerra, declaró que esa batalla se había ganado: «En su conjunto al menos, la amplia mayoría de nuestros jóvenes se ha librado de esta desviación».[21] De hecho, como mínimo la mitad de los 50.000 hombres arrestados por homosexualidad durante el Tercer Reich sufrieron esa suerte en el período de 1937 a 1939; en adelante la campaña se moderó.[22] Resulta evidente que, una vez iniciada la guerra, Himmler llegó a la conclusión de que había otras prioridades más urgentes.[23]

La obsesión de Himmler por combatir la homosexualidad, en especial en el seno de la SS, fue tan solo una más de las manías personales que, en cantidad creciente, empezaban a destacar cuanto más poder adquiría. Según ha comentado su biógrafo, Peter Longerich: «En la organización y los objetivos del cuerpo de seguridad del Estado influyeron, hasta un extremo casi inconcebible, sus fobias y prejuicios, sus caprichos, sus modas y sus pasiones».[24] Entre todo ello se incluía el odio a la Iglesia católica, pese a haber crecido en ese credo. Para Himmler el catolicismo era una doctrina «asiática» concebida y propagada por los judíos para predicar un evangelio del amor y la sumisión que socavaba todo cuanto hacía magnífica la raza alemana. Por un lado el sacerdocio católico era un «orden homosexual» en sí mismo, pero además abogaba por una moralidad sexual gazmoña y restrictiva que perjudicaba el impulso de reproducción y consolidación de la raza germánica. Desde principios de la década de 1920 también adquirió un gran entusiasmo por los cultos religiosos de la era germánica precristiana, que los ideólogos de la ultraderecha racista habían convertido en ídolos desde antes de la primera guerra mundial. Presionó a los soldados y oficiales de la SS para que apostataran de la Iglesia e instituyó ceremonias seudogermánicas con las que reemplazar las cristianas, como por ejemplo festejos de los solsticios de verano e invierno (este último debía pasar a llamarse *Jul*, en vez de Navidad), el primero de mayo, y también las bodas y funerales. Creó un instituto de investigación seudocientífica, el Ahnenerbe («Herencia Ancestral»), que buscaba relatos de antiguos rituales medievales e intentaba encontrar los orígenes imaginarios de la raza «aria» en el Tíbet, donde envió a oficiales de la SS para que midieran a los habitantes locales con el fin de determinar sus características raciales.[25] En 1935 Himmler fundó la organización Lebensborn («Fuente de vida»), que creó hogares para madres solteras; en teoría la gestionaba una asociación voluntaria, pero, de hecho, formaba parte de la SS. Fue una prueba de que creía en que la política racial no debía atenerse a las restricciones derivadas de la moral cristiana: las mujeres solo eran admitidas tras un minucioso examen de la madre y el hijo. En teoría al menos, cualquier hombre que buscara ingresar en la SS debía someterse asimismo a un estricto examen racial; en la práctica tales criterios se fueron relajando a medida que la SS crecía, sobre todo durante la guerra.[26]

Las manías personales de Himmler se manifiestan con particular claridad en su correspondencia, donde dio toda clase de instrucciones y consejos sobre casi cualquier tema imaginable. Nada parecía desmerecer su atención, por trivial que pareciera, como por ejemplo la calidad de las gachas que se servían en los hogares de la Lebensborn. («Hervir gachas con leche entera o desnatada —le escribió a su edecán el 9 de enero de 1944— no se corresponde con los deseos del *Reichsführer* de la SS. Las gachas deben hervirse únicamente con agua».)[27] A sus oficiales les decía que se casaran, o que dejaran de beber, o que fueran más efectivos con las moscas del edificio. En su correspondencia de agosto y septiembre de 1938, que valdrá como ejemplo al azar, hallamos instrucciones a distintos oficiales de la SS: fotografiar las runas de una escultura custodiada en el Museo Arqueológico de Florencia; no aceptar invitaciones a cacerías sin su aprobación previa; reunir información sobre la historia de la isla de Heligoland, en el mar del Norte; abstenerse de fumar quien había estado enfermo; iniciar una recopilación de los dichos de Adolf Hitler.[28] Aquí podríamos ver una tenue influencia de su padre, el director de escuela: el profesor Gebhard Himmler también se ocupaba de la conducta de sus hijos hasta el último de los detalles y no se marchaba de viaje sin antes haberles escrito (por si él no regresaba) una carta detallada sobre cómo debían comportarse en la vida. En la forma en que Himmler trataba a sus subordinados se observa mucho paternalismo: se preocupaba por su salud y la de sus familias, enviaba felicitaciones y regalos cuando nacía un bebé o los disciplinaba si se excedían o no cumplían debidamente sus órdenes.[29]

La faceta negativa de esta microgestión de Himmler podía degenerar fácilmente en fantasías que contenían elementos sádicos. En agosto de 1933, por ejemplo, anunció su intención de crear, «acabada la guerra», una «cámara de las moscas» en la que se introduciría a los jefes de la SS y a los policías que se habían negado a tomarse en serio la necesidad de resolver «la molestia de las moscas y los mosquitos». Se les proporcionaría bibliografía científica sobre los insectos y se les encerraría con «cientos y miles» de moscas y mosquitos para que estudiaran disfrutando de las «caricias» de los insectos.[30] Himmler se interesó en especial por los experimentos médicos que —violando todos los estándares éticos de la medicina— se realizaban con los internos de los campos de concentración. A quien criticaba estos experimentos —entre ellos, sumergir a los presos en agua helada, a menudo con consecuencias fatales, para averiguar cuánto tiempo podía sobrevivir un piloto que cayera al mar— lo consideraba un traidor y revelaba su nombre a sus superiores.[31] Esta clase de excentricidades han hecho que algunos historiadores lo tildaran de excéntrico y lo considerasen un administrador que, quisquilloso hasta el extremo, se limitaba a ejecutar las órdenes de Hitler como un autómata, sin detenerse a preguntarse por su moralidad, hasta convertirse casi por antonomasia en el más letal de los asesinos de despacho del Tercer Reich. En realidad lo impulsaban sus propias ideas y el afán de llevarlas a la práctica.[32]

Como núcleo de la ideología personal de Himmler hallamos una creencia incondicional en el principio de que todo cuanto convenía a los intereses de Alemania estaba justificado moralmente. Según afirmó el 4 de octubre de 1943, en un discurso ante oficiales destacados de la SS en Posen (hoy Poznań, en Polonia):

> El siguiente principio debe resultar absolutamente esencial para todo hombre de la SS: debemos ser honrados, decentes, leales y buenos camaradas de aquellos que son de nuestra misma sangre, pero de nadie más. La suerte de los rusos, o de los checos, me resulta del todo indiferente. Nos quedaremos con la sangre buena que pueda haber entre nuestros pueblos próximos, si es preciso robándoles los hijos y criándolos entre nosotros. Que otros pueblos vivan en la riqueza o se mueran de hambre solo me interesa en la medida en que los podamos necesitar como esclavos para nuestra cultura; en ningún otro caso. Que 10.000 rusas caigan muertas de agotamiento mientras están cavando una zanja antitanques o que no se mueran no me importa; solo me interesa que Alemania tenga su zanja acabada.[33]

Esta declaración tan cruda y vulgar expresa, entre otras cosas, qué ideas había detrás de uno de los proyectos más ambiciosos de Himmler: la reordenación racial del conjunto de Europa. Tras conseguir que lo nombraran para un puesto recién creado, el de «comisario imperial para la consolidación de la germanidad alemana», puso en marcha un vasto plan con el fin de devolver al Reich a la población de etnia alemana que vivía en la Unión Soviética y otras zonas de la Europa oriental; durante el tiempo de la alianza germano-soviética, de 1939 a 1941, contó con el asentimiento de Stalin y las autoridades de la URSS. Como estímulo, se ofrecía a los migrantes el acceso gratuito a granjas de las que se había expulsado por la fuerza a campesinos polacos privados de sus posesiones. En la práctica el proyecto no llegó muy lejos porque el proceso de examinar si los migrantes poseían la debida pureza étnica y suficiente fiabilidad política resultaba demasiado largo. Se pretendía que fuera el primer paso de un programa gigantesco de reestructuración étnica en el cual, de acuerdo con el «Plan General para el Este» —directriz oficial de la política del gobierno alemán en 1942—, entre 30 y 45 millones de «eslavos» debían morir de hambre y enfermedades para liberar un territorio que, a medio y largo plazo, ocuparían los nuevos colonos «arios» por toda la Europa central y oriental.[34]

Cuando Himmler hablaba de «decencia», quería decir «autocontrol», una virtud que apreciaba en especial en sí mismo. En el ámbito personal Himmler no exhibió la corrupción característica de tantos otros líderes del nazismo; vivía cómodamente pero no amasó grandes colecciones de objetos artísticos, automóviles de lujo, etcétera. Solía trabajar muchas horas y viajaba constantemente para pasar revista a sus feudos: visitaba los campos de concentración e inspeccionaba las acciones de exterminio, sin que sus emociones traslucieran. De vez en cuando reprendía a los oficiales de la SS que no se atenían a ese principio básico de la «decencia». La manifestación más clásica de su aprecio por la «decencia» se encuentra en un discurso tristemente famoso que pronunció ante destacados oficiales de la SS en Posen, el 6 de octubre de 1943:

> La frase «es necesario exterminar a los judíos» se dice rápido, pues son pocas palabras. Pero, para quien tiene que llevarlo a efecto, es una tarea sumamente dura y difícil ... Nos hemos enfrentado a la pregunta: ¿qué hacemos con las mujeres y los niños? Resolví encontrar una respuesta de absoluta claridad, también a este respecto. Me pareció que yo no tenía derecho a exterminar a los hombres —es decir, matarlos o hacer que los mataran— pero dejar que los niños crecieran con el afán de vengarse de nuestros nietos y bisnietos... Había que tomar la difícil decisión de hacer desaparecer a esta gente de la faz de la tierra. Para la

organización encargada de esta labor, ha sido la tarea más difícil emprendida hasta la fecha. Se ha llevado a cabo sin que —creo que puedo afirmarlo así— nuestra tropa y nuestros líderes hayan sufrido daños en el espíritu o el alma.

Himmler repitió estos sentimientos en los discursos que pronunció ante generales señeros en Sonthofen, al año siguiente.[35]

Aquí Himmler estaba expresando de forma consciente la idea de que lo que él hacia —y ellos hacían— era un crimen históricamente necesario, que el mundo sabría entender así. De este modo atraía su complicidad para comprometerlos a seguir luchando por Alemania de todas las maneras posibles, y también a garantizar —así lo veía él— el futuro racial del Imperio mediante el asesinato de millones de mujeres y niños judíos. En un discurso del 4 de octubre de 1943 hizo referencia directa al

exterminio del pueblo judío. La mayoría sabréis ya qué es ver cien cadáveres tendidos uno al lado del otro, o quinientos, o mil. Haber lidiado con esto y —salvo en unos pocos casos de debilidad humana— haber seguido manteniendo la decencia nos ha reforzado. Se trata de una página inédita —e inédita para siempre—, pero gloriosa, en nuestra historia.[36]

Sin embargo, a diferencia de Hitler o Rosenberg, Himmler no vivió obsesionado por la amenaza que los judíos supuestamente representaban para la raza «aria». Las expresiones de antisemitismo son infrecuentes en sus cartas, discursos y otros escritos, y cuando en efecto aparecen, lo hacen en un momento relativamente tardío en su carrera y asociadas a su previo antibolchevismo. Sus referencias a los judíos son de tono neutral e impersonal y a menudo se esconden detrás de eufemismos. Pero tenía absolutamente claro que la tarea de asesinarlos por millones debía confiársele a él. El 18 de diciembre de 1941, tras conversar largo y tendido con Hitler, apuntó en su diario de trabajo: «Problema judío: exterminarlos por partisanos».[37] «Los territorios ocupados quedarán libres de judíos —escribió el 28 de junio de 1942—. El Líder ha descargado sobre mis hombros la ejecución de esta orden tan importante. Nadie me privará de llevarla a cabo».[38] Era lo que el 18 de enero de 1943 denominó «solución final al problema judío en Europa».[39]

Himmler perpetró estas acciones terribles en plena connivencia con Hitler, con quien consultaba sobre todos y cada uno de los asuntos, a la vez que influía en él de varios modos. Si Hitler disentía expresamente de alguna de sus medidas —por ejemplo, propagar una religión «germánica» neopagana—, Himmler tendía a levantar el pie del acelerador, pero sin renunciar a sus objetivos. En cuestiones esenciales como la persecución de los judíos, apenas hubo discrepancias entre los dos. La relación de los dos fue muy estrecha, en especial durante la guerra, como puede verse en el segundo volumen de los diarios de trabajo de Himmler. Entre enero de 1943 y marzo de 1945 se reunió con Hitler en no menos de 168 ocasiones, lo que supone un promedio de seis veces al mes. La frecuencia fue fluctuando a lo largo del período; la fase más intensa fue a finales del verano y en el otoño de 1943, cuando se vieron veintiuna veces tan solo en el mes de agosto y sesenta de agosto a noviembre. Entre los temas de mayor urgencia e importancia se contaban la crisis militar provocada por el derrocamiento de Mussolini, a finales de julio de 1943, incluidos altos oficiales de la SS con la misión de arrestar a los judíos italianos y deportarlos a Auschwitz. También debatieron sobre la aniquilación de los judíos europeos en los campos de exterminio, y acordaron que Hitler nombraría al jefe de la SS como nuevo ministro de Interior, en sustitución de Wilhelm Frick; así se hizo el 20 de agosto, una circunstancia que supuso el triunfo final de Himmler en la prolongada batalla por el poder que los dos hombres habían librado, y además subordinó por completo el ministerio a la SS. En cuanto asumió el cargo, Himmler simbolizó la superioridad de la SS ordenando a los funcionarios que se dirigieran a él no como ministro, sino por el título de *Reichsführer-SS*. Su poder se incrementó más aún después de que el coronel Claus von Stauffenberg atentara —sin éxito— contra la vida de Hitler, el 20 de julio de 1944; el Führer designó entonces a Himmler jefe del ejército de la reserva, con lo que puso a su disposición a más de dos millones de hombres en el frente nacional, un ámbito en el que algunos oficiales del ejército regular habían respaldado el intento de golpe de Estado, que debía iniciarse justo con el asesinato de Hitler. Himmler fue quien se encargó del arresto, juicio y ejecución de los conjurados; logró que Hitler le permitiera imponer también una detención preventiva a los familiares —lo que se llamó *Sippenhaft*, «arresto de clan»— y aprovechó la ocasión para llevar a cabo igualmente la «detención de los jefes del SPD y KPD», cargos destacados de los antiguos partidos socialdemócrata y comunista, hasta 5.000 en total. «Hay que ejecutar a Thälmann», apuntó en su diario de trabajo del 14 de agosto, en referencia al exlíder comunista Ernst Thälmann.[40]

En julio de 1944 la frecuencia de las reuniones de Himmler con Hitler se incrementó, hasta llegar a once; pero la mayoría se produjo antes de que la bomba de Stauffenberg estallara y se centró en los desastres militares del Frente Oriental, donde el Ejército Rojo había aniquilado al Grupo de Ejércitos Centro mediante la Operación Bagratión, en la que cayeron 400.000 soldados alemanes. Himmler compensó la pérdida, aunque solo temporalmente, con unidades de la SS y la Waffen-SS, con lo cual amplió todavía más la esfera de su competencia militar.[41] En la última fase de la guerra, cuando la estrella de Göring se apagó, Himmler había alcanzado un grado de poder que le situaba en lo alto de la jerarquía, tan solo por detrás del propio Hitler. La SS iba ampliando sus áreas de actuación, una tras otra, y llegó a construir por ejemplo un imperio económico de dimensiones considerables. Contribuyó a esto la rápida expansión del uso de los internos de los campos de concentración como fuente de mano de obra forzada, distribuida entre una vasta red de subcampos adscritos a diversas fabricas y centros de producción de municiones; hacia el final de la guerra esta red encerraba y usaba a más de 700.000 internos.

A pesar de su proximidad con el dictador nazi, y de la diligencia con la que ejecutaba sus órdenes, Himmler carecía de una conexión emocional con él similar a la de muchos otros líderes del nazismo. En realidad, al llevar a término el genocidio de los judíos de Europa no se limitaba a seguir las instrucciones de Hitler, sino que lo impulsaba en todo lo posible, en constante diálogo con su jefe, con la intención de animarlo a ampliar más aún el alcance del Holocausto. Sin embargo, cuando la situación militar de Alemania empezó a deteriorarse, Himmler se movió en secreto para enviar emisarios a los Aliados occidentales, a quienes tanteaba ofreciendo la entrega de grupos reducidos de prisioneros judíos. Su distanciamiento con respecto a Hitler se agudizó en enero de 1945, después de que el dictador lo pusiera al frente del Grupo de Ejércitos Vístula, una tarea para la cual Himmler demostró estar muy mal preparado. Tras una serie de fracasos militares Hitler lo destituyó de este cargo, mediado el mes de marzo. En todo caso el mando de Himmler tuvo un efecto claro: le hizo comprender que la situación militar se había vuelto insostenible. En otros aspectos estaba derivando con rapidez hacia todo un mundo de nuevas ilusiones. Inició conversaciones secretas con el conde Folke Bernadotte, de la Cruz Roja sueca, sobre la liberación de presos de los campos de concentración, primero los suecos y luego de otras nacionalidades; creía sinceramente que podría actuar como mediador válido para la conclusión de la guerra. Se puso asimismo en contacto con el Congreso Judío Mundial, al que aseguró que las noticias sobre las atrocidades perpetradas en los campos eran falsas. De forma confidencial, le prometió a De Gaulle que formarían una alianza franco-alemana contra los «anglosajones» victoriosos. Tuvo por último la ocurrencia fatal de proponerles a los Aliados una capitulación parcial; estos no solo rechazaron la propuesta de inmediato, sino que la revelaron a la prensa. Enfurecido por el comportamiento de Himmler —que calificó de traicionero—, Hitler utilizó su testamento político, redactado el 29 de abril de 1945, un día antes de quitarse la vida, para destituirlo de todos sus cargos y expulsarlo del Partido Nazi.[42]

En los primeros días de mayo de 1945, Himmler —que creía que la SS debía desempeñar un papel importante en el orden de la posguerra— intentó ofrecerle sus servicios al gran almirante Karl Dönitz, designado por Hitler como su sucesor. No está claro si aspiraba a mantener las apariencias o quizá solo no sucumbir a la desesperación; en todo caso, la oferta se rechazó. Consciente de cuál era la realidad y temiendo que los Aliados lo detuvieran y juzgaran, se dio a la fuga, se procuró documentos falsos y un nombre nuevo, se quitó las gafas y se puso un parche en el ojo. En compañía de un reducido grupo de seguidores se dirigió al macizo montañoso del Harz, quizá con la idea de ocultarse allí hasta que pudiera emigrar; no redactó ningún testamento ni mensaje para la posteridad, sino que, bien al contrario, se esforzó por sobrevivir en circunstancias oscuras e ignominiosas. Pero unos soldados británicos lo interceptaron el 21 de mayo y lo arrestaron. Cuando lo llevaron a presencia de un oficial, se quitó el disfraz y se dio a conocer como el exjefe de la SS. A tenor de lo experimentado con otros líderes de la SS, el británico supuso que probablemente Himmler guardaba una cápsula de cianuro escondida en la boca; cuando el médico que realizaba el examen quiso extraerla, Himmler sacudió la mandíbula, mordió la cápsula, se derrumbó y falleció antes de quince minutos. A diferencia de otros líderes del nazismo no había tenido la determinación de quitarse la vida en cuanto supo que la situación era irremediable; tampoco había salido a combatir contra el enemigo. Durante las últimas semanas también se esforzó por desmentir que tuviera responsabilidad en sus acciones. Su muerte miserable —una decisión apresurada y apenas meditada, para evitar que los Aliados le exigieran cuentas por los crímenes cometidos— tan solo sirvió para subrayar el hecho de que no había estado a la altura de los ideales que reclamaba para sus hombres. Ninguno de sus seguidores se molestó, después de la guerra, en rescatar su reputación del desprecio en que la posteridad lo ha sumido.[43]

A lo largo de toda su vida Himmler parece haber hecho cuanto estuvo en su mano para atenerse a las severas recomendaciones de su padre conforme fuera siempre leal y fiel, al par de duro y trabajador. En cierta faceta, no obstante, se desvió de este precepto, quizá siguiendo otro principio —ahora propio— según el cual la moralidad cristiana no debía interferir con el deber principal de un alemán: perpetuar la raza. En 1936 le asignaron como secretaria personal a una joven rubia, Hedwig Potthast, nacida en 1912 en el seno de una familia de clase media. Le precedía la reputación de ser hermosa y encantadora: Reinhard Heydrich, el segundo de Himmler, dijo al parecer que «con ella te podías calentar las manos y los pies».[44] En sus cartas, Potthast se manifiesta como una mujer ambiciosa y deseosa de gozar de una vida de glamur, para lo cual se marchó de la Renania a Berlín y se incorporó a la SS. En 1938 ella y Himmler se habían enamorado. Aunque él apenas acudía a visitarla en la casa que le proporcionó, y el contacto se mantuvo en su mayoría por teléfono; sin embargo, tuvieron dos hijos. Himmler mantuvo la relación en secreto. Potthast trabó amistad con unas pocas personas de los círculos de la jerarquía nazi, como las esposas de Martin Bormann y Oswald Pohl; pero sin duda la relación no satisfizo sus ambiciones, además de topar con la desaprobación clara de sus padres, de un catolicismo conservador. Acabada la guerra, vivió sin llamar la atención sobre sí. Falleció en 1994, sin hacer nunca comentarios sobre las acciones de Himmler, ni en el exterminio de los judíos ni en ningún otro ámbito.[45]

Himmler se negó a divorciarse de su esposa Marga y apeló al hecho de que no poder tener más hijos no era culpa de ella. Y, de hecho, a pesar de la nueva relación con Potthast, no se distanció de Marga durante la guerra: intercambiaron cartas y regalos, se preocuparon por la salud del otro y compartieron la responsabilidad sobre su hija Gudrun. Pero Himmler creía que la monogamia era antinatural en los hombres y que engendrar hijos representaba un deber nacional, y Magda se mostró de acuerdo.

Más aún, la esposa y la hija se mostraron orgullosas por lo que consideraban grandes logros de Himmler, empatizaban con sus lamentos por el exceso de trabajo y nunca expresaron dudas respecto a la corrección de lo que él hacía. Por su parte Himmler intentó criar a su hija —y a un hijo adoptivo, Gerhard— como buenos nazis; y los castigaba, en especial a Gerhard, cuando como sucedía con frecuencia no estaba a la altura de la obediencia y limpieza que le exigían. En otras palabras: no había discrepancia entre la vida de Himmler como padre o como nazi.[46]

La personalidad de Himmler no encaja con el vacío emocional que la leyenda histórica le ha adscrito. Antes al contrario, era capaz de amar, como se manifestó en su relación con Hedwig Potthast o en la correspondencia con su esposa Margarete, por mucho que esta se expresara con los tópicos convencionales del romanticismo. Al mismo tiempo practicó el autocontrol férreo que a su entender necesitaba para dedicarse a lo que consideraba que era su deber. Este deber no era otro que el futuro de la raza alemana —según él la veía—, y no ser leal a Hitler en primer lugar; para él Hitler era meramente el vehículo a través del cual ese futuro se haría realidad. Con ese objetivo en mente, la moralidad convencional y los preceptos del cristianismo se volvían irrelevantes. Había que eliminar todos y cada uno de los obstáculos que se interpusieran en el camino, con una consecuencia implacable e irrestricta. A la vez Himmler formaba parte de corrientes más generales de la sociedad alemana. Su vida constituyó una versión pervertida de las virtudes tradicionales de la *Bildungsbürgertum*, la clase media culta de la cual procedía. Su «ambición ardorosa» le impulsó hacia pensamientos y actos que habrían horrorizado a ese estrato social, pero la familia nunca lo criticó. Los padres de Himmler —que fallecieron en 1936, él, y 1941, ella— se mostraron orgullosos de todo lo que él iba consiguiendo. Los dos hermanos, Gebhard y Ernst, entraron en su círculo conforme fue adquiriendo más poder; se sumaron al Partido Nazi y forjaron carreras modestas, pero exitosas, bajo la égida de Heinrich. Gebhard, licenciado en Magisterio, trabajó en el Ministerio de Educación del Reich, y Ernst en el servicio imperial de radio, donde se distinguió además por denunciar a un colega más joven, por ser judío. Ninguno de los dos expuso nunca objeciones a los actos de su hermano como jefe de la SS; de hecho, los dos se incorporaron a la SS y Gebhard ascendió algunos puestos en la jerarquía de los oficiales. Ernst murió en los combates de Berlín, el 2 de mayo de 1945; se había integrado en el Volksturm que se reclutó a toda prisa, con escasa instrucción y equipamiento. Gebhard sirvió en la Waffen-SS hasta que, al final de la guerra, los británicos lo apresaron; tras la contienda se reincorporó a la gestión educativa, de donde lo expulsaron por su pasado, pero ganó el recurso de apelación; falleció en 1982. Según Katrin, la sobrina nieta de Ernst, los supervivientes de la familia lidiaron con la triste notoriedad de Heinrich negando toda implicación en los crímenes del nazismo y alegando que la participación de Gebhard y Ernst había sido la consecuencia involuntaria del mecenazgo no solicitado de Heinrich. Hasta que Katrin —que se casó con un israelí— empezó a ahondar en la historia de la familia, no se reveló la verdadera intensidad de su negacionismo.[47]

6

El diplomático: Joachim von Ribbentrop

Pocos líderes nazis han topado con tanto desprecio de los historiadores y los coetáneos como Joachim von Ribbentrop, que fue ministro de Exteriores del Tercer Reich desde 1938 hasta el final de la guerra. Para Joachim Fest fue un «político de taberna», sobre cuya «inflada arrogancia e intromisión» e «inutilidad intelectual perpetua» se levantó «una carrera de una asombrosa incompetencia».[1] Más de un historiador lo ha tildado de «vendedor de champaña» o «comerciante de vinos».[2] Su secretario, Reinhard Spitzy, lo describió como «pomposo, engreído y nada inteligente». Algunos diplomáticos con los que trabajó dijeron de él que era «perezoso e inútil», «vano y ambicioso». En el diario del embajador de la Unión Soviética en Londres, Iván Maisky, se lee que Ribbentrop se caracterizaba por su «torpeza» y «falta de tacto».[3] Hermann Göring le dijo a Hitler que Ribbentrop era un «perfecto imbécil»; cuando Hitler objetó que «conoce a mucha gente importante en Inglaterra», Göring contestó: «Mi Führer, probablemente eso es cierto, pero lo malo es que *ellos* lo conocen *a él*».[4] Franz von Papen, vicecanciller de Hitler en 1933-1934 y posteriormente embajador ante Austria y luego ante Turquía, afirmó que Ribbentrop era «una cáscara sin grano, sin más capacidad de pensar que una fachada vacía».[5] Para Neville Chamberlain, el primer ministro británico, Ribbentrop era «tan estúpido, tan superficial, tan egocéntrico y tan satisfecho de sí mismo, tan huero de toda capacidad intelectual que nunca parece asumir lo que se le ha dicho».[6] Según el conde Folke Bernadotte, diplomático sueco, era «un hombre de una estatura mental ínfima y, por lo demás, muy ridículo».[7] Ante el Tribunal de Núremberg, los demás acusados por crímenes de guerra trataron a Ribbentrop con un «franco desprecio», según el psiquiatra de la prisión, Gustave Gilbert. Hjalmar Schacht, exministro de Economía, lo creía «¡débil, estúpido e inútil!». Para el gobernador nazi de Polonia, Hans Frank, era «pobre simplón» que «de asuntos exteriores, no sabía nada». Franz von Papen dijo en otra ocasión que era un «tonto»[8] y otro psiquiatra de la prisión, Douglas Kelley, consideraba que era «una persona que, sin capacidades reales, había llegado muy alto».[9]

¿Cómo se explica pues que Hitler nombrara a Ribbentrop ministro de Exteriores y lo mantuviera en aquel puesto durante nueve años? ¿Por qué Ribbentrop era de los pocos líderes nazis que podía acceder a Hitler sin haber concertado una cita? ¿Qué lo motivaba, qué lo impulsaba? ¿Por qué después de haber vivido una vida en apariencia apolítica, de pronto se afilió al Partido Nazi —cuando contaba casi cuarenta años— y experimentó un ascenso meteórico, para desazón y rabia de muchos nazis con un historial mucho más largo? Y por último, ¿por qué fue tan leal con Hitler, y Hitler, con él? El primer factor importante en la formación de su carácter fue que —al igual que Hermann Göring— procedía de una familia militar. Su padre, Richard Ulrich Friedrich Joachim Ribbentrop, y también su abuelo y varios de sus antecesores, era oficial de carrera en el ejército prusiano. Al poco de nacer Joachim, el 30 de abril de 1893, en la ciudad cuartelaria renana de Wesel —donde el padre era oficial de artillería—, la familia se trasladó a Wilhelmshöhe, en las inmediaciones de Kassel. El padre había sido nombrado comandante y poco después lo trasladaron de nuevo, ya como oficial del Estado Mayor, a Metz, en la Lorena, que Alemania se había anexionado tras la guerra franco-prusiana de 1870-1871. La guarnición militar de Metz era una de las más numerosas de Alemania —lo que no era de extrañar, dada su situación fronteriza— y, como edecán de un general al mando, se entendía que Richard Ribbentrop era un oficial con un futuro dorado por delante.[10]

El cuerpo de oficiales prusianos, antes de la primera guerra mundial, pero en muchos aspectos también mucho después, era todo un mundo en sí mismo, aislado en gran medida del resto de la sociedad alemana. Era jerárquico y autoritario, estaba ligado a los valores de la aristocracia, estrechamente unido a una concepción sumamente conservadora y autoritaria de la política y la nación, y su aislamiento se intensificó por el hecho de que los oficiales tendían a vivir en ciudades acuarteladas, dominadas por las fuerzas armadas, y no entre los ciudadanos corrientes.[11] Su modo de conducta ideal era lo que en alemán se conocía como «obediencia de cadáver» (*Kadavergehorsamkeit*). Crecer en una familia dominada por un padre disciplinario, cuyo comportamiento exhibía esas características con abundancia, sin duda debió de ejercer una enorme influencia sobre Joachim. El comandante Ribbentrop —sin pelos en la lengua, hosco, severo e inflexible— era un hombre «más temido que amado» por sus hijos, según admitió Joachim en sus memorias.[12]

Por el contrario Joachim contó que la madre, Johanne Sophia Hertwig, que procedía de una familia de terratenientes acomodados, era amable y cariñosa. Tocaba bien el piano y solía regalar conciertos a los hijos. El marido también era aficionado a la música y procuraron que los hijos aprendieran a tocar diversos instrumentos, algo más habitual en una familia burguesa y civil que en una militar. En cierto sentido reunían en una sola familia «las dos Alemanias», la culta y la militarista, que han identificado los autores que han estudiado el carácter nacional alemán (sobre todo, después de la segunda guerra mundial). Un ejemplo dramático de esta amalgama lo ofrece un incidente del que Joachim dejó constancia mucho más adelante. Al ingresar en el Lycée Fabert de Metz, en 1904, con once años, su padre prometió darle un violín por Navidad, si obtenía buenas notas. Pero aunque Joachim se jactaba de que iba a ser el primero de la clase, los exámenes del trimestre lo situaron en la posición treinta y dos de los cincuenta alumnos. Al tener noticia de lo que para él suponía una desgracia, el padre le dio una buena zurra y lo castigó sin instrumento. Aunque en Semana Santa Joachim había mejorado la posición y el padre cedió y le entregó el violín, el hijo no se olvidó nunca de lo que había sufrido entonces.[13]

Desde este mismo momento, Joachim fue un violinista apasionado, hasta el punto de sopesar, durante la adolescencia, convertirse en intérprete profesional. En muchos momentos de su vida halló consuelo en la música, en particular cuando su madre falleció de resultas de una tuberculosis, tras un largo declive, el 28 de febrero de 1902. Su violín, según confesó en sus memorias, «fue siempre mi compañero más leal, el que nunca me ha abandonado»; algo que —añadió con amargura— no podía afirmarse de los seres humanos. Se lo llevaba allí donde iba. En Metz aprendió a montar a caballo y a jugar a tenis, dos aficiones que le iban a resultar de utilidad en los círculos sociales en los que aspiraba a moverse. Además, entre 1904 y 1908, los años del Lycée, estudió francés y adquirió una gran fluidez: un requisito del todo esencial —según descubriría más tarde— para tener éxito en el mundo de la diplomacia internacional, donde el francés era todavía el medio de conversación más habitual, incluso después de la primera guerra mundial.[14]

Tras morir la esposa, el padre se volvió a casar, en esta ocasión con Olga-Margarete von Prittwitz und Gaffron, aristócrata de otra familia militar y ultraconservadora. El nuevo matrimonio reforzó a todas luces las ideas políticas del comandante y lo animó a ser aún más franco en la expresión. Admiraba apasionadamente a Bismarck y había recibido con horror y consternación que Guillermo II —en 1890, al poco de acceder al trono imperial— destituyera al Canciller de Hierro. En 1907 el periodista Maximilian Harden inició una campaña de prensa para revelar la homosexualidad generalizada entre el círculo privado de amigos del káiser, centrada en un diplomático, el príncipe Eulenburg, e implicando a muchas personalidades destacadas. El asunto adquirió proporciones de escándalo público y hubo suicidios, querellas por libelo, juicios por homosexualidad (pues era ilegal, en esas fechas), chantajes y mucho más.[15] El comandante Ribbentrop no tuvo pelos en la lengua a la hora de manifestar su disgusto con tal proceder de la corte imperial y repitió, en numerosas ocasiones, que sin duda el káiser también cometía actos homosexuales. Berlín tuvo noticia sobre esta condena firme y repetida de Guillermo II y, al tratarse de una evidente ofensa de lesa majestad, no se la podía tolerar; menos aún, viniendo del cuerpo de oficiales prusianos. El comandante fue expulsado del ejército con deshonor y se le retiró el derecho a vestir uniforme o usar el título militar. Su carrera había concluido.[16]

Esta calamidad puso patas arriba la vida de la familia. Habían perdido la posición en el mundo militar y la condición en la sociedad. Tuvo que suponer un golpe terrible para su autoestima. El excomandante no soportó la idea de quedarse en Metz, ni en Alemania siquiera, y emigró a Arosa, un pueblo situado en una zona remota, germanohablante, de los Alpes suizos. Se llevó consigo a los hijos, a los que hizo abandonar la escuela. Durante un año y medio la familia vivió con modestia gracias a la herencia de su primera esposa; dedicaron mucho tiempo a pasear largamente, realizar excursiones por la montaña y aprender a esquiar y montar en trineo, con la ayuda de unos amigos ingleses. Los deportes de invierno eran en Suiza algo relativamente nuevo, que practicaban sobre todo los británicos y canadienses que pasaban las vacaciones en el país.

Los niños recibieron clases privadas de tutores ingleses y franceses —Joachim pudo mejorar mucho el dominio de ambas lenguas— y pasaron cierto tiempo en un internado de Grenoble, gracias a una pariente acomodada. Los chicos hicieron muchas amistades en Arosa, con ingleses y canadienses, y una familia los invitó a pasar un año con ellos en Londres. Aquí perfeccionaron el inglés con la perspectiva de emprender una carrera comercial; la amargura del padre por la forma en que lo habían degradado los había disuadido de seguir sus pasos en el ejército.[17]

En 1910 Joachim Ribbentrop aceptó la invitación de unos amigos canadienses, los Hamilton-Ewing, a los que había conocido en Suiza, y zarpó de Londres a Quebec, junto con su hermano y, como siempre, su violín. Halló un empleo de formación en la banca Molson's (en la calle Stanley, en Montreal) y luego como «inspector de vehículos» de una empresa de ingeniería que participaba en la reconstrucción del puente quebequés del río de San Lorenzo, que se había hundido en 1907. Bastante antes de que el proyecto se completara (lo que no sucedió hasta 1919, después de que el puente se derrumbara una segunda vez) Ribbentrop pasó al Ferrocarril Transcontinental Nacional, que aún se estaba construyendo. Pero «la dureza y crudeza de la vida de un pionero en Canadá» resultaron excesivas para su constitución, aunque, de hecho, él trabajaba en un despacho y no tenía que realizar trabajos físicos. En 1912 cayó enfermo de tuberculosis renal, dolencia que probablemente le había contagiado su madre, unos años antes: tuvo que pasar cierto tiempo en el hospital y le extirparon un riñón. Regresó a Alemania para recuperarse y, al año siguiente, atravesó de nuevo el Atlántico: en Nueva York estuvo algún tiempo trabajando como periodista autónomo y luego volvió a Canadá. En esta ocasión se instaló en Ottawa, donde utilizó los últimos fondos de la herencia de su madre para instalar un modesto negocio de importación de vinos alemanes.[18]

Además de participar en veladas musicales de aficionados, Ribbentrop dedicaba el tiempo libre a las actividades deportivas: compitió en el torneo nacional de patinaje artístico enrolado en el famoso Minto Skating Club. Se abrió paso en la alta sociedad y se mezclaba con los ricos, los aristócratas y los famosos en fiestas, actos sociales y veladas de música. Pero en el verano de 1914 todo esto se cortó radicalmente. Al formar parte del Imperio británico, Canadá iba a actuar como su metrópolis y entrar en guerra con Alemania, lo que sucedió en efecto el 9 de septiembre. El 4 de septiembre Ribbentrop se había marchado a Nueva York para evitar que lo detuvieran por ser un enemigo extranjero. Dejó tras de sí el negocio, los amigos, las propiedades y a su hermano mayor, que estaba enfermo de tuberculosis; también abandonó a Catherine Hamilton-Ewing, con la que habían planeado casarse (más adelante ella se trasladó a Inglaterra y se incorporó a la Unión Británica de Fascistas). Esto supuso otra ruptura total en su carrera. Como los buques británicos —la inmensa mayoría— se negaban a portar pasajeros alemanes, adquirió un pasaje a bordo de un pequeño transatlántico neerlandés, el *Potsdam*, que se dirigía a Róterdam. El navío partió de Hoboken (Nueva Jersey) el 4 de agosto, con varios cientos de pasajeros alemanes a bordo. Sin embargo, cuando se acercaba a la otra orilla del Atlántico, el *Potsdam* fue interceptado por un buque de guerra británico, que lo desvió hacia Falmouth. Se tenía la intención de internar a todos los ciudadanos alemanes que viajaban a bordo. Ribbentrop, a quien la prensa canadiense ya había denunciado como espía alemán, sobornó a un camarero para que lo ocultara en la carbonera, donde trabajaba un amigo de los tiempos de Metz. Ribbentrop permaneció escondido en la carbonera durante el resto del viaje; y al llegar a Róterdam, pudo volver a su cabina, que seguía intacta, para bañarse y recuperar sus pertenencias. El camarero —que, según las memorias de Ribbentrop, reveló entonces que en realidad era un oficial alemán disfrazado— le devolvió el importe del soborno y lo ayudó a desembarcar.[19]

Tras visitar a su padre y a su madrastra, Ribbentrop se ofreció voluntario para el servicio militar con el 12.º Regimiento de Húsares, una unidad de la caballería prusiana. Aunque le faltaba un riñón, pasó el examen médico y recibió varias semanas de instrucción antes de partir con el regimiento hacia el Frente Oriental. Lo ascendieron a teniente primero y resultó herido en varias ocasiones; en el verano de 1917 lo galardonaron con la Cruz de Hierro, en origen de segunda clase, pero apeló con éxito para que fuera de primera. El regimiento fue transferido al Frente Occidental, donde actuó durante el resto de la guerra. Pero Ribbentrop cayó enfermo de gravedad y en abril de 1918, habiéndose repuesto, fue destinado a Estambul como edecán del plenipotenciario militar responsable de los suministros de material bélico a los turcos. Entre los amigos que hizo aquí hay que destacar a Franz von Papen, que estaba adscrito al ejército otomano. Al concluir la guerra, pasó un breve período internado, pero logró escapar y, por la vía de Italia, regresar a su país. Al igual que muchos oficiales, al volver quedó impresionado por las condiciones económicas y políticas en las que había quedado Alemania. «De pronto —escribió en sus memorias— todo estaba lleno de judíos, ocupados en múltiples campos, la política, la economía, la cultura y no siempre para bien». Cuando se reintegró al Ministerio de Guerra lo incluyeron en el Estado Mayor del comandante general Ernst von Wrisberg, el hombre que, en marzo de 1919, dio origen a la versión antisemita del mito de la «puñalada en la espalda». Wrisberg culpó a los judíos de la revolución alemana y de haber derribado la clase de los oficiales prusianos, diciendo: «No es de extrañar que esta tribu esté haciendo todo lo posible para aniquilar una clase que siempre los ha estorbado». Parece razonable suponer que las diatribas antisemitas influyeron en los puntos de vista de un teniente Ribbentrop, joven y todavía impresionable.[20]

Al igual que muchos militares desmovilizados, al concluir la guerra a Ribbentrop no le resultó fácil encontrar trabajo. A principios del verano de 1919, no obstante, gracias a su dominio del inglés y la experiencia en América del Norte, halló trabajo en la sede berlinesa de una empresa que importaba algodón. No tardó en ascender y en ganar dinero suficiente para acudir en apoyo de su hermano, que residía, terminalmente enfermo, en un sanatorio suizo. Ribbentrop también sacó partido a su manejo del francés, al recibir varios encargos privados para proporcionar vinos franceses a la clase más acaudalada de Berlín; a finales de 1919 registró esta actividad como un negocio formalmente constituido. Sus expectativas no tardaron en dar un giro radical, sin embargo. En el otoño de 1919, durante unas breves vacaciones en Bad Homburg —un centro turístico de los montes Taunus— participó en un torneo de tenis donde conoció a Annelies Henkell, cuyo padre dirigía una empresa bien conocida de venta de vinos espumosos. Se casaron el 5 de julio de 1920. Tuvieron los dos primeros hijos en 1921 y 1922; en total fueron cinco. Al parecer se trató de un matrimonio feliz. Según uno de los psiquiatras de la prisión de Núremberg, Annelies, aunque era tres años más joven que su esposo, era una mujer fuerte y ambiciosa que lo dominó por completo. Ella le ofreció el afecto maternal del que Joachim había carecido en la infancia debido a la enfermedad y el fallecimiento de su madre. Pero el secretario de Ribbentrop, con un tono más bien melodramático, comparó a Annelies con lady Macbeth.[21]

En un principio Ribbentrop dirigió la sede berlinesa de la empresa Henkell, pero el suegro adquirió para él una participación en una sólida firma de importación de vinos cuyo propietario le había solicitado ayuda económica. La compañía de Schoeneberg y Ribbentrop prosperó con rapidez, en parte por las conexiones de Joachim con Francia y Gran Bretaña, en parte porque el 1 de enero de 1924 se eliminaron las restricciones legales al comercio. En consecuencia Ribbentrop abandonó su puesto como director local de Henkell para centrarse en la asociación. Desde entonces le ha acompañado el epíteto, no del todo justo, de «vendedor de champaña». Gracias al dinero de su esposa, en todo caso, pudo adquirir una gran villa en un lujoso distrito de las afueras de Berlín, Dahlem; disponía de piscina, pista de tenis y varias otras posibilidades impresionantes. El 15 de mayo dio otro paso importante en su ascenso social: convenció a Gertrud von Ribbentrop —la pariente mayor, una prima soltera, que le había costeado la estancia en el internado de Grenoble— de que lo adoptara legalmente, a cambio de lo cual él le pasaría una pensión de 450 marcos mensuales; la adopción le permitió añadir a su apellido el prefijo «von» de la nobleza alemana. Esto no supuso necesariamente una ventaja tan grande como él había imaginado: la suegra se lamentó de que con ese gesto había convertido a la familia en un hazmerreír. Cuando el conde Wolf-Heinrich von Helldorf —al que había conocido en la guerra y que más adelante destacaría en la jerarquía de la policía nazi —propuso su nombre como nuevo socio del Hererenklub, se votó en contra de su admisión: los demás miembros de este exclusivo y aristocrático club de caballeros de la capital solo querían entre ellos a nobles que hubieran heredado el título. Aun así acabaron por aceptarlo en el segundo intento, ahora con el patrocinio de Franz von Papen, al que Ribbentrop había conocido en Estambul, durante la guerra. Con su esposa Annelies empezó a organizar un salón social en la residencia de Dahlem, donde recibían a figuras acomodadas, nacionalistas y conservadoras, de los mundos de la empresa y la política. Ribbentrop disfrutaba en especial alternando con miembros de los Hohenzollern, la antigua familia real de Prusia y Alemania.[22]

Hasta este momento Ribbentrop no había mostrado actividad política, aunque sus puntos de vista —como los de tantos otros exoficiales del ejército— se situaban en la extrema derecha y estaban como mínimo teñidos de antisemitismo. La empresa no tan solo le abrió la puerta de la alta sociedad una vez más, sino que lo puso en contacto con muchos políticos en activo. Él era afín al Partido Popular Alemán, de ideas próximas al mundo empresarial, pero esta organización se derrumbó tras el estallido de la Gran Depresión en Alemania: en 1930 perdió a casi todos sus votantes, que en su mayoría pasaron al Partido Nazi. «Era evidente —escribió más adelante— que Alemania iba a ser víctima del comunismo ... e iba directa al abismo».[23] Se necesitaba —a su juicio— una coalición entre los partidos burgueses y conservadores, por un lado, y por el otro la fuerza popular y emergente de los nazis. Bajo la influencia de su esposa —y de Helldorf, que ya había ingresado en el Partido Nazi— Ribbentrop empezó a asistir a cenas políticas donde se abordaba esta clase de cuestiones. En una de ellas, en 1930, conoció a Hitler, y quedó tan impresionado que le extendió un cheque de 6.000 marcos. En 1931 los nazis lo consideraban ya entre sus apoyos.[24]

En la primavera de 1932 Hitler aceptó una invitación a cenar en la villa de Dahlem, donde Ribbentrop impresionó al líder nazi con sus conocimientos detallados sobre Gran Bretaña y los británicos. Según reconoció años más tarde, cuando lo juzgaron en Núremberg:

> Adolf Hitler me causó una profunda impresión, ya entonces. Me llamaron la atención en especial los ojos azules ... el carácter independiente ... y la forma en que expresaba sus pensamientos. Sus afirmaciones casi siempre incluían algún elemento rotundo y definitivo y parecían proceder de su yo más interior. Me pareció estar ante un hombre que sabía lo que quería y poseía una voluntad muy firme y una personalidad muy fuerte ... Quedé convencido de que, si alguien podía salvar a Alemania, era él.[25]

En ese punto, en un giro afortunado para Ribbentrop, se nombró a Franz von Papen canciller imperial en sustitución de Heinrich Brüning. Papen estaba desesperado por conseguir que los nazis —en ese momento, el partido más numeroso del Reichstag— respaldaran su plan de introducir un régimen autoritario en Alemania y destruir a los socialdemócratas, los comunistas y los sindicatos. Mediado el mes de agosto de 1932, Ribbentrop, a instancias de Papen, viajó a Berchtesgaden para reunirse con Hitler y mediar en un acuerdo entre los dos.[26] El intento no funcionó porque Hitler insistió en que la coalición resultante debía encabezarla él, pero las dos horas de arenga sirvieron para que Ribbentrop quedara completamente fascinado por su figura. Por sugerencia de Helldorf, el 1 de mayo de 1932 se unió al Partido Nazi.[27]

Como persona de confianza de Papen, Ribbentrop se implicó durante varios meses en el empeño de convencer a Hitler que su partido

—el más numeroso del Reichstag con cierta distancia, tras las elecciones del 31 de julio de 1932— se alineara con el canciller imperial. La situación cambió cuando Papen fue destituido y su lugar lo ocupó Kurt von Schleicher, un político y militar que provocaba desdén y desconfianza en Papen y otros líderes conservadores. A petición del equipo de Hitler, Ribbentrop puso la villa de Dahlem a disposición de las distintas partes interesadas, que se reunieron allí —en condiciones de alto secreto— el 18 de enero de 1933. Además de Hitler y Papen asistieron también Röhm y Himmler. En aquella ocasión el debate no dio frutos concluyentes. En un segundo encuentro en Dahlem, organizado por Papen el 22 de enero, Hitler y el excanciller estuvieron acompañados por Göring y otros dos nazis, por el secretario de Estado, Otto Meissner, y por Oskar, hijo del presidente Hindenburg. Papen se ofreció a situarse como vicecanciller en un gobierno de coalición dirigido por Hitler. En reuniones posteriores en la misma residencia de Ribbentrop, varios miembros del séquito de Hindenburg negociaron con líderes nazis la formación de un «frente nacional» con el que, a la postre, convencieron al presidente de que aprobara designar a Hitler canciller del Reich, el 30 de enero.[28]

Hitler se sintió muy agradecido por el papel que Ribbentrop había interpretado en su nombramiento como canciller.[29] Al principio no le ofreció ningún reconocimiento oficial, pero empezó a recurrir a él para misiones particulares y confidenciales de política exterior; Hitler no confiaba en el Ministerio de Exteriores porque la mitad de la plantilla eran aristócratas y los lideraba el ministro Konstantin von Neurath, diplomático de carrera y exembajador de Alemania en Roma. Por mucho que Ribbentrop se congratulara de haber adquirido el prefijo aristocrático «von», era del todo ajeno a la órbita del Ministerio de Exteriores, e impresionó a Hitler con su dominio de varias lenguas extranjeras, sus conexiones internacionales en el mundo de los negocios y su experiencia en los círculos de la alta sociedad. El dictador nazi lo envió a París en marzo de 1933 y varias ocasiones posteriores, con la misión de mejorar las relaciones con el gobierno francés, pues Hitler temía que acusarían los golpes de la retirada de Alemania de la Sociedad de Naciones —lo que acabó ocurriendo aquel mismo año— y del principio del proceso de rearme.[30]

Estos movimientos complacían poco al Ministerio de Exteriores. El 5 de febrero de 1934, Neurath advirtió al embajador de Gran Bretaña en Berlín, sir Eric Phipps, de que Ribbentrop «no conoce nuestra política como para poder hablar con autoridad». Sea como fuere, las visitas parisinas no dieron el resultado ansiado, por lo que Hitler dirigió la atención a Londres, donde envió de nuevo a Ribbentrop, en una serie de misiones no oficiales. En todas estas ocasiones, Ribbentrop pudo recurrir a sus contactos comerciales —y el respaldo de Hitler— para reunirse con ministros del gobierno y otras figuras del poder, lo que le permitió ser bien conocido entre las élites gubernamentales y de relaciones internacionales tanto de Gran Bretaña como de Francia, aunque al principio ni los políticos ni los altos funcionarios estaban seguros de cuál era su papel. El 20 de abril se designó a Ribbentrop «plenipotenciario en materia de desarme» y luego embajador especial, con un despacho situado en un edificio de la Wilhelmstrasse de Berlín, justo delante del Ministerio de Exteriores. Pronto manejaba una plantilla amplia, costeada con donaciones del Partido Nazi y de industriales alemanes; en 1936, en lo que se dio en llamar «Oficina de Ribbentrop», tenía 150 personas a su servicio. Se fue convirtiendo en un centro de poder alternativo, para mayor irritación de Neurath, y poco a poco fue anulando también otra institución en competencia, la Oficina de Política Exterior del Partido Nazi, que dirigía Alfred Rosenberg.[31]

En junio de 1935, pertrechado ya con el cargo y título oficial de «embajador extraordinario del Imperio alemán en misión oficial», voló a Londres para firmar un acuerdo naval anglo-alemán que determinaba como tope al tonelaje de la Armada alemana un 35 % del de la británica. Aunque los detalles del acuerdo habían sido negociados por el agregado naval en la embajada de Alemania en Londres, Ribbentrop ofendió al Ministerio de Exteriores haciendo caso omiso de los protocolos diplomáticos y presentando sus condiciones con brusquedad, mediante un «lo toman o lo dejan». El acuerdo debilitaba el «Frente de Stresa», suscrito en abril, por el cual Gran Bretaña, Francia e Italia condenaban el rearme alemán. Hitler quedó extasiado. Invitó a Ribbentrop a Berchtesgaden y mejoró la condición y la financiación de su oficina. A partir de entonces Hitler consideró a Ribbentrop el mayor de los expertos de Alemania en los asuntos británicos. El 10 de abril de 1936, cuando su embajador en Londres, Leopold von Hösch, sufrió un infarto fatal en su residencia londinense, Hitler entendió que nadie mejor que Ribbentrop podía reemplazarlo y, en agosto, aprobó su nombramiento oficial para esa misión.[32]

Ribbentrop debía atraer a los británicos a alguna clase de alianza con Alemania, preferiblemente integrados en el Pacto Anti-Comintern, que incluía a Japón. Cultivó el trato con diversos miembros de la élite política y social que consideraba afines a esta idea, en especial a lord Londonderry, defensor a ultranza del apaciguamiento, que invitó a los Ribbentrop a su gran hacienda campestre del Ulster, conocida como Mount Stewart.[33] Pero el ejercicio del cargo en la embajada londinense distó de ser un éxito. A las pocas semanas de estar allí, el rey Eduardo VIII —en quien Ribbentrop tenía depositadas grandes esperanzas, porque el joven monarca era declaradamente germanófilo y quizá incluso pronazi— se vio obligado a abdicar por la insistencia en contraer matrimonio con Wallis Simpson, una estadounidense de la alta sociedad que se había divorciado en dos ocasiones. Ribbentrop generó una impresión ridícula de sí en la opinión pública británica al insistir con furia en que la abdicación respondía a un complot judeo-masónico y predecir que estallaría una guerra civil en la que la gente «se mataría por las calles».[34]

En las negociaciones Ribbentrop solía exhibir unos modos bruscos, que ofendían a los diplomáticos de cualquiera de los bandos; su personal lo odiaba y temía porque solía tratarlos con mal humor y grosería. Tampoco se consideraba apropiado que hiciera siempre hincapié en que él no representaba a Alemania, sino a la Alemania *nazi*. Cuando le presentaron al rey Jorge VI, le hizo el rígido saludo nazi justo cuando el tímido y desmañado monarca se acercaba a darle la mano, y estuvo a punto de darle un golpetazo en la barbilla. Se ordenó a todo el personal de la embajada que recibiera a los jefes de Estado con el saludo nazi, y se esperaba de los mandatarios que respondieran igual. (El dictador nazi eliminó este requisito cuando Neurath le hizo ver que, si el embajador soviético recibía a Hitler saludando con el puño en alto, él tendría que saludarle de la misma manera.) Había banderas nazis por todas partes, y hombres de la SS en la puerta de la embajada (entre otras funciones, Ribbentrop también había sido oficial de la SS, durante cierto tiempo). Se dispuso que las mujeres de la embajada dejarían de hacer reverencias ante la realeza británica, para transmitir que la nueva Alemania rechazaba toda sumisión. Los comunicados oficiales se redactarían en adelante en alemán, no en la lengua diplomática convencional, el francés; lo cual sirvió tan solo para que las otras embajadas de Londres se comunicaran con su homólogo alemán en sus propias lenguas, con lo que el personal de Ribbentrop tuvo que salir por la ciudad a la caza y captura de traductores capaces de descifrar el turco, el finlandés o el japonés.[35]

No tardó en quedar claro que Ribbentrop se había convertido en el hazmerreír de la sociedad británica. Sus pifias eran tan habituales que un periódico lo rebautizó como «Von Brickendrop» [por la frase hecha británica *to drop a brick*: «meter la pata»]. Con el afán de no perder la proximidad con Hitler, en 1937 fue volviendo a Alemania aproximadamente cada mes, lo que le valió otro sobrenombre: «el Ario Errante». Cada vez más ofendido por el trato que recibía de los británicos, Ribbentrop se fue volviendo en su contra. Sus intentos de convencer a los políticos de las islas de que dieran respaldo a la devolución del imperio colonial alemán de ultramar —que el Tratado de Versalles había secuestrado— cayeron en saco roto; peor aún, tampoco recibieron el apoyo de Berlín, porque Hitler lo consideraba una distracción frente a un objetivo central a largo plazo: apoderarse de *Lebensraum* en la Europa del este. Pero a Hitler le gustaba el estilo abrupto y nada diplomático de Ribbentrop, le complacía que se negara a plegarse a las convenciones corteses del mundo de la diplomacia. Más aún, Ribbentrop captó que el mecanismo idóneo para conservar el favor de Hitler era absorber lo que decía y repetírselo después de una forma más radical. En palabras del secretario de Ribbentrop, Reinhard Spitzy:

> Cuando Hitler decía «gris», Ribbentrop decía: «¡Negro, negro, negro!». Siempre lo decía tres veces más y siempre con más radicalidad. Una vez oí a Hitler hablar de Ribbentrop cuando este no estaba presente: «Con Ribbentrop es muy fácil porque siempre es muy radical. Entre tanto, todos los otros que me rodean vienen aquí y tienen problemas, tienen miedo, creen que debemos tener más cuidado; y entonces yo tengo que envalentonarlos, tengo que fortalecerlos. En cambio Ribbentrop iba todo el día envalentonado sin que yo tuviera que hacer nada».[36]

Así como el marcado esnobismo y arribismo social de Ribbentrop nacieron del intento de superar la vergüenza que sin duda sintió en la adolescencia, cuando su padre fue expulsado del ejército con deshonor y no tuvo más remedio que abandonar Alemania, también su servilismo hacia Hitler era sin duda el producto de la disciplina casi militar a la que su padre lo había sometido durante la infancia.

En esta etapa, esas cualidades impulsaron a Ribbentrop hasta el punto culminante de su carrera. En 1937-1938, Hitler, preocupado por su propia salud futura —y animado por la creencia de que Gran Bretaña y Francia no pondrían objeciones a que Alemania se expandiera por otros países europeos—, empezó a destituir a los generales y ministros del gabinete más cautos y conservadores, y a nombrar en su lugar a personas que le parecían más radicales y leales. Entre sus víctimas se contó el ministro de Exteriores, que el 4 de febrero de 1938 fue destituido sumariamente, en beneficio de Ribbentrop. Aunque Neurath, que era un diplomático cauto, hacía como prácticamente todos los demás miembros del Ministerio de Exteriores (incluidos todos los embajadores, salvo uno) y asumía voluntariamente casi todas las medidas de Hitler, tanto nacionales como internacionales; sin embargo, quiso dejar claras sus reservas sobre el giro agresivo que el gobierno nazi estaba dando en 1938, con la inminente invasión de Austria y luego de Checoslovaquia. Desde luego Ribbentrop no iba a objetar a nada que Hitler hiciera; ello no obstante, lo dejaron en Londres mientras Hitler enviaba al ejército alemán a anexionarse Austria, el 12 de marzo.[37]

Al principio, Ribbentrop no desplazó a su personal de la Oficina de su nombre al edificio de Exteriores, aunque más adelante algunos sí que se trasladaron (y la Oficina de Ribbentrop no tardó en quedar sumida en la insignificancia). Pero sí que introdujo un nuevo estilo. La residencia oficial de Neurath había sido una casa pequeña, emplazada en el jardín del propio ministerio; Ribbentrop ordenó derribarla y eligió vivir en el antiguo palacio presidencial de Hindenburg (y de Bismarck), en el número 73 de la Wilhelmstrasse; pero también ordenó que lo derribaran y erigieran otro —con diseño de Albert Speer— tan majestuoso que no acabó de levantarse hasta 1940. Los Ribbentrop también se incautaron de un castillo y pabellón de caza próximo a Salzburgo, el Schloss Fuchsl, que distaba de Berchtesgaden unos cuarenta minutos en coche. Cuando el propietario —Gustav von Remnitz, amigo de los Henkell— protestó, lo enviaron al campo de concentración de Dachau. Ribbentrop impuso uniformes diplomáticos a los funcionarios, a los que se dirigía, según uno de ellos, «con el lenguaje y el tono brutal de un sargento de instrucción». Dedicó una exageración de tiempo a defender la esfera de influencia del Ministerio de Exteriores frente a las intrusiones de otros líderes nazis. Herbert von Dirksen —el nuevo embajador en Londres, francamente hostil a Ribbentrop— dijo en su momento que el carácter de su nuevo jefe era la combinación «de una ambición enorme con, al mismo tiempo, la convicción de que carece de la fortaleza y las características necesarias para hacer realidad esa ambición. Adolece, en secreto, de un complejo de inferioridad que compensa con sus maneras altivas y dictatoriales».[38]

Hitler había elegido a Ribbentrop como ministro de Exteriores porque estaba seguro de que haría lo que le dijeran. Aun así Ribbentrop logró ejercer cierta influencia sobre su líder, impulsándole, a finales de los años treinta, en una dirección más antibritánica y prosoviética. Después de que Alemania se anexionara Praga, en marzo de 1939, y que la alianza franco-británica diera garantías a Polonia —el siguiente país que, sin lugar a dudas, Hitler aspiraba a añadir a su lista de conquistas—, el líder nazi se dio cuenta de la importancia de proteger la retaguardia de Alemania si tras la invasión de Polonia estallaba una guerra; y se dejó convencer por el punto de vista de Ribbentrop. Sus funcionarios iniciaron conversaciones detalladas que culminaron primero en un acuerdo de comercio germano-soviético, el 19 de agosto de 1939, que luego adquirió un carácter más general. Ribbentrop voló a Moscú para firmar un pacto con su homólogo Viacheslav Mólotov, el 23 de agosto, que incluía cláusulas secretas pensadas para repartirse Polonia. Este fue el momento triunfal de Ribbentrop. Hitler lo ensalzó como un «segundo Bismark» y, al regresar al Ministerio de Exteriores, concluido el viaje, el personal lo recibió con un aplauso cerrado.[39]

Pero salvo en aquella circunstancia, siguió destacando antes que nada por los fracasos, las meteduras de pata y la torpeza de sus intervenciones. Destruyó los puentes con China, que Alemania se había esforzado cuidadosamente en construir, al dar su reconocimiento público a la aspiración japonesa de poseer Manchukuo; ofendió a los italianos al exigirles (sin éxito) que se apresuraran a suscribir una alianza formal. Ribbentrop —según le comentó un Mussolini horrorizado a su ministro de Exteriores, el conde Galeazzo Ciano— «pertenece a la categoría de los alemanes que son un desastre para su país». Cuanto más trabajaron juntos, más odio fue despertando Ribbentrop en Ciano, que se lamentaba de que aquel «siempre está intentando imponer su punto de vista» y «se comportaba de una manera que me resulta muy ofensiva». Durante la crisis de Múnich, Ribbentrop perdió los nervios en más de una ocasión en presencia del embajador británico sir Nevile Henderson, porque —según le reprochó a gritos— «habéis ido por la espalda» al hablar directamente con el jefe de las fuerzas armadas, el general Wilhelm Keitel. Fue el primer encontronazo a gritos entre los dos hombres, pero en ningún caso el último. En otra de las reuniones, Ribbentrop le espetó al embajador: «¡En Gran Bretaña mandan los judíos, eh, eh, eh! ¡No me dirá que no!». Henderson se marchó furioso y le devolvió las voces, pero con un estilo netamente británico: «¡Al menos son unos caballeros los que nos gobiernan a nosotros!».[40] Ribbentrop presionó tanto a favor de la invasión de Checoslovaquia que Göering —el jefe de la Luftwaffe, que como muchos otros no creía que Alemania estuviera preparada para una guerra global— lo calificó de «necio criminal». Ribbentrop amenazó con fusilar en persona a cualquier subordinado que se atreviera a contradecir su punto de vista, según el cual los británicos no intervendrían. Cuando por fin se firmaron los Acuerdos de Múnich —sin la participación de Ribbentrop—, el ministro los tildó de «estupidez de primera clase».[41]

A finales de agosto de 1939, cuando la cuestión de Polonia amenazaba claramente con provocar una guerra con Gran Bretaña, Ribbentrop tranquilizó a Hitler asegurándole —con base en su profundo conocimiento y experiencia sobre la política británica— que Chamberlain renegaría de su promesa de socorrer a Polonia, por mucho que Alemania la invadiera: con respecto al primer ministro estaba en lo cierto, pero se equivocó por completo en cuanto a la opinión del gabinete gubernamental, el Partido Conservador y la Cámara de los Comunes, que invalidaron los intentos de un Chamberlain desesperado por evitar la guerra. Cuando Ribbentrop garantizó a Hitler que Mussolini entraría en la guerra también se equivocó: los italianos se pusieron de lado, alegando que no estaban preparados para sumarse al conflicto. En febrero de 1940, Sumner Welles, auxiliar del secretario de Estado del gobierno estadounidense, se reunió con él para explorar las posibilidades de paz; pero Ribbentrop lo sometió a una arenga de dos horas que, para Welles, representó «la experiencia más increíble de toda aquella misión». Ribbentrop también interfirió en el acuerdo político posterior a la conquista de Noruega, pero con el único resultado de que Hitler lo dejara de lado; por otro lado, el ministro de Exteriores respaldó secuestrar al abdicado rey británico Eduardo VIII, quien, con el título de duque de Windsor, vivía exiliado primero en España y luego en Portugal, y el intento se saldó con un fiasco. La lista de sus meteduras de pata podría ser mucho más larga.[42]

El hecho de que Hitler conquistara muchos países en 1939 y 1940 limitó las funciones del Ministerio de Exteriores en la mayoría de esos territorios, que pasaron a situarse al mando de gobernadores militares y altos oficiales de la SS; Francia fue la excepción principal, pues aquí el embajador, Otto Abetz, se arrogó un papel muy destacado para sí mismo. La ocupación alemana puso sobre la mesa la cuestión de qué trato debía darse a los habitantes judíos de esos territorios, asunto que adquirió carácter de urgencia al iniciarse la invasión de la Unión Soviética (Operación Barbarroja) el 22 de junio de 1941. El Ministerio de Exteriores tenía qué decir al respecto porque varios de esos países (al menos, nominalmente) todavía eran Estados soberanos e independientes. Sin embargo, al principio, aunque Ribbentrop tuvo conocimiento de que a finales de 1941 se estaba asesinando en masa a los judíos de la Europa oriental, procuró no implicarse directamente en el proceso: delegó los detalles en Martin Luther, un exdecorador de interiores al que había contratado para reformar la embajada de Londres. Luego Ribbentrop se lo llevó primero a su propia Oficina, y después al Ministerio de Exteriores, con el título teórico de subsecretario. En esta función, Luther asistió a la Conferencia del Wannsee, que se celebró, el 20 de enero de 1942, para coordinar el exterminio de los judíos de Europa. No obstante, cuando en agosto Ribbentrop descubrió que Luther no estaba haciendo nada para impedir que la SS se adueñara de toda la política relativa a los judíos en la Europa suroriental, se enfureció y ordenó a Luther que dejara de ocuparse de esa región.[43]

El 24 de septiembre de 1942, Hitler tuvo noticia de que la «Solución Final» se había detenido casi del todo en Rumanía y Dalmacia, y sometió a Ribbentrop a una severa reprimenda. El ministro de Exteriores ya había perdido mucho poder e influencia y, sin duda, llegó a la conclusión de que no podía permitirse continuar con el declive. En tiempos de paz se había asegurado de que el ministerio y sus funcionarios hacían todo lo posible por justificar las medidas antisemitas del Tercer Reich ante los países extranjeros, incluidos los pogromos del 9 y 10 de noviembre de 1938, a pesar de que le desazonaba lo mucho que perjudicaron la reputación de Alemania en el exterior. Con el ansia de demostrar su celo antisemita ante los rivales nazis que posiblemente se habían dado cuenta de que en sus años como mercader de vinos había mantenido buenas relaciones con empresarios judíos adinerados, hizo hincapié en que convenía prohibir que los judíos que emigrasen del país se llevaran consigo su capital; según le dijo al ministro de Exteriores de Francia, en diciembre de 1938: «en Alemania los judíos son, sin excepción, carteristas, asesinos y ladrones. Las propiedades que poseen las han adquirido ilegalmente».[44] En el momento en que Hitler le reprochó que habían descuidado la implantación de la «Solución Final», corrió a actuar. Según anunció Luther: «El ministro de Exteriores me ha transmitido por teléfono sus instrucciones para que acelere, tanto como se pueda, la evacuación de los judíos de los distintos países europeos, puesto que es un hecho sabido que los judíos siempre intentan que todos los pueblos se subleven contra nosotros». En particular había que presionar a las autoridades de Eslovaquia, Croacia y Rumanía, y los gobiernos de Bulgaria, Hungría y Dinamarca, para que completaran la «evacuación» de sus judíos, vale decir: su asesinato.[45]

A principios de 1943, Himmler y la SS frustraron un complot que, desde el seno del Ministerio de Exteriores, pretendía alzar a Luther a la cartera de Ribbentrop. A Luther lo enviaron al campo de concentración de Sachsenhausen, situado justo a las afueras de Berlín; sobrevivió a la experiencia pero falleció por un infarto —el 13 de mayo de 1945, cuando contaba cuarenta y nueve años— poco después de que las tropas del Ejército Rojo liberasen a los internos. Al igual que los demás conjurados, Luther había captado que Ribbentrop no era capaz de negociar condiciones con las potencias extranjeras que, a todas luces, estaban imponiéndose a Alemania en la guerra. Ribbentrop redobló el afán por demostrarle a Hitler que estaba absolutamente comprometido con el exterminio de los judíos. El 16 y el 17 de abril de 1943, el dictador alemán y su ministro de Exteriores se reunieron con el almirante Miklós Horthy —que gobernaba en Hungría, aliada de Alemania— para exigirle que entregara a los judíos del país. Cuando Horthy preguntó qué debía hacer con los judíos, «el ministro de Exteriores del Reich —según las actas del encuentro— contestó que a los judíos había que aniquilarlos o llevarlos a campos de concentración. No había otros caminos»; Hitler subrayó la conclusión afirmando que los judíos «tenían que morir».[46] La conversación tuvo pocos resultados tangibles, pero en marzo de 1944, cuando Horthy amenazó con retirar a sus tropas del Frente Oriental, a la vista de los avances del Ejército Rojo, Ribbentrop convenció a Hitler de que, sin necesidad de invadir Hungría, debían obligar a su líder a nombrar un gobierno progermánico. En otoño de 1944 Ribbentrop completó la jugada organizando un golpe de Estado en Budapest que alzó al poder al Partido de la Cruz Flechada, de carácter visceralmente antisemita. De resultas más de 400.000 judíos húngaros fueron deportados a Auschwitz, a instancias de los alemanes; Ribbentrop tuvo noticia detallada del progreso de la operación, en todos sus estadios.[47]

En los últimos meses de la guerra, cuando la situación era desesperada, Ribbentrop suplicó a Hitler en diversas ocasiones que intentara negociar una paz bilateral con los soviéticos. Hitler vetó la idea, que, en cualquier caso, nunca habría tenido perspectivas de éxito. La sugerencia de intentar lo mismo en Occidente recibió una respuesta similar. Hitler y Ribbentrop se vieron por última vez el 23 de abril de 1945. El líder nazi le pidió que contactara con los británicos y Ribbentrop salió de Berlín en coche, hacia el noroeste, hacia Schleswig-Holstein. Tras morir Hitler el 30 de abril, se supo que en el nuevo gobierno del almirante Karl Dönitz, designado por el dictador en su testamento, la cartera de Exteriores recaía sobre el nazi austríaco Arthur Seyss-Inquart. Cuando Ribbentrop supo que prescindían de él, se puso «casi histérico»; al principio se negó a creer que la lista de ministros redactada por Hitler no preveía lugar para él y luego «se puso a despotricar histéricamente» y lamentarse de que «ninguna otra decisión suya podría haberme dolido más que esto».[48]

Recuperó la compostura y se marchó hacia Flensburgo, una ciudad muy cercana a la frontera germano-danesa, donde Dönitz estaba instalando el nuevo gobierno, e intentó —en vano— convencerlo de que le confiara la cartera de Exteriores. Cumpliendo con las instrucciones que Hitler le había dado algo antes, redactó una larga carta para «Vincent» Churchill, un documento disperso e incoherente que ni siquiera pudo entregarse, porque ya no había servicio postal. Ribbentrop optó por ocultarse entre las ruinas de Hamburgo, hasta que un conocido, hijo de un comerciante de vinos, lo traicionó. Cuando los británicos lo detuvieron, el 14 de junio de 1945, portaba una maleta con 100.000 marcos en metálico, que dijo que necesitaba para sostenerse hasta que la situación se calmara y se le pudiera tratar con la dignidad propia de un exministro de Exteriores de Alemania. Lo llevaron a una cárcel de tránsito y luego a Núremberg, para someterlo al juicio del Tribunal Militar Internacional. Durante todo este período, los guardias y empleados de la prisión lo describieron como un hombre profundamente deprimido, que no se molestaba en limpiar la celda o ponerse presentable: «un hombre viejo que espera la muerte», según lo describió el psiquiatra de la cárcel, Gustave Gilbert (en realidad contaba cincuenta y dos años). «Somos tan solo unas sombras vivas —le dijo Ribbentrop—, los restos de una era difunta, una era que murió con Hitler». Para otro de los psiquiatras, «a veces Ribbentrop da la impresión de ser un histrión que interpreta el papel de un gran estadista ... Es un tipo muy afectado, la verdad».[49]

Ribbentrop respondió con evasivas y falsedades a las preguntas de los interrogadores. Negó haber provocado una guerra o saber nada de los preparativos militares; se lamentó de no entender por qué lo consideraban antisemita. Él solo había estado obedeciendo las órdenes de Hitler y, por otro lado, las atrocidades de los Aliados no habían sido menores.[50] Su líder había sido una «gran personalidad», le dijo a otro psiquiatra de la prisión, quien comentó a su vez que «[Ribbentrop] está ayudando a forjar el mito, ya bastante bien establecido, del magnetismo de Hitler».[51] En sus memorias —redactadas en la celda y colmadas de falsedades— adoptó una estrategia de defensa similar, además de despacharse a gusto contra sus antiguos rivales nazis. A Hitler nunca lo criticó. El líder nazi, lejos de haber iniciado ninguna guerra, tan solo se había esforzado por revertir las injusticias de Versalles. Los judíos habían hecho que Estados Unidos entrara en la guerra y esto hizo que Hitler se enfureciera «salvajemente» y pusiera en marcha el programa de exterminio. En todo caso —seguía diciendo—, él no había sabido nada del Holocausto hasta que el Ejército Rojo liberó el campo de concentración de Majdanek, en julio de 1944.[52] Sus excusas y evasivas no convencieron al Tribunal Militar Internacional. Lo declararon culpable de todos los cargos y murió en la horca, el 16 de octubre de 1946.[53]

Su viuda Annelies, que muchos consideran que fue una fuerza dominante en la vida de Ribbentrop, se entregó a promover el recuerdo de su esposo. En 1954 publicó las memorias de él (con comentarios y adiciones propias) en una editorial ultraderechista. Tras un breve período de cárcel y la incautación de la mayoría de sus propiedades, participó en los círculos del posnazismo, dio a la luz libros en los que culpaba de la guerra a Gran Bretaña y en 1973, poco antes de morir, fue galardonada con la medalla de una fundación cultural neonazi. Entre los cuatro hijos de la pareja, el más destacado fue Rudolf, que había asistido a la Westminster School de Londres mientras su padre fue embajador en la capital británica (Ribbentrop, con otra de sus manifestaciones características, se mostró ofendido porque no lo hubieran aceptado en Eton). Más adelante Rudolf se incorporó a la SS y prestó servicio como comandante de blindados en los frentes Oriental y Occidental. A principios de 1945, cuando estaba destinado en Berlín, acompañó a su padre en la última visita al búnker construido bajo la Cancillería Imperial, y quedó asombrado tanto por el declive físico de Hitler como por su actitud ante la guerra, basada en ilusiones. Tras pasar tres años en la cárcel, Rudolf Ribbentrop fue incluido en el negocio de la familia Henkell, después de que su madre interpusiera una denuncia contra los administradores, que entendían que el apellido del joven perjudicaría los intereses de la empresa. Luego pasó a la banca y vivió hasta cumplir los noventa y ocho años, en 2019. En 2008 publicó una extensa memoria dedicada a su padre, donde se esforzó por rescatar la reputación de Joachim von Ribbentrop, para lo cual no vaciló en afirmar que su padre no era antisemita: nunca supo prácticamente nada sobre el exterminio de los judíos y siempre se había enfrentado con Hitler por ello.[54]

7

El filósofo: Alfred Rosenberg

Alfred Rosenberg no poseía la ciudadanía alemana. Era un «alemán del Báltico»: formaba parte de un grupo privilegiado, de etnia y lengua alemanas, que hacía muchas generaciones que vivía en la costa meridional del mar Báltico, en territorio del Imperio ruso. Algunos eran nobles con tierras, en su mayoría empobrecidos; otros —como la familia de Rosenberg— eran gente de ciudad: comerciantes, artesanos o profesionales. Aunque los alemanes del Báltico vivían en condiciones modestas, se caracterizaban por un fuerte sentimiento de superioridad racial frente a los grupos nativos de la región (letones, lituanos, estonios, polacos y otros), que en muchos casos, si no incluso en la mayoría, habían sido siervos hasta poco antes. La religión principal era la protestante, y la ciudad donde se concentraban más, el viejo puerto marítimo hanseático de Reval (Tallin), en lo que hoy es Estonia. A finales del siglo XIX Reval reunía a unos 66.000 habitantes, una cuarta parte de los cuales era de etnia alemana y el resto, sobre todo, nativos estonios. Aquí nació Alfred Rosenberg, el 12 de enero de 1893. Lo criaron dos tías, pues sus padres murieron antes de alcanzar él la adolescencia. Vivía en un medio culturalmente alemán y se identificó desde buen principio con la etnicidad alemana.[1]

Sin duda esta identificación se reforzó con la revolución bolchevique de 1917 y la consiguiente independencia de Estonia, con la cual los habitantes de etnia alemana vivieron un rechazo franco, pues se los consideraba miembros de un estrato social que centraba su lealtad en el Estado zarista. La familia Rosenberg pertenecía a la burguesía, relativamente modesta; vivía del comercio y poseía fondos suficientes para enviar a Alfred a una universidad politécnica de Riga, donde el joven estudió Arquitectura. Aquí Rosenberg se incorporó a una fraternidad estudiantil de duelistas, la Rubonia, que se convirtió en algo similar a una segunda familia. En 1915 la politécnica se trasladó a Moscú, donde Rosenberg completó los estudios; regresó a Riga para redactar la tesis de diplomatura, y volvió a Moscú para la licenciatura, en enero de 1918. En la capital rusa pudo observar de primera mano el régimen revolucionario. Tras una breve estancia en Reval, constató que en el nuevo Estado estonio no había lugar para él. Los acontecimientos de los meses anteriores, sobre todo los vividos en Moscú, le hicieron llegar a convicciones que no le abandonaron por el resto de sus días. El 30 de noviembre de 1918 pronunció su primer discurso público, sobre el tema del marxismo y los judíos. A su modo de ver la revolución era la expresión de un impulso innato de los judíos, afanosos por subvertir y destruir la civilización.[2]

Ante el estallido de diversos conflictos armados por toda la región, Rosenberg, al igual que muchos otros alemanes del Báltico, huyó hacia Alemania. Primero se instaló en Berlín, donde buscó trabajo. Muchas personas escapaban, como él, de la Revolución rusa, y llegó a la conclusión de que el bolchevismo —y más allá, el socialismo y el liberalismo— eran creaciones de los judíos. El antisemitismo contrarrevolucionario distaba de ser novedoso en la Rusia del momento. En la estela de la fallida revolución de 1905, una serie de violentos pogromos ya había barrido el país; pero con la Revolución de 1917 adquirieron una nueva virulencia que antisemitas como Rosenberg se llevaron consigo a Alemania.[3] En todo caso Rosenberg no se encontró a gusto en Berlín, donde el ambiente imperante era de izquierdas, y en las últimas semanas de 1918 se trasladó al sur, a Baviera. La sucesión de estallidos revolucionarios que sacudió la ciudad durante el invierno de 1918 y 1919, sin duda, reforzó aún más sus puntos de vista. A finales de mayo habían concluido, aplastados entre un baño de sangre por los paramilitares poderosamente armados a los que recurrió el gobierno socialdemócrata. Rosenberg no participó personalmente en los conflictos, pero no cabía duda de en cuál de los dos bandos se situaba. Disponía de muy pocos recursos y gravitó primero hacia la comunidad local de exiliados de Rusia, luego hacia la masa de los pequeños grupos extremistas de antisemitas adeptos del racismo y el nacionalismo alemán que emergieron en Múnich concluida la contrarrevolución. Entre ellos figuraba el naciente movimiento nazi; Rosenberg participó en los encuentros de varias asociaciones destacadas, y también de la nazi. Cuando escuchó hablar a Hitler —escribió—, quedó convencido en menos de quince minutos: tenía ante sí a «un soldado alemán, un soldado del frente» empeñado en luchar por la recuperación de Alemania. Con un sentimiento de «admiración personal», llegó a la conclusión de que era el hombre al que había que seguir.[4] Ya desde el principio de su carrera política, por lo tanto, Rosenberg se aproximó a Hitler no solo porque sus ideas le convencían, sino también porque reconoció que era la persona mejor pertrechada para hacer realidad las ideas del propio Rosenberg.

Rosenberg empezó a propagar esas ideas con una profusión verbal que no igualó ningún otro integrante del movimiento nazi. Entre 1919 y 1923 dio a la imprenta trece artículos y siete libros con su firma, donde daba fe de su antisemitismo obsesivo y monomaníaco; los títulos iban desde *Die Spur des Juden im Wandel der Zeiten* («La huella del judío en el curso de los tiempos»), su primer libro, a «La revolución ruso-judia», su primer artículo. Irónicamente, los judíos —ellos mismos se consideraban más bien exjudíos— que enumeró como principales figuras del movimiento comunista ruso fueron víctimas, sin apenas excepción, de las purgas de Stalin en los años treinta..., aunque no por ello cambió Rosenberg de opinión. Todas estas publicaciones se caracterizan por un temor paranoico, de expresión radical, frente a «la judería mundial» cuyo único fin sería el asesinato y la destrucción. La única protección posible de los alemanes, según Rosenberg, pasaba por deportar a todos los judíos del país. La República de Weimar representaba el triunfo de la voluntad de poder de los judíos, afirmaba; para preservar la raza alemana era necesario derrocarla.[5] Con el deseo de proporcionar «pruebas» para sus puntos de vista, Rosenberg apeló a *Los protocolos de los sabios de Sion*, un documento escrito en Rusia que llegó a Alemania al concluir la guerra, y pretendía recoger las actas de una reunión de ancianos y sabios de la comunidad judía, en 1897, donde se planeó la conquista del mundo. En 1921 se evidenció que este panfleto era una suma de falsificaciones; pero a Rosenberg le daba igual, para él expresaba una verdad mayor: el afán de subversión de los judíos. En sus escritos de aquellos años y en los posteriores, repitió esta idea sin descanso.[6]

Rosenberg consiguió proporcionar una base sistemática para la justificación del antisemitismo en el Partido Nazi. Sobre los otros muchos temas que los líderes nazis querían abordar, él tenía poco que decir. Es cierto que realizó un comentario elaborado sobre el programa del Partido, pero con el valor de una exégesis, puesto que desde el principio se declaró que el programa no admitía modificaciones. Es posible que la insistencia de Rosenberg en que el comunismo era una herramienta de los judíos quizá ejerciera alguna influencia sobre Hitler, aunque, de hecho, después de la primera guerra mundial esta idea era un lugar común entre la extrema derecha alemana, por lo que sería exagerado sostener que él se la transmitió al Führer; Hitler la podía haber adquirido en mil fuentes. En todo caso resultaba difícil hacer caso omiso del torrente interminable de escritos antisemitas de Rosenberg. Como orador público, no resultaba efectivo: sus discursos funcionaban como una conferencia universitaria, no como propaganda política; pero influyó poderosamente en las ideas del movimiento nazi, sobre todo en sus funciones como editor del diario del Partido, el *Völkischer Beobachter* («El Observador Racial»), que primero dirigió entre bambalinas y, desde marzo de 1923, de manera oficial. En la evolución cotidiana del Partido Nazi esta fue, probablemente, la actividad más importante de Rosenberg en esta época. En privado, más adelante, Hitler criticó la forma en que había dirigido el *Völkischer Beobachter*, pues a su entender, al menos en la fase inicial, «se elevaba a tal altura que incluso para mí resultaba difícil de comprender». No se convirtió en una cabecera de prensa convencional hasta la campaña electoral de 1932, cuando Rosenberg temía que el Partido podía sufrir una derrota aplastante. «Su desprecio por la humanidad —se cuenta que Hitler comentó— no hizo más que incrementarse cuando dio un giro más popular a su estilo, en 1932, porque temía que el Partido Nazi estaba perdiendo apoyo».[7] El *Völkischer Beobachter* tardó mucho en consolidarse como periódico. Pero Hitler subestimaba su importancia: con su mezcla de noticias generales (en su mayoría procedentes de agencias de prensa) y de propaganda partidista (con informes especialmente entusiastas sobre los actos del Partido), contribuyó a aumentar la presencia del Partido en la opinión pública y también a reforzar la imagen de Hitler como próximo dictador de Alemania.

Esta imagen fracasó la primera vez que se puso a prueba, en el *Putsch* del 8 y 9 de noviembre de 1923, que estuvo mal concebido. Rosenberg, siguiendo las órdenes de Hitler, lo había anunciado en su periódico y participó en su desarrollo. Según hemos visto, Hitler y varios otros resultaron heridos, y diversas personas perdieron la vida, pero Rosenberg escapó ileso. Más aún, los fiscales decidieron no acusarlo de nada, a diferencia de a Hitler, que tuvo que responder ante un tribunal y pasó un corto período encarcelado en la prisión de Landsberg. Hitler sabía que Rosenberg estaba de acuerdo con él en todos los grandes asuntos ideológicos, y que su lealtad era incondicional; por lo que, en su ausencia, lo nombró líder en funciones del Partido Nazi, que había quedado prohibido tras el intento de hacerse con el poder por la fuerza. Desde esta posición Rosenberg impulsó al grupo a participar en las elecciones al Parlamento y, aunque Hitler vacilaba al respecto, lo alejó de la convicción fútil pero sostenida de que podrían alzarse con el poder mediante el recurso exclusivo a la fuerza. Aun así, como algunas voces lo veían como un alemán no del todo alemán, Rosenberg no logró contener el enfrentamiento de las facciones internas del movimiento. Solo cuando Hitler retomó la política, al salir de la cárcel, el Partido se unió de nuevo bajo su liderazgo. Rosenberg le ayudó en esta labor. En junio de 1924 fundó una nueva revista, *Der Weltkampf* («La lucha mundial»), dedicada al «problema de los judíos en los distintos países», que volvió a situar el antisemitismo en el centro ideológico del movimiento que emergía de nuevo. Pero Rosenberg fue antes que nada un hombre de ideas, y en cambio el Partido estaba entrando en una fase de política práctica, de organización, de campañas electorales y, por último, de maniobras políticas; aquí Rosenberg resultaría menos útil, según había manifestado, y Hitler lo tenía claro, durante su período como líder del Partido en funciones.[8]

Durante los años posteriores, en consecuencia, Rosenberg se centró en las labores ideológicas, ya fuera como editor del periódico del Partido o como autor de un torrente continuo de libros, opúsculos y artículos. Los odios raciales, unidos al desprecio violento, feroz y obsesivo por los judíos en concreto, se extienden sin freno por sus escritos de los años veinte y posteriores. La República de Weimar era un «pantanal» creado por los judíos, caracterizado por la «falta de cultura» y «los insultos y difamaciones contra el carácter alemán». Rosenberg despotricaba con un vocabulario fulminante, sumamente violento y marcado por el odio, contra «la socavación racial», el libertinaje sexual, «la protección a los criminales» y «la cultura de los negratas», rasgos que él veía por todas partes.[9] Para él la raza no era tanto una cuestión de biología o herencia, sino de creencias y valores que a su juicio se expresaban por medio del arte y la cultura. El espíritu recto y masculino de los nórdico-germánicos —afirmaba— hundía unas raíces profundas en la realidad, la lucha, la valentía y el impulso de autopreservación de la raza. Frente a ello se alzaba una cultura de la modernidad, el relativismo, la abstracción, la ausencia de tonalidad, el pacifismo y el cosmopolitismo, que a su entender promovían los subversivos judíos a lo largo y ancho del mundo. En 1930 Rosenberg compendió sus ideas en un libro que lo hizo famoso: *Der Mythus des 20. Jahrhunderts. Eine Wertung des seelisch-geistigen Gestaltenkämpfe unserer Zeit* (*El mito del siglo XX. Una valoración de las luchas anímico-espirituales de las formas en nuestro tiempo*).[10]

Los autores que escribieron después de 1945 —por ejemplo, Albert Speer en su autobiografía— descalificaron el libro, que tildaron de absurdo, confuso y carente de importancia. Quien expresó esta idea más poderosamente fue Joachim Fest, que contribuyó mucho a forjar el veredicto de los historiadores sobre nuestro ideólogo nazi. Para Fest, Rosenberg fue una figura marginal del movimiento nazi porque «anteponía la fe al poder». Su convicción fanática hizo que, en las luchas de poder que se libraron con ferocidad en el seno del movimiento —y más adelante, del régimen—, él resultó «humillado una y otra vez, relegado a una posición secundaria»; se le recompensó con «cargos insultantemente triviales» y no fue más que «un profeta sin honor en su propio país».[11] Rosenberg no supo que los líderes nazis no habían leído *El mito del siglo XX* hasta los Juicios de Núremberg. En uno de los monólogos que Hitler solía pronunciar durante las comidas, por ejemplo, el 11 de abril de 1942, se dijo que el dictador nazi había declarado que el texto de Rosenberg no debía considerarse como una publicación oficial del Partido porque era demasiado místico. Entre los «viejos combatientes», pocos lo habían leído. Solo atrajo el interés general cuando el libro fue objeto de la condena pública de la Iglesia católica. «Hitler, al igual que muchos Gauleiter —había admitido el propio Hitler—, solo había leído fragmentos porque en su opinión estaba escrito de un modo que costaba demasiado entenderlo».[12] Baldur von Schirach, el líder de las Juventudes Hitlerianas, también afirmaba que los oficiales del Movimiento no habían leído el libro.[13]

Sin embargo, estas valoraciones de la posguerra deben tratarse con suspicacia, porque en ese momento los líderes nazis tenían todos los incentivos imaginables para disociarse de Rosenberg, conocido por el antisemitismo fanático y la intransigencia de su ideología.[14] Las pruebas contemporáneas indican que, por el contrario, tanto los nazis como la opinión pública se tomaron con absoluta seriedad las ideas de Rosenberg. Las reservas de Hitler eran ante todo una cuestión de táctica, no de principios. La posición anticristiana militante del libro resultaba políticamente poco aconsejable en los primeros años treinta, cuando Hitler estaba intentando ampliar los apoyos en un país que era mayoritariamente cristiano. Para el dictador, en consecuencia, «era un gran error que Rosenberg se hubiera dejado llevar a una batalla verbal con la Iglesia», a pesar de que precisamente esto es lo que hizo popular *El mito del siglo XX*, que fue adquirido por partidarios de la Iglesia para intentar comprender las raíces de la hostilidad nazi. A Rosenberg esta batalla no podía aportarle nada bueno; solo sirvió para que la jerarquía lo condenara.[15] Más adelante, en cambio, cuando el intento de atraer a las Iglesias fracasó y las relaciones se deterioraron —en especial, con la comunidad católica—, cada vez más miembros del Partido Nazi y funcionarios del gobierno empezaron a compartir la postura anticristiana de Rosenberg e incluso a abandonar formalmente la Iglesia.[16] Dentro del movimiento nazi, el ideólogo gozaba del respaldo sobre todo de Himmler y Bormann, de la SS y las Juventudes Hitlerianas más en general y, en principio, del propio dictador; pues aunque este no quería distanciar a las Iglesias y sus congregaciones durante la guerra, en privado admitía que, cuando la contienda se hubiera ganado, ya «pasarían cuentas» con el cristianismo. El apoyo de Rosenberg a una religión neopagana seudogermánica —al igual que el intento paralelo de Himmler— suscitó un entusiasmo muy limitado en Hitler, que declaró que el nacionalsocialismo era en principio un movimiento científico, no religioso.[17] De hecho, en privado Hitler comentó que *El mito del siglo XX* era la obra «más poderosa de su clase», más aún que los *Fundamentos del siglo XIX*, de Houston Stewart Chamberlain, el libro al que Rosenberg pretendía dar continuidad con el suyo. Se generalizó la idea de que *El mito del siglo XX* era la afirmación teórica definitiva de la filosofía nazi. En público, Hitler nunca condenó la obra, que además se vendió mucho más allá de los círculos religiosos contrarios al Partido: las ventas llegaron a medio millón en 1938 y cuatro años más tarde, a un millón. Así pues, por detrás solo de *Mein Kampf*, *El mito* fue sin duda el libro más importante de los redactados por los líderes del movimiento nazi.[18] Cuando la obra vio la luz —según el propio Rosenberg se enorgullecía de contar—, Hitler le había comentado al editor nazi Max Amann: «Cuando ya haga tiempo que los huesos de R. sean polvo, la gente aún hablará de este libro».[19] El dictador nazi le dijo directamente al ideólogo: «Eres la mente más brillante del Movimiento; eres el Padre de la Iglesia del Nacionalsocialismo». A tenor de estos elogios, Rosenberg nunca dio crédito a los rumores de que, ante otras personas, Hitler afirmaba que su obra era «absurda, una basura».[20] Algunas otras voces de la jerarquía nazi opinaban lo mismo. Poco antes de que la guerra estallara, Hermann Göring le había dicho a Rosenberg: «Has formulado nuestro programa».[21]

Rosenberg se esforzó por hacer realidad su programa ideológico dentro del Partido Nazi, de varios modos. En febrero de 1934 Hitler lo puso al frente de las labores de educación política y censura en el seno del Partido, y su oficina no tardó en crecer y adquirir una estructura burocrática compleja. Desplegó una campaña de adoctrinamiento general, por ejemplo con la organización de exposiciones —en sus primeros cuatro años de funcionamiento fueron más de treinta— sobre asuntos que iban de la maternidad al campesinado alemán. Sin embargo, como tantos departamentos del sistema nazi, se solapaba con muchas otras instituciones, desde el Ministerio de Educación del Reich a la Cámara de Literatura del Reich, que dirigía Joseph Goebbels y a la cual pertenecían todos los autores, editores e integrantes en general de la cadena del libro. La oficina de Rosenberg logró esquivar el afán de Goebbels de absorberla en su propia Cámara, pero en la batalla por el poder fracasó en el intento de poder dictar prohibiciones y censura: tan solo podía emitir valoraciones no vinculantes para la Cámara, que las rechazó a menudo. Tras varios años de disputas burocráticas, Rosenberg logró reforzar su posición en marzo de 1938, cuando convenció a Hitler de que lo ascendiera a ministro del Reich, con asiento propio en el Gabinete; pero este apenas volvió a reunirse ya.[22]

En enero de 1940 Rosenberg logró que Hitler le encargara hacer los preparativos para fundar una universidad nazi una vez terminada la guerra: la *Hohe Schule der NSDAP* («Escuela Superior del Partido Nazi»). Incluiría instituciones para el análisis de la «cuestión judía» (esta se abrió en efecto en 1941, en Fráncfort), para los estudios raciales, para la investigación sobre la Europa del este, de estudios germánicos y otros temas similares.[23] Para que pudiera crear bibliotecas y museos para esa universidad, en julio de 1940 Hitler autorizó a Rosenberg a incautarse de libros, obras de arte y objetos culturales en general de las instituciones y los propietarios judíos de los países ocupados; así lo hizo, a gran escala y en feroz competencia con Goebbels, sobre todo. Su *Einsatzstab Reichsleiter Rosenberg* («Equipo de Intervención del "Líder Imperial" Rosenberg»), creado para llevar a la práctica esa función, actuó en toda Europa saqueando manuscritos, libros y artefactos culturales y transportándolos al almacén del castillo fantástico de Neuschwanstein, erigido en el siglo XIX para el excéntrico rey Luis II de Baviera. En conjunto, el saqueo emprendido por el equipo de Rosenberg totalizó más de 21.000 objetos culturales, más de dos millones de libros y manuscritos, y archivos que ocupaban varios kilómetros de estantes. Rosenberg no fue el único jefe nazi que se dedicó al saqueo cultural, pero lo hizo en una escala considerablemente superior a la de cualquier otro: los agentes de Hitler, por ejemplo, acumularon solo un tercio, en comparación; los de Göring, solo la mitad. En una nota de su diario, de marzo de 1941, Rosenberg se jactaba de todo ello sin remordimientos: «Las cosas que mi equipo de intervención ha confiscado en París son, sin lugar a dudas, únicas ... Además, los tesoros culturales j[udíos] que han llegado hace poco a Neuschwanstein alcanzan un valor estimado de un billón».[24] Dos años más tarde se expresaba en un tono aún más lírico, tras visitar «un almacén de clasificación de mi equipo de intervención. ¡Es asombroso cuántos objetos de valor se reúnen aquí, procedentes de toda Europa!».[25]

Mientras que Hitler se centró en hacerse con obras de arte para el museo que planeaba abrir en Linz, y Göring se dedicó al espolio cultural sobre todo para su propio beneficio y provecho personal, a Rosenberg lo guiaban, como siempre, los motivos ideológicos. En la carrera del saqueo el ideólogo logró imponerse más que los demás y repeler la competencia de otras personas e instituciones, incluido el brazo «científico» de la SS de Himmler, el Ahnenerbe, e incluso a Martin Bormann y al agente artístico de Hitler, Hans Posse. En este ámbito en concreto Rosenberg logró reunir en torno de sí un equipo tan activo como enérgico y encontró aliados en la batalla por el dominio que se libraba sin tregua en el seno de la estructura del poder nazi.[26] Le benefició mucho contar con el apoyo de Hitler, a quien informó con orgullo, a principios de setiembre de 1940, sobre el robo de sesenta y dos cajas de un botín oculto en un palacio parisino de los Rothschild.[27] También debió al apoyo de Hitler los planes para su Instituto de Investigación de la Cuestión Judía, que —según se jactaba en febrero de 1941— «ya posee la biblioteca más extensa del mundo: 350.000 volúmenes, procedentes todos ellos de Francia, Bélgica, etc. Es probable que recibamos otros 200.000 de Holanda».[28]

Las actividades de Rosenberg en la esfera cultural también incluyeron fundar, en 1928, la Liga Militante por la Cultura Alemana, que aspiraba a combatir la «decadencia cultural» de la República de Weimar fomentando en su lugar la cultura «intrínsecamente» alemana. Entre sus miembros —cerca de 300, en abril de 1929— se contaban muchos jerarcas nazis, como por ejemplo Heinrich Himmler. La Liga organizó conferencias en las que se polemizaba contra el arte y la arquitectura modernos, la música atonal y el teatro de izquierdas. Esta organización de Rosenberg, pese a que sus objetivos encajaban a la perfección con los de Hitler en este campo, se vio superada por las maniobras de la Cámara de Cultura de Goebbels, que ofrecía tanto estructuras organizativas como una dirección política que a la postre no estaban al alcance de Rosenberg. Según resultaba casi predecible, Hans Hinkel —cuyas habilidades como administrador hicieron que Rosenberg lo designara «líder de organización imperial de la Liga Militante»— se pasó a la Cámara de Cultura en 1933 (y tres años más tarde era ya su gestor en jefe).[29] Para Rosenberg esto resultaba frustrante y sus diarios están repletos de muestras de rencor hacia Goebbels. «Por donde quiera que voy, no dejo de oír quejas unánimes sobre la falta de dirección de la Cámara de Cultura del Reich», escribió en 1934.[30] A la postre, en todo caso, la hostilidad radical de Rosenberg hacia el arte modernista se impuso frente al enfoque menos estricto de Goebbels, por corresponderse con la de Hitler, según apuntó en tono triunfal Rosenberg en su diario con motivo de la inauguración de la «Exposición Artística Panalemana» de 1937.[31] En diversas ocasiones, además, Rosenberg consiguió debilitar a Goebbels al patrocinar ataques contra figuras culturales a las que el ministro de la Propaganda había respaldado: por ejemplo el escultor Ernst Barlach, el novelista Hans Fallada y los compositores Richard Strauss y Paul Hindemith, que fueron consiguientemente degradados y perdieron los puestos con los que Goebbels había intentado protegerlos.[32]

Rosenberg también participó activamente en la conformación de la política exterior de Alemania. En 1927, su tratado *Der Zukunftsweg einer deutschen Aussenpolitik* («El curso futuro de una política exterior alemana») lo estableció como el gran experto en política internacional de los primeros años del Partido; entre otras cosas porque, como ya hemos visto, solía sistematizar puntos de vista que Hitler compartía e ideas sobre las que habían conversado, en su mayoría. Aquí Rosenberg se orientó de nuevo de acuerdo con su ideología racista. Así, abogó por aliarse con «Inglaterra» porque desde su perspectiva, era un país racialmente puro y étnicamente muy próximo a Alemania, e hizo hincapié en que la Unión Soviética era el gran enemigo y no un socio prometedor, en contra de lo que habían afirmado los nazis izquierdistas: le perjudicaba que, como la propia Alemania, en el mundo diplomático de los años veinte estaba relegado a una posición marginal. Creía que Italia podía ser un buen aliado, por razones estratégicas e ideológicas, a pesar de que él entendía que los judíos ejercían demasiada influencia sobre el país. La asociación compensaría, a su juicio, incluso si requería sacrificar la disputada región fronteriza del Tirol del Sur. En su globalidad, el futuro de Alemania estaba en un imperio colonial pero no de ultramar, sino en el este de Europa: «un Estado germánico racial y nacionalsocialista en la Europa central».[33] Por encima de todo, en cualquier caso, Rosenberg volvió a centrarlo todo en lo que consideraba una batalla universal contra «el Estado mundial ilimitado» de los judíos, que se expresaba mediante la «guerra de aniquilación de la Bolsa y los bolcheviques» contra la civilización europea.[34]

El hecho de que Rosenberg destacara en el Partido por ser el principal experto en política exterior comportó que, el 1 de abril de 1933, lo designaran jefe de una institución nueva: la Oficina de Política Exterior del NSDAP. Al poco de cumplir dos meses en la Cancillería Imperial, Hitler sintió la necesidad de utilizar el Partido para crearle un rival al Ministerio de Exteriores, dominado por diplomáticos de carrera, de tendencia conservadora. Desde este cargo, Rosenberg aconsejó con frecuencia a Hitler sobre numerosos aspectos, y muy diversos, de la política internacional, incluidas las relaciones con Gran Bretaña, Japón y otros países.[35] El elemento más señero de su perspectiva era la defensa de una alianza con Gran Bretaña. Pero a criterio de Hitler, los argumentos raciales en los que basaba la propuesta («Inglaterra» era una nación «germánica») eran secundarios frente a los de la estrategia y la política del poder. Mientras Rosenberg dedicaba mucho tiempo a cultivar las simpatías de varios interlocutores británicos —sin que ninguno alcanzara a ser una figura principal— el Ministerio de Exteriores enviaba a la prensa británica notas críticas sobre Rosenberg, por lo que pronto tuvo que renunciar a toda idea de entablar una alianza; menos aún cuando se nombró embajador en Londres a Joachim von Ribbentrop —furiosamente antibritánico— y luego se le confió también la cartera de Exteriores.[36] En una maniobra típica, Hitler llevaba mucho tiempo favoreciendo asimismo la implicación de Ribbentrop en la política exterior; como hemos visto, en agosto de 1934, le permitió crear una oficina internacional propia, en competencia directa con la de Rosenberg. Ninguna de las dos instituciones era capaz de contrarrestar el masivo peso institucional del Ministerio de Exteriores, cuyos funcionarios, por otro lado, aceptaban en la práctica sin apenas excepción las nuevas direcciones que la política exterior adoptó con la llegada de Hitler al poder. Rosenberg no alcanzó a consolidar su institución particular, haciendo de ella una organización efectiva; una gran parte de los puestos que deseaba crear quedaron desocupados y, aunque entre bambalinas tuvo alguna influencia, al final siempre la superaban las maniobras de otros centros de decisión política. Así, se dejaron de lado las ideas de Rosenberg en varios aspectos clave, como las relaciones con Gran Bretaña y, en especial, el pacto de Ribbentrop y Mólotov, del 23 de agosto de 1939. Para Rosenberg, desde su perspectiva ideológica, hubiera sido muy preferible pactar con el Reino Unido.[37] Cuando ya era demasiado tarde, intentó incluso posponer, aunque fuera de manera forzada, la guerra y abrir negociaciones con los británicos. A largo plazo su hostilidad constante hacia la Unión Soviética y, más aún, hacia los judíos de Europa, surtió cierto efecto. Pero en los grandes asuntos de la política exterior de los años treinta, Rosenberg apenas influyó.[38]

Su diario pone de manifiesto que sus intervenciones se centraron ante todo en las relaciones con Escandinavia, Rumanía y Afganistán. Pero ni siquiera en estos campos tuvo especial influencia. Había defendido una alianza de todos los países escandinavos con Alemania, de base racial, y la promovió mediante la Sociedad Nórdica, una institución formada ya en 1921, de la cual los nazis se adueñaron —después de alzarse con el poder, en enero de 1933— y confiaron la dirección a Rosenberg. Ahora bien, la idea se derrumbó cuando, en 1939, en el pacto con Mólotov, Hitler asignó Finlandia a la esfera de influencia de los soviéticos, y en 1940, con la conquista militar de Dinamarca y Noruega.[39] El político rumano Octavian Goga, cliente de la Oficina de Exteriores del NSDAP —y por lo tanto de Rosenberg—, fue designado primer ministro a finales de diciembre de 1937; pero el rey Carlos (Carol) II lo destituyó en febrero de 1939. Las maniobras que se hicieron en secreto en Noruega, para que Vidkun Quisling subiera al poder como parte de la invasión alemana de 1940, tampoco dieron fruto: Hitler se negó a otorgarle a Quisling la libertad de acción que Rosenberg habría querido darle.[40]

Tras invadirse la Unión Soviética el 22 de junio de 1941, en cambio, Rosenberg pasó a un nivel mucho más destacado de decisión política e implantación de medidas. En sus diarios se pone de relieve que participó muy directamente en la planificación del orden que los nazis pretendían instalar en la Europa oriental después de la invasión.[41] «Rosenberg, ¡ha llegado tu momento!», exclamó Hitler en la primavera de 1941. El dictador nazi le dijo que le pondría al frente del Este ocupado. Rosenberg le había entregado sus planes para la región, que pasaban por desmantelar completamente las estructuras administrativas existentes y desplazar a los «pueblos no deseados», entre otras muchas cosas. Según escribió Rosenberg en el diario, en tono triunfal: «Millones ... y el destino de sus vidas quedará ahora en mi mano. ¡Alemania puede quedar libre, para varios siglos, de una carga que ha tenido que soportar una y otra vez, bajo distintas formas!».[42] En julio de 1941 lo designaron, como era de esperar, ministro de los Territorios Ocupados del Este. Desde esta cartera imperial, Rosenberg creía estar obligado por una misión: realizar la tarea histórica de destruir una amenaza que había puesto en peligro a Alemania durante varios siglos, la amenaza de los eslavos.[43] «Se me ha confiado una labor magna —escribió en su diario—, la más magna, de hecho, que el Reich podía ofrecer: seguridad para varios siglos, la independencia de Europa frente a los extranjeros». El área situada bajo su control —que incluía Ucrania, «el granero de Europa»— aseguraría que desde entonces a Alemania ya nunca le faltaran alimentos.[44]

Rosenberg se ocupó de los detalles de establecer y dotar de personal al ministerio y creó dos «Comisariados del Reich» para desempeñar las tareas administrativas diarias. Pero sus planes no se desarrollaron con suavidad. Al abogar por «reconocer los puntos de vista antimoscovitas de Ucrania y, con ello, ayudar a los ucranianos a garantizarse el control del espacio ucraniano» se topó con la oposición de Hitler, quien le dijo que a los ucranianos había que tratarlos como a los rusos porque habían demostrado su inferioridad, dado que, durante muchos siglos, habían permitido que los rusos los oprimieran. A juicio de Rosenberg, esta negativa los impulsaría a apoyar el concepto de Stalin de la unidad paneslava en oposición al invasor alemán.[45] En todo caso se hizo caso omiso de su propuesta y a los ucranianos se los trató con la misma brutalidad asesina que a los otros pueblos ocupados del Este; entre otras razones, porque esta fue la política perseguida por un subordinado del propio Rosenberg, Erich Koch, designado comisario del Reich para Ucrania. Solo a finales de octubre de 1944 —seis meses antes de que la guerra terminara— Hitler admitió que Rosenberg había estado en lo cierto.[46]

Surgieron más problemas debido a las disputas territoriales habituales entre los líderes nazis. En el diario de Rosenberg abundan las quejas contra Himmler y Ribbentrop, por no respetar su ámbito, y más adelante, aunque ya sin registro escrito, contra Albert Speer. Su ministerio distaba mucho de ser un cascarón vacío, sin embargo. Hitler había elegido a Rosenberg porque respetaba su conocimiento de la Europa oriental y, cuando surgieron disputas territoriales con Himmler, respaldó al primero. De hecho, Rosenberg se apuntó algunos éxitos con su ministerio, sobre todo la promulgación de un «Nuevo Orden Agrícola», el 15 de febrero de 1942, que introdujo de nuevo la propiedad privada de las tierras sin por ello repartir las grandes granjas colectivas instauradas por los soviéticos una década atrás; con esta medida consiguió incrementar la producción de alimentos.[47] Lo que realmente socavó la posición de Rosenberg fue una evolución que él no podía controlar en absoluto: la mengua constante de los territorios situados bajo su control a partir de 1942, cuando el Ejército Rojo logró invertir la situación y obligó a los ejércitos alemanes a ir replegándose.[48] El ministerio fue reduciéndose en paralelo: las áreas de competencia fueron desapareciendo una tras otra y los funcionarios responsables se quedaron sin empleo. «Los territorios orientales se han perdido casi por completo», reconoció el 22 de octubre de 1944, cuando ya había empezado a desmantelar el Ministerio del Este.[49] Cuando la situación militar se deterioró, Rosenberg no entendió que la retirada alemana del Frente Oriental fuera consecuencia de la superioridad de recursos, equipos y táctica del Ejército Rojo; a su entender la culpa era de la rigidez reaccionaria de unos generales que no habían logrado comprender «el curso revolucionario de esta guerra». Un mejor adoctrinamiento ideológico, pensaba, habría reforzado la resistencia ante el enemigo.[50] En cuanto al intento aristocrático-militar de acabar con la vida de Hitler el 20 de julio de 1944, había sido «un crimen sin igual en la historia».[51] Abundando en el hecho de que Claus von Stauffenberg, el hombre que plantó la bomba, era católico, Rosenberg también se preguntó si la iniciativa habría procedido del Vaticano.[52] La guerra —había apuntado ya en 1940— era una «lucha ideológica contra una diversidad de enemigos que incluía a nuestros opositores del Vaticano»; más adelante debatió en varias ocasiones con Himmler sobre cómo, cuando la contienda acabara, habría que emprender de nuevo la batalla contra la Iglesia católica.[53]

Pero en ese momento la pérdida de influencia de Rosenberg se agravaba porque, entre bambalinas, crecía la del intrigante Martin Bormann. A finales del verano de 1943 Rosenberg se lamentaba de «cuánto se ha empezado a consolidar entre nosotros la vieja forma histórica de la camarilla de corte, con enorme éxito y total falta de escrúpulos».[54] Bormann medró aun a pesar de no haber escrito nunca tratados ni pronunciado discursos; pero, al suceder a Hess en la jefatura del aparato del Partido, había reunido mucho poder. «Los que recibían instrucciones de B[ormann] no tenían modo de determinar si se trataba de una orden personal del Líder o bien de su propio punto de vista». En aquel momento, por ejemplo, Bormann estaba dictando a los Gauleiter cuál era la buena actitud de un nacionalsocialista frente al cristianismo, aun cuando este ámbito formaba parte clara de la esfera de Rosenberg. Este objetó, pero Bormann estaba resuelto a privarlo de funciones y prescindir de su criterio,[55] en «un ejemplo de la más miserable política "de sala de espera"».[56] Llegados a 1944, Bormann logró excluirlo del poder con el simple mecanismo de impedir que Rosenberg accediera a Hitler; la última vez que vio al dictador fue el 17 de noviembre de 1943. Quizá sin darse cuenta de que también había cedido influencia a otras figuras de la jerarquía nazi, como Himmler, centró todos los reproches en Bormann.[57]

Ahora bien, a juicio de Rosenberg, la batalla crucial aún seguía siendo la lucha contra los judíos. La «judería internacional», mediante las fuerzas globales y malignas del liberalismo, la democracia y sobre todo el bolchevismo, estaba biológicamente programada para traicionar y subvertir allí donde estuviera, y trabajaba con el fin de socavar la civilización y destruir la raza alemana.[58] Su antisemitismo era visceral, profundamente emocional. Según escribió en 1936: «Me posee la rabia, una y otra vez, cuando pienso en lo que los judíos, este pueblo de parásitos, le han hecho a Alemania. Desde hace muchas décadas han aplicado su plan y su instinto. Como sea, me satisface haber contribuido a desenmascarar su traición».[59] En los estadios iniciales de la guerra abogó con insistencia por la idea —extensamente debatida en esa época entre los círculos de la SS y del Ministerio de Exteriores— de deportar a los judíos de Europa a la colonia francesa de Madagascar. Era un plan asesino, que preveía arrancar de Europa a una población en su mayoría urbana y abandonarla en una isla tropical donde la supervivencia habría sido extremadamente difícil (y que se abandonó solo porque Gran Bretaña seguía dominando los mares).[60] Rosenberg disfrutaba con los informes de los asesinatos masivos. «Ahora, allí donde se ha exterminado a los judíos y los comunistas —anotó durante una visita a Letonia, en septiembre de 1941—, la gente está reviviendo».[61] Estaba convencido de que cada revés que Alemania o los alemanes sufrían era obra de los judíos. Cuando tuvo noticia, también en septiembre de 1941, de que Stalin estaba deportando por la fuerza a unos 400.000 alemanes étnicos de la región del Volga, su reacción inmediata fue sugerir que, «si este asesinato masivo se hace realidad, Alemania hará que los judíos de la Europa central lo paguen», aunque por descontado estos no tenían absolutamente nada que ver con la decisión del líder soviético. La brutal limpieza étnica que Stalin acometió obedecía —con razón o sin ella— a motivos de seguridad, una vez que Alemania había invadido la URSS. La convicción, no solo de Rosenberg sino de los líderes nazis en general, de que Stalin era un instrumento de la judería internacional era una fantasía paranoica; en realidad los prejuicios y la suspicacia antisemita del líder soviético se intensificaban año tras año.[62]

En el ámbito que Rosenberg y sus comisarios del Reich dirigían fue donde se produjo la ejecución masiva de cientos de miles de judíos, hombres, mujeres y niños, desde el verano de 1941. De la realización práctica se encargó la SS de Himmler, pero con el respaldo pleno del ministerio de Rosenberg (Ministerio del Reich para los Territorios Ocupados del Este) en todos los niveles de la administración. Durante el otoño y las primeras semanas de invierno de 1941 Rosenberg mantuvo conversaciones frecuentes con Himmler al respecto de cómo organizar la deportación y el asesinato de los judíos tanto de la propia Alemania como de la región de la Europa oriental cuya responsabilidad correspondía al ministerio. También se reunió en varias ocasiones con Hitler, para debatir sobre lo mismo. Después de una de las conversaciones, la del 14 de diciembre de 1941, escribió: «Soy partidario de que no se hable del exterminio de los judíos. El Líder ha aprobado mi postura y ha dicho que ellos nos habían cargado con la guerra, que ellos habían ocasionado la destrucción, así que no era de extrañar que fueran los primeros en sufrir las consecuencias».[63] El equipo de Rosenberg debatió de forma minuciosa con Himmler la organización del asesinato masivo; no solo esto, en la Conferencia del Wansee, de enero de 1942 —celebrada para coordinar el programa de exterminio—, el ministerio de Rosenberg tuvo una representación destacada. Durante los meses siguientes el propio ministro se encargó en persona de impulsar el programa. El 4 de mayo de 1943 afirmó en una reunión que era necesario «exterminar hasta el último vestigio del pensamiento y la existencia de los judíos. No debe quedar ninguna fuente judía que siga pudiendo causar su infección».[64] El antisemitismo de Rosenberg, en suma, distaba de ser meramente teórico: concluyó con una participación activa en la matanza de seis millones de judíos, y en la justificación de esta masacre.

Tras ser arrestado por los Aliados al poco de concluir la guerra, Rosenberg fue juzgado por el Tribunal Militar Internacional de Núremberg, que lo acusó de cuatro delitos: conspiración para cometer crímenes contra la paz, crímenes de agresión, crímenes de guerra y crímenes contra la humanidad. Para defenderse se presentó como un simple teórico que nunca había imaginado que sus ideas pudieran implicar en la práctica la aniquilación material de los judíos. Pero sus ideas apenas habían cambiado. En una entrevista con uno de los psiquiatras de la prisión de Núremberg, hizo hincapié en que «el motivo de la cuestión judía no ha sido otro, claro está, que los propios judíos ... [que] escupían sobre la cultura alemana» y defendió que habría sido mejor enviarlos a todos a Alaska o Madagascar, como se sopesaba hacer en la década de 1930.[65] Pero los jueces manejaban una documentación más que suficiente para no dar ningún crédito a las excusas. Se le halló culpable de los cuatro cargos y murió en la horca el 16 de octubre de 1946.

En su autobiografía, que redactó en la cárcel, Rosenberg no se arrepintió de nada e insistió en que, tras la humillación de la primera guerra mundial, Alemania necesitaba a Hitler. El Líder había sido magnífico en todas sus facetas: «Yo lo adoraba y le fui leal hasta el último momento».[66] El nacionalsocialismo era una gran idea cuyo momento llegaría en el futuro, ya que no había llegado en el presente. En el caso de Rosenberg, la devoción por el Hitler heroico se acompañaba tanto de la ambición y convicción de la propia importancia como de un resentimiento quejumbroso cuando se sentía frustrado o impedido. Probablemente la emoción que sintió con más hondura fue el odio. Para constatar la ausencia de sentimientos humanos en Rosenberg basta con ver cómo describió sus dos matrimonios. Primero exhibió una evidente falta de empatía durante la enfermedad que acabó con la vida de su primera esposa, Hilda, una alemana del Báltico, de clase media, con la que se había casado en 1915: en vez de apoyarla en el dolor, respondió al sufrimiento separándose en 1923 de ella, que falleció al poco tiempo. Dos años más tarde contrajo matrimonio con su segunda esposa, Hedwig, a la que había conocido en Múnich. «Siempre se condujo conmigo con formas de buena camaradería», escribió sobre ella, sin sombra alguna de emoción. En una escala menos íntima, una nota de su diario, redactada el 14 de julio de 1942, describe un trayecto en coche por Letonia en el cual vio pasar «largas hileras de miserables, gente harapienta con un fardo a la espalda, que arrastraban sus posesiones indignas en carros primitivos, del campo a las ciudades o de las ciudades al campo». No los veía como refugiados que huían del nazismo, sino como el fruto del gobierno soviético, un dominio que había supuesto «veinticinco años de degradación constante del instinto humano».[67]

En el verano siguiente —cuando los bombardeos más letales de todas las incursiones Aliadas habían devastado la ciudad portuaria de Hamburgo, causando la muerte de unas 40.000 personas— Rosenberg no mostró empatía ninguna por los muertos y heridos, ni por los supervivientes que se habían quedado sin techo, sino que se limitó a comentar: «Viendo esta aniquilación de las grandes ciudades, creo que se abre una oportunidad de redescubrir el mundo rural como nunca antes ... Por mi parte al menos me ocuparé de asegurarme de que las ciudades colosales, con todo lo que acarrean, no se levanten de nuevo». Hacia el final de sus días Rosenberg admitir sentir únicamente «un sentimiento de odio ... al pensar en los millones de alemanes asesinados y perseguidos», así como «un sentimiento de simpatía» hacia Hitler, que a su juicio «tanto había amado a Alemania» y ahora en cambio estaba «muerto, envuelto en un sudario, tirado en una zanja, empapado de combustible y calcinado». No expresó ni una sola palabra de compasión o remordimiento por los millones de personas —no solo judíos, también rusos y otros europeos— a las que Hitler había llevado la muerte y la destrucción.[68] La falta de sentimientos humanos, que no deja de ser asombrosa, quizá se originara en última instancia en el hecho de que muchos parientes cercanos de Rosenberg habían fallecido siendo él en general muy pequeño, lo que le habría enseñado desde la infancia a evitar todo compromiso emocional con nadie.[69] Según concluyó Douglas R. Kelley, psiquiatra de la prisión, Rosenberg manifestó «una absoluta falta de consideración por los valores humanos y los derechos humanos».[70]

8

El arquitecto: Albert Speer

Ningún líder nazi tuvo más éxito, en el intento de rescatar la propia reputación después de la guerra, que Albert Speer. Mientras que Rudolf Hess logró convencer al menos a algunas personas de que adolecía de una enfermedad mental, y persuadió a unos pocos de que la «misión de paz» que emprendió en mayo de 1941 iba más allá de una torpe huida, Speer consiguió engañar a casi todo el mundo; también a historiadores inteligentes e informados como Alan Bullock, Hugh Trevor-Roper, George L. Mosse, Gordon A. Craig y Alan Milward, a los que hizo pensar que era un tecnócrata sin intereses políticos, que nunca participó de las obsesiones antisemitas, ideologías políticas y actividades asesinas del Tercer Reich y sus paladines. Incluso Gitta Sereny, analista crítica experta en el régimen nazi, se creyó sus mentiras aun después de haber podido dedicarle una larga serie de entrevistas una vez que Speer salió de la cárcel de Spandau, en Berlín, en 1966.[1] Hugh Trevor-Roper calificó a Speer como «el auténtico criminal de la Alemania nazi», pero más bien como un insulto ambiguo, dado que el historiador lo consideraba un hombre inteligente y culto, muy alejado de la vulgaridad y el fanatismo de los líderes nazis, aunque hizo cuanto estuvo en su mano para sostener el régimen de Hitler en la fase en la que perpetraba los crímenes más horrendos de la historia de la humanidad. Trevor-Roper dio a entender, pues, que a diferencia de los otros, Speer debería haber mostrado más juicio.[2]

En vida Speer siempre se atuvo a su relato: él era un arquitecto apolítico, seducido por las posibilidades tecnológicas que el nazismo ofrecía, próximo a Hitler por la amistad que nació del entusiasmo común por el diseño urbano y la creatividad arquitectónica. Se presentó a sí mismo como un hombre cuya culpa no radicaba en haber participado de los crímenes del Tercer Reich, sino en no haber estado al corriente de ellos ni haberse esforzado por enterarse. En la autodefensa que planteó ante el Tribunal Internacional de Crímenes de Guerra, reunido en Núremberg una vez concluida la guerra —que lo condenó únicamente a veinte años de cárcel—, logró convencer al mundo de que su culpa había sido su inocencia. También en sus memorias, que redactó en colaboración con Joachim Fest y el editor Wolf Jobst Siedler, una colaboración tan estrecha que casi cabría hablar de que las escribieron ellos, como «negros literarios»; el texto exhibe una perspicacia brillante y es más ameno de leer de lo habitual.[3] Las memorias de Speer se convirtieron de inmediato en un superventas. Según ha destacado Magnus Brechtken —su biógrafo más reciente, así como el más exhaustivo y crítico—, su obra memorística no menciona

> ninguna persecución real de los judíos, ninguna cruzada de aniquilación, ningún acto violento, ninguna guerra de conquista. Solo vemos a un señor Speer, trabajador muy laborioso que, de un modo u otro, como la mayoría de sus lectores, estuvo vivo en los años posteriores a 1933.[4]

Después de dar a luz las memorias Speer publicó los diarios secretos que había escrito durante los años de prisión, revisados y muy aumentados, de nuevo con la ayuda de Fest y Siedler. En todas esas páginas, en las incontables entrevistas que concedió a investigadores, y en series de televisión como la británica *The World at War* (1973, múltiples episodios), que bebe en gran parte en su aportación, Speer logró sentar las bases de la forma en que se le interpretó y retrató en la posguerra, tanto por los historiadores como por la opinión pública; no solo a él, en realidad, sino en general al Tercer Reich y sus principales figuras. Sus entrevistas y sus libros seducían por el carácter aparentemente razonable y la agudeza intelectual con la que supo presentarse e invitar a lectores y espectadores a identificarse con él —un hombre civilizado, culto, educado, distinto de la vasta mayoría de los líderes nazis— y a contemplar el Tercer Reich desde una perspectiva que era a la vez interior al sistema y ajena a él.[5] Desbaratar las mentiras y leyendas que Speer tejió en torno de sí mismo supone igualmente, por lo tanto, desmontar otras partes de la forma en que habíamos comprendido la Alemania nazi.

Albert Speer fue el más joven de los hombres que integraron el escalón más alto de los líderes del nazismo durante la guerra. Había nacido en Mannheim el 19 de marzo de 1905; era el hijo mediano de los tres descendientes varones de un arquitecto de condición tan acomodada que podía permitirse una residencia de catorce habitaciones con no menos de siete personas a su servicio. En 1918 la familia se mudó a la ciudad universitaria de Heidelberg, donde Albert inició sus estudios, graduándose en 1923 con notas poco destacables. La familia pudo seguir apoyándole durante los años de la inflación gracias a una herencia cuya cuenta bancaria habían convertido a dólares justo en el momento adecuado. Como era habitual entre los estudiantes universitarios alemanes, cambió por dos veces de centro, primero de Mannheim a Múnich, luego a la Universidad Técnica de Berlín. Al parecer su vida estudiantil fue convencional, pero, aparte de las distracciones y los deportes usuales, acertó a atraer la aprobación de su catedrático, el arquitecto Heinrich Tessenow, quien cuando se licenció, en 1927, lo incorporó como asistente. Al año siguiente se casó con la que hacía tiempo que era su novia, Margarete Weber.[6]

Más adelante Speer sostuvo que se había sentido atraído por el nazismo al asistir a un mitin de Hitler en Berlín, el 4 de diciembre de 1930; el poder retórico de Hitler lo abrumó —escribió el arquitecto— y provocó una conversión súbita, damascena. Pero en realidad estaba afiliado desde el verano anterior a un club automovilístico nazi; el hecho de poseer un coche lo convertía en un fenómeno relativamente escaso en el Partido y él puso sus servicios a disposición de la agrupación. Por lo tanto, no cabe duda de que bastante antes de haber escuchado a Hitler en persona se había familiarizado ya con el Partido Nazi y su programa. En aquella época las universidades alemanas eran semilleros del nacionalismo extremo: los sindicatos estudiantiles estaban dominados por la extrema derecha, las fraternidades duelistas ejercían una influencia poderosa y entre los profesores prevalecían los de talante nacionalista y conservador. A finales de 1920 la Liga Estudiantil Nacionalsocialista Alemana se estaba convirtiendo en la fuerza política dominante en la educación superior del país.[7] No fue de extrañar, pues, que Speer se convirtiera al nacionalsocialismo. Los discursos que oyó pronunciar primero a Hitler y luego a Goebbels se caracterizaban por el odio expreso contra la República de Weimar, la democracia y los comunistas «infrahumanos» y abogaban por crear una Alemania exclusivamente «aria», por dejar atrás las divisiones sociales mediante una única «comunidad nacional» y por restaurar la posición de Alemania mediante un proceso político en el que la violencia interpretaría un papel central. Tras acudir a un mitin de Joseph Goebbels, según afirmó Speer más tarde, le impresionó la violencia que la policía empleó contra los asistentes, cuando ya se marchaban; pero la narración del acto en los diarios del propagandista nazi no menciona nada parecido, a la inversa: se exalta por «las masas» que, motivadas por el discurso, asaltaron las calles en multitud «como locas ... más salvajes que nunca». Speer se afilió al Partido el 1 de marzo de 1931 y al mismo tiempo se incorporó a la organización de las divisiones de asalto —las SA—, así como a la Liga de Combate de los Arquitectos e Ingenieros Alemanes. Era un hombre inteligente y ambicioso que, sin lugar a dudas, sabía qué estaba haciendo. En 1930 la popularidad de los nacionalsocialistas estaba creciendo como la espuma, un avance que culminó en las elecciones generales del 14 de septiembre, cuando su representación en el Reichstag ascendió de doce parlamentarios a 107. Hitler era el hombre del futuro y parecía natural que un profesional joven y ambicioso de una familia burguesa y nacionalista se uniera a sus filas.[8]

A finales del semestre de invierno de 1931-1932, Speer renunció a su puesto universitario, no porque atravesara dificultades económicas —en contra de lo que afirmó en la posguerra—, sino porque había decidido trabajar con más intensidad para los nazis. Empezaron a encargarle trabajos, por ejemplo de conversión de edificios en sedes del Partido, por iniciativa de su amigo Karl Hanke, al que Speer había conocido durante el verano de 1930 y que entonces era asistente personal de Goebbels. En consecuencia fue pasando cada vez más tiempo en Berlín, y la mediación de Hanke le permitió acercarse mucho a la élite nazi; para dar más relieve a esta transición, en el otoño de 1932, tras la victoria de los nazis en las elecciones del verano, se marchó de la *Sturmabteilung* y dejó atrás las algaradas. Cuando los nazis conquistaron el poder, en los primeros meses de 1933, empezó a recibir más encargos arquitectónicos de Goebbels, entre los que destacó el escenario de la celebración nazi del 1 de mayo como «día nacional del trabajo», jornada en la que los obreros estaban obligados a participar (al día siguiente, los sindicatos quedaron abolidos). Speer presentó un escenario de concepción ideológica, como expresión de la revolución nazi, en cuyo centro destacaba la presencia de masas formando filas apretadas y provistas de banderas. Goebbels quedó tan satisfecho con la obra de Speer que le ofreció más encargos, sobre todo el diseño y construcción de un emplazamiento permanente para el Congreso Nacional anual del Partido, que se celebraba a las afueras de Núremberg, y la creación de una «catedral de luz» para el Congreso, formada por hileras de focos que se dirigían verticalmente hacia el cielo nocturno. El efecto de toda esta presentación, en palabras de Hitler, fue darle «al Estado del pueblo alemán el respaldo cultural de la raza germánica como un valor eterno».[9]

La organización económica y logística de este proyecto gigantesco proporcionó a Speer una valiosa experiencia en materia de gestión. También marcó su rápido ascenso en la jerarquía nazi. Empezó a acumular cargos en el régimen, tales como ser miembro del Senado de la Cámara de Cultura del Reich: la asociación goebbelsiana de los artistas, escritores, músicos y similares, de la que era preciso ser miembro para poder trabajar en cualquier industria de la cultura —y que no admitía a judíos—. El puesto más importante fue la dirección del programa *Schönheit der Arbeit* («La Belleza del Trabajo»), parte del Frente de Trabajo, la entidad nazi que, capitaneada por Robert Ley, sustituyó a los sindicatos. Su labor era compensar a los obreros de las fábricas y otros trabajadores por la reducción de los salarios, la ampliación de las horas de trabajo y la falta de representación sindical que el régimen nazi les imponía, al proporcionarles instalaciones de cantina y deporte, conciertos y otros actos culturales gratuitos en sus propias plantas y talleres, y condiciones de trabajo más limpias, ordenadas, higiénicas y ventiladas. No hará falta añadir, por supuesto, que se obligaba a los obreros a implantar estas medidas en su tiempo libre y a sus propias expensas.[10]

En este período, en 1933-1934, conoció personalmente a Hitler; pero en contra de la impresión que transmitió en sus memorias, el acercamiento entre ambos no se produjo hasta 1935. Avanzado este año, y tras haber fallecido en 1934 quien había sido hasta entonces el arquitecto favorito del Líder, Paul Ludwig Troost, Hitler estaba encargando a otros arquitectos los edificios que formarían parte de sus grandiosos planes de conversión de Berlín en una capital universal (entre ellos, el aeropuerto del Tempelhof, el Estadio Olímpico y el nuevo Ministerio Imperial del Aire). Pero Speer no tardó en situarse por delante de la competencia y empezó a acompañar al líder nazi en diversas comidas y viajes. La proximidad con el dictador le proporcionó contratos todavía mayores, que gestionó mediante un despacho en rápido crecimiento, que generaba beneficios cada vez más pingües para sus negocios privados. Por ejemplo, el pabellón de Alemania para la Exposición Universal de París, de 1937, o la nueva Cancillería Imperial. Trazó un plan urbano para Berlín que preveía demoler extensas zonas de la ciudad para dejar paso a edificios colosales comunicados por bulevares y coronados por cuatro enormes aeropuertos en el perímetro. Con el tiempo lo nombraron Inspector General de Edificios para la reforma de la capital del Reich, un cargo que solo rendía cuentas ante Hitler y, por lo tanto, no estaba sometido a la autoridad ni municipal ni de los ministerios relevantes. Cuando el alcalde de Berlín protestó por esta usurpación de sus funciones, Speer acabó convenciendo a Hitler de que lo destituyera.[11]

En 1938 Speer empezó a preparar la transformación de Berlín garantizándose el suministro a gran escala de materiales de construcción, en particular de ladrillos y piedra (calculó que se necesitarían dos mil millones de ladrillos anuales). Lo consiguió en colaboración con Heinrich Himmler, que creó una compañía de la SS para el abastecimiento de materiales de la construcción, hizo arrestar a unos 12.000 «asociales» entre los meses de abril y junio, y los metió en campos de concentración para luego forzarlos a trabajar en esos proyectos. Muchos de los internos tuvieron que trabajar en condiciones degradantes —más aún, asesinas— en una colosal fábrica de ladrillos asociada al campo de concentración de Sachsenhausen, levantado a las afueras de Berlín. En mayo de Himmler hizo erigir otro campo de concentración en una cantera de granito de Flossenbürg, en un remoto rincón de Baviera. Todas estas instalaciones se construyeron con el objetivo de proporcionar materiales para los proyectos constructivos de Speer, al igual que otra cantera asociada al campo de Mauthausen, cerca de Linz, en Austria. Entre los presos de esos centros destacaban los delincuentes comunes. Los trabajos forzados costaron la vida a muchos de los internos, en un proceso que la SS denominaba «exterminio por medio del trabajo» (*Vernichtung durch Arbeit*).[12] Además, como los planes constructivos de Speer requerían demoler muchas casas y bloques de pisos, el arquitecto invitó a hacer estudios sobre cuántos estaban habitados por judíos, puesto que a ellos —dijo Speer— se los podía expulsar o desposeer por la fuerza y sin compensaciones. De resultas de esa iniciativa, decenas de miles de familias judías se quedaron sin hogar. En 1940 Speer envió un telegrama al personal de Berlín, para preguntarles por la «acción de desalojo de las mil residencias de judíos». Entre esos edificios había una mansión del barrio diplomático de la ciudad, que él adquirió a costa del Estado para destinar sus muchos metros cuadrados a oficinas de su despacho arquitectónico privado, en constante expansión. Speer también le compró una casa —a bajo precio— a un miembro de la familia Rothschild obligado a emigrar; estaba situada cerca de la residencia privada de Goebbels en la isla de Schwanenwerder, en el sector occidental de Berlín, donde durante un tiempo Hitler también planeó establecerse. Sin embargo, cuando el líder nazi dejó de interesarse por la zona y prefirió escapar a su retiro del Obersalzberg, Speer vendió la propiedad con pingües beneficios. Con la voluntad de mantenerse lo más cerca posible de Hitler, Speer abrió una nueva sede de sus oficinas en el propio Obsersalzberg y dispuso las cosas para vivir en las inmediaciones junto con su familia, para lo cual adquirió un pabellón de caza.[13]

Al empezar la guerra Speer empezó a dedicarse más a proyectos de construcción para las fuerzas armadas: por ejemplo, una plataforma de lanzamiento de cohetes experimentales, en la costa báltica, en Peenemünde; refugios antiaéreos, y cerca de 200 fábricas de armamento para la Luftwaffe de Göring. Tras la invasión de Polonia, en septiembre de 1939, y de la Unión Soviética, en junio de 1941, amplió el espectro de sus responsabilidades para incluir proyectos de infraestructuras y abastecimiento en las regiones orientales ocupadas por Alemania. Entre tanto su cercanía con Hitler se había reforzado más aún y el 23 de junio de 1940 le acompañó en la vuelta privada del Führer por la París conquistada: dos días después Hitler le encomendó la construcción de varias ciudades alemanas, entre ellas Núremberg, en cuya proximidad la SS abrió un nuevo campo de concentración, en Natzweiler-Struthof, cerca de las canteras donde se obligaba a los trabajadores esclavizados a extraer granito para el nuevo Estadio Alemán de las afueras de la ciudad.[14] En la propia Berlín se empezó a arrasar edificios para dejar sitio para el Pabellón del Pueblo (o Gran Pabellón). Speer le había mostrado a Hitler un modelo a escala de la ciudad reconstruida, rebautizada como Germania, con lo que se quería simbolizar que tras vencer en la guerra Alemania se habría alzado con la hegemonía mundial. Hitler quedó entusiasmado.[15]

Después de alzarse a los escalones superiores de la jerarquía nazi, Speer tuvo que afrontar la labor de imponerse en las incesantes batallas por el poder que se libraban en aquel nivel. Incluso en 1941, cuando ya se trazaban los planes para transformar Berlín en una capital mundial, chocó con un arquitecto rival, Hermann Gieseler, a quien Hitler había elegido como agente de diseño y construcción para Múnich —la ciudad que era «la capital del Movimiento»— y había encomendado convertir la ciudad natal del dictador, Linz, en un centro cultural de ámbito nacional. Gracias al apoyo de Martin Bormann, Gieseler pudo impedir que su contrincante se adueñara del control de esas funciones. Speer se quedó tan sorprendido como frustrado y tuvo la petulancia de dimitir de sus puestos en el Frente de Trabajo, incluida la dirección del programa «La Belleza del Trabajo».[16] Sin embargo, el 8 de febrero de 1942 la fortuna le sonrió bajo la forma de la muerte accidental del ministro de Municiones, el ingeniero Fritz Todt, cuyo avión se estrelló.[17] Speer, que por casualidad estaba en el lugar del accidente, pues quería visitar a Hitler en el cuartel general de campaña de Rastemburgo (la actual Kętrzyn, en Polonia), fue convocado ante el líder nazi, quien de inmediato lo puso al frente de las tareas de Todt. Esta elección parecía la más obvia, a juicio de Goebbels, cuyo diario destaca que ambos tenían la fama de ser hombres de gran competencia técnica y expertos gestores de los proyectos de gran escala. Speer se apresuró a obtener de Hitler la garantía oficial de que él controlaría por completo la producción de armamentos, con el fin de frenar a figuras poderosas como Göring, que revoloteaban sobre el legado de Todt como buitres políticos; contó también con el respaldo de su socio en la industria de la construcción, Heinrich Himmler.[18]

En este momento, el avance alemán por la Europa del este empezaba a topar con dificultades, y a finales de 1941 los ejércitos de la Operación Barbarroja tuvieron que pararse a las puertas de Moscú. Descontento con el rendimiento de sus generales, Hitler había destituido a varios de ellos y asumido en persona la jefatura del ejército. El nombramiento de Speer corrió en paralelo a esta reorganización de las campañas, fruto de una creciente desesperanza sobre el futuro de la guerra, que sustituyó al sentimiento de complacencia propio de las victorias de los años iniciales. Speer declaró: «¡Hay que ganar la guerra!», e invocando sin tregua la protección de Hitler, asumió el control de áreas cada vez más extensas de la economía; de modo que Göring, aunque dirigía el Plan Cuatrienal, quedó reducido a poco más que un mascarón de proa de la economía, y más adelante se apartó asimismo al ministro de Economía, Walther Funk. El arquitecto intensificó la cooperación con la SS, sobre todo en la utilización de trabajadores forzados: el 21 de marzo de 1942 situó a Fritz Sauckel, un líder nazi regional, como jefe de la adquisición de mano de obra, y lo sometió a una presión constante para que proporcionara cantidades cada vez más elevadas de esos trabajadores extranjeros —traídos de los territorios ocupados casi siempre por la fuerza—, internos de los campos de concentración y prisioneros de guerra. El apetito del ministro de Municiones era insaciable. Cuando concluyó la guerra se había obligado a casi 14 millones de personas a prestar esos servicios: trabajar por un salario mínimo —o inexistente— y vivir en condiciones horrendas, vigilados por guardias brutales y asesinos que procedían de la SS de Himmler. No hay constancia clara de cuántos perdieron la vida, pero sin duda fueron cientos de miles.[19]

La colaboración de Speer con Himmler se hizo extensiva a proporcionar y financiar los materiales para la ampliación del campo de concentración de Auschwitz, incluidos el tendido de un ramal ferroviario y la construcción de crematorios para el «trato especial» de los prisioneros, por decirlo con el lenguaje que se utilizó en el documento pertinente. Miembros del personal de Speer visitaron el campo para pasar revista a las obras. El propio Speer pasó revista en persona, entre otros emplazamientos, en el campo de concentración de Mauthausen y en fábricas de blindados que usaban trabajo esclavo. Había pasado a vestirse casi siempre de uniforme y también hizo una gira por las fábricas de municiones, para repartir medallas entre los gestores y los trabajadores alemanes e instarlos a intensificar el esfuerzo en pro de la victoria final. No consta que hubiera comprendido que, en 1943, las tornas habían cambiado y los Aliados pasaron a llevar la ventaja. En público se presentaba como un hombre del pueblo, un simple camarada del Partido, un miembro más de la comunidad nacional, la *Volksgemeinschaft* que el Tercer Reich aspiraba a crear con los alemanes racialmente valiosos. Al mismo tiempo emprendió una gran campaña de propaganda para presentar su dirección de la economía de guerra nazi como un triunfo de la gestión enérgica y políticamente comprometida; de paso daba a entender que, siendo él el más joven de los líderes del nazismo, era el hombre más cualificado para suceder a Hitler cuando fuera que llegase el momento.[20]

En sus memorias Speer se jactó de que «cuando yo llevaba medio año en el cargo, ya habíamos logrado incrementar significativamente la producción en todas las áreas de nuestra responsabilidad». La producción de armas de fuego y tanques creció cerca del 25 %; la del armamento en general casi se duplicó. En julio de 1944, aunque el asalto de los bombarderos Aliados era cada vez más intenso, esa producción se había multiplicado casi por tres, pese a que la mano de obra solo había crecido un 30 %. Speer sostuvo que este enorme incremento de la eficiencia en la producción de armamentos se había conseguido aplicando «los métodos del liderazgo económico democrático», es decir, delegando responsabilidades y otorgando más capacidad de iniciativa individual a los empresarios y a los jefes de las fábricas. El exceso de variantes de diversos modelos de carros blindados y aviones se redujo, aumentando así la eficiencia; se prescindió de adornos innecesarios como el lacado de las locomotoras o el embellecimiento estilístico de las armas y todo se centró en lo esencial; los precios se fijaban globalmente, lo que daba incentivos a los productores para rebajar los costes; la planificación se racionalizó y las modificaciones de los proyectos, con su inevitable inversión de tiempo, se redujeron al mínimo para que pudieran fabricarse más unidades. Lo más llamativo de toda esta vanagloria es que ni siquiera en el momento de redactar las memorias, mucho después de que la guerra hubiera acabado, Speer muestra conciencia alguna de haber contribuido enormemente a una guerra genocida iniciada sin que mediara provocación por el hombre al que estaba ayudando en el intento de ganarla. Presentó su estilo de gestión como algo de suma neutralidad política aun a pesar de que sabía perfectamente a qué fines servía esa gestión, fines a los que por lo demás él dio su plena aprobación en todo momento. Su optimismo irracional —opuesto al sombrío realismo de su predecesor, Fritz Todt— fue producto en buena medida de su compromiso fanático con Hitler y la causa nazi. Pero por mucha eficiencia que introdujera en la industria del armamento, ya no resultaba en ningún caso posible, ni siquiera en 1941, obtener la victoria final. El fracaso de la Operación Barbarroja debería haber servido de advertencia. Pero Speer, cegado por su poder, sus logros y su fe en Hitler, fue incapaz de verlo.[21]

Por otro lado, cuando se someten las grandilocuentes afirmaciones de Speer a un análisis más detallado resultan ser hueras. Muchos de los cambios de los que se jactaba ya se habían aprobado antes de incorporarse él a su cargo, en especial por obra de Fritz Todt, quien por supuesto no vivió para ver los frutos, pero también por iniciativa de Erhard Milch, que estaba al cargo de la producción aeronáutica. Además no dejaron de hacerse correcciones repetidas a los programas de producción, lo que ralentizaba la producción a pesar de que las mejoras técnicas solían ser muy poco relevantes. Esto provocó incluso la queja del jefe de la Oficina de Planificación del Ministerio de Municiones, Hans Kehrl, en marzo de 1944: «Nadie reconoce la importancia de esta cuestión, ni siquiera nuestro ministro», se lamentó Kehrl.[22] La mejora de la productividad que se obtuvo en la segunda mitad de la guerra fue exagerada por Speer, cuyo personal manipuló las estadísticas con la intención de impresionar a Hitler y elevar la moral de la población. En una medida más limitada, existió en efecto; pero se debió antes que nada a que los productores y obreros aprendieron de la experiencia, y no a las medidas que el nuevo ministro de Municiones afirmaba haber introducido. Además el objetivo de simplificar y racionalizar la producción se consiguió, con suma frecuencia, a expensas de la calidad. Las fábricas daban salida a una cantidad creciente de aviones, tanques y armas, pero los nuevos modelos de blindados se aprobaron sin estar listos, por lo que se averiaban con frecuencia, y los aviones de combate seguían siendo más lentos que los de los Aliados. Por encima de todo, independientemente de cuánto se racionalizara el proceso, no cabía esperar en ningún caso que la producción bélica alemana llegara a un nivel comparable al de Gran Bretaña, Estados Unidos o la Unión Soviética, no digamos ya las tres naciones juntas. Alemania produjo unos 15.000 aviones de combate nuevos en 1942, 26.000 en 1943 y 40.000 en 1944, entre otros factores gracias a las reformas introducidas por Todt, Speer y Milch; pero en 1944 esto aún suponía menos de una quinta parte de la producción aeronáutica combinada de las tres grandes potencias Aliadas. Aunque se hubiera hallado el modo de continuar con la mejora, es improbable que el total llegara a ser nunca superior.[23]

Durante este período, Speer viajó sin tregua por toda Alemania y la Europa ocupada, para supervisar su imperio en expansión constante; solo visitaba a la familia cuando Hitler iba a Berchtesgaden. A principios de octubre de 1943 estaba en Posen, donde habló ante una congregación de Gauleiter nazis sobre la economía de guerra a los que amenazó con sanciones, en caso de que no se atuvieran a lo que se esperaba de ellos. Hay pruebas concluyentes de que permaneció en la sala y escuchó un tristemente famoso discurso en el que Himmler dio detalles sobre la genocida «Solución Final». En diciembre de 1943 Speer inspeccionó una planta de producción de cohetes V-2 en el macizo montañoso del Harz, donde los trabajadores esclavizados vivían y se azacaneaban en condiciones tan espantosas que un tercio de la mano de obra —de 60.000 personas en total— murió a consecuencia del hambre, las enfermedades o la brutalidad de los malos tratos de los oficiales del campo. ¿Cuál fue su reacción? Escribir a Hans Kammler, el oficial de la SS que estaba al cargo de la instalación, para felicitarle por sus logros. En cambio durante el juicio ante el Tribunal Internacional de Crímenes de Guerra de Núremberg, Speer negó haber visitado ningún campo de trabajo, de ninguna clase, y negó asimismo haber asistido al discurso de Himmler en Posen. Ambas afirmaciones eran mentira.[24]

En los primeros meses de 1944 Speer cayó enfermo, primero con una inflamación de la rodilla, pero más en general con síntomas de un agotamiento físico grave. Estuvo primero en el hospital y luego en convalecencia de mediados de enero hasta el mes de mayo. En sus memorias dio a entender que Himmler había aprovechado su ausencia para intentar usurpar sus funciones, pero esto era una pura invención: antes al contrario, siguió estando próximo al jefe de la SS y los líderes nazis continuaron considerándolo como una figura imprescindible, según manifiestan por ejemplo los diarios de Goebbels. La convalecencia permitió que Speer dedicara algún tiempo a conocer a sus cinco hijos (al final tuvo seis), a quienes, de otro modo, apenas veía.[25] Cuando finalmente se reincorporó al trabajo, retomó el esfuerzo fútil por potenciar la economía de guerra, por mucho que otros, y en especial su predecesor Fritz Todt, ya habían reconocido tiempo atrás que era una batalla que tenía todos los números de perder. En diciembre de 1944 Speer aún se jactaba de «los pasos adelante decisivos» que demostrarían la «superioridad de nuestras armas», una superioridad que «el enemigo» iba a «sentir cada vez con más intensidad». En consecuencia los trabajadores de Alemania todavía podían confiar en que llegaría lo que él llamaba «la victoria alemana definitiva». Mientras él instaba al pueblo alemán a seguir redoblando el esfuerzo, la cantidad de conciudadanos que estaba perdiendo la vida creció de una forma casi exponencial: más de 1,25 millones de soldados alemanes murieron en los últimos cuatro meses y medio de la guerra, hasta totalizar un tercio de todos los fallecimientos de tropas alemanas desde septiembre de 1945. En abril de 1945 había en los hospitales más de medio millón de soldados alemanes de Tierra, Mar y Aire, enfermos o heridos. Tan solo en la segunda mitad de 1944 se perdieron más de 20.000 aviones de combate. Una parte sustancial de la responsabilidad de esta carnicería debe atribuirse a Speer, cuya insistencia ciega en continuar con los combates no era coherente con una realidad desesperada y letal.[26]

A finales de enero de 1945, no obstante, Speer reconoció lo inevitable e informó a Hitler de que el rápido avance de los Aliados, tanto por el este como por el oeste, suponía reducir casi a cero la posibilidad de abastecer a las tropas con armas y municiones. A mediados de marzo admitió ante Hitler que la economía había alcanzado un estado de colapso. El dictador replicó con su infame «orden neroniana», por la que dictó destruir todo lo que pudiera resultar de utilidad para la economía futura. Si por un lado Hitler, Goebbels y muchos otros estaban decididos a morir combatiendo, y por otro Himmler intentó hallar una salida negociando independientemente con los Aliados, por su parte Speer —que acababa de cumplir los cuarenta años— empezó a buscar la manera de seguir con lo suyo en un mundo que no tardaría en dejar atrás el nazismo. El honor de Alemania se podía salvar si las tropas seguían resistiendo todo lo posible ante el enemigo. Pero el hecho de que Speer decidiera mantener la producción militar y frustrara con ello la política hitleriana de la tierra quemada obligaba a los Aliados a atacar los centros de producción hasta destruirlos, lo que causaría bastantes más daños que la «orden neroniana» (que pocos alemanes, pensando en la propia preservación, estaban dispuestos a cumplir). Speer afirmó que llegados a este estadio pensó en asesinar a Hitler y, aunque la idea se recibió con cierto escepticismo, se pudo confirmar independientemente; en cualquier caso, no se tradujo en nada. En cuanto a su propia posición, Speer envió a la familia a una zona rural próxima al Báltico y se apresuró a recoger propiedades de valor para financiar la existencia de los suyos después de la guerra. Una última entrevista con Hitler —en la que, si hay que dar crédito a la versión del ministro de Armamentos, Speer admitió que había intentado frustrar la ejecución de la «orden neroniana»— tuvo por efecto que el dictador nazi destituyera poco después a Speer.[27]

Al igual que otros nazis que sobrevivieron a la guerra —incluidos, por breve tiempo, Himmler, Ley y Göring—, al principio Speer imaginaba que podría desempeñar un papel destacado en la Alemania de posguerra; se trataba de una fantasía que, en todos los casos citados, revela tan solo que no habían llegado a comprender cuán hondo habían caído en el pozo de la criminalidad. Aunque suene increíble, en los meses finales de la guerra Speer le contó a varias personas —y a varios miembros del oscuro gabinete que sucedió por breve tiempo a Hitler, bajo la dirección de Karl Dönitz y con sede en Flensburgo, en Schleswig-Holstein— que esperaba que en la posguerra los Aliados le confiarían a él la misión de reconstruir las ciudades alemanas destruidas por los bombardeos.[28] Por lo tanto que los Aliados lo arrestaran le supuso, como a los otros líderes nazis, un crudo despertar a la realidad. Sin embargo, durante el juicio al que le sometió el Tribunal Internacional de Crímenes de Guerra, en Núremberg, entre octubre de 1945 y octubre de 1946, Speer logró conquistar las simpatías de la corte: aceptó efusivamente su legitimidad, reconoció los crímenes del régimen al que había servido tan lealmente durante tantos años y proporcionó a los investigadores acceso a una vasta cantidad de documentos tanto de su despacho privado como del ministerio. Los demás acusados se mostraron horrorizados por su comportamiento, en especial Hermann Göring, que lo calificó de traición a todos los valores que habían defendido; pero no pudieron hacer nada para impedirlo.[29]

Speer se distanció del régimen afirmando que él había sido un tecnócrata que nunca tuvo noticias de Auschwitz. Negó incluso haber recurrido al trabajo esclavizado y achacó las culpas a Fritz Sauckel, cuya tarea había sido organizar y maximizar el suministro de trabajadores forzados reclamado por el propio Speer. De algún modo el exministro logró salirse con la suya: nadie prestó atención al hecho de que entre el material que había entregado faltaban documentos incriminatorios cruciales, como el diario oficial de su dedicación; y sus socios más destacados en el régimen —Hitler, Himmler, Goebbels— ya no vivían para poder poner en duda la afirmación de que Speer no sabía nada de los campos. El exministro de Armamentos afirmó que las condiciones de trabajo en las fábricas que se sabía entonces que había visitado —como el centro de producción de cohetes V-2 del «Campo Dora»— eran equiparables a las de cualquier planta de la época; en realidad era plenamente consciente de que las condiciones en que los trabajadores esclavizados se afanaban, sufrían y morían eran simplemente letales. Pero sus mentiras no fueron rebatidas por los fiscales, que en gran parte desconocían la naturaleza real de esas instalaciones, y quedaron impresionados por la aseveración speeriana de que a principios de 1945 había preparado un golpe de Estado contra Hitler. Al final el arquitecto responsabilizó de todo a Hitler y excusó al pueblo alemán alegando que, como él mismo, habían sido víctimas del carisma del Führer.[30]

Así, muchos de los otros acusados —incluido Sauckel— fueron condenados a la pena de muerte y ejecutados; pero Speer se libró con una sentencia de veinte años de cárcel, que pasó en su mayoría en la prisión de Spandau. Pasó el tiempo cultivando un jardín, caminando (en un viaje imaginario alrededor del mundo) y redactando un diario secreto. Sus simpatizantes abogaron repetidamente porque se le concediera la libertad, pero en vano. Tras salir de la cárcel en 1966 se convirtió en un autor superventas, muy solicitado para entrevistas. Cuando falleció —en un hospital de Londres, el 1 de septiembre de 1981— mucha gente lo consideraba un «buen nazi». Su esposa, Margarete, y su familia se habían mantenido a su lado durante el largo período de encarcelamiento, y él se lo recompensó iniciando una relación con una mujer casada, que vivía en la capital británica: fue su última traición. Su automitologización exculpatoria se fue deconstruyendo, pero con lentitud. Aunque Speer intentó que se destruyeran, poco después de morir él los investigadores pudieron acceder a los diarios de su trabajo: el resultado fue un libro revelador —y devastador— del joven historiador Matthias Schmidt, publicado en 1982, que exponía las omisiones del relato con que Speer había narrado su participación en la dictadura nazi y llamaba la atención de la opinión pública sobre su papel en la persecución racial y el exterminio de los judíos.[31] Diversos historiadores y comentaristas eminentes han hecho caso omiso de los hallazgos incriminatorios de Schmidt, o se han esforzado por darles otra explicación, como sucedió con Eberhard Jäckel, especialista en Hitler; el periodista Karl-Heinz Janssen; y, como era de esperar, Joachim Fest y Wolf Jobst Siedler, coautores de las memorias de Speer. Sin embargo, paso a paso otros historiadores y periodistas como Volker Ullrich, del semanario *Die Zeit*, dejaron al desnudo tanto las mentiras de Speer como la contribución de Fest y Siedler a que se propagaran. La demolición del personaje construido por el exministro no llegó al público general hasta el estreno del documental *Speer und Er* («Speer y él»), del director Heinrich Breloer, en 2005. Una vez que se ha dado a imprenta, en 2017, la biografía crítica de Magnus Brechtken, ya no queda nada en pie de aquel relato.[32]

Tercera parte
LOS APODERADOS

Introducción

Si hombres como Goebbels, Göring, Himmler o, más adelante, Speer ayudaron en mayor o menor medida a dar forma al Tercer Reich y, bajo el liderazgo de Hitler, interpretaron un papel destacado en su ascenso y caída, un segundo estrato de figuras situadas fuera del *locus* central del poder desempeñó también una parte importante —aunque a la postre subordinada— en esta historia. Se incluyen tanto personas que acompañaron a Hitler desde los primeros años como otras que adquirieron prominencia más adelante. Algunos de ellos, como Rudolf Hess o Franz von Papen, ocuparon posiciones de protagonismo público que no se acompañaban, sin embargo, de un poder político real; otros como Adolf Eichmann o, hasta su traslado a Praga, Reinhard Heydrich actuaron sobre todo entre bambalinas, esquivando la publicidad y evitando aparecer en la maquinaria mediática de Goebbels. Por último, otros, como el editor de prensa antisemita Julius Streicher, el gobernador general de la Polonia ocupada, Hans Frank, o el líder del Frente de Trabajo, Robert Ley, se movieron en una esfera de influencia particular, en gran medida separada de la dirección global del régimen en su conjunto. Lo que unió a todos ellos fue la lealtad hacia Hitler y las ideas que impulsaban al Partido Nazi.

No existe un único tipo de personalidad que podamos describir como «nazi». Al poco de concluir la guerra, los estudiosos marxistas del Instituto de Investigación Social de Fráncfort intentaron demostrar que los nazis poseían una «personalidad autoritaria» derivada de una relación retorcida con padres asimismo autoritarios, que los llevó a obedecer las órdenes superiores sin cuestionarlas y a abusar de su poder sobre los subordinados. Los nazis habrían replicado esa conducta proyectándola sobre el lienzo más general de la política y la sociedad, y transfirieron el miedo y el resentimiento contra los padres hacia minorías sociales y raciales, por encima de todo hacia los judíos. Pero en realidad esto no explica gran cosa. A finales del siglo XIX y principios del siglo XX, millones de personas crecieron en familias dominadas por un padre autoritario; ¿por qué solo unas pocas se convirtieron en nazis? En este punto, la psicopatología individual nos sirve de poco. Fue más importante, en cambio, la cultura política ultranacionalista que los rodeó. Los individuos asesinos de cualquier país, con independencia del sistema político que los gobierne, cometen sus crímenes violando las normas que la sociedad corriente impone; por eso la sociedad los castiga. Ahora bien, los asesinos nazis y los partidarios fanáticos de Hitler estaban legitimados por el movimiento nazi y el Tercer Reich. El nazismo liberó a la población de las restricciones normales que una sociedad impone sobre los deseos violentos y abusivos que, hasta cierto punto, viven en todos nosotros; más aún, incitó activamente a la población a hacer realidad esos deseos.[1] El contexto ideológico e histórico, a la postre, fue más importante que la psicología individual.

El espectro de explicaciones que, a lo largo de los años, los historiadores han dado a por qué la gente apoyó a Hitler y puso en práctica, o aceptó al menos, las medidas e ideas de los nazis resulta casi ilimitado. En un nivel muy básico algunos han sugerido que la respuesta radica en la estupidez humana. La ideología nazi era una mezcolanza de conceptos crudos y eslóganes simplistas, concebida para atraer a personas poco leídas, incultas y marginales. Sedujo a la población mediante una retórica barata y un alarde público superficial. El nazismo habría atraído sobre todo a la gente crédula, de manipulación más fácil, según esta teoría. Por desgracia para este punto de vista, lo cierto es que muchos nazis no fueron estúpidos ni ignorantes, sino gente culta y bien informada. En la década de 1920 uno de los grupos más susceptibles a las zalamerías de Hitler y su partido fue precisamente el de los estudiantes universitarios. Muchos altos oficiales de la SS podrían haber exhibido títulos universitarios y tesis doctorales frente a los que ponían en duda su capacidad intelectual o su cualificación profesional. Atribuir el compromiso con el nazismo —y la voluntad de poner en práctica sus ideas brutales y asesinas, o el darles apoyo, o el conformarse con ellas por no llegar a más— a la estupidez de la gente es simplemente increíble.

Los perpetradores nazis —en su mayoría hombres, pero no todos— no procedían de una única generación, sino que iban más allá de los grupos de iguales generacionales. Algunos habían vivido los años de formación con el Imperio, durante las décadas de 1890 y 1900; otros eran aún niños cuando los nazis conquistaron el poder. Estudiarlos como grupos de edad no nos ha llevado muy lejos. Resulta más importante, según ha observado el historiador Alex J. Kay, que

> estaban unidos, sin lugar a dudas, por un mismo trauma nacional que trascendía los grupos de edad o de origen social. La derrota en la primera guerra mundial, la destrucción total de las ambiciones de Alemania como gran potencia (con la pérdida de las colonias y de extensas franjas de territorio del Reich y con el sometimiento militar y económico) y las posteriores consecuencias tumultuosas de 1918-1919 causaron en la sociedad alemana un trauma tanto colectivo como individual. Esto no afectó tan solo a quienes vivieron conscientemente los hechos, sino también —por transmisión intergeneracional— a sus descendientes, que sufrieron una traumatización secundaria. En esta situación los sentimientos étnico-nacionalistas que ya estaban presentes en el tardío Estado-nación se radicalizaron aún más.[2]

Estos individuos estuvieron motivados, entre otras cosas, por la ferviente convicción de que, para revertir la humillación de 1918 y superar el trauma, era imprescindible adoptar medidas de un radicalismo extremo. Aunque la ideología *lato sensu* fue un denominador común; sin embargo, el elemento central del nazismo —el antisemitismo— fue solo uno de los factores que motivaron la masacre nazi, dado que más de la mitad de las víctimas no fueron judías. El nacionalismo étnico radical y el racismo biológico fueron clave en el asesinato de víctimas no judías por parte de los nazis. Como entre los perpetradores hubo miles de integrantes de las fuerzas armadas alemanas y estas constituían una muestra representativa de la sociedad, parece razonable concluir que no fueron «hombres corrientes» (que en una situación similar habrían procedido de cualquier grupo nacional), sino «alemanes corrientes en una época extraordinaria». El impulso de matar a los supuestos enemigos de Alemania no era algo innato en algún «carácter nacional» alemán, sin duda imaginario, sino la consecuencia de la situación singular en la que Alemania se encontró en el aproximadamente cuarto de siglo posterior al fin de la primera guerra mundial.[3]

Al igual que otros nazis destacados o influyentes, los hombres cuyas vidas se examinan en los capítulos siguientes habían sufrido, muy a menudo, algún revés grave a lo largo de su carrera. El relato de Hitler sobre la crisis, la desintegración y la decadencia nacionales les ofreció un camino para superar los efectos de aquel trauma, identificando sus propias vidas con la vida del país. Las calamitosas derrota y humillación de Alemania, como las personales, solo se podían revertir mediante una acción radical. Culpar a los judíos fue una manera fácil y rápida de evitar enfrentarse a los factores complejos que explicaban la derrota de Alemania en 1918. En su nivel más básico, les resultó imposible admitir que a la postre —después de cuatro años de masacre, con bajas muy cuantiosas en el campo de batalla y privaciones e incluso hambre en el país, con una situación de tablas a la que sucedió la derrota en el frente— la Alemania de 1914 a 1918 resultaba ya incapaz de vencer una guerra frente a una coalición de grandes potencias en la que destacaban el Imperio británico y Estados Unidos. La derrota, pues, tenía que haber sido el producto de fuerzas conspiratorias, ocultas y malignas, en especial las maquinaciones globales de los judíos. Hombres de orígenes muy distintos pero del mismo entorno político conservador, antidemocrático y antisemita —como Franz von Papen o Adolf Eichmann, Rudolf Hess o Robert Ley, Reinhard Heydrich, Julius Streicher o Hans Frank— pudieron encontrar realización y compensación en su compromiso absoluto con la causa nazi, como apoderados responsables de ejecutar el proyecto del nazismo sin ninguna clase de reserva moral.

9

El suplente: Rudolf Hess

A principios de 1914, Rudolf Hess, estudiante de comercio de diecinueve años, decidió empezar a llevar un monóculo. No es que aquel joven de Hamburgo sufriera de miopía en un ojo —de hecho, su vista era casi perfecta, lo que le permitió, hacia el final de la guerra, formarse como piloto de caza—, sino que buscaba impresionar a los amigos: era un acto de afectación social. Los monóculos estuvieron especialmente de moda en las décadas de 1890 y 1900. J. Bryan Lowder recuerda que, en la última década del siglo XIX, se convirtieron en un indicador de alta posición social.

> Desde el principio fue un símbolo de riqueza ... Incorporar el monóculo de cadenilla a la vestimenta siempre suponía cierta afectación a la moda. Al igual que los impertinentes, el catalejo y, como antecesor directo, el monóculo de manija, se originó en lo esencial como accesorio efímero para quienes tenían el dinero y también la inclinación a adquirir tales cosas ... Según un artículo publicado en 1950 por el *Optical Journal*, desde el principio la lente única estuvo asociada a «un aire de elegancia consciente», lo que a menudo provocaba situaciones risibles: «Uno tenía la sensación de que quien lo usaba era un poco necio, impresión que se derivaba hasta cierto punto del hecho de que era frecuente que los monóculos no se ajustaran bien y se cayeran repetidamente».[1]

Al parecer Klara, la madre de Hess, compartía esa impresión. Cuando Rudolf le envió una fotografía en la que lucía el artilugio, ella contestó: «Estoy absolutamente entusiasmada de ver cuál ha sido tu última adquisición. El monóculo te sienta de maravilla. Estás casi, casi tan guapo como un orangután».[2] Aun así, en aquellos años el monóculo, unido a un sombrero de copa y una levita, era un símbolo recurrente de riqueza capitalista, algo a lo que un simple aprendiz como Hess sin duda aspiraba. Por otro lado también era habitual entre los oficiales del ejército —lo usaban por ejemplo Hans von Seeckt, Werner von Fritsch y Erich Ludendorff—, lo que asociaba un tanto a sus portadores con la distinción social de los aristócratas prusianos de las fuerzas armadas. Durante varias generaciones, a partir de mediados del siglo XVIII, los Hess habían sido unos simples zapateros de la ciudad de Wunsiedel, en la Franconia protestante, hasta que el abuelo de Rudolf, Johann Christian Hess, que aprendía la carrera de viajante en Livorno, alojado en casa de unos parientes lejanos, conoció a la hija del cónsul suizo local, Johann Bühler, y se casó con ella. En 1865 la carrera comercial llevó al abuelo hasta Alejandría, entonces en fase de gran expansión por los proyectos del Canal de Suez, el tendido de una conexión ferroviaria con El Cairo y la ampliación del puerto. En la ciudad egipcia residía una animada comunidad de expatriados, en su mayoría británicos y franceses, pero también alemanes, griegos y otros. Johann Christian Hess no tardó en disponer de una próspera compañía propia de importación y exportación, gracias a lo cual su hijo Fritz pudo casarse con Klara Münch, hija de un industrial de Hof, otra ciudad de la Franconia. La pareja se trasladó a una residencia de lujo, situada a las afueras de Alejandría y provista de un jardín espacioso. Aquí criaron a sus tres hijos, Rudolf (nacido el 26 de abril 1894) y un hermano y una hermana menores que él. En el recuerdo posterior, Fritz aparece como un padre de familia estrictamente tradicional, puntilloso, exigente y partidario de la disciplina. Esto no era infrecuente entre las clases medias alemanas de la época, no obstante. Historiadores como Joachim C. Fest han hecho demasiado hincapié en este asunto y han atribuido la posterior sumisión servil de Hess a Hitler al dominio del padre. Para empezar las referencias al rigor del padre son muy posteriores y la relación de Rudolf con él parece haber sido cordial. No hay pruebas contemporáneas de que, según se afirmó más adelante, el padre hubiera impedido al hijo estudiar una carrera universitaria por su insistencia en que estudiara comercio. En las memorias del propio Hess solo hay recuerdos positivos de los años vividos en Egipto, su «pequeño paraíso».[3]

En Alejandría, Rudolf recibió una educación esporádica y poco satisfactoria. El padre, descontento con las escuelas locales, contrató el servicio de un tutor privado; pero la formación del pequeño se interrumpía a menudo debido a las frecuentes estancias en Alemania: Fritz había comprado una parcela agrícola en Reinholdsgrün (a unos quince kilómetros de Wunsiedel, en el nordeste de Baviera) y construyó una pequeña casa de dos plantas para recibir a invitados y también a partidas de cazas. En marzo de 1908 se decidió pues enviar a Rudolf a un internado: la Casa Alemana de Bad Godesberg, situada junto al Rin, elección frecuente de las familias expatriadas. Aquí el chico prosperó y, según se complacía en indicar en las cartas a los padres, sacaba buenas notas. Los maestros solo le criticaban que era demasiado tímido y retraído y que convenía que tomara más la palabra. El ambiente de aquella escuela, como en su propio hogar, era intensamente patriótico y nacionalista, por lo que no es de extrañar que se incorporase al ala juvenil de la Liga de la Marina, una organización de masas creada en apoyo de la nueva flota de combate de Alemania. Todo esto no dejaba de resultar convencional para el hijo de una familia protestante de clase media, como también lo fue que al terminar la secundaria iniciara el estudio de comercio. Aunque la familia vivía cómodamente, no pertenecía ni a la clase de los propietarios ni a la clase media culta, sino que se hallaba un peldaño por debajo. Hacerse con el monóculo fue por lo tanto un signo más —el más llamativo— de las aspiraciones sociales de Rudolf Hess, que deseaba medrar.[4]

Todo esto lo sabemos porque en la casa familiar se conservaron durante muchas décadas las cartas del joven y las respuestas de los padres, hasta que el hijo de Rudolf las redescubrió en la buhardilla, en 1987, al poco de fallecer Rudolf. En estas cartas nada indica que el joven fuera infeliz en Hamburgo, antes al contrario. No estuvo entre las multitudes que salieron a la calle a congratularse por el estallido de la guerra, en julio de 1914. El 17 de julio informó a sus padres:

> El domingo escuché el gran grito de guerra en los cafés. ¡Puro patriotismo de «hurras»! Entre otras cosas, figuras medio borrachas berreaban nuestras canciones patrióticas más hermosas y la gente se consideraba heroica por haber echado a algún francés, ruso o serbio. No me impresionó gran cosa. Deberíamos dejar de lado el entusiasmo, al menos su expresión física, hasta que haya llegado nuestro gran momento. Entonces sí que me sumaré.[5]

Sin embargo, el embriagador entusiasmo bélico que atrapó a las clases medias alemanas del momento se le contagió y se marchó directo a Múnich para enrolarse en el ejército bávaro. Aquí se puso de manifiesto de nuevo la condición social relativamente modesta de la familia: ingresó automáticamente en el rango inferior, el de simple soldado, muy lejos de la clase de los oficiales. El padre ensalzó al joven, calificándolo de «valeroso y atrevido», y estaba seguro de que destacaría por su valentía. En las cartas de Rudolf a la familia se manifiesta no solo el entusiasmo por la guerra, sino también un odio agresivo hacia los «bárbaros» franceses contra los que se luchaba. Tras un período de formación pasó por fin al campo de batalla, donde ascendió prontamente en la jerarquía: en mayo de 1915 era suboficial y en el camino lo condecoraron con la Cruz de Hierro de segunda clase.[6]

Las cartas de Rudolf revelan asimismo cierta decepción e impaciencia por el comportamiento de los otros soldados, muchos de los cuales eran obreros venidos de las grandes ciudades. Las ideas de estos, en muchos casos, distaban mucho del fervor patriótico de las clases medias con las que Rudolf estaba familiarizado. El 1 de agosto de 1915 logró escapar de esas compañías e iniciar la formación como oficial. El proceso fue, sin embargo, decepcionante: después de muchos meses de instrucción militar, prácticas de tiro y cavado de trincheras, envidiaba a los compatriotas que luchaban de forma activa en el frente. Por otro lado la actitud de los que ya eran oficiales también le irritaba: él quería que lo trataran como a un camarada pero se comportaban como sus superiores. No se licenció como teniente hasta el 8 de octubre de 1917, pero bastante antes pudo regresar a los combates del Frente Occidental. El 12 de junio de 1916 resultó herido en la mano y la parte superior del brazo, en un enfrentamiento al norte de Verdún; tras recuperarse en un hospital de la retaguardia lo destinaron al frente suroriental, donde el 27 de agosto de 1916 Rumanía le había declarado la guerra a Austria-Hungría. Aquí combatió contra las tropas rusas que habían acudido a socorrer a los rumanos y —según afirma en una carta, con tono entusiasta— el asalto contra el enemigo logró hacerlo retroceder entre un fuego intenso. Aquí en Rumanía tuvo noticia de que en Rusia había estallado la Revolución (en febrero de 1917) y, al mes siguiente, el zar Nicolás II fue derrocado. Tras toparse con un panfleto propagandístico escrito en alemán por revolucionarios rusos —donde se invitaba a los alemanes a mejorar su suerte siguiendo los pasos de Rusia—, escribió una respuesta vigorosa en la que defendía que los rusos necesitaban un monarca como el káiser Guillermo II y aseguraba que la paz llegaría, aunque solo «¡cuando hayamos obtenido la victoria total!».[7]

Unos meses más tarde recibió una nueva herida en el brazo, y al poco tiempo, otra en el hombro izquierdo. Tras el ascenso a teniente, como la vida en el frente le aburría, Hess solicitó con éxito ingresar en el Cuerpo de Aviación, donde inició la formación tras haberse recuperado de las heridas. Sin embargo, no pudo participar como piloto hasta principios de noviembre, en las filas del Escuadrón de Cazas 35. Estaba convencido de que Alemania ganaría la guerra, según afirmó incluso en una fecha tan tardía como el 1 de noviembre de 1918.[8] La noticia de que Ludendorff había sido destituido como adjunto al jefe del Estado Mayor del ejército de Tierra (*Generalquartiermeister*), en octubre de 1918, representó para él una verdadera conmoción. Se había tragado sin espíritu crítico las afirmaciones de la propaganda, según la cual las fuerzas armadas alemanas eran invencibles, y culpó de la derrota a las masas del país «que por desgracia van atacando a sus grandes hombres hasta que consiguen derribarlos». Aquella reverencia por Ludendorff prefiguraba, de un modo inquietante, la futura devoción heroica por Hitler. Ludendorff, escribió, «es de la clase de un Bismarck ... A pesar de las constantes calumnias y antagonismos Ludendorff no ha cejado en el empeño de servir a la patria con su fuerza brillante y poderosa».[9] Las condiciones del Armisticio con los Aliados, el derrocamiento del káiser y la Revolución de 1918 horrorizaron a Hess:

> Estos son, probablemente, los momentos más difíciles de mi vida ... La culpa de todo es de los Independientes [los socialdemócratas]. Han estado meses creando agitación en el ejército hasta que se ha producido el hundimiento. Se disfrazaban de soldados y venían al frente a agitar las aguas. Venían a las ciudades belgas, como civiles, a agitar las aguas.
>
> Las condiciones del enemigo, la verdad, son humillantes a más no poder.[10]

Al igual que Hitler, Hess pasó al activismo político por la ofensa que le provocó la derrota de Alemania, que a él le resultó inesperada. El 13 de diciembre de 1918 le dieron la baja en las fuerzas armadas. Intentó incorporarse como piloto a un Freikorps, para luchar contra los «espartaquistas» y los «irredentistas», pero no lo consiguió. En consecuencia aprovechó un programa iniciado por el gobierno socialdemócrata de Baviera para que los veteranos accedieran a la universidad. Eligió estudiar *Volkswirtschaft*, economía política. En alguna ocasión asistió asimismo a las clases del profesor Karl Alexander von Müller, un nacionalista de derechas que tiempo atrás había ocupado la cátedra Rhodes en Oxford. Allí coincidió con Hermann Göring, aunque este solía sentarse en la primera fila, y Hess, en la última.[11]

Para costearse los estudios, Hess tuvo que trabajar a tiempo parcial, como tantos universitarios de los años de Weimar. Max Eduard Hofweber, amigo del ejército, había sido colega del jefe de una pequeña fábrica de muebles que por su mediación le ofreció un empleo; Hofweber participaba activamente en la política de ultraderecha y se llevó a Hess a una asamblea de la Sociedad Thule, uno de los múltiples grupúsculos políticos antisemitas, racistas y ultranacionalistas que prosperaron en Múnich durante la posguerra. La Sociedad abogaba por la pureza racial, asociada a la idea de que la raza «aria» era de origen nórdico (Thule era un país mítico del norte remoto, identificado a veces con Islandia). Entre los asistentes a aquellas reuniones y las personas próximas había varios miembros del movimiento nazi, entonces en su etapa inicial: por ejemplo Anton Drexler, Dietrich Eckart, Gottfried Feder, Hans Frank, Ernst Röhm y Alfred Rosenberg. El líder de la Sociedad Thule, Adam Glauer, era un estafador convicto, que se hacía llamar Rudolf von Sebottendorf y se interesaba por el ocultismo, incluidas la astrología y la alquimia.[12]

Hess absorbió todas estas creencias (hacia estas fechas, sus cartas empiezan a hacer referencia a los horóscopos y la astrología)[13] y no tardó en interpretar un papel activo en los asuntos de la Sociedad. Sus puntos de vista se reforzaron por el trato con la cultura política ultraderechista predominante entre los estudiantes de la Universidad de Múnich. Al igual que estos, aplaudió que, en febrero de 1919, un fanático ultraderechista asesinara al socialista de izquierdas Kurt Eisner, ministro presidente de Baviera («Que eliminaran a Eisner ha sido una bendición») y cuando el atentado dio paso a un cambio de régimen en Múnich —primero, de corte revolucionario radical, luego comunista— emprendió actos de sabotaje contra el gobierno, organizó el suministro de armas para los miembros de la Sociedad Thule que planeaban una resistencia armada y dirigió una unidad de falsificación de documentos tales como billetes de tren y sellos oficiales. Su unidad también se infiltró en el Partido Comunista muniqués y pasó información sobre sus miembros a las secciones de Freikorps que aplastaron el régimen revolucionario mediante una invasión sangrienta patrocinada por el gobierno legítimo de Baviera, de mayoría socialista, exiliado en una sede del norte de la región. Hess participó en la acción al mando de una pequeña unidad de artillería y sufrió heridas leves. Además su unidad denunció a muchos «revolucionarios» que luego fueron ejecutados sumariamente. Quedó a sueldo del Freikorps, subvencionado por el ejército, y participó con aquel en la brutal supresión del «Ejército Rojo» formado por obreros huelguistas de las industrias del Ruhr, de tendencia comunista, que habían contribuido a derrotar el intento de golpe de Estado antirrepublicano de marzo-abril de 1920 (*Putsch* de Kapp), una derrota que Hess calificó de «triste».[14]

En las cartas que envió a sus padres durante esta etapa, donde describe con pasión su intervención en los combates de Múnich, se respira un ambiente de intenso odio y violencia contra «los rojos». «No hay que pensar en la paz. Lo único que me mantiene vivo es la esperanza de que un día podremos vengarnos. Quizá todavía tarde en llegar; pero tal vez podré vivirlo aún».[15] Compartía sin reservas el antisemitismo de la ultraderecha y lanzaba diatribas contra la «prensa judía» y «los capitalistas judíos de la Entente». Según lamentaba en marzo de 1920, «como a esa panda nuestra de judíos no le conviene que el gobierno alemán sea fuerte, utilizan el poder de su prensa para debilitarlo». Cierto día que ponía a sus padres al corriente de sus actividades en la capital bávara, describió que «en los últimos días hemos estado distribuyendo muchos papeles volantes contra la tribu de Judá, especialmente para abrir los ojos de la gente con respecto a los judíos que se proponen como líderes obreros». La supuesta seducción de la clase obrera alemana por parte de una camarilla de judíos socialistas era del todo imaginaria, pero una de las creencias firmes y recurrentes de la ultraderecha del período, y por eso los nazis (entre otros grupos) se dieron a conocer con el nombre de Partido Nacionalsocialista Obrero. Cuando su batallón del Freikorps emprendió la marcha para ayudar a sofocar el levantamiento del Ruhr —contaba Hess—, todos sus integrantes habían «pintado en el casco de acero una esvástica, bella y maravillosamente antisemita», aunque luego tuvieron que retirarla, por orden de sus superiores. Las cartas de esta época desbordan de insultos antisemitas, de modo que no cabe poner en duda la intensidad y profundidad de los prejuicios de Hess contra los judíos. Había absorbido por completo los dogmas raciales y conspiranoicos del mundo en el que se movía por entonces: la violencia y el odio ultranacionalistas e irreflexivos que caracterizó a las unidades del Freikorps en los primeros años de la década de 1920, descrito posteriormente en un poderoso estudio psicohistórico de Klaus Theweleit, *Männerphantasien* («Fantasías masculinas»). Incluso el lenguaje al que Hess recurre —por ejemplo en la descripción, deshumanizadora y cargada de miedo, de un encuentro a solas en una calle muniquesa con «una chusma de rojos con sus mujeres y niños»— es por sí solo reflejo del utilizado en las memorias y las novelas analizadas por Theweleit.[16]

En estas fechas, aunque había abandonado casi por completo los estudios (algo que distó de ser excepcional en el sistema universitario alemán, bien conocido por su tolerancia, tanto en la década de 1920 como bastante después), Hess quedó bajo la influencia de las teorías de Karl Haushofer, un militar que antes de la guerra había actuado como asesor del ejército japonés. Al igual que su amigo Hofweber, Hess había estado subordinado a Haushofer durante la contienda, y hacia finales de enero se había convertido en amigo de la familia de su superior, que se había integrado en la Universidad de Múnich como profesor honorario, tras haberse retirado del servicio militar con el rango de general de división. Haushofer había publicado un libro que proponía como un modelo para Alemania las «rejuvenecedoras guerras de expansión» de Japón, incluidas la invasión de Corea en 1910 y la guerra contra Rusia en 1904-1905. El profesor —que antes de la guerra ya se había declarado seguidor del historiador antisemita Heinrich von Treitschke y era, como este, un antisemita feroz— abogaba por la «geopolítica», que ayudó a desarrollar. Esta doctrina recetaba la expansión territorial como prueba de fuego de la viabilidad de una raza en la lucha global por la supremacía. Para justificar su propuesta de conquistar la Europa del este —donde a su juicio la raza germánica podía extenderse después de eliminar a los habitantes eslavos de la región— adoptó el concepto del *Lebensraum* o «espacio vital», que tomó de pensadores anteriores a la guerra como el geógrafo Friedrich Ratzel o el militarista Friedrich von Bernhardi.[17]

En algún momento de este período Rudolf Hess conoció a Adolf Hitler, quien, como él, era un veterano de guerra que aún seguía a sueldo de las fuerzas armadas. Desde los primeros meses de 1920 se interesó por el Partido Nazi, entonces de reciente fundación, aunque la afiliación formal no se produjo hasta el 1 de julio, con el carnet número 1.600. Para Hess supuso un paso natural: muchas personas a las que conocía y trataba en la Sociedad Thule se estaban uniendo al Partido porque Hitler ya destacaba por ser el orador más efectivo de la extrema derecha. Los nazis parecían ser el mejor vehículo para dar publicidad a las ideas de la Sociedad y en un futuro, tal vez, incluso ponerlas en práctica. En consecuencia, Hess no se convirtió a la causa nazi después de haber oído hablar a Hitler o haberlo conocido en persona, sino que ya participaba activamente en el medio del que la causa nazi surgió. Hess era lo que hoy calificaríamos como un terrorista ultraderechista, resuelto a emplear la violencia para promover el racismo, el antisemitismo y el derrocamiento de la democracia. Soñaba con que Alemania se vengaría de sus enemigos: «En ese momento podría volver a poseerme el éxtasis, una tempestad virtualmente irracional ... como cuando lanzábamos granadas de mano después de las explosiones del enemigo en el puente de Vimy».[18] Nunca hubo dudas sobre su determinación, pero como mínimo al principio la lealtad se dirigía más al Partido que a su líder. Por otro lado al Partido sus amplios contactos con la extrema derecha le resultaban muy útiles. Fue Hess quien puso en contacto a Hitler con Ludendorff, por ejemplo, y Hess quien abogó por la causa de Hitler con el ministro presidente de Baviera, Gustav Ritter von Kahr, del ala derechista. Al poco tiempo colaboraba estrechamente con Hitler, a quien ayudaba a preparar los discursos y le pasaba ideas obtenidas de la lectura de Haushofer. Desde el punto de vista de Hitler, Hess tenía la enorme ventaja de poseer múltiples habilidades adquiridas durante el aprendizaje de la carrera de Comercio, entre ellas la taquigrafía y la mecanografía; y durante los meses y años siguientes —mientras el Partido Nazi era aún una organización minoritaria y con problemas de financiación— hizo un uso extenso de esos conocimientos. La proximidad con Hitler inspiró en Hess un entusiasmo ilimitado por el líder nazi. En abril de 1921 Hess escribía que «se ha convertido en un buen amigo. ¡Es un tipo genial!». Animaba a Hitler a creer en su misión, creer que sería el líder de Alemania, un hombre muy cercano al pueblo, que podía hablar como uno de ellos. Al estar socialmente desorientado, dominado por el sentimiento de inferioridad, sabedor de no pertenecer a una clase media sólida y profundamente ofendido por la conmoción de la derrota de Alemania en 1918 y la revolución posterior, Hess había desarrollado un compromiso fervoroso con el nacionalismo. En Hitler y el movimiento nazi encontró una causa que dotó su vida de sentido y de propósito. No era simplemente que por debajo de la superficie dura e inflexible Hitler fuera cariñoso con los animales y se llevara bien con los niños, escribió; sino que era sobre todo su férrea determinación de utilizar cualquier medio necesario para devolver a Alemania su grandeza. Para Hess, además, otro atractivo importante del Partido Nazi era la promesa de superar las divisiones personales con las que, en su caso concreto, le había resultado muy difícil lidiar. En esta época, en respuesta a una pregunta abierta que se interesaba por qué clase de hombre podría redimir a la Alemania futura de la humillación del presente, escribió un ensayo que respiraba un aire violento de odio y de venganza; el nuevo líder —decía Hess— debería estar dispuesto a derramar sangre y renunciar a toda contención en la lucha contra los «traidores».[19]

A partir de finales de 1921 Hess lideró una serie de ataques brutales de una unidad de las SA formada exclusivamente por estudiantes universitarios. Se enfrentaron con los comunistas y los socialdemócratas, cuyas formaciones paramilitares tampoco tenían reparo en contraatacar. El 4 de noviembre de 1921, en un concurrido mitin de los nazis, estalló un conflicto que le causó una herida en la cabeza que requirió de varios puntos de sutura. Al mismo tiempo, no obstante, retomó los estudios, escribió artículos y asistió a conferencias. Pero Hitler no tardó en convocarlo para que participara en el *Putsch* de la cervecería. En la Bürgerbräukeller se le vio junto a Hitler con su viejo uniforme del ejército; por orden de Hitler detuvo a varios miembros destacados del gobierno conservador de Baviera y los tomó como rehenes bajo vigilancia mientras su jefe y los otros líderes nazis intentaban llevar a la práctica el golpe de Estado. Al saber que el intento había fracasado miserablemente y la mayoría de los rehenes había logrado huir, Hess escapó de Múnich en un coche con dos de los secuestrados; en el trayecto se detuvo varias veces en un paisaje boscoso para —según les dijo— localizar un buen árbol del que ahorcarlos. A la postre se le escaparon con el coche —Hess había descuidado llevarse la llave de contacto mientras se acercaba a una casa de campo algo alejada de la carretera, para buscar alojamiento para la noche— y regresaron a la capital bávara. Hess pasó la frontera de Austria y permaneció brevemente en el país vecino antes de volver y buscar amparo en casa de Haushofer. Se quedó aquí en secreto mientras se juzgaba a Hitler, pero al descubrir que las condenas de los golpistas habían sido muy indulgentes, se presentó ante la policía con la convicción de que ello le convenía más que seguir a la fuga «con la espada de Damocles colgada siempre por encima de mí». Lo acusaron de haber secuestrado a los miembros del gobierno bávaro y lo condenaron a dieciocho meses de «encierro en una fortaleza». Le asignaron una celda agradable de la primera planta de la cárcel de Landsberg, el mismo centro donde se había confinado a Hitler.[20]

Estudios recientes han podido determinar la falsedad de la afirmación legendaria, repetida a menudo, según la cual en Landsberg Hitler le dictó *Mein Kampf* a Rudolf Hess: en realidad el libro lo escribió el propio Hitler. La aportación de Hess se limitó ante todo al período posterior a la liberación de Hitler, cuando se ocupó en efecto de corregir las pruebas, escribir los subtítulos de las columnas del segundo volumen y ayudar a preparar los dos mamotretos para la publicación. En este período Hess fue importante para Hitler, pero por otra razón bastante diferente: por presentarle a sus contactos, y en especial a Haushofer, que le visitó en ocho ocasiones y más de una vez mantuvo una conversación prolongada con el líder nazi, en la que muy probablemente confirmó la convicción de Hitler de que los objetivos geopolíticos de Alemania a largo plazo debían incluir la adquisición de *Lebensraum* en la Europa del este. Según le contó Hess a su padre, la rutina diaria en la cárcel implicaba levantarse a las 5 de la mañana, prepararle un café a Hitler, leer o escribir hasta las 7:30, y luego cortar leña hasta las 11, a cambio de un modesto salario. Luego tomaba un baño caliente, una siesta de tarde, la merienda, más lecturas y la cena, tras la cual participaba en los juegos del exterior o salía a pasear con Hitler, con el que conversaba sin descanso; el día acababa con otra ración de té y pastel. En cuanto a Hitler, dedicaba la mayor parte del tiempo a escribir *Mein Kampf* y en ocasiones rechazaba a los visitantes para poder centrarse en su labor literaria. Acostumbraba a leer en voz alta los borradores, ante el infalible embeleso —casi sobrecogido— de Hess. Cuando la obra se publicara, predijo Hess el 23 de julio de 1924, provocaría «una oleada de asombro, rabia y admiración».[21]

Esta fue la época en la que Hess se aproximó de veras a Hitler y se dedicó a exponer la devoción por el héroe ante quien quisiera escucharle. Al recuperar la libertad, el 2 de enero de 1925, Hitler lo recompensó nombrándolo su secretario privado, para lo cual tuvo que rechazar la oferta de convertirse en asistente del profesor Haushofer. El trabajo de secretario se pagaba mucho mejor que el puesto universitario, le dijo a sus padres, y además le permitía continuar con los estudios. Para los aspectos más monótonos de su cargo le asignaron una secretaria auxiliar, con lo que él pudo centrarse en acompañar a Hitler en sus viajes, organizarlos, reservar las comidas y los alojamientos, tratar con la prensa y gestionar su correspondencia. Hess apoyó incondicionalmente a Hitler en las diversas luchas por el poder que se libraron en el seno del Partido durante los años finales de la República de Weimar. La mayor parte del tiempo se mantuvo en segundo plano, aunque en las marchas y manifestaciones sí aparecía con frecuencia en la primera fila, al lado de Hitler. Esto no significa que careciera de ambiciones personales. Estaba seguro de que gracias a su experiencia universitaria «soy adecuado para actuar como vínculo de conexión entre el movimiento de masas y la clase culta»; a diferencia de muchas personas de buena formación cultural, él no tenía inconveniente en aceptar los métodos crudos y violentos de los nazis.[22] Hess contribuyó mucho a reforzar la autoridad de Hitler dentro del Partido y popularizó el saludo *Heil Hitler!* y la invocación *Mein Führer* cuando se hablaba con el Líder. Dedicaba gran parte de su tiempo libre a actividades físicas, desde el esquí o el senderismo alpinos a la participación en competiciones de vuelo con un avión que le proporcionaba, sin coste, el periódico del Partido Nazi, el *Völkischer Beobachter*. De hecho, también utilizó el aparato para volar a baja altura sobre un mitin que los socialdemócratas habían organizado al aire libre, en Hanóver, y ahogar con su ruido la voz del orador. El 27 de diciembre de 1927 se casó con la que hacía mucho que era su novia, Ilse Pröhl, a quien había conocido siete años antes en la universidad muniquesa. Ilse, que había nacido en 1900 y fue miembro del Partido Nazi desde 1932, era hija de un médico acaudalado, y a Hitler el matrimonio le pareció tan idóneo que hizo de testigo de la boda junto con Haushofer. Una vez más, en el caso de las mujeres los conceptos de Hess también se ajustaban al mundo descrito por Klaus Theweleit. La literatura fascista sobre las mujeres, según las conclusiones de este estudioso, las dividía en «ángeles» (enfermeras, madres, etcétera) o «putas» (furias ninfómanas y revolucionarias furiosas, violentas e incontrolables). Para Hess no había duda: Ilse pertenecía a la primera categoría. La pareja solía hacer rutas de senderismo y esquiadas y, cuando no estaban juntos, se escribían cartas con frecuencia; de vez en cuando Hess también le dirigió poemas. El único hijo del matrimonio, Wolf-Rüdiger —en aquella época Hitler recibía el apodo de *Wolf*, «el Lobo»— nació el 18 de noviembre de 1937. Inspirado por sagas medievales como la *Canción de los nibelungos*, para Hess el valor supremo era la lealtad, tanto en los asuntos personales como en los políticos.[23]

Esto permitió que Hess interpretara un papel más público que el anterior como secretario privado de Hitler cuando el revés electoral de noviembre de 1932 provocó una crisis grave en el Partido Nazi, con la dimisión de Gregor Strasser. Hitler encomendó a Hess la jefatura de una recién creada Comisión Política Central, concebida para ejercer un control más estricto que anteriormente sobre el Partido, sus funcionarios y sus miembros. Ya no se iba a permitir ninguna acción independiente que fuera en contra de las intenciones tácticas de Hitler. En los primeros seis meses de 1933 la tarea resultó casi imposible y en este proceso —cuando se nombró a Hitler canciller imperial— Hess solo tuvo una intervención periférica. En el contexto de caos y la violencia de la conquista del poder por parte de los nazis, entre febrero y julio, el Partido estableció rápidamente la supremacía sobre los órganos estatales locales, regionales y nacionales, y no fue necesario (ni habría sido posible) que Hess supervisara o impulsara el proceso. En el transcurso del año, no obstante, Hitler elevó a Hess a una posición ciertamente destacada, que lo situaba por vez primera como figura pública: le concedió un asiento en el gabinete de gobierno, como ministro sin cartera, y finalmente lo designó como su suplente oficial, el «suplente del Líder» (*Stellvertreter des Führers*).[24]

Su presencia se puede constatar en diversos puntos del registro documental, desde la redacción de las Leyes de Núremberg, en 1935, a la anexión de regiones de Polonia cuatro años más tarde. Pronunció múltiples discursos antisemitas, calificó la Sociedad de Naciones como «una farsa que funciona principalmente como plataforma para que los judíos hagan realidad sus propios objetivos» y culpó a los judíos, también él, de la derrota de Alemania en 1918.[25] Aprobó sin reservas las medidas adoptadas por los conquistadores alemanes durante la ocupación de Polonia, en 1939, incluidas las leyes especiales de discriminación de los polacos. En público Hess tuvo una presencia destacada: presentaba los discursos de Hitler, presidía grandes ceremonias y acompañó a Hitler en muchos de sus viajes. En la fase inicial de la guerra los discursos de Hess contribuyeron a mantener alta la moral de los alemanes. Tenía fama de ser uno de los pocos líderes del régimen nazi que se caracterizaban por ser honestos, rectos e incorruptibles. Solía presentarse a sí mismo como un soldado, antes que como un político, ante el aplauso general.[26] Pero su posición como suplente oficial del Führer se había definido con bastante vaguedad y no se situaba por encima de otros muchos funcionarios nazis como por ejemplo, los Gauleiter (líderes regionales), que siguieron gozando de acceso personal y directo a Hitler. Hess, como decíamos, no carecía de ambiciones: si le parecía que su condición quedaba perjudicada por algo, su reacción era alérgica; pero no estaba bien pertrechado para las constantes luchas de poder del régimen nazi ni poseía una base de poder genuina, propia e independiente. El título de suplente era en la práctica un título huero y, con el paso del tiempo, se fue vaciando más aún. Su jefe del Estado Mayor, el duro y trabajador Martin Bormann, se fue apoderando de sus funciones hasta sustituirlo como secretario personal de Hitler en agosto de 1935.[27]

Hess demostró ser del todo incapaz de lidiar con las numerosas quejas que le enviaban sobre el comportamiento de los líderes nazis. Según comentó «Putzi» Hanfstaengl con una alusión satírica a la Biblia: «Venid a mí todos los que estáis cansados y agobiados, y yo... no haré nada».[28] Además Hess estaba al mando de la organización creada para tratar con los miembros del Partido que vivían en el extranjero, pero apenas desempeñó ningún papel en la política exterior; por lo general se limitaba a dar la bienvenida a las delegaciones de visita. No se le tuvo en cuenta para las principales decisiones del régimen en materia de política ni interior ni exterior. En 1939 Alfred Rosenberg describía en su diario a un Hess indeciso y deprimido: el aparato del Partido había escapado a su control y él se había quedado sin ninguna función de verdadera importancia.[29] Según las secretarias pasaba mucho tiempo sentado a su escritorio, revolviendo papeles sin propósito o simplemente mirando a la nada. Cuando alguien entraba a hablar con él, a menudo les dio la impresión de estar confundido.[30]

En 1940 Hess había cobrado dolorosa conciencia de su pérdida de poder. Al saber que Hitler pretendía invadir la Unión Soviética volvió la mirada hacia las doctrinas «geopolíticas» de su mentor Karl Haushofer y recordó la vaga «oferta de paz» que se le había planteado a Gran Bretaña tras la caída de Francia. Los riesgos de emprender una guerra en dos frentes eran obvios. Si él lograba acordar una paz bilateral con Gran Bretaña, salvaría a Alemania de esos riesgos y recuperaría el aprecio de Hitler. Uno de sus astrólogos lo confirmó en su intención al predecirle, a finales de 1940, que se le había elegido para traer la paz.[31] Por consejo de Albrecht Haushofer, hijo del profesor, decidió contactar con el duque de Hamilton, pues creía que era uno de los líderes del bando pacifista entre la clase dirigente británica. Hamilton, que personalmente se había destacado como un as de la aviación, había sido un miembro destacado de la Hermandad Angloalemana —una sociedad políticamente activa, bien intencionada y de buenas conexiones— y no carecía por completo de influencia; pero distaba de ser una figura crucial, en contra de lo que Hess creía. Aunque Hitler había prohibido volar a Hess, por los peligros que entrañaba, este retomó la práctica en secreto y en el otoño de 1940 empezó a hacer preparativos. A las 5:45 de la tarde del 10 de mayo de 1941 Hess subió a la cabina de un Messerschmitt Me110 modificado, un caza pesado situado en el área de estacionamiento del aeródromo del fabricante, cerca de Augsburgo; encendió el motor y emprendió el vuelo.[32]

Hess dirigió el avión hacia el noroeste, alterando el rumbo varias veces, y remontó el mar del Norte volando a baja altura. Tras volar cierto tiempo hacia delante y hacia atrás, para evitar que los radares británicos lo detectaran, acabó alcanzando Northumberland, en la costa nororiental, desde donde fue atravesando las tierras bajas de Escocia hacia la finca de Hamilton. Como no logró localizar la pista de aterrizaje privada del duque, Hess se lanzó en paracaídas a un campo cercano, dejando que el avión se estrellara e incendiara un poco más allá. Los miembros locales de la Guardia Nacional lo apresaron y acabaron llevándolo a presencia del duque, ante el cual reveló su verdadera identidad. La «misión de paz» con la que volaba —de su propia cosecha, sin la colaboración de nadie— ofrecía al gobierno británico un conjunto de propuestas fantasiosas que podrían resumirse en permitir que Gran Bretaña conservara su Imperio global si daba a los nazis libertad de acción en el continente europeo; en el fondo repetía un pacto similar, concebido por Hitler algún tiempo antes. A Churchill no le pasó por alto que esas condiciones equivalían a reclamar la rendición de Gran Bretaña y que aceptarlas habría supuesto que Gran Bretaña quedara como Estado cliente del nazismo. En Alemania, Hitler, horrorizado por la iniciativa, juró que ahorcaría a Hess si una invasión nazi lograba tomar las islas. Hess fue encarcelado en la Torre de Londres y posteriormente se lo trasladó a un hospital mental vigilado, en el sur de Gales. Acabada la guerra se lo juzgó en Núremberg y condenó a cadena perpetua. El

17 de agosto de 1987, en la prisión de Spandau, Hess se suicidó. Nunca se arrepintió del papel que había interpretado en la Alemania nazi ni abjuró de la admiración a Hitler. A este respecto gozó siempre del apoyo constante de su esposa Ilse y su hijo Wolf-Rüdiger, que siempre defendieron que era un «prisionero de la paz» y que su oferta de negociar un acuerdo de paz con los británicos en 1940 había sido a la vez sincera y viable.[33]

Aunque en los juicios de Núremberg se presentó como un amnésico confuso y fingió no reconocer a personas con las que había tratado habitualmente, como su secretaria o Hermann Göring, y aunque los psiquiatras Aliados plantearon incontables teorías sobre su estado mental, Rudolf Hess no estaba loco. Su carcelero de Núremberg, el coronel Andrus, no dudaba que «toda aquella historia de la locura era simulada», y así lo hizo constar en sus informes.[34] De hecho, el 29 de noviembre de 1945 el propio Hess declaró que su incapacidad de recordar nada había sido una simulación «táctica»: «A partir de ahora mi memoria vuelve a estar disponible también para el exterior».[35] El fracaso miserable de su quijotesca «misión de paz», la muerte de Hitler y la derrota de Alemania, los juicios de Núremberg y la destrucción completa del Tercer Reich y todo lo que representaba sin duda pusieron patas arriba el que había sido su mundo, por lo que apenas es de extrañar que mostrase signos de desorientación. «El comportamiento de Hess, tanto delante de la corte como en la cárcel —comentó Franz von Papen—, no era el de una persona normal ... Yo personalmente tengo la convicción de que Hess estaba loco, aunque quizá tuviera algunos momentos lúcidos».[36] Sea como fuere se le consideró lo suficientemente cuerdo como para responder ante los jueces. Intentó quitarse la vida en más de una ocasión, pero a diferencia de tantos otros líderes del nazismo, fracasó repetidamente, al menos hasta el intento final, cuando hacía varias décadas que la guerra había acabado. En la nota final pidió disculpas a su antigua secretaria por haber fingido no reconocerla. Quizá incluso tuviera algún sentimiento de culpa por vez primera, al leer las transcripciones y pruebas de los juicios de Núremberg. En resumidas cuentas Hess fue un hombre de acción, de carácter instintivo y poco reflexivo, impulsado por el racismo, el antisemitismo y un nacionalismo violento e inspirado por una devoción acrítica —perruna incluso— hacia Hitler. No pudo cumplir sus ambiciones sociales, pero el servicio militar las cubrió en parte y su implicación en el Partido Nazi las hizo realidad, aunque de una forma no convencional. A pesar de su fanática lealtad hacia Hitler; sin embargo, no logró hacer la transición hacia las funciones burocráticas que trajo consigo la conquista del poder por parte de los nazis. Su falta de comprensión del nuevo mundo político del Tercer Reich le llevó a la decisión fatal de huir a Escocia el 10 de mayo de 1941 e, irónicamente, lo condenó a la inacción y el encarcelamiento para el resto de sus días.

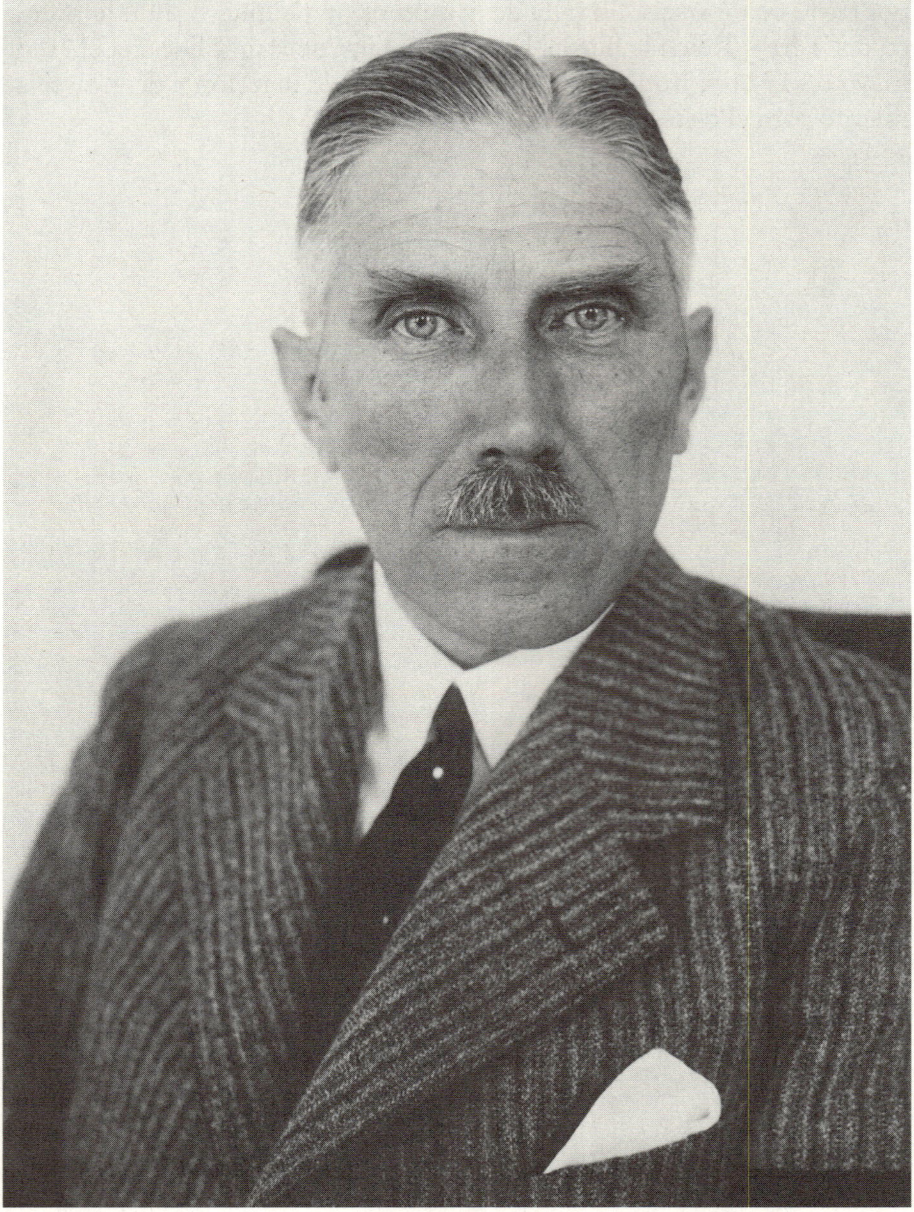

10

El colaborador: Franz von Papen

El veredicto, tanto de los contemporáneos como de los historiadores, sobre la figura de Franz von Papen ha sido despectivo sin apenas excepciones. Se dice que era un diletante de la política, superficial y poco brillante, carente de experiencia y dado a la ingenuidad: impera el consenso de que su arrogante y aristocrática confianza en sí mismo le cegó al peligro que Hitler y los nazis representaban, pues creía que la inferior condición social de estos facilitaría dominarlos y manipularlos. En sus memorias se retrató como una persona honorable, movida por una profunda fe católica; afirmaba no ser nazi ni nada similar, sino alguien que se esforzó por mantener controlados a los nazis y mitigar las características menos encomiables de su gobierno. Sin embargo, tanto su propia versión de su vida como el veredicto despectivo de la mayoría de cuantos han escrito sobre él suponen subestimar de forma grave a Papen, en varios sentidos. «A la postre la imagen de un político aficionado, ingenuo, inexperto y mal aconsejado —ha destacado un historiador— contribuye a quitar hierro» al papel político crucial que interpretó en los primeros años de la década de 1930; seguro que al propio Papen ya le iba bien así.[1]

Aunque se presentaba como un descendiente típico de la nobleza, Franz von Papen no fue un aristócrata militar según lo tradicional o convencional en Prusia. Su familia se había enriquecido con la propiedad y explotación de minas de sal en la ciudad westfálica de Werl. Desde finales del siglo XV, no obstante, los Von Papen poseían una hacienda caballeresca en Köningen y en 1708 el emperador Habsburgo les concedió el derecho a utilizar el prefijo nobiliario (*von*). Cuando la región se integró en Prusia como parte de los Acuerdos del Congreso de Viena, de 1815, la familia hizo todo lo posible por asimilarse a la nobleza prusiana. Pero la alta aristocracia y los júnkers de Prusia eran protestantes, con una presencia significativa en la Iglesia evangélica alemana (la institución luterano-calvinista encabezada por el rey de Prusia), y los Von Papel mantuvieron tanto su profunda fe católica como su posición social elevada en la congregación del arzobispo católico de Colonia, que gozaba de soberanía e independencia secular dentro del Sacro Imperio Romano, que se disolvió en 1806.[2] No se les había otorgado ningún título formal (duques o barones de donde fuera), por lo que no es de extrañar que Friedrich von Papen, el padre de Franz, entrara en el cuerpo de oficiales prusianos y prestara servicio en las guerras con las que Bismarck selló la unificación alemana: era la forma más evidente de confirmar su lugar en la aristocracia prusiana. Franz dio continuidad a la tradición. Había nacido el 29 de octubre de 1879, por lo que no vivió los efectos de la *Kulturkampf*, batalla librada entre el Reich de Bismarck y la Iglesia católica. A los once años lo admitieron en una escuela de cadetes de oficiales, en Bensberg (alrededores de Colonia), donde estuvo formándose de 1891 a 1895, en condiciones de vida espartanas y sometido a la estricta disciplina del ejército prusiano. Con el rango de suboficial, lo enviaron al cuartel de Lichterfelde, situado justo a las afueras de Berlín, para que continuara con la instrucción. Durante un tiempo prestó servicio como paje de la corte imperial y asistió al káiser Guillermo II en diversas grandes ocasiones de Estado: «Doy las gracias —escribió en sus memorias, muchos años más tarde— por haber visto el Imperio alemán en todo su poder y majestad». Era de la opinión de que, si no se hubiera derrocado al emperador, «nunca habría habido un Hitler».[3]

Era un jinete consumado y el 15 de marzo de 1898 lo destinaron a la caballería, a un cuartel de Düsseldorf. Aquí pasó gran parte del tiempo libre como *jockey* aficionado y participó en carreras de caballos. «Las carreras de obstáculos —escribió más adelante— requieren una gran disciplina personal, resistencia y poder de decisión, así como un franco desprecio por los huesos rotos... ¡Sin duda no es una mala formación para un político!». Lo transfirieron a otra academia ecuestre, en Hanóver, y le dieron permiso para marcharse a Inglaterra a integrarse en alguna partida de caza del zorro, donde encontró —dijo— algunos de los mejores purasangres que había montado jamás. Al volver a Alemania unos conocidos le presentaron a Martha von Boch-Galhau, la hija menor de René von Boch-Galhau, propietario de la compañía de productos cerámicos de Villeroy y Boch. La pareja se casó el 3 de mayo de 1905 y siguió junta el resto de sus vidas. Martha, católica y profundamente conservadora, aportó una dote sustanciosa al matrimonio y, a la muerte del padre, en 1908, heredó una fortuna considerable que permitió a Franz vivir sin preocupaciones. La empresa familiar tenía la sede central en el Sarre, al lado de la frontera con Francia, y era en parte francesa; en su casa Martha hablaba principalmente en francés y, en parte por esnobismo, consideraba errónea la alianza de su esposo con los nazis y se negó a realizar el saludo nazi incluso en presencia del dictador.[4]

Con el afán en parte de complacer a su suegro, que socialmente era ambicioso, Franz von Papen solicitó incorporarse al Estado Mayor General, cuyas pruebas de acceso aprobó en 1907. La instrucción posterior en la Academia de Guerra duró tres años más, en los que asistió a conferencias sobre «ciencia militar»; además pasó un verano en Francia, entre otras razones para mejorar su dominio de la lengua. Estuvo entre los treinta oficiales que el Estado Mayor General incorporó (entre 150 solicitantes) mediante exámenes. La tarea resultaba constante y exigente —contaba Papen— pero superó el período de prueba y el 9 de marzo de 1913 quedó adscrito de forma permanente al Estado Mayor General, con el rango de capitán. En este momento, sin embargo, la carrera de Papen dio un giro inusual e inesperado: en el otoño de 1913 fue nombrado agregado militar de la embajada alemana en Washington D. C. y la delegación de Alemania en México: probablemente, según su propia conjetura, porque en general se lo consideraba anglófilo.[5] El 6 de enero de 1914 zarpó con rumbo a Estados Unidos y dejó tras de sí a la esposa y una familia creciente. La posición de agregado militar no era nada penosa y dispuso de mucho tiempo en el que montar a caballo y socializar. La única emoción del puesto fue un viaje a México, entonces en plena revolución y claramente enfrontado a Estados Unidos. La situación de Papen, no obstante, sufrió pronto un cambio radical. El 1 de agosto de 1914, mientras estaba aún en México —que era neutral— recibió la noticia de que en Europa había estallado la guerra. Cuando llegó de vuelta a Nueva York el conflicto estaba ya muy enconado.[6]

Como es bien sabido, parte del trabajo de un agregado militar consistía en recabar información, lo cual se tocaba fácilmente con el espionaje. En las circunstancias de una guerra no tardaron en circular rumores que acusaban a Papen de organizar «una extensa red de saboteadores, haber instigado huelgas en los muelles y las fábricas de munición, haber empleado pandillas de dinamiteros y haber sido el espía en jefe que encabezaba un auténtico cuerpo militar de agentes secretos», todo ello con la intención de obstaculizar el envió de suministros desde Estados Unidos a Francia y Gran Bretaña. Aunque su conducta real estuvo lejos del conjunto de esas acusaciones, es cierto que Papen intentó hacer saltar por los aires la línea de los Ferrocarriles Canadienses del Pacífico, para impedir que los refuerzos del Canadá llegaran a los puntos de embarque hacia Europa; también preparó pasaportes falsos para los alemanes que deseaban regresar a su país natal para prestar servicio en las fuerzas armadas. Para tener más seguridad, Papen contrató a un detective privado y su personal: «Siendo yo un puro novato en aquella clase de existencia de intrigas y espionajes, él me daba clases de cómo evitar que me siguieran». Papen también financió una fábrica de municiones de Bridgeport, en Connecticut, dirigida por un simpatizante, que adquirió ingentes cantidades de materiales para dificultar que las empresas estadounidenses produjeran equipos, explosivos y otros pertrechos militares para los Aliados. Aunque luego insistiera en que siempre había intentado impedir los actos de sabotaje, es una afirmación que debe tomarse con reservas. Por algún medio, la prensa se hizo con documentos incriminatorios. Hubo toda una sucesión de alegaciones y contraalegaciones, con litigios que duraron hasta bien entrada la década de 1920. Mucho antes, en diciembre de 1915, la atmósfera se tornó irrespirable para Papen, que fue declarado oficialmente *persona non grata*. Volvió a Alemania y —según sostiene en sus memorias— intentó sin éxito convencer al káiser y al Alto Mando de que sería un grave error iniciar una guerra submarina ilimitada en el Atlántico. Pero en enero de 1917 se eliminaron todas las restricciones y en abril de aquel año Estados Unidos —después de que se diera publicidad a un telegrama interceptado en el que el gobierno alemán prometía entregar Texas, Nuevo México y Arizona al gobierno mexicano si este entraba en la guerra en el bando germánico— le declaró la guerra a Alemania.[7]

Después de haber participado en combates del Frente Occidental, en la sierra de Vimy y en Arrás, Papen fue destinado con urgencia a Palestina por Erich von Falkenhayn, al que había conocido en el Estado Mayor General. Aquí el conflicto enfrentaba al ejército turco otomano con las fuerzas del Imperio británico, lideradas por el general Allenby. Tras una campaña prolongada las fuerzas otomanas y alemanas fueron derrotadas y se iniciaron conversaciones para un armisticio al que siguió, poco después, el Armisticio general (suscrito el 11 de noviembre de 1918), la revolución y la abdicación del káiser. Papen vivió estos acontecimientos como una catástrofe. «Se hundieron todos los valores que habíamos conocido ... Fue el final de todo aquello en lo que habíamos creído durante generaciones, la desaparición de lo que amábamos, de aquello por lo que habíamos luchado». Quedó tan consternado que esos sentimientos se repiten en varias ocasiones en las páginas posteriores de sus memorias: «el mundo que yo conocía y comprendía había desaparecido». Había creído que el régimen del káiser sería «permanente», pero dio paso a una «república en gran medida teatral». El cristianismo cedía el terreno al marxismo ateo. El principio sobre el cual se levantaba la República de Weimar —«todo el poder deriva del pueblo»— lo consideraba un anatema «diametralmente opuesto a las enseñanzas y tradiciones de la Iglesia católica romana», que situaba el poder último en Dios. La situación se torció aún más por los «graves errores e injusticias» del Tratado de Versalles. Al sentir que en la nueva Alemania no había sitio para él como militar profesional, dimitió de su cargo de oficial y arrendó una hacienda modesta en su nativa Westfalia.[8]

Papen parece haber entrado en política impulsado por los hechos de marzo de 1920, cuando el Putsch derechista de Kapp en Berlín dio origen a un levantamiento de la izquierda en el Ruhr, que, aunque nació en defensa de la República, pronto aspiraba a seguir extendiendo la revolución. Aquel «Ejército Rojo» del Ruhr amenazaba con liquidar el orden social en la región westfálica donde Papen residía: «Organicé a la población de mi entorno rural en una compañía de voluntarios, para expulsar a los saqueadores rojos —afirmó más tarde, exagerando un tanto la importancia de sus actividades— y tuvimos que enterrar u ocultar nuestras pocas posesiones de valor y reservas de alimentos».

Según las memorias de Papen, los demás aristócratas de la zona sugirieron que él «representara sus intereses en el Parlamento del Estado de Prusia». Como todos eran católicos, evidentemente se incorporó al Partido de Centro Católico, más aún cuando los conservadores prusianos, de tendencia reaccionaria y fe abrumadoramente protestante, le generaban rechazo.[9] El Partido de Centro era una amplia coalición de distintos grupos sociales unidos tan solo por el hecho de que todos eran católicos. Sin embargo, hundía las raíces en una sólida red de instituciones sociales y religiosas que explica bien su éxito electoral continuado en una época en la que los partidos protestantes liberales y de derechas sufrían una hemorragia de apoyos, primero en beneficio de distintos partidos marginales y luego, a partir de 1929, de los nazis. En consecuencia era un integrante esencial de los gobiernos de coalición que gobernaban por todo el territorio de la República. Papen se situaba en el ala nacionalista del Partido, incapaz de convencer a los elementos más liberales de unirse a los partidos de derechas, no a los de centro. En las elecciones presidenciales de 1925, por ejemplo, él dio su apoyo a Hindenburg, no al candidato de los partidos centristas, Wilhelm Marx, aun a pesar de que este Marx era uno de los líderes del Centro Católico. Para Papen, Hindenburg era un hombre apolítico del todo, capaz de crear «la ocasión de despertar de nuevo algunas de las tradiciones que se habían perdido con el hundimiento de la monarquía», entre ellas, «la vieja concepción cristiana del gobierno». En realidad, según se comprobaría, Hindenburg era un hombre político hasta la médula, reliquia del Kaiserreich (el imperio del káiser) y absolutamente imbuido de sus valores.[10]

La influencia de Papen en la década de 1920 se amplió por el hecho de que era el propietario del 47 % del capital invertido en el gran periódico nacional del Partido de Centro, *Germania*, fundado en 1870. Cuando lo nombraron presidente de la junta de aquella cabecera, despidió a todos los gestores, incluido el director, e impulsó el periódico hacia la derecha, redactando él a menudo los artículos centrales. Entre bambalinas también influyó sobre los asuntos políticos como integrante del Herrenklub, un club de caballeros fundado en 1923 y compuesto por aristócratas, empresarios y otros miembros de la élite social. Por otro lado Papen conservaban los contactos con la jerarquía del cuerpo de oficiales, en especial con el presidente Hindenburg. Durante la crisis nacional de 1923 —con la hiperinflación rampante, la ocupación francesa del Ruhr y la amenaza de que se constituyeran regímenes comunistas en diversas zonas de la Alemania central—, Papen abogó por dar un golpe de Estado, liderado por el general Hans von Seeckt, comandante de la Reichswehr, según se denominaba entonces el ejército alemán. Aunque en 1926 obligaron a Seeckt a retirarse, Papen mantenía una relación de amistad con otro general político, Kurt von Schleicher, un socio de Hindenburg muy próximo a este.[11]

Todas estas conexiones políticas fueron importantes, pero no lo era menos la fuerza de la fe católica y conservadora de Papen. Era amigo del nuncio del Papa en Alemania, Eugenio Pacelli, al que en 1930 se designaría cardenal secretario de Estado (equivalente a un ministro de Exteriores) del Vaticano, y nueve años más tarde, sumo pontífice, con el nombre de Pío XII. La posición política de la Iglesia católica y el Vaticano, en los años de entreguerras, estuvo dominada por el temor al comunismo; para defender globalmente lo que ellos consideraban que eran los valores cristianos, no tenían inconveniente en que se instaurasen gobiernos autoritarios y dictatoriales. Papen compartía este punto de vista y condenó la «oleada decadente» que a su entender estaba barriendo el mundo de la cultura. «Tanto la literatura como las artes visuales se hundieron hasta un nivel de depravación que, hasta cierto punto, estaba fomentado por la crítica general a todos los estándares que la Alemania imperial había representado». En 1929 Papen desempeñó un papel instrumental en la fundación de una Asociación para la Preservación de la Cultura Occidental que aspiraba a consolidar las fuerzas religiosas frente a la marea creciente de ateísmo y anticlericalismo rampantes. La política de Papen formó parte de un giro reaccionario generalizado en el catolicismo que explica asimismo la firma de un Concordato de la Iglesia con la dictadura fascista de Mussolini, en 1929, así como el respaldo al régimen «clericofascista» y autoritario de Engelbert Dollfuss y Kurt von Schuschnigg en Austria, a partir de 1934; también fue la razón por la que, durante la guerra civil española de 1936-1939, apoyaron al bando nacionalista del general Franco frente a los republicanos (y comunistas).[12]

En consecuencia solo apoyó de forma matizada a Heinrich Brüning —colega en el Partido de Centro Católico y, como Papen, monárquico y conservador— para que pudiera gobernar por decreto, a través del Hindenburg, tras el hundimiento de la Gran Coalición en 1930; lo hizo como parte de una corriente más general de catolicismo político. Así pues, cuando Hindenburg obligó al canciller Brüning a presentar la dimisión tras las elecciones presidenciales de la primavera de 1932 —culpaba al canciller de haberle sometido a la humillante experiencia de no haber vencido por aclamación—, el presidente y Schleicher dirigieron la mirada precisamente hacia Papen: le pidieron que restaurase el orden en el caos político que se estaba apoderando de Alemania, apelando para ello a su sentido de la disciplina militar. El 1 de junio de 1932, pues, de un modo un tanto sorprendente para el propio Papen, lo designaron canciller imperial. Schleicher ya le había elegido todo el gabinete, con una tal proporción de aristócratas entre los ministros que popularmente se lo conocía como «el gabinete de los barones». Varios continuaron en sus puestos a las órdenes de Hitler. La agenda del nuevo gobierno —acordada previamente entre los tres hombres— era clara: había que regresar cuanto se pudiera a los tiempos pasados del káiser (aunque sin contar con su participación ni la de sus hijos) y erigir una estructura política autoritaria basada —supuestamente— en los valores conservadores cristianos. Papen y Schleicher estaban de acuerdo en que el primer paso era unificar los cargos de canciller imperial y ministro-presidente de Prusia, como solía hacerse en la época de Bismarck. A fin de cuentas Prusia representaba la mayoría de Alemania, tanto en la extensión territorial como en la dimensión demográfica. Pero Prusia estaba en manos de un gobierno socialdemócrata, en minoría, que aún respetaba los principios básicos de la democracia. Alegando que se corría el grave peligro de que una conjuración «sumamente traidora» de los socialdemócratas instigara un golpe de Estado nacional —afirmación falaz, para la que no había pruebas de ninguna clase—, el propio Papen, con ayuda del ejército, expulsó por la fuerza al gobierno prusiano e impuso un régimen propio. Los tribunales ilegalizaron aquel cambio, pero supuso un golpe devastador para la democracia de Weimar.[13]

El problema más grave al que se enfrentaban Schleicher, Papen y Hindenburg era hallar el soporte parlamentario suficiente para imponer en el Reichstag las modificaciones constitucionales necesarias para instaurar un régimen autoritario. El Partido de Centro Católico había roto con Papen después de que se destituyera a Brüning y de que el propio Papen, sin la aprobación del Partido, hubiera aceptado sustituir a este en la cancillería. Por otro lado los grupos liberales y conservadores habían perdido casi todos los escaños en beneficio de los nazis. Así pues, solo Hitler y su movimiento podían proporcionar el apoyo masivo del que precisaban. Cuando los resultados del Partido Nazi se dispararon, Papen pensó que la experiencia de ese grupo en las elecciones a los estados regionales, donde los nazis habían «tenido que moderar el programa ajustándolo al de sus socios de coalición», demostraba que lo mismo podía suceder a nivel nacional. Se puso en marcha pues una campaña para recabar el apoyo de los nazis. El 9 de junio de 1932, cuando hacía tan solo ocho días que Papen era canciller imperial, se reunió con Hitler por primera vez. Según escribió más adelante:

> Curiosamente, no me impresionó. Las fotografías de prensa no habían dado la idea de que fuera una personalidad dominante y yo no pude

> detectar ningún rasgo interior que explicara su extraordinario poder sobre las masas. Vestía un traje azul oscuro y parecía el perfecto pequeñoburgués. Su tez daba una impresión de poca salud y con el bigotito y el curioso corte de pelo tenía un indefinible aire bohemio. Se condujo con modestia y cortesía y, aunque había oído hablar repetidamente de la cualidad magnética de su mirada, no recuerdo que me impresionaran.[14]

En cambio tras el atronador éxito de los nazis en las elecciones generales de julio de 1932, Papen halló a un Hitler mucho más exigente. Durante los meses posteriores el líder nazi dejó claro que solo entraría en el gobierno si lo encabezaba. Papen y su ministro de Interior, el ideólogo archiconservador Wilhelm von Gayl, esbozaron planes para modificar la constitución y convertir Alemania en una dictadura clericofascista; pero estos planes resultaban inútiles sin el asentimiento de los nazis, porque el gobierno necesitaba disponer de una mayoría de dos tercios en el Reichstag.[15]

Como el Reichstag era incapaz de tomar decisiones, Papen logró que Hindenburg aprobara disolver el Parlamento. Pero sus días como canciller estaban contados, puesto que Hindenburg y Schleicher, desesperados por la continuidad del *impasse*, forzaron su renuncia. En las memorias de Papen sobre este período se identifica a Schleicher como la figura que llevaba la batuta, gracias a que disponía de una base de poder en el ejército, a diferencia de Papen. Sin embargo, cuando en diciembre de 1932 Hindenburg situó precisamente a aquel como nuevo canciller imperial, el intento de Schleicher de generar división en el Partido Nazi al incorporar a Gregor Strasser al gobierno fracasó miserablemente. Papen, Hindenburg y sus amigos consideraban viable «neutralizar [al Partido Nazi] cargándolo con toda su cuota de responsabilidad pública».[16] Más adelante Papen aseveró que el gabinete de Hitler fue una elección democrática porque, a fin de cuentas, los nazis seguían siendo el partido más votado, aun a pesar de haber empeorado su resultado en las elecciones de noviembre de 1932. Por descontado, en realidad el nuevo gobierno fue elegido por la camarilla que rodeaba a Hindenburg (incluido el propio Papen) en una situación en la que el Reichstag había dejado de funcionar. Papen estaba convencido de que siendo él vicecanciller de un gabinete repleto de amistades políticas no tendría dificultad para domeñar a Hitler y a sus dos colegas: «Dentro de dos meses lo habremos arrinconado tanto que lo oiremos gemir».[17] Más adelante Papen admitió que ya había intentado repetidamente atraer a Hitler al gobierno y que, cuando lo consiguió, intentó «moderarlo con todas las garantías posibles».[18] Había «confiado» en que, desde su posición de vicecanciller, podría «oponerse a las tendencias radicales aplicando los principios cristianos»; pero según admitió más tarde: «Mi error fundamental fue socavar el dinamismo de un poder que había despertado los instintos sociales y nacionales de las masas». Él, por lo tanto, había «subestimado el insaciable afán de Hitler por alzarse con el poder como un fin en sí mismo», y «debido al conjunto de mis formas de pensar y crecer» no había sabido darse cuenta de quién era Hitler y de qué era capaz.[19] En pocas palabras: Papen reconoció que sus propios esnobismo y arrogancia social le habían impedido ver la posibilidad de que una persona socialmente inferior, como era Hitler, pudiera maniobrar hasta dejarlo fuera de juego.[20]

Papen y sus amigos carecían del respaldo de las masas y, según admitió más adelante, el poder del Estado, del presidente y del ejército no fueron suficientes para contrarrestar al de Hitler. El vicecanciller era hostil a la política de los partidos y creía que abolir esas instituciones abriría la puerta a un Estado corporativo como el establecido en Italia por Mussolini. Pero se equivocaba. Si Hitler hubiera intentado instaurar una dictadura mediante una conquista del poder súbita y armada, se habría topado con una resistencia importante. Pero como la instauró por estadios, la gente (el propio Papen inclusive) no fue capaz de determinar un momento en el que fuera necesario iniciar la resistencia. Cuando el Reichstag quedó arrasado por las llamas, el 27 de febrero de 1933, Hitler convenció a Papen de que el incendio formaba parte de una conjuración comunista, a pesar de que más tarde comprendió que había sido obra de un individuo aislado, el anarquista neerlandés Marinus van der Lubbe. En la práctica Papen aceptó que se aprobara la Ley de capacitación, aunque más adelante alegara que nadie podía haber previsto que esta iba a derivar en una dictadura nazi. Interpretó un papel central en la negociación de un Concordato con el Papado, con la ingenua convicción de que Hitler lo respetaría.[21] Y según fue típico entre los que sin ser nazis colaboraron con Hitler, defendió que él se había esforzado mucho «en limitar los excesos de los nazis contra los judíos».[22] Por supuesto, incluso si en efecto hubiera sido así, los hechos demuestran que fracasó en el intento. Pero el registro de los debates del gabinete sobre el boicot antisemita del 1 de abril de 1933, sobre la ley del 7 de abril de aquel año que expulsaba a los judíos del servicio público, y sobre otras medidas similares, no muestra que Papen planteara ninguna objeción a tales medidas.[23] El propio Papen pronunció un discurso en Gleiwitz, a principios de 1934, donde criticaba lo que consideraba era una influencia excesiva de los judíos sobre todos los aspectos de la vida alemana e incitaba a «luchar para defendernos contra esos abusos».[24] En sus memorias se mencionan los «desórdenes» creados por los nazis en las calles, pero se concede que, como Hitler tendía a condenarlos en público, «tardamos un tiempo en comprender que, aunque la palabra oficial del Partido se oponía a esos excesos, de hecho, en privado eran recibidos con satisfacción» por Hitler y los demás líderes nazis.[25] No puede caber duda de que Papen tuvo noticias de la violencia y, muy posiblemente, vio ejemplos con sus propios ojos. El 27 de marzo de 1933 el *New York Times* expone comentarios enojados de Papen por haber tenido noticias «según las cuales se tortura a presos políticos y se maltrata a judíos», pero son palabras que solo se leyeron en la prensa extranjera.[26]

Los discursos de Papen durante los primeros meses de 1933 muestran que tuvo muy pocos reparos al respecto de que los nazis atacaran a sus opositores con brutalidad masiva, torturas y asesinatos. Antes al contrario, excusó su violencia con la fórmula tópica de que «se habían desatado los elementos» necesarios para destruir «el demonio de la democracia, que amenazaba con destruir todos los valores verdaderos». Era algo que, según admitió, el Estado no podía emprender, por lo que debía confiarse a los «grandes movimientos y organizaciones nacionales», en referencia a los nazis. Al final la «revolución alemana» iba mucho más allá de la victoria de las fuerzas nacionalistas en un sistema político democrático y pluralista: suponía la «asimilación absoluta de todo el conjunto de la población en una única voluntad». Añadió que las confesiones religiosas debían unirse en el seno de un Reich reconstruido y la estructura federal del Estado debía «coordinarse para siempre». Los antagonismos de clase, y las instituciones formales que los favorecían como los sindicatos y las confederaciones empresariales, debían dejar paso a «la estructuración corporativa de todas las clases y profesiones». Sin embargo, queda de relieve que Papen no había entendido en absoluto cuál era la naturaleza del nazismo cuando ensalzó «el trabajo genuino del Líder, que está dando validez al principio aristocrático». A su juicio se trataba de una «revolución conservadora» que generaría una «renovación conservadora» del Estado y la población de Alemania. Él mismo había intentado llevarla a la práctica durante su período como canciller imperial, pero sin disponer del apoyo popular; en ese momento, no obstante, el «alzamiento nacional» estaba inaugurando una nueva época histórica. «Somos los instrumentos de una gran transformación nacional que supone dotar de un nuevo orden al pueblo alemán y a Europa». Papen, que hizo hincapié repetidamente en su catolicismo, quería situarse con ello dentro de un movimiento europeo general de sustitución de la democracia por una forma de gobierno autoritaria y corporativa que situaría los valores religiosos en el primer plano.[27]

La República de Weimar —declaró Papen en 1933— se había caracterizado por el derrotismo y estaba dominada por el marxismo. Había llegado la hora de acabar con ese caos. Era necesario abolir los partidos políticos e instaurar en su lugar un movimiento político nacional unitario. La autonomía de los estados federados, como Württemberg o Baviera, debía reducirse en aras de la unidad nacional. El 1 de marzo de 1933 Papen aseveró que con el incendio del Reichstag los comunistas habían declarado la guerra al pueblo alemán; de forma implícita, por lo tanto, justificó el uso de una violencia extrema contra ellos. Papen no abordó directamente lo que los nazis denominaban «la cuestión judía», pero sí afirmó que «la imagen conservadora del mundo concibe al pueblo y el Reich como una unidad biológica y espiritual», lo que daba a entender que ni las minorías étnicas ni los cosmopolitas tenían cabida en la nación.[28] Papen hizo hincapié de forma repetida en sus credenciales como «estadista» y recurría a un tono más bien condescendiente para instar a los «obreros» a integrarse en el nuevo orden nacional.[29] Desde luego esto estaba muy lejos de la retórica rabiosamente populista de los nazis. Pero también ponía de relieve que, para conservadores como Papen, lo prioritario era destruir la democracia y extirpar el «marxismo», sin atender a inquietudes por razones de humanidad, legalidad o decencia.

Los discursos de Papen durante este período muestran que, en contra de los recelos que expuso en sus memorias, fue un partidario entusiasta de la destrucción de la democracia y el desarrollo de una «revolución nacional». Pero en 1933-1934 su despacho fue recibiendo toda clase de quejas del público general descontento con la manera en que las cosas estaban cambiando. A su juicio «los elementos radicales del Partido estaban acelerando el ritmo de la revolución». En diciembre de 1933 emitió públicamente lo que, más adelante y de forma exagerada, calificó como «un ataque violento contra los métodos terroristas de los nazis». El 17 de junio de 1934, en la universidad de Marburgo, lamentó en público que el régimen no estuviera ateniendo a la ley. Este discurso, redactado por su asistente Edgar Jung, se dirigió en particular contra Röhm, Goebbels y Rosenberg, y criticaba a los «fanáticos doctrinarios» del movimiento nazi; pero ello se mezclaba con unas extravagantes declaraciones de lealtad a Hitler y su «renovación de Alemania», a las que Papen estaba «unido por la sangre de mi corazón».[30] Fue un discurso bien acogido en los círculos conservadores, pero Goebbels supo evitar que la prensa cautiva le diera publicidad y Papen no logró capitalizar el apoyo solicitando expresamente la intervención de Hindenburg. Su solución fue bien distinta: disociarse del régimen dimitiendo de su cargo. En todo caso ya era demasiado tarde y Hindenburg ya buscaba un sustituto. El objetivo de Papen —la idea que Papen defiende en sus memorias, vaya— había sido restaurar la monarquía de los Hohenzollern y sorprendentemente —dijo— Hitler no objetó nada porque uno de los hijos del que se hacía llamar «príncipe heredero» era un candidato adecuado. En privado el presidente del Reich, Hindenburg, también era favorable a restaurar la monarquía una vez que él hubiera fallecido; y Papen creía contar asimismo con el apoyo de Mussolini, que no en vano estaba trabajando en bastante armonía con un monarca hereditario, el rey Víctor Manuel III de Italia. Sin embargo, todo ello pone sobre la mesa, una vez más, que Papen aún no había logrado comprender el carácter implacable y radical del nazismo. En la Noche de los Cuchillos Largos, del 30 de junio al 1 de julio de 1934, Himmler y Göring pusieron en la diana a Papen y a su personal: el vicecanciller sufrió un arresto domiciliario y mataron a tiros tanto a su jefe de comunicaciones, Herbert von Bose, como a Edgar Jung, autor de varios de sus discursos (como el de Marburgo). Papen, asombrosamente, no solo no protestó por los asesinatos, sino que elogió a Hitler por usar el asesinato político para «proclamar los principios irrevocables del estadismo».[31]

El ejército, donde la influencia nazi ya había penetrado, se negó a intervenir: el programa de rearme de Hitler había conquistado muchos apoyos. La dimisión de Papen se hizo efectiva, pero no pública. Hitler comprendió que asesinarlo habría causado un daño político excesivo, por lo que le ofreció el puesto de embajador en el Vaticano; la degradación que la propuesta entrañaba era tan evidente que el exvicecanciller manifestó un estallido de cólera —raro en él— y rechazó secamente la oferta.[32] Los acontecimientos lo rescataron, no obstante. El 25 de julio de 1934 nazis austríacos habían asesinado al dictador fascista Engelbert

Dollfuss, en un golpe de Estado frustrado. Las relaciones con Mussolini alcanzaron el punto de mayor tensión y la implicación evidente de Alemania en la intentona generó una crisis internacional grave. El embajador de Alemania en Viena, Kurt Rieth, recibió un rapapolvo y lo obligaron a volver a su país y retirarse. El canciller imperial pidió a Papen —se lo rogó, según las memorias de este— que aceptara el puesto de enviado especial con rango de ministro. El nombramiento daba a entender que el gobierno alemán se tomaba la crisis en serio y, de paso, encontraba una forma de alejar a Papen de la escena política de Berlín. Papen impuso algunas condiciones que Hitler aceptó —entre ellas destituir a Theodor Habicht, el nazi alemán que había coordinado el asesinato—, pero también alivió las posibles reservas del líder nazi al destacar que era partidario de una unificación de Austria con Alemania. Más adelante alegó que había aceptado la posición para reducir el conflicto entre los dos países, recomponer las relaciones con Italia y desescalar una crisis que a su juicio —en una afirmación no demasiado plausible— podría haber generado una guerra europea.[33]

Durante los años posteriores Papen se esforzó con denuedo en recabar apoyos para la unión de Austria y Alemania (la «Anexión» o *Anschluss*) entre los círculos más influyentes de Viena. Pero a principios de 1938 Hitler modificó radicalmente la dirección de la política exterior alemana: sustituyó al ministro de Exteriores Neurath por Joachim von Ribbentrop, despidió a diversos embajadores y emprendió una purga a gran escala en los rangos superiores del ejército. Papen también perdió el puesto, el 4 de febrero de 1938, aunque no sin antes convencer a Hitler de que convocara a Berchtesgaden al dictador austríaco Kurt von Schuschnigg para intentar una última vez solventar pacíficamente la unificación. Pese a que se sintió satisfecho por haber logrado negociar un comunicado conjunto, Papen se vio obligado a contemplar cómo rápidamente el acuerdo quedaba en nada y el 12 de marzo de 1938 Alemania invadía Austria. Más adelante sostuvo que había hecho cuanto estaba en su mano por impedir la invasión; pero también admitió: «Como todos, yo participé del entusiasmo general y me sentí abrumado por la dimensión histórica de aquella ocasión: la unión de los dos pueblos alemanes».[34]

Aún exultante por haber recibido la medalla de oro del Partido Nazi, concedida por sus servicios en preparación de la *Anschluss*, Papen acompañó a Hitler a Viena «muy impresionado por la extraordinaria atmósfera de júbilo» con la que los austríacos recibían extasiados a sus conquistadores. Sin duda su entusiasmo se vio confirmado cuando los obispos austríacos hicieron una declaración aprobando la anexión.[35] Pero al día siguiente le dijeron a Papen que quien había sido su asistente durante muchos años —Wilhelm von Ketteler, cercano a Bose y a Jung, y establecido a la sazón en la embajada de Alemania en Viena— había desaparecido. El exvicecanciller pidió ayuda a Himmler, a Heydrich e incluso al propio Hitler, en vano. A las pocas semanas el cadáver de Ketteler apareció flotando en el Danubio, en Hainburg, unos cincuenta kilómetros río abajo desde Viena. En su cuerpo se hallaron vestigios de cloroformo, indicio de que había sido secuestrado. Investigaciones posteriores revelaron que la Gestapo lo había abordado, drogado y ahogado en el baño antes de arrojarlo al río. Lo estaban vigilando desde la Noche de los Cuchillos Largos, porque había intentado que Hindenburg pusiera coto a los asesinatos. Había pruebas de que había planeado asesinar a Hitler disparando con un fusil de largo alcance desde una ventana de la embajada de Viena, mientras el líder nazi participaba en el desfile triunfal (pues Hitler solía situarse de pie en un coche descubierto, al lado del conductor). Un espía de la oficina de Papen había denunciado a Ketteler y, justo antes de que lo raptaran, se había visto a agentes de Heydrich que lo seguían; pero Himmler se negó a investigar el asunto con más profundidad. En sus memorias Papen destina un espacio considerable a este episodio, con la finalidad de hacer hincapié, una vez más, en su distancia con el régimen.[36]

El último servicio de Papen al nazismo fue marcharse como embajador a Turquía, un destino que había rechazado en dos ocasiones. Sin embargo, en la segunda semana de abril de 1939 Mussolini había invadido y conquistado Albania, lo que potenciaba el papel de Alemania en los Balcanes. Según las memorias de Papen, cuando no declinó aceptar el puesto «muchos amigos no entendieron mi decisión, a la vista de mis experiencias con el régimen nazi». Había creído que le ofrecía la oportunidad de impedir que estallara una guerra europea general, según sostuvo; pero esta idea carece de fundamento alguno en la realidad. De hecho, una vez iniciada la contienda se esforzó denodadamente porque los turcos se incorporasen al bando alemán. El gobierno de Ankara logró escapar de los dos bandos, el Eje y los Aliados, enfrentándolos entre sí, hasta que en 1944 se evidenció que Alemania perdería la guerra. Ankara se convirtió en un centro de espionaje e intrigas, donde los alemanes colocaron a un agente en la embajada británica (Elyesa Bazna, con el nombre en clave de Cicero) y los soviéticos intentaron acabar con la vida de Papen, en un atentado frustrado. El 2 de agosto de 1944 el gobierno turco rompió relaciones con Alemania y Papen tuvo que regresar a su país. Incluso en una fecha tan tardía como el mes de enero de 1945, Papen seguía creyendo en una victoria alemana.[37]

Papen conocía a varios de los implicados en el atentado con bomba que, el 20 de julio de 1944, intentó asesinar a Hitler, pero no se le incluyó entre los sospechosos; más adelante, él sostuvo haber hecho cuanto estaba en su mano por salvar la vida de varios de los detenidos y juzgados. En su mayoría tales afirmaciones no resisten un examen. No parece haberse esforzado siquiera por ayudar a un sobrino, Felix, un opositor al régimen que falleció en Buchenwald poco antes de que la guerra terminara.[38] En su última reunión con Hitler, el dictador le entregó la Cruz de Caballero de la Orden del Mérito Militar, por sus servicios. La posición de Papen se tornó cada vez más difícil, en especial desde que las tropas estadounidenses, en su avance, se apoderaron de su hacienda de Köningen. Poco después, el 9 de abril de 1945, los soldados de Estados Unidos lo detuvieron y él admitió quién era. Lo enviaron junto con los demás líderes nazis, al hotel Palace de Mondorf-les-Bains, en Luxemburgo; de aquí lo trasladaron a Núremberg, para juzgarlo. Al igual que los demás prisioneros, Papen se lamentó de que lo mantenían en condiciones irritantes y humillantes: pasar de formar parte de la élite política y social a ser un interno en prisión preventiva no resultaba fácil. Los psiquiatras de la cárcel le provocaban desconfianza: «La gran mayoría no daba la impresión de haber recibido una formación genuinamente científica». En palabras de uno de esos psiquiatras, Gustave Gilbert, Papen era «la expresión de la cortesía y las buenas maneras», criticó a Hitler por ser «un mentiroso y un traidor» y alegó haber intentado convencerlo de que el antisemitismo era un error. Gilbert concluyó que en efecto se había esforzado por moderar los rasgos más brutales de Hitler y por preservar la paz. Para Göring, esta clase de comentarios eran una traición, y en la sala musitó de forma audible que Papen era un cobarde y un mentiroso. Ribbentrop dijo: «Se le debería haber fusilado hace mucho».[39]

El Tribunal Internacional de Crímenes de Guerra absolvió a Papen, pero un tribunal alemán de desnazificación lo halló culpable de haber sido partícipe del régimen y lo condenó a ocho años de trabajos forzados; fue liberado en 1949, tras ganar un recurso de apelación.[40] Durante las décadas siguientes —hasta que falleció en la hacienda familiar, en 1969, a la edad de ochenta y nueve años— no dejó de insistir en la defensa de su conducta, tanto en tiempos del Tercer Reich como algo antes, en los primeros años treinta. Como durante un tiempo se le prohibió publicar en Alemania, cuando lanzó una serie de ataques contra la República Federal de la posguerra lo hizo refugiándose en cabeceras de la dictadura clericofascista del general Franco, en España.

La concepción dominante sobre su carácter y su carrera ha sido que Papen era un anacronismo: un conservador en una era de especial dinamismo revolucionario. Joachim Fest lo consideró «obsesionado con ideas anticuadas»; en el fondo era un monárquico, que sentía una intensa nostalgia por el Kaiserreich e, instintivamente, creía que la aristocracia había nacido para gobernar.[41] Sin lugar a dudas, en 1933 Hitler lo engañó: el punto de vista de Papen, de una condescendencia insuperable, según la cual un político aficionado surgido de la clase media baja nunca podría competir con su propia superioridad nata, se demostró irrisorio al cabo de unos pocos meses. Pero sería demasiado simple reducir a Papen a un simple aristócrata conservador de pocas luces. En realidad su política, a finales de los años veinte y principios de los treinta, fue profundamente moderna, en coherencia con el giro general de la Iglesia católica en contra de la democracia y a favor del «Estado corporativo» y autoritario del gusto de dictadores como Franco, Salazar, Dollfuss y Schuschnigg. En el caso de Papen se combinaba con un nacionalismo resentido y la creencia férrea —derivada del conjunto de su experiencia vital— en los valores militares, dos factores que fueron suficientes para que hiciera causa común con Hitler a pesar de las repetidas humillaciones que este le infligió.

Papen fue más que un «compañero de viaje». Resulta tentador considerarlo un ejemplo de la facilidad con la que cabe seducir a políticos convencionales para que apoyen a demagogos. Pero él no fue un político convencional: era un enemigo de la democracia, clericofascista e imbuido de valores militares y ultranacionalistas. Apaciguó la conciencia haciendo caso omiso de los aspectos más lúgubres del nazismo. A posteriori sostuvo que aunque sabía de la existencia de los campos de concentración, «siempre creí que se daba un trato decente a los internos». Echó a la guerra la culpa de todas las atrocidades perpetradas en ellos y las equiparó al bombardeo Aliado de Dresde.[42] Por su parte tenía la tranquilidad de haber vivido «al servicio de Dios y mi país, como mejor he podido».[43] No fue capaz de comprender que al haber estado al servicio de Hitler poco servicio hizo a su país. La suma de la ambición personal, la arrogancia y la prepotencia le llevaron a trabajar siempre para los nazis, en posiciones de importancia decreciente. Sus memorias presentan la imagen de un noble cristiano, urbano y civilizado; pero llaman la atención por lo que omiten. Mientras Franz von Papen fue vicecanciller —el segundo del gobierno alemán— casi 200.000 comunistas y socialdemócratas fueron internados en campos de concentración donde se los apaleaba, torturaba y degradaba; más de seiscientos perdieron la vida. Al mismo tiempo los judíos fueron expulsados de sus empleos, sus negocios fueron boicoteados y su presencia en Alemania fue objeto de una difamación masiva mediante una campaña propagandística incesante. Durante su período como embajador en Austria se aprobaron las leyes raciales de Núremberg, los negocios judíos se «arianizaron» y la persecución antisemita se intensificó. Mientras él entraba en Viena con Hitler, inmediatamente después de la *Anschluss*, y se sentía abrumado por la grandeza histórica del momento, a los judíos de la ciudad se los detenía, robaba, apaleaba y obligaba a limpiar grafitis independentistas de paredes y aceras. A muchos miles los enviaron a Dachau, donde se los sometió al sadismo y la brutalidad de los guardias de la SS. Mientras ocupaba una posición en la embajada de Ankara, desde donde estaba bien informado, hizo cuanto estuvo en su mano por apoyar la campaña bélica al mismo tiempo que millones de judíos perecían ejecutados en fosas comunes, se apiñaban en guetos donde morían de hambre o perdían la vida en las cámaras de gas de Treblinka, Auschwitz y otros campos de exterminio. En sus memorias no mencionó siquiera nada de esto. Es del todo imposible que no hubiera estado al corriente.

Papen afirmaba ser un católico sincero; pero por toda Europa los católicos sinceros, también los de la jerarquía de la Iglesia, aplaudían a dictadores como Franco y Salazar, que encarcelaban, torturaban y asesinaban a sus opositores. En Alemania la jerarquía católica se esforzó por acomodarse al régimen sobre la base del Concordato negociado precisamente con Papen en 1933. Sin embargo, los nazis no tardaron en violar lo acordado, detener a sacerdotes católicos y disolver las instituciones católicas laicas. En 1936 Goebbels lanzó una violenta campaña de publicidad contra las escuelas católicas y acusó de pedofilia a numerosos sacerdotes católicos que enseñaban en ellas. Siendo quizá la figura laica más destacada de Alemania, Papen podría haber protestado. Otro católico como Paul von Eltz-Rübenach, ministro de Correos y Transportes, tuvo el gesto expresivo de negarse a aceptar la Insignia Dorada de Honor del Partido Nazi, que le había ofrecido Hitler en persona; en su lugar lo acusó abiertamente de ahogar a la Iglesia católica y sus organizaciones juveniles. Eltz-Rübenach fue destituido de inmediato, sin sufrir más daños que ese. Papen, en cambio, no alzó la voz.[44] La esterilización masiva de unos 400.000 alemanes a los que se consideró «inferiores» o «poco valiosos», emprendida de acuerdo con la política eugenésica del régimen, se enfrentaba directamente al dogma católico; Papen nunca la condenó. Tampoco condenó el asesinato masivo, durante la guerra, de quienes sufrían enfermedades o dificultades mentales; en cambio el obispo católico de Münster, Clemens von Galen, arriesgó la vida denunciándolo en público desde el púlpito. Papen tenía amistad con otro obispo, el austríaco Alois von Hudal, a quien felicitó por su intento de contrarrestar los escritos anticristianos de Alfred Rosenberg; pero el intento de Hudal de crear «una síntesis entre la idea cristiana y las saludables doctrinas del nacionalsocialismo» hacía concesiones colosales a la ideología nazi y Hudal concluyó su carrera organizando la huida de destacados dirigentes del nazismo a Argentina, una vez acabada la guerra.[45]

Como preguntó Hans Frank a algunos de los otros acusados por el Tribunal Internacional de Crímenes de Guerra, después de que Papen hubiera declarado ante los jueces: «¿Por qué demonios no se marchó a Estados Unidos después del 30 de enero [de 1933]? Ahora podría haber vuelto aquí y seguiría siendo un hombre famoso y se sentaría entre el público a reírse de nosotros». Frank se lamentaba de que estuviera «intentando que se olvidara el hecho de que siempre había actuado en la línea del Partido y siempre había sido un partidario fervoroso de Hitler».[46]

11

El «trabajador»: Robert Ley

En la actualidad Robert Ley es una figura prácticamente olvidada, pero en su momento fue uno de los líderes nazis más poderosos e influyentes. Desde su cargo de jefe del Frente del Trabajo —una organización enorme, con cerca de 22 millones de miembros— dirigía unos recursos vastísimos y puso en práctica medidas que afectaron las vidas de casi todos cuantos vivieron en la Alemania nazi. Tenemos noticias de él por fuentes de fácil disposición como las voluminosas obras que publicó y el interrogatorio de los psiquiatras de los juicios de Núremberg; pero también mediante un texto autobiográfico inédito, «Bauernschicksal» («El destino de un campesino»), escrito en la prisión, en 1945, y custodiado en los Archivos Nacionales de Estados Unidos. Contamos también con un relato de la vida de Ley compuesto por su hija, profesora universitaria a la que solo se convenció de que escribiera sobre el padre en una obra publicada originalmente en 2004, que arroja una luz novedosa sobre sus orígenes, carrera, entorno familiar y carácter.[1]

El hecho de que Ley haya quedado en una situación de relativa oscuridad obedece en parte al grave impedimento verbal que sufrió durante la mayor parte de su vida adulta. Formaba parte de un movimiento —de un mundo— en el que hablar en público era una virtud esencial, imprescindible para gozar de éxito y popularidad políticas; pero Ley tartamudeaba hasta el punto de que a menudo le costaba terminar las palabras que quería decir. Los psiquiatras estadounidenses que lo interrogaron tras ser detenido en 1945 sugirieron que el tartamudeo era fruto de haber sufrido daños en el lóbulo frontal del cerebro, a consecuencia de un accidente de aviación en la primera guerra mundial. En su juventud Ley había prestado servicio como observador de la artillería aérea: su labor era detectar las posiciones del enemigo por detrás de las líneas. Se estrelló en dos ocasiones: el 6 de julio de 1917 y de nuevo a las pocas semanas, el 29 de julio. La primera vez el piloto realizó un aterrizaje de emergencia durante el cual sufrió heridas que acabaron siendo fatales; Ley sobrevivió, pero pasó dos horas en coma antes de recuperar la conciencia. Al parecer esto no redujo su capacidad, puesto que tres días después de haberse celebrado el funeral del piloto se subió de nuevo a otro avión. La segunda vez Ley fue alcanzado en la pierna por las balas de un avión enemigo y el piloto no tuvo más remedio que tomar tierra en territorio hostil; Ley pasó el resto de la guerra en un campo de prisioneros de Francia. Para no amputarle la pierna hubo que realizarle seis intervenciones dificultosas; cuando recuperó la libertad —en enero de 1920, bastante después del fin de la guerra— todavía andaba con muletas. Donald Kelly, el psiquiatra penitenciario que lo examinó después de que los Aliados lo capturasen en 1945, llegó a la conclusión de que el daño cerebral sufrido durante la pérdida de conocimiento, tras el primer accidente, le provocó no solo el defecto del habla, sino inestabilidad emocional, desinhibición conductual y carencias en la capacidad de razonamiento.[2]

No se sabe con certeza si este diagnóstico era correcto. Ley se comportaba en efecto sin tacto ni diplomacia, pero esto era coherente con el estilo agresivo del liderazgo nazi, sin que fuera consecuencia de patologías individuales. Además otros familiares de Levy también tartamudeaban, entre ellos una hermana y dos de los hijos, sin que conste que ninguno hubiera sufrido daños cerebrales. Lo que es más importante a este respecto, quizá, es que, según palabras de su exsecretaria, Ley vivía

> en un mundo alejado de la realidad. No estaba al corriente de las cuestiones cotidianas de la vida —en especial, de la guerra— ni quería saber nada sobre ellas. Si le hablaban de alguno de esos temas, se negaba a creerse lo que le decían. Cuando le dijeron, por ejemplo, que la población alemana estaba enojada por los bombardeos constantes, no se lo creyó.[3]

La tendencia de Ley de hacer caso omiso de las realidades incómodas tenía que ver en parte con un desastre social que la familia vivió durante su infancia. Él había nacido el 15 de febrero de 1890, en Niederbreidenbach, un poblado de la región del Bergisches Land (Tierras de Berg), al este de Colonia y no lejos de Núremberg. Fue el séptimo de los once hijos de Friedrich Ley, un granjero y empresario rural acomodado que (a través de su esposa, Emilie) participaba de la propiedad de una cantera de piedra caliza. Sin embargo, la riqueza familiar era heredada y Friedrich no era un buen gestor empresarial: tras realizar una serie imprudente de inversiones y pedir préstamos onerosos con los que cubrir las pérdidas, quedó en una situación tan desesperada que optó por prender fuego a la granja para cobrar la cuantía del opíparo seguro. Fue un gesto radical, claramente planeado; lo habitual era que granjas como la suya estuvieran mal aseguradas, por lo que se acabó descubriendo que el incendio había sido provocado. No era un caso infrecuente en las comunidades rurales y las autoridades lo trataban con severidad. Friedrich Ley fue detenido y el juez lo condenó a cuatro años de cárcel.[4]

El encarcelamiento tuvo un efecto catastrófico sobre Robert, que entonces contaba seis años y medio. Según comentó su biógrafo Ronald Smelser:

> De pronto la familia se vio sumida en la pobreza. Sus posesiones y tierras se vendieron en subasta, muy por debajo de su valor. Los hermanos mayores se dispersaron buscando trabajo. Robert y la hermana menor se quedaron con la madre, que se esforzó por salir adelante como pudo mediante una granja diminuta y destartalada que compró a un prestamista que, como primer pago de la hipoteca, exigió el servicio de una de las hijas como criada. Ni siquiera más de medio siglo más tarde, cuando estaba ya cerca del fin de sus días, Ley dejó de sentir el dolor y la humillación de haber quedado «desarraigado, pobre y humillado» a una edad tan vulnerable.[5]

Los hermanos emprendieron trabajos como jornaleros y las hermanas, en el servicio doméstico; Robert en cambio buscó compensar la experiencia amarga de la súbita relegación social por medio de la educación: destacó por ser el primero de la clase en la escuela primaria, sus maestros lograron que lo admitieran en la secundaria —en su variante más técnica, la Realschule, no en un Gymnasium, al que asistían los hijos de la clase media, con una formación más elevada— y en 1910 aprobó el Abitur, examen de acceso a la universidad. Se mantuvo a sí mismo mediante clases particulares y otros trabajos a tiempo parcial y estudió sucesivamente en las universidades de Jena, Bonn y Münster. Manifestó su ambición social al incorporarse a una hermandad duelista de Jena —un centro de estudios famoso por tales instituciones esnobs, de alumnos socialmente superiores— y describió la experiencia como una educación en la «buena crianza» y el «sentido de la masculinidad».[6]

Robert Ley fue un estudiante aplicado y capaz, que sobresalió lo suficiente en su campo de estudio, la química, como para que el catedrático lo animara a embarcarse en el doctorado. Sin embargo, cuando estaba a punto de presentarse al examen final e iniciar el posgraduado, intervino la primera guerra mundial. Ley se alistó en el ejército y pasó los dos primeros años como artillero en los Frentes Occidental y Oriental, para luego sumarse a la fuerza aérea. Tras el segundo accidente, el 29 de julio de 1917, pasó, como dijimos, el resto de la contienda en cautividad. Los franceses se tomaron su tiempo para devolverle la libertad:

> Cuando volví de la guerra, en 1920, era un héroe, un viejo soldado que merecía lo mejor de una patria rota —escribió más adelante—, pero me encontré con que los judíos habían acaparado los mejores trabajos y a los veteranos nos quedaban los despojos. Eso me convenció de que eran los judíos los que habían rodeado y atacado Alemania.[7]

Sin lugar a dudas, como otros exmilitares de ideas parecidas, había crecido en una familia de tendencia antisemita; como los otros, se sintió conmocionado por la caída del káiser, la revolución y la creación de la democracia de Weimar. Sin embargo, a él, a diferencia de a tantos otros, no le costó reintegrarse en la vida civil. Su catedrático de referencia lo invitó a completar la tesis, lo que hizo en efecto el 5 de junio de 1920. Trataba de las mezclas de glicéridos en la grasa láctica, tema que le abrió las puertas a un empleo en la planta química de Bayer en Leverkusen, situada entre Colonia y Düsseldorf, no lejos de su primer hogar. Empezó a trabajar el 1 de enero de 1921; los ingresos regulares le permitieron casarse con Elisabeth Schmidt, adquirir una casa y fundar una familia. Tuvieron una hija, Renate, nacida el 29 de julio de 1922, que tras la segunda guerra mundial redactó varias obras de sociología feminista (con el nombre de Renate Wald) y fue profesora universitaria de esa disciplina. Escribió que el padre le dio mucha libertad cuando era niña, dejando a un lado sus puntos de vista sobre la educación, y solo le pegó una vez por haberse portado mal. Cuando Robert estaba en casa le leía cuentos de héroes germánicos, pero sin intentar adoctrinarla; pero como el trabajo solía tenerlo alejado del hogar durante la mayor parte de la semana, quien más peso tuvo en la infancia de Renate fue la madre, una mujer piadosa y de salud frágil.[8]

El nacionalismo alemán que Robert Ley adquirió por su educación de clase media baja se reforzó por influencia de sus padres protestantes e intensificó durante la guerra y los años posteriores; se radicalizó con la ocupación francesa de la Renania, que se inició según las condiciones del tratado de paz de 1918 y perduró hasta 1930. La Renania era la región en la que Ley trabajaba y vivía, por lo que sin duda padeció cada día la humillación nacional de hallarse en una zona ocupada por extranjeros y desmilitarizada. Al igual que otros nacionalistas, Ley acogió con gran enojo la ocupación franco-belga del Ruhr, algo más hacia el nordeste, que se mantuvo entre el 11 de enero de 1923 y el 25 de agosto de 1925 y confiscó la producción industrial y de carbón como pago en especie de las reparaciones de guerra. El área vivió una convulsión durante 1923, por la resistencia pasiva, las huelgas y los alborotos de una parte de los trabajadores alemanes huelguistas; también porque los franceses fomentaron el separatismo renano y, durante su ocupación del Ruhr, fusilaron a no menos de 130 trabajadores alemanes. Estos acontecimientos afectaron muy directamente a Ley. Es posible que, además, en la humillación nacional de 1918-1919 viera un reflejo de la humillación familiar de antes de la guerra, cuando el padre acabó en la cárcel y la familia se hundió en la pobreza. ¿Quién ofrecía una salida a esta situación? Hitler. En 1924 Ley leyó una noticia sobre el discurso que, el 27 de marzo, había pronunciado Hitler para concluir su defensa en el juicio por traición derivado del intento de golpe de Estado de la Cervecería, del año anterior. Se sintió inspirado por las palabras desafiantes del líder nazi y se acercó a un mitin de ese partido en Colonia, donde llamó la atención del grupo no solo por sus comentarios, sino en particular porque era todo un doctor, un «académico» que destacaba entre el colectivo de miembros corrientes, de clase media baja. Por su parte Ley se sintió más cómodo en compañía de los nazis que de las élites sociales a las que no había logrado incorporarse.[9]

Durante las confusas maniobras y querellas que agostaron los restos del Partido Nazi durante la ausencia de Hitler por el confinamiento en la fortaleza de Landsberg y el período de prohibición oficial del Partido, Ley destacó por mantener tercamente la lealtad al Líder. La cuestión tuvo su importancia porque estaba empezando a destacar entre las filas del Partido en la Renania, donde estas tendencias divisivas eran especialmente pronunciadas. Tras haber sido nombrado ya vice-Gauleiter, a principios de julio de 1925 asumió —con la aprobación de Hitler— la posición titular del Gauleiter (este dimitió por razones de mala salud y compromiso con su escaño en el Reichstag, y pidió a Ley que lo reemplazara). Debe recordarse que en estas fechas el movimiento nazi aún era muy reducido: en agosto de 1925 el Gau renano contaba solo con 335 años y en los doce meses siguientes no pasó de duplicar esa cantidad. Los comunistas y los socialdemócratas tenían una gran presencia entre los trabajadores de la región y, aunque Ley organizó irrupciones violentas en sus asambleas y mítines, y reestructuró el Partido Nazi en la zona para intentar aumentar su eficiencia, sus progresos fueron escasos. En una reunión de veinticinco funcionarios nazis del área, celebrada en diciembre de 1925 para debatir sobre una propuesta de Gregor Strasser —quien planteaba sustituir el programa de 25 puntos difundido por Hitler en 1920 por un nuevo programa del Partido, más izquierdista—, Ley fue el único de los asistentes que apoyó rotundamente a Hitler, quien a su vez lo recompensó respaldándole en su lucha contra la «izquierda nazi». El biógrafo de Ley ha sugerido que este encontró en Hitler una figura paternal que sustituyó poderosamente al padre ausente y caído en desgracia durante su infancia. La veneración de Ley por el líder nazi era en efecto casi religiosa en su fervor, desde el principio. Nada más coherente, pues, que titular una reimpresión de sus discursos, en 1937, como *Wir alle helfen dem Führer* («Todos nosotros ayudamos al Líder»).[10]

Las tácticas de Ley como Gauleiter fueron típicas del comportamiento de los nazis a finales de los años veinte y principios de los treinta: discursos demagógicos, campañas con la policía y los judíos en el periódico regional del Partido e interrupciones violentas de los mítines públicos de los grupos de izquierdas. Al mismo tiempo las tácticas duras que empleó contra los opositores en el seno del propio movimiento nazi despertaron críticas feroces, especialmente de los que Ley había expulsado del Partido, que lo acusaron (sin veracidad) de ser judío y haberse modificado el apellido, eliminando la *v* del Levy habitual entre los judíos; y también lo acusaron (con algo más de veracidad) de malversación y corrupción, cargos que le persiguieron durante toda la carrera. El 1 de enero de 1928 Ley perdió el empleo en Bayer (integrada a la sazón en I. G. Farben) a consecuencia de sus actividades políticas, que por un lado le consumían cada vez más tiempo y por el otro estaban despertando comentarios públicos de creciente hostilidad. En particular había difamado en público al banquero judío Max Warburg —integrante de la junta de dirección de I. G. Farben— y se había negado a ofrecer sus disculpas cuando se le exigió. Con la esperanza de aliviar la situación económica posterior, se hizo con el control del periódico nazi regional, el *Westdeutscher Beobachter* («Observador Germano-Occidental»), antes en manos de la organización del Partido en el Gau, se convirtió en su propietario y editor en jefe y rebajó claramente la calidad. Se dedicó a difundir escándalos, a menudo historias sexuales protagonizadas por judíos (un titular típico era «El judío Hirsch seduce a niña de nueve años»), que le acarrearon juicios y acciones judiciales; el 21 de julio de 1929 se lo condenó por «incitación», por un artículo en el que Ley utilizaba la muerte de un escolar local como pretexto para acusar a los judíos de asesinatos rituales; en todo caso el amarillismo multiplicó la tirada, que ascendió a 40.000 ejemplares en el verano de 1928. Algunos nazis locales le reprocharon que el sensacionalismo de la cabecera iba demasiado lejos, pero Ley obtuvo el respaldo de Hitler y se silenció a los críticos.[11]

Sin embargo, Ley pasaba por una situación muy difícil. Carecía de empleo, el sueldo de Gauleiter era muy escaso, y al poco se había gastado toda la compensación recibida por el despido de I. G. Farben; perdió la casa, la esposa y la hija tuvieron que marcharse a vivir con unos parientes y él se vio obligado a compartir un pequeño apartamento con otro nazi. Salió del brete gracias a la ayuda económica del príncipe Friedrich Christian zu Schaumburg-Lippe, uno de los muchos aristócratas que se aproximó al Partido Nazi buscando soluciones a la radical pérdida de poder y condición social que les provocó la revolución de 1918. Schaumburg-Lippe y Ley fundaron una editorial nazi y compraron un gran edificio de Colonia para restaurarlo como nuevo cuartel general del Gau. Sin embargo, los tortuosos recursos financieros que utilizó para mantener el negocio a flote no sirvieron para mejorar los menguados criterios de producción de los periódicos que publicaba, por lo que en marzo de 1931 la empresa se hundió. Por otro lado Ley había recurrido a fondos del Partido en apoyo del negocio que se iba a pique, lo que le valió la cólera de los funcionarios del grupo en Múnich.[12] Estos problemas debilitaron su posición y no tuvo más remedio que acceder a la división de su Gau en dos zonas administrativas que se correspondían con distritos electorales del Reichstag. Pero Hitler, que valoraba su lealtad, no lo dejó caer. Cuando el Partido se sumió en una grave disputa interna y Gregor Strasser presentó la dimisión después de que Hitler se negara a renunciar a la exigencia de entrar en el gobierno solo como su jefe, Ley, que había pasado a ser diputado del Parlamento nacional, volvió a dar su respaldo al Líder. Lo recompensaron con un destacado puesto gubernamental cuando, el 30 de enero de 1933, Hitler fue nombrado canciller imperial.[13]

Para Ley, el aspecto más atractivo de la ideología nazi era la promesa de abolir los privilegios de clase e implantar una sociedad basada en la igualdad de poder y condición social, aunque no de riqueza y recursos: la *Volksgemeinschaft* («comunidad popular», «comunidad nacional»), en la que personas de todos los estilos de vida colaborarían para forjar una nación nueva y armoniosa. De este modo él podría dejar atrás el trauma social de la infancia y consignarlo definitivamente en el pasado. Antes de que Hitler fuera nombrado canciller imperial, se designó a Ley «líder de la organización del Reich», es decir, en la práctica, inspector de los negocios del Partido (de los cuales había dos). Con la salida de Strasser, Ley pasó a controlar una gran variedad de instituciones del Partido, incluidos los departamentos de personal, de organización, de instrucción del Partido y varias secciones subsidiarias como la Organización Nacionalsocialista de Células Empresariales y las organizaciones nazis de maestros, estudiantes y mujeres. Lo principal, no obstante, era el Frente Alemán del Trabajo. Se creó poco después de que las SA irrumpieran en las sedes sindicales, el 2 de mayo de 1933, destruyeran o robaran sus posesiones y detuvieran a numerosos líderes de los sindicatos. Estos baluartes de la izquierda socialista moderada eran, a juicio de Hitler, entidades «marxistas»: para que el programa de rearme pudiera desarrollarse sin incidencias, los sindicatos fueron abolidos y sustituidos por el Frente Alemán del Trabajo, cuya dirección se confió precisamente a Robert Ley. Era la opción más evidente, puesto que supervisaba la Organización Nacionalsocialista de Células Empresariales.[14]

El Frente del Trabajo era una institución colosal que unía bajo su paraguas a todos los trabajadores de Alemania y administraba todos los activos que anteriormente habían pertenecido a los sindicatos, desde las cuentas bancarias a los edificios. Esta posición no solo resolvió de golpe los problemas económicos de Ley, sino que le solventó la vida. Presionó a los millones de miembros del Frente para que se suscribieran a sus periódicos y compraran sus libros y no tuvo reparos en utilizar fondos de la organización para su gratificación personal. Al poco tiempo poseía residencias en distritos exclusivos de Berlín, Múnich, Bonn y la ciudad balnearia de Saarow, en la Marca de Brandemburgo. El Frente del Trabajo costeó el mantenimiento de todas ellas, y el empleo de numerosos sirvientes, hasta 1938, tras lo cual se acordó que Ley pagaría una cuota mensual que ni de lejos cubría los gastos. Poseía un Mercedes nuevo y reluciente e hizo decorar especialmente para él todo un vagón de tren. Cuando el jefe del Tribunal del Partido llamó la atención de Hitler sobre estos excesos, en 1938, el dictador no tomó ninguna medida; en 1940 le regaló a Ley la suma nada desdeñable de un millón de marcos imperiales, para que hiciera con ellos lo que se le antojara. Ley adquirió Rottland, una hacienda próxima a su lugar de nacimiento, y ordenó restaurarla con un estilo grandioso y obras de arte valiosas. Cuando acudía de visita a la hacienda, el personal debía izar cada día la bandera nazi. Hacia el final de la guerra, avanzado el mes de marzo de 1945, casi como una imitación del delito que había provocado la caída del padre y la familia, ordenó incendiar la residencia y los edificios auxiliares con tal de que no cayeran en manos de los Aliados.[15]

La fortuna no impidió que el matrimonio atravesara dificultades, por las diferencias ideológicas crecientes entre Ley y su esposa Elisabeth, una protestante piadosa. La hija Renate rememoró la creciente hostilidad del padre al cristianismo y las objeciones cada vez más intensas a que sus parientes granjeros dieran empleo a tratantes de ganado judíos. Cuando la familia se mudó a Múnich, en 1932, la tensión matrimonial se agravó porque Ley intentó alejar, cada vez con más insistencia, a Elisabeth de la fe evangélica.[16] La ruptura, no obstante, se debió a uno de los muchos romances extramaritales de Ley, en el curso de uno de los cuales la cantante Inga Spilcker quedó embarazada. (Como parte del acuerdo de divorcio, la casa de Bonn pasó a manos de la esposa y la hija, que se trasladaron allí en 1938; Elisabeth vivió hasta 1967.) En 1938 Ley se casó en segundas nupcias con Spilcker, que era mucho más joven. La pareja tuvo tres hijos: Lore Ley, nacida en 1938 (el nombre jugaba con el de una sirena legendaria del Rin, Loreley); Wolf, nacido en 1940 y bautizado con el mismo sobrenombre de Hitler; y Gloria, nacida en 1941, con cuyo nombre quisieron celebrar las victorias alemanas sobre el Ejército Rojo (en la fase inicial de la Operación Barbarroja).

Inga quedó malherida en 1941 cuando saltó de un carruaje descubierto, en la finca de Ley, después de que los caballos se hubieran encabritado al oír los pitidos de un ferrocarril; para aliviar el dolor le recetaron morfina, que le generó adicción. Deprimida, dolorida, sumamente infeliz por la extrañeza de la vida rural, disgustada con el mal humor y los insultos habituales de Ley, y al mismo tiempo muy angustiada porque su esposo se iba a marchar al cuartel general de campaña de Hitler en la Prusia Oriental, Inga se quitó la vida de un balazo, el 29 de diciembre de 1941, cuando contaba veintiséis años.[17] Ley envió a sus hijos con sus suegros y se embarcó en una relación con Madeleine Wanderer, una bailarina estonia de dieciocho años a la que conoció casualmente en un refugio antiaéreo de Berlín (cuando Ley tenía cincuenta y cuatro años). Tuvieron un hijo al que llamaron Robert Rolff; se dice que después de la guerra Madeleine y el chiquillo emigraron a Estados Unidos, donde ella se volvió a casar.[18]

El comportamiento de Ley, a veces intolerable, era reflejo de un hecho bien sabido: bebía mucho, por no decir en exceso. Felix Kersten, masajista finlandés de Heinrich Himmler, se negó a ocuparse de Ley porque siempre estaba borracho cuando lo llamaba; al parecer Himmler lo convenció de que retomara su deber apelando a la lealtad de Ley a Hitler. En cierta ocasión muy llamativa, en 1937, Ley insistió en guiar en coche al duque y la duquesa de Windsor —invitados oficiales del Frente del Trabajo— por un complejo de fábricas cercano a Múnich; pero estrelló el coche contra las puertas y lo condujo a tanta velocidad arriba y abajo que los huéspedes británicos quedaron aterrados. Hitler ordenó a Göring que se ocupara él de los visitantes antes de que hubiera que lamentar alguna muerte y reclamó a Ley que bebiera con moderación. En 1939 Ley inició una campaña en la que instaba a la población a «mantener la salud mediante la abstinencia», pero no fue capaz de seguir su propio consejo. La hija, teniendo en cuenta que el transcurso de la guerra sometía al padre a una presión cada vez mayor, intentó defenderlo de la acusación de alcoholismo en su obra posterior; pero reconoció que solía beber champán y que «cuando lo hacía por lo general bastaba con poco para que el efecto se notara». Con la afición a la bebida, el padre puso a prueba la tolerancia del Partido en más de una ocasión —reconoció la hija— y en diversas ocasiones tuvo que procurarse la «absolución» del Líder.[19] Se sabe que solía beberse un brandy generoso antes de empezar a pronunciar un discurso público y es muy probable que hiciera lo mismo en otras situaciones estresantes. Su exsecretaria fue más clara en su conversación con Douglas Kelley, psiquiatra de la prisión, al decirle que su jefe estaba «siempre borracho».[20]

A pesar de todo esto Ley no dejó de ser uno de los hombres más poderosos del Tercer Reich. Su enorme ambición, combinada con su innegable capacidad de gestión y organización, halló reflejo en la creación de una burocracia colosal encargada de administrar el Frente del Trabajo y las entidades auxiliares que no tardaron en emerger; en particular, «La Fuerza por la Alegría», que ofrecía actividades de ocio para los obreros, desde conciertos y entradas de teatro a viajes turísticos y vacaciones en ultramar; y también «La Belleza del Trabajo», que pretendía mejorar las condiciones de las fábricas y otros puestos laborales. El rápido crecimiento de los recursos del Frente del Trabajo fue paralelo al crecimiento no menos rápido de sus miembros, que pasaron de menos de 5 millones en mayo de 1933 a 22 millones en septiembre de 1939. Las cuotas de pertenencia —obligatorias— financiaron la construcción de urbanizaciones, la constitución de un sistema de seguridad social y la producción masiva de una serie de bienes de consumo económicos, tales como una nevera popular (*Volkskühlschrank*), una radio popular (*Volksempfänger*) y un coche económico, pagado por suscripción: el Volkswagen (el «Escarabajo» que se hizo famoso en la posguerra). La guerra intervino antes de que este automóvil llegara a producirse en masa para los consumidores corrientes. Con el impulso resuelto de Ley, el Frente del Trabajo adquirió o formó una gran diversidad de empresas, incluidas aseguradoras, planes de vivienda, e incluso una editorial que dio a imprenta una gran variedad de periódicos y noticiarios. Todo ello contribuyó en parte a reconciliar a los obreros con la vida en el Tercer Reich.[21]

Ley sostenía que el «nacionalsocialismo es el mundo del orden, del respeto a la ley, de la disciplina y la obediencia». Al parecer a él le ofrecía —y por extensión, ofrecía a los alemanes— la clase de estabilidad y certeza que a su juicio había brillado por su ausencia durante la República de Weimar. Pero también supuso una oportunidad de que Ley hiciera realidad su ambición de «nivelar por arriba» la sociedad alemana, eliminando las divisiones sociales que tantas dificultades le habían causado años atrás. Este era, sin lugar a dudas, el punto central de sus discursos. En el Frente del Trabajo —proclamó— las diferencias sociales entre el amo y el trabajador se desvanecían.[22] El nacionalsocialismo había abolido la lucha de clases por la vía de restaurar el sentimiento del orgullo racial: «La lucha de clases era la expresión exterior y visible de una progresiva decadencia racial», fruto de la hibridación entre razas (lo que él denominaba «bastardeo»).[23] Llama la atención que sus discursos se centraran, con pocas excepciones, en las labores que desde su punto de vista aguardaban al Frente del Trabajo y el pueblo alemán. En consecuencia, prácticamente no tuvo nada que decir sobre los judíos. Esto no significa que hubiera renunciado al antisemitismo, que se manifestaba cada vez que hacía alusión a lo que a su entender era el predominio del «marxismo» en la República de Weimar. En aquella época —dijo en cierta ocasión— «los Cohen e Isidor» pretendían hablar en nombre de los obreros. Los liberales que por debilidad no acertaban a apoyar el antisemitismo —añadió— no eran mejores que los propios judíos.[24]

El racismo estaba en el núcleo de la ideología de Ley. El nacionalsocialismo había traído consigo un «hito de honor social» —afirmó—, una sociedad en la que el verdadero socialismo, el práctico y nacionalista de las trincheras de la primera guerra mundial, se contagiaría a la totalidad de la vida cotidiana.[25] Los soldados, de hecho, representaban a su juicio un modelo para los obreros.[26] «Trabajo significa disciplina, y ¡la disciplina es la expresión de nuestra raza!».[27] La disciplina, a su vez, sería impuesta por una nueva estructura del trabajo en la que las fábricas y demás empresas se confiarían a un «líder» y los empleados serían su «séquito». Todo el mundo internalizaría los nuevos valores del orgullo racial y el honor neofeudal. «En la Alemania nacionalsocialista ya no hay más personas privadas. La vida privada se reduce al dormir. En cuanto un hombre ingresa en la vida cotidiana, en la vida diaria, es un soldado de Adolf Hitler».[28] ¿Cabe imaginar una afirmación más clara o radical del ideal totalitario?

Pero todo se basaba en una serie de ilusiones. Por una parte, las viejas y nuevas disparidades de condición social y poder político garantizaron que quienes se beneficiaron de los proyectos del Frente del Trabajo fueran, antes que nada, los ricos y poderosos: los cruceros de vacaciones de «La Fuerza por la Alegría», por ejemplo, fueron reservados sin apenas excepciones por los jefes nazis, de modo que popularmente se los conocía como los *Bonzenfahrten*, «los viajes de los peces gordos». Muchas de las mejoras materiales que introdujo el programa de «La Belleza del Trabajo» tuvieron que ser costeadas por los propios trabajadores, o puestas en práctica por ellos. Por otro lado el Frente del Trabajo debía lidiar con las prioridades económicas más generales del régimen, favorables a reducir los salarios e incrementar las horas de dedicación como parte del impulso incansable del rearme. De resultas, el descontento creciente entre los obreros industriales impulsó a Ley a sostener de forma repetida que el Frente del Trabajo se aseguraría de que todos los obreros recibieran un «sueldo justo» por su empeño; y en el nivel de las bases, el Frente del Trabajo se fue convirtiendo en un vehículo de reclamación salarial, es decir, algo similar a los sindicatos que en teoría pretendía sustituir. Cuando la presión derivada de la innegociable urgencia del rearme empezó a pasar una factura más evidente entre la fuerza de trabajo, se fue destinando a la Gestapo a un número creciente de fábricas y otros puestos laborales, para castigar conductas refractarias como las huelgas de brazos caídos, el absentismo o la negativa a cumplir órdenes.[29]

A la hora de construir este imperio organizativo tan colosal, Ley desplegó una energía y ambición impresionantes.[30] Pero su afán por ampliar sin límites las competencias del Frente del Trabajo chocó con frecuencia creciente con la oposición de otras personas o instituciones. Se iba infiltrando cada vez más en territorios ajenos, lo que provocó los contraataques del Ministerio de Economía, el Gauleiter, las Cámaras de Comercio, los industriales y otros empleadores y, sobre todo, el Ministerio de Trabajo. El Plan Cuatrienal de Hermann Göring, aprobado en 1936 para preparar la economía para la guerra, introdujo un rival más en el tablero. Ley supo pelear hábilmente en todos los conflictos políticos e institucionales que fueron surgiendo y obtuvo una victoria considerable cuando se forzó la dimisión del gran jefe de la economía, Hjalmar Schacht. Al ser también uno de los «viejos combatientes», Göring mostró mucha más empatía con Ley de la que había exhibido Schacht; pero el cambio que él impulsaba hacia una economía de guerra tendía a socavar el papel del Frente del Trabajo como representante de los intereses de los trabajadores. Göring comentó con acidez que el Frente del Trabajo debía mostrar más «fuerza» y menos «alegría». En 1938 se contestó con un rechazo decidido a cuatro borradores de legislación presentados por Ley, que habrían incrementado enormemente el poder institucional, económico y social del Frente del Trabajo, y relegado al Ministerio de Trabajo y otras carteras a la función de meros apéndices. Con el estallido de la guerra las actividades del Frente del Trabajo se reorientaron hacia fines militares: las líneas de cruceros se utilizaron como buques hospital; los planes de vivienda se convirtieron en alojamientos de emergencia para los obreros expulsados de sus hogares por los bombardeos; el «coche popular» dio paso a la versión Kübelwagen del ejército. Por otro lado, como un número creciente de obreros estaba siendo reclutado por las fuerzas armadas, su lugar lo ocuparon millones de trabajadores extranjeros empleados a la fuerza; de ello no se encargaba Ley, sino Fritz Sauckel, un «plenipotenciario» nombrado para este propósito. Al mismo tiempo el imperio de la SS de Heinrich Himmler se expandió casi exponencialmente y ocupó muchas de las áreas situadas anteriormente bajo la égida del Frente del Trabajo. Robert Ley siguió defendiendo la expansión de su propio imperio y logró que le encomendaran los alojamientos de emergencia de los alemanes perjudicados por los bombardeos Aliados. Pero este programa fracasó: carecía de recursos suficientes y, a medida que la situación del país se deterioraba, los planes de Ley —y el Frente del Trabajo en sí— fueron pasando a existir más sobre el papel que sobre la realidad. Él había seguido manteniendo la dedicación no solo porque había sido un medio de acumular riqueza y poder para sí mismo, sino también porque era un vehículo para salvar, y con el tiempo eliminar, las distinciones de clase que tanta angustia le habían provocado desde la infancia. Cuando esta ambición se hizo trizas definitivamente, la personalidad de Ley empezó a desintegrarse.[31] Después de visitar a Hitler en el búnker de Berlín, el 20 de abril de 1945, para felicitarle por su aniversario, Ley viajó hacia el sur, donde fue apresado por las tropas estadounidenses, el 15 de mayo, en un escondite de montaña situado unos 70 kilómetros al sur de Berchtesgaden. Había intentado quitarse la vida en dos ocasiones, en vano: la primera vez, su pistola no se disparó; la segunda, el veneno que portaba había perdido su eficacia. Además había perdido mucho peso (había adelgazado de unos 90 kilos a poco más de 60). Vestía un pijama azul y un sombrero verde; se había dejado barba e intentó librarse de los soldados mediante una identidad falsa; pero quien durante mucho tiempo había sido enemigo suyo en la jerarquía nazi —el tesorero del Partido, Franz Xaver Schwarz, que había insistido a Hitler en repetidas ocasiones para que destituyera al jefe del Frente del Trabajo por su alcoholismo y corrupción— no tardó en identificarlo como líder de aquella institución.[32]

En compañía de otros jerarcas del nazismo, Ley fue conducido de forma temporal al centro de internamiento del hotel Palace de Mondorf-les-Bains, en Luxemburgo. No mostró ningún arrepentimiento. En una breve declaración política redactada en la cárcel, Ley elogió a Hitler una vez más «como el héroe que ha dado brillo a nuestra era», que «ha estado combatiendo hasta la puerta misma de su refugio y allí, como último hombre, ha caído, leal hasta la muerte». Al parecer nadie logró convencer a Ley de la realidad: que Hitler se había pegado un tiro en un miserable pacto suicida con su examante (en ese momento, esposa), Eva Braun. Llevado por sus ilusiones afirmó igualmente estar seguro de que entre las ruinas había aún «ochenta o noventa millones de alemanes que están obsesionados con una única idea —el nacionalsocialismo— y, quieran o no, van a seguir con esa obsesión». El destino de Alemania era trabar amistad con Estados Unidos, la nación que había vencido en la guerra; pero esto no se lograría hasta «haber resuelto el problema judío de Alemania». Al parecer Ley no era consciente —o fingía no serlo— de que en la práctica el «problema judío» se había «resuelto» mediante una masacre. Donald Kelley comentó que en alguna ocasión Ley afirmó que el antisemitismo había sido un «error», pero incluso al final de sus días siguió estando convencido de que «los judíos constituían un problema en Alemania». Más allá de esto, su seguridad de que la abrumadora mayoría de los alemanes seguía obsesionada con el nacionalsocialismo era una lectura completamente equivocada del estado de ánimo que imperaba en la sociedad germana en 1945. Sin embargo, Ley fue incapaz de sacudirse el mundo mental del Tercer Reich. Su incapacidad de reconocer la realidad se percibe con especial profundidad en un documento extenso que escribió en julio de 1945, titulado «Ideas sobre la reconstrucción de viviendas en Alemania», donde a todas luces creía estar haciendo una contribución importante a la reconstrucción de las urbes destruidas durante la posguerra. Lo firmó como «Dr. R. Ley, Comisario del Reich para la Vivienda». Nadie hizo ningún caso del texto, en ningún bando.[33]

En su «Testamento político», escrito en prisión en agosto de 1945, Ley justificó de nuevo el antisemitismo como defensa contra el supuesto «aluvión» que sufría Alemania por parte de los «judíos, en particular del Este» (en realidad había muy pocos, incluso antes del Holocausto, y apenas hicieron variar el porcentaje de judíos en el total de la población alemana, que en la década de 1920 se situaba por debajo del 1 %). La hija de Ley, Renate Wald, admitió que el padre siempre mostró un antisemitismo extremo. Despotricaba sobre «la cuestión judía», que consideraba problemática a escala global, e insistía en que «la judería debe firmar la paz con Alemania». En todo caso Hitler —escribió Ley— «es demasiado magnífico y noble como para quedar manchado por un error puntual», en referencia al Holocausto. ¡No sería nada fácil exagerar esa trivialización! Antes de que lo condenaran, el 14 de agosto de 1945, escribió una larga carta a su difunta esposa Inga («Vuelves a entrar en mi celda. Tú quieres hablar conmigo y yo lo deseo»). En esta misiva se imagina diciéndole que los rumores de que había sufrido daños cerebrales eran «falsos y se fundan en informes maliciosos». La elogió por continuar insistiendo en que Hitler era «el más grande alemán de todos los tiempos» y ensalzó el nazismo por haber conseguido «cosas enormemente positivas».[34] «Todo lo que yo he hecho a las órdenes de Hitler ha sido, sencillamente, una autodefensa contra los judíos». De haber dependido de él —dijo—, habría obligado a los judíos de Alemania a emigrar, negándoles el derecho a ganarse la vida y a poseer o alquilar una propiedad en la que vivir (olvidaba, por supuesto, que en su inmensa mayoría las víctimas judías del nazismo no eran alemanas). Insistió en considerarse un patriota y en que «Hitler y yo nos limitamos a trabajar por el bien del pueblo».[35] En opinión de su carcelero, el coronel Andrus, el «antisemitismo [de Ley] es tan feroz que solo el de Streicher lo superaba», entre los demás presos supervivientes.[36]

El 23 de octubre de 1945 Ley, que fue entrevistado en su celda por el psiquiatra penitenciario Gustave Gilbert, se mostró visiblemente impresionado por la condena del tribunal de Núremberg, que había leído poco antes:

> «¿Cómo puedo preparar la defensa?», quería saber Ley. «¿Se supone que tengo que defenderme de toda una serie de crímenes de los que nunca supe nada? Si después de toda la sangre derramada en esta guerra se necesitan aún más sa-sa-sacrificios para satisfacer la ve-ve-venganza de los vencedores, ¡pues venga!». Aquí se situó contra la pared, dramáticamente, en posición de crucifijo, y declamó, con gesto teatral: «¡Venga! ¡Ponednos contra la pared y fusiladnos! ¡Sois los vencedores! Pero a mí ¿por qué tiene que juzgarme un Tribunal de cr-cr-cr-, de cr-cr-cr...?». La palabra se le atragantó por completo y fue del todo incapaz de pronunciarla hasta que yo la completé: «de criminales». «Eso es, ¡es que ni me sale la palabra!». Fue repitiendo estas ideas varias veces, mientras recorría la celda arriba y abajo, gesticulando y tartamudeando con gran agitación.[37]

Al día siguiente, Ley lamentó que la condena era «tan absurda y basada en la propaganda» que resultaba del todo ridícula. «Soy alemán y soy nacionalsocialista, pero no un criminal». La condena y el encarcelamiento como delincuente obligó a Ley a recordar la vivencia de 1896, cuando su padre sufrió esa suerte. Todos sus intentos por escapar a la humillación habían fracasado. La tarde siguiente, el 25 de octubre de 1945, mientras estaba solo en su celda, arrancó el borde de una toalla de baño, hizo una soga, empapó los nudos en agua para que no se deshicieran y se ahorcó de una cañería del agua, que corría por encima del aseo, no sin llenarse la boca de trapos para que nadie le oyera boquear; se echó hacia delante, colgando todo el peso en la soga, hasta que se estranguló.[38]

Tras el suicidio, al cadáver se le extirpó el cerebro, que trasladaron a Estados Unidos para analizarlo. El estudio detectó algunos daños en el lóbulo frontal, atribuidos al accidente de aviación sufrido durante la primera guerra mundial.[39] El coronel Andrus hizo que lo sepultaran en secreto, «en una tumba sin nombre de un lugar del que muy pocas personas sabían».[40] Según rememoraba Donald Kelley:

> El cadáver de Ley, después de extraerle el cerebro, se entregó a una funeraria alemana, que se lo llevó en una caja descubierta, forrada con papel de carnicería. En el cementerio dejaron la caja junto a una tumba recién cavada. El cuerpo desnudo de Ley quedó allí expuesto durante cierto tiempo, hasta que aparecieron un par de sepultureros ancianos, amodorrados y mocosos. «¿Así que este es el gran Robert Ley, eh?», dijo uno. El otro gruñó algunos comentarios cáusticos sobre Ley y sus obras. Entre los dos voltearon la caja y el cuerpo cayó en la fosa, de casi dos metros de profundidad, tirado bocabajo sobre la capa de fango y grava. Los terrones empezaron a tapar un cuerpo sin más vestimenta que una hoja de tosco papel de carnicero. Sin más comentarios, los dos viejos palearon la tierra y la allanaron hasta dejar una tumba anónima.[41]

12

El maestro de escuela: Julius Streicher

Quienes no sepan mucho sobre Julius Streicher —más allá de que fuera el director del escandaloso, amarillista y brutalmente antisemita *Der Stürmer* («El Atacante»)— quizá se sorprendan al saber, gracias al difunto historiador Robin Lenman, que también fue «devoto del paisaje alemán y escribió artículos a favor de la herbología y los cuentos de hadas nórdicos. Compuso unos poemillas preindustriales bastante atractivos y le gustaba imaginarse como acuarelista y un *Naturmensch* ["amante de la naturaleza"] germánico y creativo». Sus poemas y pinturas no tuvieron difusión pública, pero se han conservado varios entre sus papeles, incluidos esbozos dibujados en la prisión de Landsberg, en 1923.[1] Su hijo Lothar lo describió más adelante como «verde y pardo». Al igual que Hitler, Streicher era vegetariano y abstemio; además era partidario de la homeopatía y las alternativas a la medicina y defendía una visión utópica sobre el «regreso a la naturaleza» de los alemanes.[2] Entre otras cosas interpretó un papel de liderazgo en la celebración anual nazi del solsticio de verano en la cima del Hesselberg, un monte aislado, que con sus escasos 690 metros sobre el nivel del mar destaca por ser el más elevado de Franconia. A mediados de la década de 1930 unas 100.000 personas asistían a estas celebraciones, que se adornaban con una serie de ritos seudorreligiosos.[3] Se sitúa pues dentro del proteico movimiento del ambientalismo nacional alemán, en especial de su rama más nacionalista y antiurbana, donde una sucesión de autores celebró el hecho supuesto de que los alemanes hundían sus raíces en los paisajes boscosos de la era medieval; este concepto se comparaba con el supuesto carácter desarraigado de los judíos urbanos. Fueron ideas especialmente populares entre los maestros de escuela alemanes, que antes de la primera guerra mundial —según ha observado con acierto George L. Mosse— ya eran «los defensores más fervorosos de la ideología Volkish, sobre todo en relación con el tema racial».[4]

Julius Streicher, que había nacido el 12 de febrero de 1885, era maestro de escuela en un pueblo. Carecía de formación, más allá de la elemental. Era el noveno hijo de otro maestro rural, en Fleinhausen, cerca de Augsburgo. A los trece años dejó el colegio e inició un curso de Magisterio, de cinco años de duración, que completó en enero de 1904, con dieciocho años y unas notas medianas. Empezó a trabajar de inmediato, primero como auxiliar. Las escuelas rurales en las que enseñaba solían contar con un único maestro que se ocupaba de todos los grupos de edad, por lo que el nivel de las materias no excedía del alcanzado por Streicher. La colosal influencia que los sacerdotes locales ejercían sobre las escuelas de las aldeas fue una constante fuente de irritación para Streicher, que se les enfrentó a menudo. La situación se solventó en 1908, cuando al terminar el servicio militar, a Streicher se le asignó una plaza permanente en una escuela interconfensional de Núremberg, una ciudad de mayoría protestante.[5] El nivel social y educativo de Streicher, en resumen, era bastante inferior al de la mayoría de los líderes nazis; y su origen social, la pequeña burguesía de campo, bastante más humilde. Las pruebas que le realizaron los psiquiatras penitenciarios en Núremberg revelaron además que poseía el cociente intelectual más bajo entre todos los dirigentes nazis a los que se pudo someter a juicio: 106, justo por encima de la media nacional.[6] La familia de Streicher era católica, pero él creció en una zona de mayoría protestante y se empapó del antisemitismo común y corriente en su entorno social. Más adelante afirmó que se hizo antisemita a los cinco años, cuando un sacerdote le contó que Jesús había sido sacrificado a instancias de los judíos.[7] En sus primeros años, no obstante, no manifestó puntos de vista claramente antisemitas ni destacó por otras razones. En 1913 se casó con la hija de un panadero, Kunigunde Roth, sin salir pues de la extracción social media baja. (Tuvieron dos hijos, nacidos en 1915 y 1918.) Empezó a intervenir en política, haciendo campaña contra la influencia de la Iglesia en las escuelas; pero antes de que llegara a ningún sitio estalló la primera guerra mundial y él se presentó voluntario para el ejército de Baviera. Obtuvo la Cruz de Hierro de primera y segunda clase en el

Frente Occidental, en Rumanía y en Italia. Como a tantos otros soldados, el Armisticio y sus condiciones tan poco favorables le parecieron una humillación. Dio crédito a la versión extrema de la leyenda de la puñalada en la espalda, según la cual las fuerzas armadas alemanas habían sucumbido en 1918 no ante la superioridad de los Aliados, sino por una conjuración organizada en territorio nacional por revolucionarios judíos, con el fin de derrocar el Kaiserreich y sus instituciones. Desde este momento quedó obsesionado por «la Cuestión Judía». Viró hacia la derecha ultranacionalista, uniéndose al Deutscher Schutz– und Trutzbund (Liga de Protección y Defensa de Alemania) desde el momento de su fundación, en la población de Bamberg, no lejos de Núremberg, en febrero de 1919. Sin embargo, como le parecía poco activa, en enero de 1920 pasó a otra organización antisemita, el Deutsch-sozialistische Partei (Partido Socialista Alemán), un grupo reducido y marginal para el cual empezó a editar un semanario, el 4 de junio de 1920.[8]

Streicher se aseguró de constar como propietario registrado de la publicación, de modo que pudo hacer caso omiso de las objeciones de algunos compañeros católicos a los que ofendió con sus insultos a los jesuitas, y otros que lamentaban el creciente tono antisemita del semanario. Como los líderes del DSP expresaron abiertamente su desaprobación, emigró a otra organización extremista de la ultraderecha, donde participó de un mitin público con el que dio al traste la irrupción de activistas de izquierdas. Por otro lado su periódico, el *Deutsche Volkswille* («La Voluntad Nacional Alemana»), pasaba por graves apuros económicos.[9] Streicher ya había tomado nota de la emergencia de Hitler como orador más destacado de la extrema derecha, por lo que entonces, en 1922, decidió ir a escucharlo. Habla de aquella ocasión en «Mi testamento político» (*Mein Bekenntnis*), escrito por sugerencia de un oficial del servicio de inteligencia de Estados Unidos, el capitán John Dolibois, encargado de vigilarlo tras su detención a finales de la segunda guerra mundial; el texto, no obstante, no se publicó hasta 1978:[10]

> Había hablado por todos, por todo el pueblo alemán. Faltaba menos de una hora para la medianoche cuando su discurso tronó con una solemne advertencia: «¡Trabajadores del cerebro y del puño! ¡Daos las manos para crear una comunidad nacional alemana unida por el corazón y los actos!» ... Hasta aquel momento ... el canto del himno nacional nunca me había emocionado tan profundamente como en aquella

> manifestación masiva en la que vi y oí hablar a Adolf Hitler. Lo sentí: en este momento, ¡el Destino me llama, por segunda vez! Atravesé a toda prisa las masas que lo vitoreaban, me acerqué al estrado y me planté ante él: «¡Señor Hitler, me llamo Julius Streicher! En esta hora sé que yo solo podré ser un ayudante. Pero ¡usted es un líder! Os hago entrega ahora y aquí del movimiento popular de Franconia, que yo he creado». Me miró enigmáticamente desde la profundidad azul de sus ojos. El momento se prolongó en el tiempo. Pero luego me tomó las manos con suma calidez: «¡Streicher, gracias!». El Destino me había llamado, por segunda vez. Aquella fue la gran llamada de mi vida.[11]

En realidad, durante una serie de reuniones (a la que como mínimo en un caso asistió Hitler en persona) Streicher ya había estado negociando con el Partido Nazi la incorporación de su organización al movimiento. El motivo principal era que Hitler se había ofrecido a pagar sus deudas y prestarle algo de dinero. Aun así no hay razones para poner en duda lo que Streicher sintió en el encuentro que refiere (aunque no fuera el primero). A partir de este momento fue uno de los seguidores más devotos de Hitler, y el Líder le recompensó con muchos años de consejos leales (a veces, poco acertados).[12]

Que Julius Streicher se uniera al Partido Nazi y se comprometiera con Hitler distó de ser una epifanía, no obstante. Por entonces ya era un antisemita radical, editaba un periódico y organizaba actos y pronunciaba discursos en el espectro político de la extrema derecha nacionalista. Como orador Streicher se centraba en entretener a sus oyentes. En palabras del historiador Robin Lenman, ofrecía

> algo adecuado para cada tipo de oyente: promesas utópicas y amenazas violentas; sentimentalismo crudo e invitaciones al martirio heroico; la intensidad emocional de un mitin evangélico aliviada con los chistes y la charla ingeniosa de un *music-hall*. El objetivo era siempre el mismo: todas las variantes de efectos teatrales y psicológicos —la música patriótica, los uniformes, la exclusión aparatosa de los judíos— se empleaban para convertir la participación política ordinaria en un acto de compromiso emocional absoluto, y para proporcionar una identidad colectiva a una gran cantidad de personas angustiadas y emocionadas.[13]

Streicher solía dirigirse al mínimo común denominador de su público; unos lo calificaban de grosero y vulgar, otros, de franco y directo. Los discursos, que pronunciaba con vigor e intensidad (y con la *r* vibrante típica de la dicción de Franconia), atraían a multitudes extensas y le dieron fama permanente. Su mensaje —por mucho que se adornara con polémicas, ejemplos, anécdotas y ataques personales contra sus oponentes— no podía ser más simple: los judíos eran responsables de todos los males de Alemania y, en cuanto desaparecieran, Alemania volvería a ser grande, próspera y poderosa.[14] En sus funciones de columnista y editor de prensa, Streicher no se atuvo a ningún límite y atacó a sus oponentes con un celo carente de escrúpulos y a menudo difamador. Sin ir más lejos, el alcalde de Núremberg, Hermann Luppe, le puso varios pleitos por difamación. En 1921 Streicher publicó que la desaparición de varios niños de la ciudad era obra de judíos que raptaban a niños cristianos, los asesinaban y usaban la sangre para fines rituales; se trataba de un «libelo de sangre» paranoico, al estilo medieval, que por supuesto no contaba con ninguna clase de pruebas. El tribunal lo multó por calumnias maliciosas. Streicher comprendió que para aumentar el apoyo local a su periódico y su movimiento debía enlazar las cuestiones generales con los asuntos locales. Lo exhibió de nuevo convocando un mitin público para protestar contra el veredicto de un sensacionalista proceso judicial de Núremberg en el que se absolvió a un médico judío de haber envenenado a dos jóvenes cristianas con un anticonceptivo supuestamente peligroso.[15]

Los puntos de vista de Streicher, para empezar, sobre el «problema judío» (que, por supuesto, era un «problema» inventado por entero por antisemitas como él) coincidían a grandes rasgos con los de Hitler y los nazis. No necesitó cambiar ni adaptar la ideología; su decisión de unirse al nazismo fue de tipo organizativo. El Partido Nazi, simplemente, era el vehículo más adecuado y efectivo para hacer realidad su política después de un período de reveses y frustración. En el caso de Hitler, la incorporación de Streicher supuso iniciar la extensión del Partido fuera de Múnich, a una escena nacional más general. Ahora bien, en un principio las cosas no rodaron. Streicher estaba envuelto en una agria pelea interna con su sucesor en el timón del *Deutsche Volkswille*, Walther Kellerbauer, quien obtuvo el apoyo de Hitler en el enfrentamiento. La respuesta de Streicher fue fundar otro periódico, *Der Stürmer*. Inicialmente se publicó de forma irregular y, en ocasiones, con muy poco contenido. Con el tiempo, como es sabido, se convertiría en la más tristemente famosa de las cabeceras nazis.[16]

Hitler acabó resolviendo las peleas del seno del Partido Nazi de Núremberg asumiendo el mando sobre la organización de los camisas pardas en la ciudad y trasfiriendo la propiedad de *Der Stürmer* al Partido de Múnich, aunque manteniendo a Streicher en la dirección.[17] El 8 de noviembre de 1923 Streicher viajó a Múnich para unirse al *Putsch* de la cervecería. Primero pronunció una serie de discursos demagógicos en varios emplazamientos y luego participó en la marcha sobre el centro de la ciudad. Según su propia versión —retrospectiva— de los hechos, se trató de un alzamiento masivo recibido con vítores por miles de patriotas corrientes. Streicher fue detenido cuando volvía con el tren hacia su sede de Núremberg, pasó un breve tiempo en prisión y se dejó en suspenso la plaza de maestro (prohibición que devino permanente en 1928, aunque se le mantuvieron dos tercios del salario).[18] Como político a tiempo completo, Streicher se zambulló en las peleas internas que consumieron al Partido Nazi durante la ausencia de Hitler por «confinamiento en la fortaleza» de Landsberg. Obtuvo un acta de concejal del ayuntamiento de Núremberg, que dedicó en lo esencial a obstaculizar las sesiones. Tras ser expulsado en dos ocasiones por mala conducta, decidió obviar las reuniones en lo posible; su objetivo principal era darse a conocer, a sí mismo y a su Partido, y lo consiguió con el recurso de insultar y difamar repetidamente a sus oponentes. Tras resultar elegido como parlamentario por la asamblea de Baviera, gozó de cierta inmunidad judicial, que, sin embargo, se le canceló varias veces, por lo que pasó en total ocho meses en la cárcel; pero cuando la República de Weimar entró en su fase final, ni la policía ni los fiscales mostraron ningún afán especial por perseguir las acusaciones que se le dirigían.[19]

Julius Streicher fue una de las escasas personas a las que Hitler permitía que se le dirigieran con el *Du* propio del trato personal y cercano, en vez del *Sie*, más habitual y formal. Hitler recompensó el éxito de Streicher con la agrupación nazi de Núremberg organizando anualmente el Congreso del Partido en esa ciudad. Pero la relación de los dos no era propiamente íntima. Streicher era excesivamente monotemático, su única obsesión era el tema de la «cuestión judía», y era incapaz de hablar de ninguna otra cosa que pudiera interesar a Hitler, como la música, la ópera, el arte o el cine. De hecho, cuando Hitler visitaba Núremberg tendía a evitar a Streicher y prefería comer o cenar con personas de mayor cultura como Willi Liebel, propietario de una imprenta al que había colocado en la alcaldía —ilegalmente— tras conseguir expulsar al titular anterior, Hermann Luppe, el archienemigo de Streicher; o como el doctor Benno Martin, el nuevo jefe de la policía, en este caso colocado por Himmler en sustitución de un gestor de competencia probada. Al principio Streicher, Liebel y Martin dirigieron Núremberg de forma colaborativa, pero Streicher, siempre exigente y peleón, logró ir distanciando a los otros dos. En 1933 lo nombraron Gauleiter de Franconia y se comportaba como si Núremberg fuera su feudo personal. Resultaba casi imposible trabajar con él por su carácter camorrista, obstinado, incontrolable y despreciativo de toda formalidad burocrática. Sus colegas decidieron librarse de él, para lo cual reunieron pruebas comprometedoras e inculpatorias. Benno Martin hizo instalar aparatos de vigilancia en el despacho de Streicher y Himmler le permitió pincharle el teléfono. Un fotógrafo de la policía tomó instantáneas de Streicher con una sucesión de mujeres que entraban y salían de un edificio que Streicher solía usar para sus citas sexuales. Sin embargo, la gran oportunidad de Martin no se presentó hasta después de la *Reichskristallnacht* (Noche de los cristales rotos).[20]

La destrucción de sinagogas y el saqueo de comercios, empresas y apartamentos judíos en la noche del 9-10 de noviembre proporcionó ocasiones de enriquecimiento que Streicher ni mucho menos desaprovechó. Pero ya se había labrado varios enemigos de importancia entre los líderes del Partido, en particular Hermann Göring, al que desde su cabecera acusó burlonamente de haber concebido a su hija Edda mediante inseminación artificial, dado que a todas luces estaba demasiado gordo como para engendrar un hijo por sí mismo. Göring se enfureció e informó en persona a Benno Martin de otros delitos de Streicher y organizó un tribunal secreto —desde su posición como jefe del Tribunal del Partido Nazi— que reunió dos volúmenes de pruebas condenatorias que documentaban la malversación hacia la cuenta privada de Streicher de activos confiscados a los judíos, que no llegaron pues al Fondo Imperial que controlaba el propio Göring. Además, hubo informes confirmados sobre palizas a opositores de Núremberg, que en ocasiones daba el propio Streicher en persona (siempre llevaba consigo un látigo) y sobre pagos a una serie de amantes, incluido un salario mensual a cierta Anni Seitz (que en teoría trabajaba en el periódico diario de Streicher, el *Fränkische Tageszeitung*, pero era apenas una sinecura). El Gauleiter de Núremberg también se había hecho construir una casa en el campo para las citas sexuales. Hacía tiempo que Liebel y Martin lo denunciaban en cartas a Hitler y a Göring, pero hasta que el periódico de Streicher no ofendió a los militares por criticar su conducta durante la primera guerra mundial, Hitler no vio razón para intervenir.[21]

En las vistas del Tribunal del Partido, convocado por Hitler y formado por seis Gauleiter, se estudiaron las pruebas reunidas durante los meses precedentes y se tomó declaración a diversos testigos. Uno era el propio Benno Martin, al que Streicher acusó a su vez de haberle estado enviando a Hitler denuncias anónimas sobre su comportamiento. Aunque la acusación era correcta, Martin sacó la pistola y afirmó que, si Streicher lo repetía, le pegaría un tiro. El presidente del tribunal le comunicó a Göring el incidente, por vía telefónica, a lo que este respondió que Martin debería haber disparado. Hitler consideró preciso aceptar la conclusión del tribunal, según la cual Streicher no era adecuado para una posición de liderazgo, y le ordenó retirarse a su finca campestre de Pleikershof, a las afueras de Núremberg, con la prohibición de regresar. Más adelante Hitler lamentó en varias ocasiones haber tenido que dar este paso, pues consideraba que las faltas de Streicher eran triviales en comparación con los servicios que había aportado al movimiento nazi.[22]

Hitler no solo permitió que Streicher siguiera dirigiendo *Der Stürmer*, sino que le proporcionó los recursos necesarios para hacerlo, porque la cabecera se le antojaba indispensable.[23] La revista aparecía semanalmente, con grandes titulares, viñetas crudamente antisemitas —dibujadas por Philippe Rupprecht, «Fips»— y, a partir de 1930, fotografías retocadas para sesgarlas en contra de los judíos. Al principio refería escándalos locales de interés para sus pocos miles de lectores de Núremberg y los alrededores, pero a finales de la década de 1920 había ampliado la difusión y Streicher dio paso a historias sensacionalistas de un ámbito más general, que muchas veces le habían enviado los lectores. A medida que la circulación aumentaba —pasando de cerca de 14.000 ejemplares en 1927 a 25.000 en 1933 y, ya durante el Tercer Reich, más de 100.000 hacia finales de 1934 y más de medio millón en 1935— atraía cada vez más publicidad. Se instalaron expositores en las calles más transitadas, las paradas de autobús y las cantinas de las fábricas, que hacían llegar el mensaje del periódico a un número aún mayor de lectores. Streicher pidió el respaldo de varios líderes del nazismo, como Himmler, para potenciar más aún la difusión. En 1934 adquirió la propiedad de la cabecera —tras morir el impresor, a quien habían pertenecido los derechos—, lo que le generó una fortuna.[24]

Número tras número, Streicher, sus redactores y sus dibujantes fueron machacando el mensaje de que los judíos eran feos y gordos, y su nariz, aguileña; que iban sucios y mal afeitados; que eran codiciosos y depravados. No importaba que el mensaje lo invalidara implícitamente la exigencia legal —aprobada por los nazis el 1 de septiembre de 1941— de que toda persona clasificada como judío llevara una estrella amarilla en la ropa; al parecer era imposible distinguirlos de otro modo, tampoco por la apariencia física, de los «arios». Las viñetas de «Fips» equiparaban a los judíos con sapos, vampiros, insectos y bacterias. A los judíos se los deshumanizaba así, pero no solo. También se los privaba de la individualidad, reduciéndolos al estereotipo y refiriéndose a ellos en singular, «el judío», como si todos formaran parte de una única y vasta colectividad común y cada uno estuviera implicado en los supuestos delitos y crímenes de todos los demás.[25] *Der Stürmer* tomó esto como punto de partida de innumerables historias inventadas sobre supuestos timadores, impostores, seductores, violadores, satanistas, pedófilos y vampiros judíos. Para Streicher *Los protocolos de los sabios de Sion* eran una verdad literal, a pesar de que se había demostrado repetidamente que eran una suma de falsificaciones y plagios; y dio nueva vida, en repetidas ocasiones, a la infame calumnia del «libelo de sangre» y otras leyendas medievales. «El judío» era una amenaza omnipresente —insistía la revista—, generalizada, universal que aspiraba a destruir a Alemania y a los alemanes. El judío quería envenenar la sangre de los alemanes con medicamentos, drogas, alcohol e hipnosis; o bien seducir a las jóvenes del país con el dinero y el poder. El judío organizaba la trata de blancas en burdeles a una escala inmensa, violaba a las chicas alemanas, las obligaba a someterse sexualmente con un sadismo lujurioso. A medida que la década de los treinta avanzaba, las páginas de *Der Stürmer* iban dando más cabida a casos de «corrupción racial». Actuaba de un modo relativamente indirecto, con sugerencias e insinuaciones, pero suficientemente claro como para que se motejara popularmente a Streicher como «el pornógrafo imperial». Aunque no participó en la redacción de las Leyes de Núremberg, de 1935, utilizó su aprobación como excusa para publicar historias sobre judíos que las incumplían; los lectores colaboraban con sus denuncias. «Die Juden sind unser Unglück!» («Los judíos son nuestra desgracia»), decía el eslogan de la portada. Eran una afrenta contra la naturaleza y solo había un modo de tratarlos: «la aniquilación».[26]

Para muchos alemanes, en especial entre la clase media de cierta cultura, *Der Stürmer* resultaba ofensivo; su vulgaridad y extremismo hicieron que Hitler y Goebbels ordenasen retirar de Berlín los expositores mientras se celebraban los Juegos Olímpicos. Pero esto no afectó a la difusión y al poco tiempo volvieron a aquellos espacios públicos. Además Streicher contaba con otros medios para divulgar su antisemitismo extremo. En 1935 fundó la editorial Der Stürmer, con la que produjo y vendió una gran diversidad de libros. Los más conocidos fueron, y siguen siendo, los manuales antisemitas y los volúmenes de versitos ilustrados. Entre ellos, *Trau keinem Fuchs auf grüner Heid / Und keinem Jud bei seinem Eid* («No te fíes del zorro en el brezal / ni del judío en el jurar»), de Elvira Bauer, de veintiún años, que vendió más de 100.000 ejemplares. En palabras de la periodista exiliada Erika Mann (hija del novelista Thomas Mann), se trataba de un libro caracterizado por su «crudo sadismo, mendacidad demagógica, ausencia de gusto y depravación humana». *Der Giftpilz* («El hongo venenoso»), de uno de los periodistas más famosos de *Der Stürmer*, Ernst Hiemer, era aún más desagradable; incluso Joseph Goebbels lo calificó de «absurdo espantoso» y se sorprendió de que Hitler hubiera tolerado que se publicara. Incluía versos como:

> Un diablo corre por nuestro país
> —el judío, que bien lo conocemos—,
> corruptor de la raza y genocida,
> asustador de todos los niños.
> Aspira a pervertir a nuestros jóvenes,
> desea acabar con todas las razas.
> Nunca tengas que ver con el judío
> y conocerás la paz y la alegría.

Además de estas actividades, la editorial también creó una biblioteca física e invitó a los lectores a colmarla de publicaciones y objetos religiosos de los judíos. Algunos estantes contenían obras pornográficas de acceso restringido. Sin embargo, todos estos programas fueron perdiendo comba después de la expulsión de Streicher y el estallido de la guerra. La difusión del periódico fue descendiendo porque las restricciones oficiales al uso del papel redujeron su extensión de las dieciséis páginas a tan solo cuatro y el exterminio de los judíos dificultaba publicar noticias sobre sus supuestas fechorías. En consecuencia Streicher se fue centrando más en la gestión de su granja y retomó el ideario de «la sangre y la tierra» que le había inspirado en los inicios de su carrera.[27]

Al terminar la guerra, cuando hacía dos años que había fallecido su primera esposa, Streicher se casó con su secretaria, Adele Tappe. La pareja decidió suicidarse y llegó a cavarse una tumba en la finca de Pleickershof. A la postre cambiaron de opinión y Streicher, que tomó una identidad falsa y se dejó crecer la barba, se marchó a Waidring, cerca de Kitzbühel, en los Alpes austríacos, donde retomó la práctica de la acuarela, con la intención de despistar en lo posible a los perseguidores. Cuando unos soldados estadounidenses lo arrestaron, uno de ellos bromeó con la semejanza del detenido con Julius Streicher; y este, creyendo que lo habían descubierto, admitió quién era y se entregó. Más adelante afirmó que los soldados que se lo llevaron preso eran todos negros, que lo habían apaleado y que habían obligado a su esposa a desfilar desnuda por delante de ellos;[28] en la prisión se encontraba mejor, afirmó. Sin embargo, los demás líderes nazis supervivientes le dieron la espalda, no le saludaban en la cantina y no querían tener nada que ver con él. Solo Robert Ley aceptó darle la mano. Incluso el psiquiatra penitenciario Leon Gildensohn comentó lo desagradable que le resultaba: «Sonríe sin cesar, con una sonrisa que está entre la mueca y la lascivia, retorciendo su boca grande, de labios finos, arrugando los ojos de rana. Es la caricatura de un libidinoso posando como si fuera un sabio».[29]

Aburrido y frustrado, parece ser que Streicher se pasaba el rato hablándole a su carcelero de temas sexuales y pidiendo (en vano) que le trajeran mujeres para su placer. Pese a todo recibía un flujo constante de visitas. También acudió Erika Mann, que estaba en Núremberg como corresponsal de prensa asignada a los juicios. Al entrar en la celda de Streicher —como solía, fumando y con ropa masculina— él la reconoció de inmediato. «¡Ja! ¿Así que has venido al zoo a admirar los animales salvajes? ¡Pues enseguida lo verás todo!», exclamó, y se bajó los pantalones. Mann, que era resueltamente lesbiana, no se inmutó; apagó el cigarrillo y se marchó sin decir palabra, pasillo adelante, hasta la celda siguiente.[30] Según apuntó Gustave Gilbert, psiquiatra penitenciario de Núremberg, el 15 de diciembre de 1945: «Fanático recalcitrante como siempre, Streicher no pareció sentirse afectado por la acumulación de pruebas que en todos los demás había causado vergüenza, o al menos incomodidad y reacciones defensivas». El juicio

—protestó Streicher— lo habían organizado los judíos; los fiscales eran judíos en su mayoría; el jefe de la fiscalía estadounidense, Robert Jackson, en realidad se llamaba Jakobson; los bolcheviques eran judíos; en Estados Unidos mandaba una democracia judía. «Hitler sin duda decidió exterminar a los judíos en 1941, porque yo no me enteré».[31]

En el juicio se explayó con estas palabras extraordinarias:

> El mundo democrático es demasiado débil, ¡no es apto para sobrevivir! Hace veinticinco años que lo estoy advirtiendo, pero veo que ahora los judíos tienen determinación y valor. Al final acabarán dominando el mundo, ¡no os olvidéis de lo que os digo! Y a mí me gustaría ayudarles a obtener esa victoria porque son fuertes y tenaces, yo conozco bien a la judería. ¡Yo también tengo valor! ¡Soy de los que no ceden en su empeño! Así que si los judíos estuvieran dispuestos a aceptarme entre ellos, lucharía por ellos porque cuando yo creo en una cosa, ¡sé luchar![32]

Esta afirmación estrafalaria —pronunciada justo después de que el resumen de la fiscalía hubiera desengañado a los acusados, si aún albergaban la ilusión de que serían absueltos o, como mínimo, recibirían condenas indulgentes— no era nada típica de la conducta de Streicher.[33] Fue condenado a muerte por instigación al asesinato: la fiscalía citó más de cincuenta pasajes de sus discursos y escritos de *Der Stürmer* donde había abogado por la aniquilación de los judíos.[34] Nunca dejó de idolatrar a Hitler: «¡El Líder no ha muerto! —escribió en la cárcel—. Pervive en la creación de su espíritu cuasidivino».[35] Se negó a vestirse para la ejecución, y los guardias tuvieron que obligarlo, no sin dificultades. Gritó «*Heil Hitler!*» y «¡Fiesta de Purim, 1946!» y les dijo a sus vigilantes que los bolcheviques también los colgarían a ellos, algún día. Murió ahorcado el 16 de octubre de 1946. En 1933 había planeado que su cadáver se custodiaría en un mausoleo especialmente construido para él, en la cima del Hesselberg; pero su cadáver se incineró y las cenizas se arrojaron a un río secundario junto con las de otros condenados.[36]

Streicher dejó una carta para su hijo Lothar, en la que lo instaba a dedicarse a la agricultura, como única forma de impedir el final de la naturaleza y, por lo tanto, de la raza humana.[37] Lothar, que había nacido en 1915, compartía sin reservas las convicciones políticas de su padre; se sumó a la SS mientras asistía aún a la escuela y redactó algunos artículos ocasionales para *Der Stürmer*. Unos extractos de su diario, escritos durante una visita al gueto de Zamosc, se hicieron públicos en 1945 y se utilizaron como prueba en los juicios de Núremberg; ponen de manifiesto su antisemitismo visceral y su creencia de que era conveniente exterminar a los judíos.[38] El hijo siguió conservando el recuerdo del padre hasta entrados los ochenta años e insistió una y otra vez en que Julius Streicher siempre había dicho la verdad y solo deseaba que los judíos emigrasen.[39] En la década de 1980 Lothar colaboró con una negacionista del Holocausto —Ingrid Weckert, que vivía cerca de Núremberg— en el proyecto de una biografía «revisionista» sobre el padre; pero sufrió una apoplejía y la redacción se abandonó.[40] Su hermano menor, Elmar, había nacido en 1918 y recibió instrucción en la escuela del Partido; pero se sabe poco sobre su vida posterior. Al parecer en Núremberg se distanció de su padre. En 2007 aún vivía y un periódico de Londres lo entrevistó para preguntarle por Unity Mitford, de quien se rumoreaba —sin fundamento— que había dado a luz «a un hijo natural de Hitler».[41]

A Julius Streicher se lo condenó a muerte no por haber participado activamente en la planificación o ejecución del Holocausto, sino porque contribuyo quizá más que nadie —con la posible salvedad de Goebbels— a avivar el odio antisemita que preparó a muchos alemanes para el Holocausto. Habiendo observado el comportamiento de Streicher en la cárcel, después de la guerra, el coronel Andrus comentó: «Estaba tan obsesionado con el odio que tan solo el mencionar la palabra *judío* ya le provocaba temblores».[42] Al igual que Hitler, Streicher fue un antisemita radical desde el momento en que experimentó la derrota de Alemania en la primera guerra mundial, como soldado en servicio activo, y tuvo noticia de las condiciones del Armisticio (que le resultaron ofensivas e inaceptables) y luego del acuerdo de paz. Mucho antes de conocer a Hitler ya lo poseía un odio visceral contra los judíos; siguió al líder nazi porque su movimiento le pareció el vehículo más adecuado para sus propias creencias políticas. El ambiente ultraderechista en el que se movía no era el mundo militar de personajes como Göring o Röhm, sino más bien el de la devoción por la naturaleza, «la sangre y la tierra», el vegetarianismo y la «reforma vital» (*Lebensreform*). Streicher creía que era un mundo amenazado por los judíos, a los que creía urbanos y desarraigados, y que la salvación pasaba por exterminarlos. A la postre, los aniquilados fueron Streicher y el movimiento al que pertenecía.

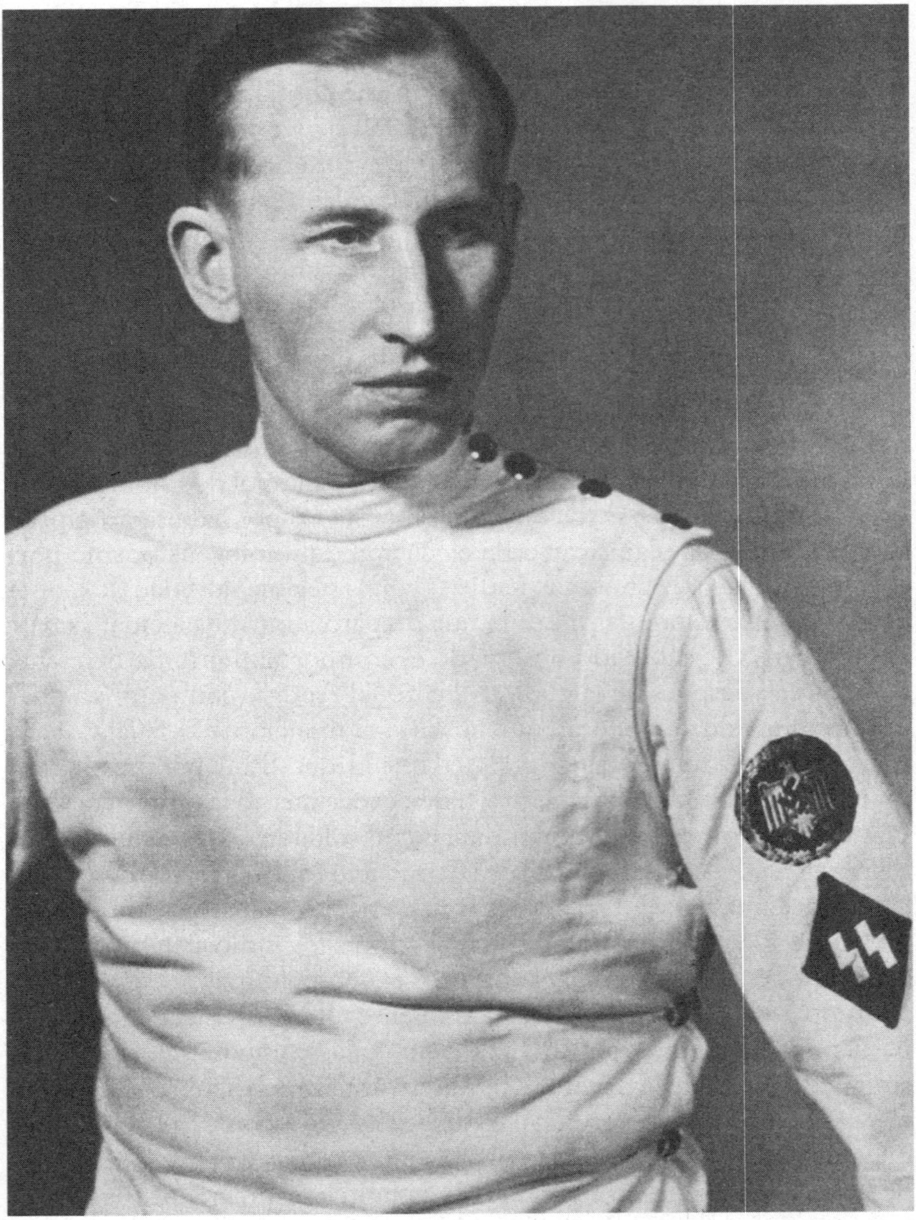

13

El verdugo: Reinhard Heydrich

Reinhard Heydrich, jefe de la Gestapo y del SD (Sicherheitsdienst o Servicio de Seguridad de la SS), no formó parte del séquito inmediato de Hitler ni fue uno de los dirigentes que participaron en las grandes decisiones del régimen nazi. Sin embargo, fue una de las figuras más tristemente famosas del Tercer Reich. Tanto para sus contemporáneos como para los historiadores, fue —por decirlo con las palabras que utilizó su segundo, Werner Best, una vez concluida la guerra— «la personalidad más demoníaca de toda la jerarquía nazi». Karl Wolff, ayudante de Himmler, lo consideró «diabólico»; otro colega de la SS, Walter Schellenberg, lo comparó con un «animal de presa». El diplomático suizo Carl J. Burckhardt, que conoció a Heydrich en 1945, lo describió más adelante como «el Dios de la muerte, joven y malvado», de la Alemania nazi. Según uno de sus primeros biógrafos, Günther Deschner, en su estudio de 1977, fue un tecnócrata amoral que dejó de lado todas las consideraciones de la humanidad convencional en beneficio del poder y la perfección, y para quien la ideología nazi fue antes que nada un medio de favorecer su propia carrera. Tras reunirse con Heydrich el 29 de agosto de 1939, para debatir sobre las relaciones de la SS y el ejército en la inminente invasión de Polonia, Eduard Wagner (adjunto al jefe del Estado Mayor del ejército de Tierra) comentó que Heydrich era no solo «inescrutable», sino también «especialmente desagradable». Muchos otros contemporáneos, sin excluir a los que colaboraron estrechamente con él, lo tildaron de frío y suspicaz. Himmler sabía mostrarse paternal y afable con sus subordinados, a los que apoyaba, si le parecía bien; Heydrich siempre hacía sentir incomodidad en su presencia. Como dijo Best, «se acercaba a la gente con unas maneras inquisitivas y desconfiadas que de inmediato llamaban la atención de todos por ser su característica dominante». «Todo el mundo temía a Heydrich», admitió un subordinado directo, Alfred Six, tras la guerra. Se cuenta que Arthur Nebe, jefe de uno de los escuadrones de la muerte de la SS (los *Einsatzgruppen*), temblaba de miedo en presencia de Heydrich.[1]

A juicio de muchos, entre ellos Hitler y Himmler, Heydrich tenía la apariencia del nazi perfecto: alto, rubio, de ojos azules, buena forma, esgrimista competente, piloto del aire, incondicionalmente leal a Hitler y los ideales del nacionalsocialismo. Solo bebía o fumaba en ocasiones muy singulares (por ejemplo la conclusión de la Conferencia del Wannsee, en enero de 1942, donde se tomó un brandy para celebrar lo que a su entender había sido un éxito absoluto del encuentro) y daba ejemplo de una dedicación ascética a la causa que luego esperaba que los subordinados de la SS imitaran sin vacilar. Llegó a prepararles tablas de entrenamiento y se aseguró de que las seguían asistiendo, dos veces por semana, a las sesiones de deporte y ejercicio físico. El ejemplo que daba incluía mantener una apariencia inmaculadamente pulcra y aseada, trabajar sin horario y conducirse «correctamente» en público. Cuando hizo nombramientos para el SD dio preferencia a hombres de buena formación cultural (con título universitario y a poder ser un doctorado) y compromiso ideológico, de poco más de treinta años, buena forma física y apariencia «aria». Si Himmler concebía a la SS como una élite, puede decirse que Heydrich quería que el SD fuera la élite de la élite.[2]

Sin embargo, pese a interpretar un papel central en la política antijudía y la puesta en práctica de sus medidas, durante toda su vida le persiguieron los rumores de que él mismo era judío; quizá no del todo, pero posiblemente a medias. Una enciclopedia musical muy difundida, la *Hugo Riemanns Musik-Lexicon* (1916), describía a su padre Bruno Heydrich —fundador y director del conservatorio de Halle— como un judío apellidado en realidad Süss. Resultó que era la venganza de un exalumno del conservatorio, que se había tomado muy mal el ser expulsado del centro y utilizó para vengarse a un pariente que formaba parte del equipo editorial de la enciclopedia. Bruno Heydrich denunció la entrada por difamación, ganó el juicio, y el texto se corrigió en las ediciones posteriores. Pero el daño estaba hecho. Por otro lado uno de los tíos maternos de Reinhard estaba casado con una mujer judía. Durante la primera guerra mundial los rumores eran tan frecuentes que los compañeros de clase de Reinhard se burlaban de él llamándolo por un mote judío, «Isi» (Isidor).[3] En la Academia Naval de Kiel, según otro cadete, era habitual llamarlo «el judío blanco» o «Moisés blanco». Los rivales del Partido Nazi no tuvieron escrúpulo en usar los rumores y en 1932 el jefe de la organización del grupo, Gregor Strasser, llegó a ordenar al genealogista oficial del Partido, el doctor Achim Gerke, que iniciara una investigación. Gerke estudió el asunto de la enciclopedia musical de Riemann y llegó a la conclusión de que la afirmación era infundada y Bruno Heydrich era ario en un 100 %. Sin embargo, esto tampoco bastó para borrar las sospechas y el propio Reinhard Heydrich encargó otro estudio a un miembro de su plantilla, Ernst Hoffmann, que llegó a la misma conclusión. En la posguerra Hoffmann rememoró que, cuando debatieron el asunto, Heydrich se mostró muy nervioso, a todas luces preocupado. En realidad no tenía motivos de inquietud. El rumor se originó en el apellido del segundo esposo de Ernestine, una abuela de Reinhard que en 1877 se casó con un cerrajero llamado Gustav Robert Süss. A este Süss no solo no se le conocían antecesores judíos, sino que, lo más importante: carecía de relación directa con Reinhard Heydrich, cuyo padre Bruno era hijo del primer esposo de Ernestine, que había fallecido de tuberculosis en 1874, cuando contaba tan solo treinta y siete años.[4]

Aun así muchos historiadores han considerado que la clave del carácter de Heydrich fue la idea de que era medio judío. Joachim Fest comenta que lo esencial no fue si tuvo o no ancestros judíos, sino el hecho de que él creyera haberlos tenido. Aquí habría nacido una «personalidad profundamente dividida», con una faceta dura e implacable y la otra, indulgente y artística. Fest creía que a Heydrich lo impulsaba el deseo de dejar atrás la sangre judía mediante un exceso de celo nacionalsocialista.[5] Se odiaba a sí mismo, según se puso de manifiesto en un incidente revelador que un colega le había contado a Burckhardt: en cierta ocasión llegó a casa de noche y, al ver de pronto su reflejo en un espejo de la pared, le disparó por dos veces gritando: «¡Al fin te tengo, basura!».[6] El problema es que no hay modo de corroborar la historia ni de saber cómo se enteró de ella el informante de Burckhardt, dado que se produjo en un momento totalmente privado, sin nadie más alrededor. Por otro lado, resulta poco verosímil la pretensión de que tanto

Hitler como Himmler creían que Heydrich era medio judío pero se reservaban la información para la eventualidad de tener que imponerle la obediencia; y tampoco se ha corroborado la supuesta afirmación de que Himmler, tras morir Heydrich en 1942, había intentado consolar a su torturado subordinado mencionándole «la posibilidad de superar el componente judío con la adición de sangre alemana de buena calidad». Las dos aseveraciones provienen de unas memorias dudosas, las de Felix Kersten, masajista de Himmler.[7] Merece la pena recordar, no obstante, que ser medio judío no necesariamente impedía prestar servicio al Tercer Reich. Erhard Milch, que estuvo al cargo de la producción aeronáutica tanto antes de la guerra como en su transcurso, alcanzó el rango de mariscal de campo a pesar de que su padre era judío, por ejemplo; es cierto que la madre, cuando se examinó su origen racial, certificó que el esposo judío no era el padre biológico, por lo que le concedieron el «Certificado de sangre alemana». Esta se convirtió en práctica habitual entre aquellos alemanes que, siendo en parte judíos, Hitler —sin cuya firma el certificado carecía de valor— consideraba que se comportaban al estilo «ario». No fueron pocos los soldados con familiares judíos que prestaron servicio en las fuerzas armadas de Alemania incluso sin disponer de tales documentos.[8] Parece dudoso, por lo tanto, que el carácter y el comportamiento de Heydrich se expliquen por la necesidad de compensar lo que temía que fuera una ascendencia judía.

Heydrich no era ajeno al sistema ni procedía de algún entorno pobre, marginal o sin acceso a una buena educación. Había nacido el 7 de marzo de 1904, en una familia de músicos profesionales. El padre, Bruno, no solo era fundador, propietario y director del conservatorio de Halle —que bajo su dirección pasó de ser una humilde escuela de canto a un conglomerado considerable—, sino también un tenor reputado, a quien se confiaba el exigente papel de Sigfrido en los dramas musicales de Richard Wagner; también compuso cinco óperas propias. Era un intérprete competente de una diversidad de instrumentos musicales y su esposa Elisabeth, durante un tiempo, se había ganado la vida como profesora de piano. Reinhard debía su nombre al héroe de una de las óperas del padre; el segundo nombre era Tristán, en homenaje a Wagner. Los padres se aseguraron de que recibiera una buena formación musical; era un buen intérprete aficionado de piano y un violinista excelente, cuyo estilo interpretativo, según una conocida del mundo de la música, resultaba sensible y romántico. Reinhard tocó en varias ocasiones en un cuarteto de cuerda, también durante la segunda guerra mundial; es uno de los ejemplos que sitúa un interrogante sobre la generalización según la cual los asesinos en masa del nazismo eran «bárbaros». Heydrich creció en circunstancias de comodidad y recibió una educación señalada. Sus padres eran bastiones de la sociedad local de Halle; su padre esperaba que, cuando llegara el momento, el hijo heredaría la dirección del conservatorio. Sin embargo, a los pocos meses de haber cumplido los catorce años, la vida de Reinhard Heydrich dio un giro diferente, con la derrota de Alemania en la primera guerra mundial. Bruno, como tantos otros conservadores típicos de la clase media que respaldaban al káiser y se sintieron horrorizados por la revolución de noviembre de 1918, se aproximó al Partido Popular Nacional Alemán, de tendencia antisemita. Como vivían en el centro de la ciudad, la familia fue testigo de los hechos turbulentos de febrero y marzo de 1919, cuando los huelguistas exigieron instaurar una república socialista radical basada en los consejos de obreros; al mismo tiempo, en la cercana Weimar, la Asamblea Nacional electa se reunía para elaborar los detalles de una nueva constitución parlamentaria.[9] El ministro de Defensa del gobierno nacional, Gustav Noske, del ala derecha de los socialdemócratas, ordenó al general de división Georg Maercker y su cuerpo de voluntarios —el Freikorps o «Cuerpo Libre», poderosamente armado»— que «restaurase el orden» en Halle. Después de que uno de sus oficiales, que había entrado en la ciudad en misión de reconocimiento, fuera descubierto y linchado, la cosa se puso fea: los hombres de Maercker tomaron la ciudad al asalto, mataron a 29 personas, hirieron a 67 y arrestaron a doscientas gracias a los poderes que les daba la ley marcial. Estas escenas se repitieron en marzo del año siguiente, cuando obreros de toda Alemania, también de Halle, organizaron una huelga general para derrotar un golpe de la extrema derecha contra el gobierno legítimo de Berlín (el que se conoce como *Putsch* de Kapp). La huelga sirvió para derrotar el golpe de Estado, pero los huelguistas más izquierdistas intentaron imponer una revolución socialista. Una vez más el gobierno envió a las tropas del Freikorps, que volvieron a sofocar el alzamiento con mucha violencia y numerosas muertes. Más adelante Heydrich afirmó que se había unido al «Cuerpo Libre» en 1919, pero entonces era muy joven y sin duda no le permitieron participar activamente. Es evidente que compartía el aborrecimiento de la clase media local hacia los socialistas, pero aún tardó un tiempo en participar de veras en la política.

Cuando Heydrich terminó la secundaria, en 1922, había sacado buenas notas en química y ciencias; pero no vio claro cómo ganarse la vida porque la inflación galopante, los recortes del gobierno y el descenso en el número de alumnos del conservatorio (dado que muchas familias pasaban por dificultades similares y dejaban de pagarles los estudios) amenazaban con arruinar la academia de música del padre. Al igual que otros jóvenes de su generación, Reinhard sentía el deseo de compensar el hecho de que no había podido luchar en la guerra por ser demasiado joven. Por lo tanto se incorporó a la Marina; quizá por influencia de las vacaciones de infancia en la costa del Báltico, no lejos de donde la Armada Imperial realizaba sus maniobras; quizá por las historias que les narraba un amigo de la familia, Felix von Luckner, al que mucha gente festejaba como uno de los escasos héroes navales de la contienda. A Heydrich se le daba bien la navegación, estaba en buena forma, nadaba bien, sabía remar y sin duda era capaz y ambicioso; pero no encajó en el duro medio del cuerpo de los cadetes navales. Sus compañeros se reían de su costumbre de practicar el violín a bordo, durante las pausas de la instrucción, y no les gustaba que mostrase interés por la política. Aun así no fue esto lo que le impidió hacer carrera en la Marina. Después de graduarse lo nombraron oficial de comunicaciones con el grado de teniente primero. En 1930 conoció a una joven, Lina von Osten, en un baile de la ciudad de Kiel. Los dos se prometieron y se hicieron preparativos para la boda. Pero Heydrich ya tenía novia y había continuado la relación con ella incluso después de conocer a su futura esposa. Esta novia había dado por sentado que se iban a casar y, al tener noticia del compromiso de Reinhard y Lina, sufrió un colapso nervioso. Por desgracia para Heydrich, el padre de esa primera novia tenía buenos contactos con la alta jerarquía naval y escribió al almirante Erich Raeder, su comandante en jefe, para denunciar que con su conducta Heydrich había violado el código de honor de los oficiales. Se convocó un «tribunal de honor», integrado por altos oficiales, pero Heydrich decidió no confesar ni ofrecer sus disculpas, sino que se declaró inocente y alegó que la relación con la primera chica se había iniciado y mantenido a instancias de ella, por lo que sentía que no tenía nada que reprocharse. Esta arrogancia causó una impresión muy poco favorable sobre los jueces, que el 30 de abril de 1931 dictaminaron expulsarlo del servicio con deshonor.[10]

Con ello no solo había tirado por los suelos la esperanza de hacer carrera en la Marina, sino que económicamente se hallaba en apuros. Bruno había sufrido una grave apoplejía, los recortes del conservatorio habían reducido la calidad hasta el punto de que se les retiró la validación estatal y la familia de Lina —perteneciente a la aristocracia menor y empobrecida— no poseía recursos para apoyarlos. La economía alemana se estaba hundiendo hacia el punto más bajo de la Depresión y las quiebras bancarias, las bancarrotas empresariales y el desempleo masivo crecían casi exponencialmente. Aun así, lo que más afectó a Heydrich no fue la pérdida de los ingresos —a fin de cuentas se negó a aceptar un empleo como instructor de navegación—, sino la retirada del uniforme. Habiendo perdido la posibilidad de hacer carrera en las fuerzas armadas, dirigió la mirada hacia el Partido Nazi; para ser más precisos Lina von Osten —que se mantuvo a su lado durante aquellas circunstancias; la pareja se casó el 26 de diciembre de 1931— le hizo dirigir la mirada hacia el Partido porque era una nazi convencida, radicalmente antisemita y xenófoba, al igual que sus padres y su hermano Hans, que era miembro del Partido desde abril de 1929. Como muchas otras familias aristocráticas reducidas a una vida sin lujos, los Von Osten vieron en el Partido Nazi la oportunidad de restaurar su condición y su fortuna, que habían estado asociadas directamente a las de la clase dirigente imperial. Los contactos de la familia de Heydrich también ayudaron, a través de la abuela, Elise von Eberstein, mecenas del conservatorio de Halle y madre de Karl, un amigo de infancia. Elise le facilitó una entrevista de trabajo con Heinrich Himmler, líder de la SS.[11] En realidad la abuela había entendido mal en qué consistía la anterior función de Heydrich como experto en comunicaciones navales, y le había dicho a Himmler que el nieto había sido oficial de inteligencia en la Marina. Pero como Himmler quería fundar una agencia de inteligencia propia de la SS, aunque estaba al corriente del error, le encargó a Heydrich que redactara un proyecto. Quizá le impresionó la apariencia del nuevo subordinado, impecablemente aria; quizá el conocimiento que Heydrich parecía tener sobre el mundo del espionaje, aunque, de hecho, se limitaba a las múltiples novelas y relatos sobre el tema que había leído en la adolescencia. En todo caso Himmler le ofreció el trabajo, a condición, claro está, de que se afiliara previamente al Partido. Hasta aquel momento Heydrich no sabía apenas nada sobre el movimiento, a pesar de proceder de una familia de ideario nacionalista y antisemita, y de la relación con los cadetes navales y su futura esposa. En aquel momento empezó a leer por primera vez textos de ideología nazi. Al cabo de poco había interiorizado las ideas centrales del Partido y comenzaba a compartir muchos de los puntos de vista extremos de Himmler. La lealtad incondicional al jefe de la SS fue un elemento clave del éxito de Heydrich en los años posteriores: Himmler sabía que podía confiar ciegamente en él y en la práctica lo trató como su lugarteniente. A instancias del líder de la SS, el SD, que en su principio se había concebido como una especie de policía interna del Partido, no tardó en reunir datos de inteligencia de toda clase. A Heydrich el atracón de lecturas le había merecido la pena.[12]

Tras ser nombrado jefe de la policía política de Baviera por Himmler, a principios de 1933, Heydrich empezó a arrestar a enemigos de los nazis e internarlos en un campo de concentración recién abierto, el de Dachau, donde se los apaleaba, aterrorizaba y, en algunos casos, asesinaba. En abril de 1934 Heydrich fue designado jefe de la Gestapo, cuyo control acababa de pasar a manos de Himmler. En ese punto contaba solo treinta años. Aportó material incriminatorio contra Ernst Röhm y la organización de las SA para justificar la purga asesina de Hitler durante la Noche de los Cuchillos Largos, aunque no hay consenso al respecto de hasta qué punto esta información instó o no al líder nazi a tomar la iniciativa.[13] A medida que el poder de la SS se incrementaba, la posición de Heydrich se reforzaba. En 1939, cuando Himmler unificó definitivamente todas las agencias de policía, incluido el SD, en una sola Oficina Central de Seguridad del Reich (RSHA), eligió a Heydrich como director de la nueva institución. El concepto de policía de Heydrich se distinguía de otros por la convicción de que, incluso después de que los nazis conquistaran y consolidaran el poder, el Reich seguía estando rodeado de una plétora de enemigos dedicados en su totalidad a la destrucción de Alemania. La policía de seguridad —escribió Heydrich en 1937— «debe someter a prueba y luego combatir contra todos los elementos del enemigo, para asegurarse de que en ningún momento puedan llegar a resultar destructivos y corrosivos». En el desempeño de esta labor los policías tenían que ser «duros como el granito». Había que prescindir de cualquier consideración legal y moral: defender los intereses de la raza «aria» era supremo e innegociable. La policía no era solo reactiva, sino que también actuaba preventivamente. El Tercer Reich vivió en un estado de emergencia permanente en el que nunca cejó de librar la guerra contra sus supuestos enemigos internos.[14]

Hasta 1935 Heydrich —y con él la policía de seguridad— se centraron en combatir contra la socialdemocracia y el comunismo en el interior de Alemania, sin prestar especial atención a los judíos. Pero aquel año el antisemitismo de los nazis se intensificó y, bajo la influencia de Hitler y Himmler, Heydrich también pasó a considerar que los judíos eran el poder que manejaba los hilos de cuantos se oponían al Tercer Reich. En consecuencia empezó a desplegar una nueva serie de medidas contra los judíos de Alemania y, con el apoyo de Hermann Göring, aumentó la presión activa para que emigraran, reduciéndoles la base económica de su existencia. Además, mediada la década, Heydrich desarrolló junto con Goebbels y Himmler una campaña de persecución de la Iglesia católica. Reunió pruebas (supuestas) para acusar de pedofilia a cientos de sacerdotes, con la intención de desacreditarla por ser casi la última institución del país que aún no había jurado lealtad al Führer. En la noche del 9-10 de noviembre de 1938, Heydrich se aseguró de que la policía no intervenía contra la violencia que Hitler y Goebbels desataron contra los judíos del país, en el marco de lo que popularmente se conoció como la «Noche de los Cristales Rotos» (*Reichskristallnacht*), por los escaparates rotos que a la mañana siguiente se veían en las calles frente a los comercios de propiedad judía que habían sido vandalizados. Heydrich, preocupado por la violencia caótica de aquella noche, propuso después del pogromo iniciar una campaña sistemática y seudolegal para incitar a los judíos a emigrar del Reich. Tales acciones lo situaron en el centro de lo que pronto se convirtió en un nodo creciente de asesinato masivo. Antes de que los nazis invadieran Polonia, en septiembre de 1939, su Servicio de Seguridad preparó una lista de 61.000 polacos a los que se debía arrestar o fusilar, desde comunistas a líderes de la Iglesia. Además constituyó los «grupos de intervención» de la SS (*Einsatzgruppen*), columnas armadas de 500 hombres cada una, que en septiembre de 1939 se adentraron en Polonia en pos de las fuerzas armadas alemanas.[15]

Al estallar la guerra, Heydrich escribió una carta firmada y dirigida a su esposa Lina, para que se abriera en el caso de morir él, donde instaba a la mujer a «educar a nuestros hijos para que crean con total firmeza en el Führer y en Alemania y sean leales a las ideas del movimiento nazi», a asegurarse «de que se adhieren estrictamente a las leyes eternas de la SS, de que son duros consigo mismos, amables y generosos con nuestro pueblo y con Alemania, e implacables contra todos los enemigos interiores y exteriores del Reich». Si Lina se volvía a casar debía hacerlo con «un hombre genuino, la clase de hombre que yo aspiro a ser». Gracias al rápido ascenso de Heydrich en el escalafón nazi, con las recompensas materiales que ello comportaba, la pareja había pasado a formar parte de la élite del Tercer Reich. Poseían una casa de tres pisos en la zona residencial berlinesa del Schlachtensee; una residencia de verano, construida especialmente para ellos, en la isla báltica de Fehmarn; y un pabellón de caza en Brandemburgo, sito cerca del pequeño campo de concentración de Stolpshof, que les proporcionaba presos para las reformas y mejoras.[16] Mantuvieron contacto social con otros líderes nazis, aunque Lina no se entendía con Margarete Himmler y nunca llegaron a formar parte del círculo íntimo de Hitler. El almirante Wilhelm Canaris, que se había mostrado amistoso con Heydrich desde la época de la Marina y en aquel momento dirigía la inteligencia militar alemana, era vecino: su esposa Erika tocaba en el mismo cuarteto de cuerda que Heydrich. Entre bambalinas, no obstante, las cosas no eran tan armónicas como parecían. Se rumoreaba que Heydrich tenía amoríos extramatrimoniales y que Lina era amante entre otros de uno de los oficiales de inteligencia de Heydrich, Walter Schellenberg. Sea como fuere, de cara al exterior, también a juicio de Hitler, los Heydrich parecían representar el ideal de las parejas nazis.[17]

Cuando las fuerzas alemanas reforzaron el dominio de Polonia, en los primeros meses de la guerra, los *Einsatzgruppen* de Heydrich emprendieron el arresto y ejecución de numerosos intelectuales y profesionales liberales polacos. «Hay que matar a los nobles, los clérigos católicos y los judíos», dijo abiertamente, adecuándose del todo a la orientación anunciada por Hitler justo antes de que la guerra estallara. Al terminar el año los grupos de intervención y las milicias étnicas alemanas habían ejecutado a más de 40.000 polacos. En un principio surgieron fricciones con los comandantes del ejército que, sobre el terreno, en algunos casos, se sintieron horrorizados por los asesinatos o bien alarmados por la intrusión de la SS en lo que consideraban que era una esfera de influencia militar; pero Hitler y Himmler lo solventaron dictando una política implacable de limpieza étnica y reasentamiento. A partir del 22 de junio de 1941 estas acciones se trasladaron a un frente inmensamente más extenso, con la invasión de la Unión Soviética (Operación Barbarroja). En esta ocasión Heydrich organizó cuatro *Einsatzgruppen* a los que con el tiempo se sumaron algunos otros que actuaban en los Balcanes. Siguiendo órdenes de Hitler les dio instrucciones de fusilar a los oficiales comunistas, allí donde los encontraran. Todos los judíos que estuvieran al servicio bien del Partido Comunista bien del Estado debían ser «eliminados». Se daba una descripción deliberadamente vaga de ellos para que, en la práctica, la instrucción afectara a todos los varones judíos adultos. En compañía de Himmler, Heydrich emprendió giras de inspección por los nuevos territorios que iban conquistando e instó repetidamente a los comandantes de sus grupos de intervención a extender las operaciones de asesinato. Uno de los comandantes, Arthur Nebe, se vio obligado a disculparse por el hecho de que su *Einsatzgruppe* (el B) «solo había liquidado a noventa y seis judíos» en sus primeros días de actuación; en su defensa garantizó a Heydrich que había dado instrucciones según las cuales «es preciso aumentar mucho estas cifras».[18]

Heydrich no parecía moverse por un odio obsesivo contra los judíos, a diferencia de, por ejemplo, Alfred Rosenberg o Julius Streicher, o por supuesto el propio Hitler; tampoco parece que culpara a los judíos de los reveses que había sufrido en años anteriores. No defendió que la clave de las penalidades de Alemania fuera la (imaginaria) conspiración mundial de los judíos. Pero se consideraba a sí mismo como un hombre de acción, capaz de poner en práctica lo que le ordenaran; no era un intelectual ni le daba muchas vueltas a las cosas. Durante la guerra encontró tiempo para escapar de su labor diaria como director del mayor programa de asesinato colectivo de la historia participando en competiciones de esgrima y volando como piloto de caza (tanto en la Batalla de Inglaterra, donde realizó patrullas lejos del área de combate, como en el Frente Oriental, donde estuvo más cerca de las batallas y se lanzó en persecución de las tropas del Ejército Rojo que huían atravesando el río Dniéster. El 20 de julio de 1941 los antiaéreos de una posición terrestre soviética alcanzaron su avión y tuvo que aterrizar de emergencia por detrás de las líneas enemigas. Tuvo la suerte de que una patrulla de infantería alemana lo recogió; el oficial al mando informó de que un piloto no reconocido parecía estar sano y salvo, pero sin lugar a dudas había sufrido alguna clase de daño cerebral, ¡porque afirmaba ser ni más ni menos que el director de la RSHA!

Aunque no destacó por la corrupción personal, en el sentido de que intentara enriquecerse con cualquier excusa; sin embargo, no tuvo escrúpulos en aprovecharse de lo que le convino. El impulso principal de toda su carrera fue el afán de victoria, un afán incesante e innegociable, un deseo ardiente de asegurarse de que la ideología nazi tenía una traducción práctica lo más completa posible.[19] El 31 de julio de 1941 Hermann Göring —que nominalmente era el responsable— le entregó a Heydrich una autorización escrita para que procediera a preparar «una solución total para la cuestión judía en la esfera de influencia de Alemania en Europa» y se asegurase de obtener la colaboración de todas las otras instituciones afectadas en su propia esfera de influencia.[20] Durante los meses posteriores, impulsadas por Himmler y el propio Heydrich, las operaciones de asesinato de la SS en la Europa del este se ampliaron e intensificaron. Al igual que Himmler, Heydrich era consciente de que esas acciones violaban de gravedad todas las normas morales convencionales, por lo que el resto del mundo las consideraría criminales. Pero se concebía a sí mismo como vehículo de lo que juzgaba una necesidad histórica y se endureció, igual que había reclamado a otros que fueran duros e inflexibles. El 29 de noviembre de 1941 Heydrich organizó la tristemente famosa Conferencia del Wannsee; pero desde el 9 de diciembre se pospuso por la inminente declaración de guerra contra Estados Unidos. A la postre se celebró, bajo su presidencia, el 20 de enero de 1942, y reunió a una diversidad de representantes de distintos ministerios alemanes con el objeto de asegurar que cooperarían en la realización del mayor y más horrendo genocidio de la historia. Las actas enumeraron cuántos judíos vivían en prácticamente todos y cada uno de los países de Europa, incluidos países que no —o todavía no— estaban bajo control alemán. Independientemente de las dificultades prácticas y posibles demoras, Heydrich hizo especial hincapié ante los participantes de la conferencia en que el resultado final sería exterminar a toda la población judía de todo el continente.[21]

La Conferencia del Wannsee destacó la responsabilidad general de Heydrich en la puesta en práctica de la «solución final del problema judío en Europa». Entre tanto, en septiembre de 1941, había adquirido nuevos deberes, no poco relevantes. Los Acuerdos de Múnich y la posterior ocupación de Checoslovaquia habían generado la creación, en lo que restaba del país, del «Protectorado Imperial de Bohemia y Moravia». Bajo el mando de Konstantin von Neurath —exministro de Exteriores superviviente entre los antiguos socios conservadores de la coalición hitleriana de 1933— el poder ocupante se centró en tomar el control de los productos de la industria checa en beneficio del Reich. Pero una resistencia creciente, con actos de sabotaje y huelgas de brazos caídos entre los obreros checos, empezó a generar dificultades. De forma simultánea Hitler había decidido cortar con la emigración de los judíos desde Alemania y el Protectorado; en su lugar había que deportarlos a la Europa del este. Para acelerar estos procesos —por un lado a instancias de Martin Bormann y por el otro en respuesta a informes de Heydrich sobre el deterioro de la seguridad en el Protectorado— Hitler destituyó a Neurath recurriendo a una «baja por enfermedad» indefinida. Necesitaba una persona de confianza que impusiera medidas verdaderamente rigurosas en el territorio ocupado, y optó por Heydrich. Durante los meses siguientes, Heydrich, que se estableció en Praga, introdujo un régimen de terrorismo sin restricciones, con miles de arrestos y ejecuciones. Sin embargo, en paralelo aumentó las raciones de comida y tabaco de los obreros de las fábricas de municiones, y les entregó privilegios como entradas gratuitas a partidos de fútbol, otros actos deportivos y conciertos, con la idea de que «no tiene sentido que apalee al checo y utilice todos los recursos y el poder de la policía para hacerle trabajar si el checo ... no posee la fuerza física necesaria para cumplir con su trabajo».[22]

Para Heydrich, «pacificar» Bohemia y Moravia era solo un primer paso dentro del proceso histórico de «germanización» de toda la zona. «Este espacio —declaró en su primer discurso oficial en Praga, el 2 de octubre de 1941— será colonizado de una vez para siempre por alemanes», con lo que se convertiría en un «baluarte de la germanidad» contra el Este. Los habitantes serían examinados racialmente, para verificar si había algún modo de «convertir a esta basura checa en alemanes»; aquellos a los que no hubiera forma de germanizar se los eliminaría, así como a entre 30 y 45 millones de «eslavos». Así se preveía en el «Plan General del Este» que los nazis diseñaron en julio de 1941 y adoptaron como política oficial al año siguiente. Heydrich creía que «entre un 40 y un 60 %» de los checos serían «germanizables»; a los demás se los deportaría y, en última instancia, eliminaría. Se inició pues un ambicioso programa de examen racial, al tiempo que Heydrich empezaba a clausurar las instituciones culturales checas y reducir la calidad del sistema educativo hasta el nivel más básico, lo puramente necesario para una población de trabajadores manuales. En paralelo Heydrich creó instituciones culturales alemanas y celebró una «Semana cultural» en Praga entendida como «una manifestación festiva del poderío alemán».[23] Al mismo tiempo dejó claro que se había aprobado la «pena de muerte» para la «totalidad de los judíos europeos» e inició una deportación de judíos checos, a los que acusaba de ser los responsables, históricamente, del incremento y persistencia del nacionalismo checo. Desde su perspectiva como director de la Oficina Central de Seguridad del Reich, el genocidio estaba avanzando con demasiada lentitud, en particular en Francia, donde las autoridades militares alemanas —a su juicio— no se tomaban en serio el asunto. Como acicate organizó el bombardeo de siete sinagogas de París, emprendido por varios de sus hombres en la noche del 2-3 de octubre de 1941, para demostrar, en sus propias palabras, «que los judíos ya no van a estar seguros en su cuartel general europeo».[24]

El gobierno de Checoslovaquia, exiliado en Londres, contemplaba con alarma los avances de Heydrich, que parecía estar aplastando la resistencia y consiguiendo que la gran masa de los obreros checos tolerase en silencio sus medidas; por lo que en septiembre de 1941, con ayuda de la SOE (Dirección de Operaciones Especiales de Gran Bretaña), empezó a entrenar a dos agentes a los que quería introducir en secreto en Bohemia con la misión de asesinar a Heydrich; la SOE lo consideraba «probablemente el segundo hombre más peligroso de toda Alemania y la Europa que esta ocupa», solo por detrás de Hitler. Su muerte supondría un hito propagandístico tanto para el gobierno en el exilio como para la SOE y provocaría represalias sanguinarias que distanciarían a la población alemana de las fuerzas de ocupación. El 27 de mayo de 1942, cerca de Praga, los asesinos interceptaron a Heydrich —que viajaba de camino al trabajo en un coche descubierto— y atacaron: lanzaron una bomba al interior, que le provocó heridas fatales, y Heydrich falleció en el hospital, el 4 de junio. Los líderes del nazismo, horrorizados, le organizaron un funeral señalado en Berlín, con discursos que lo ensalzaban como un ideal nazi, hombre de «la más excelente calidad racial», «noble», «decente», «temido por los infrahumanos, odiado y asesinado por los judíos y otros criminales». En privado Hitler amenazó con deportar a millones de checos, aunque al final descartó la idea. Sin embargo, decidió aniquilar el pueblo de Lidice, del cual se sospechaba —sin pruebas mínimamente fiables— que había ayudado a los asesinos. Se fusiló a los 199 habitantes varones de la aldea, junto con la mayoría de los niños; a las mujeres se las envió al campo de concentración de Ravensbrück. La atrocidad sembró el mundo de espanto y varios pueblos (tan lejanos como uno de Perú) adoptaron el nombre de Lídice en memoria de la masacre. Más que ninguna otra acción, este crimen hizo mundialmente famoso el triste nombre de Heydrich. En Londres el gobierno británico repudió los Acuerdos de Múnich (que hacía tiempo que habían quedado sin valor alguno, en realidad) y prometió dar apoyo a la reconstitución de Checoslovaquia cuando acabara la guerra; dio asimismo su aprobación a la expulsión de los dos millones de habitantes de etnia alemana (que en efecto empezó en 1944, cuando el ejército alemán emprendió la retirada ante el avance soviético). Entre tanto en Praga una ingente operación policial salió a cazar a los asesinos, que murieron en un tiroteo.[25]

Como no podía ser de otro modo, los líderes nazis de Berlín culparon a «los judíos» de la muerte de Heydrich, aunque esta fantasía paranoica no se podía basar en ninguna prueba. En consecuencia intensificaron y aceleraron el asesinato masivo de la población judía de Europa. El programa de exterminio en las cámaras de gas de los campos de Belzec, Sobibór y Treblinka, que ya estaba en construcción, se bautizó como «Aktion Reinhard», en recuerdo de Heydrich: dos millones de judíos fueron asesinados en los meses siguientes, en su mayoría procedentes de la zona de Polonia conocida como «Gobierno General». Pero el deterioro creciente en la posición militar del Gran Reich Alemán —como había pasado a llamarse el Imperio nazi—, iniciado en 1942, hizo inviables los planes de germanización de Heydrich. Sus sucesores en Praga, Kurt Daluege —jerarca de la policía— y luego Wilhelm Frick —exministro de Interior del Reich—, tuvieron que centrarse en objetivos más inmediatos, sobre todo en movilizar la industria checa para las necesidades de la economía de guerra alemana, cuya situación era cada vez más desesperada. En la propia Alemania, tras un breve período de jefatura de Himmler, la dirección de la RSHA se confió a un oficial austríaco de la SS, Ernst Kaltenbrunner, que no acertó a impedir el atentado con bomba que intentó acabar con la vida de Hitler el 20 de julio de 1944. Bohemia y Moravia, dos de los focos principales del proyecto de germanización de Heydrich, fueron liberadas poco después de la conclusión de la guerra, entre las atrocidades perpetradas por la SS y las contramedidas ejecutadas por un levantamiento generalizado de unidades guerrilleras y de resistencia.[26]

La esposa y los hijos de Heydrich se habían trasladado a Praga a principios de 1942, para estar a su lado, y poco después se mudaron a una gran residencia de las afueras de la capital, provista de treinta habitaciones y treinta hectáreas de jardines. Se la habían confiscado al industrial y coleccionista de arte judío Ferdinand Bloch-Bauer, obligado a huir a Suiza, donde falleció en condiciones de pobreza después de la guerra. Los Heydrich instalaron una piscina en el terreno, construida por presos del campo de concentración de Theresienstadt.[27] Tras el asesinato de Heydrich en junio de 1942, Hitler concedió la hacienda a perpetuidad a la viuda y sus descendientes, con un servicio formado por unos treinta trabajadores forzados, judíos a los que Lina dio orden de apalear si no trabajaban suficientemente duro. En enero de 1944 los trasladaron a campos de exterminio y su lugar lo ocuparon quince mujeres del campo de concentración de Ravensbrück, de la congregación de los Testigos de Jehová, racialmente más aceptable para Lina. Hacia el final de la guerra la familia —menos el hijo menor, fallecido en un accidente de coche— huyó de la inminente venganza de la población checa hacia la residencia de Fehmarn, donde Lina pudo vivir con relativa comodidad, sobre todo después de ganar un pleito en el que reclamaba al gobierno federal alemán una pensión equivalente a la de la viuda de un general. Siempre negó que Reinhard hubiera participado en el Holocausto y en sus memorias lo describió como un patriota que había sucumbido a fuerzas históricas malignas e irresistibles. Los intentos de llevarla a juicio por el maltrato a los trabajadores forzados de la hacienda de Bohemia quedaron en nada.[28]

Al final —según concluyó Shlomo Aronson, autor del primer estudio serio sobre Heydrich— es evidente «que la posición de Heydrich, aunque fue importante, en ningún modo se corresponde con la evaluación habitual en la bibliografía de posguerra».[29] Su ingreso en la SS se debió exclusivamente a una serie de casualidades, pero también es cierto que aquí encontró la realización que estaba buscando desde que lo expulsaron de la Marina. Desde el principio de la carrera en la SS, fue un «leal y devoto servidor de su señor», Himmler, a quien se lo debía todo:

> Por muy coherentes con su ambición que puedan resultar todos los intentos póstumos de caracterizar a Heydrich como un «rubio Dios de la muerte» o «el cerebro de Himmler», en realidad no se corresponden

> con la verdad. Pues la verdad era mucho más sencilla: hasta el final de sus días, el coloso rubio estuvo ligado por la gratitud a Heinrich Himmler y sus quevedos, aunque la apariencia de este distara de ser tan nórdica o sigfrídica como la de Heydrich.[30]

Heydrich buscó el poder y el reconocimiento, y en el proceso ordenó la muerte de millones de personas; pero incluso esto lo llevó a la práctica dentro de los límites de lo ordenado por sus superiores.

14

El burócrata: Adolf Eichmann

Desde el día de su inicio, el 11 de abril de 1961, hasta el de su conclusión, el 15 de diciembre de 1961, el juicio de Adolf Eichmann tuvo en vilo a espectadores de todo el mundo. Fue emitido por radio y televisión desde la sala de Jerusalén; hubo crónicas de legiones de periodistas; se narró por extenso en periódicos y revistas; incluyó testimonios conmovedores y desgarradores de unas 112 víctimas que sobrevivieron al Holocausto, hombres y mujeres que en su paso por los guetos y los campos habían visto actos de sadismo y brutalidad casi inimaginables, que habían sido testigos de un asesinato masivo ejecutado a una escala que casi desafiaba toda comprensión. El juicio a Eichmann fue, quizá, la primera ocasión en la que el Holocausto se transmitió en todo su horror y extensión al mundo entero. El acusado se labró la fama de ser el hombre que, más que ningún otro, se había encargado de organizar y orquestar la masacre. Sin embargo, hacia el final de la guerra el público en general apenas sabía nada de Adolf Eichmann. Tras leer su nombre en un borrador preparatorio del juicio ante el Tribunal Militar Internacional de Núremberg, celebrado poco después de la guerra, uno de los jueces, Francis Biddle, había garabateado al lado la pregunta: «¿Este quién era?».[1] En las primeras obras históricas sobre el régimen nazi o el Holocausto, Eichmann solo figuró de forma incidental;[2] carecía por completo de la notoriedad que acompañó a Himmler o a Heydrich. Su nombre aparecía en muchos documentos, pero siempre en un segundo plano, sin publicidad. En el propio juicio él quiso también presentarse como un burócrata encargado de temas de transporte y emigración; un hombre que nunca había disparado un tiro con enojo ni había matado a nadie con sus propias manos. «Yo no tuve nada que ver con la muerte de los judíos —le dijo al fiscal en Jerusalén—. Nunca he matado a un judío y nunca he ordenado a nadie que matara a un judío».[3] La fiscalía lo retrató como una clase nueva de asesino, «la clase que ejerce su labor sangrienta desde un escritorio».[4] Pero esto no satisfizo a los medios de comunicación. Las primeras biografías, de raíz periodística, redactadas con premura antes incluso de que el juicio se iniciara, defendían —en una línea similar a la de los estudios nazis del momento— que era un hombre psicológicamente enfermo, un pervertido sexual, violento y depravado.[5] No resultaron convincentes. Tampoco fue nada persuasiva la afirmación del fiscal según la cual poseía una «personalidad satánica».[6]

En el juicio, mientras se sentaba en la cabina a prueba de balas que se le proveyó como estrado, Eichmann no dio la impresión de ser un monstruo, un sádico o un matón. El fiscal en jefe quedó desarmado por su apariencia: «A veces me entraban ganas de, por decirlo así, buscarle las garras o los colmillos; porque externamente nada indicaba su naturaleza». Un observador del juicio comentó que parecía «un vecino cualquiera ... Lo más sorprendente era su carácter absolutamente corriente y ordinario». Cuando vio a Eichmann en la corte, en 1961, Telford Taylor, que muchos años antes había sido fiscal en jefe en el juicio por crímenes de guerra de Núremberg, tuvo la impresión de que parecía «un oficinista miope de mediana edad». La periodista Martha Gellhorn comentó que, en el estrado, Eichmann se sentaba con un aire impasible, como si no oyera los testimonios que le obligaban a escuchar; cobraba vida «solo cuando se presentan documentos como prueba, cuando puede desplazar las carpetas amontonadas sobre la mesa, ordenarlas, buscar un papel, tomar notas ... el hombre organizador, en su tarea elegida».[7] En palabras de la filósofa germano-judía Hannah Arendt, que asistió al juicio como corresponsal de *The New Yorker*: «El problema, con Eichmann, era precisamente que muchos eran como él, y que todos esos no eran ni pervertidos ni sádicos, sino que eran —y siguen siendo— terrible y aterradoramente normales».[8]

Lo que más impresionó a Arendt fue el aparente carácter ordinario del Eichmann que se sentaba en el estrado. Lo resumió en el subtítulo de los artículos que dedicó al juicio, cuando se reunieron en un volumen: *Un estudio sobre la banalidad del mal*. Pero en general este sintagma se ha interpretado mal, a veces con intención. Lo que la autora quería decir con «la banalidad del mal» no era que Eichmann fuera un simple burócrata, un chupatintas sin conciencia que solo obedecía órdenes. Para Arendt era la clase de persona que —según expuso en su gran estudio *Los orígenes del totalitarismo*— tuvo el papel ejecutor en regímenes como el de Hitler o Stalin: mentalidades de segunda, que carecían de la facultad del pensamiento creativo o independiente, hombres que ponían en práctica incondicionalmente incluso las órdenes más radicalmente malignas. Pero quitó valor a la alegación de Eichmann en su autodefensa, según la cual «obedecí mis órdenes sin pensar, hice simplemente lo que me decían. Con eso, ¿cómo lo podría explicar?, yo me sentía realizado. Me daba igual cuáles fueran las órdenes».[9] No era un burócrata anónimo, carente de ideología, sino un antisemita hasta la médula; era un hombre de una ambición exagerada, que aspiraba a la fama, no solo al poder. Tendía a la «grandilocuencia», según comentó Arendt, y, de hecho, «la jactancia fue el vicio que condenó a Eichmann». No era particularmente inteligente ni especialmente culto; asimiló la ideología y la conducta del sistema malvado en el que deseaba distinguirse. Una de las razones principales por las que admiraba el Tercer Reich era porque permitía que hombres de un origen social humilde, como el suyo —o el de Hitler, a tales efectos— ascendieran hasta la cumbre. Nada le obligaba a actuar como actuó; podría haber elegido marcharse en cualquier momento; todas sus acciones fueron voluntarias. Sus crímenes fueron los crímenes de un sistema o incluso una nación; según la conclusión de los psiquiatras que lo examinaron en la cárcel, personalmente Eichmann no era un psicópata ni un sociópata, por mucho que —según señaló Arendt— mintiera y engañara con profusión. Así debe entenderse «la banalidad del mal».

El libro de Arendt saltó a la fama de inmediato por el modo en que desnudaba a Eichmann del caparazón de la depravación universal con que lo habían cubierto los autores anteriores. Las valoraciones que la filósofa ofreció en *Eichmann en Jerusalén* eran del todo independientes y sumamente rigurosas. Una y otra vez planteó preguntas que provocaban e incomodaban. Criticó mucho a Israel, sobre todo por el carácter intrusivo que su carta magna permitía a la religión. Declaró que el rapto de Eichmann —en Buenos Aires, en mayo de 1960, por una patrulla especial enviada por el servicio secreto israelí— había sido ilegal, al igual que el traslado de Argentina a Israel. El juicio estaba amañado de entrada, en su opinión; los crímenes de Eichmann eran crímenes contra la humanidad, por lo que debería haberlos juzgarlos un tribunal internacional, no la justicia israelí. La independencia con la que Arendt pensaba es una de las características más imponentes de su reportaje. Escribió desde la distancia de una investigadora filosófica, no como la representante de ningún grupo o tendencia política particulares, menos aún de una raza, religión o nación. Causó especial enfado su condena de los Consejos Judíos, los hombres a los que los nazis eligieron para administrar los guetos en los que apiñaron a la población judía de la Europa central y oriental antes de exterminarlos. Por otro lado sus ideas sobre Eichmann también generaron gran controversia.

La biografía de Eichmann que el historiador británico-judío David Cesarani publicó en 2004 recoge que, en respuesta al reportaje de Arendt, se han escrito más de doscientos libros y artículos. A su modo de ver, *Eichmann en Jerusalén* «marcó el nacimiento de los "Estudios del Holocausto", una herencia imprevista e indirecta del juicio».[10] A pesar de que Cesarini también se mostró muy crítico con Arendt, muchas de las objeciones que puso —aun siendo convincentes— no venían al caso o surgían de una representación o interpretación erróneas del concepto de «la banalidad del mal». Las posibilidades de que Arendt fuera antisionista o no lo fuera, de que despreciara o no a los judíos de la Europa del este o de que deplorase el papel de los Consejos Judíos por haber ayudado a los alemanes (pero sin tener en realidad apenas capacidad de elección) carece de importancia con respecto a su modo de relatar la carrera del nazi Eichmann como un «asesino de escritorio». Sin duda Arendt acertaba al plantear que «en el universo totalitario, donde todo estaba patas arriba, lo correcto devino incorrecto y los actos que normalmente se tenían por ilegales se consideraron válidos». Donde Cesarani no estaba de acuerdo con ella era en su intención (a juicio del británico) de defender que Eichmann era un hombre común y corriente y que cualquiera podría haber actuado como él en una situación totalitaria similar. Esta clase de argumento ha pervivido en la bibliografía y culminado con la tesis del historiador estadounidense Christopher Browning, según la cual los escuadrones de policía que, junto con la SS, los nazis utilizaron durante la guerra para masacrar a miles de judíos (hombres, mujeres y niños) en la Europa oriental estaban integrados por «hombres normales y corrientes».[11]

Cesarani dedicó gran parte del último capítulo de su biografía a desacreditar los experimentos sobre la obediencia emprendidos por el psicólogo estadounidense Stanley Milgram en la década de 1960, que representaron la base teórica del relato de Browning. Según Browning, los hombres del Batallón 101 de la Reserva de la Policía se comportaron en lo esencial como cualquier hombre hubiera hecho en circunstancias parecidas; actuaron como los estudiantes del experimento de Milgram, que administraron descargas eléctricas a los sujetos (en realidad, actores, que simulaban el dolor) cuando su profesor les dio instrucciones de hacerlo así. El experimento de Milgram adolecía de varios defectos graves. Cesarani prefería el contraargumento de un crítico de Browning, el historiador estadounidense Daniel Jonah Goldhagen, quien planteó que los policías respondían a un antisemitismo visceral, integrado en el sentimiento de identidad de los alemanes desde el momento en que este se forjó, en el siglo XIX. En la práctica —comenta Cesarani—, a pesar de la hostilidad de la abrumadora mayoría de los historiadores profesionales hacia la tesis de Goldhagen, esta fue la que acabó imponiéndose; desde finales del siglo XX, el péndulo de la opinión académica ha oscilado claramente hacia las interpretaciones que hacen hincapié en especificidades de la situación alemana.[12]

Entre tanto el debate ha seguido su curso. Nuevos estudios han señalado que los reservistas de la policía no eran ni «hombres normales y corrientes» ni «alemanes normales y corrientes». Para empezar no eran reclutas, sino voluntarios; se los había seleccionado cuidadosamente de acuerdo con criterios ideológicos, incluido el grado de adecuación al servicio en la SS, por el que se rechazó a unas tres cuartas partes de los solicitantes; su instrucción incluyó dosis generosas de ideología nazi y adoctrinamiento antisemita; por último, lejos de ser los integrantes típicos de la clase obrera, procedían en su mayoría de la pequeña burguesía, eran hombres con pequeños negocios que podían gestionar las esposas u otros familiares mientras ellos estaban lejos. Como policías de una fuerza que en realidad formaba parte de la SS y había sufrido un proceso de intensa nazificación desde mediados de la década de 1930, apenas hallaron dificultad en poner en práctica las órdenes genocidas que les dieron.[13] Al mismo tiempo, Michael Wildt y Ulrich Herbert han identificado la «generación de los incondicionales», hombres resueltos a no admitir límites en la implantación eficiente de la ideología nazi hasta el último extremo, genocidio incluido; hombres en los que el carácter duro e implacable era una constituyente esencial de sus vidas. Todo ello nos ha devuelto a las tesis centrales que se encarnaban en el concepto arendtiano, propiamente entendido, de «la banalidad del mal».

¿Cómo encaja en todo este debate, pues, el compromiso de Adolf Eichmann? Había nacido en la ciudad industrial de Solingen, en la Renania, el 19 de marzo de 1906. Se crio en un contexto de protestantismo devoto cuyo cabeza de familia, Adolf Karl Eichmann, era gerente de una compañía eléctrica. Aquella familia acomodada, de una clase media confortable, creció con rapidez —a la postre fueron seis chicos y una chica— y en 1913 se mudó a Austria. La madre del joven Adolf falleció en 1916, pero el padre no tardó en casarse de nuevo, con otra protestante devota. Nada indica que el joven se llevara mal con sus padres o que en la escuela fuera un chico solitario o impopular; entre sus amigos de infancia había varios judíos, no solo cristianos. Al igual que otros niños de la clase media, aprendió a tocar un instrumento (el violín), practicó la esgrima y se unió al famoso movimiento juvenil Wandervogel, cuyas actividades se centraban en el senderismo y la comunión con la naturaleza. Académicamente consta con claridad que no fue un alumno destacado ni esforzado; sus calificaciones no eran buenas y el padre lo sacó del sistema educativo y lo inscribió en una serie de aprendizajes entre los que estuvieron las minas de carbón y la venta de productos eléctricos. A los diecinueve años obtuvo un trabajo bien pagado como representante de ventas de la Vacuum Oil Company, una empresa estadounidense muy vinculada con la Standard Oil, que se especializó en el aceite lubricante, descubierto por sus fundadores en 1866. Eichmann debía el empleo a los contactos de la familia materna y a dos destacados ejecutivos de la compañía que, casualmente, resultaron ser judíos. Nada indica que ningún elemento de su infancia o adolescencia fuera inhabitual o lo predispusiera al antisemitismo.[14]

Según señaló David Cesarani, la experiencia de Eichmann como representante de ventas le permitió aprender a organizar bien los temas de transportes, calendarios de entregas y mantenimiento de registros precisos. Trabajó duro, lo ascendieron e inició una vida social activa: montaba a caballo, conducía una moto y conversaba en los cafés que habían dado fama a Austria. Ni él ni su padre participaban activamente en la política. Pero como miembros de la pequeña minoría protestante de Austria, con raíces en la Alemania provincial, lógicamente se identificaban con la Alemania protestante tanto como (o tal vez más que) con el Austria católica. Asistió a la misma escuela de Linz que Hitler (aunque varios años más tarde) y quedó expuesto a la misma clase de influencias del nacionalismo alemán, incluido el profundo desprecio por los «eslavos». Influido asimismo por la ideología germánica del Wandervogel —que en sí mismo era un movimiento más alemán que austríaco— se incorporó a la sección juvenil de una asociación de veteranos de guerra de orientación nacionalista alemana, derechista y antisemita. En esta agrupación estaban resueltos a fomentar la unión del «Austria alemana» —el Estado que había quedado del antiguo Imperio después de que el odiado Tratado de Versalles diera la independencia a Hungría, Yugoslavia y los demás «Estados sucesores»— con la República de Weimar. Pasar de aquí al Partido Nazi suponía un camino relativamente corto.[15]

Cuando en Austria el Partido Nazi empezó a emerger de la oscuridad —con sus tácticas habituales: los mítines agónicos, la propaganda estridente y las marchas por las calles— Eichmann se sintió admirado por el orden y la disciplina de sus filas uniformadas. Le parecían muy distintas a las caóticas y desorganizadas filas de la Heimwehr austríaca («Protección nacional», literalmente: «del hogar»), unos aprendices de fascistas que dirigía un aristócrata mujeriego, el príncipe Prince Stahremberg. En la Heimwehr se juraba defender la independencia de Austria, una causa que Eichmann consideraba antialemana y por lo demás fútil. A su juicio, los nazis era el oponente más efectivo de los socialistas, el partido que predominaba en Viena y contaba con una presencia importante en otras ciudades del país. En todo caso, lo que le atrajo definitivamente al movimiento nazi fueron sobre todo algunos conocidos: Andreas Bolek, un amigo de la familia, que era líder regional del Partido y le invitó a un mitin electoral celebrado el 1 de abril de 1932; y Ernst Kaltenbrunner, oficial de la SS, que era hijo de uno de sus compañeros de trabajo. Por entonces el Partido Nazi ya obtenía resultados impresionantes en las elecciones de Alemania y estaba empezando a destacar en Austria. En el mitin del 1 de abril Kaltenbrunner se acercó a Eichmann con un lenguaje muy próximo y le dijo, tuteándolo: «*Du ... Du gehörst zu uns!*», «¡Tú ... Tú eres de los nuestros!», sin darle el tratamiento habitual de «usted» (*Sie*).[16]

Kaltenbrunner le entregó una solicitud de afiliación y Eichmann la firmó. Siete meses más tarde, también por sugerencia de Kaltenbrunner, se incorporó asimismo a la SS. Durante el interrogatorio de Jerusalén, descartó la idea de haber actuado movido por el antisemitismo y alegó que en aquel momento el Partido estaba bajando el tono al respecto porque electoralmente no resultaba popular. No negó que los nazis odiaran a los judíos, pero —según dijo— en aquel momento al menos no resultó clave para él. Lo que le movió fue el aborrecimiento y resentimiento contra el Tratado de Versalles. En cuanto al resto del conjunto ideológico nazi, más adelante Eichmann afirmó que había leído el programa del Partido, pero no *Mein Kampf*; que había absorbido su ideología a través de la prensa nazi, pero sin llegar a ser ningún experto. Como el empleo en la Vacuum Oil Company —donde sus jefes judíos lo habían vuelto a ascender— estaba bien pagado, no pasaba por dificultades económicas ni personales. Sus actividades en el Partido Nazi, que incluían participar en las reyertas de los mítines, donde la SS se enfrentaba con los socialistas, se limitaban en lo esencial a los fines de semana.[17]

El gran cambio se produjo con la Depresión, que sumió la economía austríaca, como la de tantos países, en un abismo de bancarrotas y desempleo masivo. La crisis espoleó el radicalismo político en todos los bandos. En la primavera de 1933, después de que Hitler se hiciera con el poder, los nazis austríacos empezaron a obtener victorias electorales espectaculares. Ante el temor a que se hicieran también con el poder en Austria, el canciller nacional —Engelbert Dollfuss, jefe de un gobierno de coalición de talante conservador— suspendió el Parlamento e instauró una dictadura inspirada en el fascismo italiano. Cuando ilegalizó el Partido Nazi de Austria, en mayo de 1933, este respondió con una campaña de violencia y sabotaje que generó más represión, así como la detención de activistas del Partido. La Vacuum Oil Company consideró prudente dar por terminada la etapa de Eichmann, a quien pagaron no obstante una compensación generosa por el despido. Gracias de nuevo a Kaltenbrunner, se unió a un centro de instrucción de la SS en Baviera y dirigió una patrulla motorizada que recogía a los nazis austríacos que se daban a la fuga y ayudaba a activistas alemanes que deseaban cruzar la frontera en sentido contrario. Los informes que preparaba le valieron una promoción rápida, pero no estaba satisfecho con las limitaciones del puesto y pasó al recién creado Servicio de Seguridad (SD), de Heydrich, donde le encargaron recopilar un registro de masones y preparar una exposición sobre ellos. Impresionado con su trabajo, el jefe de la sección de asuntos judíos del SD convocó a Eichmann a su despacho y le encomendó informarse sobre el movimiento sionista mediante una lectura sistemática.[18]

Al cabo de poco, Eichmann tenía la reputación de ser el experto del SD sobre el sionismo y, más en general, los judíos. Tras reunirse con un agente sionista emprendió una visita al Próximo Oriente, con la autorización de Heydrich, pero de incógnito (Eichmann se hizo pasar por periodista y su acompañante, también del SD, por estudiante). Tras pasar por Haifa se quedaron diez días en El Cairo, donde mantuvieron diversas reuniones con informantes judíos y árabes. El viaje no produjo resultados concretos pero consolidó la creciente reputación de Eichmann como experto en la emigración de los judíos, lo que en esas fechas todavía era el objetivo principal del gobierno nazi. En una conferencia de la sección judía del SD, el 1 de noviembre de 1937, Eichmann pronunció un discurso sobre la conspiración mundial de los judíos contra el Tercer Reich, que a su juicio se desarrollaba a través de la empresa Unilever, con una empresa de margarinas como pantalla. Al parecer estas fantasías estrambóticas no perjudicaron la posición de Eichmann en el Partido. El 12 de marzo de 1938, cuando las tropas alemanas entraron en Austria, llegó por fin su momento.[19]

Como preparación de la toma del poder, Eichmann había recopilado un registro detallado sobre los judíos de Viena, de cara a su detención, la incautación de sus propiedades y el encarcelamiento. Abrió una oficina para la emigración, obligó a las instituciones judías a colaborar y facilitarle el trabajo, y ordenó al vicepresidente de la comunidad religiosa judía —el jurista Josef Löwenherz— redactar propuestas concretas. El dinero que Eichmann expropió, tanto a particulares como a la comunidad, se utilizó para favorecer la emigración. Los empleos de menor rango de aquella oficina se ocuparon con judíos y Eichmann le dio a Löwenherz objetivos concretos. De los 200.000 judíos de Austria, a finales de septiembre de 1938 unos 50.000 ya habían salido del país. El proceso funcionaba por medio del terror: Eichmann amenazó a los judíos con enviarlos a campos de concentración si no emigraban. Löwenherz salía de las reuniones «aplastado y desanimado»; Eichmann acostumbraba a insultar a los representantes judíos que acudían en su presencia y, según la declaración posterior de uno de ellos, recurría «a un crudo lenguaje cuartelario». Logró ejercer un poder total sobre la comunidad judía de Austria y la obligó a colaborar en su propia destrucción. El modelo se exportó después a numerosas comunidades judías de otros países, bajo la forma de los Consejos Judíos.[20]

La actuación de Eichmann en Viena se consideró tan exitosa, en los círculos de dirigentes de la SS y la policía, que se le puso al mando de una operación similar en Praga, tras la conquista alemana de marzo de 1939; y poco después, tras la rápida invasión de Polonia, de septiembre de 1939, se le confió la dirección de la Oficina Central para la Emigración de los Judíos del Reich, con sede en Berlín. En este momento el programa nazi experimentó un cambio radical. Eichmann era el responsable de organizar la deportación de los judíos del Reich como parte de una reestructuración étnica aún más ambiciosa de la Europa central, que se inició con la invasión. Al principio, cumpliendo con órdenes que en última instancia procedían de Hitler en persona, empezó a trasladar a los hombres judíos de Viena y Katowice a una zona fronteriza próxima al pueblo de Nisko, que él mismo había elegido. Allí les decía: «El Führer ha prometido una nueva patria para los judíos». Sin embargo, allí no les esperaba nada ni se habían hecho preparativos de ninguna clase. Hitler abandonó el proyecto cuando se evidenció que no resultaba nada práctico. Los hombres se quedaron allí a su suerte, y muchos perecieron; el resto se sumó a las comunidades judías vecinas o volvió a sus hogares. Sin embargo, se entendió que la idea de Nisko había sido un éxito, en la medida en que demostraba que deportar era viable. En consecuencia se le encomendó a Eichmann organizar la deportación al Gobierno General (en la Polonia ocupada) de unos 600.000 judíos de las provincias que se habían incorporado al Reich. Debido a las objeciones de Hans Frank, el gobernador del Gobierno General, que no deseaba tener en la zona a un número tan elevado de judíos desposeídos, Eichmann tuvo que aceptar que se los alojara temporalmente en guetos que se cerraron a toda prisa. Al mismo tiempo hizo los preparativos para un nuevo plan, originado en esta ocasión en el Ministerio de Exteriores de Alemania, que preveía deportar a todos los judíos de las zonas situadas bajo control germano a la isla de Madagascar, gobernada por el régimen colaboracionista de Vichy, en Francia. A los judíos —en esta ocasión, unos cuatro millones— se les habría dejado en una zona sin infraestructuras ni recursos. Pero el plan también quedó en nada porque Gran Bretaña seguía dominando los mares y resultaba imposible reunir la cantidad de transportes navales que se habrían necesitado; por lo que la idea se dejó de lado en febrero de 1942, antes incluso de que los británicos ocuparan la isla, avanzado aquel mismo año.[21]

Con el inicio de la Operación Barbarroja, el 22 de junio de 1941, la carrera de Eichmann dio otro paso más. Durante las semanas y meses siguientes la política nazi se encaminó a buscar «una solución final a la cuestión judía en Europa», hasta que en algún momento de agosto o septiembre Heydrich le dijo a Eichmann que «el Führer ha ordenado exterminar físicamente a los judíos».[22] En consecuencia las responsabilidades de Eichmann se hicieron extensivas a organizar la deportación de los judíos a los centros de exterminio de la Europa central y oriental. Para asegurarse de que lo que él disponía funcionaba adecuadamente, Eichmann emprendió una gira por las fosas comunes y las instalaciones de gaseado, para evaluar su eficiencia. Fue testigo de los asesinatos, en persona, aunque no tuviera parte en el diseño en sí de aquellos horripilantes métodos de matanza. No hay razones para poner en duda algo que admitió luego en más de una ocasión, también en privado y durante el juicio: que lo que veía le daba náuseas. «Me quedé horrorizado. Mis nervios no son lo bastante fuertes para eso», dijo después de ver una de las acciones.[23] Sin embargo, nunca planteó objeción alguna a lo que pasaba ni intentó que se cambiara nada. También le horrorizaba la falta de coordinación entre la planificación de las masacres y su puesta en práctica; igualmente las disputas entre las diversas agencias implicadas. En noviembre, según hemos visto, Heydrich convocó una conferencia interministerial que a la postre se reunió en una villa de la zona residencial del Wannsee, a las afueras de Berlín, el 20 de enero de 1942.[24]

Eichmann le preparó a Heydrich los informes estadísticos, en especial sobre la población judía de los países europeos en los que se pretendía aplicar la «solución final»; Eichmann preparó asimismo las actas de la conferencia, una vez terminada esta, para eliminar «algunas referencias demasiado obvias», las menciones «francas» de la masacre y la «aniquilación física», según reconoció en juicio.[25] Una vez que en la conferencia se establecieron los parámetros básicos de cooperación entre las distintas agencias implicadas, Eichmann dio nuevas órdenes de deportación a los guetos, desde donde, en un espacio de tiempo breve, se enviaría a los judíos a centros de exterminio como el de Treblinka y los otros campos de la «Operación Reinchard». En el transcurso de 1942 la «solución final» llegó a la cumbre de su letalidad. Eichmann no determinaba qué medidas se adoptaban (y en el juicio, la fiscalía sobrestimó claramente su importancia a este respecto). No por ello se limitó a ser un ejecutivo de los transportes, según mantuvo el propio Eichmann; por mucho que una de sus responsabilidades principales fuera en efecto organizar trenes dentro del servicio ferroviario nacional. Constantemente tuvo que ir negociando detalles del programa de exterminio con las diversas agencias representadas en el Wannsee, en especial el Ministerio de Exteriores, que se consideraba a sí mismo la institución responsable de la población judía de los países extranjeros. Todas estas actividades requirieron de una plantilla no poco extensa y en 1943 Eichmann mandaba sobre un equipo de subordinados de confianza, en la RSHA.[26]

El comportamiento de Eichmann hacia esta época sugiere que, por entonces, se había obsesionado con hacer realidad el exterminio completo de los judíos, que creía «necesario para preservar al pueblo alemán, en el futuro, de las intenciones destructivas de los judíos»; todo indica que había interiorizado por completo las fantasías paranoicas del antisemitismo nazi. A finales de 1943 el programa de exterminio había cumplido en buena parte con sus objetivos y se fue desacelerando. Sin embargo, a Eichmann se le presentó una última oportunidad con la invasión alemana de Hungría, en marzo de 1944, iniciativa que en parte respondió al temor de que este país desertara y se uniera al bando Aliado, y en parte al deseo de Hitler de apoderarse de sus más de 750.000 judíos. Se envió pues a Hungría a Eichmann y un equipo, para que organizaran la deportación a Auschwitz. Solo se perdonó la vida del escaso número al que se consideró capaz de trabajar de forma productiva para la economía de guerra alemana. Con colaboración húngara, entre el 15 de mayo y el 9 de julio de 1944 se detuvo a casi 440.000 judíos, se los encerró en guetos y se los envió en trenes a Auschwitz; cerca de 320.000 fueron asesinados en las cámaras de gas, al resto los utilizaron como trabajadores esclavos. Eichmann fue la fuerza impulsora de las deportaciones, que trató como si de un problema logístico se tratara, que había que resolver con eficiencia, sin emociones. Cuando las deportaciones se divulgaron en la prensa global, la publicidad poco favorable hizo que el gobierno húngaro pusiera fin a los transportes; pero en octubre, cuando en el país se alzó con el poder la Cruz Flechada, de carácter fascista, la persecución antisemita se intensificó de nuevo. Eichmann ordenó entonces que decenas de miles de judíos, hombres y mujeres, emprendieran una cruel marcha a pie desde Budapest hasta la frontera, para luego enviarlos a los campos o a la esclavitud. No se les proporcionó comida ni suministros de ninguna clase, ni alojamiento para el camino. Muchos murieron de agotamiento o ejecutados por los guardias cuando, por el cansancio, se quedaban atrás. Incluso varios oficiales destacados de la SS se sintieron afectados por lo que vieron; entre otras razones, porque la pésima condición en la que se hallaban los invalidaba para cualquier trabajo.[27]

Hacia finales de 1944 muchos habían comprendido que la situación militar de Alemania era irresoluble. En Budapest la misión diplomática sueca había empezado a trabajar para salvar a judíos: Raul Wallenberg, un legado enviado desde Estocolmo, entregó pasaportes y refugió a miles de judíos en casas seguras. Eichmann se enfureció con él, tildándolo de «perro judío», y amenazó con hacerlo ejecutar. Una de las figuras destacadas en el bando judío de las negociaciones, Joel Brand, describió en el juicio cómo Eichmann

> se acercó a nuestra mesa ... Se puso de pie delante de la mesa, con las piernas abiertas y las manos en las caderas ... y me gritó, mejor dicho, vociferó: «¿Acaso ... no sabes quién soy? ¡Soy el responsable de la *Aktion* [*Reinhard*]! En Europa —en Polonia, Checoslovaquia, Austria— ya se ha completado. Ahora le toca a Hungría».[28]

Regresó en el otoño de 1944, a instancias de Himmler, que en ese momento intentaba negociar con los Aliados, ofreciendo vidas de judíos a cambio de salvar la propia. Himmler reprendió a Eichmann y le ordenó que detuviera las marchas y los transportes. En cualquier caso a los nazis se les terminaba definitivamente el tiempo. El Ejército Rojo emprendió el camino de Budapest a finales de octubre de 1944 y entró en la ciudad el 13 de febrero del año siguiente. Durante los últimos meses de estancia en Hungría, Eichmann se había mostrado «muy nervioso», según rememoraba uno de sus subordinados: «solía gritarles a sus propios oficiales, a sus propios amigos. Dejó de sonreír y de reír ... Todo el mundo le cogió miedo, auténtico terror».[29]

En la Nochebuena de 1944, Ernst Kaltenbrunner, como jefe de la RSHA, ordenó a Eichmann que abandonara Hungría. Se trasladó a Praga y luego a Berlín, donde pronunció un discurso de despedida ante los subordinados. Según uno de ellos, afirmó que «¡saber que tenía a cinco millones de judíos en la conciencia le proporcionaba una satisfacción tan extraordinaria que entraría en la tumba dando saltos de alegría!». Desde aquí se dirigió hacia el sur, donde Kaltenbrunner le ordenó poner en marcha un movimiento de resistencia en los Alpes austríacos; pero, por consejo de Himmler, no insistió en este proyecto, que carecía de sentido. Renunció al uniforme, se proveyó de varias identidades y volvió al norte, al «viejo Reich» alemán.[30] Tras ser arrestado y encarcelado en un campo estadounidense de prisioneros de guerra, los oficiales de la SS internos en este centro le ayudaron a huir, dándole papeles falsos cuando él les reveló su verdadera identidad. Por medio de contactos de la SS encontró trabajo como leñador; cuando la compañía forestal que lo empleaba entró en bancarrota, se dedicó a criar gallinas (con cierto éxito, por cierto, a diferencia de Himmler). Pero en 1947 tuvo noticia de que los investigadores del tribunal de crímenes de guerra de Núremberg habían descubierto su identidad. Nuevamente, gracias a una serie de ayudantes —incluidos algunos oficiales de la Cruz Roja, dispuestos a dar papeles a refugiados y desplazados, y también varios sacerdotes católicos que le tenían simpatía (a pesar de ser él protestante)—, atravesó los Alpes y, desde Génova, tomó un barco con rumbo a Argentina, donde el dictador Juan Perón daba la bienvenida a los refugiados nazis con conocimientos útiles.[31] Llegó en 1950 y se registró con el nombre de Ricardo Klement, nativo de Tirol del Sur; encontró trabajo como supervisor de un proyecto hidroeléctrico de un remoto distrito de montaña. Desde aquí tanteó el terreno con la intención de recomponer a la familia dispersa. Durante la guerra Eichmann había viajado de forma incesante por Europa, del oeste al este, pasando revista a los subordinados e inspeccionando el progreso de las operaciones sobre el terreno. Había visto poco a su esposa Veronika (Vera), con la que se había casado en 1935, y a sus tres hijos; estos se habían quedado en Praga, tras mudarse a la capital checoslovaca después de que se destinara a Eichmann a la ciudad, de una forma relativamente fugaz, en 1938. Vera era católica practicante e insistió en que la boda se celebrase en una iglesia; una prueba de que Eichmann no se caracterizaba por el fanatismo ideológico es que lo aceptó sin aspavientos, pues no le interesaba la faceta neopagana de la SS. Políticamente Vera no fue activa; durante el juicio Eichmann la describió, de un modo más bien despectivo, como una simple ama de casa. Durante la guerra se dijo que Eichmann había mantenido una relación relativamente estable con la austríaca Maria Mösenbacher, aunque apenas se tienen detalles al respecto; en Budapest tuvo amoríos con dos mujeres distintas y empezó a fumar y beber sin moderación, a medida que la situación militar se deterioraba. Al igual que Heydrich había sido intérprete en un cuarteto de cuerda formado por trabajadores de su oficina; también era un jugador competente de ping-pong.[32]

Pero de un modo u otro, el matrimonio no se rompió. En 1950 Eichmann contactó con Vera —que primero había tenido trabajo en convencer a los investigadores Aliados de que se había divorciado de su marido, y luego de que había muerto— y la pareja se reunió de nuevo en Argentina, junto con sus hijos, en julio de 1952. Cuando el proyecto hidroeléctrico sucumbió a una recesión económica, se mudaron a Buenos Aires, donde Eichmann practicó varias tareas antes de pasar a trabajar como mecánico de automóviles en una fábrica de la Mercedes-Benz que dio empleo a diversos exintegrantes de la SS. En Buenos Aires —según recogió Hannah Arendt— Eichmann no actuó con discreción, sino que se dedicaba a charlar incesantemente con los miembros de la colonia de exnazis, ante los cuales no tuvo reparos en admitir su identidad. Las conversaciones fueron grabadas por Willem Sassen, un antiguo miembro de la SS, medio neerlandés y medio alemán, quien editó extractos que se publicaron sin atribución de autoría, aunque apenas podía caber dudas sobre quién era el participante principal. Aunque hace tiempo que se tenía constancia de la preservación de las cintas y transcripciones originales, hasta hace poco la mala calidad de los registros había impedido realizar un estudio sistemático. En 2014 la historiadora y filósofa alemana Bettina Stangneth las descifró, las combinó con otras fuentes a menudo poco conocidas, y ofreció un análisis completo de las ideas que Eichmann fue exponiendo a sus amigos y excompañeros en el exilio.[33]

En las conversaciones que mantuvo con Sassen y otros, Eichmann no mostró el más mínimo arrepentimiento por el exterminio de los judíos, que le parecía una necesidad histórica que se enorgullecía de haber realizado en defensa de los intereses de Alemania. El cinismo, la falta de humanidad y compasión, y el autoengaño moral de esas conversaciones son asombrosos. Cuando hacía más de diez años que la guerra había concluido, la falta de realismo de Eichmann —típica de un exiliado político— le convenció incluso de que podría volver al primer plano, o de que el nazismo podía rehabilitarse en Alemania. De hecho, planeó incluso defender en público los que consideraba como sus logros. En una de las conversaciones Eichmann se definía como un «burócrata prudente», pero también dijo que «[soy] un guerrero fanático, que lucho por la libertad de mi sangre». Carecía por completo de inteligencia moral o de cualquier capacidad de evaluar críticamente el sistema para el que trabajaba. Había asimilado tan completamente el nazismo que incluso muchos años después de que se hubiera derrumbado por completo no era capaz de escapar de él, ni lo deseaba tampoco.[34] Durante las más de setecientas páginas que ocupan aquellas transcripciones Eichmann se condenó a sí mismo de un modo más absoluto de lo que pudiera aspirar a conseguir ningún fiscal. A la postre se topó con la realidad cuando, tras ser alertado por el fiscal alemán Fritz Bauer, el servicio secreto israelí envió una patrulla secreta a Buenos Aires que, el 11 de mayo de 1960, lo secuestró, lo drogó y le hizo abandonar Argentina de matute, con una identidad falsa, para que fuera juzgado en Jerusalén.[35]

Después de cuatro meses de juicio, en 1961, se determinó que Adolf Eichmann era culpable de crímenes de guerra y crímenes contra la humanidad, contra el pueblo judío y contra los polacos, eslovenos y gitanos, así como integrante de organizaciones prohibidas, en particular la SS y el SD. Lo condenaron a muerte y, tras rechazarse una apelación contra el veredicto, fue ejecutado por ahorcamiento poco después de la medianoche del 1 de junio de 1962. Le acompañaban la viuda —Vera, que falleció en 1997— y tres de los hijos mayores. El hijo menor, Ricardo, nació después de la guerra y trabajó como profesor de arqueología. A su juicio el padre era una figura histórica cuya ejecución resultaba del todo justificada a la vista de los crímenes que había cometido.[36]

15

El orador: Hans Frank

Tanto para sus contemporáneos como para los historiadores, Hans Frank —ejecutado el 16 de octubre de 1946 tras ser condenado a muerte por sus crímenes de guerra y contra la humanidad, por veredicto del Tribunal Militar Internacional de Núremberg— ha sido una figura algo desconcertante. Durante la guerra se lo conoció ampliamente como «el Carnicero de Polonia» y se le temía por su administración asesina y brutal de cuanto quedó de Polonia tras ser conquistada por los nazis en septiembre de 1939. Al mismo tiempo el diplomático Ulrich von Hassell, de la resistencia alemana, repetía una consideración muy habitual al describirlo como «un carácter débil».[1] Hay quien, como el experto legal Christian Schudnagies, que dedicó una breve disertación a Frank, lo calificaron de «profundamente contradictorio».[2] Joachim Fest escribió que Hans Frank era «la imitación de un hombre violento», «un carácter inseguro y vacilante ... débil, inestable y repleto de contradicciones», que se mantuvo leal a la causa nazi por una «sumisión muy arraigada» a Hitler. Sin embargo, para Fest lo que lo apartó del círculo íntimo de los líderes nazis no fue tanto su debilidad de carácter como el «estigma de proceder de la clase media» en un movimiento que —según afirmaba Fest, aunque erróneamente— estaba dominado por «profetas pequeñoburgueses de la violencia»; si Frank abogaba por la violencia y la brutalidad, y las ponía en práctica, era en lo esencial para gozar de la aprobación de los líderes nazis y disimular su «carácter netamente femenino».[3] Curzio Malaparte, que pasó mucho tiempo con Frank durante la guerra, quedó impresionado por «la complejidad de su carácter, una mezcolanza particular de inteligencia cruel, refinamiento, vulgaridad, cinismo brutal y sensibilidad delicada». Algo faltaba en la mezcla, a su entender. Mientras escuchaba cómo Frank interpretaba un preludio de Chopin en el piano de su residencia, Malaparte se preguntaba qué profundo subsuelo de criminalidad se ocultaba por debajo de la capa superficial de la civilización. Cuando el gobernador general de Polonia dejó de tocar, «le miré las manos —escribió Malaparte—. Eran pequeñas, delicadas y muy blancas. Me sorprendió y me alivió no ver en ellas ni una gota de sangre».[4]

Aunque el juicio de Joachim Fest estaba empañado por su esnobismo y sexismo; sin embargo, acertaba en una cosa: Hans Frank —nacido el 23 de mayo de 1900 en Karlsruhe, la capital del Gran Ducado de Baden, en el sudoeste de Alemania— provenía de una familia firmemente establecida entre la clase media culta. Su padre Karl era abogado; la madre, Magdalena, hija de un pastelero acomodado. Durante su infancia Hans, que era el hijo mediano de un total de tres, realizó los aprendizajes típicos de la burguesía: tocaba bien el piano clásico y siguió tocando durante toda su vida. En su juventud disfrutó de la ópera y el teatro y leyó mucho. En pocas palabras: exteriormente era un joven refinado. En 1901 su familia se mudó a Múnich y entre 1910 y 1918 estudio en el centro de secundaria más prestigioso de la ciudad, el Maximiliansgymnasium, fundado en 1849. Más adelante afirmó que sus métodos de enseñanza le parecieron anticuados y se rebeló contra ellos. Siguió estudiando Derecho y Economía, primero en la universidad de Múnich, entre 1919 y 1921, luego en Kiel, en el confín norte de Alemania, de 1921 a 1922, para regresar de nuevo a Múnich, donde realizó los exámenes finales en 1923, y se embarcó en un doctorado en Derecho. Al igual que Reinhard Heydrich, por lo tanto, recibió una educación selecta y arraigada en los principios y prácticas de la cultura alemana.[5]

Sin embargo, a pesar de las apariencias, en la familia Frank no todo iba bien. El matrimonio era inusual por ser mixto, religiosamente: el padre era protestante y la madre, católica. Además, tanto el padre como la madre tenían aventuras ajenas a la pareja y se separaron cuando la madre se marchó a Praga, a vivir con un profesor alemán con el que había iniciado una relación sexual. En 1916-1917, Hans, que no estaba contento con su instituto de secundaria, pasó varios meses con ella después de que el hermano mayor, Karl, hubiera fallecido el 26 de junio de 1916 en un ataque con gas, en el Frente Occidental. Al parecer el padre se vio sumido en dificultades económicas: acabó siendo condenado por malversación, eliminado del registro oficial de abogados, y enviado a prisión por un breve tiempo.[6] Sin duda esto supuso una conmoción y, además, la familia cayó en la pobreza. Acabada la guerra Hans Frank admitió: «fue difícil. Padre no era rico y vivíamos de coles y patatas».[7] Los padres se separaron y Karl Frank se volvió a casar. En un diario personal de aquella época, Hans expresó la desesperación que le causó la humillación de Alemania, por la derrota y la revolución («Orgullosa Alemania, ¿dónde está tu grandeza? Tu poder se ha destruido. Seremos los esclavos del mundo»), y también se mostró seguro de que, de un modo u otro, en el futuro él iba a «guiar la rebelión de los esclavos».[8]

Por extraño que quizá resulte, Frank desarrolló una gran admiración por Kurt Eisner, el intelectual izquierdista que lideró el gobierno revolucionario de Múnich desde que en noviembre de 1918 se derrocara a la dinastía real de los Wittelsbach y hasta que un fanático de ultraderecha lo asesinó el 21 de febrero del año siguiente. Pero esto se basaba en una interpretación netamente fascista del «socialismo» como programa que uniría a todos los alemanes bajo el liderazgo de un hombre «que por fin —según escribió Frank poco después del asesinato de Eisner— alejará de la humanidad la maldición de las clases ... El pueblo es pequeño y débil, ¡un hombre lo es todo!».[9] No aspiraba, por decirlo con otras palabras, a una revolución proletaria, sino a una «comunidad nacional» en la cual un gran líder nacional creara alguna clase de universalización de los valores del nacionalismo burgués. La radicalización que experimentó la revolución tras la muerte de Eisner impulsó a Frank decididamente hacia la extrema derecha, mientras un gobierno caótico de anarquistas, que dejó de lado la asamblea parlamentaria y gobernó mediante consejos de obreros, daba paso a un régimen más organizado, controlado por el emergente Partido Comunista de Alemania. En abril de 1919 Frank se unió a un Freikorps encabezado por Franz Ritter von Epp y participó en la supresión violenta y asesina del Sóviet de Múnich. Luego se incorporó a la reserva del ejército, donde recibió algo de instrucción en materia de caballería. En verano se sumó a la Sociedad Thule, grupo fundado en agosto de 1918 para propagar teorías conspiranoicas antisemitas, racismo germánico seudomístico y violencia contrarrevolucionaria.[10] La hostilidad de Frank hacia la República de Weimar se intensificó cuando su gobierno democrático firmó el Tratado de Versalles, el 28 de junio de 1919.[11]

La inclusión en la Sociedad Thule conectó a Frank con el nazismo. Allí conoció a Anton Drexler, que en enero de 1920 lo llevó a escuchar un mitin cuyo ponente principal era Hitler. Frank quedó impresionado por lo que a su juicio caracterizó las palabras de Hitler: sinceridad, claridad y simplicidad. Quizá el contenido del discurso no resultaba original —comentó—, pero lo comunicaba directamente, de corazón a corazón, variando el tono, el estilo y el volumen de un modo que mantenía a la audiencia atrapada y elevaba la fe de todos en el futuro renacimiento de la grandeza de Alemania. Su discurso fue interrumpido a menudo por los gritos de apoyo del público y al terminar los aplausos parecieron no acabar nunca. «Desde aquella noche —escribió Frank muchos años más tarde— quedé convencido, sin haberme afiliado al Partido, pero convencido de que, si alguien era capaz de dominar el destino de Alemania, era Hitler».[12] Sí que se sumó a los camisas pardas —las divisiones de asalto o SA— y como tal participó en el *Putsch* de la cervecería, el 8-9 de noviembre de 1923. Ayudó a instalar un puesto de ametralladoras, estuvo en la marcha hacia el centro de Múnich y, cuando la policía abrió fuego, puso pies en polvorosa.[13]

Frank atravesó la frontera de Austria pero no tardó en volver; evitó llamar la atención no deseada de las autoridades y en 1926 terminó el doctorado. Un año antes se había topado casualmente con Hitler en una calle de Múnich y el líder nazi, que por entonces estaba reconstruyendo el Partido tras haber salido de la cárcel, le pidió que le ayudara. Frank no veía claro afiliarse, pero en octubre de 1927 respondió a un anuncio publicado en el periódico nazi *Völkischer Beobachter*, que solicitaba un abogado que defendiera *pro bono* a doce matones del Partido que habían expulsado a todos los comensales judíos de un restaurante berlinés y, cuando los camareros se negaron a servirles, destrozaron el local. La culpa era innegable, pero Frank logró que la condena fuera indulgente. Cuando Joseph Goebbels, Gauleiter de Berlín, dio una publicidad enorme a la causa, Frank se hizo célebre entre los círculos del Partido. Cuando los nazis se alzaron con el poder, a finales de enero de 1933, los había defendido en no menos de 2.400 causas penales y había representado a Hitler ante los tribunales en más de 150 ocasiones (en su mayoría, relativas a pleitos por difamación).[14] En materia de defensa legal, se había convertido en el abogado principal del Partido Nazi.[15]

Las tácticas de Frank en las cortes de justicia eran poco convencionales, por decirlo con moderación. A menudo recurría a un lenguaje violento, grosero, brutal. Insultaba a los fiscales; despreciaba las acusaciones de violencia contra los camisas pardas y miembros del Partido Nazi, tildándolas de persecución política; daba puñetazos en la mesa; en cierta ocasión se dedicó a estrellar una silla contra el suelo después de que un fiscal se refiriera a los acusados como «nacionalbolcheviques» (en vez de nacionalsocialistas) y armó tal jaleo que la sesión se suspendió durante el resto del día. Sus juicios se convertían en vehículos de propaganda y los medios de comunicación nazis, dirigidos por Goebbels, amplificaban enormemente su voz. Las autoridades eran traidoras, representaban un sistema moribundo que trataba como parias a los patriotas que se atrevían a mantenerse en pie, tronaba Frank. No era un sistema en absoluto innovador: las mentiras e insultos fueron recursos habituales de la retórica nazi, hasta el punto de generar (sumados a la violencia nazi en las calles) no menos de 40.000 pleitos hasta 1933. Pero gracias a estas actividades y la ingente publicidad que recibían, se labró un nombre en el Partido. En 1930 lo recompensaron con una posición en las listas electorales y el correspondiente escaño en el Reichstag.[16]

Así pues, en 1933, cuando los nazis se hicieron con el poder, Frank ya era bien conocido como un «orador demagógico y lleno de odio», por citar el informe policial de un mitin donde pronunció un discurso en 1931. Se mostró especialmente activo en las universidades alemanas, donde el extremismo derechista de la mayoría de los estudiantes le garantizaba audiencias receptivas. Su retórica puso de manifiesto una y otra vez que, aunque a diferencia de muchos otros líderes nazis, no entró en política con un sentimiento de antisemitismo ya firme y preexistente; sin embargo, absorbió plenamente las fantasías sobre los judíos que el líder transmitió al movimiento. Cuando coincidía que un fiscal era judío, Frank no desaprovechaba la ocasión para hacer alguna referencia hostil, por lo general sarcástica. La República de Weimar —escribió en 1931— estaba dominada por «una jurisprudencia judía, decadente» y fomentaba en la vida pública «los instintos infrahumanos asiático-marxistas».[17] Aunque su antisemitismo empezó siendo superficial, una simple estratagema táctica, con el paso del tiempo Frank lo interiorizó y se convirtió en una segunda naturaleza.

La carrera legal de Frank lo acercó a Hitler porque en una multitud de ocasiones fue su representante o lo llamaron al estrado como testigo de la defensa. Cuando el líder nazi fue nombrado canciller imperial los servicios de Frank dejaron de necesitarse, a este respecto: la fiscalía dejó de perseguir a los miembros del Partido por acusaciones de violencia y asesinato y la difamación contra cuantos se oponían al nazismo se convirtió en política oficial del gobierno. No le podían dar la cartera imperial de Justicia, pues la ocupaba Franz Gürtner, uno de los socios más serviles y complacientes de la coalición conservadora de Hitler, que ya era ministro durante la cancillería de los dos predecesores de Hitler y fue un aliado especialmente útil a la hora de conseguir que la profesión legal aceptara «coordinarse» con el Estado nazi. Además el Führer le debía varios favores a Gürtner, pues como ministro de Justicia de Baviera, en la década de 1920, había sido instrumental para conseguir que Hitler recuperase pronto la libertad tras el juicio por el *Putsch* de la cervecería y la condena a la prisión de Landsberg. Gürtner conservó el puesto hasta su muerte, en 1941,[18] y concedió a Frank precisamente la cartera de Justicia bávara. Lo más relevante fue quizá que lo confirmó como jefe de la Asociación de Juristas Nacionalsocialistas, una organización fundada por el propio Frank en 1928, que en esa etapa adquirió carácter oficial; lo nombró director de la Academia de Derecho Alemán; y le encomendó «coordinar» la administración legal de Alemania, una tarea que, entre otras cosas, pasaba por dejar sin trabajo ni medios de vida a los juristas judíos.[19]

A pesar de haber explotado sin escrúpulos las posibilidades que ofrecía el sistema legal de la República de Weimar, con el nuevo sistema estatal Frank no perdió del todo el respeto a las normas legales básicas. La transición hacia una dictadura plena, en 1933, fue un proceso que duró muchos meses. El Código Penal imperial de 1871 seguía en vigor y el asesinato, la tortura, la detención y encarcelación no autorizadas seguían siendo delitos que las autoridades legales todavía se creían obligadas a perseguir. Cuando los fiscales que conservaban la posición obtenida durante los días de la República de Weimar se dedicaron a investigar el creciente número de casos en el que los camisas pardas y los miembros de la SS habían apaleado a sospechosos, internado sin juicio en campos de concentración improvisados a socialdemócratas y comunistas, y matado a tiros a internos «mientras intentaban huir», Frank temió que aquella brutalidad homicida perjudicara la buena reputación del Estado. Sobre todo sintió que socavaba su posición como ministro de Justicia de Baviera. Hasta finales de 1933 respondió positivamente a las quejas de los fiscales, en particular sobre las condiciones imperantes en el campo de concentración de Dachau, donde una administración caótica, anárquica y sadista había asesinado a muchos presos. Frank lamentó en especial el hecho de que la SS actuara sin haberlo coordinado con él, pues creía que todos los asuntos de la política penal pertenecían a su esfera de influencia. Esta fue la primera de las múltiples disputas territoriales que lo enfrentaron a Heinrich Himmler, el líder de la SS. El conflicto acabó en tablas: Himmler convenció a Hitler de que pusiera freno a la fiscalía, pero al mismo tiempo reformó el campo de Dachau, destituyó a su comandante, el descontrolado Hilmar Wäckerle, y nombró como sustituto al oficial de la SS Theodor Eicke, que introdujo un régimen de orden en el campo (aun así extremadamente brutal).[20]

El hecho de que Frank insistiera en mantener las apariencias de cierta forma de legalidad provocó un conflicto directo con Hitler en ocasión de la Noche de los Cuchillos Largos, el 30 de junio de 1934, cuando Frank visitó en prisión a Ernst Röhm, el líder de los camisas pardas, tras tener noticia de su detención. Todas las revoluciones devoraban a sus propios hijos, le dijo Röhm, resignado. Cuando dos oficiales destacados de la SS llegaron con una orden de Hitler que enumeraba a qué camisas pardas debía ejecutarse de inmediato, Frank contestó que, como los internos se hallaban en una prisión bávara, de la cual él era el responsable como ministro de Justicia de la región, las ejecuciones no se iban a cumplir. El *impasse* fue resuelto por Hitler en persona, que llamó por teléfono a Frank y le preguntó si acaso deseaba que lo añadieran a la lista. «El fundamento legal de todo lo que está ocurriendo es la existencia del Reich —dijo el líder nazi—, ¿me entiende?». Frank quedó intimidado y retiró sus objeciones; pero también presentó la dimisión como ministro de Justicia de Baviera. En respuesta, Hitler lo convocó a una charla y, sacudiendo la carta de dimisión, le dijo que era un soldado en una batalla revolucionaria, por lo que no había lugar a dimisiones. Todas las revoluciones tenían que quebrantar la ley; de otro modo no eran revoluciones. Los juristas no debían interferir. Más adelante, cuando dirigió la mirada hacia estos hechos, Frank racionalizó su conducta citando a un famoso jurista berlinés: «El médico del barco, sin lugar a dudas, debe permanecer a bordo cuando una epidemia amenaza con extenderse entre la tripulación». Si permanecía en el cargo —alegó Frank que había sentido—, quizá aún podría influir sobre Hitler, de modo que aceptara la vigencia e importancia del Derecho; a fin de cuentas el régimen vivía aún en la etapa de infancia.[21]

Era una racionalización ilusoria, o más bien una excusa que en el Tercer Reich adoptaron demasiados profesionales. Los intentos de

Frank de reformar el Código Penal de 1871 —un documento cada vez más anticuado, que la República de Weimar no había acertado a actualizar y que se remontaba en gran medida al Código Penal prusiano de 1851— quedaron en nada. Los sucesivos borradores de un código nuevo fueron dando cada vez más importancia a la «protección de la raza», porque Hitler era contrario a todo lo que pudiera someter el comportamiento de su régimen a un conjunto de reglas de necesaria aplicación.[22] Cabe la posibilidad de que Frank hallara alguna compensación personal en el hecho de que se le concedieron títulos resonantes como el de Reichsleiter («líder imperial»), que los situaban en un lugar elevado de la jerarquía nazi, y de ministro imperial sin cartera, posición que ocupó desde diciembre de 1934. Este papel heredó las funciones del antiguo ministro de Justicia de Baviera, cuando se abolieron los estados federados, y además le otorgó asiento en el gabinete de gobierno, aunque este cuerpo resultaba cada vez más irrelevante y a partir del 5 de febrero de 1938 no se volvió a reunir. Aun así los títulos hueros no lo eran todo. «La ambición —le dijo a Gustave Gilbert, psicólogo penitenciario, después de la guerra— tenía mucho que ver. Piénselo: yo he sido ministro de estado en Baviera a los treinta años; he recorrido el territorio en limusina; tenía sirvientes...».[23] Por encima de todo, no obstante, él era un servidor de Hitler. Quedó conquistado por su carisma y la adulación de las masas en las apariciones públicas; se sintió abrumado por su atención cuando se encontraban en persona y en el ámbito privado. La devoción al héroe se manifiesta con claridad incluso en las páginas de sus memorias de posguerra, que muestran una desilusión superficial. Al igual que varios otros líderes nazis, a Hitler le dedicó el mayor de los halagos: intentar imitarlo. Sin embargo, a diferencia de la mayoría, a Frank se le dio la oportunidad de imitarlo de verdad, pues en octubre de 1939 el dictador nazi lo nombró presidente del Gobierno General, la región intermedia del antiguo territorio polaco que no había sido ocupada por el Ejército Rojo, en la zona oriental, de acuerdo con las condiciones del pacto entre Ribbentrop y Mólotov (firmado dos meses antes) ni se había integrado en el Reich alemán, en la zona occidental.[24]

Como gobernador general, Frank rendía cuentas directamente ante Hitler. En consecuencia, consideraba que su propio papel dentro de aquel feudo era comparable al de Hitler en el conjunto de Alemania. Pero mientras que Hitler adoptó por misión mejorar la condición social y económica de la mayoría «aria» del Reich, las instrucciones de Frank, en lo relativo a los polacos, eran exactamente opuestas. «Polonia —le había dicho Hitler a sus generales, el 22 de agosto de 1929, poco antes de la invasión— se despoblará y se colonizará con alemanes». Ahora bien, poco después, cuando el reclutamiento masivo provocó una grave falta de mano de obra —exacerbada porque el régimen era reticente a movilizar a las mujeres en la industria bélica—, Hermann Göring, como jefe del Plan Cuatrienal, reclamó poder utilizar a un millón de polacos del Gobierno General (tres cuartas partes, en la agricultura). Muchos miles se ofrecieron voluntarios para huir de las condiciones de ese territorio, que estaban empeorando; pero cuando se filtraron las penalidades a las que los sometían en el Reich, la cantidad de voluntarios sufrió un brusco declive. Frank introdujo pues un reclutamiento laboral, lo que a su vez espoleó el inicio de un movimiento de resistencia general en cuyo marco se asesinó a alemanes étnicos y se atentó contra la vida del jefe de la policía del Gobierno General. Durante los meses siguientes Frank hizo detener a los jóvenes polacos y los envió a Alemania en gran número, y dio órdenes a la policía de disparar contra quien se opusiera o intentara huir. «Los polacos solo pueden tener un señor: un alemán —declaró—. No pueden coexistir dos señores, uno al lado del otro, y por eso hay que matar a todos los miembros de la intelectualidad polaca».[25]

Por orden de Frank, se detuvo y encarceló o ejecutó a los sacerdotes, profesionales e intelectuales del país, con la intención de neutralizar cualquier posible movimiento de resistencia. El 30 de mayo de 1940 Frank hizo matar a 4.000 «intelectuales» y miembros de la Resistencia, más otros 3.000 polacos condenados por haber quebrantado el severo código penal que se les había impuesto. Múltiples decretos penales promulgados por Frank castigaban con la pena de muerte una larga serie de delitos, a menudo triviales, entre ellos incumplir el control de precios o escaquearse del servicio laboral. Era necesario destruir por completo la identidad nacional polaca. «No hay que permitir que los polacos tengan aparatos de radio —dictaminó Frank—; no puede haber prensa en la que se expresen opiniones. En principio no tendrán teatros, cines ni cabarés, para que no se les presente ante la vista lo que han perdido». En el mejor de los casos dispondrían de un entretenimiento barato que les abotargara la sensibilidad, adecuándola a la realidad de su situación. Frank clausuró las instituciones educativas, los museos y las galerías de arte polacas. «Los polacos no necesitan universidades ni institutos de secundaria; las tierras polacas deben convertirse en un desierto intelectual». Los libros polacos se confiscaron y se les prendió fuego en público. También se prohibió interpretar en público la música de los compositores polacos.[26]

En una entrevista con el diario nazi *Völkischer Beobachter*, publicada el 6 de febrero de 1940, se preguntó a Frank por las diferencias existentes entre el Protectorado Imperial de Bohemia y Moravia —creado poco antes de la guerra, después de que Alemania invadiera y destruyera Checoslovaquia— y el Gobierno General de Polonia. Respondió:

> Es una gran diferencia, de fácil explicación. En Praga por ejemplo se exhibieron grandes carteles en los que se podía leer: «Hoy se ha fusilado a siete checos». Y yo me decía: si yo quisiera colgar un póster por cada siete polacos fusilados, entonces todos los bosques de Polonia no bastarían para producir el papel necesario para tanto cartel. ¡Las medidas que tenemos que tomar son medidas drásticas![27]

Al igual que otros líderes nazis, Frank creía que los «eslavos» eran incapaces de proteger la cultura europea; esta era una misión reservada en exclusiva para los alemanes. Aquí —según cierto historiador— «desató un reino del terror que hizo sombra a todas las otras formas de anexión territorial practicadas por los nacionalsocialistas». La

> creencia fanática [de Frank] en el nacionalsocialismo, en la euforia general de una victoria militar que no se limitaba mediante ninguna clase de restricción externa, le permitió convertirse con rapidez en un instrumento ávido por cumplir las directivas del Líder. Fue el verdugo de un régimen terrorista sanguinario que no se sometió a ninguna norma de conducta.[28]

En las semanas inmediatamente posteriores a su nombramiento —lamentaba Johannes Blaskowitz, uno de los escasísimos generales alemanes que objetaron por las atrocidades que perpetraron en Polonia la SS y algunas unidades del ejército alemán—, «Frank siguió adelante como un pachá megalomaníaco ... No dejó que nadie interfiriera; gobernaba como un soberano».[29]

Varsovia, situada en la parte septentrional del Gobierno General, había sufrido daños de consideración tanto por los bombardeos aéreos alemanes como por los combates de la breve guerra de conquista que los nazis ganaron en 1939. En consecuencia a Frank le pareció más apropiado situar en Cracovia la sede de su gobierno y se mudó al colosal castillo real de Wawel, situado en el centro de la ciudad y decorado con obras de arte confiscadas de las colecciones que albergaban muchos de los palacios de las grandes fortunas de la aristocracia polaca. Él mismo tenía un Rembrandt colgado en su sala de estudio y tapices robados expuestos en las salas estatales; la plata y otros tesoros adornaron su espacio privado. Confiscó la hacienda noble de la familia Potocki, para utilizarla como su residencia campestre, donde ubicó más piezas del botín que saqueaba. Otras muchas obras de arte las envió a su antigua casa de Baviera: cuando las tropas estadounidenses llegaron allí, poco antes de que la guerra acabara, encontraron un Leonardo, un Rembrandt y diversos objetos religiosos de gran valor, robados de la catedral de Cracovia. Frank intentó convertir Cracovia en un centro cultural alemán, con un teatro alemán y una orquesta filarmónica alemana, entre otras instituciones. Reunió a un equipo de arquitectos y diseñadores y emprendió un ambicioso programa de construcción, con urbanizaciones, bloques de apartamentos y un gran hotel en el que alojar a los dignatarios nazis de visita. Se hacía conducir en una limusina, con un «guardia de honor» oficial; vivía una vida de lujo y exhibición evidentes, con fastuosos banquetes y recepciones con los que pretendía recordar a todo él mundo que él era —por decirlo con las palabras, un punto sarcásticas, de Goebbels— «el nuevo rey de Polonia».[30]

La realidad era otra. Frank quizá podía afirmar que Hitler consideraba el Gobierno General como el territorio mejor administrado de todos los que el Reich controlaba; y quizá podía emitir decretos y ordenanzas que reorganizaban la administración de acuerdo con su criterio personal de racionalidad; pero lo cierto es que le costó ocupar el aparato gubernamental con burócratas alemanes de competencia probada, en número suficiente o con los conocimientos adecuados. Entre el personal del servicio civil alemán, un destino en Polonia se veía en general como un castigo. Los jóvenes que acabaron ingresando en la administración de Frank pasaban muchas horas bebiendo y jugando, y el Gobierno General se quejó de su estilo de vida alborotador; en realidad él no destacaba por su buen ejemplo, a este respecto. En todo caso Hitler tenía la intención de permitir que el Gobierno General cayera en el caos, sin que la inmensa mayoría de la población polaca recibiera ayuda alguna de sus soberanos polacos en alivio de lo que, para el líder nazi, era una pobreza y un atraso arraigados e incorregibles. El resultado fueron el hambre, la enfermedad, un mercado negro desenfrenado y la muerte de cientos de miles de polacos.[31]

Un 10 % de la población de la Polonia anterior a la guerra era de cultura y religión judías. Al conquistar el país en 1939, Alemania pasó a dominar a unos dos millones de judíos. Frank ordenó que todos los judíos de más de doce años lucieran un brazalete blanco con la estrella de David. Los calificaba de «piojos». Las raciones de alimentos se redujeron deliberadamente a menos de lo que requería la simple supervivencia; en 1942 abolió las raciones por completo. «El hecho de que condenemos a morir de hambre a 1,2 millones de judíos —afirmó el 24 de agosto de 1942— no tiene más valor que el de una nota marginal».[32] En este momento ya había creado guetos cerrados en las grandes ciudades, en los que internó por la fuerza a toda la población judía. Como espacios abarrotados, insalubres y desprovistos de las instalaciones más básicas, los guetos eran trampas mortales. Frank insistió en que debían gestionarse por sí mismos e instauró Consejos Judíos para que lidiaran con la situación imposible en la que los había dejado.[33] Según dijo en una reunión de sus administradores: «Es un placer entablar por fin la batalla física contra la raza judía. Cuanto más mueran, mejor ... A los judíos no se les va a pasar por alto que hemos llegado».[34]

El 16 de diciembre —a los pocos días de volver de una reunión con Hitler, en Berlín, donde se había debatido sobre el exterminio de los judíos—, Frank se ocupó del tema por extenso. Según les dijo a sus funcionarios:

> Con los judíos —esto os lo quiero decir con toda franqueza—, hay que acabar, de un modo u otro ... Nuestra compasión debe limitarse en lo esencial al pueblo alemán, y a nadie más ... Hay que aniquilar a los judíos allí donde nos los encontremos, y de la manera que sea, para así poder mantener toda la estructura del Reich aquí ... En el Gobierno General tenemos aproximadamente unos 2,5 millones de judíos, quizá unos 3,5 millones, si contamos a los de raza mestiza y toda su gente. No podemos fusilar a esos 3,5 millones de judíos; no los podemos envenenar; pero sí que podemos tomar medidas que, como sea, nos lleven a la aniquilación exitosa.[35]

El Holocausto ya estaba en marcha y a buen ritmo: por detrás del Frente Oriental se ejecutaba colectivamente a los judíos (hombres, mujeres y niños) y en el campo de concentración de Chelmno los camiones de gas asfixiaban a los presos judíos con el reenvío de los gases de escape hacia el interior de las cabinas. En enero de 1942 Frank envió a un representante a la Conferencia del Wannsee. Durante 1942 y buena parte de 1943, los guetos del Gobierno General se vaciaron, al trasladarse a sus habitantes judíos a los nuevos campos de la Operación Reinhard: Belzec, Chelmno y Treblinka, donde se los asfixió en cámaras de gas.[36] En septiembre de 1944 Frank justificó el hecho de que los judíos «se han ido» (tales fueron sus palabras) por razones de seguridad: «Si esos judíos hubieran seguido en esta tierra, hoy la paz de nuestra zona estaría destruida por completo».[37]

A medida que el Holocausto cogía impulso, en la segunda mitad de 1941, Himmler, Heydrich y sus delegados principales en el Gobierno General —Wilhelm Krüger y Odilo Globocnik— empezaron a reclamar independizarse de la administración civil de Frank en una sucesión de ámbitos, desde los nombramientos de personal a los poderes de la policía. Los hombres de la SS entendían que solo debían cuentas a Himmler; el 11 de septiembre de 1941 Frank, durante una pelea enfurecida con Krüger, acusó al oficial de la SS de estar creando «un Estado dentro del Estado» y exigió que todas las comunicaciones dirigidas a Himmler, en Berlín, fueran aprobadas primero por su oficina, en Cracovia. Las relaciones se tensaron hasta el punto de que Otto von Wächter —destacado oficial de la SS que era asimismo el gobernador civil de Cracovia— se lamentó de que las disputas interminables estaban volviendo ingobernable la región.[38] La SS iba vaciando los guetos y abriendo centros de exterminio, y Frank se sentía cada vez más molesto con aquella interferencia en su esfera de responsabilidad. En ningún caso se trataba de que intentara detener, ni frenar siquiera, los asesinatos; más bien al contrario. Simplemente temía que Himmler estuviera usurpando su prerrogativa personal de asesinar.[39]

Himmler contestó intentando forzar la salida de Frank. Encargó un informe sobre la corrupción del Gobierno General. Reveló que el gobernador general, su esposa y su hermana tenían dos almacenes repletos de propiedades adquiridas con fondos estatales a precios de derribo; entre ellas, grandes cantidades de pieles, chocolate, café, piezas de ropa y licor. Muchos de estos productos de lujo habían sido «comprados» a los judíos del gueto de Varsovia. Otros se habían enviado a la casa de Frank en Baviera. Por otro lado sus malas prácticas favorecían el desarrollo de otras corruptelas que se habían generalizado en todos los niveles de la administración del Gobierno General. Se detuvo a un amigo de Frank, Karl Lasch, gobernador de la provincia polaca meridional de Galizia —no sin cierta demora, ya que al primer equipo de investigadores, lo sobornó—, por haber usado fondos del Estado para adquirir múltiples activos para sí mismo y para su padre, que vivía en Francia; había enviado allí a subordinados para que adquirieran, entre otras cosas, cuatro automóviles de lujo, pinturas, esculturas, alfombras, muebles y muchos más objetos que luego había hecho entrar en el Gobierno General de contrabando, sin pagar los impuestos debidos, en muchos casos para revenderlos y embolsarse las ganancias. Lasch prefirió quitarse la vida a soportar la humillación de un juicio. A Frank no le quedó duda de que, si no lograba detener a Himmler, el siguiente sería él.[40]

La respuesta de Frank a este asalto contra su posición fue volver a su papel sostenido como jefe de la profesión jurídica en la Alemania nazi. Durante el verano de 1942 había pronunciado una serie de charlas en universidades alemanas, en las que solicitaba restaurar el imperio de la ley como base esencial para la formación de la «comunidad nacional» alemana. Denunció que se criticara constantemente a los jueces por adherirse a la letra de la ley. Atacó la arbitrariedad de un «Estado policial» que, a su entender, estaba convirtiendo la comunidad nacional en una institución coercitiva. Consideró inaceptable que la gente pudiera ser internada en campos de concentración sin habérsele dado la ocasión de defenderse ante un tribunal. «Queremos ser humanos —afirmo—, ningún Estado se vería perjudicado por serlo». Sabedor de qué implicaban estos discursos, Frank se ofreció a dimitir de todos sus cargos, porque —dijo— él no podía continuar en una situación en la que se carecía de seguridad legal y se despreciaba sistemáticamente a los profesionales del derecho. Por mucho que Frank hubiera intercalado en sus discursos una larga retahíla de referencias a la grandeza de Hitler, como era de esperar el dictador nazi se enfureció. Destituyó a Frank tanto de todos los cargos del Partido como de la presidencia de la Academia del Derecho Alemán, que confió al nuevo ministro de Justicia del Reich, Otto-Georg Thierack. Además prohibió que Frank pronunciase más discursos públicos. Por el contrario rechazó el cese como gobernador general de Polonia y lo obligó a continuar en ese puesto hasta el final.[41]

Por supuesto, las peticiones de Frank se aplicaban tan solo al imperio de la ley entre los ciudadanos alemanes; pues las personas a las que no se aceptaba en la «comunidad nacional», como los judíos o los polacos, no merecían gozar de protección legal. El propio Frank había hecho cuanto había podido por socavar los principios legales, pues en los tiempos de la República de Weimar trató la ley no como algo neutral y objetivo, sino como un arma útil para los fines políticos. De hecho, el código legal que aspiraba a aprobar en Alemania negaba la misma idea de un sistema judicial imparcial y objetivo, dado que los castigos no dependían del delito, sino de la naturaleza del delincuente: la aplicación de la ley se regía de acuerdo con las supuestas características raciales del acusado y usaban la ley para afirmar la supremacía racial de los «arios». Pero la hipocresía iba mucho más allá. En realidad sus discursos eran un intento, apenas velado, por reafirmar su propia posición frente al poder creciente de Himmler y la SS en el Gobierno General. La evidente corrupción del propio Frank en la gestión del territorio demostraba que no le preocupaba nada la legalidad ni la propiedad. Y por supuesto, una vez que Hitler lo confirmó en el cargo de gobernador general, la corrupción siguió adelante. También se mantuvieron las luchas de poder con Himmler y la SS, un ámbito donde Frank se apuntó algunas victorias y, el 9 de noviembre de 1943, logró expulsar del Gobierno General a Krüger (que siguió prestando servicio a la SS, en varias funciones, hasta que se suicidó al finalizar la guerra). Mucho antes de haber llegado a este punto el territorio empezó a tornarse ingobernable debido a la creciente resistencia de los polacos. Aumentó el número de asesinatos de funcionarios y gestores alemanes; hasta el propio Frank sufrió un atentado que estuvo a punto de costarle la vida, el 29 de enero de 1944, cuando una bomba estalló debajo de su tren a las afueras de Cracovia e hizo saltar por los aires el eje del vagón en el que viajaba. La situación siguió empeorando y Frank ordenó ejecutar a cien rehenes polacos por cada alemán que muriera. Pero la orden no sirvió para mitigar la resistencia polaca. Por otro lado Frank fue perdiendo el control sobre áreas enteras del Gobierno General a medida que el Ejército Rojo se adentraba en su territorio y una gran cantidad de paracaidistas se lanzaba por detrás de las líneas militares alemanas, con la finalidad de ayudar a los partisanos.[42] El valeroso levantamiento polaco de Varsovia, el 1 de agosto de 1944, fue sofocado con una brutalidad extrema por las fuerzas armadas alemanas; pero esto no mejoró la situación desesperada de Frank, quien el 18 de agosto sugirió que Hitler clausurase por completo la administración del Gobierno General. Llegados a este punto, Frank había empezado a cambiar de actitud con respecto a los polacos e incluso sugirió que se les permitiera incorporarse al ejército alemán, cuyos efectivos menguaban con gran rapidez; como incentivo propuso dar nueva vida a la cultura polaca.[43] Pero era demasiado tarde. En todo caso, aquel cambio tan radical de actitud, en el otoño de 1944, se asemejó demasiado a un intento —ingenuo, por otro lado— de mejorar su reputación ante el inevitable juicio por crímenes de guerra al que los Aliados lo someterían, una vez que culminaran la victoria. El 17 de enero de 1947 huyó a Alemania con cerca de una docena de integrantes de su plantilla. Eligió residir temporalmente en un castillo de la ciudad prusiana de Seichau, donde el «comportamiento increíble» y las borracheras del séquito provocaron quejas de la población local y el envío de un informe negativo a Martin Bormann. Al evacuar el lugar, el 23 de enero de 1945, dejaron por todo el castillo botellas vacías, objetos artísticos, cajas de alcohol, comida, catorce máquinas de escribir, un gran automóvil Mercedes e incontables montones de documentos.[44]

Desde Seichau, Frank se trasladó a Neuhaus am Schliersee, en Baviera, donde volvió a instalar un centro administrativo para el Gobierno General (que en realidad había dejado de existir). No encontró un local adecuado y tuvo que conformarse con un restaurante. Su exigencia de recibir coches, trabajadores y equipos no dio fruto alguno. El 4 de mayo fue detenido por soldados estadounidenses, que lo llevaron a una cárcel próxima, donde se le reconoció como «el carnicero cracoviano de los judíos» y le dieron una paliza. Intentó cortarse las venas, pero no murió. Cuando llegó al centro de detención de los principales criminales nazis, en Luxemburgo, el comandante del espacio lo describió como «una lamentable ruina humana».[45] El tribunal de crímenes de guerra de Núremberg lo enjuició como uno de los grandes acusados. Frank había entregado su diario oficial, con la transcripción de reuniones y discursos; quizá confiaba en que se reconociera su labor, cuando en realidad era un documento muy incriminatorio. El psiquiatra penitenciario Gustave Gilbert refirió que, en los primeros interrogatorios, Frank se había mostrado «hosco y evasivo» y en cierta ocasión se había marchado de la sala gritando: «¡Cerdos!». Pero a la vez pareció quedar sinceramente conmocionado por las grabaciones de las atrocidades que los acusados fueron obligados a mirar y, al leer que uno de los mejores amigos de su padre, un abogado judío, había sido asesinado en Auschwitz, se mostró resuelto a confesar. Al parecer experimentó una epifanía religiosa y dedicó gran parte del tiempo de encarcelamiento en Núremberg a leer la Biblia. Era capaz de «maldecir a Hitler con una vehemencia y facilidad literaria asombrosas», comentó Gilbert, diciendo por ejemplo: «¡Ojalá alguno de nosotros hubiera tenido el valor de pegarle un tiro!». Dijo que Hitler era un psicópata maligno y despiadado. A Gilbert este arrepentimiento lo impresionó, aun sin dejar de parecerle un tanto «histérico».[46] Sobre el estrado Frank admitió su parte en el exterminio de los judíos y —para disgusto de otros acusados como Göring— lo asoció con el pueblo alemán en su conjunto, al que hizo extensiva la culpa: «Pasarán mil años y la culpa de Alemania no se habrá borrado».[47]

Que el sentimiento fuera genuino o no resulta irrelevante. Por debajo de la condena superficial que expresó contra el dictador, seguía brillando una clara admiración de Frank por Hitler. Mientras aguardaba a que lo ejecutaran, en Núremberg, escribió unas memorias voluminosas, tituladas *Im Angesicht des Galgens* («A la vista de la horca»), que se dedican casi por entero a Hitler, y no al autor; de hecho, se subtitulan «Interpretación de Hitler y su tiempo sobre la base de las propias vivencias y conocimientos». En su conclusión sostiene que Hitler fue «intelectualmente, una persona extraordinaria ... Es una figura magistral» que ha «hecho realidad logros tremendos». Frank incluso se dirige directamente a Hitler al final de su libro; lo acusa de no tener dios ni corazón, y de que se le describe mejor como un «ser demoníaco» que «como un genio en el verdadero sentido de esta idea».[48] Una de las razones principales por las que quiso escribir aquel libro fue porque sentía que su conocimiento de Hitler era singular y quería compartirlo con el pueblo alemán. Al mismo tiempo su obra era evasiva con respecto a múltiples asuntos, quitaba hierro a su propio antisemitismo y su propia implicación en el Holocausto —que además relativizó con lo que él consideraba que eran precedentes históricos— y minimizó los componentes ideológicos del afán bélico de Hitler. Hizo hincapié en que se había comprometido con el cumplimiento de la ley, sin dedicar una palabra a su corrupción y codicia. En referencia a la fase final y desesperada de su jefatura del Gobierno General no vaciló siquiera en afirmar —como si ninguno de sus actos previos hubiera existido— que se había esforzado por consolidar Polonia y la nación polaca para el futuro.[49]

El tribunal de Núremberg dictaminó que Frank era culpable de crímenes de guerra y crímenes contra la humanidad y lo condenó a muerte. Lo ahorcaron el 16 de octubre de 1946. Su familia le dio la espalda, a diferencia de lo sucedido con muchos otros nazis. Su esposa Brigitte era una secretaria que le había mecanografiado la tesis doctoral. Se habían casado en 1925 y el matrimonio no fue fácil; más adelante Frank admitió que le resultaba fría y distante y él mantuvo amoríos con diversas mujeres a las que conocía desde hacía cierto tiempo.[50] En 1942 pidió divorciarse para casarse con un amor de la infancia, pero Hitler se lo prohibió. La viuda acabó suicidándose, en 1981. De los cinco hijos de la pareja solo la mayor —Sigrid— fue una nazi impenitente, que emigró a Sudáfrica durante el apartheid, que le parecía admirable. Norman despreciaba a su padre, por mujeriego, y en una entrevista contó que se alegraba de que lo hubieran ejecutado. Pero el hijo más hostil a la memoria del padre fue el menor, Niklas, nacido en 1939. Su libro *Der Vater: Eine Abrechnung* («El padre: un ajuste de cuentas»), que vio la luz en 1987, es una tirada de odio desbordante, a veces casi incoherente por la furia que exhibe contra los crímenes y engaños del padre. Le habla directamente, con un lenguaje donde predominan el sarcasmo y el desprecio:

> Que te partieran el cuello me evitó una vida jodida en la que me habrías envenenado el pensamiento con tus chorradas, como a la mayoría silenciosa de mi generación, que no tuvo la suerte de que ver cómo ahorcaban a su padre. Yo, por esto, me alegro de ser tu hijo. Me dan pena los otros hijos cuyos padres vomitan la misma basura repleta de cobardía y engaños, sanguinaria e inhumana; pero que no destacaron tanto como tú. No merece la pena poner por escrito sus diatribas; sus diarios se han perdido. Yo en cambio tengo suerte: puedo reunir las tiras de carne de tu vida en los archivos de Europa y Estados Unidos, puedo mirarlos sin que me distraigan la cháchara y las mentiras de la familia. Da igual si trato esos pedazos con el escalpelo o el martillo: lo que emerge es el mismo monstruo alemán.[51]

El libro de Niklas Frank es pues una denuncia no solo de su padre, sino de los alemanes del siglo XX en general; y ni siquiera de una sola generación, sino de dos.

Cuarta parte
LOS INSTRUMENTOS

Introducción

Mediada la década de 1960, el periodista alemán Horst Krüger (1919-1999) pasó muchas horas en la galería de prensa de los juicios por Auschwitz, realizados en Fráncfort. Se juzgaba a veintidós exoficiales de la SS de baja graduación y exguardias de sus campos por su contribución a las muertes de más de un millón de personas en aquel campo nefando, de concentración y exterminio, durante la primera mitad de la década de 1940. Cuando dirigía la mirada hacia los acusados Krüger solo veía hombres corrientes, que se habían forjado una existencia sólida y respetable en la posguerra. Sus crímenes horrendos parecían olvidados hasta que los reveló un valeroso fiscal alemán, Fritz Bauer, que los denunció, tantos años más tarde. Allí estaban por ejemplo Wilhelm Boger, «un contable honrado y fiable», «un hombre del que te podías fiar, que se había ajustado de nuevo a la vida, que dormía bien por la noche y que sin duda tenía colegas, amigos y una familia». Y sin embargo, según se le dijo a la corte, además de participar en incontables selecciones, gaseos y ejecuciones y fusilamientos colectivos, fue personalemente responsable, entre otros muchos actos de similar sadismo y brutalidad,

> de hundir la cabeza de un clérigo de sesenta años en el fregadero lleno de agua de la cocina de los presos, hasta que murió; de disparar a una pareja polaca y sus tres hijos, con una pistola, desde una distancia de unos tres metros; de matar a patadas a un general polaco al que se había hecho pasar tanta hambre que parecía un esqueleto.

Esto no significaba, no obstante, que se «limitaran a obedecer órdenes», según la excusa común de los que después de la guerra tuvieron que responder ante los tribunales de los crímenes que habían cometido durante el Tercer Reich. Todos ellos pudieron elegir; a ninguno se le obligó a hacer lo que hizo. Pero de un modo u otro rindieron su autonomía moral ante Hitler, de forma voluntaria. No todas las personas cuyas vidas se narran en esta sección fueron fanáticas del nazismo, en ningún caso. Pero todas ellas suscribieron sus principios centrales. Esto abrió la puerta a que algunas de esas personas, como por ejemplo Ilse Koch o Irma Grese, usaran el poder que manejaban —el de ser la esposa del comandante y el de ser la supervisora del campo de concentración, respectivamente— para desatar instintos deleznables y violentos contra los presos, instintos que les labraron una fama negativa que superó con mucho la de la mayoría de los hombres que actuaron como oficiales o guardias del campo. Sin embargo, las llamas de esa notoriedad también se avivaron —de forma demostrable— por la percepción de que, al participar en los crímenes del Tercer Reich, esas mujeres violaban radical y extremadamente las normas de género y las expectativas sobre su conducta. A Koch y a Grese, en particular, se las demonizó hasta un punto verdaderamente extraordinario. Otras mujeres nazis —en especial la estrella de cine Leni Riefenstahl, directora del célebre documental propagandístico nazi *El triunfo de la voluntad*— lograron que, durante mucho tiempo, el recuerdo de sus crímenes pasara a un segundo plano y pudieron forjarse una nueva carrera. Si Riefenstahl se distanció del nazismo después de 1945, la que fue bautizada como «Lideresa de las mujeres del Reich», Gertrud Scholtz-Klink, no solo no se esforzó por hacerlo, sino que hasta el día de su muerte siguió defendiendo el papel que había desempeñado en el Tercer Reich. Incluso una mujer de clase media, casada con un hombre al que el régimen calificaba de «plenamente judío» —la maestra de escuela Luise Solmitz, de Hamburgo, cuya vida se analiza en el capítulo final—, dio apoyo al régimen hasta el extremo de denunciar a su hermano a las autoridades por realizar actividades que ella consideraba antinazis. Aun así a la postre, irónicamente, fueron precisamente sus papeles como mujer, esposa, madre y abuela los que se sumaron para distanciar a Luise Solmitz del régimen.

El Tercer Reich fue uno de los regímenes con mayor supremacía masculina de la historia: daba especial valor a un concepto de hipermasculinidad centrado en el concepto de la «dureza» y la distancia emocional.[1] «Cuanto más masculino sea un hombre, más efectivo será en su esfera de actuación», dijo Hitler.[2] El 30 de enero de 1939 proclamó: «¡Los hombres hacen historia! Los grandes hombres son en sí mismos tan solo la representación más poderosa y concentrada de un pueblo».[3] El 24 de febrero de 1940 se jactaba de que «yo no soy sino un imán que peina continuamente la nación alemana para extraer el acero del pueblo. A menudo he explicado que llegará la hora en que cuanto haya de masculino en Alemania estará en mi bando y lo que no esté en mi bando no sirve de nada».[4] El régimen nazi preservó el sufragio femenino, pero las mujeres carecían de un papel político independiente y la parte superior de las jerarquías políticas era exclusivamente masculina; los nazis creían que las mujeres, a fin de cuentas, eran incapaces de tomar decisiones e incluso de formarse juicios políticos, aunque siguieron acudiendo a votar, probablemente porque ello reforzaba la impresión que Hitler quería dar ante el mundo: que toda la población adulta de Alemania lo respaldaba sin fisuras porque pertenecía a una «comunidad nacional» unitaria y orgánica.

Esta concepción de la masculinidad fue común entre una gran diversidad de perpetradores (varones). Para un hombre como Hans Loritz, por ejemplo —que estuvo al mando de una serie de campos de concentración durante su carrera, incluidos Dachau y Sachsenhausen—, significaba gritarles a los subordinados, jurar y maldecir, apalear, brutalizar y humillar a los presos; significaba comportarse en lo que él entendía que era la manera militar de hacer las cosas e instaba a los subordinados a actuar igual. No consta que Loritz tendiera al sadismo durante su juventud, pero en la atmósfera de la Alemania nazi y el entorno sin ley de los campos, sin duda se sintió animado a violar todas las normas de la decencia humana. De este modo intentaba compensar la pérdida de autoestima sufrida en 1918-1919, cuando su carrera como aviador de combate durante la guerra concluyó de una forma tan abrupta como humillante. La ambición y el afán de hacer carrera le valieron una promoción rápida, pero también le causaron problemas, cuando sus superiores tuvieron constancia de su corrupción. Sin embargo, el nacionalsocialismo le proporcionó nuevas bases de autoestima, y cuando el régimen se derrumbó y a él lo detuvieron, dejó de encontrarle sentido a la vida y se suicidó, el 31 de enero de 1946.[5]

Una de las fuentes más importantes del concepto de hegemonía masculina de los nazis radicaba en el recuerdo de la primera guerra mundial. Se consideraba que la política era una continuación de la lucha contra los enemigos del Reich. Desde esta perspectiva, la única función de las mujeres era cuidar de la casa y la familia y apoyar a sus hombres en los campos de batalla, el político y el militar. Para el ejército en sí, con su larga tradición de autonomía militar, la llegada de los nazis supuso el alivio de recuperar un Estado que se preparaba para la guerra, que libraría de forma activa. Al mismo tiempo, no obstante (como se verá en el capítulo 16), el cuerpo de oficiales del ejército alemán estuvo sometido a una interferencia masiva de Hitler, que purgó a un general tras otro por no acomodarse a su cruda concepción de la estrategia y la táctica; ello a pesar de que la cultura conservadora, antidemocrática y antisemita de los generales les hizo tender a situarse detrás del régimen (aun con reticencia, en algunos casos) en su puesta en práctica del Holocausto. Acabada la guerra, los generales que sobrevivieron insistieron en que ellos habían sido tan solo unos profesionales, la misma defensa a la que recurrieron civiles como los médicos, abogados y profesores universitarios. En estos casos también se vivió, durante varias décadas, la incapacidad de asumir el pasado nazi, un hecho llamativo por su falta de comprensión moral. Ahora bien, aunque una interpretación extrema y a menudo interiorizada de la masculinidad figurara en el núcleo del nazismo, el espectro de los perpetradores fue más allá de los brutales, autoritarios y locos por el poder. Los alemanes que pertenecían a la clase media educada (*Bildungsbürgertum*), con sus títulos universitarios y su independencia profesional, dieron en su mayoría la bienvenida al Tercer Reich y colaboraron con el régimen nazi hasta el final. Las razones fueron numerosas. Bajo el Imperio de Bismarck habían gozado de una posición segura y respetada dentro de una sociedad confiada y de apariencia estable, posición que perdieron con la derrota de Alemania en la primera guerra mundial, la revolución de 1918, la creación de la República de Weimar con su entronización de los derechos democráticos (como el sufragio universal e igualitario) y el acceso al poder de los temidos y odiados socialdemócratas (que, además, eran en gran parte de clase obrera). Aunque relativamente pocos eran fanáticos del nazismo, aun así la gran mayoría respaldó a Hitler, ya fuera expresa o tácitamente, porque lo veían como un garante del orden social, el orgullo nacional, la estabilidad económica y la tradición cultural, elementos que, a su juicio, habían quedado desprotegidos durante la República de Weimar. No solamente los médicos y los juristas —cada gremio, con sus propias particularidades—, sino que el modelo se repitió entre otros profesionales. Lo mismo ocurrió en el mundo de la empresa, desde las pequeñas a las grandes. El nazismo no fue una ideología de personas sin cultura o sin éxito.

16

El general: Wilhelm Ritter von Leeb

Entre los generales alemanes que fueron menos objeto de celebración figura el comandante del ejército de Tierra Wilhelm Ritter von Leeb (el título de «caballero», Ritter, se le concedió durante la primera guerra mundial, como un honor militar). Resulta interesante precisamente porque en muchos sentidos fue un caso típico. Era uno de los comandantes de mayor edad y uno de los pocos católicos que ascendió hasta la zona superior del cuerpo de oficiales. Una característica menos frecuente es que era bávaro: había nacido el 5 de septiembre de 1876 en Landsberg, en una familia de una larga tradición militar.[1] Pese al gran predominio de los prusianos, fue promovido sin problemas entre las filas del Ejército Imperial, desde la academia de cadetes hasta el Estado Mayor general. Sus diarios revelan poca cosa sobre su personalidad y relaciones privadas. El expediente del departamento de personal del ejército muestra que sus superiores lo calificaron, en las etapas iniciales de su carrera, como un militar capaz y enérgico, duro y trabajador, «serio y no carente de humor ... Sin poseer el calibre de un general Von Rundstedt, sin duda sabe liderar en la guerra». Durante toda su vida adulta, Leeb se consideró un militar profesional sin actividad política. Cuando era oficial de artillería del ejército de Baviera participó en la expedición militar de Alemania en China, parte de una campaña de castigo organizada en 1900-1901 por ocho naciones contra el levantamiento antieuropeo de los que se dio en llamar «bóxers». A su regreso se incorporó al Estado Mayor general de Baviera y durante el período de la República de Weimar siguió en el ejército. No suscribía la «leyenda de la puñalada por la espalda», muy difundida entre el cuerpo de oficiales, según la cual el ejército no había sido derrotado en el Frente Occidental, sino que lo debilitaron fatalmente en el propio territorio alemán, sobre todo los socialdemócratas. En sus diarios se constata que en septiembre de 1918 ya reconocía que la guerra se había perdido ante todo por los «errores militares» de Erich Ludendorff, «a quien le ha de pesar sobre la conciencia la ruina entera del pueblo alemán». La principal figura militar de la República de Weimar, el general Hans von Seeckt, descartó que Leeb pudiera sucederlo en el cargo porque —haciendo caso omiso del origen bávaro de su colega— le tenía por «paradigma del rígido y repulsivo *junker* prusiano». En ese momento Leeb ya había manifestado su desilusión por la república, haciendo hincapié en el disgusto que le provocaba la socialdemocracia y señalando la amenaza que a su juicio representaban los *bolschewiki*. La amplitud de su carrera hizo que lo nombraran general en la época en que se derribaba a la república.[2]

Leeb se felicitó porque los nazis conquistaran el poder, en especial cuando *El Día de Potsdam* dio publicidad, el 21 de marzo de 1933, a lo que Hitler quiso presentar como una reconciliación con el viejo orden imperial. En «este acto de Estado» —declaró Leeb en un discurso público de celebración de la ocasión— se ponía de relieve que «toda la desunión» de los años precedentes daría paso a una «voluntad fuerte y poderosa» capaz de «incluir a todos los alemanes: la voluntad de trabajar en la reconstrucción de nuestra Patria». No debe pasar por alto que no mencionó ni a Hitler ni al Partido Nazi; prefirió centrarse en el liderazgo con que el anciano mariscal de campo Hindenburg encabezaba la resurrección de «nuestro viejo y famoso emblema negro, blanco y rojo», es decir, la bandera de la Alemania del káiser. No era así como veía las cosas Hitler, por supuesto; tampoco la generación más joven de los oficiales del ejército. Pronto quedó claro que Leeb no había entendido la verdadera naturaleza del nacionalsocialismo.[3] Al principio, la lealtad del servicio militar que prestó a las órdenes de Hitler le valió una promoción sostenida. Sin embargo, al ser piadosamente católico rechazó una invitación a cenar formalmente con Alfred Rosenberg —conocía su postura anticristiana— y enojó a Hitler al asistir a la misma con el uniforme de gala. Entre los generales de mayor edad imperaban las dudas sobre la conveniencia de iniciar una guerra europea de gran alcance antes de que las fuerzas armadas estuvieran preparadas para ello y Leeb no ocultó el hecho de que compartía esas reticencias. Hitler llegó a ordenar que la

Gestapo lo vigilara y, a principios de 1938, lo obligó a retirarse como parte de la purga que siguió a la destitución de Werner von Blomberg y Werner von Fritsch de la cúpula del ejército, junto con otros altos oficiales a los que consideraba demasiado cautos y no suficientemente comprometidos con el nazismo.[4]

Pese a lo anterior, la reputación de competencia y eficiencia de Leeb llevó a Hitler a recuperar su figura para la invasión de Checoslovaquia. El dictador le asignó el mando del 12.º Ejército, varias unidades del cual ocuparon los Sudetes cuando los Acuerdos de Múnich los cedieron al Reich nazi. Leeb participó directamente en la planificación militar de la invasión, que por supuesto era del todo contraria al derecho internacional. Tras haber cumplido la misión, Leeb se retiró por segunda vez. Pero una vez más —cuando superaba de largo los sesenta años— lo destinaron de nuevo al servicio activo en septiembre de 1939, en esta ocasión para dirigir al Grupo de Ejércitos C en el sector meridional de lo que se convertiría en el Frente Occidental, enfrente de los puestos defensivos franceses de la Línea Maginot. Leeb aún era reticente a apoyar sin reservas a Hitler. «Inglaterra y Francia declaran la guerra», apuntó en su diario el 3 de septiembre de 1939, en lo que fue el inicio de la segunda guerra mundial, y añadió: «¡Hitler es un necio, un ciego y un criminal!».[5] Un mes más tarde, el 3 de octubre de 1939, escribió que los civiles alemanes no estaban de acuerdo con la guerra: «mal humor entre la población, ninguna clase de entusiasmo, nada de sacar las banderas a los balcones, todos esperan la paz. La gente siente que la guerra no es necesaria». A pesar de todos sus recelos, no obstante, Leeb siguió asistiendo a las reuniones de planificación en las que, con Hitler, se debatía sobre la invasión de los Países Bajos en 1940 —también ilegal, de acuerdo con el derecho internacional—. En octubre de 1939 llegó a escribirle a Walther von Brauchitsch, comandante en jefe del ejército alemán, para advertirle:

> Si Alemania, forzando las cosas, violara la neutralidad de Holanda, Bélgica y Luxemburgo —una neutralidad que el gobierno alemán ha reconocido y a la que se ha comprometido solemnemente—, esta acción causará necesariamente que esos Estados neutrales también inviertan su actitud declarada hacia el Reich, que hasta ahora había mostrado cierto grado de simpatía por la causa alemana.[6]

Se trataría de un «ataque demencial» que «quizá decida el destino de nuestro pueblo durante varias décadas». Esta carta tan franca no tuvo ningún resultado y Leeb tampoco hizo realidad la amenaza inicial de dimitir; entre otras cosas porque los demás generales —muchos de los cuales compartían su opinión— decidieron no tomar ninguna medida similar. Dar ese paso en tiempos de guerra se podría interpretar con demasiada facilidad como un motín, o incluso un eco de la (supuesta) «puñalada en la espalda» de finales de la primera guerra mundial. Leeb mantuvo pues la lealtad a Hitler, también después de que dos de sus hijos perdieran la vida en la campaña polaca de septiembre-octubre de 1939.[7]

Poco después de que la guerra estallara, no obstante, Leeb se sintió inquieto —al igual que algunos otros generales destacados— por las noticias relativas a «la conducta de la policía [alemana] en Polonia», que era «indigna de una nación civilizada». Se estaba marginando al ejército, según le escribió al jefe del Estado Mayor general del ejército de Tierra, Franz Halder, como prueba de la «dictadura [*Alleinherrschaft*] de la SS en nuestro pueblo».[8] Alarmado por el desasosiego de Leeb y otros grandes generales, Halder visitó el cuartel general para tranquilizarlos conforme las noticias eran exageradas y, si se habían producido algunos excesos, se les estaba poniendo fin. Los oficiales de mayor edad no se calmaron; de hecho, su alarma ante las ambiciones de la SS no hizo sino incrementarse cuando Himmler anunció, el 28 de octubre de 1939, que deseaba que los hombres de sus filas tuvieran también hijos extramatrimoniales para asegurarse así de que «la sangre mejor» pasaba a una nueva generación. No solamente los católicos píos como Leeb hallaron inaceptable la idea, sino también otros militares, incluidos algunos generales destacados que se le sumaron en la protesta ante los jefes del ejército. A la postre la relación entre la jefatura de Tierra y la SS se deterioró hasta el punto de que Himmler convocó una reunión con Leeb y otros generales, el 13 de marzo de 1940, en la cual los elogió por las medidas duras que se habían visto obligados a adoptar para aplastar la resistencia en los territorios ocupados y defendió que el programa racial del régimen era necesario para garantizar el futuro del Gran Reich. Al parecer esto bastó para acallar las protestas.[9]

Si Leeb y los otros generales seguían teniendo dudas sobre la viabilidad de la guerra, se disiparon con la rápida conquista alemana de

Francia, Bélgica, los Países Bajos, Dinamarca y Noruega, en 1940. Junto con otros grandes comandantes de la campaña, Leeb fue ascendido a mariscal de campo, tras haber participado con éxito en la derrota de Francia, aquel año: sus fuerzas barrieron a las francesas en Alsacia-Lorena. Leeb escribió que la facilidad de la victoria demostraba que Francia era un «país moribundo».[10] Poco después de que los galos capitularan, se iniciaron los preparativos para la invasión de la Unión Soviética, un proyecto sobre el cual Leeb tenía serias dudas. («¿Acaso esto también es necesario?», le dijo con resignación a Walther von Brauchitsch, el 31 de enero de 1941, cuando le pusieron al corriente de los planes). Sin embargo, los recelos se volvieron a apagar cuando Hitler puso a Leeb al mando del Grupo de Ejércitos C (rebautizado ulteriormente como Grupo de Ejércitos Norte), que entró en la Europa oriental controlada por los soviéticos el 22 de junio de 1941, como parte de la colosal fuerza invasora que puso en marcha la Operación Barbarroja. Disponía de dos ejércitos, el 16.º y el 18.º, que en su conjunto sumaban unas 29 divisiones más los cuerpos acorazados 4.º y 56.º. Las fuerzas de Leeb sometieron sucesivamente Letonia, Lituania y Estonia, durante las primeras semanas de la campaña.[11] Pero Leeb no tenía gran experiencia en el control de las brigadas de tanques, como se puso de relieve cuando el cuerpo acorazado se adelantó, con el riesgo de quedar rodeado; tuvieron que retroceder temporalmente, a expensas de perder unos cuatrocientos tanques (según una fuente). Leeb había recibido instrucciones de tomar Leningrado, pero se complicó tanto las cosas que Hitler lo visitó en su cuartel general el 21 de julio de 1941, en persona, para hacer hincapié en que había que rematar Leningrado con celeridad. Las fuerzas de Leningrado lograron aproximarse a esa ciudad a finales de agosto y parecía que la ocupación era simple cuestión de tiempo. Mediado el mes de septiembre Leningrado estaba cercada, salvo por una estrecha línea de comunicación que atravesaba el lago Ládoga, congelado desde principios del invierno. Se oyó a Leeb consultar por teléfono con Hitler qué debía hacer con las mujeres y los niños de la ciudad, en situación de inanición, si la ciudad se rendía y estallaban disturbios por la comida. Al parecer, el líder nazi le contestó que los fusilara y Leeb se negó: «Un soldado alemán no fusila a mujeres y niños».[12] Hitler hizo caso omiso de la protesta y le ordenó, en privado, que no aceptara la capitulación de la ciudad. Había que aniquilar Leningrado y sus habitantes debían ser exterminados.[13]

Leeb se había forjado la reputación de ser un buen experto en la guerra defensiva (antes de la contienda había publicado un libro al respecto, de uso general).[14] Pero entre el clima de euforia de las primeras semanas de la Operación Barbarroja, convenció a Hitler de que aprobara la conquista adicional de la ciudad de Tijvín —un importante eje de transporte situado al este de Leningrado—, lo que permitiría enlazar con las fuerzas de Finlandia, aliada de Alemania. Ahora bien, al igual que otros tantos sectores de Barbarroja, en otoño la zona quedó empantanada, lo que abrió la puerta a los contraataques del Ejército Rojo. Además Leeb estaba perdiendo el contacto con las operaciones sobre el terreno, donde las tropas sufrían pérdidas gravosas y caían exhaustas por los meses de marcha continua (el comandante de un batallón se quejó de que, de los quinientos soldados con los que había contado al principio, tan solo le quedaban sesenta). Para empeorar aún más la situación, la temperatura bajaba y las tropas vestían todavía los uniformes de verano. Descontento con la lentitud del avance de Leeb, Hitler desvió a buena parte de sus blindados hacia el frente de Moscú.[15] Durante la fase inicial de la campaña Leeb logró conservar cierta libertad de acción y pudo retirar a las tropas de Tijvín cuando la situación se complicó; Hitler aprobó el movimiento a posteriori. Pero llegado el punto en el que las fuerzas alemanas se veían obligadas a retirarse a las puertas de Moscú, una serie de generales de primera fila sufrieron colapsos nerviosos e incluso infartos. Hitler asumió el liderazgo del ejército en persona, el 16 de diciembre de 1941, y ordenó ofrecer una resistencia sin reservas ante el avance soviético.[16]

Leeb sucumbió al nerviosismo, que crecía con rapidez porque las tropas alemanas quedaron detenidas y, para colmo, Hitler consideraba que el frente de Moscú era de mayor importancia. Según se recoge en el diario del general, sufría dolores de cabeza cada vez con más frecuencia y se vio imposibilitado para resolver los problemas. Hitler le ordenó que no intentara tomar Leningrado, sino que se limitara a matar a la ciudad de hambre; esta inacción lo carcomía, y el fracaso general de la Operación Barbarroja lo desanimaba, hasta el punto de que él también sufrió un colapso nervioso. Cuando el líder nazi rechazó la dimisión que Leeb planteó «por motivos de salud» a mediados de enero de 1942, el general afirmó rotundamente, en una entrevista personal, que se sentía incapaz de cumplir con su misión militar porque no disponía de tropas «suficientes, nuevas y frescas» con las que hacerlo.

Hizo hincapié —para mayor furia de Hitler— en que su conciencia le impedía obedecer las órdenes, dadas las circunstancias. Debían permitirle que actuara por propia iniciativa, en lugar de ordenarle repetidamente que se atrincherara y defendiera sus posiciones. Hitler rechazó la petición —que habría equivalido a darle carta blanca para que se retirase por razones tácticas cuando lo considerase oportuno— y, en esta ocasión, sí que aceptó su dimisión.[17] El 18 de enero de 1942 Leeb pasó a la reserva, forzosamente, y no dirigió más tropas durante el resto de la guerra.[18]

Aunque tuviera la fama de ser un representante honesto e independiente del viejo orden militar, Wilhelm Ritter von Leeb estuvo implicado en muchos de los crímenes y las atrocidades perpetradas por el régimen nazi. A diferencia de los generales que estuvieron al mando de los sectores central y meridional del Frente Oriental, Leeb, como comandante del Grupo de Ejércitos Norte, no tuvo que abordar desde el principio mismo de la campaña el problema de qué hacer con la ingente cantidad de prisioneros de guerra soviéticos. En octubre de 1941, cuando la campaña quedó detenida a las puertas de Leningrado, se vivía una escasez urgente de mano de obra que se solventó —en contra de la práctica internacionalmente reconocida— reclutando a prisioneros de guerra del Ejército Rojo. Otros sectores del frente tardaron más tiempo en adoptar las medidas del trabajo forzado, lo que suponía simplemente encerrar a los presos soviéticos en cercados ingentes, por detrás del frente, y dejar que se murieran de hambre; tres millones y medio de prisioneros perecieron en estas circunstancias durante los meses posteriores a la invasión. Solo a partir de 1943 el ejército —y el régimen más en general— cayeron en la cuenta de que tanto los prisioneros de guerra como los civiles controlados por las autoridades militares podían resultar útiles como mano de obra forzada; solo entonces redujeron la escala de la masacre.[19] Matar de hambre a los prisioneros de guerra soviéticos formaba parte de una política deliberada más general: al comprender que a medida que se adentrara en la Europa del este el ejército tendría que vivir de los recursos de las tierras que conquistaba, ya mucho antes del inicio de la Operación Barbarroja un funcionario del Ministerio de Agricultura, Herbert Backe, ordenó que los alimentos originarios de las zonas tomadas se destinaran a las tropas, dejando en la inanición a la población civil.[20] A pesar de las dudas iniciales, Leeb implantó la medida en toda su extensión y prohibió que todos los suministros de alimentos enviados desde Alemania se distribuyeran entre las tropas, obligándolas en consecuencia a alimentarse por entero del territorio ocupado.[21]

La creencia racista en la inferioridad y dispensabilidad de los eslavos, calificados de «infrahumanos» —que Leeb compartía, pues pensaban que los rusos eran crueles por naturaleza, al ser en parte asiáticos— fue la impulsora de esta política.[22] También se reflejó intensamente en el modo en que Leeb dirigió el sitio de Leningrado, tras haber completado el cerco de la ciudad el 8 de septiembre de 1941. La artillería alemana sometió a la ciudad a un bombardeo pesado y las incursiones aéreas dañaron gravemente las reservas de alimentos. El hambre no tardó en hacer estragos entre la población e incluso se produjeron casos de canibalismo. Cuando se puso fin al asedio, en enero de 1944, más de tres cuartas partes del millón de habitantes de Leningrado habían fallecido.[23] Por otro lado, a pesar de que acabada la guerra Leeb afirmó que no había obedecido la infame orden hitleriana de ejecutar a todos los comisarios políticos soviéticos en cuanto fueran capturados por las tropas alemanas, existen pruebas abundantes de que el Grupo de Ejércitos Norte cumplió con esa práctica tanto como cualquier otra sección de las fuerzas germanas.[24] Además, al poco tiempo de haberse iniciado la invasión, los generales del Frente Oriental, frente al incremento de la resistencia de los partisanos por detrás de las líneas, recurrieron con una frecuencia creciente a represalias colectivas contra los civiles; también identificaron los casos de resistencia con los judíos, sin que ello fuera cierto. El propio Leeb ordenó a sus principales oficiales, en agosto de 1941, que usaran «medios drásticos y draconianos contra los partisanos y cuantos ayudan a que les ayuden».[25] Por poner un ejemplo: un informe sobre las acciones emprendidas por la división de seguridad del ejército n.º 281 en la «zona de retaguardia 584» del Grupo de Ejércitos Norte en la primera semana de diciembre de 1941 enumeraba «327 partisanos fusilados, 23 poblados incendiados, siete depósitos de munición capturados, tres hospitales y doce campos residenciales destruidos». Esta clase de violencia y destrucción se estuvo produciendo en todas las zonas conquistadas en el este de Europa, también en la retaguardia del ejército de Leeb, semana tras semana durante una sucesión ininterrumpida de meses.[26] Tales atrocidades no fueron el resultado ni de situaciones militares difíciles ni de la «brutalización» de las tropas; fueron el producto ante todo de una doctrina arraigada desde hacía tiempo en las fuerzas armadas alemanas, la de la «guerra total», así como del profundo antisemitismo y racismo antieslavo que hacía meses que calaba entre el cuerpo de oficiales y los años de adoctrinamiento nazi habían contribuido a consolidar.[27]

El antisemitismo estaba muy extendido entre el cuerpo de oficiales alemanes, pero no así la defensa del genocidio; no al menos entre la generación de más edad. Las fuerzas de Leeb actuaron acompañadas por el *Einsatzgruppe* A de la SS, una «fuerza de intervención» de un millar de hombres dirigidos por Walther Stahlecker, con el apoyo adicional de una diversidad de unidades policiales. También les ayudaron, y en algunos casos incluso precedieron, activistas locales letones, lituanos y estonios, que empezaron a detener y ejecutar a habitantes judíos; en las ciudades más pobladas los obligaban a internarse en guetos que, al acabar el año, se habían vaciado con más fusilamientos. A principios de 1942 se había asesinado a unos 300.000 habitantes judíos de los tres Estados bálticos, hombres, mujeres y niños, a menudo de forma descubierta, en actos públicos a los que con frecuencia asistían soldados del ejército regular alemán. Leeb nunca intentó detener estos asesinatos: «Nuestros soldados alemanes —anotó en su diario— eran espectadores silenciosos; no se les había dado instrucciones ningunas de poner freno a aquellos juicios sangrientos». Durante la conquista de Polonia, en 1939, los fusilamientos y las atrocidades contra los judíos ya habían causado desaprobación e inquietud; en algún caso provocaron protestas.[28] El 8 de julio de 1941, poco después de que se iniciara la Operación Barbarroja, Leeb apuntó en su diario esta conversación con uno de sus oficiales:

> El general V[on] Roques, comandante del área de retaguardia del ejército, se queja de los fusilamientos masivos de judíos en Kovno (¡miles de fusilamientos!) por parte de milicias lituanas instigadas por las autoridades policiales alemanas. No son medidas en las que tengamos influencia. Lo único que puede hacerse es mantenerse a distancia. Roques sin duda acierta al decir que es improbable que la cuestión judía se resuelva de esa manera. El método más seguro sería esterilizar a todos los hombres judíos.[29]

El Estado Mayor de Leeb protestó por esos asesinatos ante el edecán de Hitler para las fuerzas armadas, Rudolf Schmundt, aprovechando que este visitó la zona. Según Georg Meyer, biógrafo del mariscal de campo, Schmundt consultó con Hitler, que le dio instrucciones de ponerse en contacto por teléfono con Leeb para comunicarle: «Los militares no deben preocuparse por estos asuntos políticos. Estas medidas son necesarias para "limpiar el territorio"».[30]

Ni Leeb ni Roques tomaron ninguna medida para poner coto a los fusilamientos, aunque se produjeron en zonas sobre las que, en última instancia, la responsabilidad les correspondía a ellos. Antes al contrario, un alto oficial de la SS informó a Himmler sobre una serie de inspecciones que había realizado localmente, constatando que en esa zona la cooperación entre el *Einsatzgruppe* y el ejército se desarrollaba «sin contratiempos». En otras palabras: tanto Leeb como Roques tuvieron reservas morales sobre los asesinatos pero sus recelos no bastaron para que recurrieran a su autoridad e intentaran impedirlos; menos aún, cuando Hitler les había dado instrucciones claras de que se desentendieran del asunto. Además los dos aceptaban que había que resolver una «cuestión judía», tan imperiosa que justificaba una esterilización obligatoria. En la práctica su actitud permitió una cooperación amplia entre el ejército y las unidades de la SS para el asesinato de judíos, gitanos y personas con enfermedades mentales o discapacidades. Roques también había criticado sin efecto la matanza de los judíos. Todo lo que pudo hacer era ordenar a sus tropas que no participaran en los fusilamientos masivos organizados por la SS e insistir en que, en su área de responsabilidad, no debían actuar en contra de los judíos por su propia iniciativa.[31] Al poco de terminar la guerra, Leeb, preso de los estadounidenses, le contestó con un «Es cierto» a un compañero de cautiverio, Heinz Guderian, que había afirmado que «los principios fundamentales [del exterminio de los judíos] eran buenos».[32]

La relación de Leeb con Hitler mantuvo el clima de cordialidad hasta el final. A ello contribuyó la generosa asignación del dictador a las finanzas del mariscal de campo: fue uno de los múltiples ejemplos de compra generalizada de la lealtad, en las élites militares y otras; por decirlo más claro, ejemplos de cómo el régimen las corrompió. El 5 de septiembre de 1941 el edecán de Hitler visitó de nuevo al mariscal de campo para transmitirle las felicitaciones del dictador por su sesenta y cinco aniversario; y de forma discreta le entregó un cheque por valor de un cuarto de millón de Reichsmarks, como «capital para la adquisición de una villa» o el propósito que él prefiriera. El biógrafo de Leeb ha afirmado que el regalo se recibió con agrado, pero no se conoce la más mínima prueba de que fuera así. Antes al contrario, el 16 de septiembre el mariscal de campo le envió una nota al jefe de la administración civil, Hans-Heinrich Lammers, para agradecerle que hubiera favorecido que el cheque no pagaría impuestos. Con los 250.000 marcos intactos en el bolsillo, Leeb empezó a interesarse por propiedades. Según le contó a Lammers, tenía interés por «procurarme un bosque y construirme una casita de campo». En lo posible debía estar situado al sur del Danubio, en la «Vieja Baviera», lejos de los bombardeos de los Aliados. Pero el plan se topó con obstáculos burocráticos, así como con una oferta escasa, y pasaron los meses sin que pudiera adquirir ninguna propiedad adecuada. A pesar de que la situación militar era cada vez más difícil, Lammers encontró el tiempo para conversar personalmente al respecto con Hitler, y se acordó con el Gauleiter de Baviera, Paul Giesler, que a falta de vendedores privados debía proporcionársele una hacienda de propiedad regional. La única que encajaba con lo solicitado era el Distrito XXIII de la Oficina Forestal de Seestetten, cerca de Passau; pero su valor de mercado, de 660.000 marcos, excedía con mucho las posibilidades de Leeb. Hitler y Lammers acordaron hacerle una donación adicional, que cubriera la diferencia con los 250.000. «No podría sentirme más feliz —escribió el mariscal de campo en una carta personal que envió a Hitler el 23 de noviembre de 1943— ante la posibilidad de poseer un bosque alemán». Prometió cuidar la propiedad y añadió que seguía con el mayor interés la evolución de la guerra y que tenía la plena confianza de que la resistencia del Ejército Rojo en el Frente Oriental no tardaría en derrumbarse».[33]

En abril de 1944 se apartó de los fondos públicos la suma de 638.000 Reichsmarks y, una vez superados algunos otros obstáculos burocráticos, se le pagaron para totalizar una entrega de 880.000 marcos. En una carta manuscrita con fecha del 26 de julio de 1944, le transmitió a Hitler un agradecimiento encarecido por la «muy feliz noticia», y aprovechó para felicitar al dictador por el «maravilloso rescate frente al malvado atentado» contra su persona que Claus von Stauffenberg y sus compañeros habían ejecutado unos pocos días antes.[34] El 11 de octubre el mariscal de campo tomó por fin posición de una hacienda boscosa próxima a Passau, con la nada desdeñable extensión de 213.843 hectáreas. A diferencia de otras fincas regaladas a generales señeros y otros servidores del régimen, la propiedad estaba a salvo del Ejército Rojo y siguió en posesión de la familia, aunque poco después de que concluyera la guerra se vieron obligados a satisfacer 75.000 marcos de impuestos por el regalo original de 250.000. A finales de 1990 unos periodistas de investigación revelaron en un programa de televisión que la familia seguía siendo la propietaria de la hacienda; pero el hijo de Leeb declaró que no tenía ninguna intención de devolvérsela al Estado —el valor por entonces ascendía a más de dos millones de marcos alemanes— y el gobierno del Land bávaro, de talante conservador, se negó a adoptar ninguna medida al respecto.[35]

Leeb fue, en muchos aspectos, un paradigma de los líderes militares del Tercer Reich. Sabemos mucho sobre los comandantes que dirigieron a las tropas alemanas en las batallas de la segunda guerra mundial, entre otras razones porque muchos de ellos escribieron diarios, ya fueran personales u oficiales (aunque los límites entre los dos, como no podía ser de otro modo, tendían a ser bastante fluidos). Sin embargo, se ha tardado bastante en utilizar a fondo este material. A los distintos generales apenas se los menciona por su nombre en las historias militares de la posguerra, con pocas excepciones, como la de Erwin Rommel; cuando en efecto se hizo referencia a ellos, los relatos solían centrarse en las batallas y las tácticas militares. Incluso Joachim C. Fest, en sus escritos de tema militar, prefirió permitirse generalizaciones imprecisas sobre la «debilidad de carácter» de los generales, a los que reprochó globalmente que no acertaran a rebelarse ante Hitler y el puñado de nazis confesos de los niveles superiores de la jerarquía del ejército.[36] Los estudios realizados en el marco de las ciencias sociales, mayoritarios en la historiografía de las décadas de 1970 y 1980, reforzaron estas tendencias anonimizadoras. Los historiadores militares no empezaron a abordar los motivos y las conductas individuales de los generales hasta la segunda mitad de los años noventa. Desde entonces se ha publicado un número creciente de estudios críticos sobre militares concretos, la mayoría emplazados en su contexto histórico más amplio.[37]

Los estudios biográficos, entre otras cosas, han insuflado nueva vida a cuestiones a las que apenas se prestó atención —o que incluso se suprimieron— entre las décadas de 1950 y 1990. Después de la guerra, en 1948, las autoridades estadounidenses llevaron a catorce generales destacados —entre ellos, Wilhelm Ritter von Leeb— ante el último de los tribunales de Núremberg, donde se los acusó de crímenes de guerra, crímenes contra la paz, crímenes contra la humanidad y conspiración para perpetrar todos esos crímenes. Todos los acusados, sin excepción, se presentaron como no culpables. Leeb y los demás insistieron en que habían sido militares sin actividad política. Admitieron que habían sido duros e incluso brutales frente a un enemigo tan vil y carente de escrúpulos como los comunistas; pero afirmaron haber actuado siempre dentro de las leyes y convenciones de la guerra, sometidos a órdenes que en ningún modo les resultaba posible incumplir. Los crímenes que en efecto se cometieron —alegaron—, sobre todo en el Frente Oriental, habían sido obra de los ideólogos fanáticos de la SS. La corte no aceptó el descargo y condenó a once de los acusados a penas de cárcel a menudo prolongadas. No obstante, con el avance de la Guerra Fría, las instituciones de la Alemania Occidental —incluidas las Iglesias, políticos y numerosos ciudadanos corrientes— ejercieron una presión enorme para que los estadounidenses reconsiderasen las penas y se dio libertad a los demás condenados. La clase dirigente aceptó la excusa de los generales, según la cual las fuerzas armadas, incluso en los tiempos de Hitler, se habían mantenido ajenas a la política, fieles a la tradición del «profesionalismo apolítico» que fundara Hans von Seeckt, su comandante en jefe entre 1920 y 1926.[38] En realidad, por supuesto, durante la República de Weimar el ejército distó de ser apolítico: se mantuvo leal al nacionalismo conservador, por encima de todo; volviendo la mirada hacia el pasado del Imperio de Bismarck, los oficiales confiaban en un futuro en el que Alemania anulara el Tratado de Versalles y completara la tarea que había iniciado en 1914.[39]

El mito del ejército no político, usado durante la guerra y después de ella para presentar la imagen de unas fuerzas armadas «limpias», convenció a muchos historiadores y comentaristas de Gran Bretaña, Francia y Alemania. Por entonces se sabía poco sobre el Frente Oriental y los testimonios conocidos se contemplaban con recelo en el oeste, por el hecho de proceder de las autoridades comunistas.[40] La impresión general que se logró crear en la década de 1950 se vio reforzada además por las memorias de una serie de generales que sobrevivieron a la guerra y se centraron sobre todo en las cuestiones militares, haciendo caso omiso, sin apenas excepciones, de los asuntos morales e ideológicos. Un caso especialmente señalado fue el del mariscal de campo Erich von Manstein, cuyo superventas *Verlorene Siege* (*Victorias frustradas*) —memorias que vieron la luz por primera vez en Fráncfort, en 1955— fue probablemente el más influyente en la propagación de este relato.[41] Cuando Joachim Fest reprochó debilidad moral a los generales, lo hizo porque había aceptado el relato de una «Wehrmacht limpia», propio de los años cincuenta. Fest creía —como la mayoría de los comentaristas de la Alemania Occidental— que los generales se habían adherido a un sistema de valores que se diferenciaba claramente del de los nazis: a los valores prusianos de «la decencia, la moralidad, el orden, el cristianismo, valores todos que se acompañaban de un concepto conservador del Estado». En aquella etapa pocos historiadores disentían de este punto de vista.

Sin embargo, a partir de la década de 1990, cuando el hundimiento del comunismo y la apertura de los archivos de la Europa del este puso a disposición de los estudiosos mucho material desconocido, una nueva generación de historiadores empezó a desvelar los modos en los que el ejército regular y sus militares participaron en las atrocidades del Frente Oriental. Una exposición itinerante sobre «Los crímenes de la Wehrmacht» presentó pruebas que documentaban la participación de las fuerzas armadas en el exterminio de los judíos, la masacre de los prisioneros de guerra soviéticos y el uso del terrorismo contra los civiles en los territorios ocupados. Nuevas investigaciones de una gran diversidad de historiadores han confirmado y ampliado aquellos descubrimientos iniciales. Las fuerzas armadas regulares de Alemania no solo ignoraron deliberadamente y violaron de forma repetida las leyes y costumbres habituales de la guerra en su ocupación del este de Europa —primero en Polonia y luego, de un modo aún más extremo, en la Unión Soviética—, sino que hicieron lo mismo en Francia, Italia, Grecia y los Balcanes, sobre todo en el trato dado a los «partisanos» e integrantes de la resistencia armada.[42]

Con el paso de las décadas, el concepto bélico del ejército alemán había acabado por incorporar la idea de la «guerra total»: una guerra librada con el objetivo no solo de destruir por completo las fuerzas armadas del enemigo, sino también —según especificó en sus escritos sobre el tema el general Erich Ludendorff— de aniquilar a la nación enemiga en su totalidad. Para lograr este objetivo se arrasó con la diferenciación tradicional entre combatientes y civiles.[43] La mecanización de la guerra y las frustraciones sufridas en el Frente Occidental del vasto conflicto de la primera guerra mundial contribuyeron aún más a reforzar esta doctrina.[44] Las reservas morales se tiraron por la ventana. Los soldados alemanes contaban ya con un largo historial de fusilar a civiles en los países ocupados, ya fuera individualmente o en grupo, en cuanto sospechaban que ofrecían resistencia armada; eran los que calificaban de «irregulares» (*Freischärler*, *francs-tireurs*) o «partisanos». Se documentan matanzas y atrocidades muy anteriores: en la guerra franco-prusiana de 1870-1871, en la Francia ocupada; a mayor escala en Bélgica y el norte de Francia, en 1945.[45] Sea como fuere, los éxitos militares de Hitler en 1939-1941 hicieron que muchos altos oficiales abandonaran la independencia de criterio incluso ante el impulso genocida del dictador nazi. Cuando el psiquiatra penitenciario Leon Goldensohn entrevistó a Hermann Göring en Núremberg, después de la guerra, este insistió en que Hitler era un genio militar; que, una vez derrotado su país, «ahora de pronto todos los generales del ejército son más listos que Hitler. Pero cuando él dirigía las cosas, ellos escuchaban lo que decía y estaban bien satisfechos con sus consejos».[46] Era la pura verdad.[47]

Leeb compartía plenamente la convicción de que las fuerzas armadas eran inocentes. En 1945 los Aliados no aceptaron este punto de vista. Leeb fue arrestado por las tropas estadounidenses el 2 de mayo de 1945, en su residencia de Baviera, y pasó por una serie de campos para prisioneros de guerra hasta que se lo llevó a Núremberg, el 18 de septiembre de 1947, para someterlo a juicio. No se lamentó del trato recibido, pero insistió en que él no tenía nada que temer. En la cárcel su problema más grave era el aburrimiento: trabajaba en el jardín de la prisión, jugaba al solitario e incluso se leyó de cabo a rabo un manual sobre señales ferroviarias, para pasar el tiempo. En las charlas con otros presos de alta graduación repasaban los acontecimientos de la guerra entre reproches que dirigían en especial a los líderes nazis. El juicio, paralelo al de otros generales destacados, se inició el 5 de febrero de 1948. Leeb había seguido escribiendo en su diario, donde por ejemplo se quejó de que el lenguaje utilizado por la fiscalía en su declaración inaugural «hacía sombra a la forma en que los nacionalsocialistas se expresaban». A medida que el proceso avanzaba, escribió que resultaba «cada vez más grotesco».[48]

La defensa de Leeb hizo hincapié en que su cliente no había tenido noticia de los crímenes de guerra de los nazis ni había transmitido órdenes criminales. Era un militar honorable. Se había abusado de las pruebas: el hecho de que Leeb protestara contra el fusilamiento de los judíos, por ejemplo, se tomaba solo como una demostración de que él estaba al corriente de lo sucedido. Cuando los demás acusados lo eligieron para que presentara una última declaración de forma colectiva, Leeb los presentó como víctimas. Sostuvo que nunca habían abandonado las virtudes militares de la lealtad, la obediencia, el deber, la generosidad y la gallardía. «Hasta ahora nunca ningún soldado había tenido que luchar bajo tal carga y tragedia ... Somos soldados que han mantenido su honor militar incluso en esta segunda guerra mundial, entre la confusión y la violencia dictatorial». Las exigencias que Hitler les había impuesto, a él y a los demás oficiales, eran contrarias a «nuestros principios y nuestra naturaleza» y a «nuestros sentimientos humanos y militares». De cara al tribunal, no obstante, esto solo agravó sus crímenes, puesto que, siendo conscientes de que lo que Hitler les ordenaba era erróneo, lo hicieron igualmente. En las palabras del propio tribunal: «pervive el hecho innegable de que permitieron que su consciencia y sus opiniones, en parte si no en el todo, se subordinaran a la voluntad de Hitler; esto es lo que les ha acarreado a las armas alemanas una vergüenza tan grande e imposible de erradicar».[49] Aun así la sentencia fue indulgente con Leeb. Lo hallaron culpable de crímenes de guerra, crímenes contra la humanidad y crímenes contra los civiles, pero lo condenaron a tan solo los tres años de cárcel que ya había cumplido:

> No era amigo ni afiliado del Partido Nazi. Era un militar que libró una campaña formidable con responsabilidad sobre cientos de miles de soldados y una gran población nativa que se extendía por una vasta área. No carece de importancia que no se conozca ninguna orden criminal que lleve su firma o el sello de su aprobación.[50]

En consecuencia recuperó la libertad de inmediato, se retiró a la finca bávara que Hitler le había regalado y vivió tranquilamente el resto de sus días. Murió en paz el 29 de abril de 1956, a la edad de setenta y cinco años.[51]

Wilhelm Ritter von Leeb no fue un general de los más señalados ni mostró una idiosincrasia de las más singulares. Precisamente la ausencia de tales rasgos de una personalidad pronunciada lo convierten en una figura de interés. Si cabe calificar de «típica» a alguna de las personas retratadas en este libro, sin duda es a Leeb, quintaesencia de los oficiales del ejército. Fue un ejemplar casi perfecto de lo que los historiadores han descrito como una prolongada tradición militar alemana. La cultura militar que predominaba en Alemania —según la conclusión de Telford Taylor, fiscal de Núremberg— estaba «madura para cooperar» con Hitler «antes incluso de que los nazis se convirtieran en un factor» relevante en la escena política.[52]

17

El profesional: Karl Brandt

A primera hora de la tarde del 15 de agosto de 1933, Hitler y varios acompañantes se dirigían en caravana hacia el retiro de montaña del dictador en Baviera, el Berghof, después de haber comido en un hotel de la cercana Berchtesgaden. En cierto momento, el edecán personal de Hitler, Wilhelm Brückner, que viajaba en el coche inmediatamente posterior, perdió el control del volante y estrelló el vehículo en un accidente que le rompió una pierna, le fracturó el cráneo y le dañó de gravedad un ojo. Por suerte para él, en el coche posterior viajaba un cirujano profesional que, aun siendo todavía joven, había atendido muchas heridas graves en la ciudad minera de Bochum. El médico acudió al rescate de inmediato, le proporcionó los primeros auxilios y se dirigió con él al hospital más cercano, donde lo operó del cráneo, le retiró el ojo dañado y le curó la pierna. Trató también las heridas menos graves y lo acompañó durante las seis semanas siguientes, hasta que su estado empezó a mejorar. Este joven cirujano era Karl Brandt y la casualidad de aquel día supuso un punto de inflexión en su carrera: en el transcurso de unos pocos años pasó a ser la figura quizá más influyente del mundo médico de la Alemania nazi. También abrió las puertas a que Brandt se convirtiera en uno de los asesinos masivos más tristemente famosos del Tercer Reich.[1]

La carrera de Brandt es un buen ejemplo del proceso, a menudo plagado de casualidades, por el que muchas personas alcanzaron puestos relevantes en el Tercer Reich, con frecuencia sin relación directa con su cualificación o la competencia profesional. Aun así, su presencia en aquella caravana fatídica no era del todo casual. Entonces ya estaba afiliado al Partido Nazi y compartía muchas de las ideas de Hitler sobre la medicina y su función social. Karl Brandt había nacido el 8 de enero de 1904, en la ciudad alsaciana de Mülhausen, en el seno de una familia próspera de religión protestante. Al parecer gozó de una infancia tranquila y sin incidentes especiales. La calma se rompió solo con el estallido de la primera guerra mundial, en 1914, y la posterior anexión de Alsacia por Francia, en 1918. El padre de Brandt cayó preso de los franceses en los primeros estadios de la guerra. No regresó del cautiverio hasta 1921, pero no a su hogar, sino a Sajonia, donde encontró empleo como policía. Sin duda Karl y sus padres acabaron sintiendo un intenso resentimiento hacia los franceses, a los que culpaban de haberles expulsado de su casa; pero no fue menos importante la influencia sobre el chico de la familia materna, en la que había varios doctores (el más destacado, el tío de Karl). Aunque no era un estudiante especialmente dotado, el joven era ambicioso y aplicado y completó sin dificultades los estudios de Medicina en una serie de universidades alemanas: Jena, Friburgo y Berlín. Aquí influyeron en él tanto la atmósfera política imperante entre los estudiantes universitarios, rabiosamente derechista, como la hegemonía de la eugenesia entre los profesores. En Friburgo estableció un contacto estrecho con Alfred Hoche, un psiquiatra que también procedía de Alsacia. Junto con el jurista Karl Binding, Hoche publicó un breve tratado titulado *Legalizar la aniquilación de la vida indigna de vivirse* (1920). La obra exhibe una huella clara de la masacre generalizada de «la crema» de la juventud alemana en los campos de batalla de la guerra —su propio hijo había perdido la vida en 1915— y abogaba por reequilibrar la sociedad alemana por medio de la eugenesia. Defendía la «eutanasia» forzada de aquellas personas que se considerasen un «lastre» para la sociedad: los que padecían una enfermedad incurable, vivían en estado vegetativo, sufrían un coma de larga duración o eran «mentalmente inferiores» y su vida carecía de propósito; aquellas personas, en suma, que no podían aportar nada a la sociedad y eran incapaces de formarse una opinión propia al respecto de si merecían vivir o morir.[2]

Las ideas de Hoche no eran las más difundidas entre la profesión médica alemana. Pero impresionaron al joven Karl Brandt, que durante la década de 1920 tuvo que lidiar, en el marco de su trabajo como cirujano en el Ruhr, con pacientes que sufrían atrozmente por daños en la espina dorsal, miembros aplastados, cráneos rotos y otras consecuencias de los accidentes mineros; pacientes que le rogaban que los liberase de padecimientos que les resultaban insoportables. Más allá de esta experiencia individual y personal, era adepto del concepto eugenésico de la sociedad alemana —o la raza alemana—, según el cual esta era un único organismo vivo, cuyo interés colectivo debía ser prioritario si se enfrentaba al del ser humano individual. Este organismo había sufrido tanto durante la primera guerra mundial que su curación necesitaba de una intervención quirúrgica radical. Desde que se traumatizó al perder el hogar y (aunque fuera temporalmente) al padre en un período formativo de la vida, trauma sumado a la conmoción más general de la derrota inesperada y humillante de Alemania en la guerra, parece ser que Brandt buscó una figura de liderazgo que pudiera proporcionarle un propósito y una redención. Tras un breve período de entusiasmo por el carismático doctor Albert Schweitzer (también de Alsacia), durante el cual Brandt intentó incorporarse sin éxito a la renombrada clínica de Schweitzer en el África Ecuatorial Francesa (actualmente, Gabón), le fascinó la persona de Adolf Hitler. Se lo había presentado su prometida, Anni Rehborn, una campeona de natación con múltiples récords a sus espaldas cuya fama y belleza había atraído la atención del líder nazi y su entorno desde mediados de la década de 1920. La familia de Rehborn no solo destacaba por su actividad deportiva —participaron en diversas disciplinas de los Juegos Olímpicos de Ámsterdam, en 1928—, sino que encarnaba los ideales nazis de la belleza física y la apariencia «aria». Además la familia era netamente nacionalista y derechista: el padre, Julius Rehborn (director de la piscina municipal de Bochum), fue miembro activo del Partido Nazi desde 1932 y Anni no tardó en unírsele. Al año siguiente Brandt también se había afiliado.[3] Hitler y su círculo inmediato quedaron cautivados por la joven pareja y se sintieron halagados por la presencia social de una famosa campeona de natación. Por su parte, Brandt y su prometida recibieron toda clase de atenciones de los nazis, en especial desde que Hitler fue nombrado canciller imperial, el 30 de enero de 1933. La joven pareja ambicionaba unirse al círculo, como se puso de manifiesto con la decisión de pasar las vacaciones de verano en Berchtesgaden, en 1933, mientras Hitler residía en el Berghof. Los recompensaron con una invitación a comer en un hotel de aquella ciudad alpina el 15 de agosto; de aquí la presencia de ambos en la fatídica caravana de la tarde. Durante los meses siguientes Brandt transfirió a Berlín su despacho como cirujano especializado en heridas espinales y craneales, lo ascendieron, y en 1934 se casó con Anni Rehborn en una ceremonia a la que asistieron tanto Hitler como Göring. La relación siguió consolidándose porque, después de aquel accidente de coche de 1933, Hitler y su séquito decidieron que sería prudente que el dictador viajara en compañía de un médico y, como apenas podía ser de otro modo, se eligió a Brandt para tal fin. Su nueva función como médico personal de Hitler le permitió entrar en el círculo íntimo del líder nazi y a partir de ese momento Brandt no tardó en pasar mucho tiempo en el Berghof. Él y su esposa trabaron allí una buena amistad con Albert Speer, cuyo ascenso en la esfera inmediata de Hitler presentaba unas semejanzas claras con el suyo.[4]

La nueva posición de Brandt no se tradujo en una influencia política real, salvo en unas pocas ocasiones, cuando surgieron cuestiones relativas a profesionales o asuntos médicos específicos. No participó en la redacción de la «Ley para la prevención de descendientes con enfermedades hereditarias», de 1933, que puso en marcha la esterilización obligada de casi 400.000 alemanes (hombres y mujeres), a consecuencia de dolencias supuestamente heredadas como el alcoholismo crónico, la «debilidad mental» y diversas formas de desviación social definidas sin precisiones. En todo caso, no cabe duda de que estas medidas merecían la aprobación de Brandt. Igualmente, el joven no solo se alegró de que se expulsara de la profesión médica a los galenos judíos, sino que se benefició de ello en su propia carrera.[5] A instancias de Hitler, empezó a asumir más responsabilidades. Se le confió la reorganización de las instalaciones quirúrgicas de Berlín y él —que criticó las disposiciones de su momento tildándolas, con un lenguaje abiertamente antisemita, de ser el producto de la influencia de los judíos durante la República de Weimar— propuso construir un nuevo edificio de enormes dimensiones. Brandt acompañó a Hitler en su entrada triunfal en Austria, tras la *Anschluss* de marzo de 1938, y a principios de noviembre el dictador nazi lo envió a París para que tratara a Ernst von Rath, un funcionario menor de la embajada alemana en la ciudad, al que había disparado un joven polaco para protestar porque sus padres habían sido deportados de Alemania. El lacónico informe que Brandt redactó sobre la muerte del funcionario fue utilizado por Hitler y Goebbels como excusa para lanzar el pogromo de ámbito nacional que se conoció popularmente como Noche de los Cristales Rotos, el 9-10 de noviembre de 1936.[6]

El 25 de marzo de 1939 Gerhard Wagner —nazi destacado desde hacía tiempo y fundador de la Liga de Médicos Nazis, al que se había dado el cargo de «Líder de los médicos del Reich» tras la conquista del poder, en 1933— falleció a consecuencia de un cáncer. Sin duda Brandt sufrió una decepción al constatar que no lo elegían a él como sucesor de Wagner; Hitler confió la dirección de la profesión médica a otro nazi de larga historia en el Partido, activo desde mediados de la década de 1920: Leonardo Conti, un cirujano plástico con raíces en parte suizas, jefe de la Cámara de Médicos del Reich y a la sazón también de la Liga de Médicos Nazis. Conti añadió entonces a su cartera los títulos de «Líder de la salud del Reich» y secretario de Estado en el Ministerio de Salud. A Conti se le encargó asimismo hacer realidad un nuevo programa para exterminar a personas con enfermedades mentales y discapacidades graves: primero, niños; luego, adultos. Cuando la guerra estalló se consideró necesario compensar la pérdida inevitable, en ese contexto, de algunos de los jóvenes más señalados y valientes del país. La idea se remontaba varios años atrás, a la segunda mitad de la década de 1930, cuando Hitler había comenzado a debatir al respecto con Wagner. En esas fechas el dictador nazi ya tenía claro que la guerra europea que él ansiaba no tardaría en iniciarse. En la primavera de 1939, la oficina privada de Hitler recibió la petición del padre de un niño de Leipzig, con una enfermedad mental y discapacidad física grave, que solicitaba que se autorizase a los médicos a matarlo. Hitler envió a Brandt con la misión de asegurarse de que el permiso se concedía, y a finales de julio Karl informó de que los médicos locales habían acabado con la muerte del niño; es posible que él mismo se encargara de administrar la inyección letal y, sin lugar a dudas, se ocupó de que el certificado de defunción se falsificara. Unos meses más tarde, cuando el programa se hizo extensivo a los adultos, Brandt y Conti inyectaron personalmente el veneno a la primera víctima. Como el dictador se impacientó con las demoras burocráticas que el programa oficial entrañaba —en especial en el Ministerio de Justicia—, en octubre firmó una orden escrita que autorizaba a Brandt y a Philipp Bouhler a ponerlo en marcha. Bouhler era otro veterano del nazismo, que ya había participado en el *Putsch* de la cervecería, en 1923. La orden se antedató para que coincidiera con el 1 de septiembre, cuando se había iniciado la guerra, señal evidente de que para Hitler se trataba de una guerra de renovación y exterminio racial. Se trató de una orden informal y confidencial, que se mostraría en caso de que los médicos del lugar se mostraran remisos a ejecutar los asesinatos. El programa se conoció como Aktion T-4, a partir de la dirección del despacho personal de Hitler, sito en el número 4 de la Tiergartenstrasse.[7]

En las instituciones mentales de la Polonia ocupada ya se había comenzado a matar a los internos, tanto adultos como niños, con frecuencia mediante fusilamientos. En la propia Alemania se empezó a trasladar a los niños a los centros de atención mental, donde se les daba muerte por inanición, desatención, inyecciones letales o cualquier combinación de esos tres factores. En las listas constaban niños con síndrome de Down, hidrocefalia, parálisis cerebral y otras afecciones, pero también condiciones sin una definición clara como la «deficiencia mental». Las edades oscilaban entre la infancia y la primera adolescencia. Una conferencia de altos funcionarios de la oficina de Hitler y líderes de la profesión médica (entre los que estaba Brandt) llegó a la conclusión de que el proceso se demoraba en demasía. La forma más rápida de matar a las víctimas y llegar al objetivo fijado por Hitler —70.000 personas, una cifra del todo arbitraria— era el gaseo con monóxido de carbono. Brandt participó en persona en los primeros experimentos, desarrollados en diciembre de 1939 en la penitenciaría de Brandemburgo, donde se cree que administró inyecciones letales a un grupo de entre quince y veinte presos desnudos; como esas inyecciones no surtieron efecto inmediato, se apiñó a las víctimas en una cámara de gas sellada —construida para la ocasión— y se las asesinó con monóxido de carbono. Brandt y los demás observaron por una mirilla. Resulta evidente que, para los funcionarios allí reunidos, las víctimas no eran seres humanos, sino alimañas o insectos. La Aktion T-4 no tardó en funcionar a pleno rendimiento. La oficina de Bouhler envió a miles de adultos y niños, elegidos tras una evaluación apresurada, a un número creciente de centros de exterminio, emplazados en hospitales mentales alejados de los centros de población. Si el personal planteaba objeciones, se le mostraba una copia de la orden firmada por Hitler. Lo más llamativo del comportamiento de Brandt, cuando observaba aquellos asesinatos, era la ausencia total de compasión. No eran muertes limpias ni indoloras. Cuantos las contemplaban veían el terror y el sufrimiento de las víctimas.[8]

Al poco tiempo Hitler reclamó liberar toda la capacidad institucional de los hospitales para disponer de más camas para los soldados heridos. Se hizo propaganda mediante carteles, libros de texto e incluso en cines, para convencer a la población de que las personas con enfermedades mentales y deficiencias suponían una carga económica que perjudicaba la campaña bélica. El programa T-4 se fue divulgando y numerosas familias de víctimas empezaron a sospechar de las mentiras con las que los gestores hospitalarios daban cuenta de la muerte repentina de sus seres queridos. Las víctimas sabían qué suerte les aguardaba cuando acudían autobuses grises para llevarlos a la muerte; se dice que gritaban y chillaban desesperadas en el intento vano de resistirse a su destino. A la postre, en el verano de 1941, el obispo católico de Münster, Clemens von Galen, con el apoyo de Friedrich von Bodelschwingh, pastor protestante destacado en la beneficencia social, expresaron sus temores y reparos en una condena franca de los asesinatos. ¿Quién caería a continuación, en la campaña para librar al país de los que suponían solo una carga económica?, preguntaba Von Galen, ¿los ancianos?, ¿los heridos de guerra? Hitler y Goebbels se enfurecieron pero no se atrevieron a actuar en contra de ellos. La T-4 se interrumpió y a los responsables de las operaciones de gaseado se los trasladó al Frente Oriental, para que emplearan su experiencia en el asesinato masivo de los judíos europeos. Entre tanto, después de haber superado la cifra de 70.000 muertos exigida por Hitler, los asesinatos continuaron, pero de un modo ya más subrepticio, por inanición o inyecciones letales. Se calcula que en el marco de la T-4 se mató en total a unas 200.000 personas.[9]

Entre tanto Brandt siguió acumulando posiciones de poder e influencia. Según reconoció él mismo después de la guerra, aspiraba a desbancar a Conti de todas sus posiciones de importancia en la práctica médica de base científica. Como oficial de la SS, Brandt ascendió al grado de *Standartenführer* (aproximadamente, coronel) y se le dio el título de «comisario general». En julio de 1942 Hitler lo designó «Plenipotenciario del sistema de higiene y salud». Con ello quedó al cargo del traslado de pacientes desde los hospitales dañados o destruidos por los bombardeos aéreos Aliados, así como de liberar camas para los soldados heridos en el frente. Envió a los pacientes mentales —incluidas personas que sufrían traumas mentales o depresiones graves de resultas de la destrucción de sus hogares o la muerte de sus familias— a los mismos centros de exterminio que habían estado ejecutando la Aktion T-4.[10] Brandt no solo rechazaba de este modo la ética aceptada internacionalmente en el ámbito de la medicina, sino que también aprobó realizar experimentos médicos sobre los internos de los campos de concentración. A su juicio, según declaró con bastante franqueza, estos presos resultarían útiles si ayudaban a la campaña bélica al desarrollar sobre ellos terapias para enfermedades habituales en el ejército (por ejemplo la hepatitis, que se decía afectó a entre cinco y seis millones de soldados), la hipotermia, la malnutrición o las quemaduras de gravedad (con especial incidencia entre los civiles afectados por las bombas incendiarias de los Aliados). En circunstancias de guerra —afirmó— el individuo dejaba de contar: lo importante era la colectividad de los alemanes y sus intereses.[11] Acabada la guerra, diversos supervivientes de sus experimentos contaron que los médicos que los realizaban se negaban a mirarlos a los ojos, llamarlos por su nombre o tranquilizarlos de algún modo (aunque fuera con mentiras); el tratamiento los reducía a simples objetos sin cualidades humanas. Por su parte los médicos solieron insistir en que esos testimonios de la posguerra carecían de veracidad; eran las palabras de seres «inferiores», sin capacidad de pensar racionalmente ni recordar las cosas adecuadamente.[12]

La posición de la que Karl Brandt gozó en el Tercer Reich dependía por completo del apoyo que dio a Hitler y derivaba antes que nada de su función como médico personal del Führer. Sin embargo, a medida que pasaba el tiempo esta posición se vio amenazada por un rival de consideración, el doctor Theo Morell, un dermatólogo que había cobrado una buena reputación social por tratar a famosos con enfermedades sexuales, siempre con discreción y unas maneras muy obsequiosas. Morell no fue ningún charlatán, aunque hubo rumores de lo contrario, que aún hoy no se han apagado. Uno de sus pacientes —Heinrich Hoffmann, el fotógrafo personal de Hitler— se lo presentó al líder nazi y ambos congeniaron enseguida. Al poco tiempo Morell usurpó la posición de Brandt, trató a Hitler de una diversidad de dolencias y le proporcionó medicamentos de diversa índole, incluidos estimulantes y afrodisíacos (por lo general, antes de que Hitler fuera a pasar la noche con Eva Braun).[13] Brandt había empezado a planear una expansión aún mayor de su poder, proponiendo crear un Ministerio de Salud del Reich que por supuesto encabezaría él mismo, para dirigir el triunfo definitivo sobre su rival Leonardo Conti. Pero, cada vez más, Conti y otros dos «viejos combatientes» como Goebbels y Bormann se distanciaban de Brandt por su ambición y le ponían obstáculos en el camino. Por lo tanto, cuando Brandt tuvo dificultades con Morell, no hicieron ningún esfuerzo por ayudarlo. Después de que la salud de Hitler se deteriorara —en particular tras el atentado con bomba de julio de 1944— la rivalidad entre ambos llegó a un punto crítico. Brandt intentó que se expulsara a Morell por ser un charlatán que estaba envenenando al líder nazi con estricnina, con la excusa de ofrecerle una terapia «antigás». Pero el tiro le salió totalmente por la culata: Morell se quejó ante Hitler de tales intrigas, y el dictador nazi se enfureció. El 8 de octubre de 1944 destituyó a Brandt de sus deberes como su médico personal y le ordenó que se centrara en las tareas de gestión.[14]

Lo peor estaba por llegarle. Habiendo perdido el respaldo personal de Hitler y, en consecuencia, el acceso directo al líder nazi, Brandt quedó expuesto a sus enemigos, en especial a Bormann y a Goebbels, que se pusieron a revolotear alrededor de él como buitres. En los últimos meses de la guerra —cuando el Ejército Rojo entraba en Alemania por el este, los Aliados occidentales invadían por el oeste, los habitantes de las ciudades perdían sus hogares por los bombardeos y los sistemas de carreteras y ferrocarriles fallaban— el sistema de salud se colapsó y la cadena de suministros médicos se cortó. Cuando Brandt se lo comunicó a Hitler en una visita personal a su búnker de Berlín, el 2 de abril de 1945, Bormann, Goebbels y Morell lo acusaron de derrotismo. Quince días más tarde Hitler ordenó que lo detuvieran. La Gestapo, que lo tenía bajo vigilancia desde hacía cierto tiempo, había descubierto que había enviado a la familia a un lugar seguro, en la zona rural de Turingia, conquistada ya por los estadounidenses. Después de una prolongada serie de interrogatorios efectuados por el jefe de la Gestapo, Heinrich Müller, se llevó a Brandt a la residencia privada de Goebbels, donde se le realizó un juicio amañado con la presencia de varios líderes nazis (entre ellos, el «Líder de las juventudes del Reich», Arthur Axmann, y el director de la Oficina Central de la SS, Gottlob Berger). Se confrontó a Brandt con dos informes que él había enviado a Hitler en su defensa, en cuyos márgenes el dictador nazi había garabateado palabras como «mentira», «engaño», «miente». El «tribunal» recomendó la pena de muerte, que Hitler suscribió personalmente con su firma personal. Goebbels anunció la ejecución por radio, pero en aquellas fechas el Reich vivía un hundimiento total. Los jefes nazis se estaban suicidando por cientos, para no caer en manos de los Aliados. Himmler y Speer, pensando en una hipotética salvación personal, ordenaron frenar la ejecución prevista, pues creían que Brandt tenía contactos con los estadounidenses —lo que no era cierto— y esto quizá los favorecería tras la derrota. Por lo tanto Brandt sobrevivió a aquel episodio crítico.[15]

Una vez concluida la guerra, Brandt se rindió a las fuerzas de ocupación Aliadas, convencido de que no tenía nada que temer. Pero después de haberse juzgado en el Tribunal Militar Internacional a los supervivientes entre los principales líderes del nazismo, los estadounidenses decidieron organizar otra serie de juicios por crímenes de guerra en su propia Zona de Ocupación. Se amparaban en la Ley del Consejo de Control número 10, aprobada el 20 de diciembre de 1945. En el primero de esos juicios, celebrado del 9 de diciembre de 1946 al 20 de agosto de 1947, se hizo subir al estrado a destacados médicos nazis. El acusado principal era Karl Brandt. Se dictaminó que era culpable de crímenes contra la humanidad; entre ellos, realizar experimentos médicos en personas vivas sin contar con su aprobación, provocar abortos no consentidos, supervisar el asesinato masivo mediante gas venenoso e inyecciones letales de prisioneros de guerra e internos de los hospitales mentales, inyectar enfermedades a presos de los campos de concentración (malaria, ictericia y bacilos del tifus), congelar a prisioneros hasta que fallecían y, por último, iniciar procedimientos dolorosos y a menudo fatales del todo equiparables a torturas y asesinatos. Brandt y otros seis médicos implicados en actos similares fueron condenados a muerte; una gran cantidad de los demás acusados recibió penas de cárcel de larga duración.[16]

Brandt mantuvo un diario durante el encarcelamiento en Núremberg. Pretendía que lo leyeran sobre todo su esposa y su familia, para justificar ante ellos las acciones por las cuales la fiscalía reclamaba la pena de muerte. Afirmó tener la conciencia clara y no saber nada del Holocausto, el asesinato de seis millones de judíos europeos. Sostuvo que el programa de «eutanasia» que él había dirigido era algo del todo distinto, una medida de base científica con la que se buscaba tan solo mejorar la raza alemana y la humanidad en general. Habían ayudado a muchas personas a poner fin a sus padecimientos. La «eutanasia» de decenas de miles de personas con discapacidades y enfermedades mortales no era un asesinato, a su entender, sino una forma de tratamiento médico que se dirigía no a los individuos, sino al organismo colectivo del pueblo alemán. Varias personas que habían conocido a Brandt durante los años del régimen nazi dieron fe de que era un buen profesional, una persona íntegra, de una decencia esencial, a criterio de estos testigos. Al ser un hombre de gran educación y cualificación, distaba a la vez del tipo duro y brutal que los «viejos combatientes» representaban, y del frío fanatismo ideológico de los nazis recalcitrantes. Brandt era un «idealista». El hombre alto, bello, elegante, cortés y a menudo encantador fue considerado por muchos de sus conocidos como el paradigma perfecto del profesional civilizado. ¿Cómo podía ser culpable de tales crímenes?[17]

Sin embargo, era plenamente consciente del hecho de que los asesinatos que ordenó no eran ni limpios ni clínicos, y que causaban un sufrimiento enorme a las víctimas y a las familias. Y si bien Hitler se distanció de él cuando acababa el Tercer Reich, Brandt nunca renegó de Hitler ni reflexionó críticamente sobre la naturaleza del régimen nazi.[18]

Los crímenes de Brandt no fueron la consecuencia de que padeciera una patología individual. Antes al contrario: fueron reflejo de las actitudes y creencias habituales entre la abrumadora mayoría de la profesión médica alemana. Impulsados por los logros de la medicina germana en el siglo XIX y principios del XX —cuando una gran diversidad de descubrimientos sobre causas de enfermedades, desde el cólera a la tuberculosis, en especial por parte de Robert Koch y sus pupilos, transformaron el conocimiento médico—, muchos profesionales llegaron a creer que eran dioses y ya no debían someterse a los dictados del juramento hipocrático. Durante los estudios universitarios muchos de ellos, como el propio Brandt, se empaparon del nacionalismo ultraderechista imperante en la academia después de la primera guerra mundial y situaron por encima de cualquier otro valor lo que consideraban que sería la regeneración de la nación alemana. Cuando los nazis tomaron el poder la «higiene racial» se convirtió en una parte central de la formación, instrucción y práctica de los médicos del Tercer Reich. También se promocionaron otras materias espurias como la medicina herbológica «alternativa», difundida por el líder de la salud del Reich, Gerhard Wagner. Durante el gobierno nazi uno de cada cinco profesores e investigadores universitarios perdió la plaza o les obligaron a dimitir, ante todo porque eran judíos, y esto liberó gran cantidad de profesorados, a lo que se sumó la creación de nuevas cátedras e institutos para el estudio de la «higiene racial» y otras seudomaterias.[19] En aquel período la medicina generó tantas oportunidades y tantas carreras fáciles que algunos profesores de mayor edad empezaron a lamentarse sobre las cualidades de sus alumnos y colegas. En 1939, en efecto, la mitad de los universitarios de Alemania estudiaban medicina y el 59 % de los rectores universitarios eran profesores de esa disciplina.[20]

El negacionismo de Brandt fue habitual en la inmensa mayoría de los otros médicos que habían sobrevivido al final de la segunda guerra mundial. Algunos, como Conti, se suicidaron antes que enfrentarse a un juicio, lo que daría a entender que hasta cierto punto habían captado que lo que hacían era erróneo (o que una abrumadora mayoría lo veía así en el resto del mundo). Los otros médicos retomaron en buena medida la práctica profesional y algunos continuaron defendiendo el programa de la «eutanasia» involuntaria incluso muchos años después de que la guerra concluyera. A uno de ellos, Werner Catel, que había destacado en la organización de la operación de asesinato de niños, se lo nombró director de la clínica infantil de la universidad de Kiel y se le concedió inmunidad jurídica porque —según se concluyó— actuaba con la tranquilidad de que lo que hacía era legal.[21] La «higiene racial» y la «eugenesia» adoptaron el nombre de «genética» y varios de sus principales teóricos y practicantes volvieron a dar clase desde cátedras rebautizadas para la ocasión. Entre ellos figuraba el barón Otmar von Verschuer, director del Instituto Káiser Guillermo de Antropología, Herencia Humana y Eugenesia, que fue el gran centro de estudios sobre estos temas durante el Tercer Reich. Para su investigación sobre los gemelos contó con material proporcionado por su estudiante de doctorado estelar, Joseph Mengele, que realizó experimentos letales con los presos de Auschwitz y seleccionaba a los destinados a las cámaras de gas a la llegada de los internos. En 1951 Verschuer fue nombrado catedrático de genética en la universidad de Münster, donde continuó hasta su retiro, en 1965.

Hasta la década de 1990, la Asociación de Médicos de Alemania siguió estando dominada por antiguos galenos nazis —algunos, implicados en el programa de la «eutanasia» forzosa—. La Asociación afirmaba que cuantos tuvieron que ver con los asesinatos de personas con enfermedades mentales y discapacidades, o bien con experimentos humanos, habían representado una ínfima minoría de la profesión, de a lo sumo unos pocos cientos de médicos. Cuando el psicólogo Alexander Mitscherlich —un miembro de la resistencia contra los nazis, nombrado como observador en el juicio de los médicos— publicó junto con Fred Mielke un compendio de las pruebas, con el título de *Medizin ohne Menschlichkeit* («Medicina sin humanidad», 1947), la Asociación de Médicos de Alemania compró en secreto toda la edición, de 10.000 ejemplares, y la redujo a pulpa, pese a que debía haberse distribuido entre los médicos del país. Las pruebas no reaparecieron hasta 1960, como parte de una colección que una editora de la Alemania Occidental dedicó al nazismo; hasta 1989 no se emprendieron estudios históricos rigurosos sobre los crímenes de los médicos nazis. En esta fecha tan tardía, claro está, resultaba prácticamente imposible compensar a las víctimas supervivientes de la experimentación y otros crímenes de aquellos médicos.[22]

A diferencia de la mayoría de los médicos que perpetraron crímenes tan terribles durante el Tercer Reich, Karl Brandt no escapó a las represalias. A las 10:10 del 2 de junio de 1948, un verdugo militar y sus dos asistentes guiaron a Brandt por el patio de la prisión bávara de Landsberg, para que ascendiera trece escalones hasta una plataforma de madera donde se había erigido una horca pintada de negro. Llovía. En el patio había unos pocos periodistas y funcionarios de la penitenciaría, que actuaron como testigos. Mientras los asistentes culminaban los preparativos, Brandt protestó furiosamente contra el proceso judicial. Había sido víctima de una injusticia —dijo—, de un acto de venganza política; él no había hecho nada mal. La potencia oficiante, Estados Unidos, no tenía ningún derecho a condenarlo, menos después de haber arrojado bombas atómicas sobre Hiroshima y Nagasaki. «¡Aquí nunca ha existido justicia! Ni en general ni en lo personal. Lo que manda es el poder. Y este poder quiere sacrificios. Nosotros somos esos sacrificios. Yo soy uno de esos sacrificios». Mientras él peroraba rabiosamente, el verdugo, que le había advertido que fuera breve, perdió la paciencia y, en mitad de una frase, le cubrió la cabeza con la capucha negra, la cerró, situó la soga en torno del cuello, la ajustó y luego, dando un paso atrás, accionó una palanca. La trampilla sobre la que Brandt se alzaba se abrió y el médico cayó por ella y murió.

La viuda de Brandt, Anni, vivió hasta 1981, siempre convencida de que habían ejecutado injustamente a su esposo. Se dedicó antes que nada a cuidar del hijo, que había nacido en 1935 y al que bautizaron, en honor del marido y el ídolo de este, con el nombre de Karl-Adolf.

18

Los asesinos: Paul Zapp y Egon Zill

Paul Zapp nació en 1904 en Hesse, en la ciudad de Hersfeld, y creció en otra ciudad de la misma región, Kassel. De clase media sólida —el padre era fabricante—, su infancia y adolescencia se caracterizaron por empaparse del medio típico de esa clase media, conservadora, protestante y patriótica. La vida en el hogar incluía los objetivos típicos de la burguesía, como la música, la literatura y la veneración por la cultura alemana. Por su juventud, Zapp no combatió en la primera guerra mundial; pero como otros chicos de su generación, desarrolló una intensa admiración por los jóvenes de la «generación de los combatientes del frente», así como la resolución de luchar por sus ideales con frialdad, dureza y la persecución no emocionada de lo que creía que eran los intereses del país. Pero su carrera adoptó una forma inusual, impulsada por un fuerte compromiso ideológico con varios de los ideales de los que emergió el nazismo. Después de aprobar los exámenes de secundaria, Zapp ingresó en la universidad, pero abandonó los estudios al cabo de un año. Durante los años de Weimar, plagados por la crisis económica, Zapp tenía claro que los graduados universitarios apenas podían acceder a puestos de trabajo, y sentía la urgencia de garantizarse un salario propio, para no tener que vivir la existencia precaria de los estudiantes; en consecuencia se formó como aprendiz de contable y administrador en el Deutsche Bank. Acabada la formación encontró empleo en diversas empresas. En 1931 había alcanzado una posición modesta, como segundo ejecutivo de la división berlinesa de la empresa de ingeniería Borsing. Pero la Gran Depresión hizo redundante su puesto y se sumó a las filas cada vez más numerosas de los desempleados de clase media. A medida que la Depresión se agravaba, sin apenas posibilidad de hallar trabajo en otro lugar, se incorporó a la universidad de Berlín para estudiar Historia y Filosofía. En todo caso esto no parecía mejorar gran cosa sus perspectivas.[1]

Durante la carrera Zapp entró en contacto con el teólogo Jakob Wilhelm Hauer, que había prestado servicio como misionero en la India y estudió sánscrito en Oxford antes de pasar a ocupar una cátedra en Tubinga. Impresionado por la gran pericia de Zapp en las labores de secretaría y administración —algo infrecuente en la universidad y del todo excepcional en un estudiante—, Hauer le ofreció empleo como su secretario personal. Desde esta posición Zapp se familiarizó con la fe religiosa de su patrón, cada vez más esotérica; entre otras cosas Hauer creía en la unidad de todos los credos, lo que expresó en su Movimiento de la Fe Alemana (*Deutsche Glaubensbewegung*), que sintetizaba el hinduismo y un paganismo seudogermánico. Satisfecho con la competencia de su subalterno, Hauer nombró a Zapp gerente y administrador en jefe de la organización. Si sumamos el origen de Zapp en la clase media conservadora, los años de seguir desde la barrera la evolución de la primera guerra mundial, con la derrota impactante e inesperada de Alemania, y todas las consecuencias que ello tuvo para el prestigio de la nación en el mundo, y su vida en el ambiente de extrema derecha del grueso de los estudiantes de la universidad de Berlín, no extrañará que Zapp absorbiera muchos elementos del nacionalismo radical. En ese punto se hallaba expuesto además a la ideología esotérica que tanta influencia alcanzó sobre algunos líderes nazis, como Heinrich Himmler. Zapp dio publicidad a su compromiso ideológico en una serie de libros que publicó en la década de 1930, en los que abogaba por germanizar la Navidad y sustituir la Confirmación cristiana con un ritual seudogermánico.[2]

Si la relación de Hauer con el nazismo no pasó de ser relativamente distante, en cambio Zapp se imbuyó de muchas de sus ideas centrales y estableció contactos con una variedad de activistas nazis. Se incorporó a la SS en 1934, gracias a que conocía a uno de sus principales oficiales, Werner Best. Aquí su carrera dio un giro evidente, porque por entonces el Movimiento de la Fe Alemana empezaba a chocar con Hitler, a quien no le gustaba su religiosidad esotérica, y si Zapp no se alejaba de la tutela de Hauer, su futuro parecía ensombrecerse. En 1936 renunció pues a la organización y encontró un nuevo empleo administrativo en el Servicio de Seguridad de la SS (el SD de Reinhard Heydrich), como instructor ideológico en la escuela formativa del SD en Bernau, una ciudad adyacente a Berlín. Al mismo tiempo decidió afiliarse por fin al Partido Nazi. Las notas de las charlas formativas de Zapp se encontraron en el archivo de la policía secreta soviética, tras la caída del comunismo, y en la década de 1990 quedaron a disposición de los historiadores. En 1939, cuando estalló la guerra, se transfirió a Zapp a la Polonia ocupada para que se encargara de instruir en materia ideológica al personal del SD. Aquí se labró una reputación como experto en la «cuestión judía», en otras palabras: la idea de que los judíos representaban un «enemigo mundial», lo que se suponía que legitimaba las masacres que se estaban perpetrando por detrás del Frente Oriental. Todo esto puede parecer muy intelectual o académico; pero el poder de la ideología en la SS —su capacidad de provocar acciones violentas y asesinas— no tardó en ponerse de manifiesto, del modo más dramático posible.[3]

Al igual que otros hombres situados en posiciones de responsabilidad gestora e ideológica del SD, a Zapp le resultó fácil hacer una transición a los asesinatos masivos. En 1941 se le puso al frente de una «unidad especial» (*Sonderkommando*) de cien hombres adscritos al grupo de intervención D. Estas unidades se desplazaban en pos de los ejércitos alemanes durante la Operación Barbarroja, y sus hombres atravesaron el este de Rumanía y el sur de Ucrania, pasando por Jersón hasta llegar a Simferópol, en la península de Crimea. Donde quiera que iba, Zapp encontraba un pretexto para ordenar a la población judía local que acudiera a su presencia, y luego los llevaba a fosas ya preparadas donde ordenaba a sus hombres que los fusilaran. Cuando cada hilera de víctimas designadas se acercaba a la fosa veía en el fondo los cadáveres ya ensangrentados de sus predecesores, por lo que se producían escenas angustiantes y a veces violentas. Algunos hombres de Zapp eran reticentes a cumplir la orden de abrir fuego —en especial cuando las víctimas eran niños—, por lo que su superior tenía que convencerlos o amenazarlos. El 17 de julio de 1941 Zapp y sus hombres fusilaron a sesenta y ocho «judíos comunistas» en Kishiniov y, poco después, a otros 551 (incluidas mujeres). A mediados de septiembre de 1941 su unidad había ejecutado a tiros a todos los habitantes de la comunidad judía de Mikolaiv (Nikoláyev), 5.000 en total, niños inclusive. A esta le siguieron otras masacres, como la de 12.000 personas en Simferópol. Distaban de ser ejecuciones técnicas, «industriales» o impersonales. Según apuntó el historiador Konrad Kwiet:

> Los fusilamientos, que duraban varias horas, a menudo varios días, resultaban muy exigentes para los tiradores. La carga resultaba siempre especialmente pesada cuando había también mujeres y niños; cuando las balas perforaban los cuerpos de las víctimas y los pedazos de sesos y huesos manchados de sangre les salpicaban la cara, las manos o los uniformes; o cuando las fosas se llenaban de sangre y víctimas aún vivas a las que había que darles el golpe de gracia a corta distancia.[4]

Zapp empatizaba con la «pesada carga emocional» de las ejecuciones, pero con la que sufrían los ejecutores, no las víctimas; para compensarla daba a sus tropas raciones de comida extras, cigarrillos y aguardiente, y celebraba fiestas nocturnas, lubricadas con litros de alcohol. A finales de año Zapp disponía de una camioneta de gas, con la que acelerar el proceso letal. Luego, tras un período de permiso, retomó un empleo de escritorio y terminó siendo inspector de la policía de seguridad en Dresde, donde sobrevivió al bombardeo Aliado del 13-14 de febrero de 1945.[5]

Paul Zapp pasó a la clandestinidad con nombre y papeles falsos («Friedrich Böhm») y se instaló en Hesse, en la ciudad de Bebra. En 1967 se dio por fin con su pista y en 1970 se lo sometió a juicio. Como defensa alegó algo habitual entre los asesinos de masas del nazismo: que se limitó a seguir órdenes; que de haberlas desobedecido, lo habrían fusilado a él; que intentó proteger a los judíos, solo que en vano; y que hizo cuanto pudo por aliviar las condiciones de su muerte. El tribunal rechazó las mentiras, y también la apelación, por lo que fue condenado a pena perpetua. En 1986 recuperó la libertad por buena conducta y falleció pacíficamente en Bad Arolsen, en 1999. He aquí a una persona que sirvió al nazismo, en buena medida, porque le ofrecía la posibilidad de solventar los problemas con su carrera laboral y lo rescató de una espiral vital descendente; pero sin un compromiso ideológico y político previo, sin duda no habría tomado las decisiones que tomó; y ya entregado a la ideología antisemita del régimen, una vez que interiorizó la descripción de los judíos como una amenaza existencial, no tuvo dificultades en ejecutar los decretos nazis de la forma más asesina y brutal posible.[6]

Más abajo en la cadena de mando de la SS estaban los hombres que, día tras día, actuaban como guardianes y supervisores del sistema de los campos de concentración, que se estableció en la propia Alemania nada más iniciarse el Tercer Reich. El sistema nació con la finalidad de encarcelar y en última instancia exterminar a los opositores del régimen, sobre todo los comunistas y socialdemócratas. El personal de los campos no solía haber recibido una educación universitaria, como Zapp. Pero, como este, muchos llegaron al nazismo por efecto de una caída en la movilidad social. La historiadora Karin Orth —especializada en la historia de los campos— ha estudiado a un miembro típico de la cohorte de guardias de los campos: Egon Zill. Fue un hombre por lo demás carente de atractivo o relevancia; había nacido en la ciudad de Plauen (noroeste de Sajonia) en 1906 y estudió para ser panadero. Como tantos otros en su generación, Zill vivió penalidades durante la hiperinflación de 1922-1923, en la que perdió el empleo de panadero; pero logró encontrar un puesto fijo como guardia de seguridad de una fábrica de cortinas, y aun mantenerlo durante la Gran Depresión de los primeros años de la década de 1930. Plauen fue uno de los primeros semilleros de crecimiento del nazismo: la rama local del Partido se fundó en 1923. A tenor de su edad y su origen, sumarse al Partido fue un paso obvio.[7]

Zill ya había socializado antes en el entorno político de la derecha radical, con toda probabilidad a imitación de su padre, trabajador de una fábrica de cerveza y miembro de la clase media baja de religión protestante. Su novia (y futura esposa) Elfriede fue miembro de la rama de Plauen casi desde el momento de su formación: a los diecisiete años, pues, Zill se afilió tanto al Partido como a los camisas pardas, se convirtió en activista habitual y participó en numerosos actos violentos. En 1930 resultó herido en una de las peleas de las cervecerías. Se incorporó a la SS y lo pusieron al frente de la «Sturm» [«unidad de asalto»] local. En 1934 pasó a trabajar como guardia en distintos campos de concentración y recibió instrucción en Dachau y Buchenwald como miembro de la administración central. En 1939 lo ascendieron a *Erster Schutzhaftlagerführer* [«jefe primero de un campo de detención preventiva»] de Dachau. Durante la formación le enseñaron a concebir a los internos como enemigos peligrosos del Estado, ante los cuales no debía mostrar ninguna debilidad. Si se mostraba «blando» en el trato de los prisioneros, los demás hombres de la SS del campo se burlarían de él. Se solía ordenar a los nuevos reclutas que dieran de patadas y puñetazos a los presos, en especial si eran judíos u homosexuales. Los testimonios de posguerra de los exinternos supervivientes recordaban que Zill agudizó los castigos habituales, participó en persona en las palizas y las torturas, e hizo atar a un preso a un árbol mientras incitaba a unos perros a devorarle los genitales. Sin que mediara ninguna razón en particular, Zill ordenó que el jefe de un departamento de trabajadores matara a dos de los hombres que tenía a su cargo. El lenguaje indirecto pero despectivo y deshumanizador que utilizaba en esos casos («Esta noche ya no quiero volver a ver a esos dos montones de harapos») daba testimonio del desprecio absoluto que sentía hacia los internos.[8]

Lejos de proporcionarle una reputación negativa ante las autoridades de la SS, este comportamiento hizo que durante la guerra lo ascendieran a comandante de los campos de Natzweiler y luego de Flossenbürg; pero parece ser que estos puestos directivos le quedaban grandes y en 1943 lo pasaron a las Waffen-SS. Carecía de instrucción militar y logró no participar en los combates directos, para decepción de sus superiores. Al acabar la guerra Zill pasó a la clandestinidad, se trasladó al norte y encontró empleo como guardia de seguridad, dedicándose durante un tiempo a vigilar las instalaciones deportivas de la universidad de Hamburgo. Pero en 1953 dieron con su pista y lo detuvieron. Aunque negó haber cometido ningún crimen, el testimonio de los expresos de Dachau no dejaba lugar a dudas y el 10 de enero de 1955, un tribunal de Múnich lo condenó a cadena perpetua. Las autoridades penitenciarias informaron de que no solo no mostraba remordimiento alguno por sus fechorías, sino que justificaba su nazismo y su conducta en los campos. Siempre se condujo «correctamente» con los otros oficiales recluidos en la cárcel, pero a menudo participó en discusiones y peleas físicas con los demás internos: se dijo que se había podido sacar a Zill del campo pero era imposible sacar el campo de Zill. Pese a todo, en 1961 una apelación logró reducir su condena y en abril de 1963 recuperó la libertad y regresó a Dachau, junto con su familia. Falleció el 23 de octubre de 1974 sin haber cambiado ni haberse arrepentido nunca.

Es evidente que Zill se había socializado desde muy joven en un mundo de violencia y odio. Pero no todos los perpetradores de su nivel eran como él. Una de las preguntas de más difícil respuesta, en lo relativo al régimen nazi y sus servidores, es la de cómo una cantidad elevadísima de personas —muchas más que en ninguna sociedad normal, en tiempos de paz o de guerra— se convirtió en asesinos implacables e incluso sádicos. Las víctimas del Tercer Reich incluyeron a unos seis millones de judíos, 3,3 millones de prisioneros de guerra soviéticos, millones de civiles de Polonia y la Europa del este, homosexuales, delincuentes menores, «gitanos», personas con enfermedades mentales y discapacidades, y muchas, muchas más. Los campos de concentración y los centros de exterminio dispuestos por el régimen tanto en la propia Alemania como, durante la guerra, en muchos otros lugares de Europa —en especial en el Este— vieron a los nazis y a sus auxiliares cometer incontables actos de crueldad y sadismo. ¿Cómo podemos explicar esta oleada de criminalidad sin paralelos, que quebrantó todas las reglas y convenciones conocidas de la guerra, la política y la decencia humana? Solo mediante el estudio de los distintos perpetradores individuales resulta posible revelar la combinación de motivos e influencias que llevó a hombres corrientes a cometer tales actos al servicio de los nazis, sin arrepentirse de ellos ni siquiera después del hundimiento total del Tercer Reich. La combinación específica, por supuesto, variaba de una persona a otra, pues las personalidades individuales difieren unas de otras.[9] Al mismo tiempo resulta posible generalizar y apuntar algunos rasgos comunes.

Las explicaciones que en la primera posguerra se dieron a la conducta de los perpetradores de los crímenes nazis tendían a centrarse en la patología de cada persona y a considerar que —empezando por Hitler y bajando por sus filas a los oficiales de la Gestapo y los guardias de los campos de concentración— quienes más se señalaron como autores de los crímenes del régimen eran personas trastornadas, dementes. Fue habitual demonizar a los perpetradores, cuyas posiciones en el mundo del nacionalsocialismo les habían permitido desatar una violencia desenfrenada contra sus víctimas y poner en práctica un sadismo interior que, en otras circunstancias, habrían suprimido.[10] De acuerdo con otra concepción, en cambio, la mayoría de los miembros de la Gestapo o la SS apenas tuvieron más posibilidad que obedecer las órdenes que les dictaban desde arriba. Los que fueron juzgados por sus crímenes en los primeros años de la posguerra recurrieron —con cierto éxito— a este argumento. Al preguntársele ante el tribunal qué habría sucedido si hubieran esquivado cumplir las órdenes de asesinar a tantas personas, o si hubieran ofrecido resistencia ante lo ordenado, Otto Ohlendorf —jefe de una de las patrullas de exterminio de la SS— contestó que «el resultado habría sido un consejo de guerra y la condena correspondiente». Según este punto de vista, el totalitarismo del Tercer Reich impuso un terror absoluto y general que obligó a obedecer órdenes criminales con plena independencia de su contenido. En los niveles inferiores, los perpetradores estuvieron casi por completo privados del libre albedrío.[11]

Llegados a la década de 1960 se convirtió en habitual describir la maquinaria de exterminio como una influencia en sí misma: los individuos habían quedado atrapados en un sistema vasto y mayoritariamente impersonal de asesinato masivo «automatizado» o «industrial». Las órdenes se daban desde lo más alto, con Hitler en la cúspide, e iban bajando por la jerarquía, pasando por Himmler y la SS, hasta llegar a una multitud de personas adoctrinadas, simples engranajes de una máquina que prácticamente carecían de cualquier iniciativa individual. La Gestapo y la SS estaban conceptualmente separadas del resto de la sociedad alemana, como por medio de un cordón, mientras la masa de los alemanes corrientes seguía con sus vidas. Para los perpetradores, la eficiencia asesina se convirtió en un fin en sí mismo, independientemente de toda consideración religiosa o moral. Influencias como la lealtad a los propios camaradas, la sumisión irreflexiva a la autoridad y la cohesión e identidad de grupo contribuyeron a crear indiferencia ante el sufrimiento de los otros y la predisposición a asesinar a todo aquel que se designara como enemigo del Reich. Apelando al concepto de la «banalidad del mal», de Hannah Arendt, o al calificativo de «hombres corrientes» que Christopher Browning aplicó al batallón de policías de la reserva que ejecutó a 38.000 judíos por detrás del Frente Oriental, los crímenes del nazismo no parecían poseer ningún rasgo específicamente alemán. Podrían haberse producido en cualquier parte.[12]

Sin embargo, a partir del juicio que se realizó en Fráncfort en 1964-1965 contra antiguos guardias de los campos de la SS —donde historiadores del Instituto de Historia Contemporánea de Múnich ofrecieron su testimonio como expertos, mostrando de forma detallada cómo en efecto sí era posible esquivar las órdenes de asesinar, lisiar o torturar a las víctimas del régimen sin sufrir represalias—, se evidenció que la clásica exculpación según la cual los criminales «se limitaban a cumplir las órdenes» no resultaba válida. Mediada la década de 1990, Christopher Browning narró la masacre de hombres, mujeres y niños judíos perpetrada por el Batallón 101 de la Reserva de la Policía e hizo hincapié en este descubrimiento mediante un testimonio muy expresivo: en un juicio de la posguerra, el comandante de la unidad admitió haber dejado claro a sus hombres que, si alguno de ellos se negaba a tomar parte en la matanza, no se le castigaría de ningún modo. Así pues, los hombres que planearon, ordenaron y ejecutaron la masacre de judíos —fusilándolos para que cayeran en fosas, dejándolos morir de inanición y enfermedades en los guetos, o abarrotando con ellos las cámaras de gas de Auschwitz, Treblinka y otros centros— lo hicieron por propia voluntad. De ello se seguía que tenían un amplio margen de maniobra, y creatividad incluso, en cuanto al modo de llevar a cabo las órdenes si es que, como la abrumadora mayoría, elegían cumplirlas. Al mismo tiempo, por descontado, no eran individuos con plena autonomía moral y política, por mucho que la persecución legal de los antiguos perpetradores se basara en esta premisa. En su comportamiento también recibían otras influencias más generales.[13]

Una de estas influencias ya se había sugerido durante la guerra, pero volvió a suponer un punto de debate en la década de 1990, cuando el politólogo estadounidense Daniel J. Goldhagen defendió que el antisemitismo era un aspecto central del sentimiento de identidad de los alemanes, según había emergido en el siglo XIX. El sentimiento mismo de ser alemán incluía el deseo de exterminar a los judíos, según Goldhagen. Pero si en efecto era así, ¿por qué el antisemitismo asesino no se expresó con franqueza hasta que aparecieron los nazis? ¿Cómo puede explicarse el hecho de que más de un tercio del electorado alemán se opusiera activamente al antisemitismo en las elecciones de noviembre de 1932, dando su voto a los comunistas y los socialdemócratas, los dos partidos de masas del ámbito socialista que consideraban el antisemitismo como la ideología en bancarrota de una pequeña burguesía moribunda? ¿Cómo explicamos que, en el siglo XIX, los liberales se esforzaran por aprobar la igualdad de derechos para los alemanes de religión judía? Los argumentos de Goldhagen —versión actualizada de la propaganda de guerra según la cual el antisemitismo formaba parte del «carácter nacional» alemán junto con el anhelo de seguir un gran líder, la obediencia a la autoridad, el militarismo y el expansionismo— no convencieron a muchos críticos. Sin embargo, obligaron al discurso histórico a analizar de nuevo la pregunta de qué aspectos concretos de la naturaleza del Tercer Reich condujeron al exterminio de millones de judíos europeos.[14]

Ni centrarse en la patología individual, por un lado, ni generalizar sobre la identidad nacional, por el otro, bastan para explicar cómo cientos de miles de alemanes cometieron atrocidades inefables detrás del Frente Oriental y en otros lugares, trabajando como guardias de los campos, asesinos de la SS, funcionarios de los guetos o en otros empleos, desde los remotos despachos de Berlín. La explicación debe encontrarse en algún punto intermedio entre estos dos extremos. Los estudios realizados sobre una selección de perpetradores de baja graduación en la jerarquía han demostrado que muchos de los criminales más violentos y fanáticos eran hombres relativamente jóvenes: demasiado jóvenes para haber luchado en la primera guerra mundial pero no para haberla vivido en el frente nacional. Fue la «generación de los incondicionales», que —según argumenta el historiador Michael Wildt— hizo suyo el afán de vengarse de la derrota alemana de 1918 y del Tratado de Versalles, para la cual renunció a todas las reservas y escrúpulos morales; creían que solo un comportamiento absolutamente implacable lograría la resurrección de Alemania y la derrota de sus enemigos, en especial del «enemigo mundial», «el judío».[15] En la práctica un buen número de los perpetradores de baja graduación eran hombres de edad, socializados en tiempos del káiser, que habían cumplido los cuarenta o incluso los cincuenta cuando la guerra estalló. No representaban a la sociedad alemana en su conjunto. Una buena cantidad había crecido en zonas fronterizas o territorios que el Tratado de Versalles había quitado a Alemania y asignado a otros países; en particular, a Polonia. Casi ninguno procedía de familias ni obreras ni aristocráticas; la mayoría había crecido en familias de clase media, mayoritariamente de clase media baja, con padres que eran funcionarios de segunda, pequeños empresarios o artesanos. Como quizá cabía esperar, en un porcentaje importante habían sido policías o soldados; también llama la atención que una minoría relevante procedía de familias rotas.[16]

Estos hombres venían en su mayoría de un medio familiar y social derechista, en el que el antisemitismo era habitual, y el nacionalismo alemán, una constante. Se habían acostumbrado a la violencia extrema al vivir el servicio militar durante la primera guerra mundial, o bien por la glorificación que los medios de comunicación derechistas hicieron durante la década de 1920, en obras literarias y cinematográficas, en la prensa y las revistas. Una gran parte ya había pertenecido, en esa década, al Freikorps (o más en general al sector derechista de la República de Weimar). Otros eran en efecto muy jóvenes, como los adolescentes que asesinaron al ministro liberal de Asuntos Exteriores, Walther Rathenau, en 1922. La mayoría de los perpetradores de baja graduación estudiados por el sociólogo Michael Mann había prestado servicio en el Freikorps, como decíamos; por lo tanto, en la década de 1920 ya habían ejecutado actos de violencia extrema contra las personas que consideraban comunistas o izquierdistas. Una mayoría se afilió al Partido Nazi ya en los años veinte y participó en la violencia política de los primeros años treinta, con lo cual absorbieron la ideología de odio y agresividad del movimiento y perdieron toda inhibición que pudieran haber albergado: en su batalla contra las unidades paramilitares de los partidos Comunista y Socialdemócrata ya usaban porras de goma, puños de acero, armas blancas y armas de fuego. Si en aquella etapa un joven nazi o un camisa parda se hubiera negado a utilizar la violencia contra los opositores del Partido de Hitler, lo más probable es que se lo hubiera expulsado del movimiento; los que por el contrario se quedaron se curtieron ante la vista de la sangre, los hematomas y los miembros rotos.[17]

La conquista del poder por parte de los nazis trajo consigo carreras nuevas para esos hombres y solventó los problemas económicos que experimentaron durante la Depresión. Les permitió ascender con rapidez en la escalera de los grados y salarios de la SS, las SA o el SD, organizaciones que apreciaban los comportamientos y trasfondos de brutalidad y violencia, que en tiempos más normales les habrían impedido encontrar empleos seguros. En este ambiente los valores más cotizados eran ser «duro», «implacable» y «masculino». La instrucción por la que pasaron también fue extrema en su brutalidad, con momentos de sadismo, lo que sirvió para hacer caer a los «débiles» y curtir a los demás.[18] El servicio bélico en la Europa del este, habitada por personas que el régimen nazi calificaba de «infrahumanas» —o de ser instrumentos de una conspiración mundial que pretendía aniquilar Alemania—, destruyó las últimas barreras que frenaban el ejercicio de la violencia física; por su parte, el poder ilimitado que los oficiales de la SS poseían en «instituciones totales» del tipo de los campos de concentración eliminaba las inhibiciones que pudieran quedar aún (ya débilmente, en todo caso). Una y otra vez, en las cartas, los diarios y los informes de los observadores, los asesinos nazis exhibieron que no se limitaban a cumplir órdenes concienzudamente, sino que disfrutaban verdaderamente de lo que hacían. Dentro de una cultura general que valoraba y recompensaba, desde la propia cúpula del movimiento, la «brutalidad» y el «fanatismo», estos hombres hallaban satisfacción en cometer atrocidades. Algunos estuvieron guiados, en origen, de los odios y resentimientos del antisemitismo extremo; otros, por el conformismo o el afán de hacer carrera; y otros respondían a sus propios impulsos internos, liberados de las inhibiciones por la ideología y la propaganda nazi, así como por las situaciones con las que se topaban, en especial durante la guerra, en el Frente Oriental y por detrás de este. La «camaradería» —entendida como deseo de no dejar tirados a los camaradas— y los sentimientos de responsabilidad compartida y superioridad con respecto a la población actuaron como motores de la violencia y generaron una presión de grupo que favorecía que los distintos individuos se conformaran con ella. La ausencia de debilidad y compasión fomentaba un sentimiento compartido de estar logrando proezas masculinas. Todos estos hombres estuvieron motivados por una combinación de estas influencias diversas, que variaba de un perpetrador a otro.[19] El poder total —ya fuera sobre los civiles inermes, los habitantes recluidos en los guetos, los internos de los campos de concentración o los soldados y guerrilleros capturados y desarmados— ejerció también una influencia desinhibidora propia, liberó impulsos de sadismo y crueldad en una situación en la que la negociación era imposible: a las víctimas no se las trataba como personas, sino como objetos no humanos, y toda piedad o empatía se consideraba inaceptable.[20] Además, y por encima de todo ello, el régimen nazi en sí, desde lo más alto de la jerarquía, creó un ambiente moral en el cual las ideas hipermasculinas de la dureza, implacabilidad, brutalidad y fanatismo —elogios, en el lenguaje propio del Tercer Reich— favorecían los malos tratos y la deshumanización de aquellas personas a las que se excluía de la comunidad nacional y se tenía por débiles e inofensivas; más aún si, como los judíos (los nazis incluían en este grupo a los bolcheviques); además, se entendía que suponían una amenaza letal, ya fuese real o en potencia, para el futuro de la raza alemana.

19

La «bruja» y la «bestia»: Ilse Koch e Irma Grese

Entre las personas que sirvieron al Tercer Reich, pocas fueron objeto de un desprecio tan generalizado o vehemente como Ilse Koch. Otras mujeres nazis cometieron crímenes mucho más horrendos: Erna Petri, por ejemplo —esposa de un oficial de la SS que dirigía una hacienda en la Polonia ocupada—, les dijo a los fiscales que la interrogaron en 1962, en la Alemania Oriental, que ella había querido demostrarle a su marido y a los colegas de la SS que valía tanto como cualquier hombre; en consecuencia disparó en la nuca a diez judíos (cuatro adultos y seis niños pequeños) después de haberlos obligado a adentrarse en un bosque y situarse delante de una fosa, haciendo caso omiso de sus súplicas de piedad. Más adelante se retractó de lo dicho —al caer en la cuenta de que, como era lógico, abría las puertas a una pena de cárcel muy prolongada—, pero diecisiete testigos confirmaron su relato. Ottilie Willhaus —en este caso, su esposo era el comandante del tristemente famoso campo de trabajo y exterminio de Janowska, cerca de Varsovia— solía sentarse en el balcón de su villa, adyacente al perímetro del campo, y usaba una carabina francesa de tiro al blanco para asesinar a presos, sin más objetivo que el de exhibir su buena puntería.[1] Gertrude Segel fue una secretaria de la Gestapo que trabajó en Drohóbych, al sur de Lviv. En la posguerra, testigos judíos la acusaron de haber ordenado que se matara a tres sirvientas de la casa —trabajadoras forzadas del campo— y haber matado a pisotones a niños judíos de corta edad; se contaba que tanto ella como su esposo también se dedicaban a ejecutar a presos judíos desde el balcón de su residencia. Una amiga de Segel, Josefine

Block, apaleaba a los internos con una fusta de equitación y mató a una niña judía de siete años azotándola, tirándola al suelo y pisoteándole la cabeza. Pero ninguna de estas nazis atrajo una notoriedad negativa tan marcada como Ilse Koch, quizá porque los crímenes de aquellas se cometieron en la Europa del este, y los de Koch, en la occidental, y no afectaron a personas de una condición elevada.[2]

Hay razones evidentes que ayudan a explicar por qué Ilse Koch atrajo una fama que se negó a las demás mujeres mencionadas. Se había casado con Karl Otto Koch, alto oficial de la SS que fue comandante, de forma sucesiva, de los campos de concentración de Sachsenburg, Esterwegen, Sachsenhausen, Buchenwald y Majdanek, hasta que lo destituyeron tras una huida masiva de prisioneros de este último campo, en agosto de 1942. A Ilse Koch se la juzgó por una diversidad de delitos en no menos de tres ocasiones: la primera en 1944, junto a su esposo (la propia SS los acusaba de corrupción); la segunda en 1947, en Dachau, a instancias de un tribunal militar estadounidense; y la tercera en 1950-1951, por un tribunal de Augsburgo, en la Alemania Occidental. Las acusaciones que se le dirigieron crearon una sensación de alcance mundial. Al informar de la condena dictada por el tribunal militar estadounidense el 25 de agosto de 1947, la revista *Time* anunció: «La justicia había atrapado a la Bruja de Buchenwald, la pelirroja de cuarenta años que ordenaba azotar a los presos del campo de concentración nazi por placer y se fabricaba guantes y pantallas para lámparas con la piel de los fallecidos por tortura». Era una mujer «de sexualidad psicótica», según la revista.[3] El fiscal William Denson la describió como «una pervertida sádica de proporciones monumentales, nunca vistas en la historia». El fiscal en jefe del juicio de la Alemania Occidental, Johann Ilkow, sostuvo en 1951 en sus conclusiones finales que Koch, «perseguida por el demonio de la brutalidad y los instintos descontrolados», había cometido «crímenes inimaginables con compostura y sangre fría» y «se había rendido sin vergüenza a sus instintos sexuales».[4] Tras la muerte de Koch, en septiembre de 1967, el *New York Times* informó de que había ordenado «a presos participar en orgías con actos sádicos y degenerados», mientras que según el *Washington Post*, solía «excitar sexualmente a los reclusos ... paseando por el campo con las mallas ajustadas de amazona ... [y] quitándose la blusa». No fue infrecuente que, como en el semanario *Newsweek*, se la tildara de «ninfomaníaca» a la vez que de «asesina de masas». No es de extrañar que, en este clima, en 1975 se estrenara una película de destape titulada *Ilsa: La loba de la SS* («La nazi más temida por todos: ¡cometió crímenes tan terribles que acobardaba hasta a la SS»).[5]

¿Quién fue por lo tanto Ilse Koch y por qué se hizo tan famosa? Había nacido en Dresde en 1906, en una familia protestante de clase media baja. Estudió primaria en esa ciudad y luego se formó como secretaria. Como muchas otras personas de su edad y condición, al parecer adquirió ideas fuertemente nacionalistas y derechistas; sin duda el empleo en diversas empresas locales la puso en contacto con los círculos sociales en los que se movían los integrantes de la SS de Dresde. En mayo de 1932, con veinticinco años, se afilió al Partido Nazi, algo poco frecuente entre las jóvenes de la época. En 1934 había iniciado una relación con un miembro de la SS, Karl Otto Koch, nacido en 1897. Karl Otto había prestado servicio militar durante la primera guerra mundial y, al igual que tantos veteranos, le resultó difícil integrarse de nuevo en la vida civil; fue pasando de un trabajo de oficina a otro, de escasa duración y con largos interludios desempleado, en los cuales cometió varios robos y desfalcos menores. Su primer matrimonio había concluido en un divorcio. Como Ilse, también pertenecía a la clase media baja —su padre era un funcionario menor, que trabajaba en la Oficina del Registro local—, pero sus problemas se resolvieron en marzo de 1931, cuando se afilió al Partido Nazi y luego a la SS, donde trabajó otra vez en tareas administrativas. En octubre de 1934, al poco de conocer a Ilse, lo trasladaron al equipo de un alto oficial de la SS, Theodor Eicke, que dirigía el Cuerpo de Inspectores de los Campos de Concentración. Koch impresionó a su nuevo jefe con su competencia como administrativo y su compromiso ideológico, y fue ascendido varias veces, hasta el punto en que el 1 de septiembre de 1936 le asignaron la comandancia del campo de concentración de Sachsenhausen, un centro nuevo, aún inacabado, situado justo a las afueras de Berlín. Las mudanzas frecuentes no parecieron estorbar la relación con Ilse y el 25 de mayo de 1937 la pareja se casó legalmente en una oficina de registro próxima, para luego celebrar un ritual de bodas al estilo de la SS: con antorchas, a medianoche, en un robledal de Sachsenhausen. Aquí fue donde Ilse empezó a adquirir la reputación tóxica que a la postre la llevó ante los tribunales.[6] El 1 de agosto siguiente nombraron a Karl Otto comandante de otro campo de concentración aún más reciente, el de Buchenwald, situado en una colina próxima a Dresde. A finales de año el campo albergaba a una mezcla de enemigos políticos de los nazis y, cada vez más, delincuentes menores, «asociales», vagos y pervertidos. Koch dirigía el campo con una brutalidad salvaje, extrema y a menudo arbitraria. A los internos les asignaba tareas muy penosas y exigentes, asegurándose de que estuvieran permanentemente desnutridos. En múltiples ocasiones ordenó ejecutar a quienes rompían alguna regla y torturaba a quienes intentaban escapar antes de hacer que los fusilaran o mataran con una inyección letal. En la mañana posterior al atentado fallido de Georg Elser contra Hitler —en noviembre de 1939, este carpintero socialista construyó y plantó una bomba en la cervecería muniquesa (Bürgerbräukeller) donde el líder nazi iba a pronunciar un discurso—, Koch hizo que los guardias de la SS reunieran a veinte presos judíos y los mataran de un tiro en la nuca; Elser había actuado en solitario y ni siquiera era judío. Las muertes entre los reclusos eran tan frecuentes y numerosas que Koch instaló un crematorio para eliminar los cadáveres con más eficiencia; de hecho, desde que el campo se inauguró en 1937 hasta su abandono al final de la guerra, se recluyó allí a unos 239.000 presos y más de 56.000 perdieron la vida.[7]

El poder que Karl Otto Koch ejerció en Buchenwald quizá no fue excepcional, en comparación con el control que ejercieron los comandantes de la SS en otros campos de concentración. Lo que no obstante sí que lo singularizó fue la corrupción franca e inmoderada. Malversó fondos, que dedicó a sus fines personales, y empleó a reclusos como trabajadores esclavos en su residencia, levantada a las afueras del perímetro. Koch no tardó en hacerse rico e Ilse empezó a compartir los beneficios que de tan mal modo obtenía; por ejemplo, se hizo construir una sala cubierta para poder montar a caballo cuando hacía mal tiempo.[8] Pero también se la vio, en diversas ocasiones, montar por el interior del campo; quizá porque era prácticamente la única mujer que veían —y en todo caso se la describe como relativamente joven y atractiva, además de llamativa, por el pelo de un rojo vigoroso—, los presos empezaron a fijarse en ella, en su ropa elegante y las joyas caras, y a fantasear sobre su vida privada. Empezaron a circular historias según las cuales ella solía entrar en el campo y, si los reclusos la miraban con lo que a ella le parecía lascivia, amenazaba con informar negativamente a los guardias. Uno de los internos, Walter Retterpath, dio testimonio más adelante de que la había visto acercarse a caballo a una cuadrilla de reclusos que construían una carretera, y entonces azotar a uno en la cara con la fusta mientras gritaba: «¡Juraría que me estás mirando las piernas!». Las conjeturas alcanzaron un nivel enfebrecido por dos supuestas relaciones con oficiales de la

SS en el campo, paralelas a los amoríos extramaritales de Karl Otto. El rumor más sensacionalista afirmaba que los guardias debían informarla si alguno de los recién llegados a la reclusión estaba tatuado, porque en tal caso ordenaba ejecutarlo y arrancarle la piel tatuada para curtirla y hacerse pantallas para las lámparas.[9]

La corrupción de los Koch acabó siendo tan excesiva que ni los líderes de la SS la pasaron por alto. La pareja contaba con muchos enemigos, para empezar entre los oficiales y guardias del propio campo que habían sufrido conductas abusivas y acciones disciplinarias de su comandante. En general Himmler respaldaba a Karl Otto Koch, al que conocía y apreciaba, pero en septiembre de 1941 consideró prudente transferirlo a la comandancia del nuevo campo de concentración, el de Majdanek (cerca de Lublin). Aquí se repitió el mismo modelo de sadismo, brutalidad, corrupción y desfalco. Aun así no fue la malversación lo que acabó con la carrera de Koch, sino el hecho de que durante la noche del 14-15 de julio de 1942 unos ochenta y seis prisioneros de guerra del Ejército Rojo corrieron contra la valla perimetral, alzaron una escalera improvisada, treparon por ella y desaparecieron por los campos de los alrededores. Los guardias del campo derribaron a dos durante la huida, pero el resto logró escapar y nunca se los capturó. Koch intentó tapar lo sucedido ejecutando a docenas de presos del Ejército Rojo a los que acusó —en falso— de haber participado en la huida. Himmler destituyó a Koch de inmediato y lo trasladó a puestos de menos relevancia en otros lugares, aunque conservó la casa de Buchenwald. Himmler encargó a Konrad Morgen, un joven y ambicioso jurista de la SS, que investigara las noticias sobre la corrupción de los Koch en Buchenwald y sobre todo en Majdanek, donde Morgen encontró pruebas demoledoras gracias a muchas semanas de trabajo; tras lo cual Himmler se decidió a ordenar la detención de Karl Otto e Ilse Koch en agosto de 1943, pues, según Morgen, siempre «trabajaban juntos». Aun así el juicio tardó un año en iniciarse. La fiscalía dirigió varias acusaciones de impropiedad sexual contra Ilse, pero a la postre solo se la juzgó por haber recibido productos robados y la sentencia le concedió la libertad por falta de pruebas. En cambio al marido lo hallaron culpable y, tras pasar muchos meses en la cárcel, un pelotón de fusilamiento lo ejecutó el 5 de abril de 1945. Faltaba poco más de un mes para que la guerra concluyera formalmente.[10]

Ilse Koch defendió que el hecho de que el tribunal de la SS la hubiera absuelto era una demostración de su inocencia. Pero su tranquilidad no duró mucho. Cuando los estadounidenses liberaron Buchenwald, hallaron a más de 20.000 reclusos famélicos, macilentos, enfermos y moribundos. Sin embargo, a algunos de los presos aún se los pudo entrevistar, y otros entregaron a los libertadores pruebas de las atrocidades perpetradas en el campo, incluidos fragmentos de piel humana tatuada y una pantalla de lámpara hecha, se decía, con ese material, que quedaron sobre una mesa, a la vista de todos. Algunos comentarios empezaron a relacionar la piel preservada con la esposa del excomandante. En realidad es probable que las muestras se tomaran de los cadáveres de los presos por orden de un médico de la SS, Erich Wagner, que estaba escribiendo una disertación sobre los tatuajes, pues creía que se relacionaban con la delincuencia de quienes los lucían; no hubo pruebas directas que las asociaran con Ilse Koch. Un exrecluso afirmó que Koch observaba a los presos recién llegados desde la atalaya de su residencia privada, mientras los desnudaban, y «si veía un diseño de tatuaje ... que le gustaba, entonces ... ordenaba matarlo y que le llevaran la piel». Pero aunque la residencia no estaba lejos, estaba fuera del perímetro y a casi un kilómetro de distancia, por lo que en la práctica habría sido imposible. Los testimonios incriminatorios eran casi todos de oídas o no tenían más base que lo que un investigador estadounidense definió como «ideas de conocimiento común» entre los presos.[11]

Sea como fuere, la historia de las pantallas de piel humana fascinó a la prensa y a la opinión pública como ejemplo pasmoso de la crueldad de los nazis y su desprecio por la vida humana. Cuando las autoridades estadounidenses la sometieron a juicio junto con otros treinta acusados, fue un elemento crucial de la acusación. El fiscal en jefe, William Denson, impresionado por los relatos recurrentes de los exinternos, describió a Ilse Koch como «una mujer atractiva y depravada que apaleaba a los presos, los denunciaba para que les dieran palizas y traficaba con piel humana». Como no le correspondía ningún puesto formal en la jerarquía nazi, Koch no pudo acogerse al alegato habitual de que «se había limitado a cumplir órdenes». Denson se refirió a ella como «la comandanta» del campo, pero este supuesto cargo es una invención. Justo antes del juicio se descubrió que estaba embarazada de tres meses y los fiscales y la prensa lo interpretaron como una prueba de que era en efecto una «ninfómana». Durante el proceso en sí, los periódicos la presentaban con un lenguaje muy sexualizado, haciendo comentarios sobre el «cuerpo voluptuoso» de la «lujuriosa bruja de Buchenwald». Sin embargo, con las repreguntas, el testimonio al respecto de los presos no se sostuvo. Nadie, ni siquiera Konrad Morgen, había encontrado ninguna lámpara de piel humana, ni pruebas de que los tatuajes se hubieran arrancado en vida o por orden de Koch. Tampoco había pruebas de primera mano conforme se había asesinado a presos siguiendo sus instrucciones. Cuando se la hizo subir al estrado Ilse Koch negó todas las acusaciones y destacó que durante casi todo el tiempo pasado en Buchenwald había estado embarazada; pero cuando puso la excusa de que desconocía lo que pasaba dentro del campo, se evidenció que era una mentira, dado que —como señaló Denson— había utilizado a presos como trabajadores esclavos para su casa y su jardín. El juicio concluyó con una condena a cadena perpetua; la corte apenas concedió validez a los argumentos de la defensa y probablemente solo el embarazo la salvó de la soga.[12]

Sin embargo, una posterior revisión de las sentencias del tribunal, aunque por un lado confirmó la pena de muerte para muchos acusados, a Koch le redujo la de cadena perpetua a cuatro años. Se ampararon en que buena parte de las supuestas pruebas eran «de una veracidad dudosa» y que por el contrario su comportamiento comprobado no había causado muertes ni heridas graves; tampoco había tenido responsabilidad sobre el funcionamiento general del campo. La prensa estadounidense se apresuró a denunciar la revisión como un escándalo inaudito; el clamor general ante lo que se calificó como indulgencia inaceptable del tribunal militar fue tan sonoro que el presidente Truman intervino y una subcomisión del Senado inició una investigación que criticó sobremanera a los revisores y sus recomendaciones. Las autoridades estadounidenses optaron por huir de la controversia delegando el caso en el sistema judicial de la Alemania Occidental. El fiscal alemán describió a Ilse Koch como un monstruo, «de una crueldad raramente conocida en una mujer»; no era «ni siquiera una buena madre», puesto que bebía sin moderación y «rondaba siempre con hombres casados». La fiscalía dio nueva vida a la acusación —anteriormente desacreditada— de que ella era la «comandanta» de Buchenwald, y Karl Otto Koch, «su esclavo devoto en todo». «Se alegraba con la terrible visión» de los castigos crueles que se imponían a los presos rebeldes. Se afirmó que había incitado a los guardias a asesinar a reclusos en no menos de veinticinco ocasiones y que había asistido a varias de las ejecuciones que ordenó. Se había «rendido sin vergüenza a sus instintos sexuales». El fiscal también repitió la acusación, ya rechazada, de la pantalla de piel humana. Este último juicio se inició el 27 de noviembre de 1950, en Augsburgo. Koch volvió a negarlo todo e insistir en que «soy una mujer normal y corriente». Durante las seis semanas posteriores no menos de 214 testigos declararon ante la corte. Aunque en buena medida se trataba de historias de oídas, se consideró que una gran parte resultaba convincente. El clérigo católico Alfred Risser aseguró que había visto personalmente cómo Ilse Koch seleccionaba a un preso para que lo castigaran, tras lo cual un integrante de la SS levantó una piedra pesada y le aplastó la cabeza. Otro clérigo, Alfred Berchtold, informó al tribunal de que él también había visto cómo Ilse Koch denunciaba a un guardia de la SS a un hombre que formaba parte de una columna de presos, al que se llevaron de allí para asesinarlo. Ilse Koch rechazó enérgicamente la acusación, lo que equivalía a sostener que los sacerdotes estaban mintiendo. Por otra parte se constató que ella mentía claramente al declarar que ni siquiera había entrado nunca en el campo. Fue especialmente reveladora la prueba documental de que estaba afiliada al Partido Nazi, otro asunto que ella había negado categóricamente. Debido a la intensa presión Ilse Koch se derrumbó y, durante varias sesiones, el proceso continuó sin su presencia. A la postre el tribunal la condenó a cadena perpetua (en 1949 la pena de muerte se había abolido en la Alemania Occidental). La sentencia la consideraba culpable de incitación al asesinato, aunque rechazó algunas de las acusaciones más extravagantes. Consideró como agravante que hubiera violado las normas de género de la época, al entender que había «suprimido deliberadamente todo sentimiento de compasión y piedad que por ser mujer tenía» y se había «negado con terquedad a profundizar en las cosas y ajustar su comportamiento correspondientemente, a pesar de que los sentimientos de piedad y empatía le habrían resultado especialmente obvios a cualquier mujer». La prensa germano-occidental acogió el veredicto con entusiasmo. A ello contribuyó el hecho de que Koch hubiera negado la totalidad de las acusaciones, hubiera mentido y no hubiera mostrado arrepentimiento. El semanario liberal *Die Zeit* habló por boca de muchos cuando la describió como una mujer «pervertida, ninfómana, histérica y obsesionada por el poder».[13]

Aunque solicitó clemencia en incontables ocasiones, Ilse Koch no volvió a salir de la cárcel de mujeres de Aichach. Siempre negó todas las acusaciones planteadas en su contra. Desesperada, se ahorcó en su celda, con las sábanas de la cama, el 2 de septiembre de 1967. No cabe duda de que fue culpable de aprovecharse de la corrupción del marido, de varias formas. El testimonio de algunos exreclusos, conforme había incitado a guardias de la SS a asesinar presos, era convincente. Compartía plenamente la concepción del mundo de los nazis y denunció que la «propaganda del odio» la habían «dirigido en mi contra principalmente los judíos», a pesar de que en su inmensa mayoría los testigos que declararon en contra de ella (al igual que los periodistas que la vilipendiaron) no eran judíos. No se hizo ningún favor al sostener obstinadamente que no había hecho nunca nada malo. Era nazi sin arrepentimiento: cuando se la detuvo en Alemania, se cuenta que dijo que el «régimen» de la Alemania Occidental no tardaría en caer, el Tercer Reich volvería, y los que la perseguían «ya verán lo que les pasará». No solo en Estados Unidos, sino por encima de todo en la Alemania Occidental, la tendencia a atribuir los crímenes del nazismo a individualidades pervertidas y psicópatas proporcionó una excusa conveniente para la ingente cantidad de alemanes normales y corrientes que habían alzado el nazismo al poder, lo habían sostenido en lo alto y habían participado en sus crímenes. Tanto los alemanes occidentales como los estadounidenses tuvieron la tentación de afirmar que, al llevar ante la justicia a la «Bruja de Buchenwald», habían demostrado su voluntad de castigar a los criminales de guerra del nazismo; en la práctica cientos de hombres que habían perpetrado asesinatos y actos crueles a escala industrial se libraron del castigo con penas mucho más indulgentes o incluso sin condena.[14]

Entre el total de los criminales a los que se llevó a juicio, el número de mujeres fue relativamente escaso, lo que no es de extrañar dada la naturaleza de masculinismo extremo del régimen nazi. Algunas adquirieron gran notoriedad pública, pero pocas hasta el extremo de Ilse Koch. Entre las que cobraron fama estuvo Irma Grese, apodada por la prensa «la bella bestia de Belsen», «la reina de la panda de Belsen», «el monstruo rubio» o «la mujer de Satán».[15] «Era una de las mujeres más hermosas que yo hubiera visto nunca», afirmó una médica internada en el campo de Auschwitz, Gisella Perl: «Su cuerpo era perfecto en todas sus líneas; el rostro, claro y angélico; y sus ojos azules, los más alegres e inocentes que uno pueda imaginar. Y sin embargo, Irma Grese fue la pervertida más depravada, cruel e imaginativa con la que nunca me topé».[16]

Grese ocupó un lugar destacado en el juicio contra los guardias y funcionarios del campo de concentración de Bergen-Belsen, cuyo descubrimiento —por tropas británicas, el 15 de abril de 1945— causó horror y conmoción en todo el mundo. En su interior se halló a unos 60.000 reclusos en condiciones de inanición y debilidad extrema, rodeados por otros 13.000 ya fallecidos, que yacían en torno de ellos sin enterrar. La salud de los supervivientes era tan frágil que unos 14.000 murieron a las pocas semanas de ser liberados.[17] Grese se había quedado en el campo, sin preocuparse, al parecer, de que tuviera nada que temer de los representantes de los Aliados. Pero a los dos días de llegar estos, la detuvieron. La obligaron a asistir al sepelio de los fallecidos y la enviaron a una cárcel de la ciudad de Celle, donde permaneció hasta que la juzgó un tribunal militar británico, en Lüneburg, junto con el comandante del campo, Josef Kramer, y otras cuarenta y tres personas. Un total de unos 2.000 periodistas y observadores asistieron a la lectura de las acusaciones, que les reprochaba haber participado voluntariamente en «un sistema de asesinato, brutalidad, crueldad y desatención criminal». Muchos de los que se sentaron en el banquillo —como la propia Grese— habían prestado servicio primero en Auschwitz y los evacuaron a Belsen cuando se acercó el Ejército Rojo.[18]

En el estrado, Grese admitió haber obligado a presos a permanecer de pie durante mucho tiempo, cuando pasaban revista a primera hora; y reconoció haber llevado consigo una fusta, que utilizaba para azotar a los internos de Auschwitz: «Era una fusta muy ligera —les dijo a los jueces—, pero cuando se golpeaba con ella, dolía». Aunque el comandante del campo lo había prohibido expresamente, ella recurría a la fusta cuando encontraba a algún preso robando o que no hacía caso de sus órdenes. Admitió que también había llevado una pistola y que golpeaba asimismo a los internos con un bastón o con la mano enguantada. Antiguos prisioneros dieron fe de que la habían visto disparar contra una judía húngara de treinta años en Auschwitz, sin que mediara provocación. Otro testigo dijo que «la ocupación favorita [de Grese] era darles golpes y, cuando caían al suelo, patadas con unas botas pesadas». Una exprisionera polaca describió que Grese los había vigilado en bicicleta durante una salida obligada en la que tuvieron que recorrer unos dieciséis kilómetros por el exterior del campo para recoger hierbas para la cocina. Algunos presos se derrumbaron en el camino, por debilidad y malnutrición, y Grese les lanzó el perro con el que se acompañaba. Aunque durante las repreguntas negó haber tenido nunca un perro, sí reconoció que había forzado a una patrulla de trabajo a correr en torno del campo por «deporte», después de que alguien hubiera robado un poco de carne de la cocina del campo; varios se desmayaron de agotamiento, aunque Grese negó que nadie hubiera muerto. En

Auschwitz había ayudado al médico Josef Mengele en la selección de presos para la cámara de gas, sabiendo ella qué destino les aguardaba. «Si una interna salía corriendo —le dijo el fiscal—, tú la traías de vuelta y le dabas una paliza». «Sí», contestó ella. Cuando le preguntaron si obligaba a los presos a arrodillarse cuando se portaban mal mientras se pasaba lista por la mañana, también respondió que sí.[19]

Los crímenes de Irma Grese no fueron más graves que los de muchos hombres que trabajaron como guardianes de campo para la SS. Sin embargo, los periodistas que cubrían el juicio —en su abrumadora mayoría, varones— quedaron impresionados por su juventud y belleza. Había nacido el 7 de octubre de 1923 en una zona rural de Mecklemburgo, en una familia con problemas: la madre se quitó la vida en 1936, al parecer por dificultades en el matrimonio. Isle dejó de estudiar a los catorce años, trabajó como jornalera en una granja y luego como auxiliar de enfermería en un sanatorio deportivo de la SS, en Hohenlychen. Entonces se afilió a la SS y encontró empleo como guardiana del campo de concentración femenino de Ravensbrück, tras lo cual el padre decidió cortar la relación con ella. En marzo de 1943 la transfirieron a Auschwitz-Birkenau, donde se ocupó de vigilar a cuadrillas de trabajo hasta que, el 18 de enero de 1945, la evacuaron. Aunque cuando llegó a Auschwitz todavía era solo una adolescente, este hecho no era nada infrecuente: en 1943-1944, dos tercios de las guardianas de Ravensbrück contaban veinticinco años o menos.[20] En los primeros días de marzo de 1945, tras un breve período en Ravensbrück, Grese pasó a Belsen. En consecuencia la mayoría de los exprisioneros que declararon en su contra habían estado bajo la supervisión de Grese en Birkenau. Esto bastó para que el tribunal la condenara a muerte, y el 13 de diciembre la ahorcaron. El verdugo británico Albert Pierrepoint comentó que era «una chica tan linda como la que uno se podría pedir de novia».[21]

Hasta el final, Grese estuvo convencida de no haber hecho nada malo. En un momento de la tanda de repreguntas perdió los nervios y le gritó al fiscal, dando un puñetazo en la mesita del estrado de los testigos. «Fue la primera ocasión durante el juicio —informó el *Daily Herald*— en que se vio asustada a la rubia Irma Grese; quizá la primera ocasión en su vida».[22] El resto del tiempo la ausencia de emociones, la frialdad y el nulo arrepentimiento con el que describía sus crímenes impresionaron profundamente a los observadores. «Irma enseña las uñas», decía el titular de un periódico británico que notició su forma de responder a las repreguntas.[23]

La prensa informó de todo el juicio, prestando especial atención a los comportamientos de Grese. A la postre, la máscara de negación que había ocultado la declaración de los otros acusados había caído. Los periódicos optaron por acusarla de crímenes que había negado consistentemente e incluso de crímenes que ningún testigo de la acusación había mencionado. El *Daily Herald* logró convertir la declaración de Grese ante los jueces en una experiencia orgiástica: «Aquellas respuestas agrias, a voz en grito, eran las de Irma Grese, la guardiana de la SS. Se llegó al clímax cuando, entre risas despectivas, exhibió ante los jueces cómo se maneja un látigo».[24] Una fuente no tuvo problemas en sostener que cuando una presa debía dar a luz, Grese ordenaba que le ataran las piernas, provocándole una muerte agónica. Grese era, según el *Sunday Telegraph*, «la mujer cuya crueldad supera probablemente la de ninguna otra mujer en la historia»; un diario alemán la calificaba de «asesina y sádica»; para otra cabecera era «un diablo disfrazado». El historiador estadounidense Daniel Patrick Brown afirmó que destacaba negativamente incluso en Auschwitz «por sus amoríos nocturnos con presas a las que luego enviaba a la cámara de gas».[25] Incluso algunos exprisioneros dieron testimonios que reflejaban antes el estereotipo en el que Grese se había convertido que la realidad que ellos habían vivido. La médica Gisella Perl sostuvo que Grese seleccionaba a las presas más guapas y, mientras les golpeaba los pechos con un látigo enjoyado, se retorcía entre espasmos orgásmicos.[26]

Perl rememoró que Grese acudió a contemplar cómo operaba del pecho a una joven prisionera que, según la doctora, se había infectado tras abrirse por los fustazos de Grese. La operación se hizo sin anestesia mientras «la paciente gritaba de dolor» todo el rato. Grese

> observó cómo hundía yo el cuchillo en el pecho infectado, que escupía sangre y pus en todas direcciones. Cuando casualmente miré hacia arriba me encontré con lo más horrible que he visto en mi vida y cuyo recuerdo me perseguirá durante el resto de mis días. Irma Grese estaba *disfrutando* a la vista del sufrimiento humano. Tenía el cuerpo tenso y lo adelantaba y retrasaba con un movimiento rítmico y revelador. Tenía las mejillas sonrojadas y los ojos abiertos del todo con la mirada fija y rígida del puro paroxismo sexual.

Hay que decir que estos relatos parecen poco verosímiles. A juicio de observadores más racionales, Grese era una joven simple y bastante inmadura que no lograba entender por qué se la demonizaba ni comprender siquiera que un tribunal militar británico la juzgara. Las cartas que escribió desde la celda a la familia, una vez condenada, revelan que no había perdido ni un ápice de las ilusiones del nazismo. «Nunca perderé el honor —les contaba, adoptando las palabras del lema de la SS—, ¡porque mi honor se llama lealtad!». Insistió en que tenía la conciencia limpia. Moría por su patria adorada y seguiría siéndole leal hasta la muerte, escribió.[27]

Los criterios de selección para las guardianas daban prioridad al compromiso ideológico, la buena salud física y la dureza mental. Solo se aceptaba, pues, a una minoría de las candidatas, con lo que las posteriores carestías de personal acabaron comportando una relajación de estos criterios.[28] En enero de 1945, había 546 guardianas en el campo de mujeres de Ravensbrück y doce en Bergen-Belsen. En total, los campos de concentración contaban con casi 3.500 guardianas, en gran parte reclutadas en fábricas y en oficinas de empleo.[29] Acabada la guerra, apenas se juzgó a unas pocas; quizá «porque los Aliados no creían que las mujeres pudieran haber cometido atrocidades y porque Alemania deseaba rehabilitar a sus hombres afirmando la normalidad de sus mujeres», según plantea cierto historiador.[30] Las exguardianas que sobrevivieron a la contienda negaron su culpabilidad sin apenas excepciones, a menudo durante muchas décadas e incluso presentándose ellas como víctimas.[31] Los juicios que sí se llevaron a cabo tendieron a minimizar la libertad de acción de las mujeres guardias y subestimar la responsabilidad personal de la mayoría, haciendo hincapié en que estaban subordinadas a la autoridad masculina.[32] Solo se señaló a una cantidad muy reducida, cuando se consideraba que habían violado de forma radical las normas de conducta, carácter y apariencia que se tenían por propias de las mujeres; en este caso se les dio un trato sensacional y se las puso en la picota. Los medios de comunicación las calificaron de «bestias» y «monstruos», diferenciándolas de lo que por lo general se entendía como normal.[33] De hecho, la normalidad femenina en el Tercer Reich incluía una enorme diversidad de comportamientos; la conducta de dos perpetradoras como Ilse Koch e Irma Grese —con todas las diferencias que existieron entre las dos— distaba de ser tan excepcional como parecía derivarse de su demonización. Para que una mujer normal y corriente se convirtiera en asesina —o no digamos, ayudara a los crímenes del nazismo o los facilitara— no se requería ningún trastorno psicopático profundo de la personalidad.

20

La madre: Gertrud Scholtz-Klink

La historiadora estadounidense Mary Ritter Beard, en un estudio de 1971, hizo un retrato de una figura apenas conocida entonces de la jerarquía nazi: Gertrud Scholtz-Klink, a la que presentó como una Hitler femenina, la dictadora nazi que sometió a las alemanas.

> En 1941 gobernaba sobre unos treinta millones de alemanas e iba consolidando el control sobre otros cerca de veinte millones de mujeres en las tierras ocupadas por las tropas alemanas. La autoridad dictatorial de esta dama *Führer über Alles* [«líder sobre todo»] la ha descrito con vivacidad Peter Engelmann ... «Frau Klink —escribió Engelmann— gobierna sobre las vidas de las mujeres, en todos sus aspectos. Les dice cuántos hijos deben tener, y cuándo; qué deben vestir; qué deben cocinar y cómo. Qué deben decir, entre risas, cuando sus maridos e hijos se marchan a la guerra. Cómo se deben comportar, sonrientes, cuando matan a sus hombres. La suya es la responsabilidad sobre el estado de ánimo de la nación, sobre el núcleo de la moral nacional».[1]

En una entrevista de Scholtz-Klink, realizada en Alemania varios años después de la obra de Beard, otra historiadora estadounidense, Claudia Koonz, la calificó de «la mujer que tuvo la responsabilidad principal en la creación de una esfera específicamente femenina en la sociedad nazi», al establecer una «organización colosal que adoctrinó a una generación de niñas y jóvenes» en la ideología del nazismo. A juicio de Koonz, Scholtz-Klink había resultado instrumental para que se formara la mitad de «el mundo del orden, dominado por los hombres, y al amable mundo del amor, preservado por las mujeres».[2] Sin este último, el primero habría resultado imposible: «Las madres y las esposas ... hicieron una contribución vital para el poder nazi, al preservar la ilusión del amor en un ambiente de odio».[3] ¿Con qué actitud concebía Scholtz-Klink el papel que había interpretado en el Tercer Reich —le preguntó Koonz— ahora que habían pasado más de tres décadas y media desde su final violento y catastrófico?

Para su sorpresa, Scholtz-Klink no mostró el más mínimo arrepentimiento acerca de su período como «Lideresa de las mujeres del Reich» en la Alemania nazi.

> Mi división femenina ... formó casi un Estado dentro del Estado —dijo—. Desde mi ministerio, yo dirigí departamentos de economía, educación, asuntos coloniales, consumo, salud, educación y bienestar. Los hombres nunca interfirieron en lo nuestro: hacíamos lo que queríamos

y eran «una gran familia feliz». Scholtz-Klink afirmaba —en falso, según se comprobó— que a menudo establecía contacto informal con Hitler, Himmler, Göring, Rosenberg y los demás líderes nazis; ellos la escuchaban con atención y aceptaban sus consejos. «Nuestra tarea —y la hicimos bien— era inculcar los ideales nazis en la vida cotidiana de todas las alemanas, en todas partes, incluso en las aldeas más diminutas». Ella había «unificado a todas las alemanas» integrándolas en la comunidad nacional.

¿De dónde procedía su interés por el nazismo? En la década de 1920 —dijo Scholtz-Klink— ella era simplemente una madre y ama de casa. Por supuesto, respaldó la acción política de su primer marido, «un fervoroso integrante de las SA». Pero un día sufrió un infarto que acabó con su vida, mientras asistía a una manifestación. Scholtz-Klink no culpó de su muerte al movimiento nazi, sino a sus enemigos, a pesar de que nada indicaba que su marido hubiera participado aquel día en peleas callejeras o alguna otra forma de violencia; falleció por el simple exceso de emoción. «Quise ocupar su lugar y consagrarme al movimiento por el que había dado la vida como un mártir», dijo. Se ofreció de inmediato a ayudar al Partido y le encomendaron que organizara a las nazis de Baden, donde vivía, una labor que cumplió con energía y sin piedad. Cuando los nazis se alzaron con el poder, en 1933, ella pasó a la acción. En febrero y marzo Hitler fue dando los primeros pasos cruciales para el establecimiento de su dictadura, y el 27 de abril Scholtz-Klink se sintió lo suficientemente fuerte y confiada como para ordenar la disolución local, en Baden, de la Federación de Asociaciones de Mujeres de Alemania, paraguas de las sociedades feministas liberales del país. Las infortunadas feministas, que no daban crédito a lo sucedido, protestaron ante el Ministerio de Interior del Reich, pero fue en vano. Scholtz-Klink declaró que asumía el liderazgo de todas las actividades femeninas en Baden, y otras nazis fueron siguiendo sus pasos por toda Alemania. Cuando por todo el Reich se vivió un proceso de *Gleichschaltung* —«coordinación» forzosa con los valores del nazismo, que afectó a todas las partes de la sociedad civil salvo, en aquel momento, las Iglesias—, se constató que las organizaciones femeninas no iban a suponer una excepción. La Federación, después de que se la amenazara con clausurarla por la fuerza a nivel nacional, se disolvió el 15 de mayo de 1933.[4]

Por entonces hacía tiempo que el Partido Nazi despreciaba al movimiento feminista alemán, por considerarlo una organización subversiva que aspiraba a socavar los valores de la familia alemana y a alejar a las mujeres del papel que les correspondía por biología: el de amas de casa y madres. El feminismo —afirmaron diversos líderes nazis— era una doctrina judía; el movimiento feminista estaba inspirado y dirigido por mujeres judías (pese a que en sus filas eran bastante escasas, porque la mayoría se habían afiliado a una sociedad del todo separada, la Liga de las Mujeres Judías). Las ideas del nazismo sobre el lugar de las mujeres en la sociedad mezclaban elementos tradicionales —al hacer hincapié, por ejemplo, en que las esferas sociales de hombres y mujeres eran del todo distintas— y radicales, insistiendo en que era imprescindible abandonar la moral cristiana para poder dar más hijos al Reich. El propio Hitler declaró en 1935 que el honor mayor de una mujer era darle hijos a la nación. También afirmó repetidamente que en la política no había lugar para las mujeres.[5]

> La igualdad de la mujer existe en el hecho de que ella recibe el elevado aprecio que merece en las áreas de la vida que la naturaleza le asigna ... Hombre y mujer representan dos formas de ser completamente diferentes entre sí. En el hombre domina el intelecto; en la mujer, el sentimiento.[6]

Elogió directamente a Scholtz-Klink, diciéndole:

> Realmente habéis comprendido con brillantez cómo no caer en el error de convertir la organización de las mujeres en el contrario polar de la de los hombres y, de este modo, habéis convertido la organización femenina en todo un complemento de la organización combativa de los hombres.[7]

En 1981, no obstante, en la entrevista con Claudia Koonz, Scholtz-Klink intentó dar valor a sus propias credenciales feministas; seudofeministas, habría que decir. Pues al principio —afirmaba— los hombres que lideraban el movimiento nazi habían pretendido que la organización femenina nazi actuara como un simple movimiento subordinado y auxiliar; ella, en cambio, «estaba decidida a crear una organización femenina digna e independiente, capaz de hacer cosas por sí misma». Su obra había sido de un carácter esencialmente no político, continuó diciendo. Según la conclusión de Koonz,

> junto al motivo dominante de la brutalidad varonil, Gertrud Scholtz-Klink y sus millones de seguidoras crearon la faceta social de la tiranía. Se afanaron a administrar servicios de bienestar, programas educativos, actividades de ocio, adoctrinamiento ideológico y la organización del consumo, de modo que las mujeres nazis remendaban la ropa mientras los hombres nazis emprendían marchas.

Scholtz-Klink nunca se arrepintió; antes al contrario, para defender la labor realizada en el Tercer Reich, escribió un libro de ensayos donde predominaba la justificación nostálgica de sus días de gloria como «Lideresa de las mujeres del Reich».[8]

¿Cómo llegó Scholtz-Klink a liderar la organización femenina del nazismo? No resultó un camino fácil y necesitó mucho mecenazgo y asistencia de los hombres. Gertrud había nacido el 9 de febrero de 1902 en Adelsheim, una ciudad pequeña y pintoresca del estado sudoccidental de Baden. Su padre era un funcionario menor, que falleció cuando ella contaba tan solo ocho años de edad. Tras acabar la secundaria, no se preparó el Abitur (el examen de acceso a la universidad), sino que se quedó en casa, para ayudar a su madre con las tareas del hogar y la familia, que incluía también dos hermanos menores. A los diecinueve años se casó con un profesor de secundaria, Eugen Klink, con quien tuvo dos hijas y tres hijos, el menor de los cuales falleció en la infancia. Klink había sido oficial del ejército en la primera guerra mundial y, como tantos otros veteranos, durante la República de Weimar se sintió atraído por la ultraderecha política. Tras fallecer este repentinamente, en marzo de 1930, Gertrud quedó bajo el amparo del Gauleiter (líder regional nazi) de Baden, Robert Wagner, quien, afiliado al Partido desde sus inicios, ya había participado en el *Putsch* de la cervecería, en 1923. Fue precisamente Wagner, amigo de su difunto esposo, quien se aseguró de que la nombraran líder de la organización femenina nazi de Baden. Por su parte ella no perdió tiempo en encontrarle sustituto a Klink: en 1932 se casó con Günther Scholtz, médico rural y funcionario nazi local, y añadió su apellido al de su primer marido.[9]

El advenimiento del Tercer Reich impulsó a Scholtz-Klink al ámbito nacional. Pero también la colocó en una situación política complicada y le causó graves problemas domésticos. Al mudarse a Berlín en 1934, Scholtz-Klink convenció al esposo de que dejara la consulta médica y la acompañara a la capital con el resto de la familia (a la que se habían incorporado otros dos hijos). Pero las cosas no salieron bien. Un año más tarde Scholtz se cansó de su nueva vida como «amo de casa», regresó a Baden y puso fin al matrimonio; en 1937 se divorciaron legalmente.[10] El activismo político de Gertrud había situado al marido a la sombra, en una llamativa inversión de los papeles que el régimen preveía para las mujeres y los esposos. Sin embargo, ella distaba de ser una feminista estridente ni asertiva. El secreto de su éxito radicó en la combinación de una resolución de acero, por un lado, y la exhibición discreta y cautelosa de su adherencia a la concepción conservadora de los papeles de género, por otro. Solo así pudo lidiar con la paradoja de entregarse a un mundo político que negaba a las mujeres el derecho a entregarse a la política. En el ámbito nacional, la organización de las afiliadas al Partido Nazi —una minoría minúscula, de tan solo un 5 % del total de miembros— se había visto atormentada por rivalidades personales y querellas políticas. Sus dos figuras principales, Paula Siber y Lydia Gottschewski, eran claramente asertivas, obstinadas y poco diplomáticas. Su rivalidad amenazaba con destruir la cuidadosa restructuración organizativa del movimiento femenino nazi que Gregor Strasser había efectuado con éxito en 1931. Además los discursos de Gottschewski no eran bien recibidos por el liderazgo del Partido, que los veía demasiado próximos a la propaganda feminista. Empezaron a volar acusaciones y contracusaciones, se revelaron irregularidades económicas y la jerarquía del Partido prohibió a Siber hablar en público.[11]

Mientras Siber y Gottschewski se enzarzaban en disputas teóricas sobre el papel más idóneo de las mujeres en el nacionalsocialismo, y convocaban a sus partidarias en la lucha por el poder en el seno del movimiento, Scholtz-Klink —después del éxito en la destrucción del movimiento feminista en Baden— se centró en el bienestar y la obra social y se abstuvo de hacer grandes declaraciones o poner en marcha iniciativas políticas. El Gauleiter Robert Wagner la elogió obsequiosamente y a medida que su capital en el Partido ascendía, también mejoraba el prestigio de ella. Esto atrajo el apoyo de Erich Hilgenfeldt, jefe de la organización Bienestar Popular Nacionalsocialista (NSV), que cayó en la cuenta de que, si él patrocinaba a Scholtz-Klink, se adelantaría a sus propios rivales, como por ejemplo el ministro imperial Wilhelm Frick, que había apostado por Siber. Hubo rumores de que Hilgenfeldt y Scholtz-Klink habían iniciado una relación, y desde luego los respectivos matrimonios pasaban por una fase muy negativa; Hilgenfeldt también se separó de su esposa, en 1935, y se divorciaron cinco años después. Independientemente de cuál fuera la verdad, la solución que se dio a las disputas internas del movimiento femenino de los nazis —nombrar a un hombre, Gottfried Krummacher, un administrador local de talante conservador propuesto por la Iglesia protestante— no podía pasar de ser un simple expediente temporal. Sin embargo, en un corto espacio de tiempo, Krummacher reorganizó el movimiento y creó una división dual del trabajo, entre una organización paraguas, la *Deutsches Frauenwerk* [Obra Femenina Alemana], y un club más elitista con las activistas y afiliadas al Partido Nazi, la *NS-Frauenschaft*. Con el respaldo del ministro de Trabajo del Reich, Robert Ley, y el Sublíder del Partido y jefe de la administración del Partido Nazi, Rudolf Hess, Krummacher introdujo a Hilgenfeldt para que resolviera los demás problemas.[12]

Habiéndose logrado el apoyo de estas figuras destacadas, se empezó a buscar una titular permanente para la dirección de las mujeres nazis. Gracias a su combinación de discreción, lealtad y eficiencia administrativa, la candidata evidente era Scholtz-Klink. En el transcurso de 1934 la eligieron, pues, como directora de todas las grandes organizaciones femeninas, incluido el Servicio de Trabajo Femenino; esto culminó con su designación oficial, en noviembre, como «Lideresa de las mujeres del

Reich» o *Reichsfrauenführerin*. Esta posición era, indiscutiblemente, la más elevada que una mujer alcanzó en el Tercer Reich. Aunque tanto el título como el puesto se ajustaban exteriormente al «principio del liderazgo» que había dominado el nazismo desde mediados de la década de 1920; sin embargo, la idea ya citada de que fue una especie de dictadora, una equivalente femenina de Hitler, resulta ser una exageración. Quien le decía a las alemanas cuántos hijos debían tener, qué ropa debían comprar, qué clase de comidas cocinar o cómo comportarse cuando sus hombres morían en combate no era Gertrud Scholtz-Klink. La *Frauenschaft* nazi estaba estrechamente ligada a las instituciones de bienestar social del Frente del Trabajo y la organización del Bienestar Popular nazi: sus miembros tejían ropa y preparaban comidas para los afiliados, en los mítines del Partido; impartían clases a las mujeres embarazadas y las madres recientes; daban charlas para mujeres sobre asuntos de salud e higiene personal; y en colaboración con el Frente del Trabajo, organizaron salidas y viajes culturales para las mujeres trabajadoras. También dieron clases sobre las ideas y los objetivos del movimiento nazi y la SS les encargó organizar cursos de instrucción para las futuras esposas de los miembros del Partido (si obtenían la aprobación necesaria para casarse). Durante la guerra las competencias de la *Frauenschaft* se ampliaron, sobre todo en ámbitos como los trabajos de rescate después de los bombardeos aéreos.[13]

Se trataba sin excepción de actividades de bajo nivel y claramente subordinadas al liderazgo general del Frente del Trabajo y la organización de bienestar del Partido Nazi. Esta posición subordinada de la *Frauenschaft* siempre estuvo muy clara: en los manuales del movimiento nazi, por ejemplo, figuraba permanentemente en el último lugar de cualquier lista de las organizaciones constituyentes del Partido o asociadas a este. Scholtz-Klink solicitó reunirse con Hitler varias veces, pero desde 1933 nunca le concedieron audiencia con el dictador. No solo dependía del mecenazgo de algunos hombres con poder en el régimen, sino que, cuando perdía el patrocinio, lo pasaba mal. En 1937 chocó con Robert Ley por la cuestión de quién debía ser responsable de los aprendizajes femeninos, y aunque los dos establecieron un acuerdo provisional, aunque limitado, con respecto al reparto de las repúblicas, Ley la criticó por asignar el título de *Leiterinnen* («directoras») a algunas de sus funcionarias, lo que a su juicio suponía promover la emancipación de las mujeres y ponía en peligro la unidad del Partido. Scholtz-Klink fue rescatada por Hess, quien anunció que Hitler estaba plenamente satisfecho con su labor; pero después del demencial intento de Hess de mediar en un tratado de paz anglo-germánico, para lo cual voló en secreto a Escocia el 10 de mayo de 1941, Martin Bormann, que ocupó el lugar de este, se mostró mucho menos empático; en cooperación con Ley impidió que Scholtz-Klink fusionara la *Frauenschaft* con la *Frauenwerk*, alegando que esto suponía desafiar la autoridad del Frente del Trabajo en el ámbito del bienestar.[14]

Scholtz-Klink era consciente de que su posición en la jerarquía nazi era precaria y secundaria, y se cuidó de no aventurarse mucho más allá de la esfera que le habían asignado. Habló en público con relativa frecuencia, pero por lo general solo sobre asuntos femeninos. Así participó activamente en la campaña por el «Sí» en el plebiscito sobre la anexión de Austria, en 1938, por ejemplo; también en una campaña similar en los Sudetes, aunque este plebiscito no llegó a celebrarse nunca. Se rodeó de un grupo leal de mujeres de exquisita formación —algunas con doctorados, otras con cualificación profesional sobre todo en el Magisterio— que asumió buena parte de la carga administrativa de gestionar las diversas organizaciones femeninas sobre las cuales Scholtz-Klink mandaba. Pero su influencia sobre las medidas que el Frente del Trabajo aplicaba a las mujeres era casi nula y numerosas cuestiones claves —la política familiar, el control de natalidad, la contracepción, la educación, la admisión en la formación profesional y muchas otras— escapaban a su control. La campaña que durante la guerra intentó atraer a más mujeres a los trabajos remunerados la dirigía el Frente del Trabajo, no Scholtz-Klink. Además no consiguió, ni de lejos, que la mayoría de las alemanas adultas se sumaran a la *Deutsches Frauenwerk*: de hecho, su propuesta de fusionarla con la *NS-Frauenschaft*, más elitista, equivalía a reconocer que no había logrado consolidarla como una organización de masas y efectiva en sus propios términos. A diferencia de otras instituciones nazis —como las asociaciones profesionales o la Cámara de Cultura del Reich—, la *Frauenwerk* carecía de instrumentos de coerción con los cuales obligar a nadie a incorporarse. No estaba en su mano amenazar a las madres y las amas de casa con enviarlas al paro; tampoco les podía negar los subsidios de bienestar porque ello socavaría el propósito del régimen, que no era otro que convencerlas de que se quedaran en casa a cuidar de los hijos. Lo cierto es que estos subsidios eran tan generosos que las mujeres apenas se interesaron por la propaganda que las invitaba a trabajar en las fábricas de munición y otras industrias donde el reclutamiento de los hombres en la campaña bélica creó una creciente carestía de mano de obra a partir de 1939, lo que a la postre obligó al régimen a contar con trabajadores extranjeros, que en 1944 ascendían a no menos de siete millones. La *Deutsches Frauenwerk* no dejó de ser marginal en las vidas de las alemanas, y la *NS-Frauenschaft* fracasó por completo en el intento de alcanzar una verdadera influencia en política.[15]

Las mujeres alemanas —según la conclusión de la historiadora Jill Stephenson— mostraron una «singular resistencia» al atractivo del nazismo porque, por un lado, resultaba difícil politizarlas y, por otro, solían estar ligadas a la Iglesia, mucho más que los hombres. Cerca del 90 % de las mujeres no se interesaron por las organizaciones nazis. En su mayoría «deseaban seguir siendo sencillamente ciudadanas privadas, no organizadas». Muchas de las que se incorporaron a las entidades femeninas lo hicieron por razones meramente instrumentales: daban por sentada la ideología nazi, pero no creían en ella.[16] La hipótesis de que la *NS-Frauenschaft* desarrolló una ideología propia con independencia del Partido Nazi no ha acertado a convencer a los historiadores; lo único que Scholtz-Klink hacía era repetir como un loro los tópicos de la concepción nazi del reparto de papeles de género y en realidad esta conformidad fue una de las razones principales por las que su puesto se le asignó a ella y lo pudo mantener.[17] Por otra parte, el Partido Nazi proclamó de forma reiterada su objetivo de crear esferas del todo separadas para los hombres y las mujeres del Tercer Reich, pero no logró hacerlo realidad. La política quedó reservada a los hombres, desde luego; y la propaganda nazi hizo hincapié una y otra vez en que los varones debían ser valerosos y las mujeres, maternales. Sin embargo, cuando Claudia Koonz retrata a las mujeres como perpetradoras indirectas, cuyo carácter doméstico y pacífico sirvió de sostén para la barbarie violenta de los hombres, está simplificando en exceso. No es menos problemática la concepción contraria, según la cual las alemanas fueron por encima de todo víctimas de la misoginia y el supremacismo masculino de los nazis. Estos dos conceptos diametralmente opuestos del lugar de las mujeres en la Alemania nazi dieron origen a una feroz controversia a finales de la década de 1980 y principios de la de 1990.[18] Pero desde entonces la investigación histórica ha avanzado, sobre todo en el estudio de las perpetradoras. Ha revelado las actividades de las mujeres asociadas a lugares como los campos de concentración: guardianas de los campos, secretarias y administradoras; de las médicas y enfermeras que participaron en experimentos humanos en los campos y en la Aktion T-4, el asesinato de personas, adultos y niños, aquejados de enfermedades mentales o discapacidades; pero también las actividades de muchas otras mujeres que, de un modo menos dramático que las anteriores; sin embargo, denunciaron a sus conciudadanos a la Gestapo por faltas de diversas clases, o se presentaron voluntarias para contribuir a la «germanización» de la Polonia ocupada y participaron en expulsar de sus granjas y campos a las familias polacas (bajo la supervisión de la SS) para dejar sitio a los nuevos colonos alemanes y, de paso, saquear sin vergüenza las propiedades de la población polaca.[19] Además las alemanas se implicaron fuertemente en múltiples aspectos del régimen, aunque no participaran directamente en sus crímenes. En su papel de esposas y madres estaban al corriente de los crímenes de sus hombres y, en su mayoría, los toleraron, los aprobaron y en ocasiones incluso ayudaron a perpetrarlos. El espectro de sus actividades en apoyo del Tercer Reich era vasto.[20]

Cuando estalló la guerra, Gertrud Scholtz-Klink había encontrado otra pareja, tras divorciarse de Günther Scholtz. Se trataba de August Heissmeyer, un *Obergruppenführer* («líder superior de grupo») de la SS. Se casaron el 6 de diciembre de 1940, un día antes —y no por casualidad, sin duda— de que quien se decía que había sido su amante, Erich Hilgenfeldt, se casara con su segunda esposa. Heissmeyer era, desde 1936, inspector de las «napolas» («instituciones educativas nacional-políticas»), centros de élite del nazismo donde se hacía hincapié en el coraje físico y la disciplina militar. Aportó no menos de seis hijos de su primer matrimonio, que sumados a los de Gertrud Scholtz-Klink, formó una familia de diez miembros, que se consideraba ejemplar para toda esposa y madre nazi. Pero Heissmeyer no era un simple pedagogo. Afiliado al Partido Nazi desde mediados de la década de 1920, también era el líder superior de la policía y la SS en Berlín y, durante un período breve (1939-1940) fue inspector en funciones de los campos de concentración, cargo que heredó de Theodor Eicke —creador del régimen de los campos—, hasta que le sucedió Richard Glücks. Heissmeyer, por lo tanto, figuraba en la parte más alta de los oficiales de la SS. Entre otras cosas dirigió una unidad militar en el estadio final de la guerra, con el rango de general de las Waffen-SS. Su influencia fue clave para que su sobrino Kurt, un médico que se estaba especializando en tuberculosis, obtuviera en 1944 permiso para realizar experimentos con veinte niños judíos de menos de doce años, que el doctor Josef Mengele le envió desde Auschwitz al campo de concentración de Neuengamme. Kurt Heissmeyer hizo que les inyectaran bacilos de la tuberculosis como parte de un experimento que contribuiría a su segundo doctorado y a otorgarle una posición como profesor de universidad. Después de infectarlos, les extirpó quirúrgicamente los ganglios linfáticos de la axila, para analizarlos. El «estudio» carecía de todo valor científico porque se basaba en premisas erróneas de los nazis, según las cuales la constitución médica de los judíos y otros era distinta de la «aria»; a los chicos les dejó un dolor intenso. Cuando las tropas británicas avanzaban hacia Hamburgo, en abril de 1945, se llevaron a los niños a un subcampo próximo del Bullenhuser Damm y los ahorcaron, para ocultar lo sucedido. En 1948 las autoridades francesas detuvieron a August Heissmeyer, lo juzgaron y encarcelaron. Recuperó la libertad en 1952 y trabajó como director de la planta de embotellamiento de Coca-Cola en Schwäbisch Hall, hasta su retiro. Falleció en 1979, con ochenta y dos años. Después de la guerra Kurt Heissmeyer volvió a su consulta médica, en Magdeburgo, pero dieron con él y en 1963 lo enviaron a juicio. Murió en la cárcel, cuatro años más tarde.[21]

En consecuencia Scholtz-Klink estuvo directamente implicada en los aspectos más criminales del régimen nazi, o como mínimo sin duda era plenamente consciente de ellos. Quiso destacar su independencia y condición, negándose a adoptar el apellido de August Heissmeyer cuando se casó con él. Pero no había duda de que esta nueva relación era genuina, y no un matrimonio de mera conveniencia política. En 1944 dio a luz a otro hijo, hasta elevar el total de descendientes, por nacimiento o matrimonio, a once. Esta relación puso a Scholtz-Klink estrechamente en contacto con la cara más oscura del nazismo: la SS, los campos, los experimentos médicos inhumanos, los asesinatos brutales, el exterminio de los judíos.

¿Qué pensaba ahora de todo ello?, le preguntó Claudia Koonz durante la entrevista de 1981. Scholtz-Klink concedió que había «crecido en una familia antisemita, por lo que esas ideas no sonaban raras». «Por supuesto nunca pretendimos que desaparecieran tantos judíos», dijo. Merece la pena leer con atención sus palabras, desde el eufemismo «desaparecer» hasta la segunda persona del plural: ¿quería referirse quizá a «nosotras las mujeres», en oposición a los hombres? «Nosotras»

—siguió diciendo, ahora en referencia a las organizaciones femeninas nazis que lideró— nos centrábamos en los «programas de asistencia para ayudar a la población alemana». *Alemana*, con exclusión de los judíos, por lo tanto; pues en efecto las mujeres judías tenían vetado el ingreso en las organizaciones que ella encabezaba y el acceso a cualquier ayuda. En cuanto a los campos de concentración, Scholtz-Klink reconoció que sabía de ellos e incluso visitó un campo próximo a Berlín, porque «algunas de mis mujeres iban allí, como trabajadoras sociales». A su juicio, la vida allí era «normal». Y en todo caso, «cuando las internas acababan de reeducarse, se las ponía en libertad para que retomaran papeles productivos en la sociedad». Algunas veces los campos de concentración se arreglaban y ordenaban para presentarlos a visitantes e incluso a periodistas. El 23 de agosto de 1940, por ejemplo, August Heissmeyer visitó el campo de concentración de mujeres de Ravensbrück, en compañía de Scholtz-Klink. Las condiciones de este campo no eran tan extremas como en los campos masculinos (o no en este estadio, al menos); pero los ritos de admisión degradantes e inhumanos, y la disciplina cotidiana, pasaban factura. En 1981 Scholtz-Klink no había corregido su postura, desde los días del Tercer Reich: las internas y los internos de los campos eran delincuentes a los que era imprescindible «reeducar»; no eran oponentes políticos de los nazis, en su defecto eran «asociales» incapaces de aportar a la construcción de la supuesta «comunidad nacional». No dio más detalles sobre lo que en la práctica implicaba la «reeducación». Tampoco reveló estar al corriente de algo que sin duda sabía: que una cantidad ingente de prisioneros murió en los campos o no recuperó nunca la libertad.[22]

Un tiempo más tarde, Gertrud Scholtz-Klink presentó la guerra, los campos y el exterminio de los judíos como actos impersonales del destino, cuya culpa no radicaba en realidad en el nazismo. No se debería haber permitido que estos factores aniquilaran el recuerdo de lo que —desde su punto de vista— era la faceta positiva del nazismo, que ella representaba en particular.[23] Pero al terminar la guerra la pareja tenía suficientemente claro que los Aliados victoriosos los calificarían como criminales, porque pasaron a la clandestinidad. A principios de mayo de 1945 aún estaban en Berlín, pero cuando la radio comunicó la noticia de la muerte de Hitler, se marcharon de la capital, justo a tiempo de evitar ser apresados por los soldados del Ejército Rojo, pero no un tiroteo con ellos, en el que Scholtz-Klink recibió una herida leve. Se disfrazaron, quemaron sus documentos y prescindieron de las armas; los detuvieron más de una vez en controles del Ejército Rojo, pero aun así lograron escapar. Con los nombres de Heinrich y Maria Stuckenbrock, la pareja se dirigió al sur del país, donde, con ayuda de la princesa Pauline zu Wied —hija del último rey de Württemberg y funcionaria de la Cruz Roja alemana—, se hicieron con papeles falsos y se establecieron en una de las propiedades de Zu Wied, en la ciudad de Bebenhausen (Baden-Württemberg), después de dejar a los niños con la madre de Heissmeyer. Aquí vivieron con discreción, Gertrud con un empleo doméstico, y August, agrícola; hasta que las autoridades de la ocupación estadounidense —avisadas por alguien a quien habían llamado la atención las visitas frecuentes de la princesa a una de las socias más próximas a Scholtz-Klink— acabó por dar con la pista de la pareja, a través de esta mujer, y fueron arrestados en la noche del 28-29 de febrero de 1948.[24]

Scholtz-Klink —cuyo nombre era tan conocido que en aquel momento sí optó por tomar el de Heissmeyer— pasó dieciocho meses en la cárcel por haber usado un nombre falso y, como a muchos millones de alemanes, se le hizo rellenar un cuestionario extenso y detallado sobre las actividades que realizó durante el período nazi. Las autoridades de la Desnazificación la clasificaron como «incriminada» o «implicada» (*belastet*), la segunda categoría más grave, por detrás de la de «culpable». Esto tuvo como consecuencia que, durante cinco años, no pudo votar ni emprender trabajos profesionales, tampoco en la enseñanza. En agosto de 1949 la sometieron a juicio. Justificó su implicación presentando la guerra como un conflicto entre Europa y el Oriente. Afirmó seguir admirando a Hitler y haber estado convencida, hasta el final, de que Alemania ganaría la guerra. Negó haber participado de ninguna forma en la «política de los hombres» y los crímenes que de ella se pudieran haber derivado. La ausencia de todo arrepentimiento, sumada a las pruebas que se presentaron en su contra, convencieron al tribunal de considerarla «culpable principal» (*Hauptschuldige*), que representaba el mayor grado posible de implicación en el nazismo. Se le duplicó el período de restricción de actividades y se la condenó a dieciocho meses de cárcel, que el tribunal consideró cumplidos, a pesar de que los anteriores obedecían a un delito anterior. Tras aprobarse una apelación en contra de la sentencia, se la condenó a dos años y medio de cárcel, sin contar el período ya cumplido. Sin embargo, en julio de 1950 ella apeló con éxito al presidente del estado de Württemberg-Hohenzollern, solicitando una conmutación de la pena por la obligación de cuidar de once hijos, y la sentencia se anuló.[25] A partir de entonces vivió sin abandonar la esfera privada, con su esposo, al que se dio una clasificación similar —fue condenado y también recuperó la libertad al conmutársele la pena— y que entró en el mundo de la empresa a través de la compañía Coca-Cola. Scholtz-Klink publicó un libro autoexculpatorio sobre las mujeres de la Alemania nazi y siguió sosteniendo que el régimen, en lo esencial, había sido positivo, sobre todo para las mujeres. Falleció en 1999, con noventa y siete años, sin haberse arrepentido hasta el último día.[26]

La Alemania nazi estuvo repleta de personas que portaban títulos grandilocuentes pero, en la práctica, vacíos, hasta el punto de que surgió toda una tendencia humorística que se burlaba de ello. El título de *Reichsfrauenführerin* o Lideresa de las mujeres del Reich figuró entre estos títulos hueros. Según apuntó Claudia Koonz, «Scholtz-Klink obedeció las órdenes de sus superiores sin participar en ninguno de los foros de alto nivel donde se debatían tales órdenes». Esto no pareció molestarla. «Lo que le dejó huella fue el espectáculo superficial asociado a su condición», concluyó Koonz.[27] Sin embargo, cerca de la mitad de las víctimas sometidas por el régimen a una esterilización forzosa eran mujeres y, por obvio que resulte, la otra mitad eran hombres que no sufrieron menos. En consecuencia tanto los hombres como las mujeres podían ser víctimas, de modos distintos, asociados específicamente a cada género, así como podían comportarse entre sí de modos distintos en el rol de perpetradores. Pero el hecho de que el Tercer Reich exhibiera en todos sus niveles un supremacismo masculino aún más intenso que el de la sociedad que lo precedió no significa que los hombres fueran simplemente perpetradores y las mujeres, simplemente víctimas.[28]

Gertrud Scholtz-Klink no mató ni torturó personalmente a nadie, no cometió actos violentos ni presidió instituciones criminales. No interpretó ningún papel directo en la formulación de las medidas genocidas y bélicas adoptadas por sus superiores. Pero, tal como reconoció el Tribunal de Crímenes de Guerra, fue pese a todo una figura relevante en el régimen, que contribuyó a presentar el nazismo ante millones de mujeres (y de forma indirecta a través de ellas, ante los hombres) como un sistema político y social benigno, cuya cara negativa afectaba tan solo a una ínfima minoría: los judíos, socialistas, comunistas, «asociales», gitanos, delincuentes menores y similares. En la Alemania nazi, las vidas de las mujeres no estuvieron separadas de las de los hombres; no se dedicaron a proporcionar a sus esposos e hijos un entorno emocionalmente cálido y comprensivo que permitió que estos cometieran actos violentos basados en un credo de odio. La inmensa mayoría de las mujeres continuaron con su vida, no solo como guardianas del hogar, sino también en toda una diversidad de papeles en el mundo del trabajo y, a medida que la guerra avanzaba, también en el mundo bélico. En 1944 unas 450.000 mujeres jóvenes se habían enrolado en el sistema de defensa antiaérea y hacia el final de la guerra se las estaba armando y enseñando a disparar. De un modo más prosaico, Scholtz-Klink y sus organizaciones se esforzaron sobre todo por sostener al régimen, popularizar sus medidas y apoyarlo hasta el final en sus fútiles esfuerzos por ganar la guerra. La imagen que Scholtz-Klink quiso dar después de la guerra era falsa: ocultaba la clara implicación de las mujeres en el régimen y negaba efectivamente tanto los crímenes de este como la participación de las mujeres en ellos.

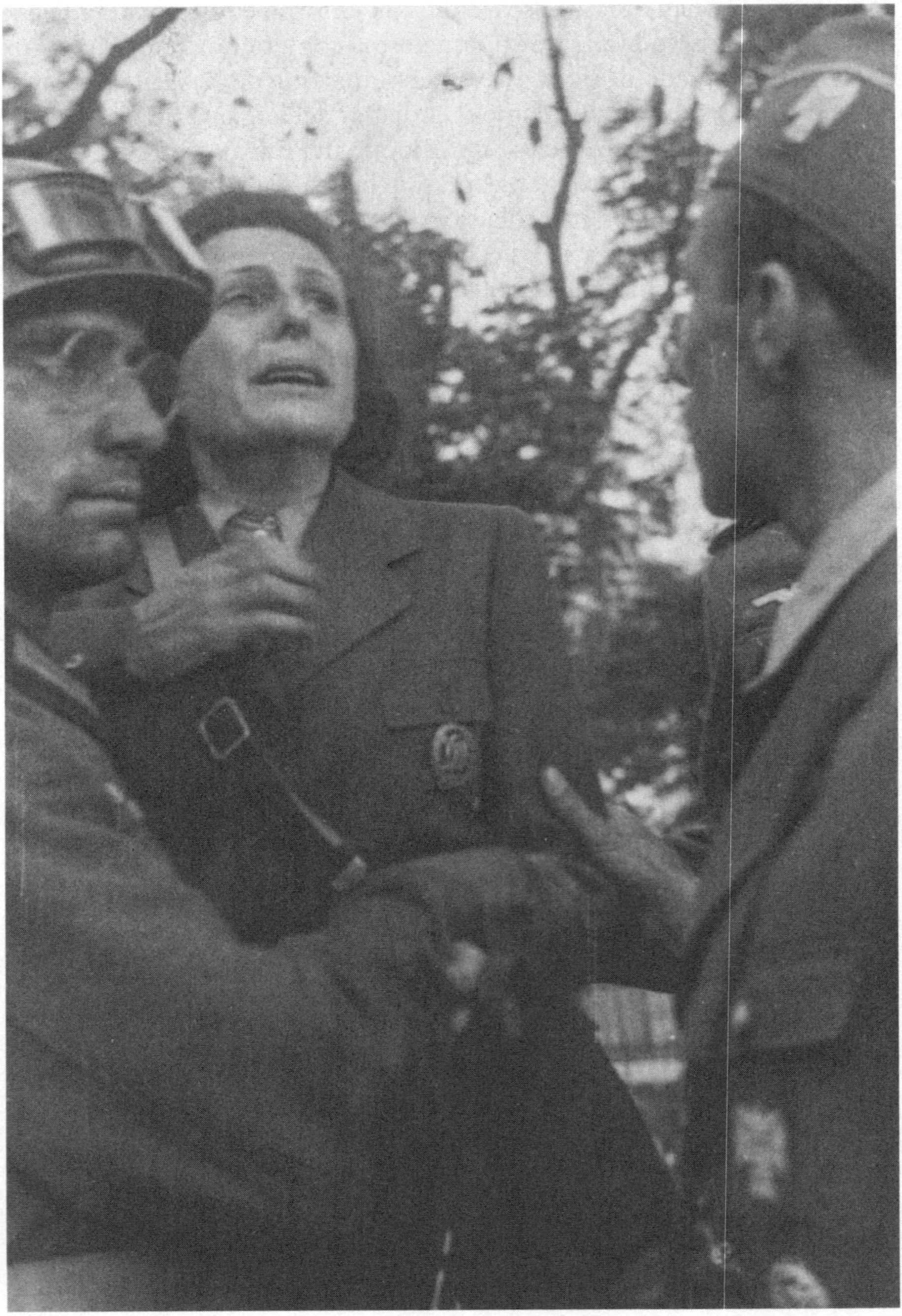

21

La estrella: Leni Riefenstahl

El 10 de septiembre de 1939, la famosa estrella y directora de cine Leni Riefenstahl se hallaba en la ciudad polaca de Lublinitz, poco después de que las tropas alemanas la tomaran. Se acompañaba de una unidad de grabación, con autorización oficial. Seguía a Hitler con la intención de grabar sus primeros grandes triunfos militares de la segunda guerra mundial, para un documental que seguiría las líneas de las películas que le habían dado fama universal: *Triunfo de la voluntad*, sobre el congreso nacional que el Partido Nazi celebró en Núremberg en 1934, y *Olimpiada*, sobre los Juegos Olímpicos de Berlín, en 1936. El comandante militar de la región, el general Erich von Manstein, no estaba demasiado satisfecho. Algunos años más tarde, en sus memorias, describió la llegada de Riefenstahl a la zona, con su aspecto

> primoroso y atractivo ... como una especie de partisana elegante que hubiera adquirido el traje en la *rue de Rivoli*, en París ... Vestía una especie de guerrera, pantalones de montar y botas altas blandas. Del cinturón de cuero que adornaba sus caderas colgaba una pistola. El equipamiento de combate cuerpo a cuerpo se completaba con un cuchillo envainado, a la manera bávara, en la bota.

Aunque el general le aconsejó no aventurarse más allá, ella afirmó que Hitler le había ordenado grabar en el frente y expresó el deseo de continuar, junto con el equipo técnico, hasta Konskie, por donde Hitler había pasado poco antes (de ahí que ella acudiera a la ciudad). Manstein consideró imprudente negarse a su petición.[1] Riefenstahl llegó a Konskie el 11 de septiembre, justo después de que las tropas alemanas hubieran encontrado por las inmediaciones varios cadáveres: los de un destacado oficial de la policía, tres agentes y dos soldados, todos alemanes. El ejército germano culpó de las muertes a los judíos de la población, a los que reunieron en la plaza del mercado, al día siguiente. Les ordenaron cavar tumbas y los atacaron con golpes y patadas. Aunque las tumbas eran para el sepelio de los alemanes asesinados, los judíos temían que fueran para ellos y estaban inquietos. Cuando el oficial del ejército al mando del lugar, Bruno Kleinmichel, lanzó un disparo de advertencia por encima de sus cabezas, los soldados alemanes tuvieron un ataque de pánico y dispararon indiscriminadamente contra el grupo de los prisioneros judíos, matando a diecinueve e hiriendo a muchos más.[2]

Leni Riefenstahl y su equipo técnico siempre negaron haber sido testigos de aquella atrocidad. Pero a finales de la década de 1940 apareció una fotografía en la que se la veía en la plaza de la ciudad, con expresión angustiada, rodeada por los soldados y claramente impresionada por aquella masacre absurda y brutal. Cuando se le preguntó por la foto, alegó que se había tomado mientras los soldados la amenazaban porque ella había protestado contra el trato que daban a los presos. Afirmó que había oído los disparos, pero estando lejos de la plaza. Sin embargo, el soldado que figura en la fotografía no la mira a ella y en su cara se ve una expresión similar, también de conmoción. Otra foto retrata a los soldados situados muy cerca de ella, en una posición en la que, desde luego, era imposible que estuvieran amenazando con fusilar a Riefenstahl. Las memorias de Manstein confirmaron que ella había estado en la plaza misma, así que no podía haber oído los disparos «desde lejos».[3] Uno de los oficiales del Estado Mayor de Manstein proporcionó pruebas similares durante el juicio del general, en noviembre de 1949. En su momento, es innegable que Riefenstahl quedó conmocionada, pues registró una protesta ante el oficial al mando de las tropas, el general Von Reichenau, quien, según confirmó Manstein, condenó a Kleinmichel a dos años de cárcel y una degradación a soldado. Lo que Riefenstahl calló, no obstante, fue que recuperó la libertad a los pocos días, puesto que el 4 de octubre de 1939 Hitler proclamó una amnistía general para todas las atrocidades antisemitas cometidas durante la invasión de Polonia. La autora tampoco mencionó en sus memorias el hecho de que todas las víctimas de la masacre eran judíos; los calificó simplemente de «polacos». Por último, sostuvo que había quedado tan impresionada que abandonó de inmediato el proyecto de grabación, pero existen pruebas de que a finales de septiembre de 1939 aún estaba trabajando en él. Después comprendió que el material que había recopilado no le iba a servir en ningún modo para la difícil tarea de componer otra película que igualara sus célebres proyectos de años anteriores de aquella década.[4]

La negación de Riefenstahl encajaba en un esfuerzo mucho más general: el intento resuelto y constante de distanciarse del nazismo y convencer al mundo de que ella no había sido política; había sido ingenua, quizá, pero no una ideóloga o una fanática. Había nacido el 22 de agosto de 1902 y murió más de un siglo más tarde, el 8 de septiembre de 2003, por lo que los años nazis representaron solo una parte muy pequeña de una vida muy larga. Nunca se afilió formalmente al Partido Nazi ni participó en sus actividades políticas, lo que tampoco resulta nada de extrañar cuando se recuerda hasta qué punto el movimiento de Hitler fue una expresión de la supremacía y exclusividad masculinas. Su papel se limitó a su campo propio de experiencia técnica, el rodaje de películas, y no se extendió más allá. Cuando se la sometió al proceso de Desnazificación, después de la posguerra, recibió la misma calificación que muchos otros: «compañera/o de viaje». Ya anciana, en la entrevista para un documental de la BBC, equiparó su vida a la de la inmensa mayoría de los alemanes normales y corrientes de los años treinta y primeros años cuarenta: «Soy una más de los millones de personas que creyó que Hitler tenía todas las respuestas. Solo vimos las cosas buenas, no sabíamos nada de las cosas malas que estaban por venir». Esta disculpa era simplemente mentira, puesto que ya en 1933 «las cosas malas» no solo «estaban por venir», sino que los camisas pardas de Hitler estaban asesinando ya a comunistas, socialistas y judíos en las calles de Berlín y otras ciudades alemanas; los comandantes y guardias de los campos de concentración ya habían iniciado su ocupación brutal y sádica; Hitler ya anulaba las libertades civiles y democráticas; ya se habían emprendido los preparativos para la guerra más destructiva de la historia. Otra afirmación insincera de Riefenstahl, a otro respecto, fue la de que Hitler «representó la mayor catástrofe de mi vida». En su momento, nadie lo habría dicho: su encuentro con el dictador nazi la convirtió en una de las poquísimas mujeres que ascendieron a una posición de prominencia real dentro del Tercer Reich.[5]

El primer contacto de Riefenstahl con Hitler se produjo el 27 de febrero de 1932: tras haber contemplado los incontables carteles de muros y columnas que anunciaban por todo Berlín el discurso que Hitler iba a pronunciar en el Palacio de Deportes, para iniciar la campaña de asalto a la presidencia nacional, se vio impulsada a asistir «espontáneamente». Tras hacer esperar al auditorio durante lo que parecieron horas, el líder del Partido Nazi hizo finalmente su aparición. El público se puso en pie entre gritos de «*Heil! Heil! Heil!*» mientras él se dirigía al estrado. Cuando el alboroto se apagó, Hitler tomó la palabra, dirigiéndose a sus oyentes como «camaradas raciales, señoras y señores» («*Volksgenossen, Volksgenossinen*»). Y luego, según se recoge en las memorias de Riefenstahl,

> en ese mismo momento tuve una visión asombrosa, casi apocalíptica, que no pude olvidar nunca. Fue como si la superficie terrestre se extendiera de pronto ante mí: como un hemisferio que emergiera de pronto allí en medio y del que brotara una ingente corriente de agua tan poderosa que tocó el cielo e hizo temblar la tierra. Me quedé como paralizada ... Me había infectado, sin duda. Mi cabeza se llenó de un aluvión de pensamientos nuevos e inesperados.[6]

Lo que penetró en el corazón emocional de Riefenstahl, y la conquistó para su causa, fue por lo tanto la fuerza de la personalidad hitleriana, antes que su mensaje intelectual o político. El fenómeno recuerda la forma en que Hitler había descrito en *Mein Kampf* la relación entre el líder y las masas: «El pueblo en su inmensa mayoría es tan femenino por su disposición e inclinación —afirmó, ajustándose a una creencia muy difundida en su momento, según la cual la constitución mental del sexo femenino era esencialmente emocional— que sus pensamientos y acciones no los determina tanto la reflexión sobria como el sentimiento emocionado».[7] Hitler creía que, al hablar ante una multitud, estaba manipulando un cuerpo femenino colectivo; él «necesitaba la emoción orgásmica que solo las masas extasiadas podían darle», según comentó su biógrafo Ian Kershaw.[8]

Riefenstahl siempre insistió en que la había fascinado el hombre, no su mensaje. Defendió su inocencia política, afirmó haber tenido muchos amigos judíos y rechazó el núcleo racista de la ideología de Hitler. Lo decisivo, para ella, había sido la promesa de acabar con el desempleo; su ideología le parecía una estratagema electoral.[9] Pero como tantos otros pasajes de sus memorias, estaba engañando a los lectores. Harry R. Sokal, un productor de origen rumano con el que había trabajado en varias películas durante los tres años anteriores (desde 1929), recordaba muchos años más tarde que uno de ellos, *Das blaue Licht* («La luz azul», 1932), había recibido críticas severas de algunos reseñistas de la prensa de izquierdas. «Riefenstahl culpó a los críticos cinematográficos judíos de estar arruinándole la carrera», arrojó los periódicos de marras contra la mesa de Sokal, y gritó enojada:

> ¿Cómo puede ser que yo haya permitido que destruyan mi obra esos extraños, incapaces como son de comprender nuestra mentalidad o la vida de nuestra alma? Gracias a Dios, ¡esto ya no durará mucho! En cuanto el Líder suba al poder, solo se permitirá que esos periódicos escriban para su gente. ¡Tendrán que publicarlos en hebreo!

Esta profecía de Riefenstahl se basaba en el *Mein Kampf* de Hitler, que según Sokal ella había leído antes de iniciarse el rodaje de *Das blaue Licht*; en otras palabras, un año antes de la fecha en que en sus memorias reconoció haberlo leído. En 1938 logró que la película se estrenara de nuevo y la prensa —en aquel momento, convertida en prensa oficial nazi— saludó la posibilidad como una victoria de la cinematografía «alemana» frente a las reseñas negativas que habían aparecido en 1932 («con la salvedad de unos pocos críticos arios»). El nombre del codirector, Béla Balász, un poeta y cineasta judío de Hungría, se eliminó de los créditos, al igual que el de Sokal, que también era judío.[10]

Riefenstahl procedía de la clase de ambiente conservador, protestante, de clase media baja donde el antisemitismo era habitual. El padre, Alfred, y la familia eran artesanos o pequeños empresarios, modestos y esforzados; el *boom* de la construcción que se produjo hacia el cambio de siglo permitió que su negocio (dedicado a la ventilación y calefacción domésticas) prosperase. La familia dejó atrás el distrito berlinés de Wedding, típico de la clase trabajadora, mudándose a barrios cada vez más burgueses; incluso pudieron adquirir una pequeña residencia de verano en la Brandemburgo rural, a la orilla de un lago donde su padre pasaba mucho tiempo pescando. En este lugar la familia podía relajarse lejos del bullicio de la gran ciudad y —sobre todo— del irritable autoritarismo del padre. Para la propia Leni, la naturaleza se convirtió en un medio de escape, que le daba tiempo para pensar y —según recordaba en sus memorias— soñar. El padre veneraba a un nacionalista de principios del siglo XIX, Friedrich Jahn, que había visto en la gimnasia una forma de unir a la nación y prepararla tanto física como espiritualmente para la unidad y la independencia; por lo tanto facilitó que Leni aprendiera a nadar y dedicara tiempo a diversas actividades físicas como el patinaje sobre ruedas o sobre hielo, la ya indicada natación y, por supuesto, la gimnasia.[11] El nacionalismo alemán conservador de Alfred Riefenstahl lo hacía susceptible a las lisonjas de la ideología nazi. En abril de 1933 se afilió al Partido, lo que comportó efectos inmediatos para su empresa, que pasaba por una fase difícil: nuevos encargos y, más adelante, contratos estatales para la construcción de campos para prisioneros de guerra, para lo cual logró reclutar a trabajadores forzosos de las áreas ya ocupadas por Alemania. Por entonces la familia residía en un distrito de moda de la zona occidental de Berlín, sellando definitivamente el ascenso social que se había iniciado ya antes de que Leni naciera.[12]

El ascenso de la propia Leni fue mucho más espectacular. La práctica del patinaje derivó en entusiasmo por la danza y, a los diecisiete años, se había enrolado en una escuela de ballet, con la ambición de convertirse en bailarina profesional (a pesar de que el padre protestaba con frenesí, pues no lo consideraba una dedicación respetable). Como su formación comenzó demasiado tarde, para los criterios habituales del ballet clásico, empezó a ganarse la vida con la danza moderna. Dejó la residencia de la familia para instalarse en un apartamento de Berlín y, con sus primeras actuaciones en solitario, recibió el aplauso universal de la prensa, tras lo cual emprendió una gira cuyo programa preparó ella misma, usando tan solo su propia coreografía.[13] La carrera de baile concluyó al poco tiempo, de resultas de una lesión de rodilla; pero pasó rápidamente de un ambiente cultural moderno, la «locura por el baile» de la década de 1920, a otro: la industria del cine, que estaba creciendo exponencialmente y no dejaba de buscar nuevos talentos. Ya había recibido una propuesta de Sokal, quien fue por breve tiempo su amante y alquiló un apartamento en el mismo bloque de viviendas. Al cabo de poco Riefenstahl actuaba en películas mudas, no la clase de cine de arte y ensayo que dio fama a las obras de Weimar en todo el mundo, sino dramas románticos ambientados en los Alpes: un género específicamente alemán, el del «cine de montaña» (*Bergfilm*). Se rodaba en escenarios reales, dando prioridad al medio natural, y los actores debían realizar actividades exigentes, como el esquí o la escalada. Este género fue una creación del director Arnold

Fanck y, cuando Riefenstahl vio esas películas en las salas, quedó muy impresionada. Era la naturaleza a una escala vastamente superior a la de nada que cupiera encontrar en los alrededores de Berlín. Riefenstahl visitó los Dolomitas con Sokal y se presentó a Luis Trenker, el actor principal de *Berg des Schicksals* («La montaña del destino»), que se alojaba en el mismo hotel y al que dejó atónito al anunciarle que ella sería la estrella de la siguiente película de Fanck.[14]

Hasta entonces las mujeres apenas habían tenido peso en el género, pero Riefenstahl no se arredró y, al regresar a Berlín, llamó por teléfono a Fanck y lo convenció de que le concediera una entrevista. Impresionado por «la mujer más bella de Europa» (según la describió en una carta dirigida a Trenker), le ofreció el papel. Lo más probable es que esto fuera la condición de una propuesta por la que Sokal cubriría la cuarta parte de los gastos de producción, si Leni tenía un papel estelar. Ella no desaprovechó la ocasión: se operó de la rodilla —con éxito—, viajó a los Dolomitas y aprendió a esquiar y escalar. Pero ella se rompió el tobillo mientras se formaba, otros miembros del equipo sufrieron también heridas, y la sociedad que asumía el grueso de los costes —la UFA (Universum Film Aktiengesellschaft), el mayor emporio cinematográfico de Alemania— amenazó con retirarse. Mientras Fanck estaba en Berlín intentando convencer a la sociedad de que cambiara de opinión, Riefenstahl asumió la filmación —encargándose ella misma de la cámara— y envió las pruebas a Berlín. Los ejecutivos de la UFA quedaron satisfechos y *Der heilige Berg* («La montaña sagrada») se estrenó en diciembre de 1926, con Riefenstahl como personaje principal (Diotima, una bailarina y *femme fatale*), habiendo usado una coreografía compuesta por ella misma para la ocasión, e interpretando ella sus escenas de riesgo. Fue una sensación pública, que la lanzó al estrellato de la noche a la mañana. A continuación se rodó toda una serie de *Bergfilme*. Sin embargo, en el ámbito de los directores y críticos de cine se veía a Riefenstahl como una simple deportista, que había incorporado los valores modernos de la independencia y asertividad femeninas, no como una actriz capaz de adaptar la interpretación a las distintas exigencias de papeles distintos.[15]

Sabedora de estas limitaciones —y consciente de que los espectadores se habían familiarizado con el retrato de los Alpes en la pantalla grande, de modo que la repetición les resultaba cada vez más tediosa—, Riefenstahl decidió pasar a la dirección. Los años de estrecha colaboración con Arnold Fanck le habían permitido dominar las técnicas necesarias, de grabación, corte, edición y demás. La primera película como directora, *Das blaue Licht*, estrenada el 24 de marzo de 1932, seguía el género del *Bergfilm*, pero añadiendo una intensa dosis de misticismo. Se había rodado en exteriores, de nuevo en los Dolomitas, y se centra en una supuesta bruja —interpretada por Riefenstahl— que es capaz por sí sola de escalar una montaña y entrar a una gruta misteriosa, a diferencia de todos los hombres que la habían precedido, que murieron en el intento. Cuando un hombre alcanza por fin la gruta, esta se destruye y la bruja salta y encuentra la muerte. Para retratar a los artesanos y campesinos locales, Riefenstahl se ganó la confianza y cooperación de los aldeanos de la zona del rodaje, inicialmente suspicaces. Fanck tuvo un papel relevante en la edición de la película, pero mientras que en sus propios filmes había hecho poco más que presentar el cine de montaña como una síntesis del amor romántico y la aventura física, Riefenstahl introdujo la idea de la naturaleza como una fuente de éxtasis; y este concepto poseía un significado personal para ella, pero también una significación más general que encajaba a la perfección con la ideología nazi de «la sangre y la tierra». Hitler, que vio la película, apreció en particular el uso como personajes de campesinos, que a su juicio no se habían corrompido.[16]

Esta característica, sumada al hecho de que Riefenstahl era una estrella de cine bien conocida cuyo respaldo encontraría un fuerte eco entre el público alemán, fue sin duda lo que convenció a Hitler de acceder a verla —para sorpresa de la directora—, después de que ella le hubiera escrito, el 18 de mayo de 1932, para contarle cuánto le había impresionado su discurso y la reacción de la audiencia del Palacio de Deportes, unas semanas atrás, y para solicitarle la entrevista. En realidad Hitler era un entusiasta del cine y admiraba a aquella estrella («lo más hermoso que he visto nunca en una película —le había dicho a un miembro de su séquito, antes de que la carta hubiera llegado a su buzón— ha sido el baile de Riefenstahl junto al mar en *La montaña sagrada*»). Se encontraron en Wilhelmshaven, el 22-23 de mayo de 1932, y sintonizaron tan bien que Hitler, según las memorias de Riefenstahl, le habría dicho: «Cuando lleguemos al poder, tú tienes que rodar mis películas».[17] Tras volver de Groenlandia, donde había pasado mucho tiempo grabando para la nueva película de Fanck, *SOS Eisberg* («SOS Iceberg»), Riefenstahl se puso de nuevo en contacto con Hitler, y al poco tiempo era una invitada habitual del líder nazi en Berlín, para ocasiones tanto públicas como privadas. Accedió pues al círculo íntimo, donde conoció a otros líderes del nazismo, como Göring y Goebbels; escuchó con empatía a Hitler cuando este ventiló la rabia y desesperación que le había provocado la «traición» de Gregor Strasser, después de que este hubiera dimitido de los cargos del Partido en diciembre de 1932. Pronto se rumoreaba que Hitler y Riefenstahl mantenían una relación amorosa.[18]

En sus memorias, por el contrario, Riefenstahl se esforzó por retratar la relación con Hitler como distante y profesional. El encuentro con él había sido «fatídico» y volver a verlo se debió «a una coincidencia». Conoció a Goebbels y a su esposa porque estos cultivaron su amistad. En una de las ocasiones, Goebbels se puso de rodillas para declararle su amor; Riefenstahl lo rechazó —al igual que Hitler, el propagandista nazi no era exactamente el tipo de hombre musculoso y deportista por el que ella se sentía atraída— y entonces Goebbels se esforzó por enamorarla del jefe del Partido. Pero esto también quedó en nada, pese a que un atardecer Hitler intentó besarla mientras paseaban juntos. Como en tantos otros pasajes de las memorias de la directora, no obstante, estos detalles, y otros sobre su relación, distaban de ser convincentes. La versión de Riefenstahl se contradijo con los testimonios de muchos conocidos de Hitler, empezando por el cuidador de la casa de Múnich, su sirviente y su secretario; todos reconocieron en los ojos de ella la devoción al héroe y contaron que, en las ocasiones sociales privadas, ella lo contemplaba con una expresión clara de adoración. Aun así todos negaron que aquella relación pasara de ser «platónica». Aunque se encontraron en privado con bastante más frecuencia que la reconocida por Riefenstahl años más tarde, nunca adquirieron un grado de intimidad suficiente para pasar al tuteo (*Du*, en vez del formal y habitual *Sie*). En cambio, por ejemplo, Hitler y Winifred Wagner —nuera de su compositor favorito y directora del santuario wagneriano de Bayreuth— se tuteaban. Para Hitler, Riefenstahl funcionó como un elemento más del círculo de iconos culturales del que le gustaba rodearse para realizar, de forma vicaria, el antiguo deseo frustrado de labrarse un nombre propio en la escena artística.[19]

Aunque la amistad de Riefenstahl con el líder nazi fuera más que puramente instrumental por su parte —después de volver de Groenlandia dedicó un período en que estuvo enferma a leer *Mein Kampf* y se declaró entusiasmada—, no cabe duda de que esa relación favoreció su carrera como directora de cine. Hitler apreciaba que, aunque su cine de montaña fuera de ficción, aquellas películas —a diferencia de la abrumadora mayoría de las obras del momento— se rodaban en exteriores, en el mismo lugar en que se ambientaban. Esto la convertía en la figura idónea, casi única, para crear un documental a una escala similar, sumamente más ambicioso que los noticiarios habituales, que se creara cuidadosamente para transmitir imágenes de una belleza y pòder irresistibles. En consecuencia pidió a Riefenstahl que creara una película sobre el congreso nacional del Partido, que iba a celebrarse en Núremberg en el otoño de 1933: el primero después de la conquista del poder. Aunque en sus memorias detalla por extenso —y no del todo convincentemente— que al principio fue reticente al proyecto, al final permitió que la pasión de Hitler la persuadiera. Ella era la única persona capaz —habría dicho Hitler— de convertir un acontecimiento en una obra de arte, algo del todo inalcanzable para los noticieros y el Ministerio de Propaganda. Por otro lado una película sobre el Congreso de 1933 ya sería «hablada» y, por lo tanto, daría plena cancha al talento retórico de Hitler. Con un equipo reducido de cámaras y técnicos, Riefenstahl grabó los momentos centrales del Congreso, pasó tres meses editando el material hasta lograr un todo coherente, y lo presentó en un estreno de gala, el 1 de diciembre de 1933, en Berlín, con la asistencia de Hitler, Goebbels y otras figuras señeras del régimen. *Sieg des Glaubens* (*La victoria de la fe*) fue un triunfo, entre otras razones, por novedades técnicas como el uso de cámaras en movimiento y muchas tomas cercanas de Hitler. Pero, a los pocos meses, se retiraron todas las copias de la circulación y se destruyeron: la Noche de los Cuchillos Largos, del 30 de junio al 1 de julio de 1934, convirtió a Ernst Röhm —que ocupaba un lugar muy destacado en la acción de la película, casi paralelo al de Hitler— en una «no persona» a la que se borraría de los registros igual que Stalin borró a Trotski de los suyos. Además, el énfasis de la película en el supuesto vínculo que unía al Partido Nazi con el pueblo alemán parecía alejar el foco de la dictadura personal del Führer, según se la solemnizó tras la muerte de Hindenburg, en agosto de 1934. No se encontró una copia de *Sieg des Glaubens* hasta después de la caída del Muro de Berlín, en 1989, cuando se halló una en la Alemania Oriental.[20]

Riefenstahl fue una de las varias figuras culturales que —como Albert Speer o Winifred Wagner— Hitler introdujo en su círculo privado saltándose el monopolio complejo que Goebbels había creado con la Cámara de Cultura del Reich. Precisamente Goebbels no se alegró en demasía, más cuando él prefería películas propagandísticas con un enfoque cauto e indirecto, en lugar del estilo directo, «en tu cara», del cine de Riefenstahl. En sus memorias ella exageró esta diferencia de opinión para crear un antagonismo poco acorde con la realidad y adscribió la supuesta hostilidad de Goebbels al hecho de que ella hubiera rechazado sus propuestas amorosas algo antes de que los nazis conquistaran el poder. Pero esta afirmación carece de pruebas adicionales e independientes, y sin duda Goebbels no tardó en reconocer que Riefenstahl gozaba de un apoyo sin fisuras de Hitler y que, por otra parte, el concepto propagandístico que sus películas encarnaban era en lo fundamental el que él defendía. Los diarios de Goebbels revelan un apoyo claro al proyecto de la directora, ya desde mayo de 1933, y que si Riefenstahl accedió al círculo privado de Hitler fue a través de él. Donde ella sí topó con un obstáculo más directo fue en la irritación de los directores de documentales de trayectoria consolidada, que criticaron el hecho de que una mujer se intentara abrir paso en el mundo de la propaganda nazi, que ellos consideraban un mundo masculino. Se difundieron sospechas de que era judía e incluso circularon rumores de que su vida corría peligro por tener enemigos entre los camisas pardas. Sea como fuere, el apoyo de Hitler anuló todas estas amenazas (fueran reales o supuestas) y garantizó que la propuesta de rodar la película sustituta, que se centraría en el Congreso del Partido de 1934, también en Núremberg, tuviera éxito.[21]

Riefenstahl era consciente de que el documental dedicado al Congreso de 1933 había contado con recursos relativamente magros y, en consecuencia, el resultado en muchos casos no había estado a la altura de sus propias expectativas. Para la nueva ocasión consiguió recursos casi ilimitados, provenientes de los fondos del Partido Nazi, más que de las fuentes más convencionales de la industria cinematográfica. Los preparativos del rodaje se desarrollaron en paralelo a los preparativos del Congreso. Se instalaron cámaras en los puntos cruciales y se instaló un pequeño ascensor eléctrico en una de las astas de las banderas del desfile (de 38 metros de altura) para que un cámara pudiera grabar los acontecimientos desde lo alto. El equipo contaba con 170 personas; entre ellas, 36 cámaras, 17 técnicos de iluminación y 9 especialistas para la grabación aérea. Hitler eligió el título en persona: *Triumph des Willens* («El triunfo de la voluntad»), para denotar la fortaleza tanto de su propia voluntad como la del pueblo alemán, que en el pasaje climático de la película Rudolf Hess califica de idénticas entre sí; pero salvo este aspecto, dejó que Riefenstahl se encargara del proceso. Para editar los 128.000 metros de película reunidos durante la semana del Congreso, y reducirlos a los 2.000 metros que formaron la película, de dos horas de duración, Riefenstahl y su equipo tuvieron que trabajar muchos meses. Algunas tomas interiores no resultaron satisfactorias, por lo que Hitler, a petición de Riefenstahl, ordenó que se repitieran en el estudio, incluidos varios de los discursos. *El triunfo de la voluntad*, que se estrenó el 28 de marzo de 1935, retrataba la apoteosis de Hitler como Líder, caminando enérgicamente en solitario por una ancha galería, entre bloques masivos y anónimos de hombres de las SA y la SS; o grabado aisladamente desde abajo, frente al telón de fondo de las nubes, mientras se preparaba para el clímax emocional del discurso definitivo; o, al principio, lo vemos bajar de un avión hacia Núremberg, como un dios que desciende de los cielos. La película fue un éxito colosal. No solo obtuvo, como era de prever, el Premio Nacional de Cine de Alemania, sino también galardones de primer nivel en el Festival de Cine de Venecia y la Exposición Mundial de París (aunque hubo manifestaciones callejeras en contra de la decisión).[22]

Las innovaciones técnicas y de dirección que se exhiben en *El triunfo de la voluntad* fueron a menudo asombrosas; unidas a su propia reputación como deportista, ¿quién podía ser mejor candidato que Riefenstahl para dirigir una película sobre los Juegos Olímpicos de 1936, que el Comité Olímpico Internacional había asignado a Berlín cinco años antes (en tiempos de la República de Weimar, por lo tanto)? Aunque al principio vaciló al respecto, luego Hitler comprendió que los Juegos podían representar una ocasión sin paralelo de anunciar la nueva Alemania por todo el mundo. Se eliminaron de la ciudad los carteles, anuncios y periódicos antisemitas; se sacó de las calles a los mendigos y los vagabundos; y hasta se encontró a unos pocos *Mischlinge* (medio judíos) para que representaran al país en los actos.[23] Aunque más adelante Riefenstahl afirmó haber actuado por encargo del Comité Olímpico Internacional, que en 1932 había introducido el requisito de que el país anfitrión grabara los Juegos, así como haber recibido una financiación independiente; sin embargo, se trata de otra de sus invenciones: fue un encargo personal de Hitler, con el apoyo de Goebbels, y la financiación la aportó el Reich. Como el coste fue descomunal —2,8 millones de Reichsmarks—, difícilmente podría haber sido de otro modo. Por otro lado Hitler no solo dio carta blanca a Riefenstahl para que hiciera la película que deseara, sino que prohibió toda interferencia de terceros. El equipo de rodaje acabó superando las 300 personas, y sus preparativos se extendieron durante varios meses, pues experimentaron con nuevos tipos de soportes, filtros, luces y otros elementos. Riefenstahl hizo cavar zanjas y levantar torres para crear ángulos novedosos; instalar raíles para poder desplazar las cámaras; y disponer de aeronaves, incluido el famoso zepelín *Hindenburg*, para la fotografía aérea. Hubo otras innovaciones, como la cámara lenta y la grabación bajo el agua. Todo se puso a prueba y verificó de cara a eventualidades imprevistas como pudiera ser un aguacero; y se adaptó, tras una exhaustiva investigación de Riefenstahl y su equipo, a las peculiaridades de cada uno de los 136 deportes que se exhibieron.[24]

La película hizo hincapié —para empezar, con la extensa secuencia inicial— en los lazos que unían los Juegos del siglo XX con su modelo de la Antigua Grecia, dando a entender implícitamente que los ideales nazis de la belleza y la fuerza física hundían sus raíces en la Antigüedad; de este modo se incorporaba lo que, según el Tercer Reich, era el tipo racial supremo. Las escenas de gimnasia colectiva sugerían una sociedad perfectamente reglamentada y coordinada.[25] Precisamente para la edición de los Juegos de 1936 se inventó la idea de encender la llama olímpica en el emplazamiento original de los juegos griegos, refractando la luz del sol a través de un espejo, para luego llevar la llama hasta el estadio moderno; Riefenstahl se aseguró de que esto también se grabara. Pero aunque el propagandismo de *Olympia* fue mucho menos descarado que el de *El triunfo de la voluntad*, no cabe duda de que la película sirvió a los fines del régimen nazi; para empezar, porque presentaba una Alemania irreal: pacífica, bien organizada, eficiente y amistosa con todas las naciones y razas. De hecho, Hitler utilizó el género de la directora para afirmar en una entrevista con un periodista extranjero que en el Tercer Reich había igualdad de derechos entre hombres y mujeres.[26] *Olympia* no hizo distinción entre las razas, en efecto; Riefenstahl insistió —pese a las objeciones de Goebbels— en mostrar cómo el velocista negro Jesse Owens, de Estados Unidos, ganaba sus cuatro medallas de oro. Aun así la grabación no transcurrió sin controversias, pues diversos funcionarios y atletas se quejaron de que algunas cámaras enormes obstaculizaban la visión y causaban distracciones; además la perentoria exigencia de Riefenstahl al cuerpo de prensa —al que exigió que permaneciera sentado durante la grabación y que no interfiriera en su exclusiva como única persona autorizada a grabar el evento— causó una gran irritación. También molestó que la directora se diera importancia a sí misma en la película; incluso apareció en la escena inicial, bailando. Por otro lado Goebbels se enfureció por la gran duración del proceso de edición —dos años completos— y a la postre ella protestó ante Hitler por las interferencias de aquel. Una vez que completó la ciclópea tarea de editar más de 400.000 metros de rodaje para reducirlos a 6.000, que se exhibirían en dos partes, Riefenstahl logró que Hitler autorizara estrenar *Olympia* el día de su cumpleaños, el 20 de abril (de 1938). Unas pocas semanas antes las fuerzas alemanas habían invadido Austria y Hitler había anexionado el país vecino al Reich, sellando la *Anschluss* con una votación plebiscitaria, el 10 de abril, donde se impuso el «sí». Riefenstahl había ofrecido su apoyo en público y con todo entusiasmo.[27]

Olympia supuso un triunfo enorme, más aún que *El triunfo de la voluntad*, con su marcado carácter político. La ingente cantidad de dinero invertida se recuperó enseguida. Fue el punto culminante de la carrera de Riefenstahl, que se embarcó en una gira por Estados Unidos, para promocionar la película. Pero al poco de iniciar el recorrido, estalló en el Reich el pogromo antisemita, letal y destructivo, que popularmente se conoce como la Noche de los Cristales Rotos (9-10 de noviembre de 1938). Dado que se consideraba a Riefenstahl una embajadora cultural de Hitler, en Estados Unidos se la boicoteó y no se le permitió exhibir *Olympia*. Fue el principio de un importante declive de su fortuna. Al iniciarse la guerra, Hitler dejó de tener tiempo para ella. Aspiró a realizar un documental centrado en Hitler y la contienda, pero quedó en nada. Empezó a rodar una película nueva, propuesta inicialmente en 1934, en este caso de ficción, no documental: *Tiefland* («Tierras bajas»), pero seguía siendo cine del género *Bergfilm*. Se basaba en una ópera oscura que Hitler apreciaba en particular, pero no se pudo completar hasta la posguerra y entonces fue mal recibido que Riefenstahl hubiera utilizado como extras a prisioneros de guerra gitanos: sintis y romaníes internados en un campo de concentración. Más adelante sostuvo que nunca había sabido que se los acabaría gaseando en Auschwitz; más aún, negó saber nada sobre las atrocidades cometidas en general en los campos. *Tiefland* no se estrenó hasta 1954 y la crítica la consideró anticuada: los *Bergfilme* pertenecían ya a un pasado bastante remoto. De Riefenstahl, que interpretaba a la protagonista principal, se comentó en general que no tenía edad para ese personaje.

Se intentó elogiar la película como un acto codificado de resistencia contra el nazismo, pero esto resultaba insostenible tanto por el pasado de Riefenstahl como por la película en sí.[28]

Concluida la guerra se sometió a Riefenstahl a una serie de investigaciones para la Desnazificación, sin que se la clasificara más que como una «compañera de viaje». No se había afiliado al Partido Nazi. Le parecía imposible aceptar que Hitler, un hombre al que creía haber conocido bien, fuera responsable del Holocausto. Hasta el final de los días quiso destacar su inocencia política, presentándose como una simple directora de cine, sin ataduras ni compromisos ideológicos. Sostuvo que *Sieg des Glaubens*, *Triumph des Willens* y *Olympia* eran documentales apolíticos, rodajes que se limitaron a observar y hacer la crónica de los acontecimientos respectivos; y que ella, como artista, siempre había sido del todo independiente.[29] En la década de 1960 saltó de nuevo a la fama por una serie de estudios fotográficos espectaculares, en los que registró la forma de vida de la tribu nuba, que vivía en una zona remota del Sudán; era un pueblo que a su juicio formaba parte de un mundo aún natural, sin historia ni política.[30] Más adelante retomó los rodajes submarinos, con grabaciones sobre la belleza de los arrecifes de coral y sus habitantes, tan coloridos. Estos nuevos proyectos parecieron ayudar a relativizar su implicación directa en el Tercer Reich y reavivaron el interés por su obra, centrado entonces en sus logros técnicos, que fueron indudables. Esto desvió la atención de los servicios que había prestado a la ideología nazi y preparó el terreno para que se aceptara lo que ella decía de sí misma: que no era más que una profesional de las películas documentales. Para muchas personas, el hecho de que sobreviviera hasta una edad ciertamente avanzada la distanció considerablemente de las obras de los años treinta; a la luz de sus proyectos posteriores, supuestamente menos políticos, la crítica de los antiguos se fue perdiendo. A quienes se interesaban por sus primeras películas les presentaba una narración muy revisada, en la que reintegraba al equipo a aquellos mismos integrantes judíos que se había esforzado cuidadosamente por eliminar durante los años del nazismo.[31]

Este proceso de rehabilitación lo cortó bruscamente un artículo brillante de la crítica estadounidense Susan Sontag, publicado el 6 de febrero de 1974 en la *New York Review of Books* con el título de «Fascinating Fascism» («Fascismo fascinante»). Para Sontag, todo el corpus de Riefenstahl era un ejemplo coherente de la estética fascista en acción.

Los *Bergfilme* eran «una antología de los sentimientos protonazis», centrados en una criatura salvaje y primitiva (la figura central de *Das blaue Licht*) capaz por sí sola de escalar una montaña; según la interpretación de Sontag, un símbolo de la nación. En esta película y la tardía *Tiefland*, las montañas, con su luz clara y la nieve pura y blanca, servían para establecer un contraste poderoso con la corrupta civilización de las tierras bajas. La condena de la civilización moderna, elemento central de estas películas, había emergido de nuevo en la glorificación de la fuerza física exhibida en su obra sobre los nuba «primitivos», que, como la SS de Hitler —en palabras de Riefenstahl—, «entienden la muerte como una simple cuestión del destino». Al celebrar la perfección física, tanto aquí como en sus documentales nazis, Riefenstahl dejaba fuera de la imagen a los débiles, enfermos y ancianos, por no hablar del sexo femenino, igual que Hitler los marginaba a todos ellos en la sociedad nazi. Sontag incluso relacionó los soldados de la SS, vestidos de negro, cuya marcha domina las escenas finales de *El triunfo de la voluntad*, con el fetichismo del que era objeto el nazismo en el submundo del sexo sadomasoquista. Sontag logró sobre todo conectar las continuidades de la obra de Riefenstahl, desde la década de 1920 hasta el fin de siglo, aprovechando el mito de que se retrato de una tribu de negros africanos suponía, de algún modo, expiar su antiguo retrato de los rituales nazis en los Congresos Nacionales del Partido en Núremberg.[32]

Leni Riefenstahl fue una figura compleja y ambivalente. No fue un simple ejemplo de una persona alemana a la que Hitler sedujera políticamente; y fue más que una simple amoral que promoviera su carrera centrándose en elevarla hasta lo más alto sin preocuparse por el modo. Estaba obsesionada por el arte, pero su arte fue en sí sumamente político, sirvió a los intereses y propósitos del régimen en la década de 1930, y después de 1945 transmitió un mensaje que no habría desentonado en el Tercer Reich, salvo por el hecho de que el proyecto de los nuba se centraba en negros africanos, que los nazis despreciaban y tildaban de infrahumanos: Hitler se habría sentido horrorizado. Riefenstahl no era una nazi fanática, pero sirvió voluntariamente a los que sí lo eran. Y la constante revisión retrospectiva que hizo de su vida y carrera después de 1945, con el fin de hacer que pareciera inofensiva y apolítica, no resulta convincente. Aun así quizá Sontag fue demasiado lejos al afirmar que la obra entera de Riefenstahl era «fascista»; lo que llama en cambio la atención es hasta qué punto, incluso en las grandes películas de la propaganda nazi, logró aplicar su propio juicio estético de un modo independiente. Desde el principio al final y a través de un período extraordinariamente prolongado, su obra mostró una consistencia asombrosa, reflejo de unas actitudes culturales —hacia el mundo natural, el cuerpo humano, las proezas físicas, la celebración mística de la masculinidad en el individuo y en el grupo— que encajaban a la perfección en la ideología del Partido Nazi.

22

La denunciante: Luise Solmitz*

El nazismo no solo tuvo éxito porque apelara a amplios sectores de la sociedad alemana. No todos los alemanes, por supuesto, se sintieron satisfechos con la totalidad de sus ideas, promesas y prácticas. Pero lo hicieron en número suficiente como para asegurar que el Tercer Reich mantuviera el poder durante bastante más de una década. Gracias a los estudios pioneros de Ian Kershaw, entre muchos otros autores, ahora sabemos mucho sobre la naturaleza del atractivo de Hitler, cómo difirió este en los distintos sectores de la sociedad y cómo fue cambiando con el paso del tiempo.[1] Centrarse en las personas que en ningún momento dejaron de lado la lealtad a Hitler nos dará probablemente una impresión errónea. En particular hubo muchos alemanes que, sin ser fanáticos del nazismo, le dieron su apoyo porque el régimen puso en práctica un espectro suficiente de sus deseos y aspiraciones, con lo que les compensaba a pesar de que otros elementos no les entusiasmaran. Los nacionalistas conservadores, desde Franz von Papen hacia sus inferiores, tenían muchas reservas hacia Hitler y su régimen, pero lo respaldaron. La estabilidad del Tercer Reich se basó en la diversidad de los apoyos que lograron fuera del Partido Nazi, además de en la represión implacable contra toda oposición, real o posible. Al mismo tiempo muchos sectores de la sociedad, ni en aquel momento ni a posteriori, se vieron a sí mismos como «perpetradores» o partidarios de Hitler. Este capítulo final se

* Una versión anterior de este capítulo apareció en *Sisters of Subversion: Histories of Women, Tales of Gender*, ed. Willem de Blécourt, Ámsterdam, 2008.

centra en una persona de esta categoría: una nacionalista conservadora que valdría como representante de millones de simpatizantes callados, personas que estaban dispuestas a ayudar ocasionalmente a Hitler y a su gente en el sostenimiento del gobierno del dictador y, en caso de necesidad, a sumarse a la represión contra los disidentes y opositores. Es el caso de Luise Solmitz, una maestra de escuela nacida en Hamburgo en 1889. Su historia ejemplifica algunas de las complejidades y contradicciones de la clase media normal y corriente en la Alemania del Tercer Reich, su disposición a seguir al régimen durante la mayor parte de su período vital; también muestra algunas de las razones por las que acabaron sintiéndose desilusionados con él. En cierto sentido, estos alemanes también fueron perpetradores. Luise Solmitz redactó un diario a partir de 1905 y cada año llenaba un cuaderno de 700 páginas con su escritura diminuta, poco espaciada y ciertamente difícil de descifrar. Siguió escribiendo con el mismo ritmo e intensidad durante las décadas posteriores, lo que convierte sus diarios en una de las fuentes más voluminosas y detalladas sobre la vida cotidiana en la Alemania de la primera mitad del siglo xx. Por su escala y alcance podrían compararse con diarios, aunque muy distintos, como los de Joseph Goebbels o Victor Klemperer. En diciembre de 1953 Luise los donó al Archivo Estatal de Hamburgo, por su valor histórico; pero al año siguiente los retiró para su uso privado, pues no se acostumbró a vivir sin ellos. Los donó de nuevo en 1967 y los volvió a recuperar tres meses más tarde, ya hasta la fecha de su muerte, en 1973, con ochenta y cuatro años. En la década de 1960 el Centro de Estudio de la Historia del Nacionalsocialismo, una institución de Hamburgo, acordó con ella que una estenógrafa acudiría cada día a su casa para que fuera dictando los diarios de 1918 a 1945 (su caligrafía resultaba prácticamente ilegible para cualquiera, salvo ella misma). Estas transcripciones suponen una selección relativamente reducida de un archivo colosal: quien era a la sazón director del Centro de Estudio, Werner Jochmann, publicó algunos pasajes en un libro de documentos sobre cómo se desarrolló la conquista del poder por los nazis en Hamburgo; otros también han aparecido en antologías de extractos de diarios. Todas las transcripciones incluyen omisiones y correcciones, a menudo con la intención de reducir el respaldo original de Solmitz al nazismo, que tendía a ser más emocional y entusiasta. La investigación reciente —en especial la de Beate Meyer— ha contribuido a revelar estos cambios y, en consecuencia, dirigir la atención de nuevo hacia el texto original.[2]

Luise Solmitz —de soltera, Stephan— nació el 25 de mayo de 1889 en la frontera entre Hamburgo y la comunidad urbana contigua, Altona. Sus padres eran vendedores de productos para la casa y su comercio rentaba lo suficiente para que pudieran enviarla un año a un internado de Inglaterra y otro a uno de Francia, lo que le dio a Luise una experiencia más amplia que a la mayoría de las personas de su origen y clase. La familia solía debatir sobre política en casa, y mientras que Luise absorbió los valores antisemitas y nacionalista-conservadores del padre, el hermano menor, Werner (nacido en 1895), tendió hacia el liberalismo de izquierdas y fue un portavoz destacado del Partido Democrático Alemán durante la República de Weimar. Luise se formó en una Höhere Töchterschule (una especie de escuela secundaria femenina selecta) y luego en Magisterio. En 1912 conoció a Friedrich Solmitz, ingeniero militar, nacido en 1877. Los dos se enamoraron y empezaron una relación que sobrevivió a la participación de Friedrich en la primera guerra mundial, y les dio una hija, Gisela, nacida en 1920. Sin embargo, él se negó a casarse con Luise y ella se mudó a Berlín para alojarse durante un año con su hermano, lejos de las miradas curiosas de los amigos, la familia y los vecinos de Altona. Al poco de regresar a su casa se casó con un conocido acomodado, Oskar Zipperling, para legitimar a su hija y poder mantenerla, dado que se consideraba inaceptable que retomara la vida profesional como maestra. Pese a todo, la relación con Friedrich Solmitz continuó, y cuando este solicitó que se reconocieran sus derechos de paternidad sobre Gisela, Luise se divorció de Zipperling (de nuevo, con la ayuda de su hermano Werner) y se casó con Solmitz, el 23 de abril de 1925.[3]

Este comportamiento tan poco convencional era el producto, ante todo, de un secreto que Friedrich Solmitz ocultaba: era judío; su madre y hermano se habían convertido al cristianismo poco después de que el padre falleciera, en 1881, y se unieron a la Iglesia evangélica protestante. Friedrich, que en materia de política era nacionalista y conservador, no había querido pedir la mano de Luise para no cargar a sus hijos con el peso de la ascendencia judía. Ni siquiera había informado a Luise al respecto de su origen; pero el nacimiento de Gisela anuló sus reservas. Durante la guerra Friedrich había volado con la fuerza aérea alemana, pero resultó herido de gravedad en un accidente de aviación y no se recuperó con rapidez. Acabada la contienda —como exoficial condecorado—, abrió una consulta como ingeniero independiente, con la que ganó dinero suficiente para que la familia pudiera vivir con comodidad e instalar en casa a una chica para todo. Formaron un círculo social donde predominaban los conservadores y nacionalistas y se incorporaron a una serie de asociaciones de voluntarios derechistas, entre ellas una sociedad para la protección de la lengua alemana, en cuyo nombre Friedrich envió numerosas cartas a la prensa para lamentar el uso de palabras extranjeras en sus artículos y reportajes.

Así las cosas, no es de extrañar que Luise fuera partidaria de Hitler y de su ascenso. Sus diarios de los últimos años de la República de Weimar muestran, con unos detalles extraordinarios, cómo Hitler y los nazis fueron capaces de superar las reticencias y dudas iniciales de las clases medias alemanas y obtener el apoyo de estas a su causa. Luise admiraba a Hindenburg —encarnación de los valores prusianos, protestantes y militares— y por el contrario no le complacían nada los políticos del Partido de Centro Católico, como el canciller imperial Heinrich Brüning. Le disgustaba tanto la violencia callejera de los nazis durante los primeros años de la década de 1930 como las tendencias que calificaba de «socialistas». Fue votante resuelta del Partido Popular Nacional, pero después de escuchar a Hitler en un mitin (en Hamburgo, en 1932), su retórica la sedujo; acogió con alegría que lo nombraran jefe de un gobierno de coalición, dominado por los conservadores, el 30 de enero de 1933. Pensaba que suponía la unión de los nacionalistas, de todo pelaje, con la intención de restaurar el orgullo nacional: «*élan* nac[ional]soc[ialista], razón nac[ionialista] ale[mana], el "casco de acero" apolítico y Papen, al que no olvidamos».[4] Tras participar en un desfile con antorchas, el 6 de febrero de 1933, reconoció sentirse «como borracha de entusiasmo». Contó que las filas apretadas y uniformada de los camisas pardas nazis entonaban cánticos de «¡Weimar es una mierda!». Se llevó con ella a Gisela, para que «pudiera sentir por una vez qué significa la Patria». «También se oyeron gritos de "¡Muere, Judá!", entre canciones sobre la sangre judía que deberá manar de los cuchillos». Cuando dictó esta entrada, varias décadas más tarde, añadió: «¿Quién se tomaba eso en serio, entonces?».[5]

Mientras los nazis consolidaban su poder, Luise siguió dejando constancia de su aprobación. Le parecía bien que Hitler destacara como «hombre fuerte» y aplaudió las medidas dictatoriales que adoptó tras el incendio del Reichstag; estaba convencida —de acuerdo con la propaganda nazi— de que el ataque formaba parte de una conspiración comunista tendiente a instaurar una Alemania soviética por medio de una revolución violenta. La refinada ceremonia de celebración del «Día de Potsdam» —el 21 de marzo de 1933, cuando Hitler ofreció obediencia simbólica a la tradición monárquica prusiana— le provocó una reacción casi extasiada: al contemplar el espectáculo, lloró de gozo («¡El gran día alemán, inolvidablemente hermoso!»).[6] Más aún: era tan contraria al liberalismo de su hermano Werner que —considerándolo su deber como ciudadana y una muestra de lealtad al régimen— decidió denunciarlo a las autoridades. Copió extractos de las cartas que él le había enviado, que lo incriminaban políticamente, y preparó un dosier que entregó a la Fichte-Bund, una organización con sede en Hamburgo que hacía propaganda contra las críticas que se dirigían a Alemania desde el extranjero; tanto Luise como Friedrich Solmitz se habían asociado a la Bund antes de que el Ministerio de Propaganda de Joseph Goebbels la incorporase. Para Werner, las perspectivas de seguir trabajando durante el nuevo régimen corrían peligro; pero Luise no mostró ninguna simpatía por su situación puesto que, según escribió en su diario, prefería traicionar al hermano antes que traicionar a Hitler, al que tenía por la encarnación perfecta de Alemania. A fin de cuentas Werner había contribuido a despertar pasiones contra el nazismo en el extranjero. Se sentía sumamente culpable por lo que había hecho y expresó este tormento en la intimidad del diario. Las denuncias eran bastante comunes y a menudo comportaron consecuencias graves para los denunciados; por fortuna para los implicados, aquel dosier no llegó más lejos. Si hubiera enviado la denuncia a la Gestapo —como era habitual—, los resultados habrían sido otros, dado que la policía siempre seguía la pista de la información recibida. En todo caso Werner era un propagandista experto y habilidoso, por lo que Goebbels lo mantuvo en su puesto hasta el final, para que trabajara desde entonces a favor del Ministerio de Propaganda, y no en contra. Eran muchas las razones por las que alguien denunciaba a un conciudadano a las autoridades, no necesariamente porque fueran partidarios del régimen; en muchos casos la causa era puramente personal. De hecho, el caso de Luise Solmitz tendía a ser infrecuente, por la razón netamente ideológica de su conducta. En todo caso puso de manifiesto que incluso personas que no eran miembros activos del nazismo podían apreciar el régimen hasta el extremo de traicionar a sus propios familiares, con consecuencias que podrían haber supuesto una detención, palizas, la reclusión en un campo de concentración e incluso la muerte.[7]

La postura de Luise Solmitz con respecto al régimen nazi no era acrítica del todo, sin embargo. Creía que la violencia antisemita de las SA era excesiva e innecesaria; en esas fechas ya estaba al corriente de la ascendencia judía de su esposo. Su preocupación ante las tendencias «socialistas» del país —típicas de las élites nacionalistas y conservadoras de Alemania— volvieron a primer plano cuando el régimen empezó a confiscar los activos de los judíos que, como Albert Einstein, habían emigrado. A juicio de Luise, esto socavaba el concepto de la propiedad privada, y le hacía temer que fuera un «bolchevismo enmascarado». En cambio no expuso ningún reparo ante el ataque violento de Hitler contra los líderes de los camisas pardas y varios otros exrivales con los que quería saldar cuentas, durante la Noche de los Cuchillos Largos, el 30 de junio de 1934, cuando se ejecutó a docenas de personas a sangre fría, sin apariencia alguna de legalidad —aunque los nazis se apresuraron a ofrecer esa apariencia, de forma retrospectiva—. Parece ser que Luise daba crédito a la declaración de Hitler según la cual las víctimas preparaban una revolución violenta; además se escandalizó al saberse que algunos de los caídos eran homosexuales. El «arrojo personal ..., carácter decisivo y efectividad» de Hitler eran incomparables —comentó entusiasta—, dignos de Federico el Grande o de Napoleón. Como muchos otros alemanes de la clase media, estaba dispuesta a aceptar casi cualquier medida que los nazis adoptaran, si la podían justificar con los fines del mantenimiento del orden y la supresión de las amenazas revolucionarias.

Luise Solmitz no se afilió nunca al Partido Nazi, pero mostró de varias formas su entusiasmo por el régimen. Según escribió el 27 de abril de 1933, el nazismo significaba «no más luchas de clases o marxismo, ni más antagonismos religiosos; solo Alemania, en Hitler». Acogió con regocijo que Hitler se fuera apuntando éxitos notables en materia de política exterior, que desde la perspectiva de Luise devolvían a Alemania a su antigua grandeza internacional. También quedó enormemente satisfecha cuando Hitler anunció que recuperaba el servicio militar obligatorio. El 16 de marzo de 1935 comentó que aquel era «el día con el que hemos estado soñando desde la desgracia de 1918». Al escuchar el anuncio por la radio, comentó: «Me puse en pie. Me superó, fue un momento magistral. Tuve que escucharlo en pie». Un año más tarde, el 7 de marzo de 1936, se sentía «abrumada a no poder más» por la emoción, cuando las tropas alemanas entraron en la Renania para reclamar la posesión del territorio, después de varios años de desmilitarización oficial, impuesta por el Tratado de Versalles; Luise quedó «encantada por ... la grandeza de Hitler y el poderío de su lenguaje, la fuerza de este hombre». Según escribió en una serie de notas alborozadas, los días 11 a 13 de marzo de 1938, tras la anexión alemana de Austria, el líder nazi era «un hombre que no teme a nada, no transige con nada, no se para ante ningún obstáculo ni dificultad». A medida que se iban desarrollando los acontecimientos, fue llenando páginas que los seguían golpe por golpe, dejando constancia de lo que se le antojaban hitos de «la historia universal, la realización de mi viejo sueño alemán: una Alemania verdaderamente unida ... Todo esto es como un sueño. Es como romper con el propio mundo y con uno mismo».

Tanto Luise como su marido, veterano de la guerra, deseaban participar de algún modo en la nueva Alemania. A partir de 1935, por ejemplo, cuando el régimen empezó a animar a la población a nombrar los meses del año con nombres germánicos, y no los nombres latinos corrientes, Luise empezó a fechar las notas del diario con referencias al *Julmond* [diciembre], *Brechmond* [junio], etcétera. Ya en 1933, cuando el régimen creó el nuevo puesto de «guardián de bloque de la Liga de Protección Aérea del Reich», Friedrich se ofreció voluntario de inmediato; pronto estuvo recorriendo casas y bloques de pisos de su localidad para que los habitantes hicieran preparativos y ejercicios para los ataques aéreos que los nazis temían que se producirían en un futuro no muy lejano, cuando se iniciara la guerra europea para la que ya habían empezado a trabajar. Sin embargo, no tardó en verse en dificultades. El «epígrafe ario» que todas aquellas organizaciones debían suscribir impedía emplear a los judíos, y Friedrich le aplicó ese epígrafe a terceros aun cuando —sin que sus compañeros de la Liga lo supieran— él mismo incumplía el requisito. A la postre le resultó imposible seguir manteniendo en secreto la ascendencia judía, dado que en el Tercer Reich eran muchos los fines para los que se requería un certificado de ascendencia aria. Friedrich, que no parecía haber comprendido la situación en absoluto, llegó a enviar una carta de protesta al jefe local del Partido Nazi, que su esposa copió en el diario manuscrito de 1934; se lamentaba de que los otros miembros de la Liga de Protección Aérea del Reich le mostraban una hostilidad tan franca y persistente que se veía obligado a presentar la dimisión.

Ni Friedrich ni Luise Solmitz sentían ninguna clase de afinidad con la comunidad judía de Alemania. Según apuntó Luise en una entrada de su diario del 15 de septiembre de 1935, «la mayoría de la gente, o mucha gente, sigue rechazando la judería, como yo misma; no mantienen ninguna relación con ese bando, ni la desean. Yo nunca he tenido ninguna relación con ellos. No conozco a ningún judío». A Luise le parecía bien que el gobierno nazi hubiera tomado medidas para restringir los derechos de los «*Ostjuden*» (inmigrantes judíos de la Europa del este). De acuerdo con las Leyes de Núremberg, la pareja quedó clasificada como «matrimonio mixto privilegiado», porque Luise no era judía y educaban a la niña, Gisela, en la fe cristiana. Ello no obstante, y por mucho que le doliera, se excluyó a Friedrich de la Asociación de Oficiales de Guerra Nazis y del movimiento de veteranos de los Cascos de Acero; perdió los derechos de ciudadanía, y él y su mujer se vieron obligados a arriar la bandera nazi que se enorgullecían de haber izado en su casa desde 1933. Por su parte la hija quedó clasificada como «mestiza de primer grado», lo que le prohibía casarse con un alemán que no fuera judío, matricularse en una universidad o hacer muchas de las cosas que una chica de clase media de su edad esperaba poder hacer por entonces en Alemania. A la familia le dolió especialmente que no se le permitiera afiliarse a la Liga de las Chicas Alemanas, la organización juvenil nazi a la que pertenecían prácticamente todas las alemanas de su edad, a condición de que no fueran judías.

Los Solmitz se enojaron tanto con el trato recibido que los días 8 y 9 de marzo de 1936 escribieron una carta de protesta que dirigieron a Hitler en persona. El 17 de septiembre recibieron la contestación, redactada por un funcionario menor: no se podían hacer excepciones a la ley, ni siquiera en su caso. Lo peor estaba por llegar. El 10 de noviembre de 1938 —la mañana posterior a la orgía de violencia antisemita y ámbito nacional que se conoce popularmente como *Reichskristallnacht* o Noche de los Cristales Rotos—, los Solmitz recibieron la visita de dos oficiales de la Gestapo. Cumplían con una orden personal de Hitler: arrestar a 30.000 hombres judíos y trasladarlos a campos de concentración hasta que prometieran emigrar. El comandante retirado les mostró en silencio las medallas al valor conquistadas durante la primera guerra mundial, y los oficiales cedieron. Sin embargo, todos los judíos debían entregar cualquier arma que poseyeran, por lo que, con enorme disgusto, Friedrich les entregó su espada («manejada con honor, rendida con vergüenza»). Por si esto fuera poco, las autoridades nazis impusieron una multa colosal a la comunidad judía de Alemania, para costear los daños causados durante el pogromo por la violencia de los camisas pardas. En este punto, de nuevo, el historial militar acudió en ayuda de Friedrich. Le preguntaron si no prefería emigrar. «Soy un oficial viejo. He nacido en Alemania y en Alemania moriré», respondió. Impresionados por la firmeza de su conducta, los funcionarios nazis del departamento de Finanzas le sugirieron que pusiera todos los activos a nombre de su esposa, lo cual, al no ser ella judía, le permitiría escapar a la tasa y evitar la expropiación que se avecinaba y afectaría a las posesiones de los demás judíos de Alemania. A partir del 1 de enero de 1939, Friedrich tuvo que lucir en sus documentos de identidad oficiales un nombre antepuesto, Israel, como todos los judíos del país; «el nombre añadido, deshonroso, deprimente», según escribió Luise en su diario el 14 de septiembre de 1938, al poco de anunciarse la medida. Por asombroso que pueda resultar, nada de lo anterior impidió que Friedrich se ofreciera voluntario para el servicio militar durante la crisis de Múnich, en 1938, propuesta que un funcionario rechazó sin miramientos.[8]

Poco a poco, el temor y la indignación que le provocaba a Luise el empeoramiento de la situación por la que pasaban su marido y su hija fue arrojando sombras sobre su entusiasmo con el Tercer Reich. Su propia vida resultaba más difícil por el hecho de que ya no se autorizaba a la pareja a tener una chica de servicio que fuera «aria». El círculo social de la pareja fue menguando porque a los ciudadanos no judíos se les prohibió relacionarse con ellos o se apartaron de ellos voluntariamente. En marzo de 1938, en paralelo a la emoción que le despertaba la anexión de Austria, le resultaba doloroso «recordar que una está excluida de la comunidad nacional como si fuera una delincuente o una degenerada». A ello se le sumó la perspectiva de una guerra, que consolidó la faceta cada vez más crítica de su postura. Al igual que muchos otros alemanes —quizá incluso la mayoría—, los Solmitz estaban muy inquietos por los posibles efectos que una guerra europea general tendría en Alemania, y a medida que el estallido se aproximaba, se fueron angustiando. Les horrorizaba en particular el fantasma de los bombardeos aéreos masivos de los centros urbanos del país. La admiración de Luise por Hitler se fundamentaba, entre otras razones, en que todos los éxitos obtenidos hasta 1939 en materia de política exterior se habían conseguido sin derramar sangre; pero a medida que se evidenciaba que Alemania estaba a punto de invadir Polonia, lo que derivaría en una guerra general, se preguntaba con tono desesperado, el 29 de agosto de 1939: «¿Quién va a ayudar a la humanidad torturada a alejarse de la guerra y mantener la paz? Fácil respuesta: nadie ni nada». Entraban en una época en la que, a su entender, «en comparación con el presente, la guerra de los Treinta Años fue la excursión dominical de unos escolares».

Sin embargo, al cabo de unos pocos meses, durante los cuales las alertas por incursiones aéreas supusieron más una inconveniencia que algo grave, los éxitos militares de la Wehrmacht, tanto en el este como en el oeste, hicieron renacer tanto su viejo orgullo nacionalista como la confianza. El punto culminante coincidió con la derrota de Francia: «Un día grandioso, grandioso de verdad para el pueblo alemán», anotó en su diario el 17 de junio de 1940, al tener noticia de que el mariscal Pétain, como líder de los franceses, solicitaba la paz. «Estamos todos desbordados por la felicidad y el entusiasmo», añadió. Aquella victoria representaba «un giro increíblemente poderoso en la fortuna de nuestra nación, la realización de nuestros ansiados sueños nacionalistas». En comparación con esa gloria, las inquietudes cotidianas de la guerra, que habían dominado su diario hasta este punto, pasaron a un segundo plano. Solo cuando recordaba la persecución mezquina a la que por ser judíos se sometía a su esposo Friedrich y a su hija Gisela, se paraba a reflexionar: «Los éxitos son tan colosales que la sombra que esta luz arroja se torna cada vez más oscura y amenazadora».

Había llegado a un punto en el que su euforia nacionalista ante los éxitos de Hitler parecía equilibrarse casi por completo con el abatimiento y pesimismo por los efectos de las medidas antisemitas del líder nazi sobre su familia. A partir de este momento, en cambio, a medida que el régimen intensificaba extraordinariamente la persecución de los judíos, los aspectos negativos de vivir en la Alemania de Hitler fueron ocupando cada vez más espacio en las páginas del diario de Luise. Desde septiembre de 1941, todos los judíos de Alemania quedaron obligados por ley a lucir la «estrella judía» —negra, sobre un trozo de tela amarilla— sobre la ropa siempre que estuvieran en público. Como Friedrich gozaba de una condición privilegiada —exmilitar condecorado en la guerra, esposo de una mujer no judía y padre de una hija educada como cristiana— pudo escapar a esta indignidad. El 13 de septiembre de 1941 Luise escribió con amargura: «Ahora la suerte no nos acompaña, en nada de lo que nos afecta». Aun así no sentían ninguna simpatía hacia la comunidad judía, sometida a privaciones cada vez mayores; seguían pensando que, como ellos eran patriotas alemanes, no había razón para que tuvieran nada que ver con los judíos. Cuando el régimen intensificó la discriminación —les ordenó compartir alojamiento, primer paso del confinamiento en guetos—, los Solmitz recurrieron a una resolución de la Gestapo, según la cual las personas que vivían en matrimonios mixtos privilegiados (como era su caso) no estaban obligadas a proporcionar alojamiento a ningún judío. Lo acogieron con un suspiro de alivio.[9]

En cuanto a la reducción de las pensiones, subvenciones y raciones de comida, eran comunes a los demás alemanes. Salvo por esto, vivían en gran medida como habían vivido hasta entonces, pero en un ámbito necesariamente más reducido: a Friedrich no se lo autorizaba a participar de la vida social de los círculos no judíos, los que frecuentaban anteriormente. Cuando la Gestapo empezó a deportar hacia el este a los últimos judíos de Alemania —con destino a los guetos y, en última instancia, a los campos de exterminio—, Luise sí dejó constancia de cierta empatía. En referencia a las redadas totalmente públicas en las que se detenía a los judíos por las calles de Hamburgo, escribió: «Todo Hamburgo va lleno de la deportación y expulsión hasta de los más ancianos». Un conocido le contó que «unos niños acompañaban con vítores la expulsión» de un grupo de judíos, aunque Luise por sí misma no había sido testigo de tales comportamientos.

> Una vez más, los judíos se han ido a Varsovia —anotó el 14 de julio de 1942—. Me lo han confirmado los cubos de basura del exterior de sus casas, llenos a reventar de los restos miserables de sus escasas posesiones, con latas coloreadas, antiguas lámparas de mesa, bolsos rasgados. Los chiquillos hurgaban por sus cosas, jubilosos, armando un follón indescriptible.

El temor a que su marido pudiera llegar a sufrir ese mismo destino sin duda contribuyó a que se interesara por registrar las deportaciones en su diario.

A medida que la guerra avanzaba, la situación de la familia se iba deteriorando. Las raciones escaseaban y Luise y Friedrich lo acusaban en el peso. El 21 de diciembre de 1942 ella pesaba tan solo 43,5 kilos. Pero su mayor preocupación ante el racionamiento no eran las posibles restricciones adicionales a la dieta, sino que por alguna razón se le prohibiera recoger los alimentos de toda la familia; esto obligaría a Friedrich a presentarse en persona en la oficina de reparto, como judío, con el «epíteto maligno e imposible» que el gobierno le había impuesto («Israel»), obligado a hacer cola «entre toda una gente con la que nosotros nunca hemos tenido nada que ver» o, en otras palabras, con los últimos judíos de Hamburgo, viejos, pobres y prácticamente desposeídos. También le inquietaba la seguridad de su hija Gisela, pues corrían rumores de que las personas clasificadas como «racialmente mixtas» iban a ser deportadas. «Nos hemos convertido en los juguetes de un poder oscuro y malicioso», escribió sombríamente en su diario el 24 de noviembre de 1942.

Friedrich Solmitz solo tuvo problemas con la policía en una ocasión. La escasez de mano de obra en la economía de guerra alemana —provocada entre otras razones por el reclutamiento repetido de los obreros para que prestaran servicio en el frente— hizo que cada vez se trajera a más trabajadores extranjeros a las minas y fábricas alemanas, al principio de forma voluntaria, luego forzada. En el verano de 1943 eran tan numerosos los extranjeros que corrían por Hamburgo —comentó Luise— que «allí donde oías hablar, [sonaba] una confusa babel de lenguas».

> Entre tanto Fr[iedrich] ha visto una procesión miserable de trabajadores extranjeros en la calle Ostmark: rubias, jóvenes (algunos claramente asiáticos), viejos abrumados por los hatos, sin la sonrisa de los orientales, cargados con sus escasas posesiones, a punto de morir de agotamiento. «¡Bajad de la acera, bandidos!».

No fue una empatía del todo excepcional, aunque, como sugiere la referencia de Luise a los «asiáticos», la población alemana solía exhibir un sentimiento de superioridad racial sobre los prisioneros y trabajadores forzados venidos de la Unión Soviética. Cuando unos meses más tarde Friedrich Solmitz le dio un poco de comida a un obrero esclavizado que se moría de inanición, alguien lo denunció anónimamente a la policía, y la Gestapo lo detuvo; pero quizá una vez más por su historial y su porte militar, salvó el incidente con una simple advertencia.

Sin embargo, la presencia de trabajadores extranjeros en Alemania tuvo un efecto mucho más directo sobre la familia Solmitz cuando Gisela se enamoró de un belga que trabajaba como voluntario en una fábrica de Hamburgo, y la pareja decidió casarse. En la oficina del Registro, un funcionario le dijo a Luise que el Ministerio de Justicia del Reich les había denegado el permiso de bodas, y añadió:

> —¿Los padres de este joven ya saben que la hija de ustedes es una mestiza de primer grado? Estoy seguro de que han dado su consentimiento, pero ¿eso lo saben?
>
> —En Bélgica no se reconocen esas leyes ni esas ideas.
>
> —¿Qué quiere decir, con eso de «Bélgica»? ¡Hoy ni siquiera utilizamos el término «Alemania»! Pensamos en «Europa». En Europa no tiene que quedar ni un solo judío. Así es como yo lo veo; no es el punto de vista oficial, pero hay signos que me permiten anticipar que a los judíos se los tratará con una severidad aún mayor que antes.
>
> Me lo dijo y me lo repitió. Y yo estaba allí sentada, sin poder defenderme.
>
> —Mire lo que los judíos han hecho en Rusia, en Estados Unidos —siguió sermoneándome—. Ahora nos empezamos a dar cuenta de lo que han hecho.

Cuando Luise tuvo el valor de mencionar a su esposo judío, el funcionario quedó del todo asombrado. «Pero ¿¡su marido aún está aquí!?», dijo, sin dar crédito a lo que oía.[10]

Los bombardeos aéreos que los Solmitz tanto temían en 1939, cuando estalló la guerra, empezaron a tener consecuencias reales en su vida cotidiana a partir de mediados de 1942. Hamburgo quedaba dentro del radio de alcance de los bombarderos británicos, sin grandes dificultades para esos aparatos; y al ser la segunda ciudad de Alemania y un nodo de astilleros para la construcción y reparación de buques, así como de fábricas de municiones, resultaba un blanco evidente. Las primeras grandes incursiones se dirigieron contra una ciudad hanseática vecina, Lübeck, de calles estrellas y edificios de madera que ardían con facilidad. Luise redactó al respecto una nota impersonal, como si se hubiera tratado de un desastre natural o un acto divino. «Ya no controlamos nuestro destino; estamos obligados a aceptar que el destino nos dirige, y a asumir lo que venga sin confianza ni esperanza», escribió en tono resignado el 8 de septiembre de 1942. La destrucción de Lübeck la entristeció, pero también la horrorizó —con una muestra característica de su pensamiento racial— el bombardeo de Norwich y York en las misiones de represalia de la fuerza aérea alemana (el «*Blitz* de la Baedeker»):

«Es terrible lo que ha pasado con todas esas posesiones culturales germánicas ... Hay sufrimiento y aniquilación por todas partes». Los Solmitz empezaron a vivir la devastación en primera persona con los devastadores y masivos asaltos que asolaron la propia Hamburgo en julio y agosto de 1943. Durante la fase más intensa del bombardeo, el centro de la ciudad quedó envuelto por completo en una ingente tormenta de fuego; manzanas enteras acabaron reducidas a cenizas; unos 40.000 habitantes perdieron la vida.

Estas incursiones dejaron a Luise sin palabras. Cuando ella y su marido se atrevieron a salir de casa, a principios de agosto de 1943, no vieron «más que escombros, escombros en nuestro camino». Pudo observar entre aterrada y fascinada la lentitud con la que los edificios sobrecalentados se iban enfriando poco a poco:

> Durante el día, el aire resplandecía de calor. El búnker de carbón de la Rebienhaus de la esquina ha terminado de arder por fin del todo. Es un drama de fantasía. Las tiendas [que había por encima del búnker están] destruidas y lanzan un brillo rojo y rosáceo. He entrado a la escalera del sótano —sé que era irresponsable— y la casa gigantesca se alzaba amenazadora por encima de mí, completamente destruida, y por debajo de mí podía ver el infierno solitario y ardiente, con su acumulación de llamas furiosamente vivas. Más adelante ya solo brillaban los pozos del búnker; las tiendas estaban negras como una cueva muerta. Al final las llamas adquirieron un color azul.

Aun así, en los refugios antiaéreos, los intentos de avivar las llamas del odio contra los británicos se topaban a menudo con un rechazo. «Casi tres horas en el búnker —apuntó Luise, durante otro bombardeo—. "Los londinenses tienen que pasarse 120 horas en sus búnkeres. ¡Ojalá no salgan nunca! ¡Se lo merecen!". "Tienen que hacer lo que su gobierno quiere. ¿Qué otra cosa pueden hacer?"», dijo la voz de una mujer. En una nota posterior, Luise escribió que «a pesar de todo lo que hemos sufrido con los ataques, en Hamburgo no hay mucho odio al "enemigo"».

Bajo el impacto de la derrota y la retirada, y con el desgaste de los bombardeos constantes sobre la ciudad en la que vivía, Luise empezó a perder la fe en Hitler; pero siempre tuvo la cautela de no ser demasiado explícita al respecto, ni siquiera en la intimidad de su diario. El 8 de septiembre de 1942 resumió lo que pensaba sobre los alemanes y la situación del momento:

> Para mí, un gran hombre es solo el que sabe moderarse, porque no existe solo el tiempo presente, en el que cabe disfrutar de la venganza, sino también un tiempo futuro en el que llegarán las represalias. Bismarck sabía contenerse, fue uno de los pocos que se resistió a dejarse llevar por la fuerza del éxito, un hombre que enfrentó su propia ley interior a la clase de ley de la naturaleza que arrastraba a los conquistadores. El hado inescapable de la mayoría de los conquistadores es la autodestrucción.

Para que Luise se volviera de verdad en contra de Hitler hubo que esperar no obstante a que Gisela —que se había casado con su prometido belga en su país natal— dejara al hijo recién nacido, Richard, al cuidado de los abuelos, por temor a los efectos de la inminente invasión Aliada. Si ya le resultaba difícil pensar que ella y Friedrich podían morir en los bombardeos, la amenaza que estos representaban para el nieto —inocente portador del futuro de Alemania— la aterraba.

En aquel momento solo podía dedicarle a Hitler «odio» y «maldiciones». «Tomé la costumbre de acompañar cada bomba con un "¡Ojalá Hitler se muera sufriendo!", cuando estábamos a solas», escribió. La familia empezó a referirse a los nazis como «el señor Jaspers», lo que les permitía conversar sobre la decadencia y próximo hundimiento del sistema nazi sin temor a que los arrestaran si alguien oía sus palabras. Cada vez que Goebbels u otro líder nazi aparecía en la radio, corrían a apagarla. La actitud de Luise para con el Tercer Reich pasó pues a guiarse por su papel de madre y abuela; un papel que se mezclaba con la desilusión ante la situación a la que las decisiones de Hitler habían llevado a Alemania, hasta producir una inversión diametralmente opuesta a la adulación que expresaba una década atrás.

Durante la última fase de la guerra, Luise dedicó buena parte de su tiempo al simple fin de mantener a la familia con vida. Aunque no fumaba, solicitó una cartilla de racionamiento de cigarrillos porque estos «son dinero, dinero contante y sonante», y podía trocarlos por raciones de comida para el nieto. La tubería del gas que prestaba servicio a su casa había saltado por los aires durante las incursiones aéreas masivas de finales de julio de 1943, y no se reconstruyó hasta enero de 1944; a principios de 1945 la red de gas y electricidad se cortaba de forma regular durante los que se dio en llamar «días de ahorro de gas» y «días de ahorro de energía». En este período las cartillas de alimentos para cuatro semanas debían hacerse durar una semana más. A finales de 1944 las raciones oficiales empezaron a reducirse a niveles en los que nadie podía sobrevivir. La infraestructura del país se estaba derrumbando con celeridad. «No me quedan más fuerzas ni más voluntad. Estoy completamente exhausta, acabada», escribió en tono desesperado, el 9 de abril de 1945.

En Hamburgo, el 30 de abril de 1945, Luise tuvo noticia de la muerte de Hitler, que ella sospechaba que se había envenenado. Por fin se sintió libre para soltar el odio que se había ido acumulando durante los meses precedentes. Hitler había sido —escribió en su diario— «el fracaso más despreciable de la historia universal». Era «incapaz de acuerdos, de mesura, de actuar con responsabilidad», cualidades que al principio le reportaron éxitos, pero acabaron conduciéndolos a la catástrofe. «El nacionalsocialismo ha logrado reunir todos los crímenes y las depravaciones de todos los siglos», pensaba ahora. Doce años antes sus comentarios eran muy distintos, pero «con Hitler he pasado de ser una persona sumisa y tranquila a ser contraria a la guerra». Goebbels también había muerto, pero «ninguna muerte puede expiar tales crímenes». En cuanto a Hitler: «Ahora que tenemos la esperanza de que vamos a dejar atrás sus mezquindades, mentiras y crímenes inimaginables, su torpeza y su incompetencia, sus cinco años y ocho meses de guerra, ahora la mayoría de los alemanes dice: "¡Es el mejor día de nuestras vidas!"». No se le escapó que «la promesa de Hitler: "Dadme diez años y veréis dónde llevo a Alemania", hace meses que son sus palabras más citadas, por amargura». El 5 de mayo de 1945 los Solmitz prendieron fuego a la bandera nazi que tanto les había dolido que les obligaran a arriar diez años atrás. Pero la derrota no afectaba solo al nazismo. «Nunca un pueblo había apoyado una causa tan mala con un entusiasmo tan extremo —escribió el 8 de mayo de 1945, recordando quizá su propia actitud anterior—, nunca un pueblo se había impulsado tanto a sí mismo hacia la autodestrucción». Los alemanes eran «*lemmings*» que corrían a aniquilarse a sí mismos. Habían perdido los nazis, sí, pero también los alemanes.

El viaje que se registró en los diarios de Luise Solmitz, con su trayecto desde el amor y la admiración por Hitler hasta el odio y el desprecio, desde la convicción de que el líder nazi era el salvador de Alemania hasta la certeza de que había sido su destructor, fue asimismo el trayecto desde los valores típicos de la clase media protestante a una posición política más individualizada. Se llegaba aquí no solo por las reacciones ante los grandes acontecimientos y las vivencias de los años de la guerra, sino también por factores más personales. La ambivalencia de Luise con respecto al nazismo en los primeros años de la década de 1930, con su desconfianza hacia lo que consideraba un elemento «socialista» y el alivio de que cuando se nombró a Hitler canciller imperial estaba rodeado por todo un gabinete de conservadores sensatos, que sin duda ejercerían una influencia moderadora sobre su radicalismo, fueron sentimientos compartidos por la gran mayoría de los alemanes de su clase y origen social. Tampoco hubo nada extraordinario en la velocidad con la que se olvidó de estas reservas, ni en las razones por las que pasó a admirar a Hitler tan pronto y ya sin recelos. Para las clases medias alemanas, los nazis habían restaurado el orden y la estabilidad, después de la violencia y los alborotos vividos en los años de la República de Weimar, y esto fue suficiente para apagar los temores al respecto de sus intenciones; por otro lado, los éxitos rápidos de Hitler en materia de política exterior no tardaron en convertir el entusiasmo en pura euforia. Esta euforia alcanzó el clímax con las victorias asombrosas que las fuerzas armadas alemanas obtuvieron en la Europa occidental en 1940 y, sobre todo, con la derrota aplastante del enemigo tradicional, el arquitecto del aborrecido Tratado de Versalles: Francia. En este punto la reacción de Luise también resultó típica, y aquí no solo de la burguesía alemana, sino de la abrumadora mayoría de los alemanes, de cualquier condición.

El consenso popular que suscitaba en 1940 en Alemania la política exterior y militar de Hitler, no obstante, ya empezó a disolverse al año siguiente. Al tener a 13 millones de hombres en las fuerzas armadas, Alemania había pasado a ser una sociedad que, en su frente interior, estaba dominada por las mujeres; al menos en lo que respecta a los números. La experiencia de las mujeres fue cobrando peso en los diarios de Luise. Aunque ella se interesaba vivamente por la política, en sus apuntes cuenta relativamente poco sobre la evolución de la guerra en los frentes de batalla de Europa. Así, lo que la convenció de que Hitler había sobrestimado sus posibilidades no fue tanto la derrota de la Wehrmacht en Stalingrado, a principios de 1942, como los efectos devastadores del bombardeo Aliado en la vida cotidiana de las ciudades alemanas.

Aquí la guerra había llegado a la propia Alemania; aquí cada vez más mujeres del país empezaron a sentir sus efectos directos. A ello se añadió otra reacción común: la indignación y desesperación entre los nacionalistas de la clase media por la destrucción del patrimonio cultural de Alemania. Los hombres que estaban en el frente, a juzgar por las cartas de campaña que se han preservado por millones, tenían otras preocupaciones; la principal, cada vez más, seguir con vida. En esta fase, por lo tanto, los diarios de Luise habían comenzado a reflejar inquietudes necesariamente más específicas de su género, en comparación con las mostradas en los primeros años de la década de 1930. También fue específica de su género su reacción ante el bombardeo Aliado y la devastación que causaba: las críticas contra Gran Bretaña y Estados Unidos que se recogen en su diario fueron formuladas sin excepción por hombres; la perspectiva más difundida entre las mujeres parece haber sido más fatalista: no había que culpar a nadie, aquello era un simple acto de guerra; y si había que responsabilizar a alguien, entonces era a la Luftwaffe de Hermann Göring, que no había sabido defender las ciudades de Alemania.

Lo que agudizó las críticas de los diarios de Luise —con lo que, más allá de la desilusión con Hitler y el Tercer Reich, un sentimiento que hacia 1943 compartían millones de alemanes, se pasó a la emoción del odio, que en abril de 1945 era aún relativamente escasa— fueron dos influencias que no solo estaban específicamente asociadas a su género como mujer, sino que fueron particulares de los papeles de Luise como esposa y madre. Se trata de la preocupación por el nieto y el temor —casi insoportable— a que la vida del bebé pudiera concluir cuando apenas había comenzado, todo por la demencial insistencia de Hitler en iniciar una guerra que Alemania no podía ganar. A esto se añadía una segunda influencia, más prolongada en el tiempo: la situación de Luise como esposa no judía de un judío alemán. Aunque por el hecho de formar un «matrimonio mixto privilegiado», Friedrich Solmitz no iba a ser deportado ni asesinado; pero la discriminación y las privaciones se acentuaban, y a Luise le dolía con la misma intensidad la marginación legal, social y educativa de su hija Gisela por ser de «raza mixta».

Sin embargo, lo que los diarios no dijeron quizá es tan relevante como lo que sí decían. Luise no dejó constancia de que la Gestapo la presionara —como a otras esposas «arias» de judíos alemanes— para divorciarse; tampoco manifestó nunca dudas sobre la prudencia de mantener el matrimonio. Probablemente esto obedeció en buena parte a que ella nunca consideró que Friedrich fuera judío: la familia no se relacionó nunca con la comunidad judía de Hamburgo y en los diarios de Luise apenas se percibe empatía hacia su suerte. Hoy sabemos que las transcripciones con las que los historiadores habían estado trabajando hasta hace poco fueron corregidas por Luise en varios puntos, mientras las dictaba a la transcriptora, para rebajar el tono de los sentimientos antisemitas (o suprimirlos por completo) que había heredado de su padre y que se van expresando, a intervalos, por todo el diario.[11] En lo que a ella respectaba, los Solmitz eran alemanes e incluso después de todo lo sucedido, incluso en 1945, su lealtad seguía siendo exclusivamente nacional, la lealtad a Alemania. A juicio de Luise, el crimen imperdonable de Hitler había sido traicionar al país.

Cuando —irónicamente— Gisela escapó de la situación que atravesaba casándose con un extranjero y abandonando Alemania para vivir en Bélgica, no parece que Luise le hubiera planteado objeciones. En compañía de Friedrich hicieron un intento valeroso, aunque no realista, de lograr que el matrimonio se validara en la propia Alemania. En este momento la actitud de Luise hacia Hitler y los nazis había pasado a estar gobernada por factores casi del todo específicos de ella: sin duda no debieron existir muchas familias que vivieran en un «matrimonio mixto privilegiado» y se enfrentaran a un funcionariado nazi hostil y distante al intentar conseguir la aprobación para que su hija de «raza mixta» se casara con un extranjero en un estadio ya avanzado de la guerra. Cuando la contienda se acabó, el odio de Luise hacia Hitler era tan intenso que resultaba atípico: las reacciones emocionales que suscitaron entre los alemanes la muerte del líder nazi y la derrota del país fueron sumamente variadas, desde una desesperación tan radical que llevaba al suicidio, al resentimiento contra los judíos que (a juicio de algunos) habían conspirado para forzar la derrota; desde el pesar por la destrucción a la confusión o la indiferencia. Quizá la más difundida fue un sentimiento generalizado de culpa, que había ido creciendo de forma constante en muchos sectores de la población: culpa por las atrocidades perpetradas por las fuerzas alemanas y la SS en el este; culpa por la persecución y el exterminio de los judíos. En cambio la culpa no figuró en los diarios de Luise, quizá porque a fin de cuentas ella se sentía al mismo tiempo parte de la minoría perseguida y de la mayoría alemana. Su empatía por las víctimas judías de la persecución nazi siempre fue muy escasa. Cuando al terminar la guerra las autoridades de la ocupación británica alojaron a refugiados judíos que volvían de Bélgica en la casa de los Solmitz, Friedrich y

Luise fueron enviando cartas de protesta, una tras otra, hasta que se envió a los refugiados a otras casas.[12] Al igual que Luise Solmitz, la abrumadora mayoría de los alemanes conservaban una buena parte de las actitudes y creencias con las que habían vivido los tiempos del Tercer Reich. Lo que sí habían perdido era la fe en Hitler. Hitler solo había causado muerte y destrucción. Después de 1945 no hubo resistencia ante las potencias ocupantes y el nazismo no revivió.

Conclusión

Como individuos, los perpetradores cuyas vidas se narran en este libro no fueron psicópatas; no fueron personas perturbadas, pervertidas o dementes, por mucho que en los medios de comunicación y la bibliografía histórica haya sido habitual retratar a muchos de este modo. No fueron matones ni rufianes que se apoderaron del Estado alemán con el simple fin (o siquiera el fin principal) de enriquecerse, cobrar fama o manejar poder; aunque cuando se les presentó la ocasión, muchos no vacilaron en aprovecharla. Aparte de que las pruebas no sostienen esa hipótesis, concebir a esas personas como esencialmente depravadas, desviadas o degeneradas las sitúa fuera de los límites de la humanidad normal y corriente; por lo tanto sirve de exculpación para todos los demás, para todos nosotros, pasados, presentes y futuros. Tampoco fueron marginados sociales ni crecieron lejos de las corrientes principales de la sociedad. Durante la mayoría de sus vidas fueron personas completamente normales, según el estándar habitual en la época. Procedían casi todos de la clase media; entre ellos no hubo ni un solo obrero dedicado a trabajos manuales. Muchos compartían los atributos culturales convencionales entre la burguesía alemana: habían leído mucho, tocaban con destreza algún instrumento musical, pintaban, escribían textos de ficción o poemas. Pero todos tenían en común la devastadora experiencia emocional de haber perdido la condición social o la autoestima de forma brusca y poderosa en una fase temprana de sus vidas. Para no pocos de ellos, la derrota de Alemania en la primera guerra mundial, que consideraban repentina e inesperada, fue un acontecimiento traumático que puso fin a una carrera prometedora y echaba a la basura el sacrificio propio y de sus familias, a veces con sangre. En algunos casos, un desastre económico —la hiperinflación o la Gran Depresión— tuvo un efecto similar.

Hitler les ofreció una vía que les permitió superar los sentimientos de inferioridad y vinculó el destino de todos —y el suyo propio— a lo que presentó como la trayectoria histórica moderna de Alemania como totalidad, que pasaría de la derrota y la humillación al renacimiento y la regeneración; ante todo, salvando unas divisiones y antagonismos sociales, económicos y políticos que parecían insuperables al crear una comunidad nacional unitaria y genuina. Se suponía que una tal comunidad había unido a la nación en el estallido de la primera guerra mundial, en agosto de 1914, y se había deshecho tan solo cuatro años más tarde, por el impacto de la derrota. La mayoría de los perpetradores creció socializada en un ambiente burgués fuertemente conservador y nacionalista alemán; los conversos del socialismo, el comunismo o siquiera el liberalismo conservador fueron extraordinariamente raros. Desde aquella posición, el paso a la forma de nacionalismo más radical que los nazis representaban era corto.

La experiencia de la primera guerra mundial generó una enorme división en la vida política alemana. Durante el conflicto, y después, la militarización de la sociedad se hizo más pronunciada. Había uniformes por toda la vida pública, se los veía en cualquier calle. Aun así sería un error sostener que la experiencia de la guerra brutalizó a una generación entera. La mayoría de los hombres que combatieron en la guerra procedían, por definición, de las clases obreras; cuando la contienda acabó, pasados los primeros años de la posguerra, donde predominó el caos, retomaron la vida civil o bien como socialdemócratas, comprometidos con crear y preservar la democracia de Weimar, o bien —en especial si eran más jóvenes— acercándose a partidos más claramente izquierdistas de creación reciente, sobre todo los comunistas. Los nacionalistas alemanes ya estaban convencidos, incluso antes de la guerra, de que los socialdemócratas —desde 1912, el partido con más representantes en el Reichstag— eran unos traidores que solo pretendían debilitar y dividir Alemania. A juicio de muchos integrantes de la derecha nacionalista, estaban dirigidos entre bambalinas por una conspiración judía; se trataba de una fantasía paranoica, pero ofrecía una seudoexplicación aún más poderosa que la del movimiento comunista internacional. La frágil estabilidad que la República de Weimar alcanzó con el fin de la hiperinflación, en 1924, fue un remiendo poco duradero para las grietas abiertas en el tejido de la sociedad. Para más de un tercio del electorado, la Gran Depresión posterior, y la desintegración del mundo político, fueron la gota que colmó el vaso. Si no eran estúpidos —han sugerido otros autores—, entonces la vasta mayoría de los alemanes simplemente no captó las realidades del nazismo. Solo una pequeña minoría de fanáticos se entregó a las ideas y las prácticas de los nazis, mientras que el resto no sabía nada al respecto. Se trata de explicaciones exculpatorias, que encontramos incluso en los escalones más altos de la jerarquía nazi: en efecto, el arquitecto de Hitler, y a la vez ministro de Municiones, Albert Speer, logró convencer de algún modo a los jueces del Tribunal Militar Internacional que juzgó los crímenes de guerra en Núremberg después de la contienda de que él nunca había tenido noticia de los crímenes del nazismo y lo ignoraba todo sobre Auschwitz y el Holocausto hasta el momento final de la derrota de Alemania. Sus memorias, del todo interesadas, repitieron esta alegación; fue un libro superventas, y no solo en Alemania, tras ver la luz en la década de 1960: a millones de alemanes que habían vivido bajo el Tercer Reich les proporcionó una excusa convincente.

Gran parte de la investigación que se ha publicado en estos últimos años, no obstante, ha tenido el efecto acumulativo de desmontar para siempre estos mitos tan convenientes. Prácticamente todos los alemanes tuvieron ocasión de observar con sus propios ojos la violencia asesina de los nazis o supieron de los fusilamientos y gaseos masivos de los judíos en Auschwitz y tantos otros lugares por medio de las cartas que los soldados enviaban desde el Frente Oriental o las noticias que traían los militares de permiso. Era más fácil enterarse de los fusilamientos colectivos, que se realizaban a campo abierto, que de las cámaras de gas, que a menudo funcionaban en campos de exterminio adecuadamente situados fuera de los caminos principales; pero incluso en este último caso, las noticias se filtraron y llegaron a Alemania. El diarista judío Victor Klemperer, por ejemplo, ya recogía historias sobre Auschwitz —«un matadero organizado por turnos»— en el otoño de 1942. La publicación de una recopilación exhaustiva de los informes secretos nazis sobre la actitud de los alemanes hacia los judíos entre 1933 y 1945 (cuya traducción inglesa, de mil páginas, salió de imprenta en 2010) puso de relieve que existía un conocimiento generalizado sobre el destino de los judíos;

también destaca hasta qué punto la «deportación» de los judíos alemanes contó con la aprobación popular de los alemanes que no eran judíos, frente a los recelos de una minoría.[1]

Ahora bien, esto no significa —en contra de lo defendido por algunos historiadores y autores, empezando por los propagandistas bélicos Aliados— que desde sus orígenes, e incluso antes, el sentimiento de la identidad nacional alemana fuera inseparable del antisemitismo exterminador, la sumisión a la autoridad, la ambición de conquista, el militarismo y características similares.[2] Algunos historiadores han planteado que Hitler y los nazis llegaron al poder con un respaldo popular abrumadoramente mayoritario, que gobernaron antes que nada por consenso y que su violencia solo se dirigía contra minorías políticas, raciales y sociales reducidas, poco populares o desviadas de la norma, lo cual acogió con satisfacción la vasta mayoría de los alemanes corrientes.[3] En fechas muy recientes, diversos historiadores han expuesto la idea de que los doce años de la Alemania nazi fueron un capítulo en las prolongadas «dificultades» de los alemanes con la democracia, y que el calificativo más idóneo para el régimen de Hitler es el de una «democracia iliberal», tomando prestado un concepto con el que el político populista y autoritario Viktor Orbán ha descrito su forma de gobernar Hungría.[4]

Todos estos argumentos subestiman gravemente la profundidad y amplitud de la coerción y la violencia a las cuales los nazis recurrieron para someter a los alemanes. La aprobación de un 99 % del cuerpo de votantes —que el régimen obtuvo regularmente en las elecciones y plebiscitos organizados a partir de 1933 para impresionar a los gobiernos extranjeros con la escala del apoyo interior de Hitler— se obtuvo únicamente mediante el uso masivo de la intimidación, la manipulación y la falsedad. La publicidad que se dio a los primeros campos de concentración no fue un signo de que contaran con el respaldo de la mayoría de la población, sino el crudo anuncio de lo que le podía suceder a quien diera señales de disensión u oposición. Destacar que en 1935 solo había unos 4.000 presos recluidos en los campos de concentración ignora el hecho, mucho más relevante, de que la función represiva se había delegado en los tribunales regulares y las prisiones y penitenciarías estatales, que en aquel mismo año concentraban a 23.000 por delitos clasificados como políticos. Los nazis aplicaron una enorme colección de sanciones de diverso tipo contra los ciudadanos refractarios, como expulsarlos del empleo estatal o retirarles subvenciones. De la vigilancia y el control —en especial sobre los antiguos comunistas y socialdemócratas— no se ocupó tan solo la Gestapo, sino una figura de gran importancia: los «guardianes de las manzanas», que en número de más de dos millones (cuando estalló la guerra) escrutaban sus respectivas islas urbanas. Los nazis no llegaron al poder de una forma pacífica; quienes se opusieron a ellos, sobre todo los socialdemócratas y los comunistas, no fueron grupos marginales ni extraños; en total, en las últimas elecciones libres de la República de Weimar, en noviembre de 1932, estos dos partidos sumaron más votos y escaños del Reichstag que los nazis. Hitler y los nazis nunca superaron el 37 % del electorado en ningunas elecciones libres; ni siquiera se alzaron con la mayoría en las condiciones coercitivas e intimidatorias de las elecciones de marzo de 1933 —cuando se impidió hacer campaña a otros partidos, pero antes de que los nazis se hicieran con el control total.[5]

El Tercer Reich no fue ninguna democracia, ni «iliberal» ni de ninguna otra clase. Según concluye Peter Longerich su reflexión sobre el «carisma» de Hitler:

> Antes que nada, el [sistema de gobierno] de Hitler fue, de hecho, una dictadura. Los derechos básicos se habían abolido desde febrero de 1933; cualquiera podía ser llevado a rastras a un campo de concentración, por un período de tiempo no especificado, sin el debido proceso judicial y sin ninguna causa verificable; por lo tanto quedaba a merced de los guardias. La tortura, los tormentos de todo tipo y el asesinato de los presos formaban parte de este sistema y no se los perseguía judicialmente ... Los campos de concentración fueron un elemento más de un sistema de represión exhaustiva que, desde 1936, se unificó y centralizó bajo la dirección de Himmler; otras ramas fueron la Gestapo, la «policía criminal», la «policía del orden» uniformada, la SS con su propio servicio de inteligencia (el SD) y diversas organizaciones armadas.[6]

Así pues, el «carisma» de Hitler se ejerció en el marco de este sistema total de vigilancia y control, y lo crearon las proyecciones de su poder por medio de una propaganda incesante y omnipresente. No había prensa libre, ni justicia independiente, ni alternativas políticas, ni gobiernos locales con libertad de acción; no había ninguna otra entidad, fuera del Partido Nazi, salvo las dos excepciones —cada vez más hostigadas y frágiles— de las Iglesias y las fuerzas armadas. El régimen nazi no fue una dictadura generada y mantenida por el apoyo popular; no fue una «dictadura consensuada», pues el consenso no es tal cuando no se da con libertad y no se puede rescindir o retirar con esa misma libertad.[7] Tampoco fue una «dictadura del pueblo», sino la dictadura de Hitler, en la cual el culto a la personalidad del líder llegó hasta el extremo de imponer como forma estándar de saludo el *Heil, Hitler!* en lugar de dar los buenos días o despedirse cordialmente.[8]

Pero los doce años del Tercer Reich no fueron suficientes para remodelar de arriba abajo la sociedad alemana. A pesar de la retórica constante del igualitarismo social, se mantuvieron las diferencias de ingresos, propiedades y clase y condición social. Los obreros industriales reaccionaron al empeoramiento de las condiciones de trabajo en las fábricas y minas —cuando la economía del rearme se sobrecalentó, en la fase de preparación de la guerra— presionando al Frente del Trabajo para que intentara mejorar la situación. Las creencias religiosas arraigadas no fueron extirpadas por la coerción y la propaganda y, de vez en cuando, espolearon actos valerosos de protesta pública; por ejemplo, cuando los nazis intentaron cambiar los crucifijos de las aulas católicas con retratos de Hitler, o cuando las objeciones religiosas populares ante el asesinato masivo de los ciudadanos con enfermedades mentales y discapacidades culminaron con la condena pública de Clemens von Galen, el obispo de Münster, durante la guerra, con lo que la campaña de la «eutanasia» tuvo que pasar a la clandestinidad. Como el régimen no deseaba dañar la moral bélica de la población, en algunos casos tuvo que dar también un paso atrás; por ejemplo cuando las esposas de los judíos detenidos en masa por la Gestapo se manifestaron durante días en la Rosenstrasse de Berlín, hasta que se les devolvió la libertad; o cuando Himmler ordenó interrumpir temporalmente las deportaciones desde Berlín a Auschwitz, en noviembre de 1941, ante el temor a provocar la resistencia del resto de la población judía de la capital. Aun así se trató siempre de incidentes relativamente aislados, que no implicaron ninguna hostilidad generalizada contra el régimen, ni menos todavía la intención de derrocarlo. Los historiadores lo han denominado «oposición» al régimen, sin que llegara a ser «resistencia».[9] Nada de esto supone que el Tercer Reich no fuera una dictadura, o que su dominio no se impusiera mediante la violencia y la amenaza de ejercerla, acompañadas de la propaganda y la movilización de la opinión: las dos fueron en paralelo, pues los límites de la «comunidad nacional» estaban netamente definidos por todos lados mediante la fuerza y la coerción.[10]

En realidad, la idea de que el Tercer Reich gozó de una aceptación común como «comunidad nacional» adolece del defecto de no diferenciar entre los grupos sociales. Por ejemplo el Tercer Reich fue más popular y gozó de mucha aceptación entre los jóvenes, influidos por las escuelas, las Juventudes Hitlerianas y la penetración de los nazis en las instituciones sociales; pero no tanto entre la población anciana o de mediana edad, cuyos valores e identidad social se habían forjado antes de 1933. La violencia e intimidación de los nazis alcanzaron su primer punto culminante en 1933, cuando el régimen nazi, inseguro en sus inicios, detuvo y encarceló a alrededor de 200.000 opositores en los campos de concentración recién creados; se moderó por cierto tiempo cuando el Estado asumió las funciones principales del control político; y se intensificó de nuevo cuando volvieron a crecer la desilusión y el descontento populares ante la trayectoria descendente de la guerra de Hitler y el hundimiento de cuanto quedaba de la «comunidad popular». Entre la clase media, el apoyo al Tercer Reich fue proporcionalmente mayor que entre la clase obrera; en las zonas rurales, más que en las urbanas; entre los protestantes, más que entre los católicos. A lo largo del tiempo los niveles de respaldo al régimen variaron fuertemente: hasta mediados de la década de 1933 no dejaron de ser limitados; crecieron hasta alcanzar su punto más alto tras la rápida victoria contra Francia, en el verano de 1940; y se hundieron de nuevo cuando las fuerzas armadas alemanas empezaron a sufrir derrotas en el Frente Oriental y, en especial, a partir de 1943, cuando los bombardeos aéreos de los Aliados empezaron a infligir daños de consideración en las ciudades alemanas.[11]

A pesar de todo esto, la idea de una comunidad nacional o popular, que iba más allá de las diferencias de clase, ingresos, política, religión o identidad social, ejercía aún un poderoso atractivo emocional en la década de 1930 y primeros años de la de 1940.[12] Se combinó con los sentimientos ya existentes de patriotismo, que también iban más allá de esos límites y no excluían siquiera a los comprometidos con la socialdemocracia o el comunismo, y que se intensificaron durante la guerra. Esta idea supuso una parte importante de la capacidad de atracción de Hitler, antes incluso de 1933; después de que en ese año conquistara el poder, para muchos alemanes se convirtió en un símbolo unificador, y el líder nazi situó este concepto en el centro de su estrategia retórica. No cabe duda de que los intereses y las oportunidades económicas personales ayudaron a que muchos alemanes se sumaran al nazismo y dieran apoyo o al menos toleraran sus medidas; pero sería un error atribuir el apoyo al régimen a los factores económicos, si tenemos en consideración cuánto tardó la economía en recuperarse de la Depresión de los primeros años treinta y, por otro lado, que la transición a una economía de guerra fue incrementando las privaciones y sacrificios bastante antes de que estallara la guerra en sí.

En lo que respecta a las prácticas culturales y el comportamiento cotidiano, el impacto psicológico y cultural del concepto de la «comunidad nacional», machacado hasta la extenuación, fue desde luego innegable. Atrajo a una multitud de alemanes de muy diversos estilos de vida. Los que quedaron excluidos de la comunidad —los que padecían enfermedades mentales o discapacidades, los homosexuales, los delincuentes menores, los «gitanos» (sintis y romaníes), los adeptos del modernismo cultural y, por encima de todos ellos, las personas clasificadas por el régimen como «judíos»— fueron expulsados y silenciados: se los obligó a exiliarse, se los condenó a penas de cárcel, se los puso bajo vigilancia o, a la postre, se los asesinó.[13] Entre tales «enemigos del Reich» destacaban los afiliados o partidarios de la socialdemocracia y el comunismo, que en su abrumadora mayoría eran de clase obrera. Acobardados y sometidos por la violencia masiva y desenfrenada que el nazismo ejerció en 1933 y el vasto aparato de vigilancia y control desarrollado por el régimen desde entonces, se sumieron en la inactividad política. Desde entonces el régimen se esforzó incesantemente por incorporarlos como trabajadores en una comunidad nacional libre de conflictos, una comunidad que afirmaba no abolir las diferencias de clase, sino reconciliarlas en nombre del interés nacional.[14] Al mismo tiempo, la idea de la «comunidad nacional» vivió en un estadio de flujo y de cambios constantes, en especial durante la guerra, cuando experimentó un problema tras otro. La prosperidad económica, el desarrollo del bienestar y el pleno empleo —las grandes razones para atraer a la clase obrera, a exsocialdemócratas y a excomunistas, a la idea de una «comunidad nacional»— empezaron a desvanecerse bajo el duro impacto de la guerra y las privaciones. La gente empezó a contar chistes sobre Hitler, con más libertad y frecuencia que anteriormente.[15] Después de Stalingrado, la idea de una comunidad nacional orgánica empezó a perder el poder de atracción sobre la abrumadora mayoría de las personas a las que había seducido. Fue dejando lugar al terror y la coerción, que, al mismo tiempo, nunca habían desaparecido por completo de la escena.[16]

El régimen nazi creó un marco que animó a sus seguidores —en particular, durante la guerra— a cometer actos que habrían sido inimaginables en otras circunstancias. Primero el régimen deshumanizó a categorías enteras de personas, como los enfermos mentales, discapacitados, eslavos, gitanos, delincuentes menores, «asociales», «holgazanes» y, por descontado y por encima de todo, los judíos; después «puso a disposición de sus seguidores medios violentos que normalmente quedaban fuera del alcance de la gran mayoría de la gente». Al subvertir las restricciones morales comunes a todas las sociedades humanas en los tiempos corrientes, el régimen convirtió el asesinato, la crueldad e incluso el sadismo y la tortura en atributos legítimos y deseables de cuantos trabajaban para él. En consecuencia, después de 1945, cuando se restauraron el comportamiento y los valores morales corrientes, a los perpetradores no les resultó difícil integrarse de nuevo en una sociedad pacífica. La psicología individual quizá contribuya en parte a explicar por qué algunos participaron en la violencia y la destrucción con más entusiasmo que otros, o por qué exhibieron formas o grados particulares de sadismo; pero no explica por qué apenas ningún perpetrador se negó a participar en los asesinatos masivos, a pesar de que se ha demostrado que no se corría riesgo de incurrir en sanciones como la cárcel o la muerte, que en efecto no sufrió la diminuta minoría que sí tomó el camino de la negativa.

Las encuestas realizadas entre los soldados apresados por los estadounidenses, o las conversaciones grabadas a los exmilitares recluidos por los Aliados, pusieron de manifiesto que estaban unidos, en todos los niveles, por su admiración a Hitler, incluso en los meses finales de la guerra. El adoctrinamiento logró que una mayoría adoptara como razones esenciales para combatir, de una forma sostenida en el tiempo, la adquisición de «espacio vital» y la «batalla contra el bolchevismo». Una minoría numerosa —de más de un tercio de los implicados— también expresó la convicción de estar luchando contra los judíos, a los que además responsabilizaban del estallido de la guerra. La disposición de los alemanes normales y corrientes, de los miembros de las fuerzas armadas y de los hombres de la SS a participar en las masacres se vio reforzada por un sentimiento de lealtad hacia los camaradas y por la constancia de que lo que hacían era objeto de la aprobación —más aún: el deseo— del Estado al que servían; por lo tanto, aunque eran conscientes de que lo que hacían transgredía las normas morales aprobadas por el resto del mundo, sabían que recibirían la absolución. Cuando Himmler describió los asesinatos masivos como «un capítulo glorioso de nuestra historia» que nunca se pondría por escrito, estaba confesando que el mundo los consideraría crímenes, pero a la vez afirmaba el derecho de Alemania y los alemanes a cometerlos, con el argumento de que respondían a un interés superior: el de su propia supervivencia. Los alemanes —según creían los nazis— eran víctimas, sobre todo de la conspiración mundial de los judíos centrada en destruir la raza «aria», pero más en general de las grandes potencias que emergieron victoriosas de la primera guerra mundial, a las que se les había sumado la Rusia soviética. Superar el trauma de la derrota pasaba por dejar en suspenso la moralidad tradicional y afirmar el principio de que, para conseguir ese fin, podía y debía aplicarse cualquier medio necesario.[17]

Aun así resulta llamativo que los nazis y otros perpetradores, ya fuera en el ejército o en los mundos profesional o empresarial, no llegaran a comprender —una vez acabada la guerra— que habían cometido violaciones extremas de la decencia y la moralidad humana; cuando se los sometía a juicio, no entendían por qué tenían que subir al estrado. Muchos de ellos, si no la mayoría, sabían —como evidencia el discurso de Himmler en Posen, en 1942— que estaban quebrantando las normas morales y legales aceptadas por la mayoría de las sociedades del mundo; pero, como Himmler, estaban convencidos de que lo hacían al servicio de una necesidad superior: el futuro de la raza humana, a la que había que proteger de las malvadas maquinaciones de los judíos. La conclusión de que los judíos los habían derrotado sirvió a los que pasaron por un juicio para intentar reconciliar su condición de acusados con la imagen de sí mismos generada durante los doce años o más que pasaron en el entorno moral de los nazis, que no excluía ninguna faceta vital; años en los que habían internalizado la subversión de la moralidad convencional y aceptado que palabras como «fanático», «implacable», «despiadado» o «aniquilar» se convirtieran en conceptos positivos. Al negar desde el principio la humanidad de los judíos, expulsándolos de la sociedad y reduciendo al mínimo sus contactos con la mayoría no judía de Alemania, el Tercer Reich abrió la puerta a tratarlos como lo que Hitler afirmó repetidamente que eran: «alimañas», «piojos», «bacilos».[18]

En el transcurso de la década de 1930 y primeros años de la de 1940, los triunfos y las conquistas del régimen nazi fueron liberando los demonios del antisemitismo, la crueldad y la agresividad en un país tras otro, al par que se establecían dictaduras por toda Europa. Al disponer de un espacio en el que actuar así —con la hegemonía general de los nazis y la eliminación de los obstáculos políticos e incondicionales—, regímenes como el del gobierno de Vichy en la Francia no ocupada o la dictadura de Antonescu en Rumanía desataron sus formas particulares de odio y violencia contra sus propias poblaciones, sin necesidad de que Berlín los incitara a hacerlo. El Holocausto fue, por lo tanto, un hecho europeo, que se extendió incluso a las zonas del norte de África que se hallaron bajo la ocupación temporal de los alemanes, tras los éxitos militares de Rommel y el Afrika Korps. No únicamente los regímenes de marionetas establecidos bajo la ocupación nazi persiguieron y asesinaron a los judíos. Según ha señalado el historiador Dan Stone en su reciente historia del Holocausto:

> Aunque la persecución de los judíos que llevó al Holocausto era un proyecto alemán —sería imposible hacer excesivo hincapié en este hecho—, resonaba en los programas de muchos regímenes fascistas y autoritarios de Europa. Sin el paraguas del proyecto de los alemanes, en Europa no se habría producido un Holocausto. Sus aliados no estaban tan obsesionados como los alemanes con la «amenaza histórica mundial» que los judíos representaban, aunque algunos no estaban muy lejos, sobre todo ciertas figuras de los estratos de liderazgo croatas, rumanos y franceses; pero sin la participación voluntaria de tantos colaboradores por toda Europa, a los alemanes les habría resultado mucho más difícil dar muerte a tantos judíos.[19]

A la postre, no obstante, la clave de todo fue el ascenso, triunfo y gobierno del nazismo en Alemania. Por eso resulta fundamental, antes que nada, examinar las mentalidades y los motivos de las personas que fueron responsables de lo sucedido. En un estudio reciente, el psefólogo Jürgen Falter ha llegado a la conclusión de que, a pesar de todas las presiones que recibieron, los alemanes que vivieron en los años veinte, treinta y primeros años cuarenta ejercieron su libertad individual cuando tomaron las decisiones que tomaron.[20]

Al mismo tiempo, sin embargo, la historiadora Mary Fulbrook nos ha recordado:

> Lo que explica cómo mucha gente pasó a participar de forma activa en una persecución validada por el Estado no es la motivación individual ni las aberraciones específicas de cada personalidad ... Se trata de fenómenos sociales, colectivos, que deben analizarse en contextos más amplios.[21]

Solo si situamos las biografías de los distintos perpetradores nazis, con todas sus idiosincrasias y peculiaridades, en esos contextos más amplios, podremos empezar a comprender cómo ejerció el nazismo su influencia siniestra. De este modo quizá podremos empezar a reconocer también las amenazas a las que se enfrentan en nuestros propios días la democracia y la defensa de los derechos humanos, y actuar para contrarrestarlas.

Epílogo

La señora del tren

En algún momento de finales de 1977 (no recuerdo exactamente cuándo) terminé una estancia de investigación en Hamburgo, bastante prolongada, hice las maletas, me dirigí a la estación central del ferrocarril, subí al expreso de Copenhague a París y encontré el «coche especial a Hoek van Holland». En aquellos días —antes de que se pudiera tomar un vuelo barato de Gran Bretaña al continente—, utilizaba regularmente este puerto holandés por la conexión de sus transbordadores con Harwich, desde donde volvería a Norwich: yo estaba radicado entonces en la Universidad de East Anglia y el nuevo trimestre estaba a punto de empezar. Hallé un compartimento con asientos libres, dejé la maleta en la rejilla superior y me senté junto a la ventana. Tenía delante de mí a una señora anciana, de pelo cano y mejillas sonrojadas. Vestía con esmero y hacía punto.

Era la época del «Otoño alemán», cuando el grupo terrorista Baader-Meinhof realizó una serie de ataques que crearon entre la opinión pública alemana una atmósfera próxima a la histeria. En todas las ciudades del país la policía había colgado carteles con las fotos de aproximadamente una docena de terroristas. Delante de cada uno de ellos, una multitud intentaba memorizar los rostros de aquellos hombres y mujeres «buscados», con la esperanza de reconocerlos si se cruzaban con ellos. Al ser yo un joven de pelo más bien largo y vestimenta más bien informal, no era infrecuente que al conversar con algún alemán mayor me preguntara qué pensaba yo del terrorismo; así que me había preparado una respuesta del tipo: «Me parece terrible, pero creo que los alemanes le están dando demasiada importancia». En aquel coche especial a Hoek van Holland, la conversación fue justo por esos derroteros.

«¿Qué piensa usted del terrorismo?», quiso saber la anciana señora, después de que hubiéramos establecido que ella era alemana, pero vivía en Copenhague, y que yo era británico (aunque hablábamos en alemán). Le di mi respuesta habitual: «Me parece terrible, pero creo que los alemanes le están dando demasiada importancia». Su contestación me sorprendió, por decir poco: «Pues sí, le están dando demasiada importancia. Todo es culpa de los diez mil de arriba. ¡Habría que fusilarlos a todos!».

Los «diez mil de arriba» —se explicó— eran las élites acomodadas que, a su juicio, habían gobernado en Alemania desde la década de 1930 y seguían mandando, al menos en el sector occidental (pues eran los días de la división del país en un Este comunista y un Oeste capitalista), y provocaban odio y miedo avivando la histeria contra los que ellos califican de «terroristas». Ella, por suerte, vivía en Dinamarca.

¿Cómo podía ser que aquella anciana inofensiva defendiera ideas llamativamente similares a las del grupo Baader-Meinhof? Empecé a preguntarle por la historia de su vida. Resultó que había nacido en Hamburgo antes de que los nazis se alzaran con el poder y, en su juventud, encontró empleo como secretaria personal de un empresario judío. Su jefe era un hombre excepcionalmente amable, que la invitaba a su casa a comer con la esposa y los hijos y, en general, la trataba como si fuera de la familia. Por eso quedó especialmente conmocionada cuando los nazis empezaron a imponer restricciones sobre sus derechos civiles, «arianizaron» el negocio mediada la década de 1930 y arrestaron al empresario durante el pogromo nacional de la *Reichskristallnacht*, en noviembre de 1938. Pasó varias semanas recluido en un campo de concentración, como los 30.000 hombres judíos que sufrieron ese mismo destino. Al regresar a su casa, para obtener la libertad, había prometido abandonar el país. Volvió cubierto de moratones, casi irreconocible.

Su secretaria quedó tan horrorizada que decidió que no permanecería por más tiempo en Alemania. «Cogí el tren a Copenhague, encontré un trabajo allí —aunque entonces no hablaba danés— y empecé a buscar marido». A tenor del derecho internacional del momento, una mujer que se casaba con un hombre de otro país adoptaba de forma automática la nacionalidad del marido, y este era precisamente su objetivo, pues no deseaba tener nada más que ver con Alemania y los alemanes. «Yo era bastante bonita, entonces —siguió contando, con un toque de vanidad—, así que no me costó mucho. Y luego, con el tiempo —añadió, entre risas—, encontré a un hombre que me gustaba de verdad, me divorcié del primero y nos casamos».

Era evidente que a ella esto le parecía lo más normal. Animada por mi interés en su vida, empezó a enseñarme fotos de los nietos (el viaje a los Países Bajos era para conocer a uno de ellos). Yo no tardé en aburrirme, pero estaba claro que no deseaba seguir hablando de los años treinta. Había llegado a la conclusión de que «los diez mil de arriba» eran los responsables del nazismo y las décadas transcurridas no la habían hecho cambiar de opinión. ¿Qué más se podía decir? Retomó sus labores y, al llegar ella a su estación de destino, nos despedimos.

Aquel encuentro me ha perseguido desde entonces. Puesto que si una joven de lo más normal y corriente, no especialmente lista, ni intelectual, ni comprometida con la política, había visto la equivocación moral del nazismo y el Tercer Reich, y había tomado una decisión radical en consecuencia, ¿por qué los otros alemanes no supieron hacer lo mismo?

Notas

Prefacio

1. Para un análisis breve pero aclarador sobre la alergia con la que muchos historiadores de finales del siglo XX reaccionan ante el enfoque biográfico, véase Ernst Piper, *Alfred Rosenberg: Hitlers Chefideologe* (Múnich, 2005), 9-17; también, más por extenso, Ian Kershaw, *Hitler, I, 1889-1936: Hubris* (Londres, 1998), xi-xx; y Hans Mommsen, «Keine Katharsis blieb aus. Joachim Fests sorgfältige Biographie von Albert Speer», *Frankfurter Rundschau*, 13 de octubre de 1999 (citado en Piper, *Alfred Rosenberg*, 16).

2. Klaus-Michael Mallmann y Gerhard Paul (eds.), *Karrieren der Gewalt. Nationalsozialistische Täterbiographien* (Darmstadt, 2004); véase también el debate sobre «el regreso de las biografías» en Martin Dröge, *Männlichkeit und «Volksgemeinschaft»: Der westfälische Landeshauptmann Karl Friedrich Kolbow (1899-1945: Biographie eine NS-Täters)* (Paderborn, 2015), 19-33.

3. Para una recopilación reciente de estudios biográficos meditados sobre la relación entre el individuo (con ejemplos de hombres y, en un caso, el de Margaret Thatcher) y su contexto histórico, véase Ian Kershaw, *Personality and Power: Builders and Destroyers of Modern Europe* (Londres, 2022). Para compilaciones anteriores de artículos biográficos sobre los líderes nazis véase por ejemplo Anthony Read, *The Devil's Disciples: The Lives and Times of Hitler's Inner Circle* (Londres, 2003), organizado como una narración de la historia del Partido Nazi; Guido Knopp, *Hitler's Hitmen* (Stroud, 2002), con seis biografías breves; y *The Nazi Elite*, editado por Ronald Smelser y Rainer Zitelmann (Londres, 1993).

4. *Cosmopolitan Islanders* (2009); *Altered Pasts* (2014); *The Pursuit of Power* (2016); Eric Hobsbawm, *A Life in History* (2019); *The Hitler Conspiracies* (2021).

Primera parte: Introducción

1. Konrad Heiden, *Adolf Hitler. Das Zeitalter der Verantwortungslosigkeit. Eine Biographie* (Zúrich, 1936); *idem*, *Adolf Hitler. Ein Mann gegen Europa* (Zúrich, 1937); *idem*, *Der Führer – Hitler's Rise to Power* (Londres, 1944).

2. Alan Bullock, *Hitler: A Study in Tyranny* (Londres, 1952); Hermann Rauschning, *Die Revolution des Nihilismus. Kulisse und Wirklichkeit im Dritten Reich* (Zúrich, 1938); *idem*, *Germany's Revolution of Destruction* (Londres, 1939); Hugh Trevor-Roper, «The Mind of Adolf Hitler», en *Hitler's Table Talk 1941-1944* (Londres, 1953). Para una explicación de las diferencias, basada en entrevistas con los dos historiadores, véase Ron Rosenbaum, *Explaining Hitler: The Search for the Origins of his Evil* (Nueva York, 1998), 63-98.

3. Eberhard Jäckel, *Hitlers Weltanschauung. Entwurf einer Herrschaft* (Tubinga, 1969*); idem*, *Hitler's Weltanschauung: A Blueprint for Power* (Middletown, CT, 1972).

4. Rosenbaum, *Explaining Hitler*, *loc. cit.*; Alan Bullock, *Hitler and Stalin: Parallel Lives* (Londres, 1991).

5. Joachim C. Fest, *Hitler: Eine Biographie* (Fráncfort, 1973); *idem*, *Hitler* (Londres, 1974).

6. Hermann Graml, «Probleme einer Hitler-Biographie. Kritische Bemerkungen zu Joachim C. Fest», *Vierteljahrshefte für Zeitgeschichte*, vol. 22 (1974), 76-92; Volker Ullrich, «Speers Erfindung», *Die Zeit* 19 (4 de mayo de 2005).

7. Para la tesis de la «seducción», véase por ejemplo Rainer Zitelmann, *Hitler: The Politics of Seduction* (Londres, 1999), publicado originalmente como *Hitler: Selbstverständnis eines Revolutionärs* (Hamburgo, 1987, nueva edición, 2017). La biografía de Kershaw apareció en dos volúmenes: Ian Kershaw, *Hitler*, publicados en 1998 y 2000. El enfoque de Kershaw se explica con gran claridad en su *Hitler* (Longmans Profiles in Power, Harlow, 1991). La idea de «trabajar hacia el Führer» viene del funcionario Werner Willikens y fue citada y estudiada en primer lugar por Jeremy Noakes en *idem* y Geoffrey Pridham (eds.), *Nazism 1919-1945: A Documentary Reader*, 2.ª ed. (Exeter, 2000 [1984]), *II: State, Economy and Society 1933-1939*, 13-17.

8. Peter Longerich, *Goebbels: A Biography* (Londres, 2015); *idem*, *Heinrich Himmler* (Oxford, 2012).

9. Peter Longerich, *Hitler: Biographie* (Múnich, 2015), 12-13; *idem*, *Hitler: A Life* (Oxford, 2019), 4-5. Longerich presenta simultáneamente a Hitler como un «donnadie», un hombre cuyo comportamiento como dictador «no puede explicarse a partir de sus tres primeras décadas de vida» y un Hitler cuya conducta recibe la influencia clara de «factores de su personalidad» (*ibid.*, 6).

10. Sobrecubierta de la edición alemana; la edición inglesa modifica el

atrevimiento de la afirmación añadiendo la palabra «*sometimes*» («en ocasiones»), que no figura en el original.

11. Klaus Hildebrand, «Nichts Neues über Hitler. Ian Kershaws zünftige Biographie über den deutschen Diktator». *Historische Zeitschrift* 270 (2000), 389-397.

12. Volker Ullrich, *Adolf Hitler. Biographie : I: Die Jahre des Aufstiegs* (Fráncfort, 2013), 11-12. Kershaw explica su enfoque en *Hitler, I*, xix-xxx.

13. Volker Ullrich, *Adolf Hitler. Biographie: II: Die Jahre des Untergangs 1939-1945* (Fráncfort, 2018).

14. Heiden, *Adolf Hitler. Ein Mann gegen Europa*, 213.

15. Kershaw, *Hitler, I*, 46.

16. Longerich, *Hitler: A Life*, 357; véase también 163, 364.

17. Fest, *Hitler. Eine Biographie*, 448, 718.

18. Ulrich, *Adolf Hitler, I*, 307.

19. Hans-Joachim Neumann y Henrik Eberle, *Was Hitler, Ill?* (Londres, 2013) [*War Hitler krank?* (Colonia, 2009)], 37, 86, 88-89.

20. Ullrich, *Adolf Hitler, I*, 18-19. Para una presentación crítica y más completa sobre las biografías anteriores de Hitler, véase Kershaw, *Hitler, I*, 598-601. Longerich, *Hitler: A Life*, 968-969 n. 17, quita valor a los intentos de psicoanalizar a Hitler; todos carecen de verosimilitud porque, ante la falta de pruebas relativas a su infancia, van muy poco más allá de la simple conjetura.

21. Max Domarus (ed.), *Hitler. Reden und Proklamationen 1932-1945. Kommentiert von einem deutschen Zeitgenossen*, 4 vols. (Múnich, 1962-1973); Domarus reunió este material personalmente durante la década de 1930 y sigue siendo en buena parte imprescindible. Existe también una edición inglesa.

22. Eberhard Jäckel y Axel Kuhn (eds.), *Hitler. Sämtliche Aufzeichnungen 1905-1923* (Stuttgart, 1980); más adelante se supo que 76 de los documentos reimpresos en este volumen —casi todos muy breves y sin importancia— habían sido falsificados por Konrad Kujau, el autor de los supuestos «Diarios de Hitler»; véase Eberhard Jäckel y Axel Kühn, «Neue Erkenntnisse zur Fälschung von Hitler-Dokumenten», *Vierteljahrshefte für Zeitgeschichte*, vol. 32, no. 1 (1984), 163-169, y Robert Harris, *Selling Hitler: The Story of the Hitler Diaries* (Londres, 1986), 152-153. Los discursos y otros escritos de Hitler anteriores al período cubierto por Domarus se recogen en Clemens Vollnhals *et al.* (eds.), *Hitler. Reden, Schriften, Anordnungen Februar 1925 bis Januar 1933*, 12 vols. (Múnich, 1992-2003). Véase también Christian Hartmann *et al.* (eds.), *Hitler, Mein Kampf. Eine kritische Edition*, 2 vols. (Múnich, 2016); Elke Fröhlich (ed.), *Die Tagebücher von Joseph Goebbels: Sämtliche Fragmente*, 4 vols. (Múnich, 1987); *eadem* (ed.), *Die Tagebücher von Joseph Goebbels*, 32 vols. (Múnich, 1993-2008); Jürgen Matthäus y Frank Bajohr (eds.), *Alfred Rosenberg: Die Tagebücher von 1934 bis 1944* (Fráncfort, 2015); Peter Witte *et al.* (eds.), *Der Dienstkalender Heinrich Himmlers 1941/42* (Hamburgo, 1999); Matthias

Uhl *et al.* (eds.), *Die Organisation des Terrors: Der Dienstkalender Heinrich Himmlers 1943-1945* (Múnich, 2020).

23. Werner Jochmann (ed.), *Adolf Hitler. Monologe im Führerhauptquartier 1941-1944. Aufgezeichnet von Heinrich Heim* (Hamburgo, 1980; la edición utilizada aquí vio la luz en Múnich en 2000); Henry Picker, *Hitlers Tischgespräche im Führerhauptquartier* (Stuttgart, 1976).

24. La introducción de Jochmann (7-34) repasa críticamente las fuentes. Véase también Mikael Nilsson, *Hitler Redux: The Incredible History of Hitler's So-Called Table Talks* (Londres, 2021), 1-57, y el análisis cuidadoso de Ian Kershaw en *Hitler, II 1936-1945: Nemesis* (Londres, 2000), 1024-1025 n. 121.

25. No son las únicas conversaciones apuntadas de memoria en la historia moderna. En las décadas de 1890 y primeros años de la de 1900, por ejemplo, la policía política de Hamburgo envió a agentes vestidos de obreros a los bares y tabernas de los socialdemócratas, para que escucharan los diálogos que allí se producían, con la intención de evaluar cuáles eran los puntos de vista políticos de las filas de base de la socialdemocracia; luego los agentes volvían a su base y tomaban nota de lo escuchado. Con el tiempo aprendieron a captar las frases más llamativas y relevantes, de modo que a menudo las voces auténticas de los obreros traspasan la insipidez del resumen oficial. Era aún más probable que ocurriera esto con las noticias de Heim sobre las palabras anteriores del Führer. Véase Richard J. Evans (ed.), *Kneipengespräche im Kaiserreich. Stimmungsberichte der Hamburger Politischen Polizei 1892-1914* (Reinbek bei Hamburg, 1989).

26. Entre otras publicaciones recientes véase Elizabeth Harvey y Johannes Hürter (eds.), *Hitler – New Research* (*German Yearbook of Contemporary History*, vol. 3, Múnich, 2018). Aunque el título hable de «estudios nuevos», se trata de una colección útil con versiones inglesas de artículos publicados en alemán, durante las últimas décadas, en los *Vierteljahrshefte für Zeitgeschichte*.

Capítulo 1. El dictador

1. Las conjeturas sobre la supuesta ascendencia judía de Hitler, por ejemplo, carecen de toda base demostrable: véase Ullrich, *Adolf Hitler, I*, 23-25. Sobre el origen familiar de Hitler, incluida la decisión del padre de renunciar al apellido Schicklgruber para poder recibir una herencia, véase Kershaw, *Hitler, I*, 3-11; Wolfgang Zdral, *Die Hitlers. Die unbekannte Familie des Führers* (Bergisch Gladbach, 2008); y el estudio antiguo, pero aún valioso, de Bradley F. Smith, *Adolf Hitler: His Family, Childhood, and Youth* (Stanford, CA, 1967).

2. Hartmann *et al.* (eds.), Hitler, *Mein Kampf*, I, 102 n. 30.

3. *Ibid.*, 104 n. 32, 108 n. 38.

4. Ullrich, *Adolf Hitler, I*, 23-40; August Kubizek, *Adolf Hitler. Mein Ju-*

gendfreund (Gotinga, 1953), traducido al inglés como *Young Hitler: The Story of Our Friendship* (Maidstone, 1954). Véase también Franz Jetzinger, *Hitlers Jugend. Phantasien, Lügen und Wahrheit* (Viena, 1956); y Kershaw, *Hitler, I*, 11-24. Para los extractos documentales, incluidos los informes escolares («Fleiß: ungleichmäßig»), véase Ernst Deuerlein (ed.), *Der Aufstieg der NSDAP in Augenzeugenberichten* (Múnich, 1974), 62-76 (también el árbol genealógico de Hitler).

5. Las afirmaciones de Hitler fueron objeto de una primera investigación crítica por parte de Brigitte Hamann, *Hitler's Vienna: A Dictator's Apprenticeship* (Oxford, 1999); véase también Hartmann *et al.* (eds.), Hitler, *Mein Kampf*, I, 136 n. 35, 142 n. 46, 166 n. 84, 262 n. 73, 362 n. 264, 368 n. 278. El líder nazi también sostuvo haber leído el tratado antisemita *Handbuch der Judenfrage*, de Theodor Fritsch, durante la juventud, en Viena: véase Vollnhals *et al.* (eds.), *Hitler*, IV/1, 133 (Hitler a Fritsch, 28 de noviembre de 1930). No hay que dar crédito a la pretensión de Kubizek, según la cual Hitler ya era un antisemita radical antes de 1914.

6. Kubizek, *Adolf Hitler*, 18-41, 72-84. No se ha corroborado la afirmación de Kubizek según la cual Hitler, cuando estaba en Viena, se obsesionó con la política y lo consumía el antisemitismo.

7. Thomas Weber, *Hitler's First War: Adolf Hitler, the Men of the List Regiment, and the First World War* (Oxford, 2010), esp. 95-106; Ullrich, *Adolf Hitler, I*, 63-74; Kershaw, *Hitler, I*, 87-97. Las dudas de Kellerhoff sobre la autenticidad de la fotografía de Hitler en la multitud reunida en la Odeonsplatz, en Sven Felix Kellerhoff, «Berühmtes Hitler-Foto möglicherweise gefälscht», *Die Welt*, 14 de octubre de 2010, no resultan convincentes. Para la versión engañosa que da Hitler en *Mein Kampf* sobre su alistamiento en el ejército bávaro, véase Hartmann *et al.* (eds.), Hitler, *Mein Kampf*, 55-56. Las memorias de Fritz Wiedemann, superior de Hitler y luego su ayudante personal, son especialmente valiosas: *Der Mann, der Feldherr werden wollte. Erlebnisse und Erfahrungen des Vorgesetzten Hitlers im 1. Weltkrieg und seines späteren Persönlichen Adjutanten* (Velbert und Kettwig, 1964).

8. Ullrich, *Adolf Hitler, I*, 75-89; Longerich, *Hitler: A Life*, 33-45. Es muy probable que la ceguera de Hitler fuera genuina, causada por una inflamación grave de los párpados de resultas de un ataque con gas; véase Neumann y Eberle, *Was Hitler, Ill?*, 21-27. No se dispone apenas de pruebas convincentes de que fuera histérica o psicológica. (El debate al respecto en Hartmann *et al.* [eds.], Hitler, *Mein Kampf*, 548 n. 79, es ambiguo; resulta más convincente Kershaw, *Hitler, I*, 101-105.) La tesis de que Hitler era homosexual, planteada por el historiador alemán Lothar Machtan, exmarxista, se basa en una mezcla de conjeturas sin fundamento y declaraciones de testigos sumamente poco fiables, incluida una que merece aún menos confianza, de boca de un soldado que estuvo con Hitler en el ejército: *ibid.*, 32-36; Weber, *Hitler's First War*, 137-139.

9. Ullrich, *Adolf Hitler, I*, 89-100; Longerich, *Hitler: A Life*, 49-57. Para más detalles véase Othmar Plöckinger, *Unter Soldaten und Agitatoren. Hitlers prägende Jahre im deutschen Militär 1918-1920* (Paderborn, 2013), y Anton Joachimsthaler, *Hitlers Weg begann in München 1913-1923* (Múnich, 2000), también para el período posterior. Sobre la aparición tardía del antisemitismo de Hitler, compárese la correspondencia de guerra con sus cartas de la posguerra, en Jäckel y Kuhn (eds.), *Hitler*, números 24-30 y 61; Hartmann *et al.* (eds.), Hitler, *Mein Kampf*, 556 n. 97 («Für ihn war die Politik die Fortsetzung des Krieges mit anderen Mitteln»).

10. Ullrich, *Adolf Hitler, II*, 101-103; Kershaw, *Hitler, I*, 109-128. Citas en Jäckel y Kuhn (eds.), *Hitler*, 88-90 y 648. La carta de Gemlich *ibid.*, 88-90, y en Deuerlein (ed.), *Der Aufstieg*, 91-94. Para el antisemitismo sofocante de la extrema derecha muniquesa del momento, véase *ibid.*, 52-53, y Longerich, *Hitler: A Life*, 52-57. Para el antisemitismo en el ejército, *ibid.*, 57-62, y Plöckinger, *Unter Soldaten*, 181-193, 210-217. Thomas Weber, *Becoming Hitler: The Making of a Nazi* (Oxford, 2017), hace hincapié en cómo los principios ideológicos centrales de Hitler se fueron fusionando entre 1919 y 1925.

11. Vollnhals *et al.* (eds.), *Hitler*, IV/2, 115, 75. Véase también Werner Reichelt, *Das braune Evangelium. Hitler und die NS-Liturgie* (Wuppertal, 1990).

12. Ernst Hanfstaengl, *Zwischen Weissem und Braunem Haus. Memoiren eines politischen Aussenseiters* (Múnich, 1970), 38.

13. Kershaw, *Hitler, I*, 149-153; Ullrich, *Adolf Hitler, I*, 113-116; Longerich, *Hitler: A Life*, 63-79, 164-172. Para ver ejemplos, Reginald H. Phelps, «Hitler als Parteiredner im Jahre 1920», *Vierteljahrshefte für Zeitgeschichte*, vol. 11 (1961), 274-330; *idem*, «Hitlers "grundlegende" Rede über den Antisemitismus», *Vierteljahrshefte für Zeitgeschichte*, vol. 16 (1968), 390-420; Jäckel y Kuhn (eds.), *Hitler*. Véase también Deuerlein (ed.), *Der Aufstieg*, e *idem*, «Hitlers Eintritt in die Politik und die Reichswehr», *Vierteljahrshefte für Zeitgeschichte*, vol. 7 (1959), 177-227; y Vollnhals *et al.* (eds.), *Hitler*, vol. I, xvi-xvii; también, aunque más antiguo, Georg Franz-Willing, *Ursprung der Hitler-Bewegung* (Preussisch Oldendorf, 1974 [1962]). Se imprimen ejemplos de las notas de Hitler para sus discursos en Jäckel y Kuhn (eds.), *Hitler*, 356-361, 486-490, 626-629, 714-715, etc. Hitler dedicó un capítulo entero de *Mein Kampf* al arte de hablar en público: Hartmann *et al.* (eds.), Hitler, *Mein Kampf*, 1175-1213.

14. Sobre el concepto de «socialismo» en Hitler —vago, pero netamente antimarxista y en especial anticomunista y antisocialdemócrata— véase Robert Gellately, «Das sozialistische Versprechen des Nationalsozialismus und die Doppelkrise des Kapitalismus und der Demokratie», en Weber (ed.), *Als die Demokratie starb*, 75-88; más por extenso en *idem*, *Hitler's True Believers*, 13-40, sobre la evolución ideológica temprana de Hitler. Los antecedentes del «socialismo» nazi pueden hallarse en las ideas «social-alemanas» de los parti-

dos antisemitas de finales del siglo XIX: véase el clásico de Peter G. J. Pulzer, *The Rise of Political Anti-Semitism in Germany and Austria* (Londres, 1964).

15. Ullrich, *Adolf Hitler, I*, 100-109; Kershaw, *Hitler, I*, 131-156; Longerich, *Hitler: A Life*, 80-97; Vollnhals *et al.* (eds.), *Hitler*, I, 24 y III/3, 460, *Sunday Express* (28 de septiembre de 1930), para «socialismo»; sobre la esvástica, véase Karl-Heinz Weissmann, *Das Hakenkreuz. Symbol eines Jahrhunderts* (Schnellrode, 2006), 61; más en general, Deuerlein, *Der Aufstieg*, 56-61. Para el entorno, véase Anthony J. Nicholls, «Hitler and the Bavarian Background to National Socialism», en *idem* y Erich Matthias (eds.), *German Democracy and the Triumph of Hitler: Essays on Recent German History* (Londres, 1971), 129-159; Hartmann *et al.* (eds.), Hitler, *Mein Kampf*, 582 n. 1, 984 n. 46, 1, 224-225 y nn. 24-27; *ibid.*, II, 1, 246-253, y notas sobre la bandera.

16. El saludo «*Heil!*» se originó entre los seguidores del antisemita pangermánico Georg Ritter von Schönerer, en Austria, antes de 1914: Kershaw, *Hitler, I*, 156-165, 169-175; Albrecht Tyrell, *Vom «Trommler» zum «Führer». Der Wandel von Hitlers Selbstverständnis zwischen 1919 und 1924 und die Entwicklung der NSDAP* (Múnich, 1975); *idem* (ed.), *Führer befiehl... Selbstzeugnisse aus der «Kampfzeit» der NSDAP* (Düsseldorf, 1969), 11-67; Tilman Allert, *The Nazi Salute: On the Meaning of a Gesture* (Nueva York, 2008); Richard J. Evans, *The Third Reich in History and Memory* (Londres, 2015), 119-123; Ullrich, *Adolf Hitler, I*, 110-152; Deuerlein (ed.), *Der Aufstieg*, 135-141; Ludolf Herbst, *Hitlers Charisma. Die Erfindung eines deutschen Messias* (Fráncfort, 2010); para el círculo de subordinados inmediatos de Hitler, véanse los capítulos siguientes del presente libro. Eckart murió en diciembre de 1923; a Feder lo apartaron por considerarlo demasiado izquierdista; Drexler, que era alcohólico, dejó el Partido Nazi cuando Hitler pasó a controlarlo. El relato de Hitler sobre la prehistoria del Partido Nazi puede verse en Hartmann *et al.* (eds.), Hitler, *Mein Kampf*, 1487-1509.

17. Deuerlein (ed.), *Der Aufstieg*, 142-183; Sven Reichardt, *Faschistische Kampfbünde. Gewalt und Gemeinschaft im italienischen Squadrismus und in der deutschen SA* (Viena, 2002); también Daniel Siemens, *Stormtroopers: A New History of Hitler's Brownshirts* (Londres, 2017). Para el conflicto de la posguerra en Europa, véase Robert Gerwarth, *The Vanquished: Why the First World War Failed to End, 1917-1923* (Londres, 2016).

18. Franz-Willing, *Ursprung*, 126-127; *idem, Krisenjahr der Hitlerbewegung 1923* (Preussisch Oldendorf, 1975); Kershaw, *Hitler, I*, 175-200; Harold J. Gordon, *Hitler and the Beer-Hall Putsch* (Princeton, NJ, 1972), Parte I; Stefan Ihrig, *Atatürk in the Nazi Imagination* (Cambridge, MA, 2014).

19. Ullrich, *Adolf Hitler, I*, 153-178; Kershaw, *Hitler, I*, 200-212; Longerich, *Hitler: A Life*, 98-119; Gordon, *Hitler and the Beer-Hall Putsch*, 270-409; Franz-Willing, *Ursprung*, 66-141; Ernst Deuerlein (ed.), *Der Hitler-Putsch: Bayerische Dokumente zum 8./9. November 1923* (Stuttgart, 1962), 308-417,

487-515; *idem* (ed.), *Der Aufstieg*, 184-208; la proclamación, en Jäckel y Kuhn (eds.), *Hitler*, 1056-1057. Más recientemente véase Mark Jones, *1923: The Crisis of German Democracy in the Year of Hitler's Putsch* (Londres, 2023), y Volker Ullrich, *Germany 1923: Hyperinflation, Hitler's Putsch, and Democracy in Crisis* (Nueva York, 2023).

20. Ullrich, *Adolf Hitler, I*, 179-187; Kershaw, *Hitler, I*, 212-219; Longerich, *Hitler: A Life*, 120-140. Puede hallarse una transcripción del juicio, con todos sus detalles, en Lothar Gruchmann *et al.* (eds.), *Der Hitler-Prozess*, 4 vols. (Múnich, 1997). Véase también Otto Gritschneder, *Der Hitler-Prozess und sein Richter Georg Neithardt. Skandalurteil von 1924 ebnet Hitler den Weg* (Múnich, 2001), esp. 79-83, y Bernhard Huber, «Georg Neithardt – nur ein unpolitischer Richter?», en Marita Kraus (ed.), *Rechte Karrieren in München. Von der Weimarer Zeit bis in die Nachkriegsjahre* (Múnich, 2010), 95-113.

21. Sabine Behrenbeck, *Der Kult um die toten Helden. Nationalsozialistische Mythen, Riten und Symbole 1923 bis 1945* (Vierow bei Greifswald, 1996), 299-313; Jay W. Baird, *To Die for Germany: Heroes in the Nazi Pantheon* (Bloomington, IN, 1990), 41-72. Los extensos discursos de Hitler desde el estrado se reimprimen en Jäckel y Kuhn (eds.), *Hitler*, 1061-1227 (citas en 1226-1227). Véase también Longerich, *Hitler: A Life*, 120-126.

22. Peter Fleischmann (ed.), *Hitler als Häftling in Landsberg am Lech 1923/24: Der Gefangenen-Personalakt Hitler nebst weiteren Quellen aus der Schutzhaft–, Untersuchungshaft– und Festungshaftanstalt Landsberg am Lech*, 3.ª ed. (Neustadt an der Aisch, 2018); Hartmann *et al.* (eds.), Hitler, *Mein Kampf*, 13-14; Ullrich, Adolf Hitler, I, 188-197 (cita en 191); véase también el plano de la planta baja del ala suroccidental de la cárcel, donde se situaba la celda de Hitler, en Hartmann *et al.* (eds.), Hitler, *Mein Kampf*, II, 1749.

23. Hartmann *et al.* (eds.), Hitler, *Mein Kampf*, 15-20; Ullrich, *Adolf Hitler, I*, 197-210; Sven Felix Kellerhoff, *«Mein Kampf». Die Karriere eines deutschen Buches* (Stuttgart, 2015), 51-64; más detalladamente en Othmar Plöckinger, *Geschichte eines Buches: Adolf Hitlers «Mein Kampf» 1922-1945* (Múnich, 2006), 11-164; documentos reimpresos en Othmar Plöckinger (ed.), *Quellen und Dokumente zur Geschichte von «Mein Kampf» 1924-1945* (Stuttgart, 2016), 23-133.

24. Hartmann *et al.* (eds.), Hitler, *Mein Kampf*, 21-24. El primer análisis del lenguaje de Hitler —y el del nazismo más en general— aún reviste importancia. Se lo debemos a Viktor Klemperer, un profesor judío de literatura francesa que sobrevivió al Tercer Reich por estar casado con una mujer que no era judía: *LTI. Notizbuch eines Philologen* (Leipzig, 1975 [1946]; *LTI* son las siglas de Lingua Tertii Imperii, «la lengua del Tercer Reich»). Véase esp. 62-67 («fanatisch»), 228-237 («Der Fluch des Superlativs»).

25. Hartmann *et al.* (eds.), Hitler, *Mein Kampf*, 771-859, para la sección principal sobre «el judío».

26. *Ibid.*, 1719 y n. 73 (no como plan concreto, sino más bien como expresión de la naturaleza asesina del antisemitismo de Hitler); para la creencia de Hitler en sí mismo, *ibid.*, 1474 n. 13.

27. Hartmann *et al.* (eds.), Hitler, *Mein Kampf*, I, 487-513, 879; *ibid.*, II, 1472 n. 11. La idea en sí distaba de ser nueva: véase más en general George L. Mosse, *The Nationalisation of the Masses: Political Symbolism and Mass Movements in Germany from the Napoleonic Wars Through the Third Reich* (Nueva York, 1975).

28. Hartmann *et al.* (eds.), Hitler, *Mein Kampf*, I, 25-53, 64, 478 n. 83; II, 1041-1047 y notas; II, 1070-1975 y notas; II, 1228-1243 y notas; 1272-1277 y notas; 1286 n. 10; 1382-1399 y notas (Coburgo). Para un panorama breve de las reseñas contemporáneas, véase Kellerhoff, «*Mein Kampf*», 131-158, 225-242, 261-288; para un estudio exhaustivo sobre la recepción del libro en Alemania y el extranjero, véase Plöckinger, *Geschichte eines Buches*, 203-578; sobre el impacto limitado que tuvo en Alemania antes de 1933, *ibid.*, 448. Las reseñas y comentarios se reimprimen en Plöckinger (ed.), *Quellen*, 163-304. Es útil y breve el análisis de Emma Smith, *Portable Magic: A History of Books and their Readers* (Londres, 2022), 189-204.

29. Hartmann *et al.* (eds.), Hitler, *Mein Kampf*, I, 9; II, 1584 n. 107.

30. Para las primeras declaraciones de ventas del editor, véase Plöckinger (ed.), *Quellen*, 137-160.

31. Ullrich, *Adolf Hitler, I*, 203-205; Kershaw, *Hitler, I*, 240-253; Plöckinger, *Geschichte eines Buches*, 225-247, 443-444. Sobre la afirmación de que el libro trazaba el plan de lo que sería el Tercer Reich, véase Jäckel, *Hitlers Weltanschauung*, *passim*; lo refutan Hartmann *et al.* (eds.), Hitler, *Mein Kampf*, I, 64-67, 882 n. 59, también II, 1465-1466.

32. Ullrich, *Adolf Hitler, I*, 197; Hartmann *et al.* (eds.), Hitler, *Mein Kampf*, I, 1288 n. 11.

33. Hartmann *et al.* (eds.), Hitler, *Mein Kampf*, II, 1279 y 1286 n. 10.

34. Para las dificultades que vivió el Partido Nazi los años posteriores al *Putsch*, véase Deuerlein (ed.), *Der Aufstieg*, 231-302; sobre la reconstrucción del Partido por Hitler, Kershaw, *Hitler, I*, 223-234, 257-311, Longerich, *Hitler: A Life*, 164-186, Vollnhals *et al.* (eds.), *Hitler*, I, 4-9; para Otto Strasser, véase Kershaw, *Hitler, I*, 325-329.

35. Véanse en general Eric D. Weitz, *Weimar Germany: Promise and Tragedy* (Princeton, NJ, 2007); la útil colección de documentos sobre la reconstrucción del Partido Nazi después de 1923 en Tyrell (ed.), *Führer befiehl...*, 68-268; y el relato de Longerich, *Hitler: A Life*, 143-169. Sobre el intento de Hitler de dar un matiz positivo al resultado de las elecciones, Vollnhals *et al.* (eds.), *Hitler*, II/2, 847-848 (20 de mayo de 1928).

36. Panoramas generales en Harold James, *The German Slump: Politics and Economics 1924-1936* (Oxford, 1986); Charles P. Kindleberger, *The World*

in Depression 1929-1939 (Berkeley, 1987 [1973], nueva ed. 2013); Barry Eichengreen, *Golden Fetters: The Gold Standard and the Great Depression, 1919-1939* (Oxford, 1992); más recientemente véase también Tobias Straumann, *1931: Debt, Crisis, and the Rise of Hitler* (Oxford, 2019).

37. Heinrich August Winkler, *Der Schein der Normalität. Arbeiter und Arbeiterbewegung in der Weimarer Republik 1924 bis 1930* (Bonn, 1985), 661-823; *idem, Der Weg in die Katastrophe. Arbeiter und Arbeiterbewegung in der Weimarer Republik 1930 bis 1933* (Bonn, 1987), 19-99, 123-188; panorama general en Richard J. Evans, *The Coming of the Third Reich* (Londres, 2003), 232-255. Para los comunistas, véase Eric D. Weitz, *Creating German Communism, 1890-1990: From Popular Protests to Socialist State* (Princeton, 1997), 131, 60-87, 233-279; Winkler, *Der Weg in die Katastrophe*, 231-236, 591-602, 765-773, 848-849; Eve Rosenhaft, «Beating the Fascists»? *The German Communists and Political Violence 1929-1933* (Cambridge, 1983); Vollnhals *et al.* (eds.), *Hitler*, II/I, 347-366 («Marxisten, warum habt ihr den Arbeiter Hirschmann ermordet?», 9 de junio de 1927); *ibid.*, III/3, 11-15 (11 de enero de 1930), III/1, 120-123 («Tatsächlich existiert nur ein Marxismus», 8 de marzo de 1930), etc.; más en general véase Klaus-Michael Mallmann, *Kommunisten in der Weimarer Republik. Sozialgeschichte einer revolutionären Bewegung* (Darmstadt, 1996).

38. Longerich, *Hitler: A Life*, 178-196; Vollnhals *et al.* (eds.), Hitler, III/3, 58-64, y Noakes y Pridham (eds.), *Nazism 1919-1945*, I, 115-120, sobre el atractivo de Hitler entre los votantes rurales.

39. Ullrich, *Adolf Hitler* I, 250-255.

40. *Ibid.*, 257-265; Evans, *The Coming of the Third Reich*, 255-265; Jürgen W. Falter *et al.*, *Wahlen und Abstimmungen in der Weimarer Republik. Materialien zum Wahlverhalten 1919-1933* (Múnich, 2009), 41, 92; Longerich, *Hitler: A Life*, 200-208.

41. Falter *et al.*, *Wahlen*, 86-113.

42. *Ibid.*, 46; Karl Dietrich Bracher, *Die Auflösung der Weimarer Republik. Eine Studie zum Problem des Machtverfalls in der Demokratie* (Villingen/Schwarzwald, 1955), 443-480; Vollnhals *et al.* (eds.), *Hitler*, IV/3, 153-164, 174-185.

43. Falter *et al.*, *Wahlen*, 41; Deuerlein (ed.), *Der Aufstieg*, 371-382; Bracher, *Die Auflösung*, 481-526; Longerich, *Hitler: A Life*, 224-253.

44. Domarus, *Hitler*, 96.

45. Vollnhals *et al.* (eds.), *Hitler*, III/3, 111-114 (1 de marzo de 1930) y 268-269 (6 de julio de 1930); *ibid.*, V/I, 274-277 (27 de julio de 1932), para ejemplos. En el último acontecimiento mencionado, la prensa nazi calculó una asistencia inverosímil, de 180.000 personas (*ibid.*, 277, doc. 150, n. 1). Para la grabación véase Domarus, *Hitler*, 115.

46. Domarus, *Hitler*, 293-295 (2 de agosto de 1930), para un ejemplo entre muchos.

47. Vollnhals *et al.* (eds.), *Hitler*, III/3, 219-221 (6 de junio de 1930), repetido en discursos posteriores (226-236).

48. Henry Ashby Turner *Jr.*, *German Big Business and the Rise of Hitler* (Oxford, 1985), 47-59, 111-142, 191-203; Ullrich, *Adolf Hitler I*, 136-146; Kershaw, *Hitler I*, 186-191, 299-300, 356-360; Longerich, *Hitler: A Life*, 103-105, 211-214, 233-235; para el discurso de Hamburgo, véase *ibid.*, 167, y Vollnhals *et al.* (eds.), *Hitler*, I, 297-330; para el discurso de Düsseldorf, Vollnhals *et al.* (eds.), *Hitler*, IV/3, 74-110; Günter Brakelmann, *Zwischen Mitschuld und Widerstand: Fritz Thyssen und der Nationalsozialismus* (Essen, 2010).

49. Gerhard Paul, *Aufstand der Bilder. NS-Propaganda vor 1933* (Bonn, 1990); Kershaw, *Hitler I*, 329-33; Vollnhals (ed.), *Hitler*, I, xvii; II/1 para las causas frecuentes de difamación, en las que Hitler tuvo que asistir a menudo como testigo. Véase *ibid.*, 117-119, para un ejemplo de las afirmaciones antisemitas de Hitler («La pobreza de Alemania y el camino a la liberación de la esclavitud, la vergüenza y la miseria masiva, de la servidumbre marxista y judeo-capitalista», 11 de enero de 1927). Para la minimización del antisemitismo, véase Longerich, *Hitler: A Life*, 177-178; para las razones por las que la gente votaba a los nazis, *ibid.*, 204-207.

50. El atractivo del «príncipe heredero» se reimprime en Domarus, *Hitler*, 103.

51. Kershaw, *Hitler I*, 333-340; Jürgen W. Falter, *Hitlers Wähler* (Múnich, 1991), esp. 364-374; también Thomas Childers, *The Nazi Voter: The Social Foundations of Fascism in Germany, 1919-1933* (Chapel Hill, NC, 1981). Sobre la familia del exkáiser Guillermo II, y en especial su hijo Guillermo, que se dio a sí mismo el título de «príncipe heredero», y sobre el papel de ambos en convencer a los monárquicos y conservadores de que apoyaran a Hitler, véase Stephan Malinowski, *Die Hohenzollern und die Nazis: Geschichte einer Kollaboration* (Berlín, 2021), esp. 241-331. Pueden encontrarse numerosos discursos de denuncia del Plan de Young en Vollnhals *et al.* (eds.), *Hitler*, III/3; la promesa de unidad nacional *ibid.*, IV/1, 76-88, 90-106, etc.; sobre la necesidad de elegir entre «bolchevismo o nazismo», *ibid.*, V/2, 131 (30 de octubre de 1932). El mejor panorama general sobre la cuestión de las reparaciones es el de Bruce Kent, *The Spoils of War: The Politics, Economics, and Diplomacy of Reparations, 1918-1932* (Oxford, 1989), 288-321.

52. Ullrich, *Adolf Hitler I*, 254-257, 282-286; Longerich, *Hitler: A Life*, 173-174, 196-200, 218-219; Kershaw, *Hitler I*, 325-329; Günter Bartsch, *Zwischen drei Stühle: Otto Strasser. Eine Biographie* (Coblenza, 1990).

53. Deuerlein, *Der Aufstieg*, 337-338; Vollnhals *et al.* (eds.), *Hitler*, III/1, 434-451, y III/2, 72-100; Longerich, *Hitler: A Life*, 207-208; Kershaw, *Hitler I*, 337-338; Peter Bucher, *Der Reichswehrprozess. Der Hochverrat der Ulmer Reichswehroffiziere 1929/30* (Boppard am Rhein, 1967).

54. Deuerlein (ed.), *Der Aufstieg*, 361-363; Bracher, *Die Auflösung*, 431-

435; Tyrell (ed.), *Führer befiehl...*, 269-351; Kershaw, *Hitler I*, 337-338, 346-351, 365-367; Ullrich, *Adolf Hitler I*, 270-278; Longerich, *Hitler: A Life*, 230-231; Vollnhals *et al.* (eds.), III/3, 441, y IV/2, 231-233. La advertencia de Hitler de que las medidas apuntadas por Best serían necesarias en la eventualidad de un alzamiento comunista se hizo realidad, en cierta medida, con el Decreto del Incendio del Reichstag, el 28 de febrero de 1933.

55. Bracher, *Die Auflösung*, 482-490, 545-552.

56. Vollnhals *et al.* (eds.), *Hitler*, IV/2, 233 («Pressekonferenz in Berlin», 4 de diciembre de 1931).

57. Kershaw, *Hitler I*, 361-363, 368; Ullrich, *Adolf Hitler I*, 271-277, 293-298; Longerich, *Hitler: A Life*, 202-204, 216-218; Paul Kluke, «Der Fall Potempa», *Vierteljahrshefte für Zeitgeschichte*, vol. 5 (1957), 279-297; Richard Bessel, «The Potempa Murder», *Central European History*, vol. 10 (1977), 241-254; Deuerlein (ed.), *Der Aufstieg*, 383-395; Daniel Siemens, *The Making of a Nazi Hero: The Murder and Myth of Horst Wessel* (Londres, 2013 [Múnich, 2009]); Rosenhaft, *«Beating the Fascists»?*, 6-8; *eadem*, «Working-Class Life and Working-Class Politics; Communists, Nazis and the State in the Battle for the Streets, Berlin 1928-1932», en Richard Bessel y Edgar Feuchtwanger (eds.), *Social Change and Political Development in Weimar Germany* (Londres, 1981), 207-240; James M. Diehl, *Paramilitary Politics in Weimar Germany* (Bloomington, IN, 1977); Karl Rohe, *Das Reichsbanner Schwarz-Rot-Gold: Ein Beitrag zur Geschichte und Struktur der politischen Kampfverbände zur Zeit der Weimarer Republik* (Düsseldorf, 1966). Sobre Altona, véase Anthony McElligott, *Contested City: Municipal Politics and the Rise of Nazism in Altona, 1917-1937* (Ann Arbor, MI, 1998). Para el golpe de Papen en Prusia, que llevó a cabo la Reichswehr, véase Bracher, *Die Auflösung*, 559-600. El llamamiento de Hitler a las SA, para que fueran leales y disciplinadas y evitaran la violencia al azar, se imprime en Vollnhals *et al.* (eds.), *Hitler*, IV/1, 277-81 (9 de abril de 1931); su insistencia enojada, ante las repreguntas penetrantes y persistentes del abogado comunista Hans Litten, en que él no era responsable de la violencia de las SA, puede hallarse *ibid.*, IV/I, 360-370 (juicio a cuatro camisas pardas por violencia contra los comunistas) y IV/2, 51-57. Hitler mintió de forma repetida en su testimonio, al afirmar, por ejemplo, que «las SA no portan armas». Véase también Benjamin Carter Hett, *Crossing Hitler: The Man Who Put the Nazis on the Witness Stand* (Nueva York, 2008). Para el discurso de Hitler ante la tumba de Horst Wessel, y el llamamiento a continuar con su obra violenta, véase Vollnhals *et al.* (eds.), *Hitler*, V/2, 389-393. Más detalles sobre la violencia nazi en Gellately, *Hitler's True Believers*, caps. 4-7.

58. Vollnhals *et al.* (eds.), *Hitler*, V/1, 304-309 (16 de agosto de 1932).

59. Thomas Mergel, *Parlamentarische Kultur in der Weimarer Republik: Politische Kommunikation, symbolische Politik und Öffentlichkeit im Reichstag*

(Düsseldorf, 2002), 179-181; Bracher, *Die Auflösung*, 377-388 («Selbstausschaltung des Reichstags»); Ullrich, *Adolf Hitler I*, 289-296.

60. Kershaw, *Hitler I*, 396-400; Domarus, *Hitler*, 164-165. El mejor estudio de estos hechos sigue siendo el de Bracher, *Die Auflösung*, actualizado en el estudio mucho más breve y más limitado de Henry Ashby Turner, *Hitler's Thirty Days to Power: January 1933* (Londres, 1996); véase también más en general Winkler, *Der Weg*, e *idem*, *Die Weimarer Republik 1918-1933: Die Geschichte der ersten deutschen Demokratie* (Múnich, 1993).

61. Falter *et al.*, *Wahlen*, 43-44.

62. Bracher, *Die Auflösung*, 644-685.

63. *Ibid.*, 686-732; Kershaw, *Hitler I*, 79-427; Longerich, *Hitler: A Life*, 191-275; Ullrich, *Adolf Hitler I*, 324-420; Domarus, *Hitler*, 182-185. Sobre los numerosos comentaristas que subestimaron a Hitler en esta época, véase Ullrich, *Adolf Hitler I*, 265-270. Sobre Papen, véase el capítulo específico en el presente libro.

64. Para los rumores y fantasías, o la renuncia a hablar y la negación, al respecto de la vida sexual de Hitler, según fueron difundidos por Ernst Hanfstaengl, Lothar Machtan, Joachim Fest y muchos otros, véase Ullrich, *Adolf Hitler I*, 299-306; sobre Geli Raubal, *ibid.*, 306-318. Longerich, *Hitler: A Life*, 159-163, insiste en que la vida de Hitler fue asexual y estuvo bloqueada por un «desarrollo emocional interrumpido». La reacción del líder nazi ante el suicidio de Geli Raubal se encuentra en Vollnhals *et al.* (eds.), *Hitler*, IV/2, 109-110 (carta al periódico *Münchener Post* por su noticia sobre la relación, 21 de septiembre de 1931, y notas).

65. Ullrich, *Adolf Hitler I*, 306-323; Heike B. Görtemaker, *Eva Braun: Life with Hitler* (Londres, 2011 [edición alemana, 2010]); Evans, *The Third Reich in History and Memory*, 150-163; Longerich, *Hitler: A Life*, 220-223.

66. Richard Overy (ed.), *Interrogations: The Nazi Elite in Allied Hands, 1945* (Londres, 2001), 101-109; Kershaw, *Hitler I*, 329-351.

67. Ullrich, *Adolf Hitler I*, 421-457, ofrece un retrato completo, basado en un gran número de testimonios de personas que lo conocieron.

68. Sobre el Incendio del Reichstag y las diversas e improbables teorías conspiranoicas que lo rodearon, véase Richard J. Evans, *The Hitler Conspiracies: The Third Reich and the Paranoid Imagination* (Londres, 2020), 85-119. Para el contexto más general, Kershaw, *Hitler I*, 431-462, y Ullrich, *Adolf Hitler I*, 468-472.

69. Rudolf Diels, *Lucifer ante portas ...es spricht der erste Chef der Gestapo* (Stuttgart, 1950), 193-195 (en Noakes y Pridham, *Nazism*, I, 140). Sobre el «Día de Potsdam» véase Ullrich, *Adolf Hitler I*, 480-484; Klaus Scheel, *Der Tag von Potsdam* (Berlín, 1993); Malinowski, *Die Hohenzollern*, 343-372; Werner Freitag, «Nationale Mythen und kirchliches Heil: Der "Tag von Potsdam"», *Westfälische Forschungen*, vol. 41 (1991), 379-439; Kershaw, *Hitler I*,

464-465; y Karl Dietrich Bracher, *Die nationalsozialistische Machtergreifung: Studien zur Errichtung des totalitären Herrschaftssystems in Deutschland 1933/34, I: Stufen der Machtergreifung* (Colonia, 1960), 202-213.

70. Bracher, *Stufen*, 213-236; Ullrich, *Adolf Hitler I*, 484-488; Longerich, *Hitler: A Life*, 289-332; Rudolf Morsey (ed.), *Das "Ermächtigungsgesetz" vom 24. März 1933. Quellen zur Geschichte und Interpretation des "Gesetzes zur Behebung der Not von Volk und Reich"*, 2.ª ed. (Düsseldorf, 2010); Michael Frehse, *Ermächtigungsgesetzgebung im Deutschen Reich, 1914-1933* (Pfaffenweiler, 1985); Domarus, *Hitler*, 237-247.

71. Hermann Beck, *The Fateful Alliance: German Conservatives and Nazis in 1933. The «Machtergreifung» in a New Light* (Oxford, 2008); Josef Becker, «Zentrum und Ermächtigungsgesetz 1933: Dokumentation», *Vierteljahrshefte für Zeitgeschichte*, vol. 9 (1961), 195-210.

72. Ullrich, *Adolf Hitler I*, 498-500; Kershaw, *Hitler II*, 429-495; Bracher, *Stufen*, 237-306; por encima de todo, la recopilación, que aún resulta esencial, de Erich Matthias y Rudolf Morsey (eds.), *Das Ende der Parteien 1933* (Düsseldorf, 1960), con artículos extensos sobre cada uno de los grandes partidos; relato de resumen en Evans, *The Coming of the Third Reich*, 355-374; más recientemente los panoramas sinópticos de Larry Eugene Jones, *The German Right, 1918-1930: Political Parties, Organized Interests, and Patriotic Associations in the Struggle against Weimar Democracy* (nueva ed., Cambridge, 2016), y *German Liberalism and the Dissolution of the Weimar Party System, 1918-1933* (Chapel Hill, NC, 1988), entre muchos otros estudios.

73. Ullrich, *Adolf Hitler I*, 493-506; Winkler, *Der Weg*, 867-954, sobre el final del movimiento sindical; también Michael Schneider, *Unterm Hakenkreuz. Arbeiter und Arbeiterbewegung 1933 bis 1939* (Bonn, 1999).

74. Para los detalles véase Evans, *The Coming of the Third Reich*, 342-361; véase también Gellately, *Hitler's True Believers*, cap. 6.

75. Ullrich, *Adolf Hitler I*, 462-463; Thilo Vogelsang, «Neue Dokumente zur Geschichte der Reichswehr 1930-1933», *Vierteljahrshefte für Zeitgeschichte*, vol. 2 (1954), 397-439, y Andreas Wirsching, «"Man kann nur Boden germanisieren". Eine neue Quelle zu Hitlers Rede vor den Spitzen der Reichswehr am 3. Februar 1933», *Vierteljahrshefte für Zeitgeschichte*, vol. 49 (2001), 517-550.

76. Ullrich, *Adolf Hitler I*, 466; Turner, *Big Business*, 328-332; Dirk Stegmann, «Zum Verhältnis von Grossindustrie und Nationalsozialismus 1930-1933», *Archiv für Sozialgeschichte*, vol. 13 (1973), 351-432 (para una perspectiva más crítica sobre el papel de las grandes empresas en el triunfo del nazismo); Henry A. Turner, «Grossunternehmertum und Nationalsozialismus, 1930-33», *Historische Zeitschrift*, vol. 221 (1975), 18-68; y Dirk Stegmann, «Antiquierte Personalisiserung oder sozialökonomische Faschismus-Analyse? Eine Antwort auf H. A. Turners Kritik an meinen Thesen zum Verhältnis von Na-

tionalsozialismus und Grossindustrie for 1933», *Archiv für Sozialgeschichte*, vol. 17 (1977), 175-296.

77. Domarus, *Hitler*, 286-291, 305, 355.

78. *Ibid.*, 485.

79. *Ibid.*, 328, 338, 355 y ss.

80. *Ibid.*, 259-264, 281-286.

81. Kershaw, *Hitler I*, 499-526; Ullrich, *Hitler I*, 507-527; Daniel Siemens, *Stormtroopers: A New History of Hitler's Brownshirts* (Londres, 2017), 157-179; Heinz Höhne, Mordsache Röhm, *Hitlers Durchbruch zur Alleinherrschaft 1933-1934* (Reinbek bei Hamburg, 1984); Eleanor Hancock, «The Purge of the SA Reconsidered: "An Old Putschist Trick"», *Central European History*, vol. 44 (2011), 669-683; véase también el capítulo específico sobre Ernst Röhm en el presente libro.

82. Para Röhm y Papen, véanse respectivamente los capítulos 4 y 10 de este libro.

83. Longerich, *Hitler: A Life*, 368-414.

84. Domarus, *Hitler*, 315-316. Hitler volvió a denunciar en otras ocasiones a los «eruditos judeo-internacionales, errantes y desarraigados» como causantes de división interna y desórdenes (por ejemplo Domarus, *Hitler*, 526).

85. *Ibid.*, 527-529 (11 de septiembre de 1935, discurso sobre la colocación de la piedra fundacional del nuevo Congreso de Núremberg); *ibid.*, 705-710 (discurso de inauguración de la Casa del Arte Alemán, en Múnich, 19 de julio de 1937); también *ibid.*, 718-719, 871, 877-878. Véase asimismo Alan E. Steinweis, *Art, Ideology, and Economics in Nazi Germany: The Reich Chambers of Music, Theater, and the Visual Arts* (Chapel Hill, NC, 1993); Joan L. Clinefelter, *Artists for the Reich: Culture and Race from Weimar to Nazi Germany* (Oxford, 2005); Paul B. Jaskot, *The Architecture of Oppression: The SS, Forced Labor, and the Nazi Monumental Building Economy* (Londres, 2000); y Ernst Klee, *Das Kulturlexikon zum Dritten Reich. Wer war was vor und nach 1945* (Fráncfort, 2009).

86. Domarus, *Hitler*, 765, 1031-1036; Gellately, *Hitler's True Believers*, 213-237.

87. Domarus, *Hitler*, 642 (12 de septiembre de 1936); similarmente *ibid.*, 778-779 (22 de enero de 1938), y 1218-1219 (16 de julio de 1939); Ullrich, *Hitler I*, 660-672; Longerich, *Hitler: A Life*, 477-499; Evans, *The Third Reich in Power*, 164-186; *idem, The Third Reich at War*, 585-592.

88. Reinhard Merker, *Die bildenden Künste im Nationalsozialismus; Kulturideologie, Kulturpolitik, Kulturproduktion* (Colonia, 1983), 148-152; Peter Adam, *The Arts in the Third Reich* (Londres, 1992).

89. Domarus, *Hitler*, 717; Robert N. Proctor, *Racial Hygiene: Medicine under the Nazis* (Londres, 1988); Hans-Walter Schmuhl, *Rassenhygiene, Nationalsozialismus, Euthanasie: Von der Verhütung zur Vernichtung «lebensunwer-*

ten Lebens» (Gotinga, 1987); Jeremy Noakes, «Nazism and Eugenics: The Background to the Nazi Sterilization Law of 14 July 1933», en Roger Bullen *et al.* (eds.), *Ideas into Politics: Aspects of European History 1850-1930* (Londres, 1984), 75-94. Véase también Ernst Klee, *Euthanasie im Dritten Reich: Die «Vernichtung lebensunwerten Lebens»* (Fráncfort, 2010), y *Dokumente zur «Euthanasie» im NS-Staat* (Fráncfort, 1985); para una valoración de la obra pionera de Klee, «Ernst Klee obituary», *The Guardian* (21 de mayo de 2013).

90. Domarus, *Hitler*, 637-638; Longerich, *Hitler: A Life*, 447-476. *The Table Talk* recoge la admisión de Hitler de que no comprendía los temas financieros (Jochmann, *Monologe*, 291).

91. Domarus, *Hitler*, 649-650, 666.

92. John Weitz, *Hitler's Banker: Hjalmar Horace Greeley Schacht* (Boston, MA, 1997).

93. Domarus, *Hitler*, 891; Adam Tooze, *The Wages of Destruction: The Making and Breaking of the Nazi Economy* (Londres, 2006); Evans, *The Third Reich in Power*, 322-411; *idem, The Third Reich in History and Memory*, 167-190.

94. Peter Hayes, *Industry and Ideology: I. G. Farben in the Nazi Era* (Cambridge, 1987).

95. Norbert Frei *et al.*, *Flick. Der Konzern, die Familie, die Macht* (Múnich, 2009), esp. 326-442; Ulrich Herbert, *Hitler's Foreign Workers: Enforced Foreign Labour in Germany Under the Third Reich* (Cambridge, 1997); Kim Christian Priemel, *Flick. Eine Konzerngeschichte vom Kaiserreich bis zur Bundesrepublik* (Gotinga, 2007), esp. 470-507, 616-650, 761-790.

96. Domarus, *Hitler*, 208-209, 867-868, 1081-1083; Evans, *The Third Reich in Power*, 322-350; Bernhard Rieger, *The People's Car: A Global History of the Volkswagen Beetle* (Cambridge, MA, 2013); Evans, *The Third Reich in History and Memory*, 167-190.

97. Domarus, *Hitler*, 369-371; también 574-579 y 680-681; más en general, Tooze, *The Wages of Destruction*.

98. Michael Wildt, *Volksgemeinschaft als Selbstermächtigung. Gewalt gegen Juden in der deutschen Provinz 1919 bis 1939* (Hamburgo, 2007), 107-116; Kulka y Jäckel (eds.), *The Jews in the Secret Nazi Reports*, 3-8.

99. Ullrich, *Adolf Hitler* I, 489-492; Hannah Ahlheim, «Deutsche, kauft nicht bei Juden!» *Antisemitischer Boycott in Deutschland 1924 bis 1935* (Gotinga, 2011).

100. Ullrich, *Adolf Hitler* I, 492-493; Longerich, *Hitler: A Life*, 329-437; Saul Friedländer, *Nazi Germany and the Jews: The Years of Persecution 1933-39* (Londres, 1997), 9-39; Gellately, *Hitler's True Believers*, 239-263; Hermann Beck, *Before the Holocaust: Antisemitic Violence and the Reaction of German Elites and Institutions during the Nazi Takeover* (Oxford, 2022). La proclamación de Hitler está en Domarus, *Hitler*, 247-252.

101. Domarus, *Hitler*, 574; Gellately, *Hitler's True Believers*, 239-263.
102. *Ibid.*, 899.
103. *Ibid.*, 1057-1058.
104. *Ibid.*, 1663-1829.
105. Martin Hirsch *et al.* (eds.), *Recht, Verwaltung und Justiz im Nationalsozialismus* (Colonia, 1984); Lothar Gruchmann, *Justiz im Dritten Reich. Anpassung und Unterwerfung in der Ära Gürtner* (Múnich, 1988); Evans, *The Third Reich in Power*, 536-579; Alan B. Steinweis y Robert Rachlin (eds.), *The Law in Nazi Germany: Ideology, Opportunism and the Perversion of Justice* (Oxford, 2015).
106. Evans, *The Third Reich in Power*, 580-602; Kershaw, *Hitler II*, 129-153; Longerich, *Hitler: A Life*, 589-597. Para obras recientes, véase Wolf Gruner y Steven J. Ross (eds.), *New Perspectives on Kristallnacht: After 80 Years, the Nazi Pogrom in Global Comparison* (West Lafayette, IN, 2019); Wolfgang Benz, *Gewalt im November 1938. Die «Reichskristallnacht». Initial zum Holocaust* (Berlín, 2018); Raphael Gross, *November 1938. Die Katastrophe vor der Katastrophe* (Múnich, 2013); y esp. Alan E. Steinweis, *Kristallnacht 1938* (Harvard, MA, 2009).
107. Nikolaus Wachsmann, *Hitler's Prisons: Legal Terror in Nazi Germany* (Londres, 2004), 66-226; Richard J. Evans, *Rituals of Retribution: Capital Punishment in Germany* 1600-1997 (Oxford, 1996), 613-737.
108. Domarus, *Hitler*, 522-524, 1924; Geoffrey Giles, «The Persecution of Gay Men and Lesbians during the Third Reich», Jonathan C. Friedman (ed.), *The Routledge History of the Holocaust* (Londres, 2011), 385-396, es una guía breve fiable.
109. Domarus, *Hitler*, 745.
110. *Ibid.*, 1058-1065; véase también el informe de la audiencia de Ribbentrop con el papa Pío XII, el 10 de marzo de 1940, *ibid.*, 1480-1481; Kershaw, *Hitler II*, 39-42; también Evans, *The Third Reich in Power*, 220-260; y Evans, *The Third Reich at War*, 546-553, ambos con referencias a la extensa bibliografía sobre la «batalla de la Iglesia». En cuanto al rechazo de Hitler al ocultismo, véase también Richard J. Evans, «Nuts about the Occult», *London Review of Books*, vol. 40, n.º 15 (2 de agosto de 2018).
111. Domarus, *Hitler*, 892-894.
112. *Ibid.*, 1469; similarmente el 8 de noviembre de 1943 (Domarus, *Hitler*, 2057-2058).
113. Heim, *Monologe*, 67, 83-84, 103, 135, 150, 286, 301-303.
114. Vollnhals *et al.* (eds.), *Hitler*, IV//1, 53. Aunque aquí Hitler se refería a lo que él veía como un fracaso de Alemania, incapaz de obtener más que un puñado de territorios de ultramar en el «Reparto de África» de la década de 1880, recuperar las colonias alemanas confiscadas en el acuerdo de paz de 1919 no figuraba entre las prioridades de su política exterior. Véase también Jochen

Thies, *Hitler's Plans for Global Domination: Nazi Architecture and Ultimate War Aims* (Oxford, 2012).

115. Longerich, *Hitler: A Life*, 334.

116. Domarus, *Hitler*, 237-238.

117. *Ibid.*, 475; Kershaw, *Hitler I*, 490-495.

118. Longerich, *Hitler: A Life*, 525.

119. Panoramas sucintos sobre la política exterior hasta 1939 en Longerich, *Hitler: A Life*, 333-367, 415-424, 438-476, 527-647.

120. *Ibid.*, 334.

121. Domarus, *Hitler*, 476.

122. *Ibid.*, 269-279 (cita en 279), 306-315, 496-497.

123. Longerich, *Hitler: A Life*, 334; Kershaw, *Hitler I*, 522-524.

124. Longerich, *Hitler: A Life*, 134-138; Domarus, *Hitler*, 472-474 (Sarre).

125. Domarus, *Hitler*, 580-614.

126. *Ibid.*, 317-322, 356-357; Christian Leitz, *Nazi Foreign Policy, 1933-1941: The Road to Global War* (Londres, 2004); Kershaw, *Hitler I*, 542-558.

127. Domarus, *Hitler*, 760.

128. *Ibid.*, 745, información proporcionada a Domarus por uno de los que participaron en el mitin, Waldemar Vogt.

129. *Ibid.*, 743. El Corredor Polaco era una estrecha franja de territorio que el Tratado de Versalles había quitado a Alemania para dárselo a Polonia, de forma que esta dispusiera de una salida al mar Báltico.

130. *Ibid.*, 745-756.

131. Evans, *The Third Reich in Power*, 642-646; Domarus, *Hitler*, 880-886 (escéptico con la seriedad de los generales).

132. Véase el capítulo de este libro sobre Joachim von Ribbentrop.

133. Domarus, *Hitler*, 755-759, 784-785, 796-800.

134. *Ibid.*, 796 (20 de febrero de 1938).

135. Kershaw, *Hitler II*, 3-125; Ullrich, *Hitler I*, 734-838.

136. Domarus, *Hitler*, 483; para los cambios de personal, *ibid.*, 764.

137. Zara Steiner, *The Triumph of the Dark: European International History 1933-1939* (Oxford, 2011), 311-318, 360-364, 551-553; Domarus, *Hitler*,1065, 1202, 1383, 1386, 1490.

138. Evans, *The Third Reich in Power*, 646-652; Kershaw, *Hitler II*, 63-72; Stefan Martens, «Die Rolle Hermann Görings in der deutschen Aussenpolitik 1937/38», en Franz Knipping y Klaus-Jürgen Müller (eds.), *Machtbewusstsein in Deutschland am Vorabend des Zweiten Weltkrieges* (Paderborn, 1984), 75-82; más en general, Gerhard Botz, *Der 13. März und die Anschluss-Bewegung: Selbstaufgabe, Okkupation und Selbstfindung Österreichs 1918-1945* (Viena, 1978), esp. 5-12; Domarus, *Hitler*, 788-791; Kershaw, *Hitler II*, 9-86.

139. Domarus, *Hitler*, 851-852, 868-870.

140. *Ibid.*, 888-890, 901-956; Kershaw, *Hitler II*, 87-125. Entre los múltiples estudios realizados desde una diversidad de perspectiva, véase el muy reciente de Tim Bouverie, *Appeasing Hitler: Chamberlain, Churchill and the Road to War* (Londres, 2019).

141. Domarus, *Hitler*, 963-969.

142. *Ibid.*, 974.

143. Evans, *The Third Reich in Power*, 704.

144. Domarus, *Hitler*, 727 (13 de septiembre de 1937, Congreso del Partido en Núremberg).

145. *Ibid.*, 729-731.

146. *Ibid.*, 1089-1090, 1154-1156.

147. *Ibid.*, 1047-1055, 1121-1123, 1143-1145, 1443 (1 de enero de 1940).

148. *Ibid.*, 1255-1338.

149. *Ibid.*, 1196-1201; Kershaw, *Hitler II*, 97-230.

150. Kershaw, *Hitler II*, 189-217; Geoffrey Roberts, «The Soviet Decision for a Pact with Nazi Germany», *Soviet Studies* 55 (1992), 57-78; Roger Moorhouse, *The Devils' Alliance: Hitler's Pact with Stalin 1939-41* (Londres, 2016); véase además mi artículo «Was Stalinism Worse than Nazism?», *The Guardian* (9 de agosto de 2014), *Review Section*, 6. Para el transfondo general véase Gerhard L. Weinberg, *The Foreign Policy of Hitler's Germany*, 2 vols. (Londres, 1970, 1980); y Kershaw, Hitler II, 200-230.

151. Evans, *The Third Reich in Power*, 699-700.

152. Domarus, *Hitler*, 1336-1343.

153. *Ibid.*, 1332-1335; Longerich, *Hitler: A Life*, 652-762, para los estadios iniciales de la guerra, hasta la Operación Barbarroja.

154. Domarus, *Hitler*, 1405-1414; similarmente el 30 de enero de 1940 (*ibid.*, 1452-1461).

155. *Ibid.*, 1405-1418; Anton Hoch, «Das Attentat auf Hitler im Münchner Bürgerbräukeller 1939», *Vierteljahrshefte für Zeitgeschichte* 17 (1969), 383-413; Kershaw, *Hitler II*, 271-275.

156. Domarus, *Hitler*, 1180-1183, 1207.

157. *Ibid.*, 1, 237-40; Alexander B. Rossino, *Hitler Strikes Poland: Blitzkrieg, Ideology, and Atrocity* (Lawrence, KS, 2003).

158. Domarus, *Hitler*, 1443-1444; Jochmann, *Monologe*, 421.

159. *Ibid.*, 62, 331, 440, 453; Picker, *Hitlers Tischgespräche*, 214-217, 247, 284-287.

160. Kershaw, *Hitler II*, 233-252; Evans, *The Third Reich at War*, 28-47, con más referencias.

161. Evans, *The Third Reich at War*, 112-136.

162. Domarus, *Hitler*, 1487-1499.

163. *Ibid.*, 1528-1533; Kershaw, *Hitler II*, 283-337; Longerich, *Hitler: A Life*, 653-762.

164. Domarus, *Hitler*, 1501, 1519; para Frank, véase más adelante, pp. 335-351.

165. Saul Friedländer, *The Years of Extermination: Nazi Germany and the Jews, 1939-45* (Nueva York, 2007), Parte 1 (3-196).

166. Domarus, *Hitler*, 503.

167. *Ibid.*, 1421-1427; Kershaw, *Hitler II*, 281-338.

168. Domarus, *Hitler*, 1525.

169. *Ibid.*, 1520-1522.

170. *Ibid.*, 1533, 1547.

171. *Ibid.*, 1534.

172. *Ibid.*, 1535; Walther Hubatsch (ed.), *Hitlers Weisungen für die Kriegführung 1939-1945. Dokumente des Oberkommandos der Wehrmacht* (Fráncfort, 11 de agosto de 1940), 66 (16 de julio de 1942, 2), 61-66, 71 (12 de noviembre de 1940).

173. Domarus, *Hitler*, 1540-1559.

174. *Ibid.*, 1575-1583.

175. *Ibid.*, 1564-1567, 1583-1586, 1652-1653; Kershaw, *Hitler II*, 309-310; Richard Overy, *The Battle of Britain: Myth and Reality* (Londres, 2001).

176. Domarus, *Hitler*, 1635-1638; Hubatsch (ed.), *Hitlers Weisungen*, 84-88 (18 de diciembre de 1940); Kershaw, *Hitler II*, 339-389.

177. Domarus, *Hitler*, 1659-1664.

178. Kershaw, *Hitler II*, 524-526; Hubatsch (ed.), *Hitlers Weisungen*, 96-100 (enero-febrero de 1941), 106-129 (marzo-septiembre de 1941).

179. Domarus, *Hitler*, 1725-1732; también 1752 («así pues, el capitalismo judío y el bolchevismo se han unido en un mundo que hoy nos es hostil», 24 de septiembre de 1941).

180. *Ibid.*, 1004-1008, 1071-1072.

181. *Ibid.*, 1041, 1447, 1913.

182. *Ibid.*, 1753.

183. Traudl Junge, *Bis zur letzten Stunde. Hitlers Sekretärin erzählt ihr Leben* (unter Mitarbeit von Melissa Müller, Múnich, 2002), 123.

184. Evans, *The Third Reich at War*, 167-190.

185. Friedländer, *The Years of Extermination*, Partes II-III (197-663), sigue siendo la mejor explicación; para un relato sucinto, Longerich, *Hitler: A Life*, 763-776.

186. Richard J. Evans, «The Decision to Exterminate the Jews of Europe», en Larissa Allwork y Rachel Pistol (eds.), *The Jews, the Holocaust, and the Public: The Legacies of David Cesarani* (Palgrave Macmillan, London, 2019), 117-144.

187. Domarus, *Hitler*, 1758-1767.

188. *Ibid.*, 1769-1781.
189. Kershaw, *Hitler II*, 393-457.
190. Hubatsch (ed.), *Hitlers Weisungen*, 171-174 (8 de diciembre de 1941).
191. Domarus, *Hitler*, 1815.
192. *Ibid.*, 1785-1791, 1812-1813.
193. Evans, *The Third Reich at War*, 191-214.
194. Domarus, *Hitler*, 1794-1811; Kershaw, *Hitler II*, 442-446.
195. Domarus, *Hitler*, 1822; Ian Kershaw, *Fateful Choices: Ten Decisions that Changed the World, 1940-1941* (Londres, 2008), capítulo 9, para un análisis completo.
196. Domarus, *Hitler*, 1826-1834.
197. *Ibid.*, 1909.
198. *Ibid.*, 2035-2039; Kershaw, *Hitler II*, 534, 538-539.
199. Domarus, *Hitler*, 1935; Kershaw, *Hitler II*, 543-545.
200. Domarus, *Hitler*, 1983; Antony Beevor, *Stalingrad* (Londres, 2007); Kershaw, *Hitler II*, 544-546.
201. Domarus, *Hitler*, 1996; para otro ejemplo de la negativa de Hitler a escuchar los consejos de los militares, véase *ibid.*, 2077-2078.
202. *Ibid.*, 2011 (7 de mayo de 1943).
203. Kershaw, *Hitler II*, 649-650.
204. Domarus, *Hitler*, 1991 (24 de febrero de 1943).
205. Domarus, *Hitler*, 2001 (21 de marzo de 1943).
206. *Ibid.*, 2052, 2056, 2058, 2061, 2071.
207. Para el Obersalzberg, véase Kershaw, *Hitler* I, 282-286, y Ernst Hanisch, *Der Obersalzberg: das Kehlsteinhaus und Adolf Hitler* (Berchtesgaden, 1995); para la conjuración de julio, Peter Hoffmann, *The History of the German Resistance, 1933*-1945 (Londres, 1977), actualizado en las ediciones alemanas posteriores; un buen resumen en Joachim C. Fest, *Plotting Hitler's Death: The German Resistance to Hitler* (Londres, 1996).
208. Linda von Keyserlingk-Rehbein, *«Nur eine ganz kleine Clique»: Die NS-Ermittlungen über das Netzwerk vom 20. Juli 1944* (Berlín, 2018); Domarus, *Hitler*, 2123-2131.
209. Domarus, *Hitler*, 1058.
210. Jochmann, *Monologe*, 106. Véase también el análisis en Richard J. Evans, *Telling Lies About Hitler: The Holocaust, History and the David Irving Trial* (Londres, 2002), 78-79. Las marismas no eran tan profundas como para que los judíos se ahogaran.
211. Domarus, *Hitler*, 1866-1869; también 1978 («Die Verschwörung vom internationalen Kapitalismus und Bolschewismus», 30 de enero de 1943); similarmente el 24 de febrero de 1943 (Domarus, *Hitler*, 1992, en referencia a una «alianza entre . . . la banca judía de Nueva York, el estrato de los líderes

judeo-plutocráticos en Londres y los judíos del Kremlin, en Moscú»); véase también *ibid.*, 2002 (21 de marzo de 1943).

212. Kershaw, *Hitler II*, 459-495.

213. Jochmann, *Monologe*, 229 (n.º 110, 25 de enero de 1942).

214. Domarus, *Hitler*, 1920; véase también Jochmann, *Monologe*, 293, 340, 400, 422, 456.

215. Picker, *Hitlers Tischgespräche*, 340, 388.

216. Domarus, *Hitler*, 2005, también en Andreas Hillgruber (ed.), *Staatsmänner und Diplomaten bei Hitler* (Fráncfort, 1970), II, 256-257.

217. Domarus, *Hitler*, 2051, 2083, 2160-2167.

218. *Ibid.*, 2083-2085; Kershaw, *Hitler II*, 741-747.

219. Junge, *Bis zur letzten Stunde*, 159-161.

220. Ullrich, *Adolf Hitler II*, 588-550; Junge, *Bis zur letzten Stunde*, 144-152; Christa Schroeder, *Er war mein Chef. Aus dem Nachlass der Sekretärin von Adolf Hitler*, 2.ª ed. (Múnich, 1985), 19; Albert Speer, *Inside the Third Reich* (Londres, 1970), 629; Evans, *The Third Reich in History and Memory*, 142-149; Fritz Redlich, *Hitler: Diagnosis of a Destructive Prophet* (Nueva York, 1998); Neumann y Eberle, «*Was Hitler Ill?*». La afición de Hitler por los dulces se describe en Hanfstaengl, *Zwischen Weissem und Braunen Haus*, 45. Para el mito de la drogadicción de Hitler, véase Richard J. Evans, «Blitzed: *Drugs in Nazi Germany* by Norman Ohler, review – A Crass and Dangerously Inaccurate Account», *The Guardian* (6 de noviembre de 2016), y Kershaw, *Hitler II*, 870-871. Hugh Trevor-Roper, *The Last Days of Hitler* (Londres, 1947), 105-113, se basa principalmente en Speer y Brandt y por lo tanto ofrece un retrato negativo de Morell. Véase también Joachimsthaler, *Hitlers Ende*, 98-200, para una narración detallada.

221. Junge, *Bis zur letzten Stunde*, 140.

222. Alexandra Richie, *Warsaw 1944: The Fateful Uprising* (Londres, 2013).

223. Evans, *The Third Reich at War*, 616-618, 653-655; Ullrich, *Adolf Hitler II*, 539-537; Domarus, *Hitler*, 2151, 2156-2157.

224. Evans, *The Third Reich at War*, 660-675; Fritz Hahn, *Waffen und Geheimwaffen des deutschen Heeres, 1933-1945*, 2 vols. (Coblenza, 1986-1987); Junge, *Bis zur letzten Stunde*, 154-156; Below, *Als Hitlers Adjutant*, 403; Domarus, *Hitler*, 2107; Kershaw, *Hitler* II, 641-645.

225. David Welch, *Propaganda and the German Cinema*, 1933-1945 (Oxford, 1983), 221-237; Rolf Giesen, *Nazi Propaganda Films: A History and Filmography* (Jefferson, NC, 2003), 163-184; y Felix Moeller, *Der Filmminister: Goebbels und der Film im Dritten Reich* (Berlín, 1998), 295-299, 309-312; Bill Niven, *Hitler and Film: The Führer's Hidden Passion* (Londres, 2018), 221-225; Domarus, *Hitler*, 2150.

226. Klaus Mammach, *Der Volkssturm: Bestandteil des totalen Kriegseinsat-*

zes der deutschen Bevölkerung 1944/45 (Berlín, 1981); Franz Seidler, «Deutscher Volkssturm», *Der letzte Aufgebot 1944/45* (Múnich, 1989); Speer, *Inside the Third Reich*, 560-561.

227. Domarus, *Hitler*, 2171.

228. Below, *Als Hitlers Adjutant*, 398; Ullrich, *Adolf Hitler II*, 560-573; Junge, *Bis zur letzten Stunde*, 139-140; Domarus, *Hitler*, 2172-2175; Kershaw, *Hitler II*, 737-747.

229. Overy (ed.), *Interrogations*, 101-109.

230. Domarus, *Hitler*, IV, 2179-2188; Ullrich, *Adolf Hitler II*, 574-585.

231. Ullrich, *Adolf Hitler II*, 570-571; Toby Thacker, *Joseph Goebbels: Life and Death* (Londres, 2009), 287; Domarus, *Hitler*, 2195-2198, 2203-2206; similarmente en sus proclamas de 11 de marzo y 13 de abril (Domarus, *Hitler*, 2212, 2223).

232. Trevor-Roper, *The Last Days of Hitler*, 80; Goebbels, *Diaries*, 17 de marzo de 1945, 7 de abril de 1935; Domarus, *Hitler*, 2191.

233. Jochmann, *Monologe*, 366.

234. Hubatsch (ed.), *Hitlers Weisungen*, 303 (19 de marzo de 1945).

235. Speer, *Inside the Third Reich*, 586-588; Below, *Als Hitlers Adjutant*, 404-405, 417; Goebbels, *Tagebuch* (17 de marzo de 1945); Domarus, *Hitler*, 2214-2257. En *The Table Talk* figura afirmando tal cosa ya el 27 de enero de 1942: «Si el pueblo alemán no está preparado para comprometerse con su propia preservación, pues bien. En tal caso debería desaparecer» (Jochmann, *Monologe*, 239).

236. Joachimsthaler, *Hitlers Ende*, 41-97.

237. Kershaw, *Hitler II*, 901-902; Ullrich, *Adolf Hitler*, II, 630-633.

238. Junge, *Bis zur letzten Stunde*, 176-178; Trevor-Roper, *The Last Days of Hitler*, 89-90; Kershaw, *Hitler II*, 926-928; Below, *Als Hitlers Adjutant*, 408-411.

239. Hubatsch (ed.), *Hitlers Weisungen*, 310-311 (15 de abril de 1945). Para el camino hacia la derrota de Alemania, véase Longerich, *Hitler: A Life*, 868-965.

240. Junge, *Bis zur letzten Stunde*, 179-188; Ullrich, *Adolf Hitler*, II, 633-641; Kershaw, *Hitler II*, 802-807; Domarus, *Hitler*, 2226-2228.

241. Junge, *Bis zur letzten Stunde*, 193; Below, *Als Hitlers Adjutant*, 411.

242. Junge, *Bis zur letzten Stunde*, 197-199; Below, *Als Hitlers Adjutant*, 412-415; Ullrich, *Adolf Hitler*, II, 643-650; Kershaw, *Hitler II*, 804-819; Domarus, *Hitler*, 2228-2234.

243. Junge, *Bis zur letzten Stunde*, 195-196; Kershaw, *Hitler II*, 953.

244. Ullrich, *Adolf Hitler II*, 652-653; Kershaw, *Hitler II*, 820-824. Es necesario distinguir estos documentos del falso «Testamento político», supuesta transcripción de una conversación entre Hitler y Bormann, publicada originalmente en francés en 1959 (Nilsson, *Hitler Redux*, 278-339).

245. Domarus, *Hitler*, 570 (30 de enero de 1936).

246. Junge, *Bis zur letzten Stunde*, 194; Below, *Als Hitlers Adjutant*, ilustración opuesta a 401, y 416; Ullrich, *Hitler II*, 651-654; Domarus, *Hitler*, 2236-2242.

247. Junge, *Bis zur letzten Stunde*, 206-207. Junge afirmó que el disparo fatal se oyó en todo el búnker.

248. Ullrich, *Adolf Hitler*, II, 656-660; Anton Joachimsthaler, *The Last Days of Hitler: Legend, Evidence and Truth* (Londres, 2000), 288-383.

249. Junge, *Bis zur letzten Stunde*, 208; Kershaw, *Hitler II*, 827-831; Anton Joachimsthaler, *Hitlers Ende*, 201-287. Para la investigación soviética sobre las circunstancias de la muerte de Hitler, que se mantuvo en secreto hasta después de la caída del comunismo, véase Henrik Eberle y Matthias Uhl (eds.), *The Hitler Book: The Secret Dossier Prepared for Stalin* (Londres, 2005), 268-274, que sigue los testimonios de Günsche y Linge, en cautividad de los soviéticos. Para las numerosas teorías conspiranoicas que defienden la supervivencia de Hitler, todas ellas sin ninguna base, véase Evans, *The Hitler Conspiracies*, 165-211.

250. Kershaw, *Hitler II*, 831-841.

251. *Ibid.*, xxvii.

252. Jochmann, *Monologe*, 321, 333, 378.

253. Véase el resumen de Kershaw, *Personality and Power*, 83-114.

Segunda parte: Introducción

1. Christoph Klessmann, «Der Generalgouverneur Hans Frank», *Vierteljahrshefte für Zeitgeschichte*, vol. 19 (1971), 45-260, en 246.

2. Burton C. Andrus, *The Infamous of Nuremberg* (Londres, 1969), 92-111; Douglas R. Kelley, *22 Cells in Nuremberg: A Psychiatrist Examines the Nazi Criminals* (Londres, 1947), 30, 118, 129-130.

3. Se hace referencia al acto 5, escena 1, de *La tempestad*, de William Shakespeare, donde el sirviente Calibán expresa su desilusión con Stephano. Por «asno séxtuple» hay que entender un burro colosal, por entonces símbolo de la estupidez. «Cenicero» y «Papelera» (*Ashcan* y *Dustbin*) eran sobrenombres de los centros de detención de los Aliados.

4. Richard Overy (ed.), *Interrogations: The Nazi Elite in Allied Hands*, 1945 (Londres, 2001), 3-26.

5. Bosley Crowther, «Varnished Truth: "The Hitler Gang" Gives Evidence of an Incomplete Political Analysis», *New York Times* (14 de mayo de 1944), sección X, 3.

6. Trevor-Roper, *The Last Days of Hitler*. En mis años de estudio en Oxford asistí a las conferencias de Trevor-Roper sobre Gibbon, por quien aquel sentía una admiración del todo acrítica.

7. Heike B. Görtemaker, *Hitlers Hofstaat. Der innere Kreis im Dritten Reich und danach* (Múnich, 2019).

8. C. Wright Mills, *The Power Elite* (Oxford, 1956).

Capítulo 2. El «hombre de hierro»: Hermann Göring

1. Mark Felton, «Hermann Goering's Pet Lions» <(https://www.youtube.com/watch?v=gzDK4RVfARs>); Emmy Goering, *My Life with Goering* (Londres, 1972), 1 (en general, una obra insulsa y poco informativa). Para el contexto, véase Gary Bruce, *Through the Lion Gate: A History of Berlin Zoo* (Nueva York, 2017); Jan Mohnhaupt, *Tiere im Nationalsozialismus* (Múnich, 2020).

2. Uwe Neumärker, «Wo die braunen Hirsche röhrten», *Der Spiegel* (en línea), 5 de mayo de 2008. Véanse también las fotografías de la biografía autorizada que escribió Erich Gritzbach, *Hermann Goering: The Man and His Work* (Londres, 1939), 48-49, 64-65.

3. Citado en Richard Overy, *Goering: The Iron Man*, 2.ª ed. (Londres, 2021), 269. El New College, aunque se llame «*Nuevo* Colegio», es en realidad uno de los más antiguos de la universidad de Oxford.

4. Kenneth D. Alford, *Hermann Göring and the Nazi Art Collection: The Looting of Europe's Art Treasures and Their Dispersal After World War II* (Jefferson, NC, 2012), 15-16, 126, 183-249; Günther Haase, *Die Kunstsammlung des Reichsmarschalls Hermann Göring: eine Dokumentation* (Berlín, 2000); Nikola Doll, *Mäzenentum und Kunstförderung im Nationalsozialismus: Werner Peiner und Hermann Göring* (Weimar, 2009); Hanns Christian Löhr, *Der eiserner Sammler: die Kollektion Hermann Göring: Kunst und Korruption im «Dritten Reich»* (Berlín, 2009); Roger Manvell y Heinrich Fraenkel, *Hermann Göring* (Londres, 1962), 265-279; Gritzbach, *Hermann Goering*, 2, 14-251 («The Man and the Artist»), para su imagen pública.

5. François Kersaudy, *Hermann Goering: Le deuxième homme du IIIe Reich* (París, 2009), 13-21; *Asher Lee, Goering: Air Leader* (Londres, 1972), 11-13; Manvell y Fraenkel, *Hermann Göring*, 1-2.

6. Lee, *Goering*, 13-16; 13-25; Kersaudy, *Hermann Goering*, 22-26; Stefan Martens, *Hermann Göring. «Erster Paladin des Führers» und «Zweiter Mann im Reich»* (Paderborn, 1985), 15-20; Manvell y Fraenkel, *Hermann Göring*, 3-9 (aunque las conjeturas psicológicas no resultan convincentes).

7. Norman Franks y Hal Giblin, *Under the Guns of the German Aces Immelmann, Voss, Göring, Lothar von Richthofen: The Complete Record of their Victories and Victims* (Londres, 1997), 41-64.

8. Lee, *Goering*, 17-21; Franks y Giblin, *Under the Guns*, 41-64; Manvell y Fraenkel, *Hermann Göring*, 9-15.

9. Peter Fritzsche, *A Nation of Fliers: German Aviation and the Popular Imagination* (Cambridge, MA, 1992), 59-102.

10. Lee, *Goering*, 21-24; Kersaudy, *Hermann Goering*, 22-42; Manvell y Fraenkel, *Hermann Göring*, 15-19.

11. Lee, *Goering*, 22-25; Björn Fontander, *Göring och Sverige* (Kristianstad, 1984), 13-50; Kersaudy, *Hermann Goering*, 43-58; Manvell y Fraenkel, *Hermann Göring*, 19-24.

12. Jack El-Hai, *The Nazi and the Psychiatrist: Hermann Göring, Dr. Douglas M. Kelley, and a Fatal Meeting of Minds at the End of WWII* (Nueva York, 2013), 11-12; Manvell y Fraenkel, *Hermann Göring*, 24-25.

13. Siemens, *Stormtroopers*, 10, 18-19; Alfred Kube, *Pour le mérite und Hakenkreuz. Hermann Göring im Dritten Reich* (Múnich, 1986), 11; Kersaudy, *Hermann Goering*, 43-87; Manvell y Fraenkel, *Hermann Göring*, 26-36; Leon Goldensohn, *The Nuremberg Interviews: An American Psychiatrist's Conversations with the Defendants and Witnesses, ed. Robert Gellately* (Nueva York, 2005), 132.

14. Alford, *Hermann Göring*, 6 (cita de las cartas de Carin, conservadas en el Instituto de Historia Militar de Estados Unidos, Carlisle, Pensilvania); Kersaudy, *Hermann Goering*, 73-87; Manvell y Fraenkel, *Hermann Göring*, 37-42, 142-143.

15. Fontander, *Göring och Sverige*, 58-110 (con cita de informes médicos); Lee, *Goering*, 26-34; Kersaudy, *Hermann Goering*, 88-139 (mapa de sus viajes de 1923 en la página 97); Alford, *Hermann Göring*, 7; Manvell y Fraenkel, *Hermann Göring*, 42-43.

16. Kube, *Pour le mérite*, 1-15; Manvell y Fraenkel, *Hermann Göring*, 44-57.

17. Lee, *Goering*, 35-39; Kube, *Pour le mérite*, 15-21; Manvell y Fraenkel, *Hermann Göring*, 57-72.

18. Manvell y Fraenkel, *Hermann Göring*, 80-88.

19. Kube, *Pour le mérite*, 22-27; Evans, *The Third Reich in Power*, 27-38; Kersaudy, *Hermann Goering*, 140-176; Manvell y Fraenkel, *Hermann Göring*, 73-120.

20. Kube, *Pour le mérite*, 27-29.

21. Kersaudy, *Hermann Goering*, 177-257; Manvell y Fraenkel, *Hermann Göring*, 133-136, 149-151.

22. Overy, *Goering*, 72-86.

23. Citado *ibid.*, ix.

24. Hermann Goering, *Germany Reborn* (Londres, 1934), 27, 124-131; *idem, Reden und Aufsätze*, 2.ª ed. (Múnich, 1938).

25. Noakes y Pridham, *Nazism 1919-1945*, vol. II, 364-373; Kersaudy, *Hermann Goering*, 258-264; Manvell y Fraenkel, *Hermann Göring*, 171-177.

26. Kube, *Pour le mérite*, 29-30; Kersaudy, *Hermann Goering*, 206-207; Emmy Goering, *My Life with Goering*, 8-19, 41.

27. Kube, *Pour le mérite*, 265-278, 303-313; Kersaudy, *Hermann Goering*, 258-319, también para lo que sigue; Manvell y Fraenkel, *Hermann Göring*, 93, 144-172, 185-186, 192. La biografía popular de Wolfgang Paul, *Hermann Göring: Hitler Paladin or Puppet?* (Londres, 1998), 7-23, 182-197, hace hincapié en los intentos de Göring de negociar con el gobierno británico en 1939. La disertación de Martens, *Hermann Göring*, *passim*, se centra en las ambiciones y actividades de Göring en materia de política exterior.

28. Kube, *Pour le mérite*, 313-323; Emmy Goering, *My Life with Goering*, 5-6; Manvell y Fraenkel, *Hermann Göring*, 189-192, 198-213.

29. Kube, *Pour le mérite*, 323-335; Kersaudy, *Hermann Goering*, 320-442, 497-581; Overy, *Goering*, 187-233; Manvell y Fraenkel, *Hermann Göring*, 214-256.

30. Gustave Gilbert, *Nuremberg Diary* (Londres, 1948), 78; Martens, *Hermann Göring*, 223-241, 259-260.

31. Overy, *Goering*, 157-186.

32. *Ibid.*, 234-262.

33. Noakes y Pridham, *Nazism*, vol. III, 451, 503.

34. Lee, *Goering*, 141, 148-149.

35. Overy, *Goering*, 187-233.

36. Lee, *Goering*, 211; Kersaudy, *Hermann Goering*, 443-496.

37. El-Hai, *The Nazi and the Psychiatrist*, 14-15; Manvell y Fraenkel, *Hermann Göring*, 280-296.

38. Trevor-Roper, *The Last Days of Hitler*, 66.

39. *Ibid.*, 130 n.; Manvell y Fraenkel, *Hermann Göring*, 258-259.

40. *Ibid.*, 161, 168-170, 176-179, 187-189, 210, 215; Evans, *The Third Reich at War*, 728; Kersaudy, *Hermann Goering*, 582-647; Manvell y Fraenkel, *Hermann Göring*, 297-314; Overy (ed.), *Interrogations*, 145-147.

41. Andrus, *The Infamous*, 29.

42. Kelley, *22 Cells*, 47-49.

43. Andrus, *The Infamous*, 40, 46-47.

44. Manvell y Fraenkel, *Hermann Göring*, xiv.

45. Papen, *Memoirs*, 554-555.

46. Goldensohn, *The Nuremberg Interviews*, 111.

47. Gilbert, *Nuremberg Diary*, 162, 205-207, 400-402, 79-80; Overy (ed.), *Interrogations*, 144-53; Kersaudy, *Hermann Goering*, 648-745; Manvell y Fraenkel, *Hermann Göring*, 315-379; Goldensohn, *The Nuremberg Interviews*, 101-134; Andrus, *The Infamous*, 190-191. Véanse también los testimonios de diversas personas que participaron en los juicios de Núremberg, como intérpretes, plantilla de secretaría, etc., en Hilary Gaskin, *Eyewitnesses at Nuremberg* (Londres, 1990), esp. 77-84, sobre la agresividad de Göring en el estrado, en contra de los testigos.

48. Ben E. Swearingen, *The Mystery of Hermann Goering's Suicide* (Londres, 1985), 210-214; Andrus, *The Infamous*, 199-201.

49. James Wyllie, *Nazi Wives: The Women at the Top of Hitler's Germany* (Cheltenham, 2019); Harris, *Selling Hitler*, 64-67; Manvell y Fraenkel, *Hermann Göring*, xii.

50. James Wyllie, *The Warlord and the Renegade*; *The Story of Hermann and Albert Goering* (Stroud, 2006).

51. Véase al respecto Alfred Kube, «Hermann Goering: Second Man in the Third Reich», en Ronald Smelser y Rainer Zitelmann (eds.), *The Nazi Elite* (Londres, 1993), 62-73.

52. Overy (ed.), *Interrogations*, 144.

53. Overy, *Göring*, 264-267.

Capítulo 3. El propagandista: Joseph Goebbels

1. Michael Tracey, *A Variety of Lives: A Biography of Sir Hugh Greene* (Londres, 1983), 45-55; para el contexto véase Christian Goeschel, *Mussolini and Hitler: The Forging of the Fascist Alliance* (Londres, 2018), 111. Para ser exactos, con una altura de 1,65, Goebbels era 36 centímetros más bajo que Greene. El reportaje de Greene al día siguiente, en la página 17 del *Daily Telegraph*, presentó una versión más discreta de lo ocurrido.

2. Hans-Jochen Gamm, *Der Flüsterwitz im Dritten Reich* (Hamburgo, 1964), 84-94.

3. Fröhlich (ed.), *Die Tagebücher*, 4 de abril y 30 de junio de 1931, citado en Longerich, *Goebbels*, 147, 151.

4. Longerich, *Goebbels*, 3-27; Ralf Georg Reuth, *Goebbels. Eine Biographie* (Múnich, 1995), 11-55.

5. Longerich, *Goebbels*, 28-46; Reuth, *Goebbels*, 57-75.

6. Fröhlich (ed.), *Die Tagebücher*, 22 de marzo de 1924; Longerich, *Goebbels*, 37; Reuth, *Goebbels*, 37-41, 83-91.

7. Fröhlich (ed.), *Die Tagebücher*, 16 de mayo de 1924; Longerich, *Goebbels*, 41.

8. Fröhlich (ed.), *Die Tagebücher*, 6 de junio de 1924, 14 de junio de 1924, 4 de julio de 1924; Longerich, *Goebbels*, 63; Reuth, *Goebbels*, 76-107.

9. Fröhlich (ed.), *Die Tagebücher*, 15 de febrero de 1926; Longerich, *Goebbels*, 56; Reuth, *Goebbels*, 94-99.

10. Fröhlich (ed.), *Die Tagebücher*, 24 de julio de 1926; Reuth, *Goebbels*, 100-107; Longerich, *Goebbels*, 62-72.

11. Longerich, *Goebbels*, 73-92; Reuth, *Goebbels*, 108-137; Dietz Bering, *Kampf um Namen. Bernhard Weiss gegen Joseph Goebbels* (Stuttgart, 1991).

12. Longerich, *Goebbels*, 93-104; Reuth, *Goebbels*, 138-162; Daniel Siemens, *Horst Wessel. Tod und Verklärung eines Nationalsozialisten* (Berlín, 2009); más en general, Behrenbeck, *Der Kult*.

13. Longerich, *Goebbels*, 151-157; Reuth, *Goebbels*, 196-198.

14. Longerich, *Goebbels*, 157-160, citando Fröhlich (ed.), *Die Tagebücher*, 14-16 de septiembre de 1931; Reuth, *Goebbels*, 196-198, 235, 310, 334, 382, 462.

15. Evans, *The Coming of the Third Reich*, 289-308; Longerich, *Goebbels*, 190-201; Reuth, *Goebbels*, 210-255.

16. Longerich, *Goebbels*, 205-215; Reuth, *Goebbels*, 267-271.

17. Evans, *The Third Reich in Power*, 120-218; Reuth, *Goebbels*, 270-281.

18. Longerich, *Goebbels*, 328-357; Reuth, *Goebbels*, 291, 364-369.

19. Walther Gehl (ed.), *Die nationalsozialistische Revolution: Tatsachen und Urkunden, Reden und Schilderungen, 1. August 1914 bis 1. Mai 1933* (Breslavia, 1933), 277; Fröhlich (ed.), *Die Tagebücher*, 11 de mayo de 1933; Reuth, *Goebbels*, 281-286.

20. Longerich, *Goebbels*, 301-306; Reuth, *Goebbels*, 368-370, 686-687, n. 137 (Fröhlich [ed.)], *Die Tagebücher*, 11 de febrero de 1937).

21. Longerich, *Goebbels*, 262-270; Reuth, *Goebbels*, 313-319.

22. Longerich, *Goebbels*, 375.

23. Longerich, *Goebbels*, 315-318, 322-325, 358-364, 405-406; Reuth, *Goebbels*, 290-292, 385-386, 415-441, 462-463.

24. Longerich, *Goebbels*, 246-247, 315-318, 324, 363, 392-396, 404-406; Reuth, *Goebbels*, 348-352, 363-364, 378, 382-383, 388-390.

25. Longerich, *Goebbels*, 382-383, 396-402 (citas en 383, 398); Reuth, *Goebbels*, 395-400.

26. Jürgen Runzheimer, «Der Überfall auf den Sender Gleiwitz im Jahre 1939», *Vierteljahrshefte für Zeitgeschichte*, vol. 10 (1962), 408-426.

27. Longerich, *Goebbels*, 433-455 (cita de Fröhlich [ed.], *Die Tagebücher*, 11 de julio de 1940); Reuth, *Goebbels*, 468-470.

28. Longerich, *Goebbels*, 468-470, 479; David Welch, *Propaganda and the German Cinema, 1933-1945* (Oxford, 1983), esp. 221-237, 271-306; Niven, *Hitler and Film*, 163-183.

29. Evans, *The Third Reich at War*, 256-270; Longerich, *Goebbels*, 514-515, 547-548.

30. Longerich, *Goebbels*, 508-520, 549-562; Reuth, *Goebbels*, 515-524.

31. Longerich, *Goebbels*, 569-579, 637-647.

32. Longerich, *Goebbels*, 675 (para la cita), 683-687, ix-xii; Reuth, *Goebbels*, 613-614. El nombre oficial de la orden fue «Decreto referente a demoliciones en el territorio del Reich».

33. Evans, *The Third Reich at War*, 727.

34. Reuth, *Goebbels*, 615-616 (y fotografía, 385); Longerich, *Goebbels*, x-xi.

35. Longerich, *Goebbels*, xvi-xvii, 3-4, 9-10, 194-195, 340, 533, 691-692.

36. Reuth, *Goebbels*, 341; Longerich, *Goebbels*, 195.

37. Evans, *The Coming of the Third Reich*, 395-399; Longerich, *Goebbels*, 689-708.

Capítulo 4. El soldado: Ernst Röhm

1. Eleanor Hancock, *Ernst Röhm: Hitler's SA Chief of Staff* (Nueva York, 2008), 95-96; *eadem*, «Ernst Röhm versus General Hans Kundt in Bolivia, 1929-30? The Curious Incident», *Journal of Contemporary History*, vol. 47, n.º 4 (2012), 691-708, también para el párrafo siguiente; y Len E. Bieber, «La política militar alemana en Bolivia, 1900-1935», *Latin American Research Review*, vol. 29 (1994), 1, 85-106. Véase también John P. Fox, «Max Bauer: Chiang Kai-shek's First German Military Adviser», *Journal of Contemporary History*, vol. 5, n.º 4 (1970), 21-44.

2. Como n. 1; véase también Robert Brockmann, *El general y sus presidentes: vida y tiempos de Hans Kundt, Ernst Röhm y siete presidentes en la historia de Bolivia*, 1911-1939 (La Paz, 2007), 385-448 (aunque se basa principalmente en fuentes secundarias).

3. Hancock, *Ernst Röhm*, 1-13 (citas en 9, 13); Peter Longerich, *Die braunen Bataillone. Geschichte der SA* (Múnich, 1989), 17. Véase también Ernst Röhm, *Die Geschichte eines Hochverräters* («edición popular», Múnich, 1933; primera edición, 1928), 15-28; la reedición de 1933 contiene nuevos materiales añadidos por Röhm, por ejemplo sobre su estancia en Bolivia (357-364). En 2020 se publicó una edición inglesa con prólogo de Eleanor Hancock. En cuanto a *Ernst Röhm, Die Memoiren des Stabschefs Röhm* (Múnich, 1934), la obra está muy expurgada y contiene materiales que no son de la pluma de Röhm: véase Heinrich Bennecke, «Die Memoiren des Ernst Röhm. Ein Vergleich der verschiedenen Ausgaben und Auflagen», *Politische Studien*, vol. 14, n.º 1 (1963), 179-188. Marcus Mühle, *Ernst Röhm. Eine biographische Skizze* (Berlín, 2016), es un breve relato introductor que no añade gran cosa a la bien documentada biografía de Hancock.

4. Hancock, *Ernst Röhm*, 14-26; *eadem*, «Ernst Röhm and the Experience of World War I», *Journal of Military History*, vol. 60, n.º 1 (1996), 39-60; Röhm, *Die Geschichte*, 28-86.

5. Hancock, *Ernst Röhm*, 27-35; Longerich, *Die braunen Bataillone*, 18; Röhm, *Die Geschichte*, 91.

6. Hancock, *Ernst Röhm*, 36-51.

7. *Ibid.*, 40-41.

8. *Ibid.*, 52-70; Röhm, *Die Geschichte*, 233-258.

9. Hancock, *Ernst Röhm*, 71-85, 92-93; Siemens, *Stormtroopers*, 3-61; Longerich, *Die braunen Bataillone*, 45-52; Röhm, *Die Geschichte*, 233-277; Hartmann *et al.* (eds.), Hitler, *Mein Kampf*, I, 1068 n. 193.

10. Hancock, *Ernst Röhm*, 105-109.

11. Siemens, *Stormtroopers*, 58-74; Hancock, *Ernst Röhm*, 105-119; Andreas Dornheim, *Röhms Mann fürs Ausland: Politik und Ermordung des SA-Agenten Georg Bell* (Münster, 1998), 77 (narración detallada sobre el esfuerzo de Röhm por recaudar fondos en el extranjero para las SA); Bruce Campbell, *The SA Generals and the Rise of Nazism* (Lexington, KY, 1998), 105-110; Heinrich Bennecke, *Hitler und die SA* (Múnich, 1972), 160; Mathilde Jamin, *Zwischen den Klassen: Zur Sozialstruktur der SA-Führerschaft* (Wuppertal, 1984); para la purga ordenada por Hitler véase Vollnhals *et al.* (eds.), *Hitler*, IV/1, 246-248 y 248-258 («Adolf Hitlers Abrechnung mit den Rebellen», 4 de abril de 1931, y documentos posteriores).

12. Siemens, *Stormtroopers*, 56-57.

13. Citado *ibid.*, 53; véase también Longerich, *Die braunen Bataillone*, 109-178.

14. Hancock, *Ernst Röhm*, 119-140; Siemens, *Stormtroopers*, 117-156.

15. Ullrich, *Adolf Hitler I*, 507.

16. *Ibid.*, 510-511.

17. Viktor Lutze, que sucedió a Röhm como jefe de las SA, afirmó haber escuchado cómo Röhm decía, en privado, después de que los otros participantes se marcharan: «Lo que ese cabo ridículo ha explicado, no nos afecta. Hitler no tiene fe y necesita un descanso, como mínimo. Si es necesario haremos el trabajo sin Hitler» (según se cita en Helmut Krausnick, «Der 30. Juni 1934: Bedeutung – Hintergründe – Verlauf», *Aus Politik und Zeitgeschichte: Beilage zur Wochenzeitung «Das Parlament»*, 30 de junio de 1954, 319). Pero esto no encaja ni con la lealtad de Röhm a Hitler, que está más que documentada, ni con sus declaraciones públicas; a Lutze le compensaba inventárselo, para justificar su propia postura.

18. Hancock, *Ernst Röhm*, 131-151; Longerich, *Die braunen Bataillone*, 164-206.

19. Kershaw, *Hitler I*, 505-526; Hancock, *Ernst Röhm*, 153-166; Ullrich, *Adolf Hitler I*, 507-527. Höhne, en *Mordsache Röhm*, presenta a Röhm como parte del intento más general de la «izquierda alemana» de impulsar una «segunda revolución». Para otras narraciones, Charles Bloch, *Die SA und die Krise des NS-Regimes 1934* (Fráncfort, 1970); Max Gallo, *La nuit des longs couteaux: 30 juin 1934* (París, 1970); Longerich, *Die braunen Bataillone*, 206-219; y Otto Gritschneider, *«Der Führer hat Sie zum Tode verurteilt...» Hitlers «Röhm-Putsch» Morde vor Gericht* (Múnich, 1993).

20. Evans, *The Coming of the Third Reich*, 183.

21. Fest, *The Face of the Third Reich*, 207.

22. Röhm, *Die Geschichte*, 363. La frase se eliminó en la edición de 1934.

23. Según apuntan Siemens, *Stormtroopers*, 25, y Hancock, Ernst Röhm, 171-172.

24. Röhm, *Die Geschichte*, 281. Véase también Ihrig, *Atatürk*.

25. Richard Bessel, *Political Violence and the Rise of Nazism: The Storm Troopers in Eastern Germany 1925-1934* (Londres, 1984), 123.

26. Röhm, *Die Geschichte*, 9.

27. *Ibid.*, 363-366.

28. Citado en Hancock, *Ernst Röhm*, 87.

29. Longerich, *Goebbels*, 267.

30. George L. Mosse, *Nationalism and Sexuality: Respectable and Abnormal Sexuality in Modern Europe* (Nueva York, 1997); véase también la reedición (Madison, WI, 2020) con una introducción crítica de Mary Louise Roberts; y del mismo Mosse, *The Image of Man: The Creation of Modern Masculinity* (Nueva York, 1996); así como Susanne zur Nieden (ed.), *Homosexualität und Staatsräson: Männlichkeit, Homophobie und Politik in Deutschland 1900-1945* (Frankfurt am Main, 2005).

31. Susanne zur Nieden, *Aufstieg und Fall des viril Männerhelden – Der Skandal um Ernst Röhm und seine Ermordung* (Fráncfort, 2005), 156.

32. Sefton Delmer, *Trail Sinister: An Autobiography* (Londres, 1961), 123; véase también Karen Bayer, «How Dead is Hitler?», *Der britische Starreporter Sefton Delmer und die Deutschen* (Maguncia, 2008).

33. Eleanor Hancock, «"Only the Real, the True, the Masculine Held Its Value": Ernst Röhm, Masculinity, and Male Homosexuality», *Journal of the History of Sexuality*, vol. 8, n.º 4 (1998), 616-641; para la directiva de Hitler del 3 de febrero de 1931, Vollnhals *et al.* (eds.), *Hitler*, IV/1, 183.

34. Wilfried U. Eissler, *Arbeiterparteien und Homosexuellenfrage. Zur Sexualpolitik von SPD und KPD in der Weimarer Republik* (Berlín, 1980).

35. Zur Nieden, *Aufstieg und Fall*, 148-157; Herbert Linder, *Von der NSDAP zur SPD. Der politische Lebensweg des D. Helmuth Klotz (1894-1943)* (Constanza, 1998), 168-189.

36. Hancock, *Ernst Röhm*, 88-90, 111-115.

37. Matthäus y Bajohr (eds.), *Alfred Rosenberg*, 141-146.

38. Jürgen Reulecke, «Ich möchte einer werden, so wie die...», *Männerbünde im 20. Jahrhundert* (Fráncfort, 2001); George L. Mosse, *The Crisis of German Ideology: Intellectual Origins of the Third Reich* (Londres, 1964); Zur Nieden, *Aufstieg und Fall; Alexander Zinn, Die soziale Konstruktion des homosexuellen Nationalsozialisten. Zur Genese und Etablierung eines Stereotyps* (Fráncfort, 1997); Claudia Bruns, «Der homosexuelle Staatsfreund: Von der Konstruktion des erotischen Männerbunds bei Hans Blüher», en Zur Nieden (ed.), *Homosexualität und Staatsräson*, 100-117; y Chandak Sengoopta, *Otto Weininger: Sex, Science, and Self in Imperial Vienna* (Chicago, IL, 2000). Para el escándalo anterior a la guerra véase Norman Domeier, *The Eulenburg Affair: A Cultural History of Politics in the German Empire* (Rochester, NY, 2015). Más en general, véase Burkhard Jellonek, *Homosexuelle unterm Hakenkreuz* (Paderborn, 1990).

39. Para la idea de que Röhm aspiraba a provocar una «segunda revolución», véase Conan Fischer, «Ernst Julius Röhm: Chief of Staff of the SA and Indispensable Outsider», en Smelser y Zitelman (eds.), *The Nazi Elite*, 173-182; también Otis C. Mitchell, *Hitler's Stormtroopers and the Attack on the German Republic, 1919*-1933 (Jefferson, NC, 2008), 160-170.
40. Hancock, *Ernst Röhm*, 86.
41. Röhm, *Die Geschichte*, 366.
42. *Ibid.*, 9.

Capítulo 5. El policía: Heinrich Himmler

1. La visita de Himmler a la sauna, el día en cuestión, se documenta en Peter Witte *et al.* (eds.), *Der Dienstkalender Heinrich Himmlers 1941/42* (Hamburgo, 1999), 504. La historia al completo se cuenta en Curzio Malaparte, *Kaputt* (Nueva York, 2005 [1944]), 336-342, también para lo que sigue.
2. Himmler estaba convencido de que las saunas eran beneficiosas para la salud, por lo que ordenó construir saunas en los cuarteles de la SS, utilizando a prisioneros de guerra rusos como trabajadores esclavos; véase Bradley F. Smith y Agnes F. Petersen (eds.), *Heinrich Himmler Geheimreden 1933 bis 1945 und andere Ansprachen* (Fráncfort, 1974), 194 (1942).
3. William B. Cohen y Jörgen Svensson, «Finland and the Holocaust», *Holocaust and Genocide Studies*, vol. 9 (1995), 70-93; Antero Holmila, «Finland and the Holocaust: A Reassessment», *Holocaust and Genocide Studies*, vol. 23 (2009), 413-440.
4. Fest, *The Face*, 171-173.
5. Trevor-Roper, *The Last Days of Hitler*, 68-69.
6. Bracher, *The German Dictatorship*, 356.
7. Richard Breitman, *The Architect of Genocide: Himmler and the Final Solution* (Londres, 1991), 5.
8. Peter Longerich, *Heinrich Himmler: Biographie* (Múnich, 2008).
9. *Ibid.*, 717; Witte *et al.* (eds.), *Der Dienstkalender*; Matthias Uhl *et al.* (eds.), *Die Organisation des Terrors: Der Dienstkalender Heinrich Himmlers 1943-1945* (Múnich, 2020); Katrin Himmler y Michael Wildt (eds), *Himmler privat. Briefe eines Massenmörders* (Múnich, 2014).
10. Katrin Himmler, *Die Brüder Himmler. Eine deutsche Familiengeschichte* (Fráncfort, 2005), 29-54; Lion Feuchtwanger, *The Oppermanns* (Londres, 2020; publicado originalmente como *Die Geschwister Oppermann*, 1934); Witte *et al.*, *Der Dienstkalender* (Introducción), 19-20.
11. Longerich, *Heinrich Himmler*, 1-19; el origen social de Himmler en la Bildungsbürgertum se apunta acertadamente por ejemplo en Breitman, *The Architect of Genocide*, 9-12, y Helmut Heiber (ed.), *Reichsführer! Briefe an und*

von Himmler (Múnich, 1970), 10. Véase también Bradley F. Smith, *Heinrich Himmler: A Nazi in the Making 1900-1926* (Stanford, CA, 1971).

12. Longerich, *Heinrich Himmler*, 1-19; Michael Wildt, *Generation des Unbedingten. Das Fürhungskorps des Reichssicherheitshauptamtes* (Hamburgo, 2003).

13. Longerich, *Heinrich Himmler*, 19-32, cita en 32.

14. *Ibid.*, 32-69; Katrin Himmler, *Die Brüder Himmler*, 88-103.

15. Himmler y Wildt (eds.), *Himmler privat*, 7-16.

16. Longerich, *Heinrich Himmler*, 70-139.

17. *Ibid.*, 140-147.

18. *Ibid.*, 147-179.

19. *Ibid.*, 197.

20. Wachsmann, *Hitler's Prisons*; *idem*, *KL: A History of the Nazi Concentration Camps* (Nueva York, 2015), esp. 23-78. Longerich, *Heinrich Himmler*, 179-201, no entiende bien el proceso y por lo tanto presenta una paradoja que genera confusión: el incremento de los poderes y actividades de la Gestapo, en su narración, parece llevar a un descenso en el número de reclusos en los campos.

21. Longerich, *Heinrich Himmler*, 239.

22. Evans, *The Third Reich in Power*, 533.

23. Longerich, *Heinrich Himmler*, 239.

24. *Ibid.*, 251.

25. Tom Neuhaus, *Tibet in the Western Imagination* (Londres, 2012).

26. *Ibid.*, 255-298; Michael Kater, *Das «Ahnenerbe» der SS 1935-1945. Ein Beitrag zur Kulturpolitik des Dritten Reiches*, 4.ª ed. (Múnich, 2006). Mosse, *The Crisis*, es el estudio clásico sobre el entorno intelectual del que emergió esta clase de ideas. Sobre la Lebensborn, véase Georg Lilienthal, *Der «Lebensborn e. V.» Ein Instrument nationalsozialistischer Rassenpolitik* (Stuttgart, 1985).

27. Heiber (ed.), *Reichsführer!*, 291.

28. *Ibid.*, 36-41.

29. *Ibid.*, 28.

30. *Ibid.*, 346.

31. *Ibid.*, 163.

32. Witte *et al.*, *Der Dienstkalender* (Introducción), 19-20.

33. Tribunal Militar Internacional, *Der Nürnberger Prozess gegen die Hauptskriegsverbrecher vom 14. November 1945 bis 1. Oktober 1946: Urkunden und anderes Beweismaterial* (Núremberg, 1948), vol. XXIX, 1919-PS.

34. Robert L. Koehl, RKFDV: *German Resettlement and Population Policy 1939-1945: A History of the Reich Commission for the Strengthening of Germandom* (Cambridge, MA, 1957); Mechthild Rössler y Sabine Schleiermacher (eds.), *Der «Generalplan Ost». Hauptlinien der nationalsozialistischen Planungs– und Vernichtungspolitik* (Berlín, 1993).

35. Bradley F. Smith y Agnes Petersen (eds.), *Himmler: Geheimreden*, 169-170 y 200-205; véase también Noakes y Pridham (eds.), *Nazism*, III, 614-627.
36. Citas en Longerich, *Heinrich Himmler*, 609.
37. Witte *et al.* (eds.), *Der Dienstkalender*, 294.
38. Heiber (ed.), *Reichsführer!*, 130.
39. *Ibid.*, 193.
40. Uhl *et al.*, *Die Organisation des Terrors*, 843-844 (14 de agosto de 1944). Thälmann murió fusilado en Buchenwald cuatro días después.
41. *Ibid.*, 12-15.
42. Longerich, *Heinrich Himmler*, 696-731.
43. *Ibid.*, 1-3, 719-748.
44. Katrin Himmler, *Die Brüder Himmler*, 237.
45. *Ibid.*, 233-244.
46. Himmler y Wildt (eds.), *Himmler privat*, 17-23.
47. Katrin Himmler, *Die Brüder Himmler*, *passim*.

Capítulo 6. El diplomático: Joachim von Ribbentrop

1. Fest, *The Face*, 268-269.
2. Trevor-Roper, *The Last Days of Hitler*, 121; Wolfgang Michalka, «Joachim von Ribbentrop: From Wine Merchant to Foreign Minister», en Smelser y Zitelman (eds.), *The Nazi Elite*, 165-172; John Weitz, *Joachim von Ribbentrop: Hitler's Diplomat* (Londres, 1992), «The Champagne Salesman», 21-41; Turner *Jr.*, *Hitler's Thirty Days*, 70 («un vendedor de champaña»).
3. Gabriel Gorodestky (ed.), *The Maisky Diaries: Red Ambassador to the Court of St James's 1932-1943* (Londres, 2015), 40, 115.
4. Citas de entrevistas de Laurence Rees, *The Nazis: A Warning from History* (Londres, 1997), 93.
5. Papen, *Memoirs*, 552.
6. Michael Bloch, *Ribbentrop* (Londres, 1992; 2.ª ed., Londres, 2003), 185-186.
7. Citado *ibid.*, 460.
8. Gilbert, *Nuremberg Diary*, 132-140.
9. Kelley, *22 Cells*, 93.
10. Joachim von Ribbentrop, *Zwischen London und Moskau. Erinnerungen und letzte Aufzeichnungen*, ed. Annelies von Ribbentrop (Leoni am Starnberger See, 1954), 7-12; Bloch, *Ribbentrop*, 1-6. Las memorias de Ribbentrop solo son fiables hasta cierto punto y son de más utilidad para los detalles de su vida anterior a la afiliación al Partido Nazi. Stefan Scheil, *Ribbentrop, oder: Die Verlockung des nationalen Aufbruchs. Eine politische Biographie* (Berlín, 2013), la

escribió un historiador que es asimismo político en activo de la ultraderechista Alternativa por Alemania. La obra plantea muchas cosas discutibles y omite muchas otras. La mejor biografía es la de Bloch, *Ribbentrop.*

11. Martin Kitchen, *The German Officer Corps 1890-1914* (Oxford, 1968); véase también Gordon A. Craig, *The Politics of the Prussian Army 1640-1945* (Oxford, 1955), y Karl Demeter, *Das deutsche Offizierskorps in Gesellschaft und Staat 1650-1945* (Fráncfort, 1962).

12. Ribbentrop, *Zwischen London und Moskau*, 12-13.

13. *Ibid.* Su maestra, esposa de quien luego fuera secretario de Estado, Otto Meissner, describió más adelante a Ribbentrop como el alumno «más superficial» y «más anodino» de su clase (Hanfstaengl, *Zwischen Weissem und Braunem Haus*, 320).

14. Ribbentrop, *Zwischen London und Moskau*, 13-15. Sobre la tuberculosis de su madre, véase Weitz, Joachim von Ribbentrop, 4; Charles Spicer, *Coffee with Hitler: The British Amateurs who Tried to Civilise the Nazis* (Londres, 2022), 20.

15. Domeier, *The Eulenburg Affair.*

16. Ribbentrop, *Zwischen London und Moskau*, 14, sostiene que su padre renunció al cargo voluntariamente, pero no cabe duda de que no fue así: la afirmación de que el padre renunció al derecho de vestir uniforme por su propia voluntad resulta sumamente poco plausible.

17. *Ibid.*, 15-17; Weitz, *Hitler's Diplomat*, 7-8.

18. Ribbentrop, *Zwischen London und Moskau*, 17-23; Weitz, *Hitler's Diplomat*, 9-13; Bloch, *Ribbentrop*, 6-8; Robert Lawson, «Ribbentrop in Canada 1910 to 1914: A Note», *International History Review*, vol. 29, n.º 4 (2007), 821-832.

19. Weitz, *Hitler's Diplomat*, 13-17; Ribbentrop, *Zwischen London und Moskau*, 23-26; Bloch, *Ribbentrop*, 7-8 y notas 19 y 23. El *Potsdam* se convirtió luego en un ballenero. Sobre la tuberculosis de su hermano Lothar, que le costó la vida cuatro años más tarde, véase Weitz, *Hitler's Diplomat*, 5-7. Douglas Glen, *Von Ribbentrop Is Still Dangerous* (Londres, 1941), es un mejunje fantasioso de conjeturas sin base, que defiende que durante la guerra Ribbentrop actuó como espía en Canadá y Estados Unidos.

20. Ribbentrop, *Zwischen London und Moskau*, 27-30; Bloch, *Ribbentrop*, 9-12; cita en Evans, *The Hitler Conspiracies*, 73. Para el original, véase Ernst von Wrisberg, «Über die Angriffe gegen die Offiziersstande», *Militär-Wochenblatt: unabhängige Zeitschrift für die deutsche Wehrmacht*, 25 de marzo de 1919, 262. Más adelante Ribbentrop afirmó, con falsedad, que lo habían asignado a la delegación alemana de la Conferencia de Paz de París, pero no hay ninguna prueba de que asistiera (Bloch, *Ribbentrop*, 10-11).

21. Bloch, *Ribbentrop*, 12-17.

22. Ribbentrop, *Zwischen London und Moskau*, 31-35; Weitz, *Hitler's Di-*

plomat, 7-8, 21-41; Bloch, *Ribbentrop*, 17-21. El padre de Gertrud fue Generalquartiermeister en el ejército prusiano, con título de nobleza desde 1884. Como de otro modo, esa rama de la familia se habría extinguido, era verosímil que Ribbentrop afirmara que la adopción pretendía impedir tal cosa, un argumento muy aceptado en la década de 1920. Sin embargo, cuando él dejó de pagarle la pensión, Gertrud lo denunció ante los tribunales, para obligarlo a continuar con el pago (Bloch, *Ribbentrop*, 19).

23. Ribbentrop, *Zwischen London und Moskau*, 34-35.

24. Bloch, *Ribbentrop*, 24-29.

25. Citado *ibid.*, 28. En las memorias de Ribbentrop se da un año equivocado, 1933 (*ibid.*, 27, nota).

26. Bloch, *Ribbentrop*, 29-30; Ribbentrop, *Zwischen London und Moskau*, 36-37. Su afirmación conforme conoció a Hitler en esa ocasión no es cierta (Bloch, *Ribbentrop*, 25-26).

27. Weitz, *Hitler's Diplomat*, 47; Hans-Jürgen Döscher, *Das Auswärtige Amt im Dritten Reich. Diplomatie im Schatten der «Endlösung»* (Berlín, 1987), 148.

28. Turner, *Hitler's Thirty Days*, 112-117; Bloch, *Ribbentrop*, 31-36; Bracher, *Die Auflösung*, 707-732; Weitz, *Hitler's Diplomat*, 51-56; Ribbentrop, *Zwischen London und Moskau*, 38-42 (se incluyen extractos de notas contemporáneas de los diarios de Ribbentrop y su esposa). El secretismo en el que estas conversaciones se realizaban era tal que, cuando Hitler llegaba en coche a la casa de Ribbentrop, salía por el garaje, accedía a la casa a través del jardín y regresaba por el mismo camino.

29. Ribbentrop, *Zwischen London und Moskau*, 47.

30. Wolfgang Michalka, *Ribbentrop und die deutsche Weltpolitik 1933-1940. Aussenpolitische Konzeptionen und Entscheidungsprozesse im Dritten Reich* (Múnich, 1980), 50-109, también para lo que sigue.

31. Weitz, *Hitler's Diplomat*, 59-111; Eckart Conze *et al.*, *Das Amt und die Vergangenheit. Deutsche Diplomaten im Dritten Reich und in der Bundesrepublik* (Múnich, 2010), 61-64; Hans-Adolf Jacobsen, *Nationalsozialistische Aussenpolitik 1933-1939* (Fráncfort, 1968), 252-318.

32. Weitz, *Hitler's Diplomat*, 101-103.

33. Ian Kershaw, *Making Friends with Hitler: Lord Londonderry and Britain's Road to War* (Londres, 2004), 157-166, para una descripción vivaz de la visita.

34. Bloch, *Ribbentrop*, 131-136.

35. *Ibid.*, 122-145; Weitz, *Hitler's Diplomat*, 103-138.

36. Entrevista citada en Rees, *The Nazis*, 93.

37. Weitz, *Hitler's Diplomat*, 133-161; Bloch, *Ribbentrop*, 175-180. Para la participación voluntaria del Ministerio de Exteriores y su personal en las políticas de Hitler, véase Conze *et al.* (eds.), *Das Amt*, 25-294; pero también Evans, *The Third Reich in History and Memory*, 262-293.

38. Bloch, *Ribbentrop*, 167-174.
39. *Ibid.*, 253-271; Michalka, *Ribbentrop*, 247-294.
40. Gorodetsky (ed.), *The Maisky Diaries*, 115-116.
41. Bloch, *Ribbentrop*, 190-214, 219.
42. *Ibid.*, 255-299.
43. *Ibid.*, 384-389; Christopher Browning, *The Final Solution and the German Foreign Office: A Study of Referat D III of Abteilung Deutschland 1940-43* (Nueva York, 1978), 1-34.
44. Bloch, *Ribbentrop*, 221-224.
45. *Ibid.*, 389-390; Browning, *The German Foreign Office*, 35-146.
46. Hillgruber (ed.), *Staatsmänner*, vol. 2, 256-257.
47. Bloch, *Ribbentrop*, 432-443, 449-451; Browning, *The German Foreign Office*, 147-177; Conze *et al.* (eds.), *Das Amt*, 260-267.
48. Kelley, *22 Cells*, 92.
49. Gellately, *The Nuremberg Interviews*, 184-185.
50. Gilbert, *Nuremberg Diary*, 133-140.
51. Gellately, *The Nuremberg Interviews*, 184.
52. *Ibid.*, 189-194.
53. Bloch, *Ribbentrop*, 448-498; Overy (ed.), *Interrogations*, 35.
54. Richard Sandomir, «Rudolf von Ribbentrop, Son of Top Nazi Diplomat, Dies at 98», *New York Times* (6 de junio de 2019); Rudolf von Ribbentrop, *Mein Vater Joachim von Ribbentrop. Erlebnisse und Erinnerungen* (Graz, 2008), esp. 445.

Capítulo 7. El filósofo: Alfred Rosenberg

1. Ernst Piper, *Alfred Rosenberg: Hitlers Chefideologe* (Múnich, 2005), 19. El apellido Rosenberg era judío, pero también habitual entre personas sin ascendencia judía. Los rumores de que entre el linaje de Alfred Rosenberg había familiares judíos no tenían fundamento.
2. *Idem*, *Alfred Rosenberg*, 19-29.
3. Brendan McGeever, *Antisemitism and the Russian Revolution* (Cambridge, 2019). Más en general, véase Michael Kellogg, *The Russian Roots of Nazism: White Émigrés and the Making of National Socialism, 1917-1945* (Cambridge, 2005).
4. Piper, *Alfred Rosenberg*, 45. Cuando estuvo encarcelado en Núremberg, después de la guerra, Rosenberg intentó minimizar su admiración por Hitler en este punto.
5. *Ibid.*, 43-69.
6. *Ibid.*, 70-75; Evans, *The Hitler Conspiracies*, cap. 1.
7. Jochmann (ed.), *Monologe*, 356-357 (21 de agosto de 1942).

8. Piper, *Alfred Rosenberg*, 76-126; Alfred Rosenberg, *Der Mythus des 20. Jahrhunderts. Eine Wertung der seelisch-geistigen Gestaltenkämpfe unserer Zeit*, 24.ª ed. (Múnich, 1934).

9. Alfred Rosenberg, *Der Sumpf. Querschnitte durch das «Geistes»-leben der November-Demokratie* (Múnich, 1930), esp. 5, 29, 31-36, 41.

10. Piper, *Alfred Rosenberg*, 179-231.

11. Fest, *Face*, 247-264, cita en particular las memorias de posguerra del antiguo Gauleiter de Hamburgo, Albert Krebs, *Tendenzen und Gestalten der NSDAP: Erinnerungen an die Frühzeit der Partei* (Stuttgart, 1974), y los escritos del propio Rosenberg, en especial *Letzte Aufzeichnungen: Ideale und Idole der nationalsozialistischen Revolution* (Gotinga, 1946).

12. Picker (ed.), *Hitlers Tischgespräche*, 213 (11 de abril de 1942).

13. *IMG*, vol. 14, p. 494. Citado en Reinhard Bollmus, «Alfred Rosenberg: National Socialism's "Chief Ideologue?"», en Smelser y Zitelmann (eds.), *The Nazi Elite*, 183-192, cita en 187.

14. En inglés pueden leerse selecciones de este libro, y otros escritos, en Robert Pois (ed.), *Alfred Rosenberg: Selected Writings* (Londres, 1970).

15. Picker (ed.), *Hitlers Tischgespräche*, 416 (4 de julio de 1942).

16. Alfred Rosenberg, *Die Tagebücher*, 205-206 (17 de septiembre de 1936); Evans, *The Third Reich in Power*, 220-260.

17. Piper, *Alfred Rosenberg*, 399-422.

18. *Ibid.*, 179-231.

19. Rosenberg, *Die Tagebücher*, 226 (11 de diciembre de 1936).

20. *Ibid.*, 190 (11 de agosto de 1936).

21. *Ibid.*, 294 (5 de octubre de 1939).

22. Guenter Lewy, *Harmful and Undesirable: Book Censorship in Nazi Germany* (Nueva York, 2016), esp. 74-81; Piper, *Alfred Rosenberg*, 323-368; Jan-Pieter Barbian, *Literaturpolitik in «Dritten Reich». Institutionen, Kompetenzen, Betätigungsfelder* (Múnich, 1995), para el contexto más general.

23. Jan Björn Potthast, *Das jüdische Zentralmuseum der SS in Prag. Gegnerforschung und Völkermord im Nationalsozialismus* (Fráncfort, 2002); Piper, *Alfred Rosenberg*, 462-477.

24. Rosenberg, *Die Tagebücher*, 367 (28 de marzo de 1941).

25. *Ibid.*, 472-473 (2 de febrero de 1943); Piper, *Alfred Rosenberg*, 486-508.

26. Hanns Christian Löhr, *Der Einsatzstab Reichsleiter Rosenberg. Ideologie und Kunstraub im «Dritten Reich»* (Berlín, 2018), esp. 167-171.

27. Rosenberg, *Die Tagebücher*, 336 (6 de septiembre de 1940).

28. *Ibid.*, 363 (2 de febrero de 1941); Piper, *Alfred Rosenberg*, 477-486.

29. Piper, *Alfred Rosenberg*, 168-275; Reinhard Bollmus, *Das Amt Rosenberg und seine Gegner. Studien zum Machtkampf im nationalsozialistischen Herrschaftssystem* (Stuttgart, 1970; 2.ª ed., Múnich, 2006).

30. Rosenberg, *Die Tagebücher*, 133 (5 de mayo de 1934), 185 (finales de julio de 1936), etc.

31. Thomas Mathieu, *Kunstauffassungen und Kulturpolitik im Nationalsozialismus. Studien zu Adolf Hitler, Joseph Goebbels, Alfred Rosenberg, Baldur von Schirach, Heinrich Himmler, Albert Speer, Wilhelm Frick* (Saarbrücken, 1997), 164-243, y esp. 303; Rosenberg, *Die Tagebücher*, 240-242 (20 de julio de 1937).

32. Evans, *The Third Reich in Power*, 252, 158, 165-166, 193-200; Piper, *Alfred Rosenberg*, 369-399.

33. Piper, *Alfred Rosenberg*, 127-167.

34. Alfred Rosenberg, *Der Zukunftsweg einer deutschen Aussenpolitik* (Múnich, 1927), 142-144.

35. Rosenberg, *Die Tagebücher*, 124 (15 de mayo de 1934).

36. *Ibid.*, 119 (14 de mayo de 1934), 219 (15 de noviembre de 1936), 276-277 (21 de mayo de 1939).

37. *Ibid.*, 279 (22 de agosto de 1939).

38. *Ibid.*, 286-287 (entrada retrospectiva, 24 de septiembre de 1939); Piper, *Alfred Rosenberg*, 285-322; Jacobsen, *Nationalsozialistische Aussenpolitik*, 45-89.

39. Piper, *Alfred Rosenberg*, 275-284.

40. Bollmus, «Alfred Rosenberg», en Smelser y Zitelmann (eds.), *The Nazi Elite*, 183-192; Rosenberg, *Die Tagebücher*, 305 (14 de diciembre de 1939), 313 (27 de enero de 1940), etc.

41. Rosenberg, *Die Tagebücher*, 375 (9 de abril de 1941).

42. *Ibid.*, 372-373 (28 de marzo de 1941), 379-381 (20 de abril de 1941).

43. *Ibid.*, 388 (1 de junio de 1941).

44. *Ibid.*, 393 (20 de julio de 1941).

45. *Ibid.*, 403 (1 de septiembre de 1941).

46. *Ibid.*, 515 (26 de octubre de 1944).

47. Christian Gerlach, *Kalkulierte Morde. Die deutsche Wirtschafts– und Vernichtungspolitik in Weissrussland 1941 bis 1944* (Hamburgo, 1999), 361-362.

48. Andreas Zellhuber, «Unsere Verwaltung treibt einer Katastrophe zu...», *Das Reichsministerium für die besetzten Ostgebiete und die deutsche Besatzungsherrschaf in der Sowjetunion 1941-1945* (Múnich, 2006); Piper, *Alfred Rosenberg*, 509-577.

49. Rosenberg, *Die Tagebücher*, 514 (22 de octubre de 1944).

50. *Ibid.*, 507 (29 de julio de 1944).

51. *Ibid.*, 509 (30 de julio de 1944).

52. *Ibid.*, 511 (27 de agosto de 1944).

53. *Ibid.*, 335 (10 de mayo de 1940), 429 (25/26 de enero de 1943).

54. *Ibid.*, 484 (7 de agosto de 1943).

55. *Ibid.*, 485 (7 de agosto de 1943).
56. *Ibid.*, 515 (26 de octubre de 1944).
57. Piper, *Alfred Rosenberg*, 565.
58. *Ibid.*, 423-434; Rosenberg, *Die Tagebücher*, 199 (23 de agosto de 1936).
59. *Ibid.*
60. Piper, *Alfred Rosenberg*, 435-448; Magnus Brechtken, «Madagaskar für die Juden», *Antisemitische Idee und politische Praxis 1885-1945* (Múnich, 1997), 287.
61. Rosenberg, *Die Tagebücher*, 412 (14 de septiembre de 1941).
62. *Ibid.*, 408 (12 de septiembre de 1941). La cifra de 400.000 subestimaba mucho el total.
63. Citado en Piper, *Alfred Rosenberg*, 589 (Rosenberg, «Vermerk über eine Unterredung beim Führer am 14.12.1941 vom 16.12.1941», documento 1517-PS en el volumen 27 de las actas del Tribunal Militar Internacional en 1946).
64. Citado en Piper, *Alfred Rosenberg*, 594 («Führertagung» del 4 de mayo de 1943, en el archivo personal de Rosenberg en el Centro de Documentos de Berlín).
65. Goldensohn, *The Nuremberg Interviews*, 197-199.
66. Alfred Rosenberg, *Letzte Aufzeichnungen. Nürnberg 1945/46* (Uelzen, 1996 [1955]), 316-343.
67. Rosenberg, *Die Tagebücher*, 442 (14 de julio de 1942).
68. Rosenberg, *Letzte Aufzeichnungen*, 343.
69. Piper, *Alfred Rosenberg*, 82.
70. Kelley, *22 Cells*, 39.

Capítulo 8. El arquitecto: Albert Speer

1. Richard J. Evans, *Rereading German History: From Unification to Reunification 1800-1996* (Londres, 1997), 199-203; Gitta Sereny, *Albert Speer: His Battle with Truth* (Londres, 1995); Magnus Brechtken, *Albert Speer. Eine deutsche Karriere* (Múnich, 2017), 385-493.
2. Trevor-Roper, *The Last Days of Hitler*, 269.
3. Speer, *Inside the Third Reich.*
4. Brechtken, *Albert Speer*, 398.
5. *Ibid.*, 385-493.
6. *Ibid.*, 19-30.
7. Michael H. Kater, *Studentenschaft und Rechtsradikalismus in Deutschland 1918-1933: Eine sozialgeschichtliche Studie zur Bildungskrise in der Weimarer Republik* (Hamburgo, 1975).

8. Brechtken, *Albert Speer*, 31-37.

9. *Ibid.*, 69.

10. *Ibid.*, 38-59; Shelley Baranowski, *Strength Through Joy: Consumerism and Mass Tourism in the Third Reich* (Nueva York, 2004), esp. 75-227.

11. Brechtken, *Albert Speer*, 47-98, 124; Wachsmann, *KL*, 162.

12. Brechtken, *Albert Speer*, 99-101.

13. *Ibid.*, 102-110, 130-136, 141-142, 148-149; Susanne Willems, *Der entsiedelte Jude. Albert Speers Wohnungsmarktpolitik für den Berliner Hauptstadtbau* (Berlín, 2000); Adalbert Reif *et al.*, *Schwanenwerder. Ein Inselparadies in Berlin* (Berlín, 2000).

14. Brechtken, *Albert Speer*, 111-124.

15. *Ibid.*, 139-152. Véase también Gernot Schaulinski y Dagmar Thorau (eds.), *Mythos Germania. Vision und Verbrechen* (Berlín, 2014), y Jaskot, *The Architecture of Oppression*.

16. Brechtken, *Albert Speer*, 111-129.

17. No hay pruebas de que Hitler hubiera encomendado provocar el accidente porque las ideas de Todt sobre las expectativas militares de Alemania le parecieran demasiado pesimistas; si hubiera querido librarse del ministro de Municiones, lo más probable es que lo hubiera enviado al retiro «por motivos de salud». Absolutamente nada sugiere que además Speer estuviera implicado en ello.

18. Brechtken, *Albert Speer*, 155-164.

19. *Ibid.*, 164-184.

20. *Ibid.*, 185-207.

21. Speer, *Inside the Third Reich*, 281-320.

22. Citado en Brechtken, *Albert Speer*, 208.

23. Evans, *The Third Reich at War*, 332; Jonas Scherner y Jochen Streb, «Das Ende eines Mythos? Albert Speer und das sogenannte Rüstungswunder», *Vierteljahrschrift für Sozial– und Wirtschaftsgeschichte*, 93/2 (2006), 172-196.

24. Evans, *The Third Reich at War*, 664-665.

25. *Ibid.*, 272-74; Brechtken, *Albert Speer*, 208-266.

26. Rüdiger Overmanns, *Deutsche militärische Verluste im Zweiten Weltkriege* (Múnich, 1999); Evans, *The Third Reich at War*, 682-683.

27. Brechtken, *Albert Speer*, 275-290; Overy (ed.), *Interrogations*, 132-135.

28. Brechtken, *Albert Speer*, 291-292.

29. Overy (ed.), *Interrogations*, 128-140.

30. Brechtken, *Albert Speer*, 295-310.

31. 31. Matthias Schmidt, *Albert Speer. Das Ende eines Mythos. Speers wahre Rolle im Dritten Reich* (Múnich, 1982; hay edición inglesa, *Albert Speer: The End of a Myth*, Londres, 1985).

32. Brechtken, *Albert Speer*, 537-579.

Tercera parte: Introducción

1. Guenter Lewy, *Perpetrators: The World of the Holocaust Killers* (Nueva York, 2017), 118-121; Theodor W. Adorno *et al.*, *The Authoritarian Personality* (Nueva York, 1950); George C. Browder, «Perpetrator Character and Motivation: An Emerging Consensus», *Holocaust and Genocide Studies*, 17 (2003), 480-497.

2. Alex J. Kay, *Empire of Destruction: A History of Nazi Mass Killing* (Londres, 2021), 286.

3. Para el argumento de los «hombres normales y corrientes», véase Christopher Browning, *Ordinary Men: Reserve Police Battalion 101 and the Final Solution in Poland* (Nueva York, 1992); Mark W. Hornburg *et al.* (eds.), *Beyond «Ordinary Men»: Christopher R. Browning and Holocaust Historiography* (Paderborn, 2019), actualiza el debate.

Capítulo 9. El suplente: Rudolf Hess

1. J. Bryan Lowder, «The One-Eyed Man Is King: How Did the Monocle Become a Symbol of Wealth?», *Slate*, 27 de diciembre de 2012.

2. Klara Hess a Rudolf Hess, 4 de marzo de 1914, en Rudolf Hess, *Briefe 1909-1933*, ed. Wolf Rüdiger Hess (Múnich, 1987), 74.

3. Kurt Pätzold y Manfred Weissbecker, *Rudolf Hess. Der Mann an Hitlers Seite* (Leipzig, 1999), 12-17; Fest, *The Face of the Third Reich*, 283-286; para la idea de que Hitler actuó como un padre sustitutivo, véase Kelley, *22 Cells*, 15-31.

4. Päztold y Weissbecker, *Rudolf Hess*, 19-20.

5. Hess, *Briefe*, 84.

6. Päztold y Weissbecker, *Rudolf Hess*, 92-93, descartan la veracidad de la afirmación posterior de Hess, según la cual su padre no quería que se alistara.

7. *Ibid.*, 21-22.

8. Rudolf a Klara y Fritz Hess, 1 de noviembre de 1918, en Hess, *Briefe*, 228-229.

9. Rudolf a Klara y Fritz Hess, 29 de octubre y 1 de noviembre de 1918, en Hess, *Briefe*, 226-229.

10. Rudolf a Klara y Fritz Hess, 14 de noviembre de 1918, en Hess, *Briefe*, 236. Para los primeros años de vida de Hess, véase ahora Manfred Görtemaker, *Rudolf Hess: Der Stellvertreter. Eine Biographie* (Múnich, 2023), 23-96. Sobre la leyenda de la «puñalada por la espalda», Evans, *The Hitler Conspiracies*, 47-84.

11. Päztold y Weissbecker, *Rudolf Hess*, 22-30; Matthias Berg, *Karl Alexander von Müller: Historiker für den Nationalsozialismus* (Múnich, 2014).

12. Päztold y Weissbecker, *Rudolf Hess*, 31-32.

13. Rudolf Hess a Karl Haushofer, 6 de octubre de 1923, en Hans-Adolf Jacobsen, *Karl Haushofer: Leben und Werk*, 2 vols. (Boppard, 1979), vol. II, 25; Rudolf a Klara Hess, 10 de junio de 1920, y Rudolf Hess a Ilse Pröhl, 29 de noviembre de 1923, 18 de junio de 1924, en Hess, Briefe, 259, 314, 338, etc.

14. Pätzold y Weissbecker, *Rudolf Hess*, 32-34; Rudolf a Klara y Fritz Hess, 25 de junio de 1919 y 24 de marzo de 1920, en Hess, *Briefe*, 243, 251.

15. Rudolf a Klara y Fritz Hess, 18 de enero de 1920, en Hess, *Briefe*, 246.

16. Rudolf a Klara y Fritz Hess, 8 y 24 de marzo de 1920, s. f., y 18 de mayo de 1919, en Hess, *Briefe*, 249, 251-252, 241; Klaus Theweleit, *Männerphantasien*, 2 vols. (Fráncfort, 1977).

17. Päztold y Weissbecker, *Rudolf Hess*, 34-37.

18. Jacobsen, *Karl Haushofer*, vol. II, 23: Hess a Haushofer, 6 de octubre de 1923.

19. Päztold y Weissbecker, *Rudolf Hess*, 37-47; Görtemaker, *Rudolf Hess*, 97-153.

20. *Ibid.*, 47-56; Rudolf a Fritz y Klara Hess, 8/16 de noviembre de 1923, 4 de diciembre de 1923, y Rudolf a Klara Hess, 11 de mayo de 1924, en Hess, *Briefe*, 311-313, 322.

21. Hess, *Briefe*, 323-359; Hartmann *et al.* (eds.), Hitler, *Mein Kampf*, vol. 1, 13-20; Pätzold y Weissbecker, *Rudolf Hess*, 57.

22. Rudolf a Klara y Fritz Hess, 24 de abril de 1925, en Hess, *Briefe*, 366-368.

23. Pätzold y Weissbecker, *Rudolf Hess*, 57-79.

24. *Ibid.*, 79-94; Görtemaker, *Rudolf Hess*, 158-259.

25. Norman Goda, *Tales from Spandau: Nazi Criminals and the Cold War* (Cambridge, 2007), 226.

26. Peter Longerich, *Hitlers Stellvertreter. Führung der Partei und Kontrolle des Staatsapparates durch den Stab Hess und die Partei-Kanzlei Bormann* (Múnich, 1992), 109-118.

27. Pätzold y Weissbecker, *Rudolf Hess*, 95-222.

28. Hanfstaengl, *Zwischen Weissem und Braunem Haus*, 324.

29. Matthäus y Bajohr (eds.), *Alfred Rosenberg*, 288, 384-387.

30. Wulf Schwarzwäller, *Rudolf Hess. Der Stellvertreter* (Múnich, 1987), 160. Görtemaker, *Rudolf Hess*, 260-362, defiende que Hess siguió siendo importante, pero sin argumentos convincentes.

31. Kelley, *22 Cells*, 15-31.

32. Roy Conyers Nesbit y Georges Van Acker, *The Flight of Rudolf Hess: Myths and Reality* (Stroud, 1999), es la narración más precisa sobre estos hechos; también para lo que sigue. Para Hamilton, véase Spicer, *Coffee with Hitler*.

33. Para las múltiples y fantasiosas teorías conspiranoicas asociadas a estos hechos, véase Evans, *The Hitler Conspiracies*, 121-164.

34. Daniel Pick, *The Pursuit of the Nazi Mind: Hitler, Hess and the Analysts* (Oxford, 2012); véase también Kelley, *22 Cells*, 25, donde conjetura que Hess fingía, al menos en parte, los signos de amnesia. Véase también Overy (ed.), *Interrogations*, 118-127; Andrus, *The Infamous of Nuremberg*, 72-73, 119, 123; y Gaskin, *Eyewitnesses at Nuremberg*, 83.

35. Citado en Overy (ed.), *Interrogations*, 126, 577 n. 24.

36. Papen, *Memoirs*, 553-554; una evaluación equilibrada en Görtemaker, Rudolf Hess, 517-586.

Capítulo 10. El colaborador: Franz von Papen

1. Joachim Petzold, *Franz von Papen. Ein deutsches Verhängnis* (Múnich, 1995), 7-14; citas en Franz Müller, *Ein Rechtskatholik zwischen Kreuz und Hakenkreuz: Franz von Papen als Sonderbevollmächtiger in Wien 1934-1938* (Fráncfort, 1990), 375.

2. Las biografías incluyen la de Petzold, *Franz von Papen*, 15-21; Richard W. Rolfs, *The Sorcerer's Apprentice: The Life of Franz von Papen* (Latham, MD, 1996), 1-4 (que incorpora una investigación en archivos, pero se ve perjudicado por numerosos errores menores y erratas de imprenta); Reiner Möckelmann, *Franz von Papen: Hitlers ewiger Vassall* (Darmstadt, 2016), 1-11 (biografía crítica, bien documentada, de un exdiplomático); véanse también las obras contemporáneas del corresponsal del *Daily Telegraph* en la Europa central, Hugh W. Blood-Ryan, *Franz von Papen: His Life and Times* (Londres, 1938); del periodista húngaro Tibor Kövés, *Satan in a Top Hat: The Biography of Franz von Papen* (Nueva York, 1941); y de Otto Erich Deutsch, un periodista austríaco uno de cuyos libros fue quemado en público por los nazis, tras lo cual vivió exiliado en el Reino Unido, donde publicó una serie de obras críticas con el nazismo, firmadas con el seudónimo de Oswald Dutch; véase *The Errant Diplomat: The Life of Franz von Papen* (Londres, 1940). Para una fuente más próxima a los Papen, véase la narración de dos amigos suyos, Henry M. y Robin K. Adams, *Rebel Patriot: A Biography of Franz von Papen* (Santa Barbara, CA, 1987). Petzold, *Franz von Papen*, 292 n. 11, incluye una lista de ensayos biográficos sobre Papen, tanto críticos como acríticos. Para una reseña crítica de *Rebel Patriot*, una biografía que en gran medida se ajusta a lo que Papen expuso en sus propias memorias (Franz von Papen, *Memoirs*, trad. Brian Connell [Londres, 1952]), véase George O. Kent, «Problems and Pitfalls of a Papen Biography», *Central European History*, vol. 20 (1987), 191-197.

3. Papen, *Memoirs*, 4-6 (para una lista de las numerosas reseñas críticas que los historiadores alemanes ha dedicado a esas memorias, véase Petzold, *Franz von Papen*, 291, n. 7). Un volumen posterior de Papen, *Vom Scheitern*

einer Demokratie 1930-1933 (Maguncia, 1968), cubre en general el mismo terreno que la parte relevante de las memorias.

4. Rolfs, *The Sorcerer's Apprentice*, 1-4; Papen, *Memoirs*, 4-6, 7-8; Petzold, *Franz von Papen*, 15-25, ofrece un resumen ágil de la vida de Papen antes de entrar en política.

5. Rolfs, *The Sorcerer's Apprentice*, 4-5; Papen, *Memoirs*, 8-14.

6. Papen, *Memoirs*, 13-28.

7. *Ibid.*, 29-65; Rolfs, *The Sorcerer's Apprentice*, 6-19 («Apprenticeship in Intrigue»).

8. Papen, *Memoirs*, 66-96; Rolfs, *The Sorcerer's Apprentice*, 31-35.

9. Papen, *Memoirs*, 97.

10. *Ibid.*, 98-108.

11. *Ibid.*, 109-124; Petzold, *Franz von Papen*, 25-62.

12. Papen, *Memoirs*, 125-130; Matthew Feldman *et al.* (eds.), *Clerical Fascism in Interwar Europe* (Londres, 2013).

13. Papen, *Memoirs*, 180-197; Rolfs, *The Sorcerer's Apprentice*, 77-162; Petzold, *Franz von Papen*, 61-118; Ulrike Hörster-Philipps, *Konservative Politik in der Endphase der Weimarer Republik: Die Regierung Franz von Papen* (Colonia, 1982), ofrece una narración desde un punto de vista izquierdista.

14. Papen, *Memoirs*, 162.

15. Kershaw, *Hitler I*, 372; véase sobre todo el análisis clásico, y aún importante, de Bracher, *Die Auflösung*, 529-643.

16. Papen, *Memoirs*, 251.

17. Ewald von Kleist-Schmenzin, «Die letzte Möglichkeit: Zur Ernennung Hitlers zum Reichskanzler am 30. Januar 1933», *Politische Studien*, vol. 10 (1959), 90-106, citado en Rolfs, *The Sorcerer's Apprentice*, 252.

18. Overy (ed.), *Interrogations*, 426.

19. Papen, *Memoirs*, 251-263; Rolfs, *The Sorcerer's Apprentice*, 163-249.

20. Petzold, *Franz von Papen*, 119-162.

21. Möckelmann, *Franz von Papen*, 26-27, 290-307; Thomas Brechenmacher (ed.), *Das Reichskonkordat 1933. Forschungsstand, Kontroversen, Dokumente* (Paderborn, 2007); para la controversia sobre la relación entre el Concordato y el voto del Partido de Centro Católico a favor de la Ley de capacitación, véase Hubert Wolf, «Reichskonkordat für Ermächtigungsgesetz? Zur Historisierung der Scholder-Repgen-Kontroverse über das Verhältnis des Vatikans zum Nationalsozialismus», *Vierteljahrshefte für Zeitgeschichte*, vol. 60 (2012), 169-200.

22. Papen, *Memoirs*, 287, para la cita, y más en general para los primeros meses del gabinete de coalición de Hitler, 264-275; Rolfs, *The Sorcerer's Apprentice*, 251-252.

23. Möckelmann, *Franz von Papen*, 441.

24. *Ibid.*, 364-365.

25. Papen, *Memoirs*, 284-295.

26. Möckelmann, *Franz von Papen*, 364-367; más en general, véase Rolfs, *The Sorcerer's Apprentice*, 251-286.

27. Franz von Papen, *Appell an das deutsche Gewissen. Reden zur nationalen Revolution* (Oldemburgo, 1933), 7-42.

28. *Ibid.*, 43-44, 63, 77.

29. *Ibid.*, 80-104.

30. Möckelmann, *Franz von Papen*, 254; Petzold, *Franz von Papen*, 206-222.

31. Citado en Möckelmann, *Franz von Papen*, 23-25; también ibid., 255-259; Petzold, *Franz von Papen*, 222-230 («Der moralische Tiefpunkt»).

32. Papen, *Memoirs*, 296-336.

33. Rolfs, *The Sorcerer's Apprentice*, 286-311; Petzold, *Franz von Papen*, 230-262; Müller, *Ein Rechtskatholik*, para los detalles.

34. Papen, *Memoirs*, 337-430; Rolfs, *The Sorcerer's Apprentice*, 313-379.

35. Papen, *Memoirs*, 430-432; Rolfs, *The Sorcerer's Apprentice*, 368.

36. Papen, *Memoirs*, 433-437.

37. *Ibid.*, 436-533; Möckelmann, *Franz von Papen*, 43-246; Rolfs, *The Sorcerer's Apprentice*, 381-425.

38. Möckelmann, *Franz von Papen*, 261-289.

39. Gilbert, *Nuremberg Diary*, 29, 120, 385.

40. Hans Rein, *Franz von Papen im Zwielicht der Geschichte. Sein letzter Prozess* (Baden-Baden, 1979).

41. Fest, *The Face*, 227-246.

42. Overy (ed.), *Interrogations*, 431, 433-434, 437, 442; Papen, *Memoirs*, 538-540.

43. Papen, *Memoirs*, 545.

44. Möckelmann, *Franz von Papen*, 29-34; Evans, *The Third Reich in Power*, 234-253.

45. Möckelmann, *Franz von Papen*, 321-331; Alois Hudal, *Die Grundlagen des Nationalsozialismus: Eine ideengeschichtliche Untersuchung* (Leipzig, 1937); Gerald Steinacher, *Nazis on the Run: How Hitler's Henchmen Fled Justice* (Nueva York, 2011), *passim*.

46. Gilbert, *Nuremberg Diary*, 29, 120, 385. Una nieta de Papen, Patricia, avanzó algo en el terreno de las reparaciones: se licenció en historia y escribió una tesis sobre el antisemitismo en la academia durante la República de Weimar.

Capítulo 11. El «trabajador»: Robert Ley

1. Ronald Smelser, *Robert Ley: Hitler's Labor Front Leader* (Oxford, 1988), usa a conciencia las memorias de la prisión; Renate Wald, *Mein Vater Robert Ley. Meine Erinnerungen und Vaters Geschichte* (Nümbrecht, 2004). El apellido

Ley se pronuncia /laɪ/, como el inglés «lie». No disponemos de ninguna biografía satisfactoria y reciente, por lo que el estudio de Smelser sigue siendo la obra de referencia. Karl Schröder, *Aufstieg und Fall des Robert Ley* (Siegburg, 2008), apenas añade nada de valor.

2. Smelser, *Robert Ley*, 15-16; Kelley, *22 Cells*, 126-127; Wald, *Mein Vater*, 26-27.

3. Kelley, *22 Cells*, 129, 140.

4. Smelser, *Robert Ley*, 7-8; Wald, *Mein Vater*, 21-22. Para el contexto más general, véase Regina Schulte, «Feuer im Dorf», en Heinz Reif (ed.), *Räuber, Volk und Obrigkeit. Studien zur Geschichte der Kriminalität in Deutschland seit dem 18. Jahrhundert* (Fráncfort, 1984), 100-152; Richard J. Evans, *The Pursuit of Power: Europe 1815-1914* (Londres, 2016), 372-374.

5. Smelser, *Robert Ley*, 8-9; Wald, *Mein Vater*, 15-18 (a partir de las memorias inéditas del padre y recuerdos familiares).

6. Smelser, *Robert Ley*, 6-10; Wald, *Mein Vater*, 21-25.

7. Kelley, *22 Cells*, 140.

8. Wald, *Mein Vater*, 35-55.

9. Smelser, *Robert Ley*, 32-33; sobre la postura política de la familia Ley, véase Wald, *Mein Vater*, 37-38.

10. *Ibid.*, 34-47; Robert Ley, *Wir alle helfen dem Führer. Deutschland braucht jeden Deutschen*, 4.ª ed. (Múnich, 1939 [1937]), 11-21.

11. Smelser, *Robert Ley*, 47-65; Wald, *Mein Vater*, 52.

12. Smelser, *Robert Ley*, 65-69; más en general, véase Stephan Malinowski, *Nazis and Nobles: The History of a Misalliance* (Oxford, 2020). Schaumburg-Lippe, que después de la guerra siguió defendiendo el Tercer Reich, ofreció su propia versión de su relación con Ley en sus memorias *Zwischen Krone und Kerker* (Wiesbaden, 1952).

13. Smelser, *Robert Ley*, 67-97.

14. *Ibid.*, 98-108.

15. *Ibid.*, 108-16; Wald, *Mein Vater*, 83-95. Wald califica de leyenda la afirmación de que su padre hacía que el personal de la casa formara para saludarlo cuando él regresaba de un viaje (91). Insistió en que el padre no era corrupto y que la familia llevaba un estilo de vida comparativamente modesto (93-95).

16. Wald, *Mein Vater*, 76-81.

17. *Ibid.*, 56-62, 83-102; Wald, *Mein Vater*, 147-148. Los relatos según los cuales exhibía un retrato de ella desnuda de cintura para arriba, para que los visitantes la admirasen, o que le arrancó la ropa durante una recepción en su casa, para que los invitados gozaran de su cuerpo juvenil, parecen ser invenciones posteriores. Véase Richard Grunberger, *A Social History of the Third Reich* (Londres, 1971), 93-94; Glenn Enfield, *Hitler's Secret Life* (Nueva York, 1979), 114; Achim Besgen, *Der stille Befehl. Medizinalrat Kersten, Himmler und das Dritte Reich* (Múnich, 1960), 183.

18. Smelser, *Robert Ley*, 109-112; Wald, *Mein Vater*, 107-116.
19. Smelser, *Robert Ley*, 114; Wald, *Mein Vater*, 56-62, 105-107.
20. Wald, *Mein Vater*, 27-28, 130-132; Kelley, *22 Cells*, 129, 140.
21. Smelser, *Robert Ley*, 117-179.
22. Robert Ley, «Sieg des Glaubens», discurso pronunciado en el Congreso Nacional del parnazi en Núremberg, el 12 de septiembre de 1936, y reimpreso en *idem, Wir alle helfen dem Führer*, 11-21, cita en 12.
23. Robert Ley, *Durchbruch der sozialen Ehre. Reden und Gedanken für das schaffende Deutschland* (Berlín, 1935), 69 (discurso pronunciado el 17 de enero de 1934).
24. Robert Ley, *Soldaten der Arbeit* (Leipzig, 1938), 145-147 (discurso ante obreros de la construcción, en marzo de 1937).
25. *Ibid.*, 130.
26. *Ibid.*, *passim.*
27. Ley, *Durchbruch der sozialen Ehre*, 205.
28. Ley, *Soldaten der Arbeit*, 125 (discurso pronunciado en marzo de 1937). En *Das dritte Reich des Traums* (Fráncfort, 1966), la doctora Charlotte Beradt analizó cincuenta sueños tranquilos de pacientes de la década de 1930, y demostró que el Tercer Reich aparecía, a menudo de forma amenazadora, en los sueños de personas que dormían bien.
29. Evans, *The Third Reich in Power*, 455-503; Timothy W. Mason, *Social Policy in the Third Reich: The Working Class and the «National Community»* (Providence, RI, 1993); Shelley Baranowski, *Strength Through Joy: Consumerism and Mass Tourism in the Third Reich* (Nueva York, 2004); Smelser, *Robert Ley*, 180-217.
30. Wald, *Mein Vater*, 62-63.
31. Smelser, *Robert Ley*, 218-291.
32. *Ibid.*, 292-293.
33. *Robert Ley*, «Life or Fame? A Political Analysis», impreso en Kelley, *22 Cells*, 130-138; «Rebuilding the Reich», en Overy (ed.), *Interrogations*, 538-546.
34. Overy (ed.), *Interrogations*, 487-490.
35. Kelley, *22 Cells*, 140; Wald, *Mein Vater*, 109-111, 150 n. 6.
36. Andrus, *The Infamous of Nuremberg*, 88
37. Gustave Gilbert, *Nuremberg Diary* (Nueva York 1947), 8; relato similar en Kelley, *22 Cells*, 140-141.
38. Kelley, *22 Cells*, 141; Overy (ed.), *Interrogations*, 491-498; Wald, *Mein Vater*, 143-144; Andrus, *The Infamous of Nuremberg*, 88.
39. Kelley, *22 Cells*, 141.
40. Andrus, *The Infamous of Nuremberg*, 90-91.
41. *Ibid.*, 141-142.

Capítulo 12. El maestro de escuela: Julius Streicher

1. Robin Lenman, «Julius Streicher and the Origins of the NSDAP in Nuremberg, 1919-1923», en Nicholls y Matthias (eds.), *German Democracy and the Triumph of Hitler*, 129-160, cita en 133.

2. «Julius Streicher – der Frankenführer» (película de Medienwerkstatt Franken, *Núremberg*, 1995, con entrevistas a familiares y antiguos empleados): https://vimeo.com/57370281, consultada el 11 de agosto de 2021.

3. Thomas Greif, *Frankens braune Wallfahrt. Der Hesselberg im Dritten Reich* (Ansbach, 2007); Frank Baumeister (ed.), *Hesselbergland. Land und Leute in Ehingen, Dambach und Lentersheim* (Gunzenhausen, 1991).

4. Mosse, *The Crisis*, 18-20, 253-257; Raymond H. Dominick III, *The Environmental Movement in Germany: Prophets and Pioneers, 1871-1971* (Nueva York, 1992). Véase también Franco Ruault, *Tödliche Maskeraden: Julius Streicher und die «Lösung der Judenfrage»* (Fráncfort, 2009), 65-104.

5. Randall L. Bytwerk, *Julius Streicher: Nazi Editor of the Notorious Anti-Semitic Newspaper «Der Stürmer»* (Nueva York, 2001 [1983]), 1-4, que supera una biografía anterior: William Varga, *The Number One Nazi Jew Baiter* (Nueva York, 1981); Dennis E. Showalter, *«Little Man, What Now?» «Der Stürmer in the Weimar Republic»* (Hamden, CT, 1982), 20-21; Greif, *Frankens braune Wallfahrt*, 71-127. Daniel Roos, *Julius Streicher und «Der Stürmer» 1923-1945* (Paderborn, 2014), es el estudio más reciente y completo. Para la carrera de Streicher como maestro, véase Franz Poggeler, *Der Lehrer Julius Streicher. Zur Personalgeschichte des Nationalsozialismus* (Fráncfort, 1991); Roos, *Julius Streicher*, 477-478, para el coeficiente de inteligencia; sostiene (n. 50, 478) que cuando el CI de Streicher se ajustó teniendo en cuenta su edad, se situaba unos 15 o 20 puntos más abajo en la escala de inteligencia de Wechsler-Bellevue para los adultos. Kelley, *22 Cells*, 117-125, y Edward N. Peterson, *The Limits of Hitler's Power* (Princeton, NJ, 1969), 225, mencionan respectivamente un CI de 100 y 102. La puntuación exacta fue de 106.

6. Bytwerk, *Julius Streicher*, 46-47.

7. Jay W. Baird, «Das politische Testament Julius Streichers. Ein Dokument aus den Papieren des Hauptmanns Dolibois», *Vierteljahrshefte für Zeitgeschichte*, vol. 26, n.º 4 (1978), 660-695, referencia en 670.

8. *Ibid.*, 5-11; Baird, «Das politische Testament», 661-680; Showalter, *Little Man*, 21-27; Roos, *Julius Streicher*, 29-46.

9. Lenman, «Julius Streicher», 129-145.

10. Baird, «Das politische Testament», 671-681.

11. *Ibid.*, 682-683. Streicher también escribió una autobiografía más larga en 1943-1944, en la granja de Pleikershof, así como, mientras los Aliados lo custodiaban, ya en la posguerra un conjunto de reflexiones sobre cómo llegó a la política (*Wie ich zur Politik kam*).

12. Bytwerk, *Julius Streicher*, 15-16; Roos, *Julius Streicher*, 47-70; Hartmann *et al.* (eds.), Hitler, *Mein Kampf*, II, 1296 n. 27.

13. Lenman, «Julius Streicher», 143; Bytwerk, *Julius Streicher*, 22-29.

14. Bytwerk, *Julius Streicher*, 24-33.

15. Lenman, «Julius Streicher», 140-144. Véase también Hermann Hanschel, *Oberbürgermeister Hermann Luppe: Nürnberger Kommunalpolitik in der Weimarer Republik* (Núremberg, 1977).

16. Bytwerk, *Julius Streicher*, 15-16; Lenman, «Julius Streicher», 145-146; Showalter, *Little Man*, 27-41; Randall L. Bytwerk, «Julius Streicher and the Early History of "Der Stürmer", 1923-1933», *Journalism History*, vol. 5 (1978), 74-79.

17. Lenman, «Julius Streicher», 147-159. Véase también Rainer Hambrecht, *Der Aufstieg der NSDAP in Mittel-und Oberfranken (1925-1933)* (Núremberg, 1976).

18. Baird, «Das politische Testament», 684-687.

19. Bytwerk, *Julius Streicher*, 17-32; Showalter, *Little Man*, 200-232; Hambrecht, *Der Aufstieg der NSDAP*, 12-194, 309-403; Roos, *Julius Streicher*, 47-232, para los detalles.

20. Bytwerk, *Julius Streicher*, 33-37; Utho Grieser, *Himmlers Mann in Nürnberg. Der Fall Benno Martin: Eine Studie zur Struktur des Dritten Reiches in der «Stadt der Reichsparteitage»* (Núremberg, 1974), 61-95; Peterson, *The Limits of Hitler's Power*, 224-268.

21. Bytwerk, *Julius Streicher*, 38-41; Roos, *Julius Streicher*, 233-349.

22. Bytwerk, *Julius Streicher*, 40-41; Grieser, *Himmlers Mann*, 101-108, 162-212; Peterson, *The Limits of Hitler's Power*, 269-285.

23. Para el punto de vista contrario, Showalter, *Little Man*, 235.

24. Bytwerk, *Julius Streicher*, 41-63; Roos, *Julius Streicher*, 398-433.

25. Bytwerk, *Julius Streicher*, 101-17; Showalter, *Little Man*, 49-172. Para la obsesión de Streicher con la *Rassenschande* («contaminación racial»), véase Franco Ruault, *«Neuschöpfer des deutschen Volkes»: Julius Streicher im Kampf gegen «Rassenschande»* (Fráncfort, 2006), un análisis muy dado a las conjeturas.

26. Bytwerk, *Julius Streicher*, 119-170; véase también Fred Hahn, *Lieber «Stürmer». Leserbriefe an das NS-Kampfblatt 1924 bis 1945* (Stuttgart, 1978); John L. Cahill, «Dear Herr Streicher: Letters to the Third Reich's Foremost Anti-Semite», en Otis C. Mitchell (ed.), *Nazism and the Common Man* (Washington, DC, 1981), 139-157; Ruault, *Tödliche Maskeraden*, 149-200; Showalter, *Little Man*, 82-199.

27. Roos, *Julius Streicher*, 434-466, incluidas las citas; Goebbels, *Tagebuch*, vol. 5, 323 (29 de mayo de 1938).

28. Baird, «Das politische Testament», 662; Roos, *Julius Streicher*, 467-472; Overy (ed.), *Interrogations*, 33-34; Andrus, *The Infamous of Nuremberg*, 53.

29. Gellately, *The Nuremberg Interviews*, 252.

30. Baird, «Das politische Testament», 663-664, a partir de una entrevista con el capitán Dolibois. Streicher le dictó sus memorias al hijo del tesorero del Partido Nazi, Franz Xaver Schwarz, en presencia de Dolibois.

31. Goldensohn, *The Nuremberg Interviews*, 257.

32. Gilbert, *Nuremberg Diary*, 419. Véase también Overy (ed.), *Interrogations*, 185-187.

33. Gilbert, *Nuremberg Diary*, 73, 125, 9-10.

34. Bytwerk, *Julius Streicher*, 44.

35. Baird, «Das politische Testament», 695.

36. Bytwerk, *Julius Streicher*, 1; Roos, *Julius Streicher*, 483-500; Greif, *Frankens braune Wallfahrt*, 126-127; Joseph Kingsbury-Smith, «Die Hinrichtung der Nazi-Kriegsverbrecher am 16. Oktober 1946», en Steffen Radlmaier (ed.), *Der Nürnberger Lernprozess. Von Kriegsverbrechern und Starreportern* (Fráncfort, 2001), 339-348; Andrus, *The Infamous of Nuremberg*, 197 (refuta la afirmación de que Streicher fue a la roca en calzoncillos).

37. «Julius Streicher – der Frankenführer».

38. Museo Estadounidense en Memoria del Holocausto, fotografía número 95309.

39. «Julius Streicher – der Frankenführer».

40. Greif, *Frankens braune Wallfahrt*, 74.

41. Roos, *Julius Streicher*, 479-482; Tony Rennell, «The Truth About Hitler's British Love Child», *Daily Mail*, 13 de diciembre de 2007.

42. Andrus, *The Infamous of Nuremberg*, 39.

Capítulo 13. El verdugo: Reinhard Heydrich

1. Gerwarth, *Hitler's Hangman*, xiv-xv, 136,73. Véase también *ibid.*, 308, n. 89, donde el autor afirma que Nebe escribió tal cosa «después de la guerra», a pesar de que Nebe fue ejecutado el 21 de marzo de 1945 por haber participado en la trama del atentado con bomba del 20 de julio. Para los intentos de caracterizar a Heydrich en la posguerra, véase Charles Whiting, *Heydrich: Henchman of Death* (Barnsley, 1999), Charles Wighton, *Heydrich: Hitler's Most Evil Henchman* (Londres, 1962), y Mario Diederichs, *Heydrich: The Face of Evil* (Londres, 2006); los tres hacen hincapié en lo que consideran fue la naturaleza malvada de Heydrich. Günther Deschner, *Heydrich: The Pursuit of Total Power* (Londres, 1981), lo retrata como un burócrata sin conciencia, interesado tan solo en su carrera. La biografía del falsificador y fabulista Edouard Calic, *Reinhard Heydrich: The Chilling Story of the Man Who Masterminded the Nazi Death Camps* (Nueva York 1985), no debe tomarse en serio: véase Evans, *The Hitler Conspiracies*, 97-100.

2. Gerwarth, *Hitler's Hangman*, 71-75.

3. *Ibid.*, 26-27, 36-37, 61-62.

4. *Ibid.*, 15. Para más detalles, véase Karin Flachowsky, «Neue Quellen zur Abstammung Reinhard Heydrichs», *Vierteljahrshefte für Zeitgeschichte*, vol. 48 (2000), 319-327.

5. Fest, *The Face*, 152-170.

6. Carl J. Burckhardt, *Meine Danziger Mission 1937-1939* (Múnich, 1960), 57; Heinz Höhne, *The Order of the Death's Head: The Story of Hitler's SS* (Londres, 1969), 148-150, cita una conversación entre Burckhardt y «varios hombres de la SS», anónimos.

7. Felix Kersten, *The Kersten Memoirs 1940-1945* (Londres, 1957). Hugh Trevor-Roper escribió una introducción en la que acepta, sin la debida cautela, la afirmación de Kersten según la cual Heydrich era judío.

8. Bryan Rigg, *Hitler's Jewish Soldiers: The Untold Story of Nazi Racial Laws and Men of Jewish Descent in the German Military* (Lawrence, KS, 2002).

9. Gerwarth, *Hitler's Executioner, 14-30; Shlomo Aronson, Reinhard Heydrich und die Frühgeschichte von Gestapo und SD* (Stuttgart, 1971), 11-25.

10. Gerwarth, *Hitler's Executioner*, 31-45; Aronson, *Reinhard Heydrich*, 25-38. Véase también Nancy Dougherty, *The Man with the Iron Heart: The Definitive Biography of Reinhard Heydrich, Architect of the Holocaust*, ed. Christopher Lehmann-Haupt (Londres, 2022). Esta obra (cuyo título original hablaba de «El verdugo y su esposa. Vida y muerte de Reinhard Heydrich») se basa en particular en una serie de entrevistas con Lina Heydrich.

11. Gerwarth, *Hitler's Executioner*, 46-49.

12. *Ibid.*, 50-78; Aronson, *Reinhard Heydrich*, 39-65; George C. Browder, *Hitler's Enforcers: The Gestapo and the SS Security Service in the Nazi Revolution* (Oxford, 1996), 103-129.

13. Para la idea de que Heydrich fue el impulsor principal de la purga (que apenas cabe duda de que resulta exagerada), véase Höhne, *The Order of the Death's Head*, 89-99.

14. Gerwarth, *Hitler's Hangman*, 79-92.

15. *Ibid.*, 93-144.

16. Citado *ibid.*, 139.

17. *Ibid.*, 109-115.

18. *Ibid.*, 145-193; Helmut Krausnick, *Hitlers Einsatzgruppen. Die Truppen des Weltanschauungskrieges 1928-1942* (Fráncfort, 1985).

19. Höhne, *The Order*, 147-165, para un esbozo de carácter más extenso.

20. Gerwarth, *Hitler's Hangman*, 194-198.

21. *Ibid.*, 194-217.

22. Citado *ibid.*, 235; más en general, 218-237. Véase también Chad Bryant, *Prague in Black: Nazi Rule and Czech Nationalism* (Cambridge, MA, 2007).

23. Gerwarth, *Hitler's Hangman*, 238-270.
24. *Ibid.*, 271-277.
25. *Ibid.*, 1-13, 278-284.
26. *Ibid.*, 285-289.
27. *Ibid.*, 231-234.
28. *Ibid.*, 235-294; Dougherty, *The Man with the Iron Heart*, 549-580.
29. Aronson, *Reinhard Heydrich*, 244.
30. *Ibid.*, 154.

Capítulo 14. El burócrata: Adolf Eichmann

1. David Cesarani, *Eichmann: His Life and Crimes* (Londres, 2004), 1.

2. El sensacionalista *The Scourge of the Swastika*, de lord Russell (Londres, 1954), tan solo lo menciona en una ocasión (167), al igual que la primera edición de Gerald Reitlinger, *The Final Solution* (Londres, 1953), 27, deficiencia que no obstante se corrige en la segunda edición (1961).

3. Jochen von Lang (ed.), *Eichmann Interrogated: Transcripts from the Archives of the Israeli Police* (Londres, 1983), 102.

4. Citado *ibid.*, 3.

5. Comer Clarke, *Eichmann: The Savage Truth* (Londres, 1960); John Donovan, *Eichmann: Man of Slaughter* (Nueva York, 1960); Quentin Reynolds (con Ephraim Katz y Zwy Aldouby), *Minister of Death: The Adolf Eichmann Story* (Londres, 1961).

6. Citado en Cesarani, *Eichmann*, 3.

7. Todas las citas *ibid.*, 256-257 y 326-328.

8. Hannah Arendt, *Eichmann in Jerusalem* (Londres, ed. rev., 1964), 276, también, más en general, para lo que sigue.

9. Lang (ed.), *Eichmann Interrogated*, 157.

10. Cesarani, *Eichmann*, 325.

11. Christopher Browning, *Ordinary Men: Reserve Police Battalion 101 and the Final Solution in Poland* (Londres, 1992).

12. Cesarani, *Eichmann*, 324-356; Daniel Jonah Goldhagen, *Hitler's Willing Executioners: Ordinary Germans and the Holocaust* (Londres, 1996).

13. Helmut Fangmann *et al.*, «Parteisoldaten», *Die Hamburger Polizei im «3. Reich»* (Hamburgo, 1987); Jürgen Matthäus *et al.*, *Ausbildungsziel Judenmord? «Weltanschauliche Erziehung» von SS, Polizei und Waffen-SS im Rahmen der «Endlösung»* (Fráncfort, 2003); Peter Longerich, *Politik der Vernichtung: Eine Gesamtdarstellung der nationalsozialistischen Judenverfolgung* (Múnich, 1998), 303-310.

14. Cesarani, *Eichmannn*, 18-23; Lang (ed.), *Eichmann Interrogated*, 4-13.

15. Cesarani, *Eichmann*, 24-30.

16. *Ibid.*, 31-35, también para el párrafo siguiente; Lang (ed.), *Eichmann Interrogated*, 13-17.

17. Lang (ed.), *Eichmann Interrogated*, 37.

18. Cesarani, *Eichmann*, 36-54; Lang (ed.), *Eichmann Interrogated*, 18-30. Los nazis creían que la masonería formaba parte de la conspiración mundial de los judíos, según se sugería en *Los protocolos de los sabios de Sion*.

19. Cesarani, *Eichmann*, 55-62; Lang (ed.), *Eichmann Interrogated*, 41-47.

20. Cesarani, *Eichmann*, 63-77; Lang (ed.), *Eichmann Interrogated*, 49-62. Aquí, como en tantos otros aspectos, Eichmann minimizó el grado de coerción que había aplicado y exageró la libertad de acción de los judíos y los representantes de estos, como Löwenherz.

21. *Ibid.*, 78-90; Brechtken, «*Madagaskar für die Juden*»; Lang (ed.), *Eichmann Interrogated*, 65-69; Hans Safrian, *Die Eichmann-Männer* (Viena, 1993), esp. 23-67 (sobre el «Modelo de Viena») y 68-86 (Nisko).

22. Lang (ed.), *Eichmann Interrogated*, 75.

23. *Ibid.*, 76-78.

24. *Ibid.*, 79-89; Cesarani, *Eichmann*, 91-160.

25. Mark Roseman, *The Wannsee Conference and the Final Solution: A Reconsideration* (Nueva York, 2002), 144.

26. Cesarani, *Eichmann*, 112-129; Lang (ed.), *Eichmann Interrogated*, 98-200, donde se apuntan con todo detalle las responsabilidades de Eichmann, aunque él declarase, de forma repetida, que se limitaban a los transportes y no al asesinato.

27. Cesarani, *Eichmann*, 159-192; Wachsmann, *KL*, 457-460.

28. Citado en Cesarani, *Eichmann*, 159.

29. *Ibid.*, 195.

30. *Ibid.*, 188-203.

31. *Ibid.*, 204-210. Para el trasfondo general, véase Steinacher, *Nazis on the Run*.

32. Cesarani, *Eichmann*, 43-45, 129-130.

33. Bettina Stangneth, *Eichmann before Jerusalem: The Unexamined Life of a Mass Murderer* (Nueva York, 2014); Cesarani, *Eichmann*, 211-217.

34. Irmtrud Wojak, *Eichmanns Memoiren. Ein kritischer Essay* (Fráncfort, 2002).

35. Neal Bascomb, *Hunting Eichmann: How a Band of Survivors and a Young Spy Agency Chased Down the World's Most Notorious Nazi* (Boston, MA, 2009).

36. Deborah E. Lipstadt, *The Eichmann Trial* (Nueva York, 2011).

Capítulo 15. El orador: Hans Frank

1. Citado en Klessmann, «Der Generalgouverneur», 242.
2. Christian Schudnagies, *Hans Frank. Aufstieg und Fall des NS-Juristen und Generalgouverneurs* (Fráncfort, 1989), 97.
3. Fest, *The Face*, 315-317.
4. Malaparte, *Kaputt*, 149, 154.
5. Martyn Housden, *Hans Frank: Lebensraum and the Holocaust* (Basingstoke, 2003), 13-17; Christoph Klessmann, «Hans Frank: Party Jurist and Governor-General in Poland», en Smelser y Zitelmann (eds.), *The Nazi Elite*, 39-47; Goldensohn, *The Nuremberg Interviews*, 20-21.
6. Housden, *Hans Frank*, 13-15.
7. Goldensohn, *The Nuremberg Interviews*, 22-23, 37-38.
8. Housden, *Hans Frank*, 15, donde cita apuntes manuscritos del diario del 3 de enero y 4 de marzo de 1919, y 16-19; Dieter Schenk, *Hans Frank. Hitlers Kronjurist und Generalgouverneur* (Fráncfort, 2006), 19-30.
9. Citado en Klessmann, «Der Generalgouverneur», 248.
10. Reginald G. Phelps, «Before Hitler Came: Thule Society and Germanen Orden», *Journal of Modern History*, vol. 35 (1963), 245-261; Hermann Gilbhard, *Die Thule-Gesellschaft. Vom okkulten Mummenschanz zum Hakenkreuz*, 2.ª ed. (Múnich, 2015); Frank Jacob, *Die Thule-Gesellschaft* (Berlín, 2010).
11. Housden, *Hans Frank*, 18-21; Schenk, *Hans Frank*, 29-45.
12. Hans Frank, *Im Angesicht des Galgens. Deutung Hitlers und seiner Zeit auf Grund eigener Erlebnisse und Erkenntnisse. Geschrieben im Nürnberger Justizgefängnis* (Múnich, 1953), 31-42.
13. Housden, *Hans Frank*, 21-23; Schenk, *Hans Frank*, 46-56.
14. Schudnagies, *Hans Frank*, 18-19.
15. Schenk, *Hans Frank*, 57-66.
16. *Ibid.*, 66-80; Housden, *Hans Frank*, 24-31.
17. Housden, *Hans Frank*, 31-33.
18. Lothar Gruchmann, *Justiz im Dritten Reich 1933-1940*.
19. Housden, *Hans Frank*, 34-35; Schenk, *Hans Frank*, 86-103.
20. Housden, *Hans Frank*, 36-39; Schenk, *Hans Frank*, 103-117.
21. Frank, *Im Angesicht*, 193-95; Schenk, *Hans Frank*, 117-131.
22. Housden, *Hans Frank*, 40-70; Evans, *Rituals*, 632-635.
23. Gustave M. Gilbert, *The Psychology of Dictatorship* (Nueva York, 1950), 147, citado en Housden, *Hans Frank*, 30. Housden señala que Frank contaba treinta y dos años cuando le asignaron la cartera de Justicia de Baviera.
24. Schenk, *Hans Frank*, 143-170.
25. Evans, *The Third Reich at War*, 3-22; Housden, *Hans Frank*, 117-128.

26. Housden, *Hans Frank*, 71-82; Schenk, *Hans Frank*, 181-191; Evans, *The Third Reich at War*, 23-40.

27. Werner Präg y Wolfgang Jacobmeyer (eds.), *Das Diensttagebuch des deutschen Generalgouverneurs in Polen 1939-1945* (*Quellen und Darstellungen zur Zeitgeschichte*, vol. 20, Stuttgart, 1975), 104.

28. Klessmann, «Hans Frank», 41; *idem*, «Der Generalgouverneur Hans Frank», 252.

29. Citado en Ulrich von Hassell, *The von Hassell Diaries: The Story of the Forces against Hitler Inside Germany 1938-1944* (Boulder, CO, 1994), 100.

30. *Ibid.*, 83-89; Schenk, *Hans Frank*, 170-181, 191-197, 236-253.

31. *Ibid.*, 211-216; Schenk, *Hans Frank*, 293-325.

32. Präg y Jacobmeyer (eds.), *Das Diensttagebuch*, 55; Housden, *Hans Frank*, 145-148.

33. Housden, *Hans Frank*, 126-128.

34. Citado en Safrian, *Die Eichmann-Männer*, 88; Housden, *Hans Frank*, 145.

35. Präg y Jacobmeyer (eds.), *Das Diensttagebuch*, 450-459.

36. Auschwitz estaba situada en la parte de Polonia anexionada por el Reich alemán, por lo que no formaba parte del territorio sometido a Frank. Sobre la Operación Reinhard, véase Peter Longerich, *Holocaust: The Nazi Persecution and Murder of the Jews* (Oxford, 2010), 277-345; Evans, *The Third Reich at War*, 260-318. Para el papel de Frank en el Holocausto, véase Schenk, *Hans Frank*, 300-314.

37. Präg y Jacobmeyer (eds.), *Das Diensttagebuch*, 914; Schenk, *Hans Frank*, 221-235.

38. Housden, *Hans Frank*, 154-159.

39. Schenk, *Hans Frank*, 254-268, también para lo siguiente.

40. Housden, *Hans Frank*, 160-169.

41. *Ibid.*, 154-176; Schenk, *Hans Frank*, 268-280.

42. Schenk, *Hans Frank*, 281-299.

43. *Ibid.*, 315-322.

44. Housden, *Hans Frank*, 209-213; Schenk, *Hans Frank*, 340-371.

45. Housden, *Hans Frank*, 214-219.

46. Gilbert, *Nuremberg Diary*, 19-22.

47. *Ibid.*, 276, 280; Schenk, *Hans Frank*, 372-402.

48. Frank, *Im Angesicht*, 430-431.

49. Housden, *Hans Frank*, 220-238.

50. Goldensohn, *The Nuremberg Interviews*, 30-35.

51. Niklas Frank, *Der Vater. Eine Abrechnung* (Múnich, 1987), 19.

Cuarta parte: Introducción

1. Catherine Epstein, *Model Nazi: Arthur Greiser and the Occupation of Western Poland* (Oxford, 2010). Por desgracia hacia el final del libro el orden del texto y las notas, los títulos de página y la paginación se vuelve sumamente confuso.
2. Domarus, *Hitler*, 721 (10 de septiembre de 1937).
3. *Ibid.*, 1063.
4. *Ibid.*, 1467.
5. Dirk Riedel, *Ordnungshüter und Massenmörder im Dienst der «Volksgemeinschaft»: Der KZ-Kommandant Hans Loritz* (Berlín, 2010).

Capítulo 16. El general: Wilhelm Ritter von Leeb

1. Johannes Hürter, *Hitlers Heerführer. Die deutschen Oberbefehlshaber im Krieg gegen die Sowjetunion 1941/42* (Múnich, 2007), 28, 30.
2. *Ibid.*, 86-87, 102-103.
3. *Ibid.*, 127-128, 135.
4. Gene Mueller, «Generalfeldmarschall Wilhelm Ritter von Leeb», en Gerd R. Ueberschär (ed.), *Hitlers militärische Elite*, vol. I (Darmstadt, 1998), 146-153; Hürter, *Hitlers Heerführer*, 58-73; Samuel Mitcham *Jr.*, y Gene Mueller, *Hitler's Commanders* (Londres, 1992), 48.
5. Georg Meyer (ed.), *Generalfeldmarschall Wilhelm Ritter von Leeb. Tagebuchaufzeichnungen und Lagebeurteilungen aus zwei Weltkriegen* (Stuttgart, 1976), 172.
6. Citado en Valerie G. Hébert, *Hitler's Generals on Trial: The Last War Crimes Tribunal at Nuremberg* (Lawrence, KS, 2020), 76.
7. Meyer (ed.), *Generalfeldmarschall*, 51, 177; Hürter, *Hitlers Heerführer*, 165; Mueller, «Generalfeldmarschall».
8. Hürter, *Hitlers Heerführer*, 185.
9. *Ibid.*, 187-188.
10. *Ibid.*, 171-173.
11. Harrison E. Salisbury, *The 900 Days: The Siege of Leningrad* (Londres, 1969), 94-95.
12. Meyer (ed.), *Generalfeldmarschall*, 373-374 n. 484; Mitcham y Mueller, *Hitler's Commanders*, 48.
13. Meyer (ed.), *Generalfeldmarschall*, 188-189, 330-331; Hürter, *Hitlers Heerführer*, 296, 499.
14. Wilhelm Ritter von Leeb, *Defence* (Great Military Classics, Pentagon Press, Nueva Delhi, 2017). Sin embargo, parece exagerado describir a Leeb como «un pensador e intelectual» (Mitcham y Mueller, *Hitler's Commanders*, 45).

15. *Ibid.*, 307-308; Salisbury, *900 Days*, 348-349.

16. Hürter, *Hitlers Heerführer*, 340-341; Geoffrey Megargee, *Inside Hitler's High Command* (Lawrence, KS, 2000), 143-149.

17. Meyer (ed.), *Generalfeldmarschall*, 71-74, 436-441; cita en 72 n. 174.

18. Megargee, *Inside Hitler's High Command*, 172. La posterior afirmación de Leeb, según la cual dimitió porque se oponía al nazismo en su totalidad, tanto en la política interior como en la internacional, debe tomarse con un grano de sal (Hürter, *Hitlers Heerführer*, 354-355 n. 377).

19. Dieter Pohl, *Die Herrschaft der Wehrmacht. Deutsche Militärbesatzung und einheimische Bevölkerung in der Sowjetunion 1941-1944* (Múnich, 2008), 269.

20. Hürter, *Hitlers Heerführer*, 360; Wigbert Benz, *Der Hungerplan im «Unternehmen Barbarossa» 1941* (Berlín, 2011); Gesine Gerhard, «Food and Genocide: Nazi Agrarian Politics in the Occupied Territories of the Soviet Union», *Contemporary European History*, 18 (1) (2009), 45-65; Alex J. Kay, *Exploitation, Resettlement, Mass Murder: Political and Economic Planning for German Occupation Policy in the Soviet Union, 1940-1941* (Oxford, 2006); *idem*, «Germany's *Staatssekretäre*, Mass Starvation and the Meeting of 2 May 1941», *Journal of Contemporary History*, 41 (4) (2006), 685-700. Véase también Klaus Gerbet (ed.), *Generalfeldmarschall Fedor von Bock: Zwischen Pflicht und Verweigerung. Das Kriegstagebuch* (Múnich, 1995), 298.

21. Hürter, *Hitlers Heerführer*, 504.

22. Christian Streit, *Keine Kameraden. Die Wehrmacht und die sowjetischen Kriegsgefangenen 1941-45* (Stuttgart, 1978). Véase también Hannes Heer (ed.), *«Stets zu erschiessen sind Frauen, die in der Roten Armee dienen». Geständnisse deutscher Kriegsgefangener über ihren Einsatz an der Ostfront* (Hamburgo, 1995).

23. Anna Reid, *Leningrad: Tragedy of a City under Siege, 1941-44* (Londres, 2011), 134-135; John Barber y Andrei Dzeniskevich, *Life and Death in Besieged Leningrad, 1941-44* (Nueva York, 2005).

24. Hürter, *Hitlers Heerführer*, 395-396; Hans-Adolf Jacobsen, «The Kommissarbefehl and Mass Executions of Soviet Russian Prisoners of War», en Helmut Krausnick *et al.*, *Anatomy of the SS State* (Londres, 1965), 505-530.

25. Hürter, *Hitlers Heerführer*, 414-415.

26. Manfred Oldenburg, *Ideologie und militärisches Kalkül. Die Besatzungspolitik der Wehrmacht in der Sowjetunion 1942* (Colonia, 2004), 308-323.

27. Jochen Böhler, «Intention oder Situation? Soldaten der Wehrmacht und die Anfänge des Vernichtungskrieges in Polen», en Timm C. Richter (ed.), *Krieg und Verbrechen. Situation und Intention: Fallbeispiele* (Múnich, 2006), 165-172; Alexander Hill, *The War Behind the Eastern Front: The Soviet Partisan Movement in North-West Russia 1941-1944* (Londres, 2005). Para la tesis de la «brutalización», véase Omer Bartov, *The Eastern Front 1941-45: German Troops*

and the Barbarisation of Warfare (Oxford, 1985). Sobre las atrocidades del ejército alemán en otros teatros bélicos, entre 1939 y 1945, véase Ben Shepherd, *Terror in the Balkans: German Armies and Partisan Warfare* (Cambridge, MA, 2012), 222-223; véase también *idem* y Juliette Pattinson (eds.), *War in a Twilight World: Partisan and Anti-Partisan Warfare in Eastern Europe, 1939-45* (Londres, 2010), esp. 189-256. Para las atrocidades y los fusilamientos masivos de civiles en Grecia, véase Hermann Frank Meyer, *Blutiges Edelweiss. Die 1. Gebirgs-Division im Zweiten Weltkrieg* (Berlín, 2008), esp. 463-556. Para Italia, véase Carlo Gentile, *Wehrmacht und Waffen-SS im Partisanenkrieg: Italien 1943-1945* (Paderborn, 2012), 406-407. Sobre la tradición de las represalias muy severas contra los supuestos «partisanos», véase John Horne y Alan Kramer, *German Atrocities 1914: A History of Denial* (Londres, 2001).

28. Hürter, *Hitlers Heerführer*, 513.

29. Meyer (ed.), *Generalfeldmarschall*, 62-63 y n. 146. Véase también Helmut Krausnick, *Hitlers Einsatzgruppen. Die Truppen des Weltanschauungskrieges 1938-1942* (Fráncfort, 1985), 181, donde se confirma la autenticidad de la advertencia de Hitler y se sugiere que la idea de la esterilización recibió la influencia de una campaña de propaganda (típicamente mendaz) de Goebbels centrada en el supuesto plan estadounidense de esterilizar a los alemanes, apuntada por el escritor judío Theodore Kaufman (véase Evans, *The Third Reich at War*, 245-246).

30. *Kriegstagebuch der Heeresgruppe Nord*, 2 de julio de 1941, citado en Krausnick, *Hitlers Einsatzgruppen*, 182. Véase también Hürter, *Hitlers Heerführer*, 540-541. Ambas fuentes dejan claro que los intentos de sugerir, en la posguerra, que las dudas de Leeb equivalían a una protesta a gran escala, no resultan convincentes.

31. Krausnick, *Hitlers Einsatzgruppen*, 227-45; Jörn Hasenclever, *Wehrmacht und Besatzungspolitik in der Sowjetunion. Die Befehlshaber der rückwärtigen Heeresgebiete 1941-1943* (Paderborn, 2010), 527-542; Pohl, *Die Herrschaft der Wehrmacht*, 340-349.

32. Hürter, *Hitlers Heerführer*, 599.

33. Hürter, *Hitlers Heerführer*, 599.

34. Ueberschär y Vogel, *Dienen und Verdienen*, 156.

35. *Ibid.*, 156-157; Gerhard L. Weinberg, «Zur Dotation Hitlers an Generalfeldmarschall Ritter von Leeb», 2, *Militärgeschichtliche Mitteilungen*, 1979, 97-99.

36. Fest, *The Face of the Third Reich*, 355-375.

37. Christian Hartmann (ed.), *Von Feldherren und Gefreiten. Zur biographischen Dimension des Zweiten Weltkriegs* (Múnich, 2008), 7-9.

38. Hans Meier-Welcker, *Seeckt* (Fráncfort, 1967); Claus Guske, *Das politische Denken des Generals von Seeckt. Zur Diskussion des Verhältnisses Seeckt – Reichswehr – Republik* (Lübeck, 1971).

39. Véase sobre todo la obra clásica, y aún valiosa, de Francis L. Carsten, *The Reichswehr and Politics 1918-1933* (Oxford, 1966). Véase también Robert J. O'Neill, *The German Army and the Nazi Party 1933-1939* (Londres, 1966), que en muchos sentidos sigue siendo la obra de referencia en inglés. También es valioso, sobre todo porque el autor conoció personalmente a algunos de los que participaron en el proceso, John W. Wheeler-Bennett, *The Nemesis of Power: The German Army in Politics 1918-1945* (Londres, 2005 [primera ed., 1971]). El estudio general más reciente, que amplía el foco para incluir también a la tropa, es Ben H. Shepherd, *Hitler's Soldiers: The German Army in the Third Reich* (Londres, 2016), esp. 521-524.

40. Valerie G. Hébert, *Hitler's Generals on Trial: The Last War Crimes Tribunal at Nuremberg* (Lawrence, KS, 2020).

41. Alex J. Kay *et al.*, «Introduction», en *idem* (eds.), *Nazi Policy on the Eastern Front, 1941: Total War, Genocide, and Radicalization* (Rochester, NY, 2012), 1-18 (con referencias bibliográficas completas). Véase también Jens Westemeier (ed.), *«So war der deutsche Landser...»: Das populäre Bild der Wehrmacht* (Paderborn, 2019).

42. Wolfram Wette, *Die Wehrmacht: Feindbilder, Vernichtungskrieg, Legenden* (Fráncfort, 2005), esp. 197-270. La exposición supuso un escándalo para aquellos alemanes —en su mayoría, de edad avanzada— que aún se aferraban a la creencia de que, durante la guerra, las fuerzas armadas habían tratado al enemigo de un modo honorable. En 1997 unos 5.000 manifestantes, en su mayoría neonazis, se manifestaron por las calles de Múnich para protestar contra la exposición. Los críticos alegaban que muchas de las fotos presentadas en la muestra eran imágenes de atrocidades perpetradas por el Ejército Rojo y el NKVD, o la SS y el SD, no por las fuerzas armadas regulares de Alemania. La exposición se clausuró temporalmente para que un comité de expertos examinara el contenido. A la postre se descubrió que solo 20 de las 1.400 fotos se habían identificado mal, a lo que cabía sumar inexactitudes en algunos pies de foto. La exposición, revisada, se exhibió de nuevo en 2001; en total recibió más de un millón de visitantes.

43. Kay *et al.*, «Introduction»; Erich Ludendorff, *Der totale Krieg* (Múnich, 1935).

44. Michael Geyer, «German Strategy in the Age of Machine Warfare, 1914-1945», en Peter Paret (ed.), *Makers of Modern Strategy: From Machiavelli to the Nuclear Age* (Princeton, NJ, 1986), 543-572.

45. Horne y Kramer, *German Atrocities 1914*.

46. Goldensohn, *The Nuremberg Interviews*, 111.

47. Bernhard R. Koerner, «Gibt es ein richtiges Leben im falschen? Biographischen Deutungen im Zeitalter zusammenbrechender Werte und Welten», en Hartmann (ed.), *Von Feldherren und Gefreiten*, 113-126.

48. Meyer (ed.), *Generalfeldmarschall*, 76-78.

49. *Ibid.*, 57-58, 64, 68, 70-77, 88, 93, 97, 102-105, 126-127, 146-147.
50. *Ibid.*, 147.
51. *Ibid.*, 76-78.
52. Megargee, *Inside Hitler's High Command*, 231; véase también Isabel Hull, *Absolute Destruction: Military Culture and the Practices of War in Imperial Germany* (Ithaca, NY, 2004); y Telford Taylor, *Sword and Swastika: Generals and Nazis in the Third Reich* (Nueva York, 1952).

Capítulo 17. El profesional: Karl Brandt

1. Ulf Schmidt, *Hitlers Arzt Karl Brandt. Medizin und Macht im Dritten Reich* (Berlín, 2007), 93. Brandt era un cirujano experto y muy cualificado, y no «un charlatán, como médico», en contra de lo sugerido por el historiador Dan Stone (*The Holocaust*, 85).
2. Schmidt, *Hitlers Arzt*, 335-76; Karl Binding y Alfred Hoche, *Die Freigabe der Vernichtung lebensunwerten Lebens. Ihr Mass und Ihr Form* (Leipzig, 1920); Klaus-Dietmar Henke (ed.), *Tödliche Medizin im Nationalsozialismus. Von der Rassenhygiene zum Massenmord* (Colonia, 2008); Proctor, *Racial Hygiene*, esp. cap. 7; Michael Burleigh, *Death and Deliverance: «Euthanasia» in Germany 1900-1945* (Cambridge, 1994); Udo Benzenhöfer, *Euthanasia in Germany Before and During the Third Reich* (Münster, 2010).
3. Schmidt, *Hitlers Arzt*, 77-92.
4. *Ibid.*, 93-126.
5. *Ibid.*, 127-131; Schmuhl, *Rassenhygiene*.
6. Schmidt, *Hitlers Arzt*, 157-174; Evans, *The Third Reich in Power*, 580-610.
7. Henry Friedlander, *The Origins of Nazi Genocide: From Euthanasia to the Final Solution* (Chapel Hill, NC, 1995); Burleigh, *Death and Deliverance*; Evans, *The Third Reich at War*, 75-85, también para lo que sigue.
8. Burleigh, *Death and Deliverance*, 230-280.
9. Friedlander, *The Origins*, describe esta transferencia; para el papel de Brandt, véase Schmidt, *Hitlers Arzt*, 177-267; y Robert Jay Lifton, *The Nazi Doctors: A Study of the Psychology of Evil* (Londres, 1986), 71-72. Véase también Beth A. Griech-Polelle, *Bishop von Galen: German Catholicism and National Socialism* (New Haven, CT, 2002).
10. Burleigh, *Death and Deliverance*, 259.
11. Lifton, *The Nazi Doctors*, 269-302; Schmidt, *Hitlers Arzt*, 268-465.
12. Angelika Ebbinghaus, «Zwei Welten. Die Opfer und die Täter der kriegschirurgischen Experimente», en *eadem* y Klaus Dörner (eds.), *Vernichten und Heilen. Der Nürnberger Ärzteprozess und seine Folgen* (Berlín, 2001), 219-240.

13. Evans, *The Third Reich in History and Memory*, 142-149; Henrik Eberle y Neumann, *Was Hitler Ill?*; Redlich, *Hitler*, quien confirma la ortodoxia de las terapias de Morell.

14. Schmidt, *Hitlers Arzt*, 466-469.

15. Schmidt, *Hitlers Arzt*, 460-607.

16. *Ibid.*, 612-614. Las actas del juicio pueden consultarse en inglés en una edición en microfichas, dirigida por Klaus Dörner, Angelika Ebbinghaus y Karsten Linne (*The Nuremberg Medical Trial 1946/47*, Múnich, 2001). Para el original véase *Trials of War Criminals Before the Nuernberg Military Tribunals under Control Council Law No. 10: The Medical Case*, 2 vols. (Washington, DC, 1950). Véase también Paul Weindling, *Nazi Medicine and the Nuremberg Trials: From Medical War Crimes to Informed Consent* (Londres, 2004), y Ebbinghaus y Dörner (eds.), *Vernichten und Heilen*, esp. 331-438.

17. *Ibid.*, 13-34.

18. Lifton, *The Nazi Doctors*, 114-117.

19. Michael Grüttner, «The Expulsion of Academic Teaching Staff from German Universities, 1933-1945», *Journal of Contemporary History*, 57/3 (julio de 2022), 513-533.

20. Kater, *Doctors under Hitler*, 22-25, 111-126, 147, 172-173; Proctor, *Racial Hygiene*, 295-297.

21. Theresa Maria Duckwitz y Dominik Gross, «Searching for Motives: Suicides of Doctors and Dentists in the Third Reich and the Postwar Period, 1933-1939», *Endeavour*, 45/2 (diciembre de 2021); Proctor, *Racial Hygiene*, 299; más en general, Christian Goeschel, *Suicide in Nazi Germany* (Oxford, 2009).

22. Christian Pross, «Breaking Through the Postwar Cover-Up of Nazi Doctors in Germany», *Journal of Medical Ethics*, 17 (1991), *Supplement*, 13-16; Proctor, *Racial Hygiene*, 309-312; Kater, *Doctors*, 222-240; Weindling, *Nazi Medicine*, 333-343. Más en general, véase Ernst Klee, *Auschwitz, die Medizin und ihre Opfer* (Fráncfort, 1997); *idem, Deutsche Medizin im Dritten Reich: Karrieren vor und nach 1945* (Fráncfort, 2001); y Henke (ed.), *Tödliche Medizin*.

Capítulo 18. Los asesinos: Paul Zapp y Egon Zill

1. Konrad Kwiet, «Paul Zapp – Vordenker und Vollstrecker der Judenvernichtung», en Mallmann y Paul (eds.), *Karrieren der Gewalt*, 252-263; Horst Jüninger, «Tübinger Exekutoren der Endlösung», *Schwäbishes Tagblatt* (18 de junio de 2003), «Audimax Spezial».

2. Karla Poewe e Irving Hexham, «Jakob Wilhelm Hauer's New Religion and National Socialism», *Journal of Contemporary Religion*, 20 (2005), 195-

215; Mosse, *The Crisis of German Ideology*, *passim*; Paul Zapp, *Germanisch-deutsche Weihnacht* (Stuttgart, 1934), *Religiöser Zerfall und deutscher Glaube* (Eisenach, 1935), y *Deutsche Weihestunden* (Berlín, 1936). Véase también Wolfgang Dierker, *Himmlers Glaubenskrieger. Der Sicherheitsdienst der SS und seine Religionspolitik 1933-1941* (Paderborn, 2002).

3. Schaul Baumann, *Die Deutsche Glaubensbewegung und ihr Gründer Jakob Wilhelm Hauer (1881-1962)* (Marburgo, 2005).

4. Kwiet, «Paul Zapp», 260.

5. Carsten Schreiber, *Elite im Verborgenen: Ideologie und regionale Herrschaftspraxis des Sicherheitsdienstes der SS und seines Netzwerks am Beispiel Sachsens* (Múnich, 2008).

6. *Ibid.*, 258-262; véase también Andrej Angrick, *Besatzungspolitik und Massenmord. Die Einsatzgruppe D in der südlichen Sowjetunion 1941-1943* (Hamburgo, 2003); un resumen en *idem*, «The Men of *Einsatzgruppe* D: An Inside View of a State-Sanctioned Killing Group in the "Third Reich"», en Jensen y Szejnmann (eds.), *Ordinary People*, 78-96; más en general, véase Krausnick y Wilhelm, *Die Truppe*; y Peter Klein (ed.), *Die Einsatzgruppen in der besetzten Sowjetunion 1941/42: Die Tätigkeits– und Lageberichte des Chefs der Sicherheitspolizei und des SD* (Berlín, 1997).

7. Para el trasfondo, véase Claus-Christian W. Szejnmann, *Nazism in Central Germany: The Brownshirts in Red Saxony* (Oxford, 1999).

8. Karin Orth, «Egon Zill – ein typischer Vertreter der Konzentrationslager-SS», en Mallmann y Paul (eds.), *Karrieren der Gewalt*, 264-273, también para lo siguiente. Véase también Stanislav Zámecnik, *Das war Dachau* (Fráncfort, 2007), 128-129, y Christopher Dillon, *Dachau and the SS: A Schooling in Violence* (Oxford, 2015), 114-115.

9. Donald Bloxham, «Motivation und Umfeld. Vergleichende Anmerkungen zu den Ursachen genozidaler Täterschaft», en Martin Cüppers *et al.* (eds.), *Naziverbrechen. Täter, Taten, Bewältigungsversuche* (Darmstadt, 2013), 62-74.

10. Gerhard Paul, «Von Psychopathen, Technokraten des Terrors und "ganz gewöhnlichen" Deutschen. Die Täter der Shoah im Spiegel der Forschung», en *idem* (ed.), *Die Täter der Shoah. Fanatische Nationalsozialisten oder ganz normale Deutsche?* (Gotinga, 2002), 13-90, aquí 13-20; Gerhard Paul y Klaus-Michael Mallmann, «Sozialisation, Milieu und Gewalt. Fortschritte und Probleme der neueren Täterforschung», en *idem* (eds.), *Karrieren der Gewalt*, 1-32, referencia en 2.

11. Paul y Mallmann, «Sozialisation, Milieu und Gewalt», 3-4.

12. Claus-Christian W. Szejnmann, «Perpetrators of the Holocaust: A Historiography», en Olaf Jensen y Claus-Christian Szejnmann (eds.), *Ordinary People as Mass Murderers: Perpetrators in Comparative Perspective* (Londres, 2008), 25-54 (cita de Ohlendorf en 29); véase también Ulrich Herbert, «Extermination Policy: New Answers and Questions about the History of the

"Holocaust" in German Historiography», en *idem* (ed.), *National Socialist Extermination Policies: Contemporary German Perspectives and Controversies* (Oxford, 2000), 1-52; Paul, «Von Psychopathen», 20-33.

13. Alf Lüdtke, «"Fehlgreifen in der Wahl der Mittel". Optionen im Alltag militärischen Handelns», *Mittelweg*, 36:12 (2003), 61-75; Hans Mommsen, «Die Grenzen der Biografie. Prozesse und Entscheidungen: Ein Sammelband über die "Täter der Shoah" wirft die Frage nach dem Verhältnis von Individuum und Struktur im Nationalsozialismus auf», *Frankfurter Rundschau* (26 de noviembre de 2002); Dillon, *Dachau*, 63-69. Hay muchos más ejemplos de reticencia a obedecer las órdenes de matar civiles, por ejemplo Thomas Kühne, «Male Bonding and Shame Culture: Hitler's Soldiers and the Moral Basis of Genocidal Warfare», en Szejnmann y Jensen (ed.), *Ordinary People*, 55-77; Klaus-Michael Mallmann, «Dr. Jekyll & Mr. Hyde. Der Täterdiskurs in Wissenschaft und Gesellschaft», en *idem* y Andrej Angrick (eds.), *Die Gestapo nach 1945. Karrieren, Konflikte, Konstruktionen* (Darmstadt, 2009), 292-318. Más en general, véase Paul, «Von Psychopathen», 33-43.

14. Szejnmann, «Perpetrators», 37-38, 44-45; Goldhagen, *Hitler's Willing Executioners*; Tom Stammers y Simon Taylor, *An Analysis of Daniel Jonah Goldhagen's «Hitler's Willing Executioners»: Ordinary Germans and the Holocaust* (Londres, 2017); Johannes Heil y Rainer Erb (eds.), *Geschichtswissenschaft und Öffentlichkeit: der Streit um Daniel J. Goldhagen* (Fráncfort, 1998); Robert R. Shandley (ed.), *Unwilling Germans? The Goldhagen Debate* (Minneapolis, MN, 1998); Geoff Eley (ed.), *The «Goldhagen Effect»: History, Memory, Nazism – Facing the German Past* (Ann Arbor, MI 2000); Julius Schoeps (ed.), *Ein Volk von Mördern? Die Dokumentation zur Goldhagen-Kontroverse um die Rolle der Deutschen im Holocaust* (Hamburgo, 1996); sobre el antisemitismo y la izquierda, véase Rosemarie Leuschen-Seppel, *Sozialdemokratie und Antisemitismus im Kaiserreich. Die Auseinandersetzungen der Partei mit den konservativen und völkischen Strömungen des Antisemitismus 1871-1914* (Bonn, 1978).

15. Wildt, *Generation des Unbedingten*.

16. Paul y Mallmann, «Sozialisation», 6-9; Paul, «Von Psychopathen», 43-61; véase también Michael Mann, «Were the Perpetrators of Genocide "Ordinary Men" or "Real Nazis"? Results from Fifteen Hundred Biographies», *Holocaust and Genocide Studies*, 14 (2000), 331-366.

17. Mann, «Were the Perpetrators»; Paul y Mallmann, «Sozialisation», 15-16.

18. Hans Buchheim, «Command and Compliance», en Helmut Krausnick *et al.*, *Anatomy of the SS State* (Londres, 1968), 303-396; Dillon, Dachau, 80-82.

19. Paul y Mallmann, «Sozialisation», 17-18; Ernst Klee *et al.* (eds.), *«Those Were the Days»: The Holocaust as Seen by the Perpetrators and Bystanders* (Londres, 1991); Kühne, «Male Bonding», 74-75; Dillon, *Dachau*, 179-217.

20. Wolfgang Sofsky, *Die Ordnung des Terrors: Das Konzentrationslager* (Fráncfort, 1993), 229-324.

Capítulo 19. La «bruja» y la «bestia»: Ilse Koch e Irma Grese

1. Philip Friedman, *Roads to Extinction: Essays on the Holocaust* (Melrose Park, PA, 1980), 311.

2. Wendy Lower, *Hitler's Furies: German Women in the Nazi Killing Fields* (Londres, 2013), 120-144. Después de la guerra solo se juzgó a Petri, que fue condenada a cadena perpetua; véase Gudrun Schwarz, *Eine Frau an seiner Seite. Ehefrauen in der «SS-Sippengemeinschaft»* (Hamburgo, 1997).

3. Citado en Tomaz Jardim, *Ilse Koch on Trial: Making the «Bitch of Buchenwald»* (Londres, 2023), 143.

4. *Ibid.*, 159, 174, 251.

5. *Ibid.*, 164, 289-291.

6. *Ibid.*, 11-20.

7. *Ibid.*, 21-33; Walter Bartel, *Buchenwald: Mahnung und Verpflichtung, Dokumente und Berichte* (Berlín Oriental, 1983).

8. Wachsmann, *KL*, 197-198.

9. Jardim, *Ilse Koch*, 31-40.

10. *Ibid.*, 41-77; Wachsmann, *KL*, 383-391.

11. Jardim, *Ilse Koch*, 77-91.

12. *Ibid.*

12. *Ibid.*, 91-146. Koch ya tenía tres hijos, uno de los cuales murió en la infancia. El padre del cuarto (que pasó a acogida) era desconocido.

13. *Ibid.*, 147-259.

14. *Ibid.*, 260-294, 217. Véase también Alexandra Przyrembel, «Der Bann eines Bildes. Ilse Koch, die "Kommandeuse von Buchenwald"», en Insa Eschenbach *et al.* (eds.), *Gedächtnis und Geschlecht. Deutungsmuster in Darstellungen des nationalsozialistischen Genozids* (Fráncfort, 2002), 245-267.

15. John Cramer, *Belsen Trial 1945. Der Lüneburger Prozess gegen Wachpersonal der Konzentrationslager Auschwitz und Bergen-Belsen* (Gotinga, 2011), 287.

16. Gisella Perl, *I Was a Doctor in Auschwitz* (reimpresión, Londres, 2019).

17. Joanne Reilley, *Belsen: The Liberation of a Concentration Camp* (Londres, 1998); Ben Shepherd, *After Daybreak: The Liberation of Bergen-Belsen, 1945* (Nueva York, 2007).

18. Claudia Taake, *Angeklagt: SS-Frauen vor Gericht* (Oldemburgo, 1998), 49-66.

19. Raymond Phillips (ed.), *Trial of Josef Kramer and Forty-Four Others*

(The Belsen Trial) (Londres, 1949), 248-260, 615-616. Sobre los deberes de las guardias y el material que manejaban (por lo general se les enseñaba a disparar armas de fuego), véase Kathrin Kompisch. *Täterinnen. Frauen im Nationalsozialismus* (Colonia, 2008), 155-202.

20. Anette Kretzer, *NS-Täterchaft und Geschlecht. Der erste britische Ravensbrück-Prozess 1946/47 in Hamburg* (Berlín, 2009), 243; Bernhard Strebel, *Das KZ Ravensbrück. Geschichte eines Lagerkomplexes* (Paderborn, 2003), 78.

21. Albert Pierrepoint, *Executioner: Pierrepoint* (Londres, 1974), 148.

22. Citado en Cramer, *Belsen Trial*, 281.

23. Citado en *ibid.*, 288.

24. Citado en *ibid.*, 294.

25. Daniel P. Brown, *The Camp Women: The Female Auxiliaries Who Assisted the SS in Running the Nazi Concentration Camp System* (Atglen, PA, 2002), 12; véase también *idem*, *The Beautiful Beast: The Life and Crimes of SS-Aufseherin Irma Grese* (San Marino, CA, 2004).

26. Perl, *I Was a Doctor*, 45, también para lo que sigue.

27. Citado en Kompisch, *Täterinnen*, 135-141.

28. Gudrun Schwarz, «Frauen in Konzentrationslagern – Täterinnen und Zuschauerinnen», en Ulrich Herbert *et al.* (eds.), *Die nationalsozialistischen Konzentrationslager* (Fráncfort, 2002), 800-821; *eadem*, «"... möchte ich nochmals um meine Einberufung als SS-Aufseherin bitten". Wärterinnen in den nationalsozialistischen Konzentrationslagern», en Barbara Distel (ed.), *Frauen im Holocaust* (Gerlingen, 2001), 331-352.

29. Kompisch, Täterinnen, 30-36; también Ino Arndt, *Das Frauenkonzentrationslager Ravensbrück* (Múnich, 1993); Claus Füllberg-Stollberg (ed.), *Frauen in Konzentrationslagern: Bergen-Belsen und Ravensbrück* (Bremen, 1994); Sarah Helm, *Ravensbrück: Life and Death in Hitler's Concentration Camp for Women* (Nueva York, 2014); Wachsmann, KL, 468; y Strebel, *Das KZ Ravensbrück.*

30. Susanne Heschel, «Does Atrocity Have a Gender? Feminist Interpretations of Women in the SS», en Jeffrey M. Diefendorf (ed.), *Lessons and Legacies VI: New Currents in Holocaust Research* (Evanston, IL, 2004), 300-321, referencia en 318.

31. Lavern Wolfram, «Margot Pietzners autobiografische Aufzeichnungen "Schuldig oder Opfer?" Selbstwahrnehmung einer ehemaligen SS-Aufseherin in ihren Selbstzeugnissen», en Viola Schubert-Lehnhardt y Sylvia Korch (eds.), *Frauen als Täterinnen und Mittäterinnen im Nationalsozialismus. Gestaltungsspielräume und Handlungsmöglichkeiten* (Halle, 2006), 115-132; Jeanette Toussaint, «Die Auseinandersetzung mit der nationalsozialistischen Vergangenheit. Interviews mit ehemaligen SS-Aufseherinnen und ihren Töchtern», en *ibid.*, 147-160.

32. Irmtrud Heike, «Female Concentration Camp Guards as Perpetra-

tors: Three Case Studies», en Jensen y Szejnmann (eds.), *Ordinary People*, 120-142; más en general, Johannes Schwartz, *«Weibliche Angelegenheiten». Handlungsräume von KZ-Aufseherinnen in Ravensbrück und Neubrandenburg* (Hamburgo, 2018).

33. Ljiljana Heeise, *KZ-Aufseherinnen vor Gericht. Grete Bösel – «another of those brutal types of women»?* (Fráncfort, 2009), esp. 101; Simone Erpel, «Im Gefolge der SS. Aufseherinnen des Frauen-Konzentrationslagers Ravensbrück», en Marita Krauss (ed.), *Sie waren dabei. Mitläuferinnen, Nutzniesserinnen, Täterinnen im Nationalsozialismus* (Gotinga, 2008), 166-184.

Capítulo 20. La madre: Gertrud Scholtz-Klink

1. Mary R. Beard, *Woman as a Force in History: A Study in Traditions and Realities* (Nueva York, 1971), 23, citado en Claudia Koonz, *Mothers in the Fatherland: Women, the Family and Nazi Politics* (Londres, 1987), xvii. Peter Engelmann era un editor de prensa alemán, exiliado por los nazis; también entrevistó a Scholtz-Klink.

2. Koonz, *Mothers*, xx-xxi.

3. *Ibid.*, 17.

4. Richard J. Evans, *The Feminist Movement in Germany, 1894-1933* (Londres, 1976), 236-257.

5. Según se afirma en Picker, *Tischgespräche*, 145, y Jochmann, *Monologe*, 235, 316.

6. Domarus, *Hitler*, 531.

7. *Ibid.*, 721 (10 de septiembre de 1937).

8. Koonz, *Mothers*, xxiii-xxxiii.

9. Christiane Berger, «Die Reichsfrauenführerin Gertrud Scholtz-Klink», en Krauss (ed.), *Sie waren dabei*, 103-126.

10. Berger, «Reichsfrauenführerin», 104-105; *idem, «Reichsfrauenführerin» Gertrud Scholtz-Klink. Eine nationalsozialistische Frauenkarriere in Verlauf, Retrospektive und Gegenwart* (Saarbrücken 2007), 21-22.

11. . *Ibid.*; Jill Stephenson, *The Nazi Organisation of Women* (Londres, 1981), sigue siendo la obra de referencia sobre estos conflictos. Véase también Michael Kater, «Frauen in der NS-Bewegung», *Vierteljahrshefte für Zeitgeschichte*, 31 (1983), 202-241.

12. Stephenson, *The Nazi Organisation of Women*, 75-117.

13. Kater, «Frauen in der NS-Bewegung», 222-224.

14. *Ibid.*, 224-228; Stephenson, *The Nazi Organisation of Women*, 113-125.

15. Stephenson, The Nazi Organisation of Women, 18-19, 122-124; véase también Andrea Böltken, *Führerinnen im «Führerstaat»: Gertrud Scholtz-Klink, Trude Mohr, Jutta Rüdiger und Inge Viermetz* (Pfaffenweiler, 1995), 60.

16. *Ibid.*; también Jill Stephenson, *Women in Nazi Society* (Londres, 1975), *passim.*

17. Berger, «Reichsfrauenführerin», 117; sobre la idea de que Scholtz-Klink poseía autonomía ideológica, véase Massimiliano Livi, *Gertrud Scholtz-Klink: Die Reichsfrauenführerin* (Münster, 2005), 180-195.

18. Gisela Bock, «Die Frauen und der Nationalsozialismus. Bemerkungen zu einem Buch von Claudia Koonz», *Geschichte und Gesellschaft*, vol. 15, n.º 4 (1989), 563-579; Claudia Koonz, «Erwiderung auf Gisela Bocks Rezension von "Mothers in the Fatherland"», *Geschichte und Gesellschaft*, vol. 18, n.º 3 (1992), 394-399; Gisela Bock, *Zwangssterilisation im Nationalsozialismus: Studien zur Rassenpolitik und Frauenpolitik* (Opladen, 1986); Christina Herkommer, «Women under National Socialism: Women's Scope for Action and the Issue of Gender», en Jensen y Szejnmann (eds.), *Ordinary People*, 99-119.

19. Kompisch, *Täterinnen*; Christoph Thonfeld, «Frauen und Denunziation. Anmerkungen aus geschlechterhistorischer Perspektive», en Krauss, *Sie waren dabei*, 127-147; Elizabeth Harvey, *Women in the Nazi East: Agents and Witnesses of Germanization* (Londres, 2003); Vandana Joshi, *Gender and Power in the Third Reich: Female Denouncers and the Gestapo, 1933-1945* (Londres, 2003); panorama general en Christina Herkommer, *Die Rolle von Frauen im Spiegel des Diskurses der Frauen– und Geschlechterforschung* (Fráncfort, 2005); Adelheid von Saldern, «Victims or Perpetrators? Controversies about the Role of Women in the Nazi State», en David F. Crew (ed.), *Nazism and German Society, 1933-1945* (Londres, 1994), 141-165.

20. Kompisch, Täterinnen, *passim*; para un relato exhaustivo, véase Lower, *Hitler's Furies.*

21. Michael Kater, *Doctors under Hitler* (Chapel Hill, NC, 1989), 124-125; Fritz Bringmann, *Kindermord am Bullenhuser Damm. SS-Verbrechen in Hamburg 1945, Menschenversuche an Kindern* (Fráncfort, 1978).

22. Wachsmann, *KL*, 226-229.

23. Livi, «Reichsfrauenführerin», 102-133.

24. *Ibid.*, 199-205.

25. *Ibid.*, 205-219.

26. Berger, «Reichsfrauenführerin», 120-123; Gertrud Scholtz-Klink, *Die Frau im Dritten Reich* (Tubinga, 1978).

27. Koonz, *Mothers*, 181.

28. Para un panorama historiográfico general, véase Herkommer, «Women under National Socialism», 99-119.

Capítulo 21. La estrella: Leni Riefenstahl

1. Erich von Manstein, *Verlorene Siege* (Fráncfort, 1955), 43-44.

2. Jürgen Trimborn, *Riefenstahl. Eine deutsche Karriere. Biographie* (Berlín, 2002), 292-317, también para lo que sigue.

3. Manstein, *Verlorene Siege*, 44. Véase también Karin Wieland, *Dietrich und Riefenstahl. Der Traum von der neuen Frau* (Múnich, 2011), 353-362.

4. Leni Riefenstahl, *Memoiren 1902-1945* (Berlín, 1987), 349-352; Trimborn, *Riefenstahl*, 292-317; Rainer Rother, *Leni Riefenstahl: Die Verführung des Talents* (Berlín, 2000), 140-145; Steven Bach, *Leni: The Life and Work of Leni Riefenstahl* (Londres, 2007), 187-192.

5. Véase el documental de Nick Higham, «The Five Lives of Leni Riefenstahl», http://news.bbc.co.uk/1/hi/entertainment/986528.stm, consultado el 13 de julio de 2021; también «Her Films Glorified Hitler: Now Leni Riefenstahl's Own Story Hits the Screen», *The Scotsman* (12 de junio de 2012), consultado el 13 de julio de 2021.

6. Riefenstahl, *Memoiren*, 152. Para el discurso, véase Domarus, *Hitler*, 119-120.

7. Hartmann *et al.* (eds.), Hitler, *Mein Kampf*, I, 507 y n. 41.

8. Kershaw, *Hitler I*, 133.

9. Riefenstahl, *Memoiren*,153.

10. Harry R. Sokal, «Über Nacht Antisemitin geworden?», *Der Spiegel*, 46 (8 de noviembre de 1976); Leni Riefenstahl, en la sección de las cartas de los lectores, de la misma revista (15 de noviembre de 1976), sostuvo despectivamente que la declaración de Sokal era una sarta de mentiras. Para la relación de los dos, véase Wieland, *Dietrich und Riefenstahl*, 18-39.

11. Trimborn, *Riefenstahl*, 21-33.

12. *Ibid.*, 276.

13. Rother, *Leni Riefenstahl*, 21-29; Wieland, *Dietrich und Riefenstahl*, 104-118.

14. Trimborn, *Riefenstahl*, 34-67.

15. *Ibid.*, 69-85; Wieland, *Dietrich und Riefenstahl*, 117-154.

16. Trimborn, 86-119; Wieland, *Dietrich und Riefenstahl*, 155-175.

17. Riefenstahl, *Memoiren*, 152-160.

18. Trimborn, *Riefenstahl*, 120-143; Wieland, *Dietrich und Riefenstahl*, 176-183.

19. Trimborn, 143-155; Riefenstahl, *Memoiren*, 161-203 (también para la filmación en Groenlandia); Niven, *Hitler and Film*, 53-58.

20. Trimborn, *Leni Riefenstahl*, 156-197, también para el párrafo siguiente; Riefenstahl, *Memoiren*, 204-216; Rother, *Leni Riefenstahl*, 52-66; Niven, *Hitler and Film*, 65-60, 61-65; Wieland, *Dietrich und Riefenstahl*, 292-328. Sobre la lectura de *Mein Kampf* por Riefenstahl, véase Ernst Sorge, *Mit Flug-*

zeug, Faltboot und Filmkamera in den Eisfjorden Grönlands (Berlín, 1933), 157, citado en Wieland, *Dietrich und Riefenstahl*, 181.

21. Niven, *Hitler and Film*, 71-81.

22. Trimborn, *Leni Riefenstahl*, 198-237; Riefenstahl, *Memoiren*, 220-234; Rother, *Leni Riefenstahl*, 67-86; Welch, *Propaganda*, 147-259; Niven, *Hitler and Film*, 71-81.

23. David Clay Large, *Nazi Games: The Olympics of 1936* (Nueva York, 2007).

24. Trimborn, *Leni Riefenstahl*, 238-249; Rother, *Leni Riefenstahl*, 87-101; Wieland, *Dietrich und Riefenstahl*, 329-351.

25. Welch, *Propaganda*, 112-121.

26. Domarus, *Hitler*, 567.

27. Trimborn, *Leni Riefenstahl*, 250-265; Riefenstahl, *Memoiren*, 235-241, 249-253, 265-288, 298-299, 303-322; Niven, *Hitler and Film*, 84-95. Cooper C. Graham, *Leni Riefenstahl and Olympia* (Londres, 1986), al igual que Welch, destaca la naturaleza propagandística de la película.

28. Trimborn, *Leni Riefenstahl*, 266-361; Riefenstahl, *Memoiren*, 216-220, 322-332, 336-338, 399-400; Rother, *Leni Riefenstahl*, 118-140; Wieland, *Dietrich und Riefenstahl*, 364-379. Sobre Riefenstahl y la utilización como extras de internos de los campos de concentración, véase Nina Gladitz, *Leni Riefenstahl. Karriere einer Täterin* (Zúrich, 2020), esp. 257-342. Gladitz defiende que la visita de Riefenstahl a Polonia, en 1939, tenía que ver con la acción de la «eutanasia» (*ibid.*, 230-255), pero su intento no es convincente. Esta autora emprendió una campaña obsesiva contra Riefenstahl; véase Kate Connolly, «Burying Leni Riefenstahl», *The Guardian*, suplemento *G2* (jueves, 9 de diciembre de 2021), 5-8. Para una descripción precisa de la reunión sobre la «eutanasia» en la Polonia ocupada, véase Schmidt, *Karl Brandt, the Nazi Doctor*, 117-128.

29. Riefenstahl, *Memoiren*, 410-420; Wieland, *Dietrich und Riefenstahl*, 444-462.

30. Rother, *Leni Riefenstahl*, 154-160.

31. *Ibid.*, 180-198; Trimborn, *Leni Riefenstahl*, 484-505; Wieland, *Dietrich und Riefenstahl*, 463-481, 544-550.

32. Wieland, *Dietrich und Riefenstahl*, 550-555; Susan Sontag, *Under the Sign of Saturn* (Nueva York, 1980), 73-108.

Capítulo 22. La denunciante: Luise Solmitz

1. Ian Kershaw, *Popular Opinion and Political Dissent in the Third Reich: Bavaria 1933-1945* (Oxford 1983); *idem*, *The Hitler Myth: Image and Reality in the Third Reich* (Oxford, 1989).

2. Beate Meyer, «Zwischen Begeisterung und Skepsis. Die Wandlung der Luise Solmitz im Spiegel ihrer Tagebücher», en Frank Bajohr *et al.* (eds.), *Bedrohung, Hoffnung, Skepsis. Vier Tagebücher des Jahres 1933* (Gotinga, 2013), 127-142, y extractos del diario, 142-270; Daniel Führer, *Alltagssorgen und Gemeinschaftssehnsüchte. Tagebücher der Weimarer Republik (1913-1934)* (Stuttgart, 2020), 70-93; Werner Jochmann, *Nationalsozialismus und Revolution. Ursprung und Geschichte der NSDAP in Hamburg 1922-1933. Dokumente* (Fráncfort, 1962), 400-432; Beate Meyer, «"Ich schlüpfe ungeachtet wie eine graue Motte mit durch". Die Wandlungen der Louise Solmitz zwischen 1933 und 1945 im Spiegel ihrer Tagebücher», en Frank Bajohr y Sibylle Steinbacher (eds.), *«... Zeugnis ablegen bis zum Letzten». Tagebücher und persönliche Zeugnisse aus der Zeit des Nationalsozialismus und des Holocaust* (Gotinga, 2015), 61-80. Salvo cuando se indica otra cosa, los extractos citados proceden de las transcripciones conservadas en el Archivo de la Familia Solmitz (622-1/40) del Archivo Estatal de Hamburgo (Staatsarchiv der Freien– und Hansestadt Hamburg).

3. Meyer, «Zwischen Begeisterung und Skepsis», 127-132; Werner Stephan, *Acht Jahrzehnte erlebtes Deutschland. Ein Liberaler in vier Epochen* (Düsseldorf, 1983), 7-23.

4. *Tagebuch Solmitz* (diario de Solmitz), 30 de enero de 1933 (Meyer, «Zwischen Begeisterung und Skepsis», 152).

5. Meyer, «Zwischen Begeisterung und Skepsis», 133-135, 155-156; Jochmann, *Nationalsozialismus und Revolution*, 423.

6. Meyer, «Zwischen Begeisterung und Skepsis», 162-179.

7. *Ibid.*, 133-135. Sobre las denuncias en general véase Robert Gellately, *The Gestapo and German Society: Enforcing Racial Policy, 1933-1945* (Oxford, 1990); Gisela Diewald-Kerkmann, *Politische Denunziation im NS-Regime oder die kleine Macht der «Volksgenossen»* (Bonn, 1995); y Rita Wolters, *Verrat für die Volksgemeinschaft. Denunziantinnen im Dritten Reich* (Pfaffenweiler, 1996). A veces las mujeres podían recurrir al poder de la denuncia para liberarse de una situación personal difícil en una sociedad donde el divorcio, en los tiempos de guerra, resultaba especialmente dificultoso; véase Vandana Joshi, *Gender and Power in the Third Reich: Female Denouncers and the Gestapo (1939-1945)* (Londres, 2003).

8. Meyer, «Zwischen Begeisterung und Skepsis», 136-139. Más en general, véase Beate Meyer (ed.), *Die Verfolgung und Ermordung der Hamburger Juden. Geschichte, Zeugnis, Erinnerung* (Gotinga, 2006), 42-78.

9. Meyer, «Zwischen Begeisterung und Skepsis», 140-142.

10. Véase Beate Meyer, *«Jüdische Mischlinge». Rassenpolitik und Verfolgungserfahrung 1933-1945* (Hamburgo, 1999), 29-67, 166-184.

11. Michael Wildt, «Die Tagebücher der Luise Solmitz – Zwei Originale», en Thomas Grossbölting y Kirsten Heinsohn (eds.), *Zeitgeschichte in Hamburg 2021* (Hamburgo, 2022), 139-148.

12. Meyer, «Zwischen Begeisterung und Skepsis», 77-78.

Conclusión

1. Ian Kershaw, *Hitler, the Germans, and the Final Solution* (Londres, 2008); Peter Longerich, *«Davon haben wir nichts gewusst!»: Die Deutschen und die Judenverfolgung 1933-1945* (Londres, 2009); Frank Bajohr y Dieter Pohl, *Der Holocaust als offenes Geheimnis: die Deutschen, die NS-Führung und die Alliierten* (Múnich, 2006); David Bankier, *The Germans and the Final Solution: Public Opinion Under Nazism* (Cambridge, 1992); Sarah Gordon, *Hitler, Germans, and the Jewish Question* (Princeton, NJ, 1984); Victor Klemperer, *To the Bitter End: The Diaries of Victor Klemperer 1942-1945* (Londres, 1999), 148 (17 de octubre de 1942); Otto Dov Kulka y Eberhard Jäckel (eds.), *The Jews in the Secret Nazi Reports on Popular Opinion in Germany, 1933-1945* (Londres, 2010), xxv-lxiv (con más referencias, sobre todo a bibliografía más antigua).

2. Para la propaganda bélica Aliada, véase por ejemplo Fossey J. C. Hearnshaw, *Germany the Aggressor Throughout the Ages* (Londres, 1940), o Rohan d'Olier Butler, *The Roots of National Socialism* (Londres, 1941).

3. Robert Gellately, *Backing Hitler: Consent and Coercion in Nazi Germany* (Oxford, 2002); Eric A. Johnson y Karl-Heinz Reuband, *What We Knew: Terror, Mass Murder, and Everyday Life in Nazi Germany* (Nueva York, 2005); Götz Aly, *Hitler's Beneficiaries: Plunder, Racial War, and the Nazi Welfare State* (Nueva York, 2007); Peter Fritzsche, *Hitler's First Hundred Days: When Germans Embraced the Third Reich* (Nueva York, 2020). El último y excelente libro de Gellately, *Hitler's True Believers: How Ordinary People Became Nazis* (Nueva York, 2020), narra en toda su extensión la violencia y coerción que se hallaban en el núcleo de la conquista nazi del poder; pero aún, inexplicablemente, excluye de la categoría de la «gente normal y corriente» a los millones de partidarios y votantes del Partido Comunista. Para un debate mesurado sobre estos asuntos, véase Mary Fulbrook, *Bystander Society: Conformity and Complicity in Nazi Germany and the Holocaust* (Oxford, 2023).

4. Thomas Weber (ed.), *Als die Demokratie starb. Die Machtergreifung der Nationalsozialisten – Geschichte und Gegenwart* (Friburgo, 2022).

5. Evans, *The Third Reich in History and Memory*, 87-141 («Coercion and Consent» y «The People's Community»); para la cuestión de la «democracia», véase Thomas Weber (ed.), *Als die Demokratie starb*, esp. cap. 4 (Thomas Weber, «Nationalsozialistische illiberale Demokratie») y cap. 5 (Hedwig Richter, «Wahlen im Nationalsozialismus: Eine dunkle Seite der Demokratiegeschichte»; más por extenso, también, *eadem*, *Demokratie. Eine deutsche Affäre* [Múnich, 2020]). El concepto de una «democracia iliberal» lo planteó el hombre fuerte de Hungría, Viktor Orbán, que sigue pudiendo ser destituido en un sistema multipartidista caracterizado por elecciones que siguen siendo (más o menos) libres.

6. Longerich, *Hitler*, 516-517.

7. Claudia Koonz, *The Nazi Conscience* (Londres, 2003), 273.

8. Alan E. Steinweis, *The People's Dictatorship: A History of Nazi Germany* (Cambridge, 2023), sigue siendo aun a pesar de su título la mejor historia de la Alemania nazi disponible en inglés en un solo volumen, en paralelo a Jane Caplan y su *Nazi Germany: A Very Short Introduction* (Oxford, 2019).

9. Jeremy Noakes, «The Oldenburg Crucifix Struggle of November 1936: A Case Study of Opposition in the Third Reich», en Peter D. Stachura (ed.), *The Shaping of the Nazi State* (Londres, 1978), 210-233; Longerich, *Heinrich Himmler*, 550; Evans, *The Third Reich at War*, 90-101 (con más referencias); Nathan Stoltzfus, *Resistance of the Heart: Intermarriage and the Rosenstrasse Protest in Nazi Germany* (Nueva York, 1996); véase también Wolf D. Gruner, *Widerstand in der Rosenstrasse: Die Fabrik-Aktion und die Verfolgung der Mischehen 1943* (Fráncfort, 2005), para una interpretación menos dramática de los hechos de la Rosenstrasse. En su contestación a los críticos, a menudo vehemente, *Hitler's Compromises: Coercion and Consensus in Nazi Germany* (New Haven, CT, 2016), y en una importante colección de ensayos coeditada con Birgit Maier-Katkin, *Protest in Hitler's «National Community»: Popular Unrest and the Nazi Response* (Oxford, 2015), Stoltzfus ha defendido que una protesta pública general y frecuente contra las medidas y acciones del Tercer Reich obligó a Hitler y a sus subordinados a llegar a acuerdos en toda una variedad de asuntos, que en el proceso limitaron el poder del régimen. Pero no se trata de una idea ni nueva ni original; y reconocer que la coerción fue importante en el establecimiento y la preservación del Tercer Reich no equivale a sostener que todos y cada uno de los aspectos de la vida en ese régimen estuvieran reglamentados y controlados. Véanse también las obras anteriores de Peterson, *The Limits*; Detlev Peukert y Jürgen Reulecke (eds.), *Die Reihen fast geschlossen: Beiträge zur Geschichte des Alltags unterm Nationalsozialismus* (Wuppertal, 1981); Mason, *Social Policy*; y muchos otros estudios sociohistóricos.

10. Nicholas Stargardt, «Beyond "Consent" or "Terror": Wartime Crises in Nazi Germany», *History Workshop Journal*, 72 (2011), 190-204; y Steber y Gotto (eds.), *Visions of Community*, 15-16.

11. Véanse los artículos de Ian Kershaw (29-42) y Ulrich Herbert (60-72) en Steber y Gotto (eds.), *Visions of Community*. El polémico ensayo de Rudolf Tschirbs, *Das Phantom der Volksgemeinschaft* (Düsseldorf, 2015), defiende la idea de que el Tercer Reich fue una sociedad de clases.

12. Michael Wildt, «Volksgemeinschaft: A Modern Perspective on National Socialist Society», en Steber y Gotto (eds.), *Visions of Community*, 60-72.

13. Detlev Peukert, *Volksgenossen und Gemeinschaftsfremde: Anpassung, Ausmerze und Aufbegehren unter dem Nationalsozialismus* (Colonia, 1982; versión inglesa: *Inside Nazi Germany: Conformity, Opposition and Racism in Everyday Life*, Londres, 1987); Armin Nolzen, «Inklusion und Exklusion im "Dritten Reich". Das Beispiel der NSDAP», en Frank Bajohr y Michael Wildt

(eds.), *Volksgemeinschaft. Neue Forschungen zur Gesellschaft des Nationalsozialismus* (Fráncfort, 2009), 60-77.

14. Peukert, *Volksgenossen und Gemeinschaftsfremde*; Frank Bajohr, «"Community of Action and Diversity of Attitudes: Reflections on Mechanisms of Social Integration in National Socialist Germany 1933-45», en Steber y Gotto (eds.), *Visions of Community*, 187-199; Rüdiger Hachtmann, «Volksgemeinschaftliche Dienstleister? Anmerkungen zu Selbstverständnis und Funktion der Deutschen Arbeitsfront und der NS-Gemeinschaft "Kraft durch Freude"», en Detlef Schmiechen-Ackermann (ed.), *«Volksgemeinschaft»: Mythos, wirkungsmächtige soziale Verheissung oder soziale Realität im «Dritten Reich»* (Paderborn, 2012), 111-131.

15. Frank Bajohr, «"Volksgemeinschaft" von außen betrachtet. Gemeinschaftsutopien und soziale Praxiss in Berichten ausländischer Diplomaten und des sozialdemokratischen Exils 1933-45», en Dietmar von Reeken y Malte Thiessen (eds.), *«Volksgemeinschaft» als soziale Prazis: Neue Forschungen zur NS-Gesellschaft vor Ort* (Paderborn, 2013), 79-96. Para más detalles, véase Bernd Stöver, *Volksgemeinschaft im Dritten Reich: Die Konsensbereitschaft der Deutschen aus der Sicht sozialdemokratischer Exilberichte* (Düsseldorf, 1993).

16. Sven Keller, *Volksgemeinshaft am Ende. Gesellschaft und Gewalt 1944/45* (Múnich, 2013).

17. *Ibid.*, 287-293.

18. Harald Welzer, *Täter. Wie aus ganz normalen Menschen Massenmörder werden* (Fráncfort, 2005), 246-268.

19. Dan Stone, *The Holocaust: An Unfinished History* (Londres, 2023), xviii.

20. Jürgen Falter (ed.), *Junge Kämpfer, alte Opportunisten. Die Mitglieder der NSDAP 1919-1945* (Fráncfort, 2016), 475.

21. Mary Fulbrook, *Reckonings. Legacies of Nazi Persecution and the Quest for Social Justice* (Oxford, 2018), 538.

Bibliografía

Adam, Peter, *The Arts in the Third Reich*, Londres, 1992. [Hay trad. cast.: *El arte del Tercer Reich*, Tusquets, 1992.]

Adams, Henry M., y Robin K., *Rebel Patriot: A Biography of Franz von Papen*, Santa Barbara, CA, 1987.

Adorno, Theodor W., *et al.*, *The Authoritarian Personality*, Nueva York, 1950. [Hay trad. cast.: *Escritos sociológicos II* (vol. 1: *La técnica psicológica de las alocuciones radiofónicas de Martin Luther Thomas. Estudios sobre la personalidad autoritaria*), Akal, 2009.]

Ahlheim, Hannah, *«Deutsche, kauft nicht bei Juden!» Antisemitischer Boycott in Deutschland 1924 bis 1935*, Gotinga, 2011.

Alford, Kenneth D., *Hermann Göring and the Nazi Art Collection: The Looting of Europe's Art Treasures and Their Dispersal After World War II*, Jefferson, NC, 2012.

Allert, Tilman, *The Nazi Salute: On the Meaning of a Gesture*, Nueva York, 2008.

Aly, Götz, *Hitler's Beneficiaries: Plunder, Racial War, and the Nazi Welfare State*, Nueva York, 2007.

—, y Susanne Heim, *Architects of Annihilation: Auschwitz and the Logic of Destruction*, Princeton, NJ, 2002.

Andrus, Burton C., *The Infamous of Nuremberg*, Londres, 1969. [Hay trad. cast.: *Prisioneros de Nuremberg*, Luis de Caralt, 1974.]

Angrick, Andrej, *Besatzungspolitik und Massenmord. Die Einsatzgruppe D in der südlichen Sowjetunion 1941-1943*, Hamburgo, 2003.

—, «The Men of *Einsatzgruppe* D: An Inside View of a State-Sanctioned

Killing Group in the "Third Reich"», en Olaf Jensen y Claus-Christian W. Szejnmann (eds.), *Ordinary People as Mass Murderers: Perpetrators in Comparative Perspective*, Londres, 2008, 78-96.

Arndt, Ino, *Das Frauenkonzentrationslager Ravensbrück*, Múnich, 1993.

Aronson, Shlomo, *Reinhard Heydrich und die Frühgeschichte von Gestapo und SD*, Stuttgart, 1971.

Bach, Steven, *Leni: The Life and Work of Leni Riefenstahl*, Londres, 2007. [Hay trad. cast.: *Leni Riefenstahl*, Circe, 2008.]

Baird, Jay W., *To Die for Germany: Heroes in the Nazi Pantheon*, Bloomington, IN, 1990.

Bajohr, Frank, *Parvenüs und Profiteure. Korruption in der NS-Zeit*, Fráncfort, 2001.

—, y Dieter Pohl, *Der Holocaust als offenes Geheimnis: Die Deutschen, die NS-Führung und die Alliierten*, Múnich, 2006.

—, «"Volkegsmeinschaft" von aussen betrachtet. Gemeinschaftsutopien und soziale Praxis in Berichten ausländischer Diplomaten und des sozialdemokratischen Exils 1933-45», en Dietmar von Reeken y Malte Thiessen (eds.), *«Volksgemeinschaft» als soziale Prazis: Neue Forschungen zur NS-Gesellschaft vor Ort*, Paderborn, 2013, 79-96.

Bankier, David, *The Germans and the Final Solution: Public Opinion Under Nazism*, Cambridge, 1992. [Hay trad. cast.: *La Europa nazi y la solución final*, Losada, 2005.]

Baranowski, Shelley, *Strength Through Joy: Consumerism and Mass Tourism in the Third Reich*, Nueva York, 2004.

Barber, John, y Andrei Dzeniskevich, *Life and Death in Besieged Leningrad, 1941-44*, Nueva York, 2005.

Barbian, Jan-Pieter, *Literaturpolitik in «Dritten Reich». Institutionen, Kompetenzen, Betätigungsfelder*, Múnich, 1995.

Bartel, Walter, *Buchenwald: Mahnung und Verpflichtung, Dokumente und Berichte*, Berlín Oriental, 1983.

Bartov, Omer, *The Eastern Front 1941-45: German Troops and the Barbarisation of Warfare*, Oxford, 1985.

Bartsch, Günter, *Zwischen drei Stühle: Otto Strasser. Eine Biographie*, Coblenza, 1990.

Bascomb, Neal, *Hunting Eichmann: How a Band of Survivors and a Young Spy Agency Chased Down the World's Most Notorious Nazi*, Boston, MA, 2009.

Baumann, Schaul, *Die Deutsche Glaubensbewegung und ihr Gründer Jakob Wilhelm Hauer (1881-1962)*, Marburgo, 2005.

Baumeister, Frank (ed.), *Hesselbergland. Land und Leute in Ehingen, Dambach und Lentersheim*, Gunzenhausen, 1991.

Bayer, Karen, *«How Dead is Hitler?» Der britische Starreporter Sefton Delmer und die Deutschen*, Maguncia, 2008.

Beard, Mary R., *Woman as a Force in History: A Study in Traditions and Realities*, Nueva York, 1971.

Beck, Hermann, *The Fateful Alliance: German Conservatives and Nazis in 1933. The «Machtergreifung» in a New Light*, Oxford, 2008.

—, *Before the Holocaust: Antisemitic Violence and the Reaction of German Elites and Institutions during the Nazi Takeover*, Oxford, 2022.

Becker, Josef, «Zentrum und Ermächtigungsgesetz 1933: Dokumentation», en *Vierteljahrshefte für Zeitgeschichte*, vol. 9 (1961), 195-210.

Beevor, Antony, *Stalingrad*, Londres, 2007. [Hay trad. cast.: *Stalingrado*, Crítica, 2015.]

Behrenbeck, Sabine, *Der Kult um die toten Helden. Nationalsozialistische Mythen, Riten und Symbole 1923 bis 1945*, Vierow bei Greifswald, 1996.

Bennecke, Heinrich, «Die Memoiren des Ernst Röhm. Ein Vergleich der verschiedenen Ausgaben und Auflagen», *Politische Studien*, vol. 14, n.º 1 (1963), 179-188.

—, *Hitler und die SA*, Múnich, 1972.

Benz, Wigbert, *Der Hungerplan im «Unternehmen Barbarossa» 1941*, Berlín, 2011.

Benz, Wolfgang, *Gewalt im November 1938. Die «Reichskristallnacht». Initial zum Holocaust*, Berlín, 2018.

Benzenhöfer, Udo, *Euthanasia in Germany Before and During the Third Reich*, Münster, 2010.

Beorn, Waitman Wade, *Marching into Darkness: Local Participation of the Wehrmacht in the Holocaust, 1941-1942*, Cambridge, MA, 2014.

Beradt, Charlotte, *Das dritte Reich des Traums*, Fráncfort, 1966. [Hay trad. cast.: *El Tercer Reich de los sueños*, Pepitas de Calabaza, 2021.]

Berg, Matthias, *Karl Alexander von Müller: Historiker für den Nationalsozialismus*, Múnich, 2014.

Berger, Christiane, *«Reichsfrauenführerin» Gertrud Scholtz-Klink. Eine nationalsozialistische Frauenkarriere in Verlauf, Retrospektive und Gegenwart*, Saarbrücken, 2007.

—, «Die Reichsfrauenführerin Gertrud Scholtz-Klink», en Marita Krauss (ed.), *Sie waren dabei. Mitläuferinnen, Nutzniesserinnen, Täterinnen im Nationalsozialismus* (Gotinga, 2008), 103-126.

Bering, Dietz, *Kampf um Namen. Bernhard Weiss gegen Joseph Goebbels*, Stuttgart, 1991.

Besgen, Achim, *Der stille Befehl. Medizinalrat Kersten, Himmler und das Dritte Reich*, Múnich, 1960.

Bessel, Richard, «The Potempa Murder», *Central European History*, vol. 10 (1977), 241-254.

—, *Political Violence and the Rise of Nazism: The Storm Troopers in Eastern Germany 1925-1934*, Londres, 1984.

Bieber, Len E., «La política militar alemana en Bolivia, 1900-1935», *Latin American Research Review*, vol. 29, n.º 1 (1994), 85-106.

Binding, Karl, y Alfred Hoche, *Die Freigabe der Vernichtung lebensunwerten Lebens. Ihr Mass und Ihr Form*, Leipzig, 1920.

Bloch, Charles, *Die SA und die Krise des NS-Regimes 1934*, Fráncfort, 1970.

Bloch, Michael, *Ribbentrop*, Londres, 1992 (2.ª ed., Londres, 2003).

Blood-Ryan, Hugh W., *Franz von Papen: His Life and Times*, Londres, 1938.

Bloxham, Donald, «Motivation und Umfeld. Vergleichende Anmerkungen zu den Ursachen genozidaler Täterschaft», en Martin Cüppers *et al.* (eds.), *Naziverbrechen. Täter, Taten, Bewältigungsversuche*, Darmstadt, 2013, 62-74.

Bock, Gisela, *Zwangssterilisation im Nationalsozialismus: Studien zur Rassenpolitik und Frauenpolitik*, Opladen, 1986.

—, «Die Frauen und der Nationalsozialismus. Bemerkungen zu einem Buch von Claudia Koonz», *Geschichte und Gesellschaft*, vol. 15, n.º 4 (1989), 563-579.

Böhler, Jochen, *Auftakt zum Vernichtungskrieg: Die Wehrmacht in Polen 1939*, Fráncfort, 2006.

—, «Intention oder Situation? Soldaten der Wehrmacht und die Anfänge des Vernichtungskrieges in Polen», en Timm C. Richter (ed.), *Krieg und Verbrechen. Situation und Intention: Fallbeispiele*, Múnich, 2006), 165-172.

Bollmus, Reinhard, *Das Amt Rosenberg und seine Gegner. Studien zum Machtkampf im nationalsozialistischen Herrschaftssystem*, Stuttgart, 1970 (2.ª ed., Múnich, 2006).

Böltken, Andrea, *Führerinnen im «Führerstaat»: Gertrud Scholtz-Klink, Trude Mohr, Jutta Rüdiger und Inge Viermetz*, Pfaffenweiler, 1995.

Botz, Gerhard, *Der 13. März und die Anschluss-Bewegung: Selbstaufgabe, Okkupation und Selbstfindung Österreichs 1918-1945*, Viena, 1978.

Bouverie, *Tim, Appeasing Hitler: Chamberlain, Churchill and the Road to War*, Londres, 2019. [Hay trad. cast.: *Apaciguar a Hitler: Chamberlain, Churchill y el camino a la guerra*, Debate, 2021.]

Bracher, Karl Dietrich, *Die Auflösung der Weimarer Republik. Eine Studie zum Problem des Machtverfalls in der Demokratie*, Villingen/Schwarzwald, 1955.

—, *Die nationalsozialistische Machtergreifung: Studien zur Errichtung des totalitären Herrschaftssystems in Deutschland 1933/34, I: Stufen der Machtergreifung*, Colonia, 1960.

Brakelmann, Günter, *Zwischen Mitschuld und Widerstand: Fritz Thyssen und der Nationalsozialismus*, Essen, 2010.

Brechenmacher, Thomas (ed.), *Das Reichskonkordat 1933. Forschungsstand, Kontroversen, Dokumente*, Paderborn, 2007.

Brechtken, Magnus, *«Madagaskar für die Juden». Antisemitische Idee und politische Praxis 1885-1945*, Múnich, 1997.

—, *Albert Speer. Eine deutsche Karriere*, Múnich, 2017.

Breitman, Richard, *The Architect of Genocide: Himmler and the Final Solution*, Londres, 1991.

Bringmann, Fritz, *Kindermord am Bullenhuser Damm. SS-Verbrechen in Hamburg 1945, Menschenversuche an Kindern*, Fráncfort, 1978.

Brockmann, Robert, *El general y sus presidentes: vida y tiempos de Hans Kundt, Ernst Röhm e siete presidentes en la historia de Bolivia, 1911-1939*, La Paz, 2007.

Browder, George C., *Hitler's Enforcers: The Gestapo and the SS Security Service in the Nazi Revolution*, Oxford, 1996.

—, «Perpetrator Character and Motivation: An Emerging Consensus», en *Holocaust and Genocide Studies*, 17 (2003), 480-497.

Brown, Daniel P., *The Camp Women: The Female Auxiliaries Who Assisted the SS in Running the Nazi Concentration Camp System*, Atglen, PA, 2002.

—, *The Beautiful Beast: The Life and Crimes of SS-Aufseherin Irma Grese*, San Marino, CA, 2004.

Browning, Christopher, *The Final Solution and the German Foreign Office:*

A Study of Referat D III of Abteilung Deutschland 1940-43, Nueva York, 1978.

—, *Ordinary Men: Reserve Police Battalion 101 and the Final Solution in Poland*, Nueva York, 1992. [Hay trad. cast.: *Aquellos hombres grises: el batallón 101 y la solución final en Polonia*, Edhasa, 2019, 2.ª ed. rev.]

Bruce, Gary, *Through the Lion Gate: A History of Berlin Zoo*, Nueva York, 2017.

Bryant, Chad, *Prague in Black: Nazi Rule and Czech Nationalism*, Cambridge, MA, 2007.

Bucher, Peter, *Der Reichswehrprozess. Der Hochverrat der Ulmer Reichswehroffiziere 1929/30*, Boppard am Rhein, 1967.

Buchheim, Hans, «Command and Compliance», en Helmut Krausnick *et al.*, *Anatomy of the SS State*, Londres, 1968, 303-396.

Bullock, Alan, *Hitler: A Study in Tyranny*, Londres, 1952. [Hay trad. cast.: *Hitler: estudio de una tiranía*, Gandesa, 1964; Grijalbo, 1984.]

—, *Hitler and Stalin: Parallel Lives*, Londres, 1991. [Hay trad. cast.: *Hitler y Stalin: vidas paralelas*, Plaza & Janés, 1994; Kailas, 2016.]

Burckhardt, Carl J., *Meine Danziger Mission 1937-1939*, Múnich, 1960. [Hay trad. cast.: *Mi misión en Danzig*, Plaza & Janés, 1962.]

Burleigh, Michael, *Germany Turns Eastwards: A Study of Ostforschung in the Third Reich*, Cambridge, 1988.

—, *Death and Deliverance: «Euthanasia» in Germany 1900-1945*, Cambridge, 1994.

Butler, Rohan d'Olier, *The Roots of National Socialism*, Londres, 1941.

Bytwerk, Randall F., «Julius Streicher and the Early History of "Der Stürmer"», en *Journalism History*, vol. 5 (1978), 74-79.

—, *Julius Streicher: Nazi Editor of the Notorious Anti-Semitic Newspaper «Der Stürmer»*, Nueva York, 2001 [1983].

Cahill, John L., «Dear Herr Streicher: Letters to the Third Reich's Foremost Anti-Semite», en Otis C. Mitchell (ed.), *Nazism and the Common Man*, Washington, D. C., 1981, 139-157.

Calic, Edouard, *Reinhard Heydrich: The Chilling Story of the Man Who Masterminded the Nazi Death Camps*, Nueva York, 1985.

Campbell, Bruce, *The SA Generals and the Rise of Nazism*, Lexington, KY, 1998.

Caplan, Jane, *Nazi Germany: A Very Short Introduction*, Oxford, 2019.

Carsten, Francis L., *The Reichswehr and Politics 1918-1933*, Oxford, 1966.

Childers, Thomas, *The Nazi Voter: The Social Foundations of Fascism in Germany, 1919-1933*, Chapel Hill, NC, 1981.

Christensen, Claus Bundgård *et al.*, *War, Genocide and Cultural Memory: The Waffen-SS, 1933 to Today*, Londres, 2023, 225-270.

Clarke, Comer, *Eichmann: The Savage Truth*, Londres, 1960. [Hay trad. cast.: *La espantosa verdad de la historia de Eichmann*, Avicena, 1961.]

Clinefelter, Joan L., *Artists for the Reich: Culture and Race from Weimar to Nazi Germany*, Oxford, 2005.

Cohen, William B., y Jörgen Svensson, «Finland and the Holocaust», en *Holocaust and Genocide Studies*, vol. 9 (1995), 70-93.

Connolly, Kate, «Burying Leni Riefenstahl», en *The Guardian*, suplemento *G2* (jueves, 9 de diciembre de 2021), 5-8.

Conze, Eckart *et al.*, *Das Amt und die Vergangenheit. Deutsche Diplomaten im Dritten Reich und in der Bundesrepublik*, Múnich, 2010.

Craig, Gordon A., *The Politics of the Prussian Army 1640-1945*, Oxford, 1955.

Cramer, John, *Belsen Trial 1945. Der Lüneburger Prozess gegen Wachpersonal der Konzentrationslager Auschwitz und Bergen-Belsen*, Gotinga, 2011.

Crowther, Bosley, «Varnished Truth: "The Hitler Gang" Gives Evidence of an Incomplete Political Analysis», en *New York Times* (14 de mayo de 1944), sección X, 3.

Delmer, Sefton, *Trail Sinister: An Autobiography*, Londres, 1961. [Hay trad. cast.: *Los alemanes y yo*, Luis de Caralt, 1967.]

Demeter, Karl, *Das deutsche Offizierskorps in Gesellschaft und Staat 1650-1945*, Fráncfort, 1962.

Deschner, Günther, *Heydrich: The Pursuit of Total Power*, Londres, 1981.

Deuerlein, Ernst, «Hitlers Eintritt in die Politik und die Reichswehr», en *Vierteljahrshefte für Zeitgeschichte*, vol. 7 (1959), 177-227.

— (ed.), *Der Hitler-Putsch: Bayerische Dokumente zum 8./9. November 1923*, Stuttgart, 1962.

— (ed.), *Der Aufstieg der NSDAP in Augenzeugenberichten*, 4.ª ed., Múnich, 1980.

Diederichs, Mario, *Heydrich: The Face of Evil*, Londres, 2006.

Diehl, James M., *Paramilitary Politics in Weimar Germany*, Bloomington, IN, 1977.

Diels, Rudolf, *Lucifer ante portas: ...es spricht der erste Chef der Gestapo*, Stuttgart, 1950.

Dierker, Wolfgang, *Himmlers Glaubenskrieger. Der Sicherheitsdienst der SS und seine Religionspolitik 1933-1941*, Paderborn, 2002.

Diewald-Kerkmann, *Gisela, Politische Denunziation im NS-Regime oder die kleine Macht der «Volksgenossen»*, Bonn, 1995.

Dillon, Christopher, *Dachau and the SS: A Schooling in Violence*, Oxford, 2015.

Doll, Nikola, *Mäzenentum und Kunstförderung im Nationalsozialismus: Werner Peiner und Hermann Göring*, Weimar, 2009.

Domarus, Max (ed.), *Hitler. Reden und Proklamationen 1932-1945. Kommentiert von einem deutschen Zeitgenossen*, 4 vols., Múnich, 1962-1973.

Domeier, Norman, *The Eulenburg Affair: A Cultural History of Politics in the German Empire*, Rochester, NY, 2015.

Dominick, Raymond H. III, *The Environmental Movement in Germany: Prophets and Pioneers, 1871-1971*, Nueva York, 1992.

Dörner, Klaus *et al.*, *The Nuremberg Medical Trial 1946/47*, Múnich, 2001.

Dornheim, Andreas, *Röhms Mann fürs Ausland: Politik und Ermordung des SA-Agenten Georg Bell*, Münster, 1998.

Döscher, Hans-Jürgen, *Das Auswärtige Amt im Dritten Reich. Diplomatie im Schatten der «Endlösung»*, Berlín, 1987.

Dougherty, Nancy, *The Man with the Iron Heart: The Definitive Biography of Reinhard Heydrich, Architect of the Holocaust, ed. Christopher Lehmann-Haupt*, Londres, 2022.

Dröge, Martin, *Männlichkeit und «Volksgemeinschaft»: Der westfälische Landeshauptmann Karl Friedrich Kolbow (1899-1945): Biographie eine NS-Täters*, Paderborn, 2015.

Duckwitz, Theresa Maria, y Dominik Gross, «Searching for Motives: Suicides of Doctors and Dentists in the Third Reich and the Postwar Period, 1933-1939», en *Endeavour*, vol. 45, n.º 2 (diciembre de 2021).

Dutch, Oswald (seudónimo de Otto Erich Deutsch), *The Errant Diplomat: The Life of Franz von Papen*, Londres, 1940.

Ebbinghaus, Angelika, «Zwei Welten. Die Opfer und die Täter der kriegschirurgischen Experimente», en *eadem* y Klaus Dörner (eds.), en *Vernichten und Heilen. Der Nürnberger Ärzteprozess und seine Folgen*, Berlín, 2001, 219-240.

Eberle, Henrik, y Hans-Joachim Neumann, *Was Hitler Ill? A Final Diagnosis*, Cambridge, 2012.

Eichengreen, Barry, *Golden Fetters: The Gold Standard and the Great Depression, 1919-1939*, Oxford, 1992.

Eissler, Wilfried U., *Arbeiterparteien und Homosexuellenfrage. Zur Sexualpolitik von SPD und KPD in der Weimarer Republik*, Berlín, 1980.

Eley, Geoff (ed.), *The «Goldhagen Effect»: History, Memory, Nazism – Facing the German Past*, Ann Arbor, MI, 2000.

El-Hai, Jack, *The Nazi and the Psychiatrist: Hermann Göring, Dr. Douglas M. Kelley, and a Fatal Meeting of Minds at the End of WWII*, Nueva York, 2013.

Enfield, Glenn, *Hitler's Secret Life*, Nueva York, 1979.

Epstein, Catherine, *Model Nazi: Arthur Greiser and the Occupation of Western Poland*, Oxford, 2010.

Evans, Richard J., *The Feminist Movement in Germany, 1894-1933*, Londres, 1976. [Hay trad. cast. del más general: *Las feministas: los movimientos de emancipación de la mujer en Europa, América y Australasia, 1840-1920*, Siglo XXI de España, 1980.]

— (ed.), *Kneipengespräche im Kaiserreich. Stimmungsberichte der Hamburger Politischen Polizei 1892-1914*, Reinbek bei Hamburg, 1989.

—, *Rituals of Retribution: Capital Punishment in Germany 1600-1997*, Oxford, 1996.

—, *Rereading German History: From Unification to Reunification 1800-1996*, Londres, 1997.

—, *Telling Lies About Hitler. The Holocaust, History and the David Irving Trial*, Londres, 2002.

—, «Ernst Klee Obituary», en *The Guardian*, 21 de mayo de 2013.

—, «Was Stalinism Worse than Nazism?», en *The Guardian* (9 de agosto de 2014), *Review Section*, 6.

—, «Blitzed: Drugs in Nazi Germany by Norman Ohler, Review – A Crass and Dangerously Inaccurate Account», en *The Guardian*, 6 de noviembre de 2016.

—, «Nuts about the Occult», en *London Review of Books*, vol. 40, n.º 15, 2 de agosto de 2018.

—, «The Decision to Exterminate the Jews of Europe», en Larissa Allwork y Rachel Pistol (eds.), en *The Jews, the Holocaust, and the Public: The Legacies of David Cesarani*, Londres, 2019, 117-144.

—, *The Hitler Conspiracies: The Third Reich and the Paranoid Imagination*, Londres, 2020. [Hay trad. cast.: *Hitler y las teorías de la conspiración: el Tercer Reich y la imaginación paranoide*, Crítica, 2022.]

Falter, Jürgen W., *Hitlers Wähler*, Múnich, 1991.

— *et al.*, *Wahlen und Abstimmungen in der Weimarer Republik. Materialien zum Wahlverhalten 1919-1933*, Múnich, 2009.

— (ed.), *Junge Kämpfer, alte Opportunisten. Die Mitglieder der NSDAP 1919-1945*, Fráncfort, 2016.

Fangmann, Helmut, *et al.*, *«Parteisoldaten»: Die Hamburger Polizei im «3. Reich»*, Hamburgo, 1987.

Feldman, Matthew *et al.* (eds.), Clerical Fascism in Interwar Europe, Londres, 2013.

Felton, Mark, «Hermann Goering's Pet Lions», <https://www.youtube.com/watch?v=gzDK4RVfARs>.

Fest, Joachim C., *Hitler: Eine Biographie*, Fráncfort, 1973 (edición inglesa: *Hitler*, Londres, 1974). [Hay trad. cast.: *Hitler: una biografía*, Planeta, 2005; Booket, 2012.]

—, *Plotting Hitler's Death: The German Resistance to Hitler*, Londres, 1996.

Feuchtwanger, Lion, *The Oppermanns*, Londres, 2020 (publicado originalmente como *Die Geschwister Oppermann*, 1934). [Hay trad. cast.: *Los hermanos Oppermann*, Anaya & Mario Muchnik, 1993; Edaf, 2015.]

Flachowsky, Karin, «Neue Quellen zur Abstammung Reinhard Heydrichs», en *Vierteljahrshefte für Zeitgeschichte*, vol. 48 (2000), 319-327.

Fleischmann, Peter (ed.), *Hitler als Häftling in Landsberg am Lech 1923/24: Der Gefangenen-Personalakt Hitler nebst weiteren Quellen aus der Schutzhaft–, Untersuchungshaft– und Festungshaftanstalt Landsberg am Lech*, 3.ª ed., Neustadt an der Aisch, 2018.

Fontander, Björn, *Göring och Sverige*, Kristianstad, 1984.

Förster, Jürgen, «Operation Barbarossa as a War of Conquest and Annihilation», en Horst Boog *et al.* (eds.), *Germany and the Second World War*, vol. 4, Oxford, 1998, 413-450.

Förster, Michael, *Jurist im Dienst des Unrechts: Leben und Werk des ehemaligen Staatssekretärs im Reichsjustizministerium, Franz Schlegelberger, 1876-1970*, Baden-Baden, 1995.

Fox, John P., «Max Bauer: Chiang Kai-shek's First German Military Adviser», en *Journal of Contemporary History*, vol. 5, n.º 4 (1970), 21-44.

Frank, Hans, *Im Angesicht des Galgens. Deutung Hitlers und seiner Zeit auf*

Grund eigener Erlebnisse und Erkenntnisse. Geschrieben im Nürnberger Justizgefängnis, Múnich, 1953.

Frank, Niklas, *Der Vater. Eine Abrechnung*, Múnich, 1987.

Franks, Norman, y Hal Giblin, *Under the Guns of the German Aces. Immelmann, Voss, Göring, Lothar von Richthofen: The Complete Record of their Victories and Victims*, Londres, 1997.

Franz-Willing, Georg, *Ursprung der Hitler-Bewegung*, Preussisch Oldendorf, 1974 (1962).

Frehse, Michael, *Ermächtigungsgesetzgebung im Deutschen Reich, 1914-1933*, Pfaffenweiler, 1985.

Frei, Norbert *et al.*, *Flick. Der Konzern, die Familie, die Macht*, Múnich, 2009.

Freitag, Werner, «Nationale Mythen und kirchliches Heil: Der "Tag von Potsdam"», en *Westfälische Forschungen*, vol. 41 (1991), 379-439.

Friedlander, Henry, *The Origins of Nazi Genocide: From Euthanasia to the Final Solution*, Chapel Hill, NC, 1995. [Hay trad. cast.: *Los orígenes del genocidio nazi: de la eutanasia a la solución final*, Ediciones Cinca, 2021.]

Friedländer, Saul, *Nazi Germany and the Jews: The Years of Persecution 1933-39*, Londres, 1997. [Hay trad. cast.: *El Tercer Reich y los judíos, vol. 1: Los años de la persecución, 1933-1939*, Galaxia Gutenberg, 2016.]

—, *The Years of Extermination: Nazi Germany and the Jews, 1939-45*, Nueva York, 2007. [Hay trad. cast.: *El Tercer Reich y los judíos*, vol. 2: *Los años del exterminio, 1939-1945*, Galaxia Gutenberg, 2016.]

Friedman, Philip, *Roads to Extinction: Essays on the Holocaust*, Melrose Park, PA, 1980.

Friedrichs, Axel (ed.), *Die nationalsozialistische Revolution 1933 (Dokumente der deutschen Politik, I)*, Berlín, 1933.

Fritzsche, Peter, *A Nation of Fliers: German Aviation and the Popular Imagination*, Cambridge, MA, 1992.

—, *Hitler's First Hundred Days: When Germans Embraced the Third Reich*, Nueva York, 2020.

Fröhlich, Elke (ed.), *Die Tagebücher von Joseph Goebbels: Sämtliche Fragmente*, 4 vols., Múnich, 1987.

— (ed.), *Die Tagebücher von Joseph Goebbels*, 32 vols., Múnich, 1993-2008.

Führer, Daniel, *Alltagssorgen und Gemeinschaftssehnsüchte. Tagebücher der Weimarer Republik (1913-1934)*, Stuttgart, 2020.

Fulbrook, Mary, *Reckonings: Legacies of Nazi Persecution and the Quest for Social Justice*, Oxford, 2018.

—, Bystander Society: *Conformity and Complicity in Nazi Germany and the Holocaust*, Oxford, 2023.

Füllberg-Stollberg, Claus (ed.), *Frauen in Konzentrationslagern: Bergen-Belsen und Ravensbrück*, Bremen, 1994.

Gallo, Max, *La nuit des longs couteaux: 30 juin 1934*, París, 1970. [Hay trad. cast.: *La noche de los cuchillos largos*, Bruguera, 1974.]

Gamm, Hans-Jochen, *Der Flüsterwitz im Dritten Reich*, Hamburgo, 1964.

Gaskin, Hilary, *Eyewitnesses at Nuremberg*, Londres, 1990.

Gehl, Walther (ed.), *Die nationalsozialistische Revolution: Tatsachen und Urkunden, Reden und Schilderungen, 1. August 1914 bis 1. Mai 933*, Breslavia, 1933.

Gellately, Robert, *The Gestapo and German Society: Enforcing Racial Policy, 1933-1945*, Oxford, 1990. [Hay trad. cast.: *La Gestapo y la sociedad alemana: la política radical nazi (1933-1945)*, Paidós Ibérica, 2003.]

—, *Backing Hitler: Consent and Coercion in Nazi Germany*, Oxford, 2002. [Hay trad. cast.: *No sólo Hitler: la Alemania nazi entre la coacción y el consenso*, Crítica, 2002.]

—, *Hitler's True Believers: How Ordinary People Became Nazis*, Nueva York, 2020.

Gentile, Carlo, *Wehrmacht und Waffen-SS im Partisanenkrieg: Italien 1943-1945*, Paderborn, 2012.

Gerbet, Klaus (ed.), *Generalfeldmarschall Fedor von Bock: Zwischen Pflicht und Verweigerung. Das Kriegstagebuch*, Múnich, 1995.

Gerhard, Gesine, «Food and Genocide: Nazi Agrarian Politics in the Occupied Territories of the Soviet Union», en *Contemporary European History*, vol. 18, n.º 1 (2009), 45-65.

Gerlach, Christian, *Kalkulierte Morde. Die deutsche Wirtschafts– und Vernichtungspolitik in Weissrussland 1941 bis 1944*, Hamburgo, 1999.

Gerwarth, Robert, *The Vanquished: Why the First World War Failed to End, 1917-1923*, Londres, 2016. [Hay trad. cast.: *Los vencidos: por qué la Primera Guerra Mundial no concluyó del todo (1917-1923)*, Galaxia Gutenberg, 2018.]

Geyer, Michael, «German Strategy in the Age of Machine Warfare, 1914-1945», en Peter Paret (ed.), *Makers of Modern Strategy: From Machiavelli to the Nuclear Age*, Princeton, NJ, 1986, 543-572.

Giesen, Rolf, *Nazi Propaganda Films: A History and Filmography*, Jefferson, NC, 2003.

Gilbert, Gustave M., *The Psychology of Dictatorship*, Nueva York, 1950.

Gilbhard, Hermann, *Die Thule-Gesellschaft. Vom okkulten Mummenschanz zum Hakenkreuz*, 2.ª ed., Múnich, 2015.

Giles, Geoffrey, «The Persecution of Gay Men and Lesbians during the Third Reich», en Jonathan C. Friedman (ed.), *The Routledge History of the Holocaust*, Londres, 2011, 385-396.

Gladitz, Nina, *Leni Riefenstahl. Karriere einer Täterin*, Zúrich, 2020.

Glen, Douglas, *Von Ribbentrop Is Still Dangerous*, Londres, 1941.

Goda, Norman, «Black Marks: Hitler's Bribery of his Senior Officers During World War II», en *Journal of Modern History*, vol. 72 (2000), 413-452.

—, *Tales from Spandau: Nazi Criminals and the Cold War*, Cambridge, 2007. [Hay trad. cast.: *El oscuro mundo de Spandau: los criminales nazis, los aliados y la Unión Soviética*, Crítica, 2008.]

Goering, Emmy, *My Life with Göring*, Londres, 1972. [Hay trad. cast.: *Göring, mi marido*, Luis de Caralt, 1972.]

Goering, Hermann, *Germany Reborn*, Londres, 1934.

—, *Reden und Aufsätze*, 2.ª ed., Múnich, 1938.

Goeschel, Christian, *Suicide in Nazi Germany*, Oxford, 2009.

—, *Mussolini and Hitler: The Forging of the Fascist Alliance*, Londres, 2018.

Goldensohn, Leon, *The Nuremberg Interviews: An American Psychiatrist's Conversations with the Defendants and Witnesses*, ed. Robert Gellately, Nueva York, 2005 (2004). [Hay trad. cast.: *Las entrevistas de Núremberg*, Taurus, 2004.]

Goldhagen, Daniel Jonah, *Hitler's Willing Executioners: Ordinary Germans and the Holocaust*, Londres, 1996. [Hay trad. cast.: *Los verdugos voluntarios de Hitler: los alemanes corrientes y el holocausto*, Taurus, 1997, 2019.]

Gordon, Harold J., *Hitler and the Beer-Hall Putsch*, Princeton, NJ, 1972.

Gordon, Sarah, *Hitler, Germans, and the Jewish Question*, Princeton, NJ, 1984.

Gorodetsky, Gabriel (ed.), *The Maisky Diaries: Red Ambassador to the Court of St. James's 1932-1943*, Londres, 2015. [Hay trad. cast.: *El cuaderno secreto: embajador soviético en Londres 1932-1943*, RBA, 2017.]

Görtemaker, Heike B., *Eva Braun: Life with Hitler*, Londres, 2011. [Hay trad. cast.: *Eva Braun: una vida con Hitler*, Random House Mondadori, 2012; Penguin Random House, 2021.]

—, *Hitlers Hofstaat. Der innere Kreis im Dritten Reich und danach*, Múnich, 2019.

Görtemaker, Manfred, *Rudolf Hess. Der Stellvertreter. Eine Biographie*, Múnich, 2023.

Graham, Cooper C., *Leni Riefenstahl and Olympia*, Londres, 1986.

Graml, Hermann, «Probleme einer Hitler-Biographie. Kritische Bemerkungen zu Joachim C. Fest», en *Vierteljahrshefte für Zeitgeschichte*, vol. 22 (1974), 76-92.

Greif, Thomas, *Frankens braune Wallfahrt. Der Hesselberg im Dritten Reich*, Ansbach, 2007.

Griech-Polelle, Beth A., *Bishop von Galen: German Catholicism and National Socialism*, New Haven, CT, 2002.

Grieser, Utho, *Himmlers Mann in Nürnberg. Der Fall Benno Martin: Eine Studie zur Struktur des Dritten Reiches in der «Stadt der Reichsparteitage»*, Núremberg, 1974.

Gritschneider, Otto, *«Der Führer hat Sie zum Tode verurteilt...» Hitlers «Röhm-Putsch» Morde vor Gericht*, Múnich, 1993.

—, *Der Hitler-Prozess und sein Richter Georg Neithardt. Skandalurteil von 1924 ebnet Hitler den Weg*, Múnich, 2001.

Gritzbach, Erich, *Hermann Goering: The Man and His Work*, Londres, 1939. [Hay trad. cast.: *Goering, el hombre y su obra*, Nueva República, 2011.]

Gross, Raphael, *November 1938. Die Katastrophe vor der Katastrophe*, Múnich, 2013.

Gruchmann, Lothar, *Justiz im Dritten Reich 1933-1940. Anpassung und Unterwerfung in der Ära Gürtner*, Múnich, 1988.

—, *et al.* (eds.), *Der Hitler-Prozess*, 4 vols., Múnich, 1997.

Grunberger, Richard, *A Social History of the Third Reich*, Londres, 1971. [Hay trad. cast.: *Historia social del Tercer Reich*, Ariel, 2007.]

Gruner, Wolf D., *Widerstand in der Rosenstrasse: Die Fabrik-Aktion und die Verfolgung der Mischehen 1943*, Fráncfort, 2005.

—, y Steven J. Ross (eds.), *New Perspectives on Kristallnacht: After 80 Years, the Nazi Pogrom in Global Comparison*, West Lafayette, IN, 2019.

Grüttner, Michael, «The Expulsion of Academic Teaching Staff from

German Universities, 1933-1945», en *Journal of Contemporary History*, vol. 57, n.º 3 (julio de 2022), 513-533.

Guske, Claus, *Das politische Denken des Generals von Seeckt. Zur Diskussion des Verhältnisses Seeckt – Reichswehr – Republik*, Lübeck, 1971.

Haar, Ingo, y Michael Fahlbusch, *German Scholars and Ethnic Cleansing 1919-1945*, Oxford, 2006.

Haase, Günther, *Die Kunstsammlung des Reichsmarschalls Hermann Göring: eine Dokumentation*, Berlín, 2000.

Hachtmann, Rüdiger, «"Volksgemeinschaftliche Dienstleister"? Anmerkungen zu Selbstverständnis und Funktion der Deutschen Arbeitsfront und der NS-Gemeinschaft "Kraft durch Freude"», en Detlef Schmiechen-Ackermann (ed.), *«Volksgemeinschaft»: Mythos, wirkungsmächtige soziale Verheissung oder soziale Realität im «Dritten Reich»*, Paderborn, 2012, 111-131.

Hahn, Fred, *Lieber «Stürmer». Leserbriefe an das NS-Kampfblatt 1924 bis 1945*, Stuttgart, 1978.

Hahn, Fritz, *Waffen und Geheimwaffen des deutschen Heeres, 1933-1945*, 2 vols., Coblenza, 1986-1987.

Halder, Franz (ed. Hans-Adolf Jacobsen), *Kriegstagebuch: tägliche Aufzeichnungen des Chefs des Generalstabes des Heeres, 1939-1942*, 3 vols., Stuttgart, 1962.

Hamann, Brigitte, *Hitler's Vienna: A Dictator's Apprenticeship*, Oxford, 1999.

Hambrecht, Rainer, *Der Aufstieg der NSDAP in Mittel-und Oberfranken (1925-1933)*, Núremberg, 1976.

Hancock, Eleanor, «Ernst Röhm and the Experience of World War I», en *Journal of Military History*, vol. 60, n.º 1 (1996), 39-60.

—, «"Only the Real, the True, the Masculine Held Its Value": Ernst Röhm, Masculinity, and Male Homosexuality», en *Journal of the History of Sexuality*, vol. 8, n.º 4 (1998), 616-641.

—, *Ernst Röhm: Hitler's SA Chief of Staff*, Nueva York, 2008.

—, «The Purge of the SA Reconsidered: "An Old Putschist Trick"», en *Central European History*, vol. 44 (2011), 669-683.

—, «Ernst Röhm versus General Hans Kundt in Bolivia, 1929-30? The Curious Incident», en *Journal of Contemporary History*, vol. 47, n.º 4 (2012), 691-708.

Hanfstaengl, Ernst, *Zwischen Weissem und Braunem Haus. Memoiren eines politischen Aussenseiters*, Múnich, 1970.

Hanisch, Ernst, *Der Obersalzberg: das Kehlsteinhaus und Adolf Hitler*, Berchtesgaden, 1995.

Hanschel, Hermann, *Oberbürgermeister Hermann Luppe: Nürnverger Kommunalpolitik in der Weimarer Republik*, Núremberg, 1977.

Harris, Robert, *Selling Hitler: The Story of the Hitler Diaries*, Londres, 1986. [Hay trad. cast.: *Vender a Hitler: la mayor estafa editorial de la historia. El escándalo de los diarios de Hitler*, Es Pop Ediciones, 2020.]

Hartmann, Christian (ed.), *Von Feldherren und Gefreiten. Zur biographischen Dimension des Zweiten Weltkriegs*, Múnich, 2008.

— *et al.* (eds.), Hitler, *Mein Kampf. Eine kritische Edition*, 2 vols., Múnich, 2016.

Harvey, Elizabeth, *Women in the Nazi East: Agents and Witnesses of Germanization*, Londres, 2003.

—, y Johannes Hürter (eds.), *Hitler – New Research* (German Yearbook of Contemporary History, vol. 3), Múnich, 2018.

Hasenclever, Jörn, *Wehrmacht und Besatzungspolitik in der Sowjetunion. Die Befehlshaber der rückwärtigen Heeresgebiete 1941-1943*, Paderborn, 2010.

Hassell, Ulrich von, *The von Hassell Diaries: The Story of the Forces against Hitler Inside Germany 1938-1944*, Boulder, CO, 1994.

Hayes, Peter, *Industry and Ideology: I. G. Farben in the Nazi Era*, Cambridge, 1987.

Hearnshaw, Fossey J. C., *Germany the Aggressor Throughout the Ages*, Londres, 1940.

Hébert, Valerie G., *Hitler's Generals on Trial: The Last War Crimes Tribunal at Nuremberg*, Lawrence, KS, 2020.

Heer, Hannes (ed.), «Stets zu erschiessen sind Frauen, die in der Roten Armee dienen», en *Geständnisse deutscher Kriegsgefangener über ihren Einsatz an der Ostfront*, Hamburgo, 1995.

Heiber, Helmut (ed.), *Reichsführer! Briefe an und von Himmler*, Múnich, 1970.

Heiden, Konrad, *Adolf Hitler. Das Zeitalter der Verantwortungslosigkeit. Eine Biographie*, Zúrich, 1936. [Hay trad. cast.: *Adolfo Hitler: La vida de un dictador. La época de la irresponsabilidad*, Claridad, 1939.]

—, *Adolf Hitler. Ein Mann gegen Europa*, Zúrich, 1937.

—, *Der Führer – Hitler's Rise to Power*, Londres, 1944.

Heike, Irmtrud, «Female Concentration Camp Guards as Perpetrators: Three Case Studies», en Olaf Jensen y Claus-Christian W. Szejnmann (eds.), en *Ordinary People as Mass Murderers: Perpetrators in Comparative Perspective*, Londres, 2008, 120-142.

Heil, Johannes, y Rainer Erb (eds.), *Geschichtswissenschaft und Öffentlichkeit: der Streit um Daniel J. Goldhagen*, Fráncfort, 1998.

Helm, Sarah, *Ravensbrück: Life and Death in Hitler's Concentration Camp for Women*, Nueva York, 2014.

Henke, Klaus-Dietmar (ed.), *Tödliche Medizin im Nationalsozialismus. Von der Rassenhygiene zum Massenmord*, Colonia, 2008.

Herbert, Ulrich, *Hitler's Foreign Workers: Enforced Foreign Labour in Germany Under the Third Reich*, Cambridge, 1997.

—, «Extermination Policy: New Answers and Questions about the History of the "Holocaust" in German Historiography», en Ulrich Herbert (ed.), *National Socialist Extermination Policies: Contemporary German Perspectives and Controversies*, Oxford, 2000, 1-52.

Herbst, Ludolf, *Hitlers Charisma. Die Erfindung eines deutschen Messias*, Fráncfort, 2010.

Herkommer, Christina, *Die Rolle von Frauen im Spiegel des Diskurses der Frauen– und Geschlechterforschung*, Fráncfort, 2005.

—, «Women under National Socialism: Women's Scope for Action and the Issue of Gender», en Olaf Jensen y Claus-Christian W. Szejnmann (eds.), *Ordinary People as Mass Murderers: Perpetrators in Comparative Perspective*, Londres, 2008, 99-119.

Heschel, Susanne, «Does Atrocity Have a Gender? Feminist Interpretations of Women in the SS», en Jeffrey M. Diefendorf (ed.), *Lessons and Legacies VI: New Currents in Holocaust Research*, Evanston, IL, 2004, 300-321.

Hess, Rudolf, *Briefe 1909-1933*, ed. Wolf Rüdiger Hess, Múnich, 1987.

Hett, Benjamin Carter, *Crossing Hitler: The Man Who Put the Nazis on the Witness Stand*, Nueva York, 2008. [Hay trad. cast.: *El hombre que humilló a Hitler*, Ediciones B, 2008.]

Higham, Nick, «The Five Lives of Leni Riefenstahl», <http://news.bbc.co.uk/1/hi/entertainment/986528.stm>.

Hildebrand, Klaus, «Nichts Neues über Hitler. Ian Kershaws zünftige Biographie über den deutschen Diktator», *Historische Zeitschrift*, n.º 270 (2000), 389-397.

Hilger, Andreas, *Deutsche Kriegsgefangene in der Sowjetunion, 1941-1956: Kriegsgefangenenpolitik, Lageralltag und Erinnerung*, Essen, 2000.

Hill, Alexander, *The War Behind the Eastern Front: The Soviet Partisan Movement in North-West Russia 1941-1944*, Londres, 2005.

Hillgruber, Andreas (ed.), *Staatsmänner und Diplomaten bei Hitler*, 2 vols., Fráncfort, 1970 (1969). [Hay trad. cast.: *Estadistas y diplomáticos con Hitler: Notas confidenciales sobre las conversaciones de Hitler con representantes de los países extranjeros desde 1939 a 1941*, Luis de Caralt, 1969.]

Himmler, Katrin, *Die Brüder Himmler. Eine deutsche Familiengeschichte*, Fráncfort, 2005. [Hay trad. cast.: *Los hermanos Himmler: historia de una familia alemana*, Libros del Silencio, 2011.]

—, y Michael Wildt (eds.), *Himmler privat. Briefe eines Massenmörders*, Múnich, 2014. [Hay trad. cast.: *Himmler: según la correspondencia con su esposa (1927-1945)*, Penguin Random House, 2021.]

Hirsch, Martin, *et al.* (eds.), *Recht, Verwaltung und Justiz im Nationalsozialismus*, Colonia, 1984.

Hoch, Anton, «Das Attentat auf Hitler im Münchner Bürgerbräukeller 1939», en *Vierteljahrshefte für Zeitgeschichte*, vol. 17 (1969), 383-413.

Höhne, Heinz, *The Order of the Death's Head: The Story of Hitler's SS*, Londres, 1969. [Hay trad. cast.: *La Orden de la Calavera (historia de las SS)*. Plaza & Janés, 1969.]

—, y Mordsache Röhm, *Hitlers Durchbruch zur Alleinherrschaft 1933-1934*, Reinbek bei Hamburg, 1984.

Holmila, Antero, «Finland and the Holocaust: A Reassessment», en *Holocaust and Genocide Studies*, vol. 23 (2009), 413-444.

Hornburg, Mark W., *et al.* (eds.), *Beyond «Ordinary Men»: Christopher R. Browning and Holocaust Historiography*, Paderborn, 2019.

Horne, John, y Alan Kramer, *German Atrocities 1914: A History of Denial*, Londres, 2001.

Hörster-Philipps, Ulrike, *Konservative Politik in der Endphase der Weimarer Republik: Die Regierung Franz von Papen*, Colonia, 1982.

Housden, Martyn, *Hans Frank: Lebensraum and the Holocaust*, Basingstoke, 2003.

Hubatsch, Walther (ed.), *Hitlers Weisungen für die Kriegführung 1939-1945. Dokumente des Oberkommandos der Wehrmacht*, Fráncfort, 1962.

Huber, Bernhard, «Georg Neithardt – nur ein unpolitischer Richter?», en Marita Kraus (ed.), *Rechte Karrieren in München. Von der Weimarer Zeit bis in die Nachkriegsjahre*, Múnich, 2010, 95-113.

Hudal, Alois, *Die Grundlagen des Nationalsozialismus: Eine ideengeschichtliche Untersuchung*, Leipzig, 1937.

Hull, Isabel, *Absolute Destruction: Military Culture and the Practices of War in Imperial Germany*, Ithaca, NY, 2004.

Hürter, Johannes, *Hitlers Heerführer. Die deutschen Oberbefehlshaber im Krieg gegen die Sowjetunion 1941/42*, Múnich, 2007.

Ihrig, Stefan, *Atatürk in the Nazi Imagination*, Cambridge, MA, 2014.

Internationaler *Militärgerichtshof [Tribunal Militar Internacional], Der Nürnberger Prozess gegen die Hauptskriegsverbrecher vom 14. November 1945 bis 1. Oktober 1946: Urkunden und anderes Beweismaterial*, Núremberg, 1948.

Jäckel, Eberhard, *Hitlers Weltanschauung. Entwurf einer Herrschaft*, Tubinga, 1969 (trad. inglesa: *Hitler's Weltanschauung: A Blueprint for Power*, Middletown, CT, 1972).

— y Axel Kuhn (eds.), *Hitler. Sämtliche Aufzeichnungen 1905-1923*, Stuttgart, 1980.

— y Axel Kühn, «Neue Erkenntnisse zur Fälschung von Hitler-Dokumenten», en *Vierteljahrshefte für Zeitgeschichte*, vol. 32, n.º 1 (1984), 162-169.

Jacob, Frank, *Die Thule-Gesellschaft*, Berlín, 2010.

Jacobsen, Hans-Adolf, *Nationalsozialistische Aussenpolitik 1933-1939*, Fráncfort, 1968.

—, *Karl Haushofer: Leben und Werk*, 2 vols., Boppard, 1979.

James, Harold, *The German Slump: Politics and Economics 1924-1936*, Oxford, 1986.

Jamin, Mathilde, *Zwischen den Klassen: Zur Sozialstruktur der SA-Führerschaft*, Wuppertal, 1984.

Janssen, Karl-Heinz, y Fritz Tobias, *Der Sturz der Generäle. Hitler und die Blomberg-Fritsch Krise 1938*, Múnich, 1994.

Jarausch, Konrad, *The Unfree Professions: German Lawyers, Teachers, and Engineers, 1900-1950*, Chapel Hill, NC, 1990.

Jardim, Tomaz, *Ilse Koch on Trial: Making the «Bitch of Buchenwald»*, Londres, 2023.

Jaskot, Paul B., *The Architecture of Oppression: The SS, Forced Labor, and the Nazi Monumental Building Economy*, Londres, 2000.

Jellonek, Burkhard, *Homosexuelle unterm Hakenkreuz*, Paderborn, 1990.

Jetzinger, Franz, *Hitlers Jugend. Phantasien, Lügen und Wahrheit*, Viena, 1956.

Joachimsthaler, Anton, *Hitlers Weg begann in München 1913-1923*, Múnich, 2000.

—, *The Last Days of Hitler: Legend, Evidence and Truth*, Londres, 2000.

—, *Hitlers Ende*, Múnich, 1995.

Jochmann, Werner, *Nationalsozialismus und Revolution. Ursprung und Geschichte der NSDAP in Hamburg 1922-1933. Dokumente*, Fráncfort, 1962.

— (ed.), *Adolf Hitler. Monologe im Führerhauptquartier 1941-1944. Aufgezeichnet von Heinrich Heim*, Hamburgo, 1980.

Johnson, Eric A., y Karl-Heinz Reuband, *What We Knew: Terror, Mass Murder, and Everyday Life in Nazi Germany*, Nueva York, 2005.

Jones, Larry Eugene, *German Liberalism and the Dissolution of the Weimar Party System, 1918-1933*, Chapel Hill, NC, 1988.

—, *The German Right, 1918-1930: Political Parties, Organized Interests, and Patriotic Associations in the Struggle against Weimar Democracy*, nueva ed., Cambridge, 2016.

Jones, Mark, *1923: The Crisis of German Democracy in the Year of Hitler's Putsch*, Londres, 2023.

Joshi, Vandana, *Gender and Power in the Third Reich: Female Denouncers and the Gestapo (1939-1945)*, Londres, 2003.

Junge, Traudl, *Bis zur letzten Stunde. Hitlers Sekretärin erzählt ihr Leben (unter Mitarbeit von Melissa Müller)*, Múnich, 2002. [Hay trad. cast.: *Hasta el último momento: la secretaria de Hitler cuenta su vida*, Península, 2003.]

Jünginger, Horst, «Tübinger Exekutoren der Endlösung», en *Schwäbishes Tagblatt* (18 de junio de 2003), «Audimax Spezial».

Kater, Michael H., *Studentenschaft und Rechtsradikalismus in Deutschland 1918-1933: Eine sozialgeschichtliche Studie zur Bildungskrise in der Weimarer Republik*, Hamburgo, 1975.

—, «Frauen in der NS-Bewegung», en *Vierteljahrshefte für Zeitgeschichte*, vol. 31 (1983), 202-241.

—, *Doctors under Hitler*, Chapel Hill, NC, 1989.

—, *Das «Ahnenerbe» der SS 1935-1945. Ein Beitrag zur Kulturpolitik des Dritten Reiches*, 4.ª ed., Múnich, 2006.

Kay, Alex J., *Exploitation, Resettlement, Mass Murder: Political and Economic Planning for German Occupation Policy in the Soviet Union, 1940-1941*, Oxford, 2006.

—, «Germany's Staatssekretäre, Mass Starvation and the Meeting of 2 May 1941», en *Journal of Contemporary History*, vol. 41, n.º 4 (2006), 685-700.

— *et al.*, «Introduction», en Alex J. Kay *et al.* (eds.), *Nazi Policy on the Eastern Front, 1941: Total War, Genocide, and Radicalization*, Rochester, NY, 2012.

—, *Empire of Destruction: A History of Nazi Mass Killing*, Londres, 2021.

Keller, Sven, *Volksgemeinshaft am Ende. Gesellschaft und Gewalt 1944/45*, Múnich, 2013.

Kellerhoff, Sven Felix, «Berühmtes Hitler-Foto möglicherweise gefälscht», en *Die Welt*, 14 de octubre de 2010.

—, *«Mein Kampf». Die Karriere eines deutschen Buches*, Stuttgart, 2015. [Hay trad. cast.: *Mi lucha. La historia del libro que marcó el siglo XX*, Crítica, 2016.]

Kelley, Douglas R., *22 Cells in Nuremberg: A Psychiatrist Examines the Nazi Criminals*, Londres, 1947.

Kellogg, Michael, *The Russian Roots of Nazism: White Émigrés and the Making of National Socialism, 1917-1945*, Cambridge, 2005.

Kent, Bruce, *The Spoils of War: The Politics, Economics, and Diplomacy of Reparations, 1918-1932*, Oxford, 1989.

Kent, George O., «Problems and Pitfalls of a Papen Biography», en *Central European History*, vol. 20 (1987), 191-197.

Kersaudy, François, *Hermann Goering: Le deuxième homme du IIIe Reich*, París, 2009. [Hay trad. cast.: *Goering, el segundo hombre del Tercer Reich*, La Esfera de los Libros, 2011.]

Kershaw, Ian, *Popular Opinion and Political Dissent in the Third Reich: Bavaria 1933-1945*, Oxford, 1983.

—, *The Hitler Myth: Image and Reality in the Third Reich*, Oxford, 1989. [Hay trad. cast.: *El mito de Hitler: Imagen y realidad en el Tercer Reich*, Paidós, 2003; Crítica, 2019.]

—, *Hitler*, Harlow, 1991. [Hay trad. cast.: *Hitler*, Biblioteca Nueva, 2000.]

—, *Hitler I. 1889-1936: Hubris*, Londres, 1998. [Hay trad. cast.: *Hitler. 1889-1936*, Península, 2002.]

—, *Hitler II. 1936-1945: Nemesis*, Londres, 2000. [Hay trad. cast.: *Hitler. 1936-1945*, Península, 2002.]

—, *Making Friends with Hitler: Lord Londonderry and Britain's Road to*

War, Londres, 2004. [Hay trad. cast.: *Un amigo de Hitler: una crónica reveladora de las ambiguas relaciones de Inglaterra con Alemania antes de la Segunda Guerra Mundial*, Península, 2006.]

—, *Fateful Choices: Ten Decisions that Changed the World, 1940-1941*, Londres, 2008. [Hay trad. cast.: *Decisiones trascendentales: de Dunquerque a Pearl Harbour (1940-1941): el año que cambió la historia*, Península, 2008.]

—, *Hitler, the Germans, and the Final Solution*, Londres, 2008. [Hay trad. cast.: *Hitler, los alemanes y la solución final*, La Esfera de los Libros, 2009.]

—, *Personality and Power: Builders and Destroyers of Modern Europe*, Londres, 2022. [Hay trad. cast.: *Personalidad y poder: forjadores y destructores de la Europa moderna*, Crítica, 2022.]

Kersten, Felix, *The Kersten Memoirs 1940-1945*, Londres, 1957. [Hay trad. cast.: *Memorias de Felix Kersten: el médico confidente de Himmler*, José Janés, 1957.]

Keyserlingk-Rehbein, Linda von, *«Nur eine ganz kleine Clique»: Die NS-Ermittlungen über das Netzwerk vom 20. Juli 1944*, Berlín, 2018.

Kindleberger, Charles P., *The World in Depression 1929-1939*, Berkeley, CA, 1987 [1973], nueva edición en 2013. [Hay trad. cast.: *La crisis económica, 1929-1939*, Crítica, 1985; Capitán Swing, 2009.]

Kingsbury-Smith, Joseph, «Die Hinrichtung der Nazi-Kriegsverbrecher am 16. Oktober 1946», en Steffen Radlmaier (ed.), *Der Nürnberger Lernprozess. Von Kriegsverbrechern und Starreportern*, Fráncfort, 2001, 339-348.

Kitchen, Martin, *The German Officer Corps 1890-1914*, Oxford, 1968.

Klee, Ernst (ed.), *Dokumente zur «Euthanasie» im NS-Staat*, Fráncfort, 1985.

— *et al.* (eds.), *«Those Were the Days»: The Holocaust as Seen by the Perpetrators and Bystanders*, Londres, 1991.

—, *Auschwitz, die Medizin und ihre Opfer*, Fráncfort, 1997.

—, *Deutsche Medizin im Dritten Reich: Karrieren vor und nach 1945*, Fráncfort, 2001.

—, *Das Kulturlexikon zum Dritten Reich. Wer war was vor und nach 1945*, Fráncfort, 2009.

—, *Euthanasie im Dritten Reich: Die «Vernichtung lebensunwerten Lebens»*, Fráncfort, 2010.

Klein, Peter (ed.), *Die Einsatzgruppen in der besetzten Sowjetunion 1941/42: Die Tätigkeits– und Lageberichte des Chefs der Sicherheitspolizei und des SD*, Berlín, 1997.

Kleist-Schmenzin, Ewald von, «Die letzte Möglichkeit: Zur Ernennung Hitlers zum Reichskanzler am 30. Januar 1933», en *Politische Studien*, vol. 10 (1959), 90-106.

Klemperer, Viktor, *LTI. Notizbuch eines Philologen*, Leipzig, 1975 (1946). [Hay trad. cast.: *LTI. La lengua del Tercer Reich. Apuntes de un filólogo*, Minúscula, 2001.]

—, *To the Bitter End: The Diaries of Victor Klemperer 1942-1945*, Londres, 1999. [Hay trad. cast.: *Quiero dar testimonio hasta el final: diarios 1933-1945*, Galaxia Gutenberg, 2003, 2022.]

Klessmann, Christoph, «Der Generalgouverneur Hans Frank», en *Vierteljahrshefte für Zeitgeschichte*, vol. 19 (1971), 45-60.

Kluke, Paul, «Der Fall Potempa», en *Vierteljahrshefte für Zeitgeschichte*, vol. 5 (1957), 279-297.

Knopp, Guido, *Hitler's Hitmen*, Stroud, 2002.

Koehl, Robert L., *RKFDV: German Resettlement and Population Policy 1939-1945: A History of the Reich Commission for the Strengthening of Germandom*, Cambridge, MA, 1957.

Koerner, Bernhard, R., «Gibt es ein richtiges Leben im falschen? Biographische Deutungen im Zeitalter zusammenbrechender Werte und Welten», en Christian Hartmann (ed.), *Von Feldherren und Gefreiten. Zur biographischen Dimension des Zweiten Weltkriegs*, Múnich, 2008, 113-126.

Kompisch, Kathrin, *Täterinnen. Frauen im Nationalsozialismus*, Viena, 2008.

Koonz, Claudia, *Mothers in the Fatherland: Women, the Family and Nazi Politics*, Londres, 1987.

—, «Erwiderung auf Gisela Bocks Rezension von "Mothers in the Fatherland"», en *Geschichte und Gesellschaft*, vol. 18, n.º 3 (1992), 394-399.

—, *The Nazi Conscience*, Londres, 2003. [Hay trad. cast.: *La conciencia nazi: la formación del fundamentalismo étnico del Tercer Reich*, Paidós Ibérica, 2005.]

Kövés, Tibor, *Satan in a Top Hat: The Biography of Franz von Papen*, Nueva York, 1941.

Krausnick, Helmut, «Der 30. Juni 1934: Bedeutung – Hintergründe –

Verlauf», en *Aus Politik und Zeitgeschichte: Beilage zur Wochenzeitung «Das Parlament»*, 30 de junio de 1954.

—, *Hitlers Einsatzgruppen. Die Truppen des Weltanschauungskrieges 1938-1942*, Fráncfort, 1985.

Krauss, Marita, *Sie waren dabei. Mitläuferinnen, Nutzniesserinnen, Täterinnen im Nationalsozialismus*, Gotinga, 2008.

Krebs, Albert, *Tendenzen und Gestalten der NSDAP: Erinnerungen an die Frühzeit der Partei*, Stuttgart, 1974.

Kube, Alfred, *Pour le mérite und Hakenkreuz. Hermann Göring im Dritten Reich*, Múnich, 1986.

Kubizek, August, *Adolf Hitler. Mein Jugendfreund*, Gotinga, 1953 (trad. inglesa: *Young Hitler: The Story of Our Friendship*, Maidstone, 1954). [Hay trad. cast.: *Adolfo Hitler, mi amigo de juventud*, AHR, 1955; como *El joven Hitler que conocí*, Tempus, 2010.]

Kulka, Otto Dov, y Eberhard Jäckel (eds.), *The Jews in the Secret Nazi Reports on Popular Opinion in Germany, 1933-1945*, Londres, 2010.

Kwiet, Konrad, «Paul Zapp – Vordenker und Vollstrecker der Judenvernichtung», en Klaus-Michael Mallmann y Gerhard Paul (eds.), *Karrieren der Gewalt. Nationalsozialistische Täterbiographien*, Darmstadt, 2004, 252-263.

Large, David Clay, *Nazi Games: The Olympics of 1936*, Nueva York, 2007.

Lawson, Robert, «Ribbentrop in Canada 1910 to 1914: A Note», en *International History Review*, vol. 29, n.º 4 (2007), 821-832.

Lee, Asher, *Goering: Air Leader*, Londres, 1972.

Leeb, Wilhelm Ritter von, *Defence*, Nueva Delhi, 2017.

Leitz, Christian, *Nazi Foreign Policy, 1933-1941: The Road to Global War*, Londres, 2004.

Lenman, Robin, «Julius Streicher and the Origins of the NSDAP in Nuremberg, 1919-1933», en Anthony J. Nicholls y Erich Matthias (eds.), *German Democracy and the Triumph of Hitler: Essays on Recent German History* (Londres, 1971), 129-160.

Leuschen-Seppel, Rosemarie, *Sozialdemokratie und Antisemitismus im Kaiserreich. Die Auseinandersetzungen der Partei mit den konservativen und völkischen Strömungen des Antisemitismus 1871-1914*, Bonn, 1978.

Lewy, Guenter, *Harmful and Undesirable: Book Censorship in Nazi Germany*, Nueva York, 2016.

—, Perpetrators: *The World of the Holocaust Killers*, Nueva York, 2017.

Ley, Robert, *Durchbruch der Sozialen Ehre. Reden und Gedanken für das schaffende Deutschland*, Berlín, 1935.
—, *Wir alle helfen dem Führer. Deutschland braucht jeden Deutschen*, 4.ª ed., Múnich, 1939 (1937).
—, *Soldaten der Arbeit*, Leipzig, 1938.
Lieb, Peter, *Konventioneller Krieg oder NS-Weltanschauungskrieg? Kriegführung und Partisanenbekämpfung in Frankreich 1943/44*, Múnich, 2007.
—, «Generalleutnant Harald von Hirschfeld. Eine nationalsozialistische Karriere in der Wehrmacht», en Christian Hartmann (ed.), *Von Feldherren und Gefreiten. Zur biographischen Dimension des Zweiten Weltkriegs*, Múnich, 2008, 45-54.
—, «Militärische Elite? Die Panzerdivisionen von Waffen-SS und Wehrmacht in der Normandie 1944 im Vergleich», en Jan-Erik Schulte *et al.* (eds.), *Die Waffen-SS. Neue Forschungen* (Paderborn, 2014), 336-356.
Lifton, Robert Jay, *The Nazi Doctors: A Study of the Psychology of Evil*, Londres, 1986.
Lilienthal, Georg, *Der «Lebensborn e. V.». Ein Instrument nationalsozialistischer Rassenpolitik*, Stuttgart, 1985.
Linder, Herbert, *Von der NSDAP zur SPD. Der politische Lebensweg des D. Helmuth Klotz (1894-1943)*, Constanza, 1998.
Liulevicius, Gabriel, *War Land on the Eastern Front: Culture, National Identity, and German Occupation in World War I*, Cambridge, 2000.
Livi, Massimiliano, *Gertrud Scholtz-Klink: Die Reichsfrauenführerin*, Münster, 2005, 180-195.
Löhr, Hanns Christian, *Der eiserner Sammler: die Kollektion Hermann Göring: Kunst und Korruption im «Dritten Reich»*, Berlín, 2009.
—, *Der Einsatzstab Reichsleiter Rosenberg. Ideologie und Kunstraub im «Dritten Reich»*, Berlín, 2018.
Longerich, Peter, *Die braunen Bataillone. Geschichte der SA*, Múnich, 1989.
—, *Hitlers Stellvertreter. Führung der Partei und Kontrolle des Staatsapparates durch den Stab Hess und die Partei-Kanzlei Bormann*, Múnich, 1992.
—, *«Davon haben wir nichts gewusst!»: Die Deutschen und die Judenverfolgung 1933-1945*, Londres, 2009.
—, *Politik der Vernichtung: Eine Gesamtdarstellung der nationalsozialisti-*

schen Judenverfolgung, Múnich, 1998 (trad. inglesa: *Holocaust: The Nazi Persecution and Murder of the Jews*, Oxford, 2010).

—, *Heinrich Himmler: Biographie*, Múnich, 2008 (trad. inglesa: *Heinrich Himmler*, Oxford, 2012). [Hay trad. cast.: *Heinrich Himmler: biografía*, RBA, 2009.]

—, *Goebbels: A Biography*, Londres, 2015. [Hay trad. cast.: *Goebbels*, RBA, 2012.]

—, *Hitler: Biographie*, Múnich, 2015 (trad. inglesa: *Hitler: A Life*, Oxford, 2019).

Lowder, J. Bryan, «The One-Eyed Man Is King. How Did the Monocle Become a Symbol of Wealth?», en *Slate*, 27 de diciembre de 2012.

Lower, Wendy, *Hitler's Furies: German Women in the Nazi Killing Fields*, Londres, 2013. [Hay trad. cast.: *Las arpías de Hitler: las mujeres alemanas en los campos de exterminio nazis*, Crítica, 2013.]

Ludendorff, Erich, *Der totale Krieg*, Múnich, 1935.

Lüdtke, Alf, «"Fehlgreifen in der Wahl der Mittel". Optionen im Alltag militärischen Handelns», en *Mittelweg*, vol. 36, n.º 12 (2003), 61-75.

Madajczyk, Czeslaw (ed.), *Vom Generalplan Ost zum Generalsiedlungsplan: Dokumente*, Berlín, 1994.

Malaparte, Curzio, *Kaputt*, Nueva York, 2005 (1944). [Hay trad. cast.: *Kaputt*, Galaxia Gutenberg, 2020.]

Malinowski, Stephan, *Nazis and Nobles: The History of a Misalliance*, Oxford, 2020.

—, *Die Hohenzollern und die Nazis: Geschichte einer Kollaboration*, Berlín, 2021.

Mallmann, Klaus-Michael, *Kommunisten in der Weimarer Republik. Sozialgeschichte einer revolutionären Bewegung*, Darmstadt, 1996.

—, y Gerhard Paul (eds.), *Karrieren der Gewalt. Nationalsozialistische Täterbiographien*, Darmstadt, 2004.

—, «Dr. Jekyll & Mr. Hyde. Der Täterdiskurs in Wissenschaft und Gesellschaft», en Klaus-Michael Mallmann y Andrej Angrick (eds.), *Die Gestapo nach 1945. Karrieren, Konflikte, Konstruktionen*, Darmstadt, 2009, 292-318.

Mammach, Klaus, *Der Volkssturm: Bestandteil des totalen Kriegseinsatzes der deutschen Bevölkerung 1944/45*, Berlín, 1981.

Mann, Michael, «Were the Perpetrators of Genocide "Ordinary Men" or

"Real Nazis"? Results from Fifteen Hundred Biographies», en *Holocaust and Genocide Studies*, vol. 14 (2000), 331-366.

Manoschek, Walter (ed.), *«Es gibt nur Eines für das Judentum: Vernichtung». Das Judenbild in deutschen Soldatenbriefen 1939-1941*, Hamburgo, 1997.

Manstein, Erich von, *Verlorene Siege*, Fráncfort, 1955. [Hay trad. cast.: *Victorias frustradas*, Luis de Caralt, 1956; Books4pocket, 2008.]

Manvell, Roger, y Heinrich Fraenkel, *Hermann Göring*, Londres, 1962. [Hay trad. cast.: *Goering*, Grijalbo, 1969; Tempus, 2009.]

Martens, Stefan, «Die Rolle Hermann Görings in der deutschen Aussenpolitik 1937/38», en Franz Knipping y Klaus-Jürgen Müller (eds.), *Machtbewusstsein in Deutschland am Vorabend des Zweiten Weltkrieges*, Paderborn, 1984.

—, *Hermann Göring. «Erster Paladin des Führers» und «Zweiter Mann im Reich»*, Paderborn, 1985.

Mason, Timothy W., *Social Policy in the Third Reich: The Working Class and the «National Community»*, Providence, RI, 1993.

Mathieu, Thomas, *Kunstauffassungen und Kulturpolitik im Nationalsozialismus. Studien zu Adolf Hitler, Joseph Goebbels, Alfred Rosenberg, Baldur von Schirach, Heinrich Himmler, Albert Speer, Wilhelm Frick*, Saarbrücken, 1997.

Matthäus, Jürgen, *et al.*, *Ausbildungsziel Judenmord? «Weltanschauliche Erziehung» von SS, Polizei und Waffen-SS im Rahmen der «Endlösung»*, Fráncfort, 2003.

— y Frank Bajohr (eds.), *Alfred Rosenberg: Die Tagebücher von 1934 bis 1944*, Fráncfort, 2015. [Hay trad. cast.: *Alfred Rosenberg, diarios 1934-1944*, Crítica, 2015.]

Matthias, Erich, y Rudolf Morsey (eds.), *Das Ende der Parteien 1933*, Düsseldorf, 1960.

McElligott, Anthony, *Contested City: Municipal Politics and the Rise of Nazism in Altona, 1917-1937*, Ann Arbor, MI, 1998.

McGeever, Brendan, *Antisemitism and the Russian Revolution*, Cambridge, 2019.

Megargee, Geoffrey P., *Inside Hitler's High Command*, Lawrence, KS, 2000.

Meier-Welcker, Hans, *Seeckt*, Fráncfort, 1967.

Mergel, Thomas, *Parlamentarische Kultur in der Weimarer Republik: Politi-*

sche Kommunikation, symbolische Politik und Öffentlichkeit im Reichstag, Düsseldorf, 2002.

Merker, Reinhard, *Die bildenden Künste im Nationalsozialismus; Kulturideologie, Kulturpolitik, Kulturproduktion*, Colonia, 1983.

Messerschmidt, Manfred, y Fritz Wüllner, *Die Wehrmachtjustiz im Dienste des Nationalsozialismus: Zerstörung einer Legende*, Baden-Baden, 1987.

Meyer, Beate, *«Jüdische Mischlinge». Rassenpolitik und Verfolgungserfahrung 1933-1945*, Hamburgo, 1999.

— (ed.), *Die Verfolgung und Ermordung der Hamburger Juden. Geschichte, Zeugnis, Erinnerung*, Gotinga, 2006.

—, «Zwischen Begeisterung und Skepsis. Die Wandlung der Luise Solmitz im Spiegel ihrer Tagebücher», en Frank Bajohr *et al.* (eds.), *Bedrohung, Hoffnung, Skepsis. Vier Tagebücher des Jahres 1933*, Gotinga, 2013, 127-142.

—, «"Ich schlüpfe ungeachtet wie eine graue Motte mit durch". Die Wandlungen der Louise Solmitz zwischen 1933 und 1945 im Spiegel ihrer Tagebücher», en Frank Bajohr y Sibylle Steinbacher (eds.), *«... Zeugnis ablegen bis zum Letzten». Tagebücher und persönliche Zeugnisse aus der Zeit des Nationalsozialismus und des Holocaust*, Gotinga, 2015, 61-80.

Meyer, Georg (ed.), *Generalfeldmarschall Wilhelm Ritter von Leeb. Tagebuchaufzeichnungen und Lagebeurteilungen aus zwei Weltkriegen*, Stuttgart, 1976.

Meyer, Hermann Frank, *Blutiges Edelweiss. Die 1. Gebirgs-Division im Zweiten Weltkrieg*, Berlín, 2008.

Michalka, Wolfgang, *Ribbentrop und die deutsche Weltpolitik 1933-1940. Aussenpolitische Konzeptionen und Entscheidungsprozesse im Dritten Reich*, Múnich, 1980.

Mills, C. Wright, *The Power Elite*, Oxford, 1956. [Hay trad. cast.: *La élite del poder*, Fondo de Cultura Económica, 1975, 6.ª ed.]

Mitcham, Samuel, Jr., y Gene Mueller, *Hitler's Commanders*, Londres, 1992.

Mitchell, Otis C., *Hitler's Stormtroopers and the Attack on the German Republic, 1919-1933*, Jefferson, NC, 2008.

Möckelmann, Reiner, *Franz von Papen: Hitlers ewiger Vassall*, Darmstadt, 2016.

Moeller, Felix, *Der Filmminister: Goebbels und der Film im Dritten Reich*, Berlín, 1998.

Mohnhaupt, Jan, *Tiere im Nationalsozialismus*, Múnich, 2020.

Mommsen, Hans, «Keine Katharsis blieb aus. Joachim Fests sorgfältige Biographie von Albert Speer», en *Frankfurter Rundschau*, 13 de octubre de 1999.

—, «Die Grenzen der Biografie. Prozesse und Entscheidungen: Ein Sammelband über die "Täter der Shoah" wirft die Frage nach dem Verhältnis von Individuum und Struktur im Nationalsozialismus auf», en *Frankfurter Rundschau*, 26 de noviembre de 2002.

Moorhouse, Roger, *The Devils' Alliance: Hitler's Pact with Stalin 1939-41*, Londres, 2016.

Morsey, Rudolf (ed.), *Das «Ermächtigungsgesetz» vom 24. März 1933. Quellen zur Geschichte und Interpretation des «Gesetzes zur Behebung der Not von Volk und Reich»*, 2.ª ed., Düsseldorf, 2010.

Mosse, George L., *The Crisis of German Ideology: Intellectual Origins of the Third Reich*, Londres, 1964. [Hay trad. cast.: *Los orígenes intelectuales del Tercer Reich: historia de una crisis ideológica*, La Esfera de los Libros, 2023.]

—, *The Nationalisation of the Masses: Political Symbolism and Mass Movements in Germany from the Napoleonic Wars Through the Third Reich*, Nueva York, 1975. [Hay trad. cast.: *La nacionalización de las masas: simbolismo político y movimientos de masas en Alemania desde las guerras napoleónicas al Tercer Reich*, Marcial Pons Historia, 2005, 2019.]

—, *The Image of Man: The Creation of Modern Masculinity*, Nueva York, 1996. [Hay trad. cast.: *La imagen del hombre: la creación de la masculinidad moderna*, Talasa, 2001.]

—, *Nationalism and Sexuality: Respectable and Abnormal Sexuality in Modern Europe*, Nueva York, 1997.

Mueller, Gene, «Generalfeldmarschall Wilhelm Ritter von Leeb», en Gerd R. Ueberschär (ed.), *Hitlers militärische Elite*, vol. I, Darmstadt, 1998, 146-153.

Mühle, Eduard, *Für Volk und deutschen Osten. Der Historiker Hermann Aubin und die deutsche Ostforschung*, Düsseldorf, 2005.

Mühle, Marcus, *Ernst Röhm. Eine biographische Skizze*, Berlín, 2016.

Müller, Franz, *Ein Rechtskatholik zwischen Kreuz und Hakenkreuz: Franz von Papen als Sonderbevollmächtiger in Wien 1934-1938*, Fráncfort, 1990.

Nathans, Eli, *Franz Schlegelberger*, Baden-Baden, 1990.

—, «Legal Order as Motive and Mask: Franz Schlegelberger and the Nazi Administration of Justice», en *Law and History Review*, vol. 18, n.º 2 (2000), 281-304.

Neitzel, Sönke, Abgehört. *Deutsche Generäle in britischer Kriegsgefangenschaft 1942-1945*, Berlín, 2007 (2005). [Hay trad. cast.: *Los generales de Hitler: transcripciones de conversaciones secretas, 1942-1945*, Tempus, 2008.]

Nesbit, Roy Conyers, y Georges Van Acker, *The Flight of Rudolf Hess: Myths and Reality*, Stroud, 1999.

Neuhaus, Tom, *Tibet in the Western Imagination*, Londres, 2012.

Neumann, Hans-Joachim, y Henrik Eberle, *War Hitler krank?*, Colonia, 2009 (trad. inglesa: *Was Hitler Ill?*, Londres, 2013).

Neumärker, Uwe, «Wo die braunen Hirsche röhrten», en *Der Spiegel* (en línea), 5 de mayo de 2008.

Nicholls, Anthony J., «Hitler and the Bavarian Background to National Socialism», en Anthony J. Nicholls y Erich Matthias (eds.), en *German Democracy and the Triumph of Hitler: Essays on Recent German History*, Londres, 1971, 129-159.

Nilsson, Mikael, *Hitler Redux: The Incredible History of Hitler's So-Called Table Talks*, Londres, 2022.

Niven, Bill, *Hitler and Film: The Führer's Hidden Passion*, Londres, 2018.

Noakes, Jeremy, «The Oldenburg Crucifix Struggle of November 1936: A Case Study of Opposition in the Third Reich», en Peter D. Stachura (ed.), *The Shaping of the Nazi State*, Londres, 1978, 210-233.

—, «Nazism and Eugenics: The Background to the Nazi Sterilization Law of 14 July 1933», en Roger Bullen *et al.* (eds.), *Ideas into Politics: Aspects of European History 1850-1930*, Londres, 1984, 75-94.

—, y Geoffrey Pridham (eds.), *Nazism 1919-1945: A Documentary Reader*, 4 vols., 2.ª ed., Exeter, 2000 (1984).

Nolzen, Armin, «Inklusion und Exklusion im "Dritten Reich". Das Beispiel der NSDAP», en Frank Bajohr y Michael Wildt (eds.), en *Volksgemeinschaft. Neue Forschungen zur Gesellschaft des Nationalsozialismus*, Fráncfort, 2009, 60-77.

Oldenburg, Manfred, *Ideologie und militärisches Kalkül. Die Besatzungspolitik der Wehrmacht in der Sowjetunion 1942*, Colonia, 2004.

O'Neill, Robert J., *The German Army and the Nazi Party 1933-1939*, Londres, 1966.

Orth, Karin, «Egon Zill – ein typischer Vertreter der Konzentrationslager-SS», en Klaus-Michael Mallmann y Gerhard Paul (eds.), *Karrieren der Gewalt. Nationalsozialistische Täterbiographien*, Darmstadt, 2004, 264-273.

Ortner, Helmut, *Der Hinrichter. Roland Freisler, Mörder im Dienste Hitlers*, Viena, 1993.

Overmanns, Rüdiger, *Deutsche militärische Verluste im Zweiten Weltkriege*, Múnich, 1999.

Overy, Richard, *The Battle of Britain: Myth and Reality*, Londres, 2001.

— (ed.), *Interrogations: The Nazi Elite in Allied Hands, 1945*, Londres, 2001. [Hay trad. cast.: *Interrogatorios: El Tercer Reich en el banquillo*, Tusquets, 2003.]

—, *Goering: The Iron Man*, 2.ª ed., Londres, 2021.

Papen, Franz von, *Appell an das deutsche Gewissen. Reden zur nationalen Revolution*, Oldemburgo, 1933.

—, *Memoirs* (trad. de Brian Connell), Londres, 1952. [Hay trad. cast.: *Memorias*, Espasa-Calpe, 1952.]

—, *Vom Scheitern einer Demokratie 1930-1933*, Maguncia, 1968.

Pätzold, Kurt, y Manfred Weissbecker, *Rudolf Hess. Der Mann an Hitlers Seite*, Leipzig, 1999.

Paul, Gerhard, *Aufstand der Bilder. NS-Propaganda vor 1933*, Bonn, 1990.

—, «Von Psychopathen, Technokraten des Terrors und "ganz gewöhnlichen" Deutschen. Die Täter der Shoah im Spiegel der Forschung», en Gerhard Paul (ed.), *Die Täter der Shoah. Fanatische Nationalsozialisten oder ganz normale Deutsche?*, Gotinga, 2002, 13-90.

—, y Klaus-Michael Mallmann, «Sozialisation, Milieu und Gewalt. Fortschritte und Probleme der neueren Täterforschung», en Gerhard Paul y Klaus-Michael Mallmann (eds.), en *Karrieren der Gewalt*, 1-32.

Paul, Wolfgang, *Hermann Göring: Hitler Paladin or Puppet?*, Londres, 1998.

Perl, Gisella, *I Was a Doctor in Auschwitz*, Madison, CT, 1948, reimpreso en Londres, 2019.

Peterson, Edward N., *The Limits of Hitler's Power*, Princeton, NJ, 1969.

Petzold, Joachim, *Franz von Papen. Ein deutsches Verhängnis*, Múnich, 1995.

Peukert, Detlev, y Jürgen Reulecke (eds.), *Die Reihen fast geschlossen: Beiträge zur Geschichte des Alltags unterm Nationalsozialismus*, Wuppertal, 1981.

—, *Volksgenossen und Gemeinschaftsfremde: Anpassung, Ausmerze und Aufbegehren unter dem Nationalsozialismus*, Colonia, 1982 (trad. inglesa: *Inside Nazi Germany: Conformity, Opposition and Racism in Everyday Life*, Londres, 1987).

Phelps, Reginald H., «Hitler als Parteiredner im Jahre 1920», en *Vierteljahrshefte für Zeitgeschichte*, vol. 11 (1961), 274-330.

—, «Before Hitler Came: Thule Society and Germanen Orden», en *Journal of Modern History*, vol. 35 (1963), 245-261.

—, «Hitlers "grundlegende" Rede über den Antisemitismus», en *Vierteljahrshefte für Zeitgeschichte*, vol. 16 (1968), 390-420.

Pick, Daniel, *The Pursuit of the Nazi Mind: Hitler, Hess and the Analysts*, Oxford, 2012.

Picker, Henry (ed.), *Hitlers Tischgespräche im Führerhauptquartier*, Stuttgart, 1976. [Hay trad. cast.: *Anatomía de un dictador, Hitler. Conversaciones de sobremesa en el cuartel general del führer 1941-1942*, Grijalbo, 1965, 1974.]

Pierrepoint, Albert, *Executioner: Pierrepoint*, Londres, 1974. [Como curiosidad, puede verse una película de 2005 sobre esta figura: *Pierrepoint, el verdugo*.]

Piper, Ernst, *Alfred Rosenberg: Hitlers Chefideologe*, Múnich, 2005.

Plöckinger, Othmar, *Geschichte eines Buches: Adolf Hitlers «Mein Kampf», 1922-1945*, Múnich, 2006.

—, *Unter Soldaten und Agitatoren. Hitlers prägende Jahre im deutschen Militär 1918-1920*, Paderborn, 2013.

— (ed.), *Quellen und Dokumente zur Geschichte von «Mein Kampf», 1924-1945*, Stuttgart, 2016.

Poewe, Karla, e Irving Hexham, «Jakob Wilhelm Heuer's New Religion and National Socialism», en *Journal of Contemporary Religion*, vol. 20 (2005), 195-215.

Poggeler, Franz, *Der Lehrer Julius Streicher. Zur Personalgeschichte des Nationalsozialismus*, Fráncfort, 1991.

Pohl, Dieter, *Die Herrschaft der Wehrmacht. Deutsche Militärbesatzung und einheimische Bevölkerung in der Sowjetunion 1941-1944*, Múnich, 2008.

Pois, Robert (ed.), *Alfred Rosenberg: Selected Writings*, Londres, 1970.

Potthast, Jan Björn, *Das jüdische Zentralmuseum der SS in Prag. Gegnerforschung und Völkermord im Nationalsozialismus*, Fráncfort, 2002.

Präg, Werner, y Wolfgang Jacobmeyer (eds.), *Das Diensttagebuch des deutschen Generalgouverneurs in Polen 1939-1945*, Stuttgart, 1975.

Priemel, Kim Christian, *Flick. Eine Konzerngeschichte vom Kaiserreich bis zur Bundesrepublik*, Gotinga, 2007.

Proctor, Robert N., *Racial Hygiene: Medicine under the Nazis*, Londres, 1988.

Pross, Christian, «Breaking Through the Postwar Cover-Up of Nazi Doctors in Germany», *Journal of Medical Ethics*, vol. 17 (1991), en *Supplement*, 13-16.

Przyrembel, Alexandra, «Der Bann eines Bildes. Ilse Koch, die "Kommandeuse von Buchenwald"», en Insa Eschenbach *et al.* (eds.), *Gedächtnis und Geschlecht. Deutungsmuster in Darstellungen des nationalsozialistischen Genozids*, Fráncfort, 2002, 245-267.

Pulzer, Peter G. J., *The Rise of Political Anti-Semitism in Germany and Austria*, Londres, 1964.

Rauschning, Hermann, *Die Revolution des Nihilismus. Kulisse und Wirklichkeit im Dritten Reich*, Zúrich, 1938 (trad. inglesa: *Germany's Revolution of Destruction*, Londres, 1939).

Read, Anthony, *The Devil's Disciples: The Lives and Times of Hitler's Inner Circle*, Londres, 2003.

Redlich, Fritz, *Hitler: Diagnosis of a Destructive Prophet*, Nueva York, 1998.

Rees, Laurence, *The Nazis: A Warning from History*, Londres, 1997. [Hay vídeo de la serie documental del mismo título: *Nazis, un aviso de la historia*, Divisa Home Video, 2005.]

Reichardt, Sven, *Faschistische Kampfbünde. Gewalt und Gemeinschaft im italienischen Squadrismus und in der deutschen SA*, Viena, 2002.

Reichelt, Werner, *Das braune Evangelium. Hitler und die NS-Liturgie*, Wuppertal, 1990.

Reid, Anna, *Leningrad: Tragedy of a City under Siege, 1941-44*, Londres, 2011. [Hay trad. cast.: *Leningrado. La tragedia de una ciudad asediada*, 1941-1944, Debate, 2022.]

Reif, Adalbert, *et al.*, *Schwanenwerder. Ein Inselparadies in Berlin*, Berlín, 2000.

Reilly, Joanne, *Belsen: The Liberation of a Concentration Camp*, Londres, 1998.

Rein, Hans, *Franz von Papen im Zwielicht der Geschichte. Sein letzter Prozess*, Baden-Baden, 1979.

Rennell, Tony, «The Truth About Hitler's British Love Child», en *Daily Mail*, 13 de diciembre de 2007.

Reulecke, Jürgen, *«Ich möchte einer werden, so wie die...». Männerbünde im 20. Jahrhundert*, Fráncfort, 2001.

Reuth, Ralf Georg, *Goebbels. Eine Biographie*, Múnich, 1995.

Reynolds, Quentin *et al.*, *Minister of Death: The Adolf Eichmann Story*, Londres, 1961.

Ribbentrop, Joachim von, *Zwischen London und Moskau. Erinnerungen und letzte Aufzeichnungen* (ed. de Annelies von Ribbentrop), Leoni am Starnberger See, 1954. [Hay trad. cast.: *Entre Londres y Moscú: recuerdos y últimos escritos*, Clarasó, 1955.]

Ribbentrop, Rudolf von, *Mein Vater Joachim von Ribbentrop. Erlebnisse und Erinnerungen*, Graz, 2008.

Richie, Alexandra, *Warsaw 1944: The Fateful Uprising*, Londres, 2013.

Riedel, Dirk, *Ordnungshüter und Massenmörder im Dienst der «Volksgemeinschaft»: Der KZ-Kommandant Hans Loritz*, Berlín, 2010.

Riefenstahl, Leni, *Memoiren 1902-1945*, Berlín, 1987. [Hay trad. cast.: *Memorias*, Lumen, 1991, 2013.]

Rieger, Bernhard, *The People's Car: A Global History of the Volkswagen Beetle*, Cambridge, MA, 2013.

Rigg, Bryan, *Hitler's Jewish Soldiers: The Untold Story of Nazi Racial Laws and Men of Jewish Descent in the German Military*, Lawrence, KS, 2002. [Hay trad. cast.: *La tragedia de los soldados judíos de Hitler*, Inédita, 2009.]

Roberts, Geoffrey, «The Soviet Decision for a Pact with Nazi Germany», en *Soviet Studies*, vol. 55 (1992), 57-78.

Rohe, Karl, *Das Reichsbanner Schwarz-Rot-Gold: Ein Beitrag zur Geschichte und Struktur der politischen Kampfverbände zur Zeit der Weimarer Republik*, Düsseldorf, 1966.

Röhm, Ernst, *Die Geschichte eines Hochverräters*, Múnich, 1933 [1928].

—, *Die Memoiren des Stabschefs Röhm*, Múnich, 1934.

Rolfs, Richard W., *The Sorcerer's Apprentice: The Life of Franz von Papen*, Latham, MD, 1996.

Römer, Felix, *Kameraden. Die Wehrmacht von innen*, Múnich, 2012.

Roos, Daniel, *Julius Streicher und «Der Stürmer» 1923-1945*, Paderborn, 2014.

Roseman, Mark, *The Wannsee Conference and the Final Solution: A Recon-*

sideration, Nueva York, 2002. [Hay trad. cast.: *La villa, el lago, la reunión: la conferencia de Wannsee y «la solución final»*, RBA, 2002.]

Rosenbaum, Ron, *Explaining Hitler: The Search for the Origins of his Evil*, Nueva York, 1998. [Hay trad. cast.: *Explicar a Hitler: los orígenes de su maldad*, RBA, 2012.]

Rosenberg, Alfred, *Der Zukunftsweg einer deutschen Aussenpolitik*, Múnich, 1927.

—, *Der Sumpf. Querschnitte durch das «Geistes»-leben der November-Demokratie*, Múnich, 1930.

—, *Der Mythus des 20. Jahrhunderts. Eine Wertung der seelisch-geistigen Gestaltenkämpfe unserer Zeit*, 24.ª ed., Múnich, 1934. [Hay trad. cast.: *El mito del siglo XX: una valoración de las luchas anímico-espirituales de las formas en nuestro tiempo*, Retorno, 2006.]

—, *Letzte Aufzeichnungen: Ideale und Idole der nationalsozialistischen Revolution*, Gotinga, 1946.

Rosenhaft, Eve, «Working-Class Life and Working-Class Politics: Communists, Nazis and the State in the Battle for the Streets, Berlin 1928-1932», en Richard Bessel y Edgar Feuchtwanger (eds.), *Social Change and Political Development in Weimar Germany* (Londres, 1981), 207-240.

—, *«Beating the Fascists»? The German Communists and Political Violence 1929-1933*, Cambridge, 1983.

Rossino, Alexander B., *Hitler Strikes Poland: Blitzkrieg, Ideology, and Atrocity*, Lawrence, KS, 2003.

Rössler, Mechthild, y Sabine Schleiermacher (eds.), *Der «Generalplan Ost». Hauptlinien der nationalsozialistischen Planungs– und Vernichtungspolitik*, Berlín, 1993.

Rother, Rainer, *Leni Riefenstahl: Die Verführung des Talents*, Berlín, 2000.

Ruault, Franco, *«Neuschöpfer des deutschen Volkes»: Julius Streicher im Kampf gegen «Rassenschande»*, Fráncfort, 2006.

—, *Tödliche Maskeraden: Julius Streicher und die «Lösung der Judenfrage»*, Fráncfort, 2009.

Runzheimer, Jürgen, «Der Überfall auf den Sender Gleiwitz im Jahre 1939», en *Vierteljahrshefte für Zeitgeschichte*, vol. 10 (1962), 408-426.

Russell, (lord) Edward, *The Scourge of the Swastika: A Short History of Nazi War Crimes*, Londres, 1954.

Safrian, Hans, *Die Eichmann-Mënner*, Viena, 1993.

Saldern, Adelheid von, «Victims or Perpetrators? Controversies about the Role of Women in the Nazi State», en David F. Crew (ed.), *Nazism and German Society, 1933-1945*, Londres, 1994, 141-165.

Sandomir, Richard, «Rudolf von Ribbentrop, Son of Top Nazi Diplomat, Dies at 98», en *New York Times*, 6 de junio de 2019.

Schaulinski, Gerlot, y Dagmar Thorau (eds.), *Mythos Germania. Vision und Verbrechen*, Berlín, 2014.

Schaumburg-Lippe, Christian Fürst von, *Zwischen Krone und Kerker*, Wiesbaden, 1952.

Scheel, Klaus, *Der Tag von Potsdam*, Berlín, 1993.

Scheil, Stefan, *Ribbentrop, oder: Die Verlockung des nationalen Aufbruchs. Eine politische Biographie*, Berlín, 2013.

Schenk, Dieter, *Hans Frank. Hitlers Kronjurist und Generalgouverneur*, Fráncfort, 2006.

Scherner, Jonas, y Jochen Streb, «Das Ende eines Mythos? Albert Speer und das sogenannte Rüstungswunder», en *Vierteljahrschrift für Sozial– und Wirtschaftsgeschichte*, vol. 93, n.º 2 (2006), 172-196.

Schmidt, Matthias, *Albert Speer. Das Ende eines Mythos. Speers wahre Rolle im Dritten Reich*, Múnich, 1982 (trad. inglesa, *Albert Speer: The End of a Myth*, Londres, 1985).

Schmidt, Ulf, *Hitlers Arzt Karl Brandt. Medizin und Macht im Dritten Reich*, Berlín, 2007.

Schmuhl, Hans-Walter, *Rassenhygiene, Nationalsozialismus, Euthanasie: Von der Verhütung zur Vernichtung «lebensunwerten Lebens»*, Gotinga, 1987.

Schneider, Michael, *Unterm Hakenkreuz. Arbeiter und Arbeiterbewegung 1933 bis 1939*, Bonn, 1999.

Schoeps, Julius (ed.), *Ein Volk von Mördern? Die Dokumentation zur Goldhagen-Kontroverse um die Rolle der Deutschen im Holocaust*, Hamburgo, 1996.

Scholtz-Klink, Gertrud, *Die Frau im Dritten Reich*, Tubinga, 1978.

Schreiber, Carsten, *Elite im Verborgenen: Ideologie und regionale Herrschaftspraxis des Sicherheitsdienstes der SS und seines Netzwerks am Beispiel Sachsens*, Múnich, 2008.

Schröder, Karl, *Aufstieg und Fall des Robert Ley*, Siegburg, 2008.

Schroeder, Christa, *Er war mein Chef. Aus dem Nachlass der Sekretärin von*

Adolf Hitler, 2.ª ed., Múnich, 1985. [Hay trad. cast.: *Doce años junto a Hitler: el testimonio inédito de la secretaria privada del Führer (1933-1945)*, Milenio, 2005.]

Schudnagies, Christian, Hans Frank. *Aufstieg und Fall des NS-Juristen und Generalgouverneurs*, Fráncfort, 1989.

Schulte, Regine, «Feuer im Dorf», en Heinz Reif (ed.), *Räuber, Volk und Obrigkeit. Studien zur Geschichte der Kriminalität in Deutschland seit dem 18. Jahrhundert*, Fráncfort, 1984, 100-152.

Schulte, Theo, *The German Army and Nazi Policies in Occupied Russia*, Oxford, 1988.

Schwartz, Johannes, *«Weibliche Angelegenheiten». Handlungsräume von KZ-Aufseherinnen in Ravensbrück und Neubrandenburg*, Hamburgo, 2018.

Schwarz, Gudrun, *Eine Frau an seiner Seite. Ehefrauen in der «SS-Sippengemeinschaft»*, Hamburgo, 1997.

—, «"... möchte ich nochmals um meine Einberufung als SS-Aufseherin bitten". Wärterinnen in den nationalsozialistischen Konzentrationslagern», en Barbara Distel (ed.), *Frauen im Holocaust*, Gerlingen, 2001, 331-352.

—, «Frauen in Konzentrationslagern – Täterinnen und Zuschauerinnen», en Ulrich Herbert *et al.* (eds.), *Die nationalsozialistischen Konzentrationslager*, Fráncfort, 2002, 800-821.

Schwarzwäller, Wulf, *Rudolf Hess. Der Stellvertreter*, Múnich, 1987.

Scotsman Newsroom, «Her Films Glorified Hitler: Now Leni Riefenstahl's Own Story Hits the Screen», en *The Scotsman*, 12 de junio de 2012.

Seibt, Gustav, «Hans-Ulrich Wehlers erstaunlich sanfte Worte über Theodor Schieders Karriere im Dritten Reich: Kritisches Goldrähmchen», en *Berliner Zeitung*, 11 de diciembre de 1998.

Seidler, Franz, *«Deutscher Volkssturm»: Der letzte Aufgebot 1944/45*, Múnich, 1989.

Sengoopta, Chandak, *Otto Weininger: Sex, Science, and Self in Imperial Vienna*, Chicago, 2000.

Sereny, Gita, *Albert Speer: His Battle with Truth*, Londres, 1995.

Shandley, Robert R. (ed.), *Unwilling Germans? The Goldhagen Debate*, Minneapolis, MN, 1998.

Shepherd, Ben, *War in the Wild East: The German Army and Soviet Partisans*, Cambridge, 2004.

—, *After Daybreak: The Liberation of Bergen-Belsen*, 1945, Nueva York, 2007.

—, y Juliette Pattinson (eds.), *War in a Twilight World: Partisan and Anti-Partisan Warfare in Eastern Europe, 1939-45*, Londres, 2010.

—, *Terror in the Balkans: German Armies and Partisan Warfare*, Cambridge, MA, 2012.

—, *Hitler's Soldiers: The German Army in the Third Reich*, Londres, 2016.

Showalter, Dennis E., *«Little Man, What Now?» «Der Stürmer» in the Weimar Republic*, Hamden, CT, 1982.

Siemens, Daniel, *Horst Wessel. Tod und Verklärung eines Nationalsozialisten*, Berlín, 2009 (trad. inglesa: *The Making of a Nazi Hero: The Murder and Myth of Horst Wessel*, Londres, 2013).

—, *Stormtroopers: A New History of Hitler's Brownshirts*, Londres, 2017.

Smelser, Ronald, *Robert Ley: Hitler's Labor Front Leader*, Oxford, 1988.

— y Rainer Zitelmann (eds.), *The Nazi Elite*, Londres, 1993.

— y Edward J. Davies, *The Myth of the Eastern Front: The Nazi-Soviet War in American Popular Culture*, Cambridge, 2008.

Smith, Bradley F., *Adolf Hitler: His Family, Childhood, and Youth*, Stanford, CA, 1967.

—, *Heinrich Himmler: A Nazi in the Making 1900-1926*, Stanford, CA, 1971.

— y Agnes F. Petersen (eds.), *Heinrich Himmler. Geheimreden 1933 bis 1945 und andere Ansprachen*, Fráncfort, 1974.

Smith, Emma, *Portable Magic: A History of Books and their Readers*, Londres, 2022. [Hay trad. cast.: *Magia portátil: una historia alternativa de los libros y sus lectores*, Ariel, 2023.]

Sofsky, Wolfgang, *Die Ordnung des Terrors: Das Konzentrationslager*, Fráncfort, 1993.

Sokal, Harry, «Über Nacht Antisemitin geworden?», *Der Spiegel*, 46, 8 de noviembre de 1976.

Sontag, Susan, *Under the Sign of Saturn*, Nueva York, 1980. [Hay trad. cast.: *Bajo el signo de Saturno*, Edhasa, 1987; Debolsillo, 2007.]

Sorge, Ernst, *Mit Flugzeug, Faltboot und Filmkamera in den Eisfjorden Grönlands*, Berlín, 1933.

Speer, Albert, *Inside the Third Reich*, Londres, 1970. [Hay trad. cast.: *Memorias: Hitler y el Tercer Reich vistos desde dentro*, Plaza & Janés, 1973; Acantilado, 2008.]

Spicer, Charles, *Coffee with Hitler: The British Amateurs Who Tried to Civilise the Nazis*, Londres, 2022.
Stammers, Tom, y Simon Taylor, *An Analysis of Daniel Jonah Goldhagen's «Hitler's Willing Executioners»: Ordinary Germans and the Holocaust*, Londres, 2017.
Stangneth, Bettina, *Eichmann Before Jerusalem: The Unexamined Life of a Mass Murderer*, Nueva York, 2014. [Hay trad. cast.: *Adolf Eichmann: historia de un asesino de masas*, Edhasa, 2021]
Stargardt, Nicholas, «Beyond "Consent" or "Terror": Wartime Crises in Nazi Germany», en *History Workshop Journal*, vol. 72 (2011), 190-204.
Stegmann, Dirk, «Zum Verhältnis von Grossindustrie und Nationalsozialismus 1930-1933», en *Archiv für Sozialgeschichte*, vol. 13 (1973), 351-432.
—, «Antiquierte Personalisierung oder sozialökonomische Faschismus-Analyse? Eine Antwort auf H. A. Turners Kritik an meinen Thesen zum Verhältnis von Nationalsozialismus und Grossindustrie for 1933», en *Archiv für Sozialgeschichte*, vol. 17 (1977), 175-296.
Steinacher, Gerald, *Nazis on the Run: How Hitler's Henchmen Fled Justice*, Nueva York, 2011.
Steiner, Zara, *The Triumph of the Dark: European International History 1933-1939*, Oxford, 2011.
Steinweis, Alan E., *Art, Ideology, and Economics in Nazi Germany: The Reich Chambers of Music, Theater, and the Visual Arts*, Chapel Hill, NC, 1993.
—, *Kristallnacht 1938*, Cambridge, MA, 2009.
—, *The People's Dictatorship: A History of Nazi Germany*, Cambridge, 2023.
— y Robert Rachlin (eds.), *The Law in Nazi Germany: Ideology, Opportunism and the Perversion of Justice*, Oxford, 2015.
Stephan, Werner, *Acht Jahrzehnte erlebtes Deutschland. Ein Liberaler in vier Epochen*, Düsseldorf, 1983.
Stephenson, Jill, *Women in Nazi Society*, Londres, 1975.
—, *The Nazi Organisation of Women*, Londres, 1981.
Stolzfus, Nathan, *Resistance of the Heart: Intermarriage and the Rosenstrasse Protest in Nazi Germany*, Nueva York, 1996.
—, *Hitler's Compromises: Coercion and Consensus in Nazi Germany*, Nueva Haven, 2016.
— y Birgit Maier-Katkin, *Protest in Hitler's «National Community»: Popular Unrest and the Nazi Response*, Oxford, 2015.

Stone, Dan, *The Holocaust: An Unfinished History*, Londres, 2023.

Stöver, Bernd, *Volksgemeinschaft im Dritten Reich: Die Konsensbereitschaft der Deutschen aus der Sicht sozialdemokratischer Exilberichte*, Düsseldorf, 1993.

Straumann, Tobias, *1931: Debt, Crisis, and the Rise of Hitler*, Oxford, 2019.

Strebel, Bernhard, *Das KZ Ravensbrück. Geschichte eines Lagerkomplexes*, Paderborn, 2003.

Streit, Christian, *Keine Kameraden. Die Wehrmacht und die sowjetischen Kriegsgefangenen 1941-45*, Stuttgart, 1978.

Swearingen, Ben E., *The Mystery of Hermann Goering's Suicide*, Londres, 1985.

Szejnmann, Claus-Christian W., *Nazism in Central Germany: The Brownshirts in «Red» Saxony*, Oxford, 1999.

—, «Perpetrators of the Holocaust: A Historiography», en Olaf Jensen y Claus-Christian Szejnmann (eds.), *Ordinary People as Mass Murderers: Perpetrators in Comparative Perspective*, Londres, 2008, 25-54.

Taylor, Telford, *Sword and Swastika: Generals and Nazis in the Third Reich*, Nueva York, 1952.

Thacker, Toby, *Joseph Goebbels: Life and Death*, Londres, 2009. [Hay trad. cast.: *Joseph Goebbels: vida y muerte*, Ariel, 2010.]

Theweleit, Klaus, *Männerphantasien*, 2 vols., Fráncfort, 1977.

Thies, Jochen, *Hitler's Plans for Global Domination: Nazi Architecture and Ultimate War Aims*, Oxford, 2012.

Thyssen, Fritz, *I Paid Hitler*, Londres, 1941. [Hay trad. cast.: *Yo pagué a Hitler*; seguido de *Thyssen-Hitler: documentos inéditos relativos a este proceso*, Renacimiento, 2017.]

Tooze, Adam, *The Wages of Destruction: The Making and Breaking of the Nazi Economy*, Londres, 2006.

Toussaint, Jeanette, «Die Auseinandersetzung mit der nationalsozialistischen Vergangenheit. Interviews mit ehemaligen SS-Aufseherinnen und ihren Töchtern», en Viola Schubert-Lehnhardt y Sylvia Korch (eds.), *Frauen als Täterinnen und Mittäterinnen im Nationalsozialismus. Gestaltungsspielräume und Handlungsmöglichkeiten*, Halle, 2006, 147-160.

Tracey, Michael, *A Variety of Lives: A Biography of Sir Hugh Greene*, Londres, 1983.

Trevor-Roper, Hugh, *The Last Days of Hitler*, Londres, 1947. [Hay trad. cast.: *Los últimos días de Hitler*, Alba, 2000; Crítica, 2020.]

—, «The Mind of Adolf Hitler», en *Hitler's Table Talk, 1941-1944*, Londres, 1953. [Hay trad. cast.: «La mente de Adolf Hitler», en *Las conversaciones privadas de Hitler*, Crítica, 2004.]

Trials of War Criminals Before the Nuremberg Military Tribunals under Control Council Law No. 10: The Medical Case, 2 vols., Washington, DC, 1950.

Trimborn, Jürgen, *Riefenstahl. Eine deutsche Karriere. Biographie*, Berlín, 2002.

Tschirbs, Rudolf, *Das Phantom der Volksgemeinschaft*, Düsseldorf, 2015.

Turner, Henry Ashby, Jr., «Grossunternehmertum und Nationalsozialismus, 1930-33», en *Historische Zeitschrift*, vol. 221 (1975), 18-68.

—, *German Big Business and the Rise of Hitler*, Oxford, 1985.

—, *Hitler's Thirty Days to Power: January 1933*, Londres, 1996. [Hay trad. cast.: *A treinta días del poder*, Edhasa, 2000.]

Tyrell, Albrecht (ed.), *Führer befiehl... Selbstzeugnisse aus der «Kampfzeit» der NSDAP*, Düsseldorf, 1969.

—, *Vom «Trommler» zum «Führer». Der Wandel von Hitlers Selbstverständnis zwischen 1919 und 1924 und die Entwicklung der NSDAP*, Múnich, 1975.

Ueberschär, Gerd R., y Winfried Vogel, *Dienen und Verdienen: Hitlers Geschenke an seine Eliten*, Fráncfort, 1999.

Uhl, Matthias *et al.* (eds.), *Die Organisation des Terrors: Der Dienstkalender Heinrich Himmlers 1943-1945*, Múnich, 2020.

Ullrich, Volker, «Speers Erfindung», en *Die Zeit*, 19, 4 de mayo de 2005.

—, *Adolf Hitler. Biographie: I: Die Jahre des Aufstiegs*, Fráncfort, 2013.

—, *Adolf Hitler. Biographie: II: Die Jahre des Untergangs 1939-1945*, Fráncfort, 2018.

—, *Germany 1923: Hyperinflation, Hitler's Putsch, and Democracy in Crisis*, Nueva York, 2023.

Varga, William, *The Number One Nazi Jew Baiter*, Nueva York, 1981.

Vogelsang, Thilo, «Neue Dokumente zur Geschichte der Reichswehr 1930-1933», en *Vierteljahrshefte für Zeitgeschichte*, vol. 2 (1954), 397-439.

Vollnhals, Clemens *et al.* (eds.), *Hitler. Reden, Schriften, Anordnungen Februar 1925 bis Januar 1933*, 12 vols., Múnich, 1992-2003.

Wachsmann, Nikolaus, *Hitler's Prisons: Legal Terror in Nazi Germany*, New Haven, CT, 2004.

—, *KL: A History of the Nazi Concentration Camps*, Nueva York, 2015. [Hay trad. cast.: *KL: una historia de los campos de concentración nazis*, Crítica, 2015.]

Wald, Renate, *Mein Vater Robert Ley. Meine Erinnerungen und Vaters Geschichte*, Nümbrecht, 2004.

Weber, Thomas, *Hitler's First War: Adolf Hitler, the Men of the List Regiment, and the First World War*, Oxford, 2010. [Hay trad. cast.: *La primera guerra de Hitler: Adolf Hitler, los hombres del Regimiento List y la I Guerra Mundial*, Taurus, 2012.]

—, *Becoming Hitler: The Making of a Nazi*, Oxford, 2017. [Hay trad. cast.: *De Adolf a Hitler: la construcción de un nazi*, Taurus, 2018.]

— (ed.), *Als die Demokratie starb. Die Machtergreifung der Nationalsozialisten – Geschichte und Gegenwart*, Friburgo, 2022.

Weinberg, Gerhard L., *The Foreign Policy of Hitler's Germany*, 2 vols., Londres, 1970, 1980.

Weindling, Paul, *Nazi Medicine and the Nuremberg Trials: From Medical War Crimes to Informed Consent*, Londres, 2004.

Weissmann, Karl-Heinz, *Das Hakenkreuz. Symbol eines Jahrhunderts*, Schnellrode, 2006.

Weitz, Eric D., *Joachim von Ribbentrop: Hitler's Diplomat*, Londres, 1992.

—, *Creating German Communism, 1890-1990: From Popular Protests to Socialist State*, Princeton, NJ, 1997.

—, *Weimar Germany: Promise and Tragedy*, Princeton, NJ, 2007. [Hay trad. cast.: *La Alemania de Weimar: presagio y tragedia*, Turner, 2009, 2019.]

Weitz, John, *Hitler's Banker: Hjalmar Horace Greeley Schacht*, Boston, MA, 1997.

Welch, David, *Propaganda and the German Cinema, 1933-1945*, Oxford, 1983.

Welzer, Harald, *Täter. Wie aus ganz normalen Menschen Massenmörder werden*, Fráncfort, 2005.

Wette, Wolfram, *Die Wehrmacht: Feindbilder, Vernichtungskrieg, Legenden*, Fráncfort, 2005. [Hay trad. cast.: *La Wehrmacht: los crímenes del ejército alemán*, Crítica, 2007.]

Wheeler-Bennett, John W., *The Nemesis of Power: The German Army in Politics 1918-1945*, Londres, 1953.

Whiting, Charles, *Heydrich: Henchman of Death*, Barnsley, 1999.

Wiedemann, Fritz, *Der Mann, der Feldherr werden wollte. Erlebnisse und Erfahrungen des Vorgesetzten Hitlers im 1. Weltkrieg und seines späteren Persönlichen Adjutanten*, Velbert und Kettwig, 1964.

Wieland, Karin, *Dietrich und Riefenstahl. Der Traum von der neuen Frau*, Múnich, 2011.

Wighton, Charles, *Heydrich: Hitler's Most Evil Henchman*, Londres, 1962.

Wildt, Michael, *Generation des Unbedingten. Das Führungskorps des Reichssicherheitshauptamtes*, Hamburgo, 2003.

—, *Volksgemeinschaft als Selbstermächtigung. Gewalt gegen Juden in der deutschen Provinz 1919 bis 1939*, Hamburgo, 2007.

—, «Die Tagebücher der Luise Solmitz – Zwei Originale», en Thomas Grossbölting y Kirsten Heinsohn (eds.), *Zeitgeschichte in Hamburg 2021*, Hamburgo, 2022, 139-148.

Willems, Susanne, *Der entsiedelte Jude. Albert Speers Wohnungsmarktpolitik für den Berliner Hauptstadtbau*, Berlín, 2000.

Winkler, Heinrich August, *Der Schein der Normalität. Arbeiter und Arbeiterbewegung in der Weimarer Republik 1924 bis 1930*, Bonn, 1985.

—, *Der Weg in die Katastrophe. Arbeiter und Arbeiterbewegung in der Weimarer Republik 1930 bis 1933*, Bonn, 1987.

—, *Die Weimarer Republik 1918-1933: Die Geschichte der ersten deutschen Demokratie*, Múnich, 1993.

Wirsching, Andreas, «"Man kann nur Boden germanisieren". Eine neue Quelle zu Hitlers Rede vor den Spitzen der Reichswehr am 3. Februar 1933», en *Vierteljahrshefte für Zeitgeschichte*, vol. 49 (2001), 517-550.

Witte, Peter, *et al.* (eds.), *Der Dienstkalender Heinrich Himmlers 1941/42*, Hamburgo, 1999.

Wojak, Irmtrud, *Eichmanns Memoiren. Ein kritischer Essay*, Fráncfort, 2002.

Wolf, Hubert, «Reichskonkordat für Ermächtigungsgesetz? Zur Historisierung der Scholder-Repgen-Kontroverse über das Verhältnis des Vatikans zum Nationalsozialismus», en *Vierteljahrshefte für Zeitgeschichte*, vol. 60 (2012), 169-200.

Wolfram, Lavern, «Margot Pietzners autobiografische Aufzeichnungen "Schuldig oder Opfer?" Selbstwahrnehmung einer ehemaligen SS-Aufseherin in ihren Selbstzeugnissen», en Viola Schubert-Lehnhardt y

Sylvia Korch (eds.), *Frauen als Täterinnen und Mittäterinnen im Nationalsozialismus. Gestaltungsspielräume und Handlungsmöglichkeiten*, Halle, 2006, 115-132.

Wolters, Rita, *Verrat für die Volksgemeinschaft. Denunziantinnen im Dritten Reich*, Pfaffenweiler, 1996.

Wrisberg, Ernst von, «Über die Angriffe gegen die Offiziersstande», en *Militär-Wochenblatt: unabhängige Zeitschrift für die deutsche Wehrmacht* (25 de marzo de 1919), 262.

Wulff, Arne, *Staatssekretär Professor Dr. Dr. h. c. Franz Schlegelberger, 1876-1970*, Fráncfort, 1991.

Wyllie, James, *The Warlord and the Renegade: The Story of Hermann and Albert Göring*, Stroud, 2006.

—, *Nazi Wives: The Women at the Top of Hitler's Germany*, Cheltenham, 2019.

Zámecnik, Stanislav, *Das war Dachau*, Fráncfort, 2007.

Zapp, Paul, *Germanisch-deutsche Weihnacht*, Stuttgart, 1934.

—, *Religiöser Zerfall und deutscher Glaube*, Eisenach, 1935.

—, *Deutsche Weihestunden*, Berlín, 1936.

Zdral, Wolfgang, *Die Hitlers. Die unbekannte Familie des Führers*, Bergisch Gladbach, 2008.

Zellhuber, Andreas, *«Unsere Verwaltung treibt einer Katastrophe zu...». Das Reichsministerium für die besetzten Ostgebiete und die deutsche Besatzungsherrschaft in der Sowjetunion 1941-1945*, Múnich, 2006.

Zinn, Alexander, *Die soziale Konstruktion des homosexuellen Nationalsozialisten. Zur Genese und Etablierung eines Stereotyps*, Fráncfort, 1997.

Zitelmann, Rainer, *Hitler: The Politics of Seduction*, Londres, 1999 (publicado originalmente como *Hitler: Selbstverständnis eines Revolutionärs*, Hamburgo, 1987, nueva ed., 2017).

Zur Nieden, Susanne, *Aufstieg und Fall des viril Männerhelden – Der Skandal um Ernst Röhm und seine Ermordung*, Fráncfort, 2005.

— (ed.), *Homosexualität und Staatsräson: Männlichkeit, Homophobie und Politik in Deutschland 1900-1945*, Fráncfort, 2005.

Lista de ilustraciones

p. 344: Julius Streicher pronuncia un discurso en el aeropuerto berlinés de Tempelhof, 1935. © Ullstein Bild /Getty Images.
p. 358: Reinhard Heydrich con atuendo de esgrimista, 1943. © Ullstein Bild /Getty Images.
p. 376: Adolf Eichmann, fotografía sin fecha conocida. © Ullstein Bild/ Getty Images.
p. 392: Hans Frank, 1935. © Bettmann/Getty Images.
p. 418: Wilhelm Ritter von Leeb, 1941. © Heinrich Hoffmann/Ullstein Bild/Getty Images.
p. 436: Karl Brandt durante su juicio, Núremberg, 1947. © Gamma-Keystone/Getty Images.
p. 450: Paul Zapp (arriba) durante su juicio, Múnich, 1970. Keystone/ Archivo Hulton/Getty Images. Egon Zill (abajo) con voluntarios bosnios de las Waffen-SS, 1943. © Bundesarchiv (imagen 146-1974-059-40).
p. 464: (arriba) Ilse Koch, 1940. © Universal History Archive/UIG/ Getty Images. (abajo) Irma Grese, a la espera de ser juzgada, en Celle, 1945. © Apic/Getty Images.
p. 478: Gertrud Scholtz-Klink pronuncia un discurso en Stuttgart, 1938. © Heinrich Hoffmann/UIllstein Bild/Getty Images.
p. 494: Leni Riefenstahl es testigo de una masacre de judíos en Końskie, Polonia, 1939. © Instytut Pamieci Narodowej, Varsovia (GK-5-1-237-5-1).
p. 512: Luise Solmitz con su esposo, Friedrich Solmitz, y la hija, Gisela. © Staatsarchiv Hamburg (Solmitz-Nachlass, Bestand 622-1/140 Solmitz, Akte 16).

Índice analítico

Índice

Tercera parte
Los apoderados

Cuarta parte
Los instrumentos